# 未经
# 选举的
# 权力

## 西方央行及监管机构授权原则

［英］保罗·塔克（Paul Tucker）著
许余洁 译

UNELECTED POWER
THE QUEST FOR LEGITIMACY IN CENTRAL BANKING
AND THE REGULATORY STATE

中信出版集团｜北京

图书在版编目（CIP）数据

未经选举的权力 /（英）保罗·塔克著；许余洁译
. -- 北京：中信出版社，2021.1
书名原文：Unelected Power: The Quest for Legitimacy in Central Banking and the Regulatory
ISBN 978-7-5217-1685-6

Ⅰ. ①未… Ⅱ. ①保… ②许… Ⅲ. ①权力—研究
Ⅳ. ①C933.3

中国版本图书馆CIP数据核字（2020）第041120号

Unelected Power: The Quest for Legitimacy in Central Banking and the Regulatory by Paul Tucker.
Copyright © 2018 by Princeton University Press.
All rights reserved.
No part of this book may be reproduced or transmitted in any form or by any means, electronic or mechanical, including photocopying, recording or by any information storage and retrieval system, without permission in writing from the Publisher.
Simplified Chinese translation copyright © 2020 by CITIC Press Corporation.

本书仅限中国大陆地区发行销售

## 未经选举的权力

著　　者：[英]保罗·塔克
译　　者：许余洁
出版发行：中信出版集团股份有限公司
　　　　　（北京市朝阳区惠新东街甲4号富盛大厦2座　邮编 100029）
承　印　者：北京诚信伟业印刷有限公司

开　　本：787mm×1092mm　1/16　　印　张：36.75　　字　数：490千字
版　　次：2021年1月第1版　　　　　印　次：2021年1月第1次印刷
京权图字：01-2019-3787
书　　号：ISBN 978-7-5217-1685-6
定　　价：128.00元

版权所有·侵权必究
如有印刷、装订问题，本公司负责调换。
服务热线：400-600-8099
投稿邮箱：author@citicpub.com

这是一本关于一个基础问题的重要著作，保罗·塔克以令人赞叹的方式将理论智慧和实践经验结合起来。

——布鲁斯·阿克曼（Bruce Ackerman），耶鲁大学

这本书对一个被忽视的问题进行了非常必要的研究。保罗·塔克将工作经验和理论知识结合起来，对西方中央银行和其他未经选举产生的机构，在民主体制下如何定位及如何对其进行约束，提供了独到的见解。《未经选举的权力》一书是对政治理论和社会科学的重大贡献。

——菲利普·佩蒂特（Philip Pettit），知名哲学家、政治理论家，普林斯顿大学、澳大利亚国立大学

保罗·塔克在英国央行拥有多年的从业经验，对当今最具争议的治理问题——将权力授予政府的独立机构，有着深刻的政治经济学见解。他的研究表明，美联储和其他央行已经变成过于强大的拥有多任务、目标的机构，逃避了制衡，面临完全独立的风险。在这本书中，他提出了一个全新的解决方案——授权原则，这将在未来引发一场必要、持久、深远的改革辩论。

——约翰·B. 泰勒（John B. Taylor），诺贝尔奖获得者，斯坦福大学

## 中文版推荐序

这本书的译者许余洁博士是我在国家开发银行的同事,他离开国开行后到中国证监会从事研究工作,曾经在联合信用评级有限公司等机构担任研究总监,对金融市场、资本市场都有过认真的研究和思考,我们经常就相关问题进行交流。

这本书的作者保罗·塔克长期在英国中央银行工作,历经多轮金融危机,并直接从事高压下的金融救助与监管改革,对于中央银行与政府,以及与市场的关系有深刻的理解。这本书探寻"中央银行和监管机构的独立性与合法性"问题,并非简单地讨论中央银行等独立机构如何运作,而是从国家治理层面入手,研究如何在制度上保证技术官僚在不违背政治价值观的同时,实现对日益丰富的经济金融体系的专业化监管。这对于我们理解新形势下中央银行政策着眼点有着非常重要的现实意义。

塔克认为,金融危机之后,各国央行已成为与司法机构和军队并列的第三大未经选举的国家权力支柱。这些官员掌握着涉及公民经济福祉的监管权力和金融杠杆,但与选举出来的领导人不同,他们的权力并非直接来自选举。这个问题涉及政治学和政治经济学,精英治国和权力制衡是启蒙主义时期就讨论过的问题。但是直到今天,当代政治的焦点仍然没有脱离这个问题。在很长时间里,政治理论家强调精英和政治家的道德,这门学科就是政治哲学。在国家层面,司法、立法和行政的三权分立已经实现。政府和政府部门官员由议会或总统任命,理论上是选择精英,精英和其任命者是委托-代理关系。通常政府的部长都是政治家,会随着政府换届而更换,政府的副职都是专业的精英，相对稳定，一般不会出现权力脱离约束的问题。但是央行，特别是美国央行，是独立于政府的，有较大的自主权。大多数现代国家中，最重要的经济部门是财政部，由于预算要通过国会审查批准，其权力是受约束的。而金融监管在大多数国家都是财政部的职能，直到最近20年很多国家成立了金融监管机构，如美国的证券交易委员会（SEC）等，不是由央行直接管理证券业。中央银行监督管理商业银行，是因为中央银行和商业银行具有直接的业务联系。

从历史上看，17世纪的英格兰银行，被认为是最早的中央银行。其实，英格兰银行早期就是一家拥有国家特许权的私人银行，它的设立初衷是为国家解决融资问题。财政部在当时就是一个"总账房"。后来随着现代国家和民主政治的建立，英国央行成为政府的一个部门，可以说中央银行是在这样的基础上建立起来的。第二次世界大战后，国际货币基金组织（IMF）要求各国建立中央银行。在以纸币或者说信用货币为主的货币体系中，在稳定货币和支持经济发展的过程中，各国中央银行无疑起到了不可磨灭的作用。

中央银行独立性的出发点是防止政府通过中央银行发行货币。但是这种独立性和金融的特殊性结合后，就可能与利益结合。金融和利益的结合具有隐蔽性，而国会议员并不一定了解金融。其实，美国财政部也面临同样的问题——美国有几任财政部长来自金融机构，这就是财政部与金融机构之间的联系。在2007年金融危机的处理上，财政部拥有比央行更大的权力。

我把公众和政治家的关系定义为一级政治市场，把政治家之间的关系定义为二级政治市场；把政治和市场之间的关系定义为一级经济市场，把市场参与者之间的关系定义为二级经济市场。其实，财政部和中央银行之间的竞争关系就属于二级政治市场和一级经济市场参与者之间的交换和博弈。新政治经济学出现以后，政治家和政府部门不再被理解为基于政治理想和专业知识服务于公众的政治领袖和专业精英的整体，他们也有自己的角度和利益。塔克在《未经选举的权力》一书中强调的正是，必须有新的方法对这种角度和利益进行制衡，以体现民主制度的要求。

书中的很多理念值得品味，它们有助于我们去思考中国的财政和金融问题。在党中央、国务院的领导下，财政部和中国人民银行在宏观政策中协调配合，为中国经济发展发挥了重要作用。部门之间有不同角度和看法是正常的，也是不可避免的。只不过长时间以来，这种不同没有被表面化和公众化。但是当经济发展到关键时刻，如近几年经济下行，或遇到危机事件时，相关争论就日益表面化和公众化，引起更多人的关注和讨论。

这种讨论和争论有助于增加互相之间的理解，可以让更多人了解部门的看法。而它们的政策目标、专业逻辑，甚至角度、偏见和利益也会在讨论中得到澄清。关于公开辩论对独立机构的监督意义，这本书第15章"流程、透明度和问责制：司法约束与政治监督"等章节中都有所论及，此处不再赘述。下面我从我国财政、金融历史的角度，回到目前的大讨论。

我国改革开放的历史，是财政和金融之间职能分工进一步明确，相应管理部门之间互相协调支持又互相制约的历史。改革开放前，银行和金融附属于财政。1982年我在财政部工作时，财政部、中国人民银行、国家税务总局、中国建设银行等都在财政部的老楼里。之后，金融改革的方向就是脱离财政，银行成为独立的经济实体。经过专业银行阶段和1994年金融改革，专业银行转型为商业银行。1994年，中国人民银行正式行使中央银行的职能，财政改革则聚焦在中央和地方的关系、国家和企业的关系。与此同时，财政部的很多职能也金融化了。如20世纪80年代初，建设银行和财政部基本建设司，是"一个机构，两块牌子"，后来建设银行逐渐转型为独立的商业银行。1994年，国家开发银行成立，从当时国家计委的投资功能转化为市场化的金融功能。国家计委的投资资金最早来源于国家能源基金，这是从财政部的职能转化过来的。

财政部的基本建设投资职能逐渐转化为银行的职能，是财政职能的金融化。1981年，财政部开始发行国库券，最早由个人和企业购买。随着国债市场化改革，金融机构成为一级自营商，目前国债投资人主要是银行。1994年财政部发行短期国库券，就是为了配合中央银行的公开市场操作。但是之后，财政部不再发行短期债券，人民银行开始自行发行中央银行票据，用于公开市场操作。《中国人民银行法》第二十九条规定，财政部不能向中央银行透支和发行货币以及购买国债。财政部要求对发行货币征收铸币税。同时，财政部从财务角度和所有人角度管理金融机构，两者存在一定程度的互相制约。2000年以后，地方政府为了经济发展，也在一定程度上干预地方金融机构，以至于金融系统开始了银行垂直管理方面的变革，出台了限制政府干预的银行法规。这说明，央行在一定程度上的独立性，以及财政部和银行之间的互相制约是有积极意义的。

塔克提出了权力约束、委托－代理和激励机制等问题，对我们有很多启发意义。随着技术进步和金融发展，以及市场行为的变化，为了应对不同种类的危机，财政政策和货币政策的使用，肯定是不同的。同时，我们也要看到，金融演化、经济金融化以及互联网金融和供应链金融等的出现，使金融与利益的结合更加复杂，这些都会提升金融的专业性，精英管理和权力制衡缺一不可。

权力需要机制的制衡，精英的专业性需要通过讨论和争论得到普及，公众的诉求需要通过管理部门得到反映，并通过财政政策和货币政策得到解决。这个结论应该是没有问题的。这本书中有许多我国制度/规则体系建设可借鉴的研究和探讨，如果政府工作人员、相关领域学者和业内专家能结合我国实际情形来思考，应该会得出一些有意义的结论。

高坚<br>国家开发银行原常务副行长

# 前言

"央行如果要获得货币政策独立性,就得放弃银行监管权,以防成为权力过大的全能机构。"这句话是 25 年前在伦敦针线街英格兰银行(英国央行)总部,时任英国财政部负责人特里·伯恩斯(Terry Burns)对时任行长罗宾·利-彭伯顿(Robin Leigh-Pemberton)所讲的话。当时我担任行长私人秘书,听到这句话后就一直在反复思考其中的含义。

不到 10 年后,布莱尔与布朗联合赢得英国 1997 年大选。同时,英格兰银行时隔 60 多年再次获得货币政策独立性,当然,正如特里预言,英格兰银行失去了对银行的监管权。但是,15 年后爆发了 2007—2009 年全球金融危机,而后银行监管权又回到英格兰银行。当时我们作为央行的工作人员,在与政府和议会的人员共同描绘新制度蓝图时,脑海中时刻不忘的就是避免成为全能机构。考虑到英格兰银行及货币政策制定者独立、重要而又非民选产生的权力,我们迫切希望它们能获得相应的合法性。

这不仅仅是一个与公众利益相关的议题,尽管我认为它在一定程度上的确起到一些作用。我们认为,伦敦精英阶层对银行监管权回归央行一事,存在意见分歧。当被问及恢复央行稳定银行体系的历史使命是否是件好事时,他们都表现出积极又肯定的态度。然而,当被问及对央行集权是否感到满意时,同样是这些位高权重的人,其中有不少是前政府高官,则顾左右而言他。

基于这些原因,本书的书名最初被定为"全能机构"。你可以回忆一下中世纪晚期,当时的英格兰是否被贵族中的全能臣民所动摇;这些贵族的权力和实力与国王不相上下,有时甚至超过国王。尽管英格兰玫瑰战争在世界范围内推动了现代文明，关于全能机构的问题已经热过佛罗伦萨共和国，但每当我解释本书的内容时，还是喜欢说"未经选举的权力"。

本书所探讨的问题并不局限于英国，也不限于中央银行。发达国家普遍存在着对这类授权代表机构的担忧，鉴于民选政治家已经在较大程度上削减了对该类机构的授权，这也影响了大众的日常生活。对这类机构，美国人称之为行政机构（administrative state），欧洲则更加聚焦，称之为监管机构（regulatory state）。中央银行在这类机构中占特殊的地位。至少目前，央行行长已经成为技术官僚精英的代表。正如我所说，无论是在美国还是在欧洲，他们都没有受到普遍欢迎，这使该问题的讨论更有意义。

因此，本书是关于西方民主社会能否以及如何找到解决这些问题的出路的。它涉及一种特殊权力，即"未经选举的权力"，以及如何管控它，使其富有责任并合法化。它也涉及如何使赋予独立机构的权力变得有用并满足社会需要，以及认识到正式授权必然意味着正式下放实际权力的重要性。

就个人而言，这相当于试图让第二次世界大战后英国央行系统的三位大佬对央行成为一个强大的独立机构持保留态度。这三位大佬分别是乔治·布伦登（George Blunden）、埃迪·乔治（Eddie George）和默文·金（Mervyn King）。在本书中，我讲述了自己在英国央行30多年的从业经历。初期，我有12年左右的时间从事政策制定，任职副行长后，大部分工作是设计或制定货币政策、金融稳定政策和监管制度。1987年股市崩盘后，我在中国香港也从事过部分相关工作。

担任公职意味着要从事很多烦琐的工作。它需要动手、动脑、计划、管理，还包括如今变得更加重要的对外沟通。本着这一精神，本书的第一部分总结了2007—2009年金融危机后，指导我们重建英国各项制度的原则。[①] 我们既重视金融稳定政策的经济实质，也关心未经

---

① 比如：Tucker, "A New Regulatory Relationship".

选举的权力的可容忍使用范围。另外，我们支持央行应该承担起监管证券交易所和交易平台的责任的建议，也认可央行应该通过贷款政策来指导信贷分配的倡议。本书其他内容都是对授权原则如何与成熟的西方民主社会的深层价值观相适应的探索。这是我在2013年年底获得哈佛大学研究基金的课题。

制度的作用十分重要，本书理所当然地认可这一观点。在过去的25年里，这已成为主流经济学家的共识，而且实证政治学家对政府制度的研究日益增多，但它基本上淡出了政治理论家的视野。政治理论家关注的重点是公共事务的道德基础和目标。① 从17世纪到19世纪，公共事务的核心人物有两类，一类是著作等身的写作型人物，如洛克（Locke）、孟德斯鸠（Montesquieu）、黑格尔（Hegel）和穆勒（Mill），他们深刻地思考了国家的结构；另一类是杰出的国家建设实干家，如亚历山大·汉密尔顿（Alexander Hamilton）和詹姆斯·麦迪逊（James Madison）。然而到今天，情况发生了较大的变化，除了关于欧盟治理的辩论外，关于独立政府机构的崛起以及对该类机构的授权的讨论却局限于少数律师和监管研究机构，而这两个问题代表了当今政治领域最为深刻的变化。

更普遍的讨论应该将价值观与制度研究和激励机制联系起来。本书认为，为了能在民主政体中保持未经选举的权力制度的可持续性，必须考虑权力、福利、激励和价值观等深层次问题。我希望本书有助于引发更多的政治理论家和其他人加入菲利普·佩蒂特（Philip Pettit）、亨利·理查森（Henry Richardson）、皮埃尔·罗桑瓦隆（Pierre Rosanvallon）和杰里米·沃尔德伦（Jeremy Waldron）等专家的讨论中，重新认识价值观对政府结构的容忍范围，并通过讨论赋予其法理性。②

本书旨在实事求是，并提出具体建议。2014年，我很荣幸被哈佛大学肯尼迪学院邀请去做戈登讲座（Gordon Lecture），当时我首次公

---

① 关于跨学科方面的研究，参见：Goodin, "Institutions"。
② Waldron, "*Political* Political Theory."

开阐述了这些建议的核心内容。那时我忘记了曾在 2007 年任职期间的一次演讲中,表达过在戈登讲座中所提及的潜在担忧。在写本书的过程中,我又想起了 2007 年那次演讲的内容。①

在探讨未经选举的权力的相关问题时,这本书借鉴了政治经济学、政治理论、政治科学、公法以及我自己和其他人的个人经历,并尝试把所有这些都编织在一起。我要感谢世界各地提供协助的学者、立法者、官员和评论员,他们很多都是我的好朋友。

---

① Tucker, "Central Banking and Political Economy."

# 目录

| | | |
|---|---|---|
| 1 | 概述——权力、福利、激励、价值观 | 1 |

**第一部分　福利——问题及方案　　23**

| | | |
|---|---|---|
| 2 | 行政机构的演变 | 26 |
| 3 | 行政机构的目的与职能模式 | 45 |
| 4 | 行政机构的结构——从简单代理到受托人（和监护人）的层次结构 | 67 |
| 5 | 授权给独立机构的原则——对既定目标的可信承诺 | 85 |
| 6 | 向独立机构授权的设计准则 | 101 |
| 7 | 授权原则的实际应用情况 | 118 |

**第二部分　价值观——独立机构的民主合法性　　137**

| | | |
|---|---|---|
| 8 | 独立机构与政治价值观和信念（1）——法治与宪政 | 163 |
| 9 | 独立机构与政治价值观和信念（2）——民主对授权加分离方式的挑战 | 184 |
| 10 | 可信承诺与民主——机构与法官 | 208 |
| 11 | 授权原则的政治价值观与规范稳健性测试 | 221 |
| 12 | 独立机构与宪政——央行独立性由三权分立驱动，而非第四分支 | 254 |

| 第三部分 | 激励——现实世界中的行政国家：不同宪制结构下的激励和价值观 | 273 |
|---|---|---|
| 13 | 国家在原则性授权下履行可信承诺的能力 | 287 |
| 14 | 目标界定不清所导致的问题——独立机构的非授权原则 | 311 |
| 15 | 流程、透明度和问责制——司法约束与政治监督 | 325 |
| 16 | 设计的极限——权力、紧急情况和自我约束 | 352 |
| 第四部分 | 权力——是过于强大的全能机构吗？中央银行的政治经济学；权力、合法性与重构 | 363 |
| 17 | 中央银行与货币政策政治 | 376 |
| 18 | 观念的转变——信用是通向合法性的一扇神奇之门 | 385 |
| 19 | 引诱上帝——危机前的正统货币制度 | 395 |
| 20 | 货币信贷宪法——中央银行和银行业稳定 | 406 |
| 21 | 中央银行和监管机构——稳健性政策 | 428 |
| 22 | 中央银行和财政状态——资产负债表政策和财政剥离 | 447 |
| 23 | 中央银行和紧急状态——最后贷款人可以从军民关系中吸取的教训 | 465 |
| 24 | 终究是过于强大的全能机构吗——威胁与重构 | 486 |
| 结论 | 未经选举的民主主义者——免费为公民提供服务 | 505 |
| 附录 | 与日常政治隔离的独立机构的授权原则 | 527 |
| 致谢 | | 531 |
| 参考文献 | | 537 |
| 译者后记 | | 569 |

# 1
## 概述

权力、福利、激励、价值观

> 召开一场新闻发布会,不足以被称为"民主"。我不希望这个非法机构听到我的声音。
>
> ——约瑟芬·维特(Josephine Witt),抗议欧洲央行举行的新闻发布会,2015年4月15日

> 现在是时候结束无代表权的监管制度,以恢复我们对人民为家庭和企业做出最好决定的信心了。
>
> ——美国参议员迈克·朗兹(Mike Rounds,南达科他州共和党人),The Hill网站,2015年5月21日

2016年是多事之秋。先是英国举行脱欧公投,然后是美国总统选举,这些都发生在欧洲大陆部分地区民众不满和抗议的背景下,从而将民粹主义和技术官僚的问题引入公众视野。天底下的政府差不多都是这样的,其官僚分属两个阵营,要么拥抱人民,要么疏远人民。当然,他们的界限并非如此泾渭分明。民粹主义领导人通常主张特殊的准则或号召一切要服从人民利益,被认为是政治社会的真正成员,而这一点使得他们可以免除实际的公众参与、辩论和分歧所带来的麻烦。[①] 与此同时,技术官僚往往声称自己发现了某种科学方法,可以弄清什么是公共利益或共同利益,但条件是,他们这些非民选专家只

---

① Muller, *What Is Populism?*

能靠另一群非民选权力主体（即法官）来进行调查。

在当今主要的西方民主国家中，以上提及的两种形式的政府制度都不存在，但它们的基本理念一直在相互斗争，这在当今真实的政治生活中随处可见。在过去25年多的时间里，对政府投票结果感到失望和厌烦的人，在指责孤傲、不接地气的技术官僚时找到了共同点，一致视他们为敌人。而技术官僚则担心（他们眼中的）基本价值观或权力会被搁置一边，警告民粹主义煽动者不要给人民以虚假的诱惑。

这场竞争，或许也可以叫作斗争，无疑反映了政治和政府的真正变化。20世纪70年代以后，西方国家左翼和右翼政党不再重视群众运动，转而提供政治解决方案，在一定程度上得到了社会的认同。[1]在政府内部，由非民选技术官僚领导的、获得授权的独立机构在近几十年来（以及在美国的早些时候）获得突飞猛进的发展。

这些现象是相互关联的。如果在公共政策的目标和手段上存在足够的共识，即它可以被授予超出民选政治家日常监督范围的权力，那么政党就失去了存在的意义，因为政党要做的就是描绘美好生活的雄伟愿景以及确定如何实现。英国工党某任领袖的副手既反对技术官僚本位，又展现出自由主义的倾向，其在1997年抱怨说："托尼·布莱尔把政治从政治中带走了。"[2]

但最近社会经济的发展情况让人们开始对委托治理的共识感到不安。在金融危机爆发后的几十年里，全球经济发展迟缓，在西方国家，穷人、中产阶级和富人之间的差距扩大了。因此，把民主政体看作一种由高度去政治化（hyper-depoliticized）的技术官僚和高度政治化的民粹主义组成的奇特混合体，并不是胡思乱想。这两者相互作用，既维持有效的政府，又恢复多数人的情感。[3]

---

[1] Mair, *Ruling the Void*.
[2] Hattersley, "Pragmatism." 多亏 Jon Davis 提醒我这一点。
[3] Flinders and Wood, "When Politics Fails." 我使用高度去政治化来表达程度很高，而不是指鲁宾（Rubin）在《高度去政治化》（Hyperdepoliticization）一文中所说的与选举产生的两个分支机构隔绝。

这种政治和经济的结合点最终可能会挑战自由民主的基本结构和价值观，以及自1989年柏林墙倒塌以来占主导地位的集体治理模式。这种制度将自由主义——更普遍地说，是宪法下受法律约束的政府——与代议制民主通过自由和公平的选举形式结合起来。在苏联解体后的几年里，西方国家对非自由主义民主（illiberal democracies）政体的担忧日益增加，这些国家也在选举政府，但对少数民族和个人自由只字不提。时至今日，西方国家则关注非民主自由主义（undemocratic liberalism），这种制度过于强调个人权利，但是很少有事项是由投票箱或人民福祉来决定的。

因此，目前关于技术官僚统治和民粹主义的辩论日趋激烈。这会使我们看起来似乎正在接近这样一个结论，即对非自由主义民主和非民主自由主义之间的选择将很难避免。① 在某种程度上，这本书的目的是挑战这种绝对的悲观主义。它探讨了是否有可能在我们的政府体系中，找到一个独立机构的位置而不损害民主合法性。几乎所有的讨论都是干巴巴的，但背后的逻辑是，有必要找到一种方法，克服对政府架构的错误选择，从而解决政治团体的角色问题。

非民选权力不是新鲜事物。西方民主社会早就找到了接纳军队、司法机构和教会的方式。重要的是，非民选权力的范围和机制发生了变化，现在通常需要制定具有法律约束力的规则和规章。这一点在英国最为明显。在今天的许多西方国家，中央银行行长成为继法官和将军之后的非民选权力的第三大支柱。

## 中央银行是技术官僚权力的缩影

中央银行发展的高峰期出现在20世纪20年代中期。用国际联盟关于第一次世界大战后经济重建的话来说：②

---

① Mounk, "Illiberal Democracy."
② 国际联盟于1920年和1929年分别在布鲁塞尔和日内瓦举行了会议。参见：Hawtrey, "Genoa Resolutions"。

中央银行应免于政治压力，只以审慎的方式开展工作。在没有中央银行的国家，应设立中央银行。

在这一公告发布10年后，1929年的股市崩盘、金本位制解体和大萧条，都足以使央行被剥夺所有的职责、地位和权力。

20世纪90年代之前，央行再也没有重获荣光。到了20世纪90年代，新兴市场经济体步入繁荣期，国际货币基金组织和世界银行开始在这些经济体中推广中央银行独立性和以控制通胀为目标的价格稳定框架。但是，历史再次重演，它们的协调政策并没有带来良好结果，反而使全球经济陷入了严重的金融危机和低于历史均值的增长速度，这些还没过去多长时间，仍历历在目。

## 从毫无竞争力到城里唯一的游戏规则制定者

然而，对于央行行长来说，历史本身并没有重演。事实上，与20世纪20年代和30年代相比，这次全球金融危机发生后，银行倒闭、货币体系混乱和经济衰退没有那么严重。当时，西方各国政府很快就放弃了全球化和以央行为中心的宏观经济政策。民族主义主导了当时的社会秩序。民族主义受到贸易壁垒引起的经济封闭、资本流动控制和金融壁垒的支撑。[1] 第二次世界大战结束后，各国在美国新罕布什尔州举办的布雷顿森林会议上重建国际经济秩序，当时，中央银行大多是旁观者。在此之后，随着西方各国开始经济重建和冷战的开始，它们成了幕后的顾问和代理人。

尽管世界出现了大规模金融混乱和经济停滞，全球化却几乎没有倒退（正如我所写的）。虽然改革货币和金融体系的核心计划屡次在国际会议上被提出，但这一次央行行长是主要参与者。在国内，他们通常随着危机的发生而崛起，并被赋予更多的责任和权力。在国际上，经济复苏似乎得依靠他们。用一句时髦但令人深感不安的话来说，他

---

[1] James, *End of Globalization*.

们一直是城里唯一的游戏规则制定者（第 24 章）。

本次金融危机中，各国央行的命运与 20 世纪 30 年代的情形形成鲜明对比，对此出现的众多解释本身就说明了问题。各国央行通过货币政策创新避免了大萧条的重演，这是一件非常重要的事情；在最近的危机爆发之前，缺乏央行监管的机构的情况更为糟糕；而央行与学院派经济学家形成的轴心，仍然是影响危机后改革辩论的强大力量。最重要的是，我们应该思考权力的巩固。

## 由来已久的怀疑

在危机爆发之前，就有人对货币政策独立性持怀疑态度。西方自由主义右派认为，国有中央银行的存在是对自由的恶劣侵犯，它动摇了公民的谨慎判断，从而使经济不可避免地陷入破坏性繁荣和萧条的交替循环中。① 而激进的左派则认为，中央银行不可避免地与金融精英同谋，不断牺牲纳税人的利益来救助这一群体，中央银行的存在阻碍了强大的国有银行的出现，而这些银行原本可以用来实现更普遍、再分配的社会正义。②

在政治两极之间存在着两大评论家阵营：社会民主主义左派怀疑独立货币当局能否带来真正的经济利益，担心中央银行本质上是"保守的"，最终对就业和经济变得漠不关心。而且，即使看到了技术官僚带来的方便之处，他们也无法将其纳入民主合法性的范围。20 世纪 70 年代通货膨胀高涨期间，美国社会出现了对民主政治的信任危机。左派认为货币政策独立是一种错误，而货币政策独立是将代表权的"规矩"下放到自治、去政治化机构的社会转型趋势。随着货币政策逐步转向国际化治理并远离国内民选政府控制，货币政策独立又被这些评论家视为新自由主义大获全胜的征兆。③

---

① Paul, *End the Fed.*
② Epstein, "Central Banks."
③ Krippner, *Capitalizing on Crisis*; Roberts, *Logic of Discipline*; Mazower, *Governing the World*; Mc-Namara, "Rational Fictions." Many papers in this genre pray in aid Stiglitz, "Central Banking."

与此同时，新自由主义思想先驱则哀叹当今各国央行的自由裁量权之大，这一点与20世纪30年代芝加哥的亨利·西蒙斯（Henry Simons）的思想相呼应：①

> 为保证民主制度的运营，授权给自由裁量权较大的行政机构时必须慎之又慎。而这一点在货币政策领域尤为值得重视。

值得注意的是，当一个群体在努力弥补民主赤字的时候，另一个群体却希望恢复"法治"（第8章和第9章）。

在金融危机爆发的前几年，这些批评在各种公共政策辩论中非常常见。而现在，央行是否过于强大的问题开始变得火热。这并不奇怪，因为自2007年夏季全球市场崩溃以来，西方各国央行进行了史诗般的干预活动和权力积累。它们从未像现在这样利用它们的资产负债表，几乎干预债券和贷款市场的每一个环节。最初，它们的目的是遏制市场混乱，后来演变为刺激经济复苏。在许多方面，人们明显感到不安：欧洲宪法法院针对欧洲央行（ECB）展开了法律方面的斗争，美国则围绕美联储救助美国国际集团（AIG）展开诉讼，美国国会两党都主张采取政治措施改革美联储。

即使这些挑战化为乌有，它们也表明有必要重新思考应给予央行多大的自由度，特别是它们应该在多大程度上冒险进入传统上被视为财政政策的领域。因此，2016年秋季，我的朋友、前同事、德国央行行长安德烈亚斯·多布雷特（Andreas Dombret）提出，央行的独立性是毋庸置疑的。我当时的想法是，各国央行的确是地球上最需要"安全空间"来保护它们免受批评或口头攻击的机构之一。②

---

① Simons, "Rules versus Authorities," pp. 2–3.
② Dombret, "Banking Sector."

## 中央银行和监管机构：问题在酝酿

不管安全与否，中央银行所占的空间已经扩大了。据我回忆，早期对中央银行独立性（CBI）的批评主要依据其改变政府资产负债表的能力，针对的是央行在财政范畴的自主性活动，以及相关的风险和收益状况（第4章和第22章）。但发展到今天，对央行的批评已经不仅限于此了。

作为金融体系的最后贷款人，各国央行相当于经济领域的骑士，总是身处金融灾难的第一现场。2007年夏天，当整个市场、经济体和公司都在崩溃时，是央行在平息波动。同样，这些事件也说明，在实现整体经济的繁荣发展，同时又保证金融体系正常运转的过程中，无法否认货币政策的维稳性功劳。在一代人的时间里，稳定政策的这两个方面分道扬镳了很长时间。而现在，它们再次被共同实施（第19章）。银行监管已回归英格兰银行和欧洲央行；美联储则一直在监管具有系统重要性的非银行金融集团；此外，许多国家的央行都获得了"宏观审慎"的权力，以减轻信贷繁荣带来的压力。

在分配行政权力方面，这种回归传统并阐述该正统观念的做法的结果是，中央银行不再只负责缓和宏观经济波动。在大规模推动现代治理的过程中，央行获得了加强监督和制定银行及其他金融机构的交易规则的权力，这使得它们成为"监管机构"的一部分。这是20世纪发展起来的现代国家机器的一个独特部分，最初是在美国，后来扩展到欧洲，使公法发挥追赶作用（第2、第3、第8、第13和第15章）。

这改变了针对央行的辩论。对于货币政策独立性的极端拥护者来说，这可能会使各国央行陷入更公开的政治困境，危及20世纪80年代和90年代来之不易的成就。而对于那些反对央行独立性的人来说，这增加了他们对民主赤字的担忧。具体来说，如果央行要独立，现在就必须面对两条战线的冲锋：伦敦金融城和纽约华尔街（过去被称为"利益集团"），以及选举政治。

因此，要讨论中央银行，就必须同时讨论另一个并行的主体，即监管机构，它有权制定和发布对公民和企业具有法律约束力的规则。[1]为应对央行及其领导人是否会成为"强权公民"的挑战，我们就得放大视野，面对更深层次的问题，即探讨将权力下放给非民选官员的合法性。在代议制民主政体中，央行的权力离公民有两步之遥，选民没有机会对统治他们大部分日常生活的技术官僚精英进行投票，民选政治家则已经自愿放弃对技术官僚的日常监控，而之前并非如此。

随着东亚地区各国经济实力的迅速增强，它们可能会接受某些研究学说，如美国政治学家丹尼尔·贝尔（Daniel Bell）呼吁学习中国儒家思想[2]，通过技术官僚精英来搭建政府，这也是现代社会中柏拉图式的守护者。对他们来说，独立机构可能类似于18世纪商业共和国恢复民主化治理的先锋（第8章）。而对其他人来说，这些机构恰恰违背了经济和政治自由主义在19世纪和20世纪初达成的深刻共识。参与性左派和宪政右派在否认无约束代表权这个话题上达成共识，反映了他们在央行问题上的无意识结盟。

## 独立机构的合法性

在这本书中，我尝试以更大的视野看待对中央银行权力的担忧，特别是从独立机构的作用和合法性，乃至西方民主政体内部"行政机构"的角度来思考这个问题。这是回答以下问题的必要条件：作为监管机构，央行是否有权发布具有法律约束力的规则和条例？央行是否拥有批准和关闭银行的法定权力？这种权力是否能适当地扩展到金融体系的其他部分？

央行是否应该自主决定何时向处于困境的企业提供流动性援助？

---

[1] 关于中央银行和行政机构的学术文献一直处于相互隔离状态，2007—2009年金融危机以前仅有的少数研究包括米勒（Miller）的《独立机构》（Independent Agencies）和拉斯特拉（Lastra）的《国际金融》（*International Financial*）。金融危机以后，法学研究者开始增加对中央银行的研究，尽管他们缺乏能提供标准化研究的案例。

[2] Bell, *China Model*。

货币政策和其他央行职能是否应受到不同的司法审查标准的制约？答案不能完全取决于央行官员的专业水平。例如，如果宪法规定只有民选议员有权制定具有法律约束力的规则，那么央行就不应该是监管机构（例如法国）。同样，如果宪法规定只有法官才能做出裁决，那么中央银行不应做出监督决定，而应仅限于向法院提出正式建议，如某些国家的竞争制度。如果把监管法规的制定权和裁判权合起来归于一个机构，那就违反了西方国家三权分立的宪政原则。如果再加上中央银行的准财政职能，那么情况就会变糟。

欧洲任何怀疑这些是真正问题的人，都应该意识到，许多悬而未决的法案正在获得美国国会的通过。例如，美国《行政审查法案》（REINS Act）已经获得众议院通过，它要求任何实质性的机构监管条例都必须得到众议院和参议院的正式批准，这意味着参众两院中任何一个不批准都将否决任何领域的监管举措（一种懒散的否决权）。① 此外，美国《监管责任法案》（RAA）的草案正推动各机构就拟议的裁决举行全面听证会，并将解释的主动权从机构转移到法院。更具体地说，在中央银行方面，另一项提案［《金融选择法案》（Financial Choice Act）］的一个版本已经获得众议院通过，该法案要求美联储每年接受国会预算批准，以履行其"非货币政策"职能，消除其在政治上的正式隔离；同时要求削弱其在紧急情况中的作用，并要求货币政策遵循利率设定规则。

如果有美国人认为只有他们遇到了这个问题，那他们就应该意识到欧洲央行在某些危机时的革新已经遭到欧洲宪法法院的阻拦，而核心议题是欧洲央行是否可以（在宪法或政治上）获得银行监管权。如果有人提出英国可能没有遇到这种潮流的影响，那现在就可以告诉他们，英国财政大臣现在有权（受限的）命令英格兰银行在危机期间放贷，哪怕英格兰银行并不想这么做。

在为解决这些问题奠定基础的过程中，本书提出、发展、捍卫和

---

① 《行政审查法案》（*Regulations from the Executive in Need of Scrutiny Act*，简写为 REINS Act）在 2009 年首次被提交，2011 年年底通过，2017 年被重新发布。

应用了一套独立机构的授权原则，涵盖了民选政治家是否应该以及如何将权力授予非民选的技术官僚，以保护他们免于日常政治攻讦。

这需要一些相当普遍的政治基础。尽管对行政机构带来民主赤字问题有很多担忧，但很少有人谈论它意味着什么或民主整体能包容什么。为了解决问题，我们需要看一下与法治、分权和民主有关的价值观部分（第二部分）。首先，本书先定义了两个术语。

## 独立机构

从广义上说，独立机构指的是一个公共机构，它可以自由地制定和部署政策工具，而不受短期政治势力及其动向的影响，并不被其公共政策目标所干扰。这意味着它们不受行政部门和立法机构日常政治的影响。这类政策机构可以被看作受托人。

在这个意义上，真正的独立性类似于成熟民主国家的高级司法机构所享有的独立性，尽管不一定那么根深蒂固，但这要求独立机构的政策制定者拥有工作保障，在对其政策工具的控制以及预算方面拥有一定的自主权（第4章）。

这是对现代央行较为合理的描述。但当对全部监管机构进行审视时，问题就不那么清晰了。根据这一定义，一些美国机构往往被称为独立机构，如美国证券交易委员会和其他"独立委员会"，但实际上它们并不是真正独立的。相比之下，它们的一些海外同行（包括英国）是高度独立的，至少在法律意义上如此。这些差异是否重要，部分取决于成立这些机构的目的是什么（第4章和第7章）。

## 合法性

对于合法性，我个人认为是指公共群体乃至整个社会都接受包括独立机构在内的国家机构的权威性及其权力的实施。而关于权威或权威性，描述性的含义居多，合法性却是评价性用语，对应治理的权力。具有合法性是件好事，即使人们认为具体措施不合实际或不可取，也能帮助公民自愿遵守该机构发布的政策和条例。

正如我在第二部分中讨论的那样，我并不是指那种强烈的群体性感觉，也不是说合法性要求所有利益群体都积极地支持某个政府机构或某项政策。合法性是合法的理由，包括一个机构作为更广泛的国家机器的一部分履行其责任的能力，而不是完全依赖强迫性权力。

## 问题分析

在大西洋两岸，长期以来人们一直对民选代表授权给各种独立机构的程度感到疑虑不安。立法机构实际上放弃了高层政策，导致很多授权行为缺乏明确的目标。据此可以猜测，政府在每一个领域都把重要的管理工作移交给高调的技术官僚，这一情况会愈演愈烈。结果是，这会逐步加剧西方社会上对民主政治业已普遍存在的冷嘲热讽。如果大量的政策被外包出去，当选的政治家会不会发现自己只剩下在推特和外交政策方面发挥作用？①

央行很可能是当前未经选举的权力的缩影，但它们是正在重塑现代政府结构的更普遍力量的一部分。如果从英国 1689 年的《权利法案》（Bill of Rights）中汲取灵感，"没有代表权的税收"对 18 世纪的美国人来说，是一种团结一致的呼声，那么为什么"没有代表权的监管"在我们这个时代没有得到同样普遍的共鸣？

这就是当今全球化世界的相互依存关系，这些力量使越来越多的机构领导人和工作人员登上飞机前往世界各地参加会议，这些会议在几乎所有可以想象的领域产生通用的国际政策。因此，任何解决技术官僚权力的国内效力的办法，都不能忽视国际政策和国内民主的共存。行政机构的负责人职位不应由跨国精英把持，毕竟他们不受国内规则的审查和约束。

好消息是，监管机构提出的问题从根本上来说并不新鲜，仅仅在于其具体细节。军事和司法职能是两种最古老和最基本的国家职能，

---

① 本文完成于 2016 年美国大选前。

军事和司法部门也是最受益于长期经验的部门。对其的反思表明：我们已经制定了深入人心的规范和惯例，阐明了哪些职能可以下放，以及在何种程度上可以脱离政治监督和控制。在论述向独立机构授权的原则时，这本书借鉴了这两个行业的经验（第4、第5、第10、第23、第24章和结论部分）。

## 合法授权的原则

这些原则为金融危机后中央银行和其他监管制度的设计提供了重要的经验教训。但是，只有与民主政府基础的合法性保持一致时，它们才有吸引力。

虽然有些人认为，一个机构成立和运作的合法性仅足以赋予其合法性，但这种论断是站不住脚的。人们对民主政治的最深刻的信念和准则不会因权力的实质性转移而受到侵犯或威胁，这是他们的潜在假设。但攫取政权的暴君有时也会小心翼翼地为自己披上合法性的外衣。

其他理由似乎也不太可靠。从美国的新政开始，很多学者对柏拉图式守护者想统治这个国家的渴望感到不安。在这方面，学术领域争论了50多年，认为授权有赖于专家的专业水平。尽管这肯定与合法性一样是必要条件——毕竟，我们不希望技术官僚成为预言家——但不足以保证一个民主国家中的授权政策，因为独立专家可以公开向民选领导人提出专业建议（第5章）。事实上，这正是20世纪90年代大部分时间内英国货币政策的实践。

总的来说，我认为决定授权的关键因素应该是有可信承诺，这样政府才能坚守对社会大众有利的目标，而不会因为短期利益、选举选票或部门利益背离这一目标。25年来，在捍卫央行独立性时，这一理由已被货币经济学家普遍使用，而在欧洲，这一理由也被用来支持建立独立的公共事业监管机构（第5、第7、第14章）。

然而，这不是一个充分条件。可信承诺问题存在于政府的许多领域，以至于几乎所有业务都可以授权。这是美联储前副主席艾伦·布林德（Alan Blinder）在近20年的工作中观察到的情况。我们知道，这反映了授权不利的一面。因此，必须对授权的内容进行原则性限制。

至少，授权的好处显而易见。更重要的是，核心分配权力仍掌握在民选领导人手中，因为只有这样，可能的失误才会在决策会议上展现出来。我们也不希望非民选专家对作为个人或政治团体成员的生活方式有决定性的发言权。简而言之，他们不应该做出重要的价值判断（第5、第9、第11章）。

然而，无论受到多么严格的限制，独立机构都会在授权范围内做出自由裁量的决定。在政治与行政、目的与手段、效率与公平、司法与行政之间，不存在严格意义上的外部的二分法。相反，社会必须选择在哪里划定界限，然后监督由其选择所带来的影响。

法律自由主义包括就规则草案进行普遍的公众协商和通过法院提出质疑。因此，与有时暗示的相反，仅靠法律自由主义是不够的。对行政行为的司法审查，是许多美国法律学者优先考虑的一种解决办法。这种做法有助于在法律范围内（或在法治范围内）保护行政机构制度免受权力滥用的影响。但它仅限于非法滥用权力，而未扩大到在（人们希望依赖的）承诺缺乏可信度时出现的权力滥用行为。更重要的是，在由司法机构监督的地方，民主赤字的位置只是从一个非多数主义机构转移到另一个机构。

要想找到解决这一问题的途径，就需要关注贯穿民主代表、参与、审议、反馈的价值观，而后者可能恰恰是可信承诺的对立面（第9章和第10章）。要想使独立的授权安排获得民主合法性，就必须让社会大众以某种方式介入。如果一个制度旨在使政策的执行符合社会大众的利益，那么一个必要的因素是，目标是经过公开辩论后制定的，并能随着时间的推移得到不同政党的高度支持。如果没有考虑到社会大众的利益，或者没有将其包含在明确、可监测的目标中，那么政策最好还是由民选政治家来制定。今天，环境政策就是这样的一个例子。与此相一致的是，环境政策通常由多党合作的机构来制定（第5、第10、第11章）。

简言之，授权安排必须符合共和民主和自由主义的原则。当民选代表不参与某个领域时，选民自身就需要有发言权。对"没有代表权的监管"的回应必须是让选举产生的代表履行自己作为高级受托人的义务，确定明确的目标和限制。只有这样，独立机构的决策者才能成为公众利益的受托人（第 11 章）。

一旦确立某项授权，独立、非民选的决策者必须在深思熟虑后做出透明的决策，以便选民和民选政治家能够看到和讨论他们的工作成果。必须确立管理该授权安排的问责机制，并决定是否维持或修正该授权安排。

无论一个机构的目标、权力和约束机制起草得多么严格，都不能回避两个问题。一是机构决策者必须阐明指导其行使自由裁量权的原则，以使政策具有系统性，并能被视为如此。近年来，美国国会关于是否为美联储制定"货币政策规则"的辩论，实质上是就如何实现这一目标开展的。二是这一设计理念与其他监管机构同样相关，它们的规则不仅应该前后有序，而且应该是一个连贯的整体（第 6、第 11、第 15 章）。独立机构应该接受这一点，并在实际中成为守法模范。

至关重要的是，当一个与民选绝缘的机构完全行使其职权，通过将权力突破至未知领域以帮助遏制危机时，每个人都需要清楚会发生什么事情，当然，这种做法充满了争议。系统性政策的优点与危机时需要的政策灵活性，在紧急情况下及后期可能会产生矛盾，形成冲突局面。如何将可信承诺与紧急救助的创造性结合起来？我们又怎能任由非民选官员决定是否突破其职权的法定限制？我的回答是，他们不应该这样做——但这个问题引起了政治理论家的不快，这会在整本书中反复出现（第 11、第 16、第 23 章）。

## 启示

到目前为止，我所说的大部分内容不仅适用于央行，而且基本适用于政府的许多部门。例如，我们将看到，竞争政策的目标往往由技术官僚和法官制定，他们在政府治理几乎没有发生变化的情况下，在 20 世纪后半叶两次完全重构重大政策。无论这些政策是否有效，其中涉及的民主赤字不可小觑（第 3、第 7、第 14 章）。

更重要的是，在金融危机之后，如果证券监管机构要参与维护金融稳定（鉴于资本市场的重要性，这几乎是不可避免的），其中一些监管机构需要更大的独立性，包括更大的预算自主权。在这样的安排下，在面对政治上受欢迎但不可持续的繁荣时，监管机构就不会被捆住手脚。或者，可以缩小它们的责任范围，集中精力确保金融市场的合规行为，将系统、安全和健全的管辖权转移到其他机构（第 7 章和第 21 章）。

## 重新配置危机后的多目标央行：受托人，而非监护人

授权原则对中央银行特别重要，因为中央银行已经成为站在西方现代行政机构三权分立交汇处的机构。通过央行资产负债表操作（量化和信贷宽松）改变国家综合资产负债表的规模和状况，表明它们是财政部门的一部分。通过行使最后贷款人的角色，表明它们是紧急救助机构的一部分。正如我们所看到的，它们现在已明确成为监管机构的一部分。可以说，没有其他非民选决策者拥有类似的地位。

央行拥有许多职能，包括货币政策制定、稳定政策制定、银行监管、紧急流动性供应。它们的每一项职能都应由现行制度来塑造和约束。此外，这些制度不能被分割开来，在组织或文化上相互隔绝。我们要相信，央行领导人及其员工在认真对待自己的每一项职能，而不是把最突出的领域放在公众和政治家面前，或者在职业声望方面追求个人最大回报。如果这种风险真的显现出来，一些雄心勃勃的员工将进入最有诱惑力和风险的领域，耗尽其他职能部门的人力资本，甚至在紧急情况下也无法收手。这是 2007—2008 年金融危机之前一些西方央行中发生的事情，将货币政策优先于监管责任。

解决方案的一部分是以一种联合的方式构建中央银行的目标，将其表达为广义的货币体系稳定，包括价格稳定和银行稳定。因此，中央银行参与监管的主要目标是稳定系统，并确定（或者更现实地说是由民选代表确定）所期望的弹性程度，而不是向消费者和客户提供服务。这一使命必须成为货币信贷政策的一部分，其中包括对银行体系和中央银行本身的限制（第 20 章）。

在组织上，只有在一个机构有单独（但重叠）的政策委员会的情

况下，才能将多个职责委托给一个机构。这使得每个职责领域更有可能得到应有的关注并付出努力（第6、第11、第20章）。

很少有央行不受这些准则的影响。但是，即使是授权原则也不能轻易解决中央银行已经成为城里唯一的游戏规则制定者的问题。虽然中央银行和财政政策制定者之间长期存在紧张关系，但是它们的权力基本都没有受到限制，承担的法律义务都很少。因此，民选政治家在权衡短期政治权宜之计时，可以放心很多，因为他们知道，根据对央行的授权，央行必须设法提供解决方案，而无须自己采取行动遏制危机或实现经济复苏。

这就是西方央行面临的巨大困境。一方面，为了维护民主的合法性，或为了避免被指责越权，央行行长需要确定的制度为其职能设定可监控的目标。另一方面，这种制度一旦明确，可能会加剧央行与财政部门的长期紧张关系，结果它们成为城里唯一的游戏规则制定者，进而可能成为无所不能的机构，承担起民众过高的期望（第24章）。

现成的解决方案是不存在的。如果没有稳健的财政机制，就难以制定以一当百的央行制度：为央行的权力设定界限，需要考虑到边界之外的情况。解决这个问题可能需要一代人的时间。与此同时，央行行长也需要克制，避免过度"入侵"财政领域。为此，一项由立法者决定或批准的更明确的财政改革计划是必要的，我建议经济发达的民主国家将其发展为货币信贷的一部分（第22章）。

## 是四权分立吗

在宪法层面，曾有人建议说，独立机构特别是中央银行，可以被视为政权的第四分支机构，与立法机构、行政机构和司法机构平等。[①]

---

① 在整个过程中，总统制和议会制都使用术语民选行政和民选行政部门。虽然在议会制中，行政机构不是直接由选举产生的，但行政机构与立法机构是有区别的。最重要的是，在这两种制度中，行政机构的领导人都是由选举产生的（无论是直接就职还是进入立法机构，他们都明确地知道，他们将领导政府）。这使他们有别于独立机构中非民选产生的领导人。

我的结论是，这是错误的。即便不需要天天参与政治斗争，它们通常也都是从属其中一个派别。行政机构的行为可以在法院受到质疑，其规则可以被立法机构推翻，独立机构的法案可以被改革或废除（第8、第10、第12章）。

通常情况如上所述。但欧洲央行是一个例外，它的独立性体现在条约的规定上，而这个条约只有欧盟成员国一致同意才能改变，它的资产负债表在极端情况下也是为维护欧元区的存在而设计的。在2015年4月的新闻发布会上，欧洲央行行长马里奥·德拉吉（Mario Draghi）提出了"专制霸权"指控，但在正常运行的民主国家中，这些指控并不是专门针对独立机构的。目前，欧洲央行认为自己是欧盟的守护者。除了宪法改革之外，解决方案的一部分必须是欧洲议会做出更多努力，以提高其听证会监督的重要性。而且，欧洲央行应积极主动地寻求欧元区成员国首脑的普遍支持，开展真正的创新，这些创新要在授权和法律法规的范围内，但超出人们对央行的熟悉程度。

欧洲央行是独一无二的，因为它服务于一个不完整的宪法项目。这不能适用于另一类机构，因为"第四分支"的标签不可能轻易就被洗掉——一种旨在巩固民主制度本身的机构。例如，选举委员会可能设定选区界限，解决选区划分问题，或者禁止首相控制媒体，或者限制竞选资金，但在孟德斯鸠和麦迪逊遗留的三权分立框架下，选举委员会难以找到立足点。它们在新的民主国家比在旧的民主政体中更普遍。也许，这种独立机构可以被视为最好的监护人，而不是受托人。关于与选举绝缘的机构职能的争论在大多数国家几乎还没有开始，这里也只是抛砖引玉（第12章）。

与此同时，还有许多工作要做。对西方社会来说，民主合法性是政权结构演化的宝贵且重要的试金石。授权原则旨在帮助维持这一合法性。在精神上，它们是宪政主义的，被理解为有意义的规范和惯例，或根植于基本法律，或扎根于政治文化，为政府的建立、结构和运作规定了游戏规则（第12章）。

针对机构是否违反授权原则（或类似原则）进行审计并不是一件坏事。这本书只是初步勾勒出这样一种努力。西方主要民主国家的宪法惯例和政治规范之间存在着明显的差异，而且它们围绕是否应该以及如何下放权力产生了不同的激励措施。但是对美国、欧洲和其他几个民主国家的调查发现，几乎所有行政机构都或多或少地想要授权。要么缺乏连贯性，要么冒着出现非民选权力的风险，人们的脑海中常常浮现"权宜之计"和"临时"这样的词（第7章和第三部分）。

近几十年来，经济学家越来越强调激励相容在制度设计中的重要性。本书也想传递一个信息，那就是政府机构若要经久耐用，满足长期为民众服务的需要，它们的设计也必须符合这一价值观。当制度设计中的激励措施与社会政治价值观不一致时，可能的结果是，激励在中短期内占主导地位，但腐蚀性的犬儒主义和对政府的不信任会在中长期滋生蔓延。本书探讨了如何应对美国、欧洲存在的不良授权风险。一个健康、合法的国家是激励-价值观兼容的。

## 本书结构

这本书涉及普遍的公共政策领域、地理和行为准则，并不针对特定机构的合法性或它们不同监管风格的优劣。更重要的是，这是一种探索，即现代政体是否因触角伸入民众日常而受到损害，以及我们作为个体和集体的属性是如何逐渐转变的。本书涉及的范围也不同于欧洲大陆公共知识分子的工作范围，更不用说雄心了，他们研究了这个普遍的主题，也许最著名的是米歇尔·福柯（Michel Foucault）和尤尔根·哈贝马斯（Juergen Habermas）。它也不是对弗朗西斯·福山（Francis Fukuyama）最近所追求的现代民主国家的缺点进行普遍审查。[①] 相反，它只着眼于国家机器的一个角落及其在民主社会中的地位——独立机构——尽管这对更普遍地理解国家的作用和合法性非常重要。

显然，在我看来，尤其是在欧洲，对监管机构的讨论过多地集中于"独立与问责制"，或者把"问责制与控制"结合起来，把问责制

---

① Fukuyama, *Origins of Political Order* and *Political Decay*.

的概念延伸过多。① 为了找到解决这一问题的途径，我们必须思考民主合法性意味着什么，而不是与民选绝缘的机构能否帮助恢复处于困境中的政权权威。因此，本书并没有涉及诸如意大利银行是否被赋予意大利政府权力的事宜。在20世纪和21世纪初的困难时期，意大利银行向意大利政府输送了两位总统、两位总理、四位财政部长和一位外交部长。我也不打算探讨在新兴市场和发展中国家向民主过渡是否取决于技术官僚精英的问题，特别是在司法部门和中央银行。我们关心的问题是，一个健康的民主国家能否赋予其中央银行和其他独立机构合法性，而不是它们能否充当国家代言人。

这本书有四个部分，涵盖福利、价值观、激励和权力。前三部分关于独立机构，例子来自各个领域，而不仅仅是中央银行。第四部分关于危机后的中央银行。

第一部分首先回顾了行政机构的目的、运作方式和结构，然后介绍其一般问题在大西洋两岸的表现形式。这为授权原则提供了一般设计原则的背景，涉及是否应该以及如何将权力委托给真正的独立机构。本书概述了它们可能如何影响行政当局的各个部门，并提出了有关竞争主管机构的问题，特别是证券市场监管机构。第一部分的风格是技术官僚风格，借鉴了关于市场失灵和政府失灵的经济学。这是关于福利的部分。

第二部分在风格和内容上转变较大。我受其他工作的启发，在本部分探讨了这些授权原则是否会在不同的政治理念（广义上的自由民主）下叠加。这就需要对合法性的成本进行审查，探讨与法治、宪政、西方三权分立和民主等价值观有关的问题。

本部分的核心内容是对授权原则的稳健性测试：不同的人对我们的核心价值观赋予不同权重，如果准备接纳这些授权原则，对独立机构各种制度安排的期望就会有所不同。其结果是对第一部分授权原则进行详细阐述，其中最重要的是尽快就该政策的目标进行公开辩论。

---

① 要想了解欧洲关于独立与问责制的相关辩论，参见：Busuioc, "Accountability, Control and Independence"。

与第二部分最相关的学科是政治理论。这是关于价值观的部分。

第三部分是将理论用于实践，探讨如何将上述原则与美国、英国、欧盟、法国和德国的宪法结构、法律制度、规范和传统相适应。这些国家与地区的价值观和激励驱动的现实之间的差距之大，让人感到惊讶。一个结论是，司法管辖不应该比立法机构监督更多的独立机构。第三部分主要借鉴政治学和公法。这是关于激励的部分。

第四部分关于权力。话题回到中央银行，解决在概述中提出的重大问题。政治家是否太容易依赖央行来解决或改善全球经济问题？虽然央行是由强大、独立和非民选决策者领导的，但其权威是否受到民主赤字的影响？简而言之，央行是不是过于强大的机构？如果它们过于强大，该怎么办？

我在第二部分提出，在法定货币体系中，鉴于行政机构和立法机构之间的权力分立，（通常情况下）货币政策独立性是必要的。但这很难解释央行在实践中被授予独立性的原因，所以我在第四部分首先简要介绍了现实世界的实际情况。这引发了一场讨论，即在金融危机之前，央行官员如何通过提高透明度来建立信誉，以帮助巩固其合法性。

在讨论完基本问题后，我评估了司法管辖区授权给中央银行的四个相关领域（货币政策、审慎政策、信贷政策和流动性政策），如何落实这些原则以及需要改进的地方。事实证明，答案是"不太好"，因此需要做"很多"改进。总体结论是，不让央行参与这些领域是不现实的，但其作用不应超出维护货币体系稳定所必需的范围。在确定央行在紧急情况下的作用时，需要特别谨慎，因为它们在技术上能够胜任民选政府的工作，但不应这样做。

当这本书接近尾声时，它又回到了关于司法机构和军队的讨论。这两个领域依靠自我约束和传统美德运作，这些美德是由精心的制度设计形成的。我们需要将类似的价值观嵌入央行的道德规范中。如果这成为同行和公众期望的一部分，那么对于那些寻求公众尊重的非民选权力拥有者来说，自我克制可能是自私自利的，这非常现实。最后一章包括本书对整个独立机构，特别是中央银行的建议的总结。

这本书从实际问题的讨论（第一部分）上升到价值观的提升（第二部分），然后通过第三部分管辖权的比较，逐渐聚焦到第四部分关于中央银行的特殊性。有些读者可能想直接从第一部分跳到第四部分，另一些读者则更多地关注第二部分或第三部分。然而，我希望读者能看到系统是如何整合和建立的，以及为什么有关价值观和政府形式等更普遍的问题与确保部分核心机构的持久性有关。在我看来，如果不这样做，那就是买椟还珠了，类似于相信社会价值观诸如法治、宪政和民主会随着权宜之计的要求而演变。西方民粹主义政治与技术官僚政府之间的冲突表明，这可能是一个错误。

分析的核心在于主权民主国家的政策制定。然而，事实上，正如已经表明的那样，许多现代政策制定是国际性的。我在书中对此做了一些评论，但从授权原则到国际政策制定的合法性之间的牢固桥梁仍需要进一步阐述。

第一部分

# 福利

问题及方案

我们一起简单回顾一下历史。

几个世纪以来，国家治理结构发生了巨大变化。从前，国王制定赋税，控制司法，带领军队参战，控制信息传播，并铸造王国硬币。渐渐地，每一项职能都与我们现在所说的政府行政部门分开了。在成熟的民主国家，税收由民选立法机构制定；法院和法官负责司法和裁决争端；专业军事人员负责作战；国家媒体（如果有的话）如英国的BBC（英国广播公司），要与政府保持一定的距离；独立的中央银行控制货币政策。

在20世纪，政府的职能分解更加深入。现在行政机构监管各行各业的贸易情况（竞争条件）、工作场所和公共场所的健康和安全、向消费者出售的商品和服务的质量、公共服务的质量以及国家高级部门的廉正（公共任命、选举制度、立法者开支）。

此外，自20世纪90年代以来，国际组织一直将独立机构的设立宣传为"一件好事"。20世纪90年代，在关于全球宏观经济和金融管理的"华盛顿共识"中，中央银行独立性这一点尤其引人注目。国际货币基金组织主张金融监管机构的独立性。经济合作与发展组织（OECD）在更大范围内提倡委托治理。[①] 正如批评人士所指出的，官方一致赞成将政策制定与非多数主义机构所阐述的政治理念隔离开来。

第一部分首先概述了大西洋两岸是如何形成这种状况的，接着是关于行政机构的目的和结构的内容，然后确定和应用一些原则，说明何时以及如何将公共政策职能下放给不受日常政治影响的独立机构。

---

① OECD, *Distributed Public Governance*.

# 2
# 行政机构的演变

无头脑的第四权力分支。

——布朗洛委员会向罗斯福总统做的报告，1937年①

30年后，独立行政当局的行动和扩张似乎不受控制。

——法国参议院委员会，2015年②

独立机构的民主合法性问题，在发达经济体中普遍存在，但它在不同司法管辖区以不同的方式表现出来。本章的目的是，在不同国家或区域的监管历史中找到监管在国家结构中位置的讨论。

鉴于通往现代民主国家的道路各不相同，关于这一问题存在分歧也就不足为奇了。在19世纪和20世纪初，欧洲各国引入民主制度，特别是英国，建立法治政体的时间较早。如果欧洲的权力秩序是中央国家权力、法治、民主，那么在美国，首先是法治，其次是民主，最后是中央国家权力。③ 在欧盟，只是在过去几年，才将"联邦"监管机构纳入一个系统。在该系统中，欧盟法律的制定和执行最初被授权给成员国及其国家机构。

---

① Brownlow Committee, *Report*.
② French Senate, *State Within the State*.
③ Fukuyama, *Political Decay*.

## 美国

我们集中讨论美国，原因很简单：作为20世纪经验最丰富的监管国家，美国关于授权和合法性的辩论经历了曲折的大转折。[1] 在19世纪的大部分时间里，包括内战之后，美国的政治主要由国会、政党和法院主导。一开始，大部分行政机构是在州一级运作，而不是在联邦范围内运作。随着时间的推移，州际商业和工业的客观进展促使联邦政权加速建设。

建立联邦行政机构的第一步通常被认为是在1887年开始的，当时成立了州际商业委员会来管理铁路。[2] 同年，当时仍是政治学家的伍德罗·威尔逊（Woodrow Wilson）发表了一篇著名的关于行政管理的文章，他敦促改进科学路线，建立一个与政治无关的行政领域。[3] 这种思路得到了相当大的支持，因为它削弱了人们对法院保护公众免受大企业侵害的能力的信任，以及人们日益意识到政党赞助并主导了国家行政管理。[4] "法院和政党"体制正在进行改革。

随后，美国成立了更多的监管机构和理事会，特别是在"进步时代"。后来，在威尔逊总统的领导下，美国成立了联邦贸易委员会（FTC），以及美国联邦储备系统（简称美联储）。美联储是在1907年银行业恐慌引发多年争论之后成立的。

直到20世纪30年代，在股市崩盘之后，面对经济萧条，新政要求体制改革，果断地将各种权力集中到联邦中心，使意见两极分化，并设定了未来几十年各行政部门之间打交道的方式。甚至80年后，关于新政的讨论仍在继续。有人给罗斯福总统贴上"独裁者"的标签，说他带领这个国家走向"共产主义"或"法西斯主义"。来而不往非

---

[1] For a leading summary history of US legal scholarship and doctrine on agencies, see Stewart, "Reformation of American Administrative Law" and "Administrative Law."

[2] Mashaw, *Creating the Administrative Constitution*.

[3] Wilson, "Study of Administration."

[4] Glaeser and Shleifer, "Regulatory State."

礼也。在最高法院否决了他的部分重大举措后，罗斯福推动了增加最高法官个数的计划。他在参议院的支持者给最高法院打上了烙印，说最高法院是"独裁者"，已经把美国推向了"法西斯主义"。据说这些主要是白宫笔杆子"造"出来的。①

具有讽刺意味的是，最高法院保留了大部分法律，这些法律设立了一大批不受总统权力影响的独立机构，包括由美联储新成立的货币政策委员会、联邦公开市场委员会（FOMC，财政部长因此被免职），以及包括美国证券交易委员会和国家劳动关系委员会（NLRB）在内的一系列监管机构。这些机构都由多个议会成员组成的委员会或理事会领导。

新的治理结构很快引起争议。早在1937年，这些新兴机构就被贴上"无头脑的第四权力分支"的标签。詹姆斯·兰迪斯（James Landis）曾在联邦贸易委员会任职并担任美国证券交易委员会主席，他认为这一说法"有点歇斯底里"，并对此做出了回应，提出了政策制定权下移的典型理论：与将政策交给政治家相比，独立机构的专业知识将改善人民的福利。② 但到20世纪60年代初，在为当选总统的肯尼迪提供咨询意见时，兰迪斯却主张由一个单一机构决策，以便激励机构工作并赋予总统任命权优势。③

近几十年来，行政部门一直想扩大政府机构的控制权。自里根和克林顿部署行政命令（EOs）以推进各自截然不同的监管理念以来，行政命令在监管领域的使用越来越多。④ 这被视为将民主制运用于机构政策的制定，当然，这需要在大选后做出改变，并基本上无视"独立机构"这一议题。

---

① Shesol, *Supreme Power*, chapter 20, p. 350, quoting a 1937 radio address by Senator La Follette.
② Landis, *Administrative Process*. 兰迪斯积极参与了最初的证券监管法规的起草工作。
③ Landis, "Report on Regulatory Agencies."
④ 克林顿的第12866号行政命令（1993年9月30日）。卡根（Kagan）的《总统行政》（Presidential Administration）是在其成为最高法院法官之前，为克林顿政府工作之后出版的。For background on presidential EOs, see Chu and Garvey, "Executive Orders."

## 何为"独立机构"之困惑

历史掩盖了许多重要的细微区别。第一个是独立机构和行政机构之间的关系（在美国，这两种机构有点奇怪）。前者超出了总统的日常控制范围，基本上不受行政命令约束，因此也不受某些规定的限制，例如，规则草案必须交给美国行政管理和预算局审查。[1]

这些独立机构偶尔会进入政府高层的圈子，例如，奥巴马总统在2011年通过一项训诫令，促成了白宫官员与美联储主席本·伯南克（Ben Bernanke）之间的良好沟通。但是，这些与民选绝缘的机构在很大程度上坚守了国会和最高法院赋予它们的独立定位。[2]

因此，在这一背景下，何谓独立机构显然很重要。简单地说，美国法律的核心原则是，国会是否能自由决定某一机构的高层岗位人选。法院在20世纪30年代裁定的关键案件直接与政治隔绝有关，因为罗斯福想要换掉一位与他立场相反的联邦贸易委员会委员。[3]

这一原则有助于辨别某些行政机构的类型。这些机构不由内阁部长领导，但仍在总统的控制范围内，因为它们的决策者可以随时被撤职。因此，美联储、美国证券交易委员会、美国商品期货交易委员会和联邦存款保险公司都有独立人事任命权，但美国国家环境保护局

---

[1] 这类审查是由信息与监管事务办公室进行的，该办公室是根据1980年的《文案削减法案》由美国行政管理和预算局（OMB）设立。该法案免除了"独立监管机构"的各种条款，并包括19家此类机构的非详尽清单，机构包括美联储、美国证券交易委员会、美国商品期货交易委员会（CFTC）和联邦存款保险公司（FDIC）。因此，它们未包括在行政命令中，这些行政命令要求信息与规制事务办公室（OIRA）审了指导过正式成本效益分析的重要政府规则和条例草案。Chu and Shedd, "Presidential Review."
[2] 奥巴马的第13579号行政命令指出，独立机构应该（不必须也不应该）遵守对执行机构有约束力的命令；同时，见2011年11月8日美联储主席伯南克给信息与规制事务办公室负责人卡斯·桑斯坦（Cass R. Sunstein）的信件。
[3] 在汉弗莱执行人诉美国案（1935）中，法院的结论是，如果国会立法规定，军官只能因故而被解雇，那么总统不能仅仅因为意见分歧而解雇他们。这起案件被普遍视为美国独立机构可接受的信号。同一天，在谢克特案中，法院裁定新政法规中的一个授权是违宪的。这两项决定是一致的，与其后的许多决定形成鲜明对比。

(EPA)却没有。① 在这样一个体制下，内阁一把手既不是由人民也不是由立法机构选出的，他们和行政机构的一把手一样，本质上是总统的帮手。独立机构是不同的。

在过去的几十年里，国会为监管机构提供了各种形式的保护，使其免受总统权力影响，造成了其与民选行政部门的分离，情况异常复杂。这掩盖了机构与国会的日常政治隔绝问题，而在美国的政府体系中，国会几乎不能被忽视。② 除了是政策制定者确认、监督和调查方面的工具外，国会还是一个重要的常规工具——年度预算拨款，该工具的使用频率可以保证其权力运转（正如我所知道的，以及大多数监管委员会主席都会证实的那样，应该说，不要总是抗议）。③

因此，是否有独立人事任命权并不能很好地衡量机构是否与政治隔绝。第二个是美国人和欧洲人眼中独立机构的区别。在上面列出的独立机构中，国会控制着美国证券交易委员会和美国商品期货交易委员会的预算，但不控制美联储和联邦存款保险公司的预算。

第三部分的讨论证实了这一观点。对于立法者在多大程度上将独立机构与总统和国会隔离的问题，几乎没有原则性依据。

## 美国行政机构合法性的历史争论

这种混乱引发了长达数十年的激烈辩论，如给机构授权是否违宪，

---

① 有趣的是，美国证券交易委员会的成立章程中没有明确的"仅原因"条款，但也许因为它是在汉弗莱案之前设立的，反映了其委员会结构，所以法院裁定其委员有工作保障。
② 达特拉（Datla）和里夫斯（Revesz）对机构与总统的隔离程度做出评估［见《解构独立机构》（Deconstructing Independent Agencies）］。该文件将国会的预算控制从其独立性指标中删除，因此，最好将其视为根据美国机构与政治的正式分离程度对其进行分类的重要基础。令人惊讶的是，尽管美国的法律学术领域主要关注机构与总统的隔离问题（因为这偶尔会引起诉讼），但美国政治学的分析部门往往侧重于机构与国会的隔离问题。泰瑞·莫（Terry Moe）长期以来一直主张更普遍的政治学参与。E. g., Moe, "Political Institutions." Also Kruly, "Self-Funding."
③ *Harvard Law Review* Notes, "Independence."

是否违反美国三权分立的价值观,是否破坏了法治,以及是否损害了人民的福利。对一些人来说,对这些问题再怎么讨论也不为过,特别是对美联储的授权,前众议员罗恩·保罗(Ron Paul)对此投入了大量精力。①

美国宪法对行政机构几乎没有任何规定。结果,一方面,有人认为国会在设立自由裁量权并将其完全下放给各机构时犯了错误;另一方面,国会应制定详细的法规,以便行政和司法部门至少能按部就班地执行。随着时间的推移,最高法院不愿意对授权立法,这一理念基本上被搁置下来。但以下两种反对意见也面临类似的情况。

一是,有人仍会重点关注授权给法定目标不明确的机构,即所谓的"追求公众利益",他们认为这违反了法治精神,而这是我们追求民主制度的要义所在(第9~第11章),所以在第三部分(第14章)我们提出了具体建议。②

二是,以孟德斯鸠三权(立法权、行政权、司法权)分立原则建立的政体,试图将国家的三种职能重新组合在其监管机构中(如起草具有法律约束力的规则,检查遵守情况,调整实施手段)。有人对此表示抗议,这是对"第四权力分支"的一种反对。如果存在这样一个分支的话,它可能会藐视美国宪法所承载的国家基本架构或价值观。③

这与对武断行使权力的担忧有关,并导致对行政决策的制约因素的讨论更加普遍。自1946年以来,该制度的基石是《联邦行政程序法》(APA),经过十年的谈判,该法确定了关于特定案件的裁决程序和通过具有法律约束力的规则制定一般政策规范的要求。在接下来的几十年里,尽管最高法院偶尔会"踩刹车",但联邦法官已经详细阐述了这些制约因素,特别是"通告和评论(或非正式)规则制定程序",效果可圈可点(第15章)。④

---

① Paul, *End the Fed*.
② R. Epstein, "Why The Modern Administrative State." 许多美国文献把法治等同于美国宪法。
③ Lawson, "Administrative State."
④ The brake was applied in *Vermont Yankee Nuclear Power Corp v. NRDC*, 435 US 519 (1978).

今天这些辩论仍在继续。正如第一章中所说，除其他悬而未决的措施外，众议院提出了美国《行政审查法案》。如果它通过并成为法律，将要求所有重大规则必须得到众议院和参议院的批准，两院中任何一个不作为，就相当于投了否决票。这将使国会在规则制定方面的影响力远远超过法案审查。该法案在 1996 年通过后，一直到 2017 年都没怎么被应用。① 作为对美国政府担忧的象征，《行政审查法案》不可避免地引发了一场学术讨论，即国会有权通过哪些程序合法地干预监管规则的制定。②

## "公共利益"与利益集团自由主义

与此同时，自 20 世纪 60 年代以来，美国行政机构的做法似乎遵循了一些直接民主的价值观（第 9 章）。如果美国进步时代（1890—1913）的体制改革旨在打击强盗大亨的影响力，而罗斯福新政被视为，给予专业人员高于民选官员的地位，那么在 20 世纪 50 年代，谴责监管机构的政治学家，被认为已被资本俘获。首先，塞缪尔·亨廷顿（Samuel Huntington）分析了铁路公司如何控制州际商业委员会，该委员会最终被废除。随后在一次激烈的讨论中，马弗·伯恩斯坦（Marver Bernstein）将"俘获"合理化，将其视为机构生命周期的一部分：早期的承诺、活力和正直不可避免地让位于迟钝和服从。③ 具有讽刺意味的是，左派也提出了同样的批评，他们把行政机构视为公司自由主义的工具。

---

① 美国《行政审查法案》规定，国会两院通过一项不被总统否决的明确决议，可以加快取消相关规定。在过去，最高法院最终裁定国会试图对众议院的行政决定拥有否决权的努力不符合宪法。*Immigration and Naturalization Service v. Chadha*, 462 US 919 (1984).
② Siegel, "The REINS Act."
③ Huntington, "Marasmus of the ICC"; Bernstein, *Regulating Business*. For a history of fluctuations in attitudes to capture, from a perspective not hostile to regulation, see Novak, "Revisionist History" in Carpenter and Moss, *Preventing Regulatory Capture*.

这些思潮愈演愈烈，演化到最后，它们认为不存在与个人或部门利益不同的"公共利益"。受这种"利益集团民粹主义"学说束缚，有人开出了"民主化"的处方：机构政策制定向社会各阶层开放，由机构扮演公断人的角色（第3、第11章）。①

从20世纪60年代开始，新左派扎根于民权运动，并建立了"公共利益"团体，以谋求在更普遍的领域，特别是环境领域进行监管。②公共政策能够而且应该为公共利益服务，但它并非总能通过传统的渐进谈判得到保障。里根和克林顿当局的解决方案是承诺进行综合成本效益分析（cost-benefit analysis，简写为CBA，第3章）。

相应地，自由民主的价值由多方来实现（或挽救），开明－理性主义倡导者主张进行科学调查，参与性左派主张进行公众协商，宪政右派主张向法院提出挑战。然而，正如我们所看到的，该一揽子计划的第一部分（要求成本效益分析的行政命令）并不适用于独立机构。

## 未竟事业

显然，美联储并不是唯一一个对民主赤字或权力滥用担忧的机构。自20世纪60年代初，宪法学者亚历山大·比克尔（Alexander Bickel）将最高法院对国会立法的司法审查描述为"美国民主制度的偏离"以来，合法性问题就一直笼罩在美国非民选机构之上。③

有人认为，在"9·11"事件或2008年金融危机等国家危急时刻，这种担忧最为明显，当时只有总统才能发挥必要的领导和协调作用，以使国家安全渡过难关。他们认为，在这种情况下，国会和法院别无选择，只能默许法定授权和权力被延伸到（如果不是超出）它们已知

---

① Shapiro, *Who Guards the Guardians?*
② For the links between the emergence of public-interest lobbying groups and the 1960s' New Left, see Harris and Milkis, *Politics of Regulatory Change*.
③ Bickel, *Least Dangerous Branch*, p. 18. Notable recent reviews include Wallach, "Administrative State's Legitimacy Crisis," and DeMuth, "Can the Administrative State Be Tamed?"

的限度。① 但这忽略了选举产生的行政人员让非民选行为者（尤其是美联储或军方）介入事务的动机。独立机构在紧急状态中的作用是我们调查的主要问题，也是美国尚未解决的问题。我们在下一章将对此展开论述。

然而，目前的改革举措既针对正常情形，也针对例外情形。毫不夸张地说，国会的《行政审查法案》和其他法律草案将改变美国的行政机构，让国会在制定规则方面有更大的发言权，这会要求独立机构进行成本效益分析，并大幅削弱美联储与政治的隔离程度，但不会朝着有明确目标的授权迈进（第 13 章和第 14 章）。

## 欧洲：解决类似问题的不同途径

这不只发生在美国，但直到最近，欧洲才开始对行政机构产生类似担忧。自从现代政体逐步形成，欧洲人一直在讨论这些潜在问题。19 世纪初，德国哲学家黑格尔主张，政府应集中由官僚（而非民主）机构进行管理，包括司法人员在内的公务员将其价值观内化（一个新的"普遍阶级"）。② 半个多世纪后，伍德罗·威尔逊在其经典名著中回顾了同样的行政政府范例——普鲁士和拿破仑帝国。③

英国在一千年前就形成了强大的国家职能，当时其诺曼统治者编纂了"财产所有权审判书"。但直到 19 世纪中叶，英国才摆脱庇护，并形成专业公务员队伍。在欧洲大陆，强大的官僚机构旨在通过提高行政政府管理能力来阻止民主发展，而英国官僚机构服务于一个日益民主的议会负责的行政政府。

尽管在动机和合法性上存在差异，但英吉利海峡的任何一方都没有按照美国的理念设立现代监管机构，包括专门机构，以干预商品和服务的市场运作，直到最近。"工业政策"在"管制政策"之前试行，

---

① Posner and Vermeule, *Executive Unbound*; Wallach, *To the Edge*.
② Hegel, *Philosophy of Right*, sections 287 – 297.
③ Wilson, "Study of Administration."

特别是在第二次世界大战之后，公有制和经济控制成为国家干预经济的普遍手段。

只有在20世纪80年代私有化和经济自由化趋势确立后，"监管机构"才开始掌握实权，并通过削弱人们关于行业自治的信念而进一步强化这一权力。行业协会在法律和医学等领域的监管，即便没有几个世纪的历史，也是有几十年的历史。法定机构的设立填补了这一空白，将立法权从传统王室转移到民选立法机构，以满足消费者和其他人对国家保护的需要。事实上，前几代人对日常生活中无法规避的风险的容忍度明显普遍下降，这在一定程度上促使监管干预的范围不断扩大。①

一位政治理论家称由此产生的治理制度"限制了平民民主行政机构的地位"，但这仅仅提出了"是否足够受限"和"有多么民主"的问题。②

这些共同的问题随着欧洲国家的政治、司法、政府传统和问题的不同而有不同的表现。

## 英国

在20世纪上半叶的英国，议会下放更多的准立法权和准司法权，引起了普遍的关注和公众辩论，这后来在美国也引起了普遍关注。③但这些权力都被给了民选政府的部长。直到20世纪90年代，在新西

---

① Majone, *Regulating Europe*, chapter 3; Thatcher, "Delegation"; and Levi-Faur and Gilad, "Transcending the Privatization Debate," an extended review of three books on regulation. 风险容忍度的转变，以及英国对基于规则的监管和合规文化的偏好，是其中一本著作——鲍尔的《审计社会》(*Audit Society*) 的主题。
② Muller, "Triumph of What."
③ 首席大法官休厄特（Hewart）在1929年出版的《新专制主义》(*The New Despotism*) 一书中，对日益壮大的行政机构进行猛烈抨击，引发了一次政府支持的审查。但是政府并没有实施多诺莫尔委员会提出的改革。Bingham, "The Old Despotism," chapter V (2), *Business of Judging*.

兰新公共管理（NPM）思想和理论的影响下，才有大量的权力被下放给各机构。①

对英国来说，这导致了意识形态治理的转变，包括权力下放，或者更重要的是，大臣们放手了。其中一条与伍德罗·威尔逊及其 20 世纪初的追随者的政治/行政二分法相呼应。为了提高效率，政策（为当选的大臣保留）可以而且应该与执行或"交付"（下放给各机构）分开。

另一股潮流，在 1997 年英格兰银行独立后获得了支持，通过将一些（受限的）政策选择与政治隔绝，以改善绩效。这导致了一系列独立监管机构的建立，其中包括如今还在运作的通信办公室（Ofcom）、天然气和电力市场办公室（Ofgem）、竞争和市场管理局（CMA）以及金融行为监管局（FCA）。此外，经济和竞争主管机构（第 3 章）都具有高度的正式独立性。

最初，这些机构的共同点是政治家将其设为单一目的机构，并根据业绩计量合同提供服务，这也是新西兰储备银行在 20 世纪 80 年代末采用的模式。该框架非常明确地体现了第一部分提出的委托代理理论。

这种授权不存在宪法障碍，因为议会已做出决定。它也没有给公法带来重大挑战，自 20 世纪 60 年代以来，英国法院恢复了普通法对行政决策的限制（第 15 章）。然而，在威斯敏斯特制度下，这不等于说没有政治宪法问题，只是问题主要围绕问责制。

## 复杂性和问责制

也许最能说明问题的是，如果议会成员很难理解政府的结构，那么议会就更难让民选政府承担责任。

政府研究所（IFG）作为一个无党派的英国智库，记录了各种各

---

① Hood, "Public Management." 一些新公共管理思想在克林顿政府中有受众。

样貌似独立的机构,对当选大臣们对下议院负责的问题记录不清。①非部级部门、非部委的公共机构、行政机构等没有明确的原则决定哪些职能可以委托给哪些类型的机构,而安德森非部门组织委员会早在1946年就提出了这个问题。更糟糕的是,在20世纪40年代末的一次努力后,甚至连一份可以下放公共权力机构的权威名单都没有,直到最近才有一份权威的有权授权机构的名单。②

用政府研究所的话来说,这是一个"问责泥潭"。行政内阁办公室试图澄清一些问题,下议院公共行政委员会对这些问题进行了审查。③ 然而,到目前为止,这些工作主要是对问题进行分类,而更加需要的是对不同程度政治隔绝的原则性规范。结果看起来,像英国人对权力的分配变得漫不经心了。

### 问责制和部级控制

这不是抽象的问题。事实证明,即使对最简单的执行机构来说,政策和执行之间的分界线也不像想象的那样清晰。任何经验丰富的央行行长都熟悉在高调政策和具体执行之间存在的操作政策。其他领域当然没有不同。虽然这很少出现在新闻中,但操作政策并没有与公众利益隔绝。

举一个政策设计不完善的例子。在2014年暑假到来之前,护照签发和更新的工作出现了严重积压。当它成为国家新闻进而出现在议会上时,大臣们将护照办公室重新置于他们的直接行政控制之下。虽然

---

① Institute for Government, *Read Before Burning*; followed by Rutter, *Strange Case*.
② Flinders, *Delegated Governance*, chapter 3.
③ Rutter, *Strange Case*. Cabinet Office, *Public Bodies*. 截至2016年12月30日,英国内阁办公室网站的记录显示,英国政府包括25个部级部门、21个非部级部门以及375个机构和其他机构。英国竞争和市场管理局、天然气和电力市场办公室被列为非部级部门,而通信办公室、英格兰银行和金融行为监管局则被包括在机构和其他机构中。早些时候,在2004年,上议院宪法委员会建议设立一个两院联合委员会,来监督国家的整体治理。

从表面上看，这一职能似乎只是被纯粹执行，但已通过的一项操作政策决定，对紧急案件征收特别费用以解决积压问题。出人意料的是，价格分配并没有受到公众的欢迎。这引起了公众的强烈不满，用英国的经典谚语来说就是，大臣们需要有所作为。重新采取积极的控制措施似乎符合这项政策，也许是因为大臣们确实对持有护照、即将度假的公民的诉求更敏感，不管他们的财务状况如何。

虽然在授权的明确性问题上有各种教训，但这类问题几乎不可避免地会影响到执行机构，部分原因是，在形式上，大臣们仍然负责。尽管该问题在公共行政学上引起了兴趣，但这种授权只是行政政府关于组织结构的尝试。当大臣们通过议会明确地把法律规定的权力交给独立机构时，就不能这么说了。

## 问责制和高层政策

在赢得1997年大选的几天后，工党政府宣布将立法以赋予英格兰银行"业务独立性"，这一变化是显而易见的。尽管这项措施被谨慎地贴上了标签，但保守党反对。保守党影子内阁财政大臣彼得·利利（Peter Lilley）表示："该提案在加强反通胀斗争方面有着明显的吸引力，但很难与议会制政府体制保持一致。"[1]

在议会民主制中，（行政）政府只有在获得议会多数席位并因此通过立法程序的情况下才能成立。一旦它无法做到这一点，就要通过不信任投票予以确认，这样的话，就必须组建一个新政府，并在必要时举行大选。正如1918年霍尔丹关于政府机构的报告所强调的那样，这是一种宪法体制，部长们需要对选举产生的议会负责，议会正式决定是否维持其对总统及其内阁的授权。因此，将公共政策从众议院议长手中夺走并不是一件小事，除非找到其他办法让立法机构不断审查其授权的可接受性。

---

[1] Peter Lilley, Shadow Chancellor of the Exchequer, Hansard, HC Deb, 11 November 1997, vol. 300, cc. 725–726.

具有讽刺意味的是，正如在英格兰银行获得独立性的前几年有人所指出的那样，事实上，议会中很少有人向财政部长询问政府的货币政策。只有当一个政策框架崩溃并让位于另一个政策框架时，议会才会对此感兴趣。① 这并不令人惊讶。假定政府由议会多数党组阁，那么议员们只有在真正重大的问题上才会对部长们举行听证会。如我们在第三部分中讨论的那样，授权改变了他们的动机。

### 问责制和危机管理

2007—2008 年金融危机突出了这一问题的另一个方面。

一方面，即使尘埃落定，也没有多少人抗议政府以创新的方式进行反恐立法部署，以帮助保护英国人民免受冰岛银行崩溃的影响。另一方面，立法者关心的是主要机构之间的分工，以及它们可以追究谁的责任。在 20 世纪 90 年代中后期建立现行监管架构时，议会提出"到底由谁负责"的问题，要求政府、央行、审慎监管机构和证券监管机构进行合作并不是难以想象的事情。

换句话说，英国面临着类似于美国的紧急状况：在一场全国性危机期间，机构独立性如何与协调的需要（或者说是政治领导力的需要）保持一致。

### 欧盟

无独有偶，英国不是唯一陷入此困境的欧洲国家。

与其他民主国家形成对比的是，二战后德国制定的宪法（或基本法）确实对行政机构做出了规定，因此很少或根本不存在美式的机构合法性问题。此外，正如我们将在第三部分中看到的那样，政治与机构、结果与手段（严格意义上的）二分法深深嵌入德国的政府观念。这一观念起源于马克斯·韦伯（Max Weber）在 20 世纪初的著作，该

---

① Roll et al. , *Independent and Accountable.* 当时民主党的赤字问题是一个焦点。

著作将官僚视为以规则为基础的政策的理性主义执行者。①

德国著名公共知识分子尤尔根·哈贝马斯主导了关于国家行政管理范围和方法普遍合法性的辩论，但政治隔绝并不是其中的核心问题。② 最有可能的原因是，宪法明确将政府置于部长的控制之下（第13章）。

在国家对强制性权力垄断的合法性方面，哈贝马斯也有所研究。与之相比，法国治理结构的发展似乎引发较少学者的参与。因此，米歇尔·福柯对权力的全面研究，以及后来对"治理思维"和"行为准则"的强调，远远超出了传统国家机构及其演变的模式，以至于像独立机构这样的创新看起来并不是什么大事。③

然而，绝对不能忽视法国在这方面的探索。皮埃尔·罗桑瓦隆等政治理论家专门探讨了独立机构和宪法法院等非民选权力拥有者的合法性条件。④ 更重要的是，政府部门本身特别重视关键利益。这似乎植根于法国的共和制度和传统。和英国一样，法国有非常能干的行政精英。不同之处在于，其被理解为代表公共利益，这就提出了一个问题，即如果民选行政官员控制下的核心公务员不执行政策，那么如何使这一问题在政治和宪法上说得过去。

20世纪90年代初，克里斯蒂安·诺耶（Christian Noyer）在就任法国财政部长之前，曾担任央行行长。作为财政部长，他认为只有一个法兰西共和国，且权力不可分割，货币政策独立性不适用于本国。⑤ 当时，法国最高行政法院也同样关注与政府关系密切的机构的统一性，在几年后才开始接受这一观点。⑥ 然而，正如本章的引语所说，法国政治家们偶尔也会采用与1937年美国布朗洛报告较为类似

---

① Weber, "Bureaucracy."
② 这些问题在哈贝马斯的《合法性危机》（*Legitimation Crisis*）中被提出，并在他的《在事实与规范之间》（*Between Facts and Norms*）中被展开讨论。
③ Foucault, *Birth of Biopolitics*.
④ Rosanvallon, *Democratic Legitimacy*.
⑤ Noyer, "A propos du statut."
⑥ Conseil D'État, *Rapport*.

的语气。

在欧洲各国，行政机构的组成方式深受欧盟的影响。但是很多事情的本质远不像表面看起来那么和谐。欧盟中央预算比各成员国预算的规模要小得多，即使在注重生产侧的社会民主鼎盛时期，关于生产、分配和交换的公有制从来都不真正是欧盟整体建设的一部分。因此，可实现的是达到商品和服务"单一市场"所需的统一的、最低的标准，换句话说，需要的是欧盟层面的监管机构。

最初，这一目标通过要求指定的国家机构使用欧盟法律来实现，或要求本国法律遵循欧盟法律（"指令"）或直接使用欧盟法律（"条例"）来实现。[1] 随着时间的推移，在某些领域特别是公共事业监管领域，欧盟要求监管机构不受政治干预。通过这种方式，独立机构在所有欧盟成员国都找到了一席之地，即使以前与当地法律格格不入（第13章）。

然而，这与建立泛欧盟独立机构的理想相差甚远。与美国相比，欧盟的基本条约同样没有明确为这些机构留出空间，但早期欧洲法院的一项裁决禁止根据欧盟条约将职能完全下放给欧洲委员会。[2]

直到最近，其影响是，只有行政性职能，而非发布具有约束力的规则等准立法职能才能被下放。这导致大量的欧盟机构只能提供建议并执行，但没有制定政策的权力。金融危机之后，这种情况发生了变化，欧盟理事会在欧洲议会的同意下，将原先的一些协调机构转变为正式的监管机构：欧洲证券及市场管理局（ESMA）以及主管银行和保险的类似机构。

特殊的制约因素依然存在。值得注意的是，欧洲议会和欧盟理事会仍然制定了核心的（用欧盟的话来说，是第一级）监管要求（如银

---

[1] 在20世纪60年代初（英国加入欧盟10多年前）欧洲法院做出裁决后，欧盟法律已被普遍认为正式压倒国内法。这一点在欧洲以外并不为人所知。*Van Gend & Loos*, 1963: discussed in Van Middelaar, *Passage to Europe*.

[2] *Meroni*, 1957/1958. 这一案件涉及欧洲煤炭和钢铁共同体的最高权力机构，后来又改为欧洲共同体委员会。

行资本金要求），同时对新监管机构制定的所谓二级规则拥有否决权。虽然这对议员们来说是一项相当艰巨的技术任务，但它确实引入了政治监督的因素，这涉及部分成员国（包括英国）政府的权力超出了本国法律规定的范围的问题，并为欧洲提供了国会议员一直在寻求的美国规则的制定标准。

当然，到目前为止，最著名的欧盟独立机构综合了这些措施。为推动建立货币联盟，欧盟成员国承诺签署条约让渡其国家央行的独立性至欧洲央行，各国央行是欧洲央行政策委员会的成员。欧洲理事会和欧洲议会都不得干预欧洲央行或改变其政治属性，除非全体成员国一致同意修改条约（部分国家还要求全民投票）。用法律专家的话来说，该制度根深蒂固（第8章和第11章）。金融危机促使银行体系审慎监管权被授予欧洲央行，这引起各方对欧洲央行的抱怨，以及对欧盟自身民主赤字的普遍关注。其实在此之前，就有人批评欧洲央行缺乏民主性，没有得到全部欧洲公民的一致认可。

## 由独立监管机构组成的国际政策制定小组

在某种程度上，欧盟是独立机构演变的最终因素的区域性变体，它属于这样一个场景设定：来自不同司法管辖区的独立机构制定了集体国际化政策。

对于所有经济发达的民主国家，部分公共政策是由国际组织制定的，如国际货币基金组织，这些组织根据条约建立（但与欧盟不同，它们不制定法律法规）。而更多的政策是在国际会议上制定的，这些会议或许只有非正式的权力，但有很大的影响力。一些涉及核心行政部门，另一些则只涉及独立机构，其中最著名的是各国央行在巴塞尔举行的会议。

自金融危机以来，非正式国际政策合作的效力显而易见，体现在二十国集团（简称G20）领导人首脑会议通过的改革措施，以及二十国集团金融稳定委员会（FSB）框架下由国际证监会组织（IOSCO）

推动的改革措施。①

这暴露了国际政策制定与各国自决权存在的潜在紧张关系。欧洲议会经济委员会是欧盟各项监管指令和条例的制定者，2014年12月，在回应巴塞尔委员会对欧盟执行《巴塞尔协议》情况的综合审查时，发表了以下声明②：

> 欧洲议会的绝大多数成员不能接受巴塞尔委员会对经济融资工具提出的质疑……我们知道国际合作的必要性，但欧洲法律是由欧洲议会和欧洲理事会制定的。在没有合法性和透明度的情况下工作的机构，其不能改变欧洲机构以民主方式做出的决定。

时任美国参议院银行委员会主席理查德·谢尔比（Richard Shelby）也表达了类似的看法：③

> 我们必须质疑，金融稳定委员会对美国监管进程施加的影响是否真实，是否适当。美国监管进程如果仅仅被用来证明一个国际组织的决心是正当的，而不是用以进行独立分析，那么它就没有什么价值……此外，国际监管机构在国内规则制定中的存在只会加剧对监管问责制的挑战，因为它允许做出超出国会审查范围的决定。

这种腔调并不新鲜。20年前，当美联储经过半个多世纪的努力，

---

① 借用国际关系理论家的说法，巴塞尔委员会和国际证监会组织是跨政府组织，这是由基欧汉（Keohane）和奈（Nye）在1974年创立的一个新词，意为"跨政府关系"，恰巧巴塞尔委员会成立于那一年。它们是一种特殊的变体，与由行政部门代表组成的机构不同，它们的成员或多或少地与本国的日常政治隔绝。
② 欧洲议会委员会，"对意见做出反应"。对非欧洲读者而言，欧盟法规与美国联邦法规相同，而指令则是一项具有约束力的法律，要求成员国将其详细规定纳入本国法律或监管规则。
③ Shelby, "Trouble with Dodd-Frank."

/43

终于成为国际清算银行的正式成员，填补董事会席位的空缺时，一些国会议员感到担忧。众议院小组委员会时任主席担心："这是否会使美联储在某个时间点……与它享有的国内独立性冲突。"①

这带来了另一个问题。即使在确保各国民主合法性的情况下将权力授予独立机构，但当这些独立机构参加国际会议，就全球（或全球大部分地区）的共同政策达成一致时，会发生什么情况？在没有代表世界人民的全球或国际民主大会的情况下，巨额民主赤字是否会重新出现？

这与十年前哈佛大学政治理论家丹尼·罗德里克（Dani Rodrik）提出的论点很接近，即全球化、自治民族国家和民主之间将存在一种致命的紧张关系。②

## 共同的难题：授权与民主

总之，虽然这些"故事"有重要的不同之处，但有两件事是共通的。一是共同的趋势，即监管不断地干预经济和社会生活，二是对将如此多的公权力授予独立于日常民主控制的机构的合法性，存在共同的担忧。

其结果是，世界各民主国家在实践和概念上都在努力，以使独立机构融入一个负责任的政府体系。就其本身而言，这不太可能引发一场"民主危机"，有些人在20世纪70年代曾夸大这种危机。③ 但非自由主义民主下，在面对以上复杂情况时，不负责任的精英们组成的政府的确会重新引发人们的担忧。

为了深入探讨独立机构的合法性问题，我们需要停下来去反思行政机构的目的和建设的理念、理论和信念。这是接下来两章的主题，然后，我们探讨授权原则的初步框架。

---

① 众议员鲍·坎约斯基（Paul Kanjorski）援引了西蒙斯的央行的"合作"。美联储的确加入了国际清算银行。
② Summarized in Rodrik, *Globalization Paradox*.
③ Crozier, Huntington, and Watanuki, *Crisis of Democracy*.

# 3
# 行政机构的目的与职能模式

> 企业唯一的社会责任，是利用它的资源来增加利润，从而遵守市场的游戏规则。
> ——米尔顿·弗里德曼（Milton Friedman），
> 《纽约时报》，1970 年①

> 我坚持将效率和再分配问题分开，因为这种分离对于监管政策的实质合法性至关重要。
> ——贾恩多梅尼戈·马琼（Giandomenico Majone），1996 年②

上面引用的第二句话来自贾恩多梅尼戈·马琼，他是欧洲最有影响力、最有魅力的监管机构研究专家。过去 25 年，欧洲的公共事业和"战略"产业的公共所有权制度逐步被"受公共监管的私人供给"制度取代，这句话反映了这一时期在欧洲一直占据主导地位的合法化战略。

这是一个关于合法化的研究，迎合了 20 世纪中叶出现的经济思想，其有效性取决于它的稳健性。事实上，这些想法是有争议的。20 世纪初，经济学家把监管作为解决市场失灵和公权入侵的一道屏障，但从 20 世纪中叶开始，人们对权力的担忧逐步减少，经济学家、公共知识分子和政党则开始围绕"市场失灵"还是"政府失灵"是更大的

---

① Friedman, "Social Responsibility."
② Majone, *Regulating Europe*, chapter 13, p. 296.

问题，发动了一场思想之战。

通常，在美国，尤其是在竞争政策领域，即使观念和理论已经发生了变化，法制仍然难以与时俱进，因此技术官僚和法官被迫在没有显性民主认可的情况下制定重大政策。这一点以及马琼观点的深层含义将贯穿本书的始终。围绕经济学的理论、观点和论点，这一章主要介绍关于政府事务如何在政治家、技术官僚和法官之间分配的理论。①

## 国家机构的框架

第一部分提及国王或王后以及他们的政治接班人，他们为什么要接管军队、造币厂和税务部门？为什么在一方面进行垄断，又在另一方面拒绝垄断？为什么制定贸易规则、某些商品和服务的标准以及社会生活的行为准则？换句话说，国家的目的是什么？20世纪，独立的政策机构能否在其中找到一席之地？

随着技术、期望和信念的改变，人们对很多事物的看法都发生了变化，尤其是关于区域和人的观念发生了变化（第二部分）。尽管如此，有些普遍的主线从一开始就保持不变。国家提供了内外部安全保障。它为各团体提供了一种机制，使它们在需要协调或希望在民间或贸易方面进行合作时，能够遵守共同的行为规则。若要具有约束力，这些规则（或法律）需要在违法行为冒犯社会利益的情况下得到执行，或在一个人与另一个人之间发生可能破坏"公约"的严重争端时接受权威裁决。

为了履行这些职能（或者像现在一些人所说的提供这些服务），国家必须拥有资源（税收）。为了避免不断依赖强制性以及资源的消耗，国家的作用必须被大部分人认定为具有合法性。我们有一个关于国家的描述，这种思想至少可以追溯到17世纪的英国政治思想家托马斯·霍布斯（Thomas Hobbes）。

随着我们进入自由主义时代，国家被认为是用来构建和实施权利：

---

① 感谢安德烈·施莱弗（Andrei Shleifer）敦促我强调，为什么20世纪的福利经济学理论对我们研究独立机构很重要。

最初是财产权，逐渐地——有人可能会说，是渐进地——其对社会其他成员的权利主张，被视为基本权利或应享权利（可能会削弱一些互惠义务）。国家开始保障贸易和商业中人民（和群体）的利益，无论是雇主、工人还是中间人。它在安全方面的作用发展成为在不同群体之间重新分配资源，或是随着更多的人获得政治权利（通过扩大选举权）维持政治稳定，或是追求正义的理想，或是两者兼而有之。最后，国家作为最后承保人出现了，将灾难的成本在当代和后代之间进行分摊，以保证社会福利和稳定，并保证在未来都能实现美好的理想。①

这一熟悉的说法为我们提供了一个简单的框架，可用来思考国家对我们产生影响的方式及其目的。

## 国家机构职能模式

国家机构似乎在四种模式中发挥作用：

- 服务机构，提供信息、教育、保健服务和具有约束力的争端裁决（私法）。
- 财政机构，直接干预市场（例如，通过征税或补贴举措）。
- 监管机构，在社会的部分或全部领域，制定和执行具有法律约束力的规则（包括刑法）。
- 可能还包括紧急机构，在特殊情况下中止某些法律或规范，以维护或恢复（经济、社会或物质）秩序。

这些职能并不是独立的，有些依赖于其他职能。例如，提供经济和社会信息服务的职能依赖于从家庭和企业收集数据的监管职能，而这又依赖于惩罚违规行为的职能。此外，职能模式也可以捆绑在一起，最明显的是，当政府通过财政机构和服务机构作为最后承保人运作时。

---

① 想要了解不同思想的经济学家对国家角色的看法，请看布坎南（Buchanan）和马斯格雷夫（Musgrave）的《公共财政》（*Public Finance*）。

在整本书中，我使用"行政机构"一词来指代包含四个机构的政府机构。它背后隐藏着强制执行机构的权力和能力。由于我们关注的是国家远离政治的机构的合法化，我们仍然需要讨论执行机构。

行政机构的常规职能如服务、财政和监管，都是在法律范围内运作的，其行使由更高一级的立法机构授予权力，并有义务遵守法律。一定程度上，据此可以预见它们非任意性行使被赋予的权力的意义，这是我们在第二部分（第 8 章）中讨论的"法治"价值观之一。

监管机构的独特之处在于，它颁布了对自身具有法律约束力的规则。但这并不意味着它的目标总是与众不同。对于任何既定目标，国家都可以通过其三种职能模式中的一种来实现。例如，它希望向某一经济领域提供信贷，那么它可以设立一家国有银行来提供贷款（服务机构），或通过担保（财政机构）补贴私营部门，或规定银行对这类贷款（监管机构）放低要求或零利息。

## 机构的目的

因此，行政机构的职能类别或运作形式在维度上不同于机构。为此，我参照已故的理查德·马斯格雷夫的公共财政经济学理论，区分了四种不同的目的：国家安全、分配效率、分配正义和宏观经济稳定。①

因此，在研究行政机构的影响和权力时，我们可以设想一个 4×4 矩阵。每个机构根据它的职能类型和服务目的，被分到一个或多个单元格。例如，警察属于服务、安全机构；军队属于紧急、安全机构；补贴抵押贷款的美国政府支持企业（GSE）如房利美和房地美是财政分配机构；公共事业监管机构被普遍认为是监管效率机构（第 5 章和第 7 章）。具体见表 3.1。

除了民选行政政府的核心外，国家的大多数机构只具有四种职能中的一种。例如，证券监管机构是监管机构的一种，政府债务管理机

---

① Musgrave, *Theory of Public Finance*. 马斯格雷夫忽略了国家安全，大概是因为他对经济政策感兴趣。

表3.1 机构目的矩阵

|  | 行政机构 | 监管机构 | 服务机构 | 紧急机构 |
|---|---|---|---|---|
| 分配效率 | 税收外部性 | 竞争管理机构、公共事业监管机构 | 对争议进行司法裁决的国家统计部门 |  |
| 分配正义 | 福利金、美国住房政府支持企业 |  | 公立医院 |  |
| 宏观经济稳定 | 货币政策 | 银行审慎监管机构 | 银行的银行家 | 最后贷款人 |
| 国家安全 |  | 刑法 | 警察 | 武装部队 |

构是财政机构的一种，公立学校或医院只是服务机构的一种。欧洲的旧国有工业体系也是如此。

中央银行是不同的，体现在国家的每一种职能模式上。它们从事金融操作，可以使国家的综合资产负债表发生实质性改变，这使得央行具备财政机构的性质（第22章）。

2008/2009年金融危机之后，几乎所有主要中央银行都制定了关于银行治理的规则和政策，在一些国家，还涉及金融体系的其他部分，这使得它们成为监管机构（第21章）。它们收集并公布相关数据，在许多国家向政府其他部门提供银行服务，在一些国家经营债券或股票结算系统，这使它们成为服务机构。作为最后承保人能力中的一个要素，最后贷款人也是紧急机构（第23章）。

央行在机构目的矩阵中的地位在过去是很清楚的，但现在变了。传统上，它们的核心目标是宏观经济稳定。但在它们广泛发挥监管作用的地方，它们也可能有助于提高分配效率。一些评论员和政治家甚至呼吁它们为了分配正义而进行干预活动，例如向特定地区或部门提供优惠贷款。

因此，在4×4矩阵的16个单元格中，中央银行至少出现在4个乃至8个单元格中，特定情况下出现在12个单元格中。这是值得注意的，因为行政政府内的大多数机构只占一个单元格。总之，一种看待"全能公民"问题的方式是，去思考中央银行或其他任何独立机构是否会出现在机构目的矩阵的更多单元中。

## 福利、市场效率和分配正义

这是20世纪经济学的切入点,即根据国家对私人事务的干预能够服务于公共利益的条件,可以回答什么属于公共领域,什么属于私人领域的问题。

经济学流行词是效用、福利以及后来的效率、帕累托改进和公平。在一个资源受限的世界里,目标变成清除资源有效分配的障碍(被称为分配效率)。

### 福利

经济学家往往从个人理性的角度来看待世界,研究方法是个体福利最大化(启蒙自由主义的一种变体)。19世纪的政治经济学家中,最著名的是杰里米·边沁(Jeremy Bentham),他认为"效用"具有非常个体化的含义:个人感受到的快乐或痛苦。然而,由于难以就他人的幸福与否及幸福程度达成共识,到20世纪中叶,主流经济学家受到在维也纳和伦敦流行的逻辑实证主义哲学影响,认为在探讨效率问题时,不需要涉及福利的实质内容,也不用知道一个人的福利与其他人的福利的绝对比较。重要的是,个人如何对自己的偏好进行排序。①关于个人从体验(或消费)中获得效用的讨论可以继续下去,但要从他们偏好排序的角度来考虑。

为了判断这一点,经济学家可以观察人们的选择。假设人们是理性的,个体选择反映了她/他的偏好(以及他们可以获得的信息):这是显性偏好理论。在市场交易中,如果他们更喜欢 a 而不是 b,那么他们会为 a 付出比 b 更多的代价,这意味着他们从 a 得到更多的福利。

---

① 继伦敦(后来的牛津)哲学家弗雷迪·艾耶尔(Freddie Ayer)对维也纳学派的解释(我们无法证实其是毫无意义的)之后,伦敦经济学院经济学家莱昂内尔·罗宾斯(Lionel Robbins)有力地抓住了这一观点,即道德只是噪声,至少与经济学的技术科学完全分离。碰巧的是,逻辑实证主义在哲学中的生命周期比经济学短。

## 效率

经济学的任务是，在资源有限的情况下，确定生产、交换和消费的数量。效率的核心概念与 19 世纪末 20 世纪初意大利保守社会学家维尔弗雷多·帕累托（Vilfredo Pareto）的名字有关。如果某种改变（如监管干预）能够在不损害任何人利益的情况下改善至少一个人的福利，那么它就会带来帕累托改进。相反，如果任何改变都会使至少一个人的境况变差（幸福感或福利受损），那么这个起点就被称为帕累托效率。

这种效率的概念并不是特别丰富，并不意味着帕累托效率在其他方面有同样的魅力。例如，如果社会所有财富都掌握在一个人的手中，给其他人（或者，实际上只给一个人）财富但耗尽第一个人的所有财富（和幸福感）的任何改变，都不是帕累托改进，因为最初富有的人会变穷：无论起点多么没有吸引力，都要是一个高效的帕累托效率。然而，帕累托改进又是有用的，因为它抓住了这样一种思维：如果我们能让一些人过得更好（改善他们的福利）而不让其他任何人的福利受损，我们就应该这样做。

在过去的几十年中，经济学家研究了亚当·斯密提出的"看不见的手"可以带来经济效率的各种情形。根据著名的"福利定理"，肯尼斯·阿罗（Kenneth Arrow）、吉拉德·德布鲁（Gerard Debreu）和莱昂内尔·麦肯齐（Lionel McKenzie）发现了一种理想的抽象条件，在这种条件下，市场经济体制（价格机制）将提供有效的资源分配，所有贸易收益都被利用，即没有潜在的帕累托改进。因此，最初的资源被分配后，每个人的福利都达到最高水平。如果这些最初的资源被重新分配，完美的市场将产生一种新的帕累托效率。一个更有力的结果，即福利经济学第二定理，在完全竞争的情况下，任何理想的帕累托最优状态都可以通过适当重新分配人们最初的资源来实现。

技术经济学的突破对 20 世纪关于国家职能和结构的研究产生了巨大的影响，因此也影响了关于对政治家到技术官僚的授权研究。

## 将追求帕累托效率的任务委托给监管机构

最重要的是，它暗示可以将效率问题与社会经济公正问题分开。帕累托效率可能是一个薄弱命题，但它让我们不禁问，一个社会是否已经尽力做到了这一点（存在一次性再分配的情况，这不会影响市场交易的动机）。如果一个社会做得不尽如人意，我们就要消除阻碍市场有效的因素，因为理论上市场可以满足社会需求。这是监管机构的中心任务。这可以被视作技术官僚可以安全地被委派去追求帕累托效率的依据。①

## 留给政治的分配选择：社会福利功能

然而，如果我们处于帕累托最优状态，却发现结果没有吸引力，那是因为我们不喜欢个人之间福利的分配。我们只有通过资源重组才能实现改进，从而达到另一种有效状态。事实上，从理论上来看，只要我们知道如何进行重组，我们就能准确地得到我们想要的福利分配。

当然，实践中并无小事，这对政治和政府都有重大影响。正如我们在第一部分中所讲，假设福利是公共政策的唯一指南和目标，那么福利主义是一种道德政治教义。② 在这种情况下，关键是社会要考虑福利的公正分配。

这就需要确定如何衡量每个人相对于其他人的福利，经济学家称

---

① Gilardi, *Delegation*, pp. 25–26.
② 经济学一直致力于福利而不是福利主义研究。前者是对人类行为的解释，其核心观点是，个人在追求福利时做出理性的选择，对某些人来说，这种选择可能包括权衡他人或整个社会的幸福感（他们对共同利益的看法）。这并不意味着任何人都有义务从福利的角度来评价正义或道德价值。相反，有些人可能想要在福利之前权衡义务或美德。然而，许多人认为，从道义上讲，福利应该是一种价值标准。甚至，有些人认为这是唯一的标准。一般来说，福利主义不重视人民从民主本身获得福利的可能性（内在价值），这不同于民主在传递世界状态方面扮演的任何角色（工具价值），参见森（Sen）的《功利主义和福利主义》（Utilitarianism and Welfarism）。关于（民主）程序对某些人的价值，参见安德森（Anderson）的《批判性评论》（Critical Review）。

之为社会福利函数。① 这是政治家的选择，不是技术官僚的选择，更不是独立机构的选择。我们甚至可以认为，这种集体选择是民主思想的要点，尽管事情并不那么简单（第9章）。

## 公共政策的真实世界：薪酬测验、成本效益分析、货币收入

这是一种理论，专注于在帕累托最优状态中获取和选择。它符合基本自由主义的世界观，由于分析的严谨性，它有可能掩盖集体生活组织的一些基本规范性假设（第二部分）。

政策是另一回事。在这个世界里，不能回避选择，无所事事就是做了一些事，实施任何再分配计划都要付出高昂代价，人们对最佳方案存在分歧，个人可能会失败。

关于最后一点，对帕累托改进的检验不太明显。如果公共政策只能追求帕累托改进，那么单个输家就有否决权。20世纪30年代末，这促使英国经济学家约翰·希克斯（John Hicks）和尼古拉斯·卡尔多尔（Nicholas Kaldor）提出，与实际的帕累托改进相比，应该检验的是，在整个群体中，赢家的净福利是否超过了输家的净成本。如果符合这一条件，受益人原则上可以赔偿损失者。② 事实上，输家是否得到赔偿是一个政治问题，因此严格地说，这是一个可分离的问题。

这是成本效益分析监管实践的主要驱动因素之一，在上一章中，

---

① 继诺贝尔奖得主保罗·萨缪尔森之后，社会福利功能在某种程度上将个人福利——严格地说，是优先次序——进行了汇总。在选择帕累托效率时，社会是由它所偏爱的社会福利功能驱动的，或者换句话说，是由它所期望的衡量不同个体福利的方式驱动的。例如，一个主权财富基金可以通过简单相加，对每个人的排序偏好给予同等的权重，这使得分配问题的权重为零，边沁的古典功利主义所采取的道德立场的相对地位也是如此。或者，主权财富基金可能完全关注社会中最不富裕的人的福利，这是20世纪末政治哲学家约翰·罗尔斯（John Rawls）的"公正即公平"理论的相关理论，因此，这是把分配问题放在首位的一种方式。

② 这被称为潜在帕累托效率。关于希克斯-卡尔多尔补偿原则，有一些技术问题，这里我不再赘述。

我们看到，美国总统要求他控制的机构采取监管举措。因此，成本效益分析可以被视为一种福利主义合法化手段，技术官僚认为，科学能够而且应该推动政策选择。

衡量相对成本和收益很困难，它需要预测，个人福利必须以某种方式来衡量。经济学在很大程度上是研究人们实现选择的市场交易，而且因为货币是交易的计量工具，因此，现在将以（稳定的）货币计量的总收入或财富视为总福利的代名词是很自然的。[①] 如果收入总额增加，一个社会就会更好——或者更确切地说，如果它能接近它想要的商品分配目标，它就有能力变得更好。资源规模会更大。

总结一下，基于以上理由，只有将追求市场效率或扩大总收入的工作委托给技术官僚，才能维持合法性。如果他们对如何提高效率有选择的话，他们就必须选择政治世界赋予他们的社会福利职能（目标）所要求的道路。所以强调一下，他们需要与日常政治隔绝。

## 市场失灵与监管机构

正如本章首页引用的芝加哥经济学家米尔顿·弗里德曼的名言，企业应该在遵守游戏规则的前提下追求利润，而政府的目的是通过在政治家和技术官僚之间进行明确的分工，制定这些规则。

理论上，公共政策的完整性（见下文）意味着，涅槃需要完全市场（某种意义上，任何事物都可以交易或投保）和人人都能获得和理解的全部信息。[②]在实践中，市场失灵的主要表现形式有三种，即公共产品出现、对第三方的溢出效应（称为外部性）和权力不对称。[③]世界各地的独立机构都参与这三种市场失灵的治理。

---

① 奥肯（Okun）的《平等与效率》（*Equality and Efficiency*）的第一章认为，并不是所有的事物都可以或应该可以用金钱来交换（例如，某些权力）。
② Greenwald and Stiglitz, "Externalities in Economies."
③ 这里不涉及认知偏见。

## 公共产品

如果完全市场不能限制商品和服务的使用或消费，但可供所有人使用（非排他性）以及如果使用，不会消耗可得性（非竞争性），则市场往往会供应不足。每个人都有一个动机，站在后面，等待别人的供应，这样他们就可以免费获得服务（搭便车）。这种集体行动问题以服务机构和安全机构的名义激励着各种政权。为了打破僵局，国家自己生产这些"公共产品"。

灯塔和国防是典型的公共产品。[1] 可以说，各国央行所维护的宏观经济稳定也是如此，但事实上，这并非那么直截了当。正如第四部分论证的那样，价格稳定或币值稳定，是一种公共利益，但金融体系的稳定略有不同。在这两种稳定下，没有人可以被排除在利益之外。但是，与价格稳定不同，金融体系的稳定用术语来说具有竞争性。与公共草地一样，金融体系的复原力可能被"消耗"，以至枯竭，从而减少了未来的福利。金融体系的稳定植根于共同利益而不是公共利益，因此，有时仍然需要国家干预，但干预的种类不同，挑战也不同。[2]

本书的中心观点是，中央银行同时是公共产品的供应者和公共利益的保护者，需要对经济进行不同程度的干预。

## 外部性

共同资源问题可以在没上升为社会重大事件的情况下存在。过度捕捞就是一个例子。当金融体系的复原力逐渐减弱时，这种不稳定就很难说了，毕竟，结果就是整个社会都在遭受损失。

这种溢出效应涉及市场无效性。正如英国经济学家亚瑟·庇古（Arthur Pigou）在一个世纪前所分析的那样，买卖双方无法充分反映

---

[1] 灯塔在英国可以由私人提供，但要在地方或中央政府的各种协调下提供。
[2] Ostrom, *Governing the Commons*.

（内化）外部性。①

当溢出效应有害时（负外部性），往往出现供应过剩，最明显的例子是污染物供应过剩。20世纪中叶，美国公共知识分子约翰·杜威（John Dewey）认为，解决这些问题就是政府的目标。②这改变了对产权的理解，因为拥有经营工厂的权利并不一定意味着拥有污染邻里的权力（见下文）。③

随着时间的推移，减轻负外部性的目标并没有局限于普通经济交易造成的溢出效应，而是延伸到社会生活中。例如，如果我昼夜播放大声的音乐（而且没有得到邻居的同意），那么我可能会给邻居造成"噪声污染"，破坏其生活质量。欧美这类问题的发生，推动了各种形式的社会监管的发展，理由是，如果不能定量地评估净成本效益，那么至少也可以对其进行定性评估。④

## 权力不对称、垄断与反垄断

当交易双方之间存在着实质性的权力不平衡时，问题就出现了，要么是因为一方在经济上占主导地位（无论是作为垄断性卖方还是买方），要么是因为信息不对称（例如，借款人对自身财务状况的了解比贷款人更多，而且还可能有足够的权力拒绝公开账簿）。通常情况下，这些问题被认为是两种截然不同的问题，但两者的性质都是权力不对称。

信息不对称问题推动了早期金融监管实践的发展，特别是1934年美国成立证券交易委员会，并对证券发行者和交易者规定了披露要求（第7章）。

---

① Pigou, *Economics of Welfare*.
② Dewey, *Public and Its Problems*, p. 12.
③ 这对于批评以保护产权为根基的行政国家很重要，例如，爱泼斯坦（Epstein）的《危险的处境》（Perilous Position）。
④ Sunstein, *After the Rights Revolution*. For the evolution of CBA, see Kessler and Pozen, "Working Themselves Impure," pp. 1859–1868.

相比之下，20世纪80年代欧洲管制公共事业的立法浪潮，源自能源、电话线和其他类似服务供给的私有化。它们不再直接受"社会控制"，而是作为市场垄断者受到管制。我们在研究这类市场失灵问题上花了较长的时间，这是朝着强调"将效率定为独立机构制度的目的"的方向迈出的一步。

当生产商能够将价格定得远远高于成本时（或者说，同样的价格，但商品质量较差），垄断就被滥用了。因为在中短期，消费者没有其他选择。另外，市场效率也被丢弃了。很多事情都取决于经济学家是如何看待这一问题的。

在一个有效市场中，清算价格即交易双方同意买卖的价格，使得消费者购买最后一个单位商品获得的福利（边际福利），等于生产者生产最后一个单位商品的成本（边际成本）。劳动力及其他要素市场，也是如此。生产者和消费者都从分配效率中获益，而总盈余是最大化的。[1]但是，在垄断市场，生产者的生产决策是使其利益最大化，即其边际成本等于出售额外单位商品的收入（边际收入）。通常情况下，垄断者有动机不去提供充足的商品，使其市场价格高于竞争市场价格。相对于竞争效率，消费者的损失体现在两个方面：一是有些消费者原本以较低的竞争市场价格购买，现在无法接受垄断高价；二是那些不得不购买商品的消费者支付了过高的价款。

从这个角度来看，公共政策的利益在于阻碍企业合并、卡特尔组织或其损害消费者利益的协议，价格是上涨还是下跌就证明了这一点。但是，如果未来的福利很重要，那我们关注的重点就应该是生产者对技术改进的投资动机，因为技术改进将降低未来的生产成本（有时被称为动态效率），进而使价格下降。因此，反垄断和合并机制的目的是

---

[1] 假设它们的成本随着产量的增加而增加，那么生产商在生产和销售到最后一个单位的产品时享有盈余（广义上讲，这是利润，应该是可以观察到的）。假设每多消费一个单位的产品，收益就会下降，那么在消费者购买到最后一个单位的产品之前，金额上就会有盈余，因为他们支付的金额低于购买的产品对于他们的价值（这种盈余并不容易观察到）。"总盈余"等于"生产者盈余"和"消费者盈余"之和。

/57

以短期福利还是以长期福利来衡量，就显得很重要。然而，无论是哪种方式，最终都是关于效率和经济福利。

## 监管机构被证明是正确安排吗

我所描述的以效率为导向的公共政策世界，似乎为中央银行、竞争管理机构、公共事业监管机构等提供了一个场所。我们可以不再担心美联储、德国联邦卡特尔局（德国反垄断机构）、法国金融市场管理局（法国证券市场监管机构）、天然气和电力市场办公室（英国能源公共事业监管机构）及其他许多类似机构，它们的工具性价值可以通过效率的福利效益得到验证。它们在民主国家的地位是由公平问题的可分离性和成本效益分析的科学客观性所保证的。但以下情况除外：

- 效率和公平可以完全分离的条件很少能成立。
- "政府失灵"的可能性被忽视了。
- 弗里德曼认为，企业是按照既定的游戏规则行事的，假设尚待检验。

第一种情况说明我们的分析过于简单，第二种情况意味着我们的分析不能太理想主义，第三种情况是企业的标准"理论"。细细体味，我们就会发现独立机构在国家政权中的地位问题。

## 重新审视效率与公平

在逻辑和组织上都与再分配的政治世界截然不同的技术官僚世界所隐含的合理性是经不起推敲的。经济学中有一个著名的比喻，即用来将资源从富人带给穷人的桶可能是漏的。[1]再分配措施（税收和转

---

[1] Okun, *Equality and Efficiency*.

移)的成本可能很高,而且会影响到激励措施。

这里的深层问题是,分配效率和分配正义的确是可以严格分开的,前提是一个人(或公司)的财富不会(实质性地)影响其如何看待所面临的机会、选择或威胁,以及其对可能出台的政府政策的反应。在现实中,财富和以未来收入为抵押的借贷能力经常会影响到人们对机会的重视程度。

这在一定程度上影响了成本效益分析。"潜在补偿"测试的基本精神是,在评估赢家的净收益和输家的净成本时,应"加总"每个个体的福利衡量标准,即从个体角度看对自己有意义的标准。这非常困难,因为经济学家倾向于用对总财富(或收入)的实际或预期影响来直接替代。但这假设人们的选择(以及隐含的偏好)独立于他们的财富/收入。推断价值与观察市场中自愿、不受约束的交易的价格是不一样的。这意味着成本效益分析不能明确宣称自己具备"科学"的优点。

尽管有这些细微之处,但有人认为,即使旨在提高分配效率(粗略地说,是为了增加总财富)的政策与分配效应纠缠在一起,实现公正或公平的政策实际上也可以单独制定,如通过税法来确定。[1]这就等于说,在制定出主要的"管制"路线后,政治可以解决任何分配问题。此外,如果政治家愿意,他们也可以不采取监管措施,而是以考虑到分配正义这个更普遍政策的一部分为由,统筹整个监管体系和其他政策。

这就给我们留下了很多悬念。如果追求帕累托效率是独立机构的既定目标,那么这是否意味着评估它们提出的监管或其他方面的举措(无论是通过成本效益分析还是其他技术)只应依据效率(总收入)方面的标准?或者监管机构应该自己评估分配问题,即使它们的目标仅仅是追求效率?例如,它们是否应该考虑再分配的"漏桶"成本?值得注意的是,有关这些问题的经济文献或社会科学文献似乎寥寥无几。更重要的是,正如第三部分(第16章)讨论现实

---

[1] Kaplow, "(Ir)Relevance of Distribution."

世界国家结构时所看到的那样，这一领域中的实践至少是不明确的。

## 政府决策效率低下

对监管持怀疑态度的人认为，更大的问题在于政府机构本身。

在经济学的启发下，一些政府理论——或许特别是在美国——认为决策过程类似于市场。如果政策市场是有效的，那么从福利主义角度来看，其结果不仅可以被解释，而且具有规范性。

### 作为拍卖人或公断人的决策者

在这一概念中，国家的作用是帮助达成使所有利益集团或派别尽可能满意的协议。达成协议后可能需要补充一个或许带有争议的法案（也叫转移支付）。该法案通过一些措施如支出承诺或减税措施，以补偿那些觉得自己利益受损的群体。

这样的话，如果系统正常工作，那么每个人的福利都会变得更好（或不会更糟）。在市场的比喻中，国家发挥了拍卖人的作用。这是无论民主与否，任何国家都可以发挥的作用，只要人们能够获得信息，并可以自由地"玩"。[1]因此，就我们的中心利益而言，如果立法者选择将权力下放给某一机构，那就必须达到原本各社会利益集团之间通过讨价还价就可以实现的有效结果。

### 决策效率的阻碍

只有在政策市场有效的情况下，我们才会对这种政治谈判的结果感到满意。因此，所有利益相关方，无论看起来多么渺小，都需要坐

---

[1] 有关在平等游说或议价的情况下进行有效决策的模型，请参阅贝克尔（Becker）的《竞争理论》（Theory of Competition）。

到谈判桌前。一旦坐到谈判桌前，所有各方都需要在平等的条件下进行谈判，由此产生的谈判结果必须是可实现的。

这些条件都不容易满足。游说行业的存在，一部分是为了倾斜谈判桌上的利益分配。[1]国家行为者可能无法对支出承诺的附带付款做出可信承诺，要么是因为事前感知到风险，要么是因为事后兑现时，他们已不再掌权。[2]

国家公断人可能不是中立的，更糟糕的是，其可能会为了自身或某个群体的利益，向一些利益相关方隐瞒这一点。一旦游戏中的失败者意识到游戏在某种程度上被操纵了，他们就会成为愤世嫉俗的人。

这指出了弗里德曼关于公司的唯一责任是在给定的"游戏规则"中实现利润最大化观点中的一个漏洞。更普遍的是，在公司的标准经济理论中也是如此。公司有动机使包括政府和政治程序在内的规则向有利于自己的方向倾斜。商业界的部分成员，特别是大公司有能力提供这样做所需的资金。我们对政府结构理论的需要可能会对公司理论产生影响。[3]

## 从低效率到监管俘获

这关系到对监管和监管机构最普遍的批评。正如第 2 章所述，第二次世界大战后不久，一代美国政治学家认为，无论立法者的意图是什么，机构官员都会被他们负责监管的行业所俘获。这些监管"老司机"离职后可能会被待遇丰厚的工作所诱惑；这些公司需要招聘技术专家，他们的行业思维和价值观已经形成；官员们可能发现自己对一个行业的概念极为认可。不管是何种原因，被俘获显然是一件坏事。这不会带来帕累托改进，而会恰恰相反。

---

[1] Olson, *Logic of Collective Action*.
[2] Acemoglu, "Political Coase Theorem?"
[3] Zingales, "Towards a Political Theory."

到20世纪70年代，芝加哥经济学派把这一观点抛在脑后。[1]他们的理论是，如果政治家得到足够"报酬"，他们就会"提供"监管制度，以应对实际"监管需求"。这种需求可能来自公众，例如，他们希望降低公共事业价格，并在政治家们所要求的一种媒介——选票上"付钱"。但也可能有来自行业内领先企业的监管需求，它们希望抬高进入壁垒，以巩固自己的行业地位。对此，它们会"付钱"给政治家，例如，竞选基金捐款。立法者将平衡这两种需求的来源。

从历史来看，与集中行业的现有公司相比，公众在协调竞选活动时面临的难度更大。因此可以猜测，在监管制度的设计中，商业利益往往占主导地位。其结果是，根据立法意图，监管机构结构性地被俘获。

重要的是，芝加哥经济学派的理论改变了关于监管的争论，至少在美国是这样。由于担心监管机构官员或文化被行业俘获从而导致监管政策偏离公众目的，长期以来，评论员们倾向于认为监管机构官员只需简单而尽职尽责地执行立法者制定的制度，而这些立法者已被行业俘获。

这样看来，此举是为了游说国会。然而，对于其他人来说，行业俘获是通过立法机构还是监管机构来实现，并没有多大意义。

## 另一种模式：更多的市场

我们在本章开头提出的技术官僚授权合法化策略已支离破碎。我们不能确定技术官僚不会介入分配正义的问题。更糟糕的是，他们可能被安排或主动选择偏袒社会中的某些群体，这可能反映了大企业内部有可以影响政治游戏本身的规则。

---

[1] Stigler, "Theory of Economic Regulation," and Peltzman, "More General Theory." 有关俘获的最新经济学文献调查，参见达尔·博（Dal Bo）的《监管俘获》（Regulatory Capture）。

反对监管机构的经济学家提出了自己的解决方案：通过采取措施，走向更完善的市场，解决市场失灵的问题。

## 科斯与庇古：产权与交易成本

1960年出生于英国，在芝加哥大学工作的经济学家罗纳德·科斯（Ronald Coase）认为，只要明确（或创建）产权，降低交易成本（理论上为零），就不需要进行监管干预。这种合法权利可以通过市场进行交易和对冲，从而开启由合同法和法院强制执行的对侵权行为的监管工作的选择：通常是私人选择，而不是公共选择。

科斯进一步认为，就分配效率而言，产权最初如何分配并不重要：污染的受害者必须向污染者支付不行使污染权的费用，污染者必须为受害者放弃不受污染的权利而做出赔偿，均适用相同的清算价格。这就是科斯定理。①

监管政策的核心并不是说，市场在不受约束的情况下总能运作得很好，因此永远不应进行国家监管干预。相反，监管的理由是，存在着无法弥补的实质性交易成本，其阻碍了效率的提高。换句话说，仅仅引用外部因素来阐明监管干预的必要性是不够的。关于这一点，有三件事要说明。

### 创造新的产权需要监管

政府即使选择通过创造新的产权来解决外部性问题，但是有时也会选择监管交易这些权利的新市场（例如，污染许可证）。仅仅援引"交易成本"似乎不足以解释或证明在司法监督和监管监督之间的选择。②

---

① Coase, "Social Cost."
② Shleifer, *Failure of Judges.*

## 保持不变的视角：承诺补偿金融不稳定的不可行性

有些交易成本可以降低，有些则不能。后者的一个典型例子，就是本书第四部分集中讨论的危机后的中央银行，这一理论有助于推动监管干预以维持金融体系的稳定性。一旦银行大规模崩溃，将经济推入产出和就业持续走低的轨道，受损者将无法从"金融污染者"那里收回成本，因为银行和其他中介机构破产了。更广泛地说，如果对经济的冲击足够严重，社会整体将陷入深度贫穷，因此将所有受损群体的财富（或福利）恢复到系统性危机之前的水平是不可能的。不管产权的设计如何有效，也不管法院如何公正有效地裁定权利冲突，它们都无法得到执行。稳定需要国家干预，以减少发生危机的概率，并降低危机带来的危害程度。

## 分配正义仍然是分离的

虽然产权分配可能不会影响效率，但它确实会产生分配的后果。如果污染权被赋予作恶者，那么污染受害者的钱包肯定要被掏空。因此，就像本章对独立机构的合法化的讨论一样，"完全市场"会假设分配正义问题可以由政府来解决，因而法官和独立的市场监管机构不必亲自动手。

## 政府结构中的病态：谁应该做什么

关于社会选择是否应由市场、司法公正或民主政治进程来决定的问题，历史上从未停止过讨论。如果监管机构被认为是在提高市场效率，那么这似乎是在呼唤一种明确的制度分工：总体福利（机构）、法律权利（法官）、分配正义（政治家）。

然而，这并不是那么简单。例如，就竞争政策而言，政府的效率标准要求明确市场效率是否是唯一目标，如果是，政府则需要确定，例如，表面上竞争对手之间的合并或贸易协议是否会促进或阻碍分配效率。如果合并导致经济权利的集中，进而可能导致政治权利的集中，那么合并就要被认为是不合理的吗？如果它们通过将交易中的参与者数量降低到某个阈值以下来阻碍竞争，就应该阻止它们吗？或者说，只要它们有可能节省成本从而降低未来消费者的支付价格，就应该允许这样做吗？谁来决定这些事务？

在第 5 章和第 6 章介绍的授权原则中，我认为，关于高级别目标的选择应由立法者做出，而不应由技术官僚或法官做出；在第二部分，我将其作为植根于我们基本政治价值观的原则来捍卫。但是，我们将在第 7 章中看到，现实世界的竞争政策是不符合这一标准的。20 世纪中叶以来，特别是在美国，理论和实践的关注点从经济实力转移到竞争，并通过一条清晰的路线走向预期消费者福利的分析。每一次转变都不是由公开的立法引起的，而是由深受经济发展影响的法官引起的。

相比之下，在其他方面，如公共事业监管和环境保护，经济发达的西方民主国家经常选择将缓解市场失灵的工作委托给行政机构，而不是依靠法院强制执行法律、措施产生的新产权。就福利主义者的合法化而言，他们的主张是他们必须做得更好（至少不会更糟）。

这些选择无法立即被解释，因为正如我们在本章和前一章所看到的，20 世纪经济学家对以下问题的看法迥异：如何提高市场效率，法院、监管机构和民选政治家的相对可靠性，以及效率和公平的可分离性。如果各种机构或制度（例如私法、货币制度、宪法）是一种降低跨时空交易成本的机制，那么除非我们有明确的目标和价值观，否则这对我们没有多大帮助。

除了学术之外，经济自由主义以完全不同的方式渗透到大西洋两岸关于政权结构及相关政策的辩论中。在美国，那些倾向于小政府的人反对监管，支持私人的、基于市场的、以法院强制执行各种产权为基础的秩序，但遭到左翼自由主义者的抵制：他们支持由总统控制的监管机构追求效率、分配正义和其他社会目标。相比之下，在欧洲（英吉利海峡两岸），向独立机构授权被视为追求效率的一种手段，不受日常政治的影响。

对于那些对经济学和经济理论不感兴趣，但对政治学、政治理论或公法更感兴趣的读者来说，这一章的启示应该是双重的。首先，必须明确的是，独立机构制度是否具有（并提供）独立于企业和其他强大私营部门的独立性。其次，更重要的是，福利经济学对效率的关注并不能立即为国家政权提供一个现成的合法化蓝图，特别是在应由政治家、技术官僚或法官决定的公共政策范围内。

只要我们把"机构"当作一个整体，就很难在这方面取得进展。本章关于行政机构提出了目的与职能模式的二维矩阵，我们必须增加第三维度，覆盖它的结构。这一点，尤其是行政机构在不同程度上与政治隔绝的问题，是下一章的主题。

# 4

# 行政机构的结构

从简单代理到受托人(和监护人)的层次结构

> 政府将货币权力移交给央行,这与战时政治家将军事指挥权移交给军事指挥官毫无区别。政治领导人可以给予宽泛的指导,但只有军事指挥官才能做出计划和采取实际行动。
>
> ——拉尔夫·乔治·霍特里(Ralph George Hawtrey),1922年[1]

在前一章中,我们提出了一个4×4矩阵,涵盖了国家机构的职能模式和目的。它们分别是:机构是否在提供服务,制定具有法律约束力的规则,利用财政资源和征税权力干预市场或参与紧急救援,以及是否致力于国家安全、分配效率、分配正义或宏观经济稳定。在本章中,我们开始探索第三个维度,也是我们调查研究的核心:一个机构的架构在多大程度上独立于日常政治。军事和司法部门的立场和规范说明了选择的范围,在关于行政机构非民选权力的一般性讨论中,这些立场和规范往往被忽视。

## 公共政策制度设计中的重大选择

公共政策制度的架构选择十分广泛。总体来看,选择范围围绕两个维度:一是立法机构是制定了详细规则,还是只为政策制定了宽泛的范围;二是是否将执行工作委托给民选行政机构或政府机构中的其

---

[1] Hawtrey, "Genoa Resolutions," p. 291.

他部门。这样就产生了一个3×3矩阵：谁制定政策（立法机构、民选行政机构、代理机构），谁执行政策（法院、行政机构、代理机构）。矩阵中的每一部分都涉及关心国家结构的那部分群体的目标和担忧。例如，美国主张自由放任资本主义的右派想要立法机构、法院，并不惜一切代价避免权力机构的出现。

因此，选择范围的一端是法院审理案件所适用的法律，而行政部门不制定政策，只负责监督遵守情况，并向法院提请执法行动（一般是起诉）。对于这种模式，立法机构需要做机械式规定（例如，驾驶速度限制），或者至少也应有详细规定（例如，某些税制安排）。它可以被认为是立法者和法院的世界：立法者制定政策，法院应用政策。

这种简单的描述并不适用于这样一种情况，即尽管立法机构和法院有相同的基本结构，但立法机构只对私人行为规定了模糊的限制。在这种情况下，法官通过解释和适用特定案件中的法定条款制定重要政策，确立事实上的先例。例如，竞争政策领域就是如此（第3、第7和第14章）。

在选择范围的中间地带，在立法限制下，当选的行政部门负责持续制定一般政策。执行工作可以由行政机构直接持续控制下的一个部门负责，也可以由一个独立的执行机构负责。

稍微超出这一范围的是，一些政权将"政策"委托给行政部门，但它还依赖一个独立的机构来提供制定和执行政策所需的信息。这类"信息机构"包括管辖区中许多负责汇编和公布经济社会状况的机构。目前，越来越多的机构提供宏观经济预测，以帮助确保财政政策符合任何强制性或选择性限制。

选择范围的另一端是一系列机构，这些机构不受选举产生的行政机构的持续控制，而是在其被授予的自由裁量权范围内决定一般政策和个别案件/行动，这可以严格或宽泛地加以划分。这些机构可能受到行政部门或立法委员会的影响，或两者共同的影响。我称它们为政策机构。

有些机构被要求以自身的详细规则来完善法定制度；有些机构通过逐案的决定和行动（例如，发放和维持许可证、设定利率）来适用和完善法定标准；有些机构则被赋予自由裁量权，可以决定如何在规则编写和裁决之间取得平衡。

某种程度上，它们夸大了我所描述的类别的明确性，并过分简化了某些功能，具体如表4.1所示。

表4.1 政策的制定和解读

|  | 政策由谁明确提出 | 政策由谁解读 |  |
| --- | --- | --- | --- |
|  | 立法机构<br>（基本无下一级立法机构） | 民选行政机构 | 代理机构 |
| 政策由谁实施<br>（并逐案完善） |  |  |  |
| 法院 | 刑法<br>美国竞争政策 |  |  |
| 核心行政机构 | 福利性支出 | 欧盟竞争政策<br>美国移民政策 |  |
| 合理职权范围内机构 | 国家公园管理局 | 英国交付机构 | 政策机构 |

## 立法者和法院与非立法政策制定

我们关注和讨论的是部分政策机构，这些机构与日常政治相隔绝。抛开第5章讨论的那些不值得考虑的动机，将政策制定委托给上述政策机构的构思，反映了人们对立法者、法院、民选行政机构和其他各种机构能力（绝对和相对）的看法。这些看法既可以是单独的，也可以结合在一起。换句话说，社会解决问题的思路，体现了这个国家的关键机构在降低经济和社会交易成本方面的能力。

例如，之所以将监管政策的制定下放给机构或法院，并不是因为立法者在制定具体法律方面无能为力，而是它们处理税法的方式。不可否认的是，立法者的确没有能力在它们想要监管的各个领域都制定具体法律。那么问题来了：为什么不让立法者对机构起草的规则享有否决权（就像欧盟那样）？我们是否相信立法者会删改专业机构提交的规则草案中的实质内容？删改的原因，可能是它们觉得更容易被控制。

一旦授权，我们对一种非多数主义制度（机构）是否比另一种（法院）更有信心？例如，我们是否担心，法院在裁决立法者关于私人权利的争议时，会倾向于用自己的视角来看待实体，而不是根据行政法对专家提出质疑。相反，反对授权给机构的立法者是否更倾向于依赖法官的偏好？毕竟，它们对公开法庭的对抗性程序更有信心，或者对司法机构的任命拥有更大的影响力。

任何一套授权原则都必须解决这些问题。一个著名理论（监管的执行理论）认为，在选择通过法院诉讼还是通过监管解决问题时，社会会选择最有利于提高执行效率的方法。[1]尽管这是其中的一部分，但决策效率是一码事（第一部分的重点），我们强加于决策过程的价值观则是另一码事（第二部分）。此外，我们必须避免将各机构视为具有相同结构的机构。相反，授权原则必须在不同程度上与日常政治隔离，这是适当的，也是必要的。

## 与政治隔离的政策机构

政策机构有三大类：被民选行政机构有效（或在法律上可以有效）控制的机构；（在很大程度上）与行政机构隔离，但受立法机构持续控制的机构，它们对立法者的愿望和关切十分敏感；[2] 需要对授权法规进行调整的机构，它们在很大程度上与行政机构和立法机构隔离。我们关心的是第三类政策机构在民主国家中的合法性，其中包括大多数发达经济体的中央银行。

我希望这是显而易见的：政府机构的权力范围在理论上是如此丰富，而在实践中又是如此复杂，以至于很难描绘正在发生的事情。为

---

[1] Shleifer, *Failure of Judges*, especially chapter 1, "The Enforcement Theory of Regulation."
[2] 持续控制不同于事前控制，也不同于立法者凭借其公共平台和立法权所拥有的持续听取意见的能力。

了说明独立等级制度，我们可以从任意民主国家中选择两个最重要的非民选机构，然后对比其中民选政治家之间的关系，从中得到一些启示。这些机构无法被贴上"行政机构"的标签：军队和高级司法机构。

## 军队：代理机构

经济政策和社会政策并不是研究政治控制的唯一方面。有关军事与政治关系的争论由来已久，人们一直纠结于一个现实问题，即一个民主国家如何维持足以保卫自己（并保护其合法利益）的军事能力，而不冒军事主导政策的巨大风险。当然，更不用说攻击自己的国民甚至夺取国家的控制权，这种风险更大。

已故保守派理论家塞缪尔·亨廷顿在 50 多年前主张将他认为的"客观文官控制"制度化，跟黑格尔的公务员"普遍阶级"（第 2 章）一样，是受到普鲁士培养专业军事队伍的启发。先划分政治和军事权力，然后只要军官阶层不参与政治，他们就可以而且应该最大限度地发挥行动自主权。[1]实现这一目标的方法是，由合法政治当局确定目标，将实施手段留给专业人员，这些人员是独特的军事思想和文化的承担者。

批评者指出，这与克劳塞维茨（Clausewitz）的观点呼应。克劳塞维茨认为战争是一种政治工具，这就留下了如何区分目的和手段的问题。战略真的像亨廷顿所认为的那样，是从政治终结的地方开始的吗？抑或在目标模糊或不断演变的时候，抽象政策开始形成，然后面对突如其来的损失和代价时，不可避免地变得政治化？在可能产生国内或国际政治问题的情况下，政治家在操作策略时是否合法？更普遍地说，暂不论结构规范，军事指挥官与政治家怎样才能发挥各自专长？然而，尽管出现了种种陈词滥调，但基本准则仍然具有吸引力，即在西方民

---

[1] Huntington, *Soldier and the State*. For reviews of the literature, see the appendix in Cohen, *Supreme Command*, and chapter 1 of Owen, *US Civil-Military Relations*.

主国家中，当选政治家应决定是否开战并确定战争目标，但他们也应听取军事指挥官的意见。

在亨廷顿之后，美国社会学家莫里斯·贾诺威茨（Morris Janowitz）认为，战争技术（在他的时代是核能技术，现在是数字技术）的发展模糊了军事技能和民用技能之间的界限（言下之意，还有思维模式）。在一个没有明确界限的世界中，和谐和成功的必要条件是军队坚持民主化文官控制的价值观，同时文官也应对等地尊重类似军事荣誉法典的准则。①

这两种观点产生的原因之一是道德或自我约束规范所起的作用。近几十年来，美国总统与最高军事指挥官之间关系紧张，人们将其归因于文化差距和对原有规范的侵蚀，这导致军事领导人出其不意地公开干预政治或高层政策辩论。②

然而，无论美国政界人士多么沮丧，他们越来越多地指望军方承担传统上属于其他机构的职能，部分原因在于，军队要比政府文职部门更容易获得预算批准。③

## 军队是央行行长的榜样吗

很明显，这种情况与政治－央行关系密切。从表面上看，央行行长偶尔也会因进行不受欢迎的公共干预（在更普遍的财政政策或政治方面）而受到批评。他们有时也会受到政治家们的欢迎，政治家们希望央行能利用货币和财政业务之间的模糊界限承担更多责任（第22、第23和第24章）。

然而，正如20世纪初英国经济学家霍特里在本章开头的引语中所说的那样，一些评论员看到了更深层次的相似之处。政治家们最终是掌权

---

① Janowitz, *Professional Soldier*, and "Military Elites."
② 美国国防部前部长罗伯特·M. 盖茨（Robert M. Gates）在回忆录《责任》（*Duty*）的第15章"反思"（Reflections）中清楚地说明了这一点。
③ Brooks, *Everything Became War.*

的。正如货币政策条款所言，所有央行对市场的干预都是财政政策的延伸。央行行长具有特定的操作自主权，但必须在某种授权或指令之下。而且，还可以补充一点，可能有类似于央行行长思维模式的东西。

然而，这些相似之处能"走"多远是有限度的。霍特里的描述更接近于行政机构与一家非独立央行之间的关系。在我 30 多年的职业生涯中，前一半时间都是在这样一个机构度过的，英格兰银行或多或少地充当了英国财政部政策执行的代理人，同时也是不为人知的幕后顾问。政策目标和指导意见是可变的，尽管有些人认为政策和业务领域是分开的，但部长及其官员有时会被卷入实时业务的细枝末节。在平衡状态下，当目标不断被审查时，几乎没有动力放松这种持续控制，也许也没有太多动力去修正目标，因为这可能会导致对更宽松控制的争论。

相比之下，独立的央行与军方有很大的不同。它的目标是不变的，不随着政治或公众情绪的波动而变化，因为政治家必须不断地审查他们的战争目标和军事战略。同时，独立的央行行长比军事指挥官拥有更稳定的操作自主权。两者都有分界思维，但政治家在战争和安全问题上很难遵守任何一条底线。在军事/政治关系中存在着一种特殊的情况，即"对话平等但权力不平等"，政治克制是一个审慎判断问题，而不是一个原则问题，这是基于探究价值和推翻军事指挥官的危险的考虑。[①]

## 军队是纯粹的代理人

这些区别在"委托 – 代理"安排方面更加明显，最近的军事/民事关系分析报告也采用了这种安排。[②]

一般情况下，当委托人聘请代理人承担某项任务时，代理人应以委托人的偏好为准。但委托人无法确定自己的偏好是否得到彻底执行，因为他们无法彻底监督和控制代理人的行为。因此，战地的军事指挥

---

① Betts, "Civil-Military"; Cohen, *Supreme Command*, especially chapters 1 and 7.
② Feaver, "Crisis as Shirking."

官很可能在没有时间协商的情况下面临重大选择。这一点很重要，因为代理人可能有不同于委托人的目标，比如基于自身利益的考虑，或者即使他们对委托人忠诚，但对于委托人的最佳取舍有不同看法。因此，政治主体（在美国是总司令）甚至无法确切地知道被任命为高级指挥官或战地核心指挥官的个人性格和承诺。更重要的是，即使总司令能以某种方式了解指挥官的历史，也仍然面临着指挥官违背自己意愿夺取主动权的风险，例如，美国的麦克阿瑟将军在朝鲜战争后期面临类似指控。虽然委托人可以解雇代理人，如杜鲁门总统最终将麦克阿瑟撤职，但他们在自己的原则和利益的指引下，很难确定是否应该这样做，最后为时已晚。

除了一个重要调整外，委托－代理框架似乎是一种思考军事/政治关系结构的合理方式。民选政治家应该当权，即使他们改变主意，即使他们明智或不明智地干涉操作细节。他们的做法可能不明智，但这是他们的权力。如果对军事指挥官不满，他们可以做出撤职决定。①指挥官没有与日常政治正式隔离，而且与第2章所描述的监管政策制定者不同，他们没有工作保障。

调整之处在于，与委托－代理安排形成对比的是，军事指挥官有责任向其政治主体介绍相关事实，并提供战略建议，尤其是在可行性和现实性方面，因为目标是需要制定和审查的。因此，在军事/民事关系中找到最佳平衡，就意味着个别政治领导人在对选民负责的情况下，实现开明的自我利益。亨廷顿试图根据政治家应该如何行动来塑造公众的期望和政治社区规范。

"咨询和交付代理"框架也是行政部门与非独立央行之间的关系框架。民选行政部门可以自由决定货币管理当局的战略和战术，根据它们的选择改变其方针，并深入研究操作细节，但要对选民负责。在这种情况下，央行行长希望最大限度地发挥自己的影响力，或许还希

---

① 正如瑞克斯（Ricks）在《将军》（*Generals*）一书中所记载的那样，几十年来，解除军事指挥官的指挥权在美国已变得不常见。但在罗伯特·M. 盖茨执掌国防部的最初几年里，这一计划得到了恢复。

望在他们认为央行应该占据主导地位的地方，在央行思维的指引下，寻求将其事实上的操作自主权发挥到极致。

在选择将独立性授予货币管理机构或各监管机构时，标准的"委托－代理"框架并没有反映出这种关系的性质，因为其目的是将政策与政治隔离开来。这就引出了第二个典型的国家机构：高级司法机构。

## 高级司法机构：受托人与监护人

民选政府有权干预军事决定，但无权干预独立司法机构。实际上，这正是司法独立作为巩固法治手段的意义所在（第 8 章）。

然而，我们必须区分法院在普通法和成文法中的作用。在适用和维护普通法时，法官只需遵守立法机构通过的宪法规定。在事后以及任何此类限制下，立法机构可以通过修订现有法规或引入新法规，来消除司法裁决和立法的一般影响。但是，在具体案件提交至法官审理时，法官在解释和使用适用法律方面不应受到干扰。

因此，我们不能将他们视为简单的代理人，因为他们必须对政治主体不断变化的意愿保持敏感。更好的比喻是托管。无论是通过成文宪法，还是像英国那样，通过一部根深蒂固的 18 世纪早期的普通法规，社会都赋予法官确定和管理普通法律的责任，以便公众从法治中受益（第 8 章）。他们在某种意义上显然是人民的仆人，但更明显的是，他们是为人民谋福利的法律受托人，正如英国的司法宣誓所说的：①

> 我＿＿＿＿起誓，我将尽忠职守地服务于君主。我将按照这个国家的法律和惯例，为所有的人做正确的事，没有恐惧，没有恩惠，没有感情，也没有恶意……上帝保佑我。

---

① 1868 年《允诺式誓言法》（Promissory Oaths Act）第 4 条。有人可能会说，即使在适用普通法律时，法官也同时是法治价值的守护者。这涉及第 8 章中关于法典化、政治法制化与宪政的讨论，并含蓄地假定法治价值观仅由司法机构来维护。

当法官对成文宪法的意义和适用性做出裁决，并最终可以废除违宪法规时，情况就不同了。在有效地设定政治和政府的游戏规则，以及界定非政治权利方面，他们是宪法的哨兵，宪法被认为是为政治的集体生存和生活方式提供了基本结构和起点。戴着那顶帽子，他们可能会被认为是守护者。当权利被含糊地编纂进法律，或者多重权利有时必须平衡（也就是利害相较）时，他们就会关注自身的合法性，不要偏离人民不断发展的价值观。①

在这种思维方式下，正如美国一样，最高法院对宪法拥有最终解释权，是普通法的最终上诉法院，它有双重作用（监护人和受托人），它与立法机构的关系深刻地改变了它的角色。至少在形式上，法国、德国、意大利和西班牙等司法管辖区的政治隔离较为明确，设立了专门的宪法法院，其理论依据是奥地利法学家汉斯·凯尔森（Hans Kelsen）的主张：这是20世纪初奥匈帝国衰落的遗产，成为二战后欧洲大陆对抗法西斯主义和极权主义的一部分。②但随着时间的推移，普通法院（受托人）时不时进入宪法领域，模糊了这一分界线。③

同时，无论是作为监护人、受托人，还是兼具这两种身份，司法机构的权力都是毋庸置疑的。因此，不足为奇的是，在许多司法管辖区，法官可以被描述为生活在道德或自我克制的规范之下，其特点是尊重立法和行政机构的权限，以及在他们的法外声明和生活中，他们

---

① 在《民主合法性》（*Democratic Legitimacy*）第8章中，罗桑瓦隆没有涉及基本权利的司法平衡，而是将其描述为"反身性"。他的论点是，宪法法院既构成又反映社会的政治和政策辩论。格雷博（Graber）在《美国宪政主义》（*American Constitutionalism*）中也以截然不同的语言表达了这一点。

② 斯通·斯威特（Stone Sweet）在《宪法法院》（Constitutional Courts）一文中，认为他们是受托人，普通法院是普通代理人。我认为前者是守护人，因为他们肩负着保护集体政治生活的责任；而后者则是受托人，因为与普通代理人不同，他们不受任何政治原则的支配。

③ Stone Sweet, *Governing with Judges*.

不参与政治，并遵守谨慎行事的惯例，谨防成为名人。①尽管自我约束的规范条款不同，但在这方面，司法机构和军队有一些重要的共同之处（特别是在结论中，这是我们要回答的一个关键问题）。

## 机构层级中的受托人

委托人/代理人和受托人这一比喻有助于解开行政国家内各机构独立性的实质和意义。最不独立的机构在做出决定时，必须咨询其委托人或考虑其委托人想要什么（如果拥有相同的信息和专业知识，它们想要什么）。

相比之下，受托人不用做这些事，但必须仔细考虑它们使命的要求：不受势力和权力的影响。虽然司法机构的权力范围很大，但并非只有司法机构才有这种地位。一些行政机构，包括独立的中央银行，也是如此。②

稍微分析一下这个比喻，信托通常有四个与我们相关的组成部分：权力委托人、受托人、一名或多名受益人，以及一份信托契约，确定受托人为了维护受益人的利益必须或可能做出何种决定。对于通过普通法设立的独立机构，委托人是立法机构，受托人是代理机构，在西方民主国家，受益人是全体公众，信托契约是确定该制度条款和授权的法律。

由于我不是第一个在讨论监管机构和其他政府机构时使用受托人比喻的人，因此有必要强调一下，与一些作者的用法不同，我认为，

---

① Kavanagh, "Judicial Restraint." 美国对最高法院"消极美德"的经典描述参见比克尔的《最小危险部门》（*Least Dangerous Branch*）一书。至于英国，参见格罗斯（Gross）大法官的《当今的司法角色》（*Judicial Role Today*）。
② 拉斯穆森（Rasmusen）的《受托人理论》（Theory of Trustees）和德里费尔（Driffill）的《中央银行作为受托人》（Central Banks as Trustees）中也提出了类似的观点，尽管它们的重点不是合法性。

"受托人-代理人"拥有无限制的自由裁量权绝对不是必要条件。①从理论上讲，授权（打个比方，信托契约）可能是开放的，也可能是相当保密的。关键问题是，"受托人-代理人"在决定行使其权力时，必须只依据信托契约（其法定授权），而不能咨询委托人（最初的立法机构）或委托人的继承人（今天的立法机构）。因此，接下来的一个重要问题是，民主是否对独立机构"信托契约"的开放或保密程度施加了限制（第6章和第11章）。

## 国家机构的隔离等级

我们依据独立性（与日常政治的隔离程度），将国家机构进行如下划分：

1. 交付机构，在行政部门持续控制下的没有政策自由裁量权的机构。
2. 信息机构，在政策方面，提供信息和独立专家意见的独立机构。
3. 执行机构，主要由行政部门控制的政策机构。②
4. 半独立机构，不受行政部门控制，但受立法机构或行政机构深度影响的政策机构，影响手段包括充足但有条件的预算拨款。③
5. 受托型机构，与日常政治高度隔离的政策机构。
6. 监护机构，对政体的某些基础元素或价值观有最终决定权的机构。

---

① 我所反驳的条件是假定的，在斯通·斯威特和马克·撒切尔（Mark Thatcher）的调查论文《理论与实践》（Theory and Practice）以及马琼的《两种逻辑》（Two Logics）和《困境》（Dilemmas）的一些章节中都能找到。
② 我把主要由选举产生的行政部门控制的机构称为"执行机构"，这更接近美国而不是英国的说法，后者适用于我所说的"交付机构"（第一类）。
③ 这一类别可能只存在于总统制民主国家。

军队是第一、第二和第三类机构最明显的组合。它们必须做它们被明确告知或发自内心认为符合它们政治委托人意愿的事情（"交付"），但它们必须在不偏袒、无恐惧或偏好的情况下提出建议。撇开宪法不谈，最高法院是受托型机构的典范。它们必须根据自身对有关法律和事实的理解来裁定案件。

我们研究的核心问题是，我们需要什么来保证将政策机构归入受托型机构类别，而不是第三或第四类别。在研究过程中，我们将重点围绕行政国家的机构，研究它们是否能够充当规定使命的简单代理人，而不是其他使命的受托人（与美国证券交易委员会相关）；它们还有可能像一些法院一样，将托管和监护使命结合起来（危机后的欧洲央行可能就是一个例子）。

## 在行政国家内建立受托型独立机构

俯瞰军队和司法机构在社会中的地位，有助于区分代理人、受托人和监护人的概念。但是，正如第 2 章对历史的总结表明，现实世界的行政国家的特征是机构具有令人困惑的独立性。因此，我们需要就四个问题谈一谈：

- 真正独立的受托型机构应满足的素质要求。
- 政治主体在委托受托型机构时所面临的危险。
- 小的设计缺陷如何影响自我约束与自我克制的动机。
- 将行政国家作为一个整体，来确定授权给受托型机构的原则是否明智。

### 独立性的本质特征

事实上，我们可以在第 2 章的叙述中加入一些议题。与日常政治的隔离程度，可以归结为三个关键问题，每一个问题都可能由行政机构、立法机构或两者共同回答：

1. 决策者是否能控制其使用的工具（或者他们的政策产出是否必须受到政治家的批准或否决）？
2. 决策者是否有工作保障（或者他们是否可能因民选政治家的一时冲动而被解雇）？
3. 决策者是否能控制自己的预算和融资（或者他们是否必须经常寻求政治家的批准？如果是的话，预算批准有多详细）？

要成为一个受托型机构，答案必须是"是的，是的，是的"。①

事实上（不是规范性评价），一些明显类似的机构在以上测试中的得分差别很大。例如，欧盟的金融监管机构［欧洲银行管理局（EBA）、欧洲证券及市场管理局、欧洲保险与职业养老金监管局（EIOPA）］作为规则制定者，未能通过第一个测试，因为它们必须与欧盟理事会和欧洲议会共同制定规则草案。

许多美国机构，如美国国家环境保护局，未能通过第二个测试。由于美国国会赋予特定官员合法权力，行政机构的负责人可以寻求走自己的道路，迫使持反对意见的总统为继任者选择是否获得参议院提供的费用。但他们很难像有工作保障的机构领导人那样与世隔绝。

美国监管委员会（美国证券交易委员会、美国商品期货交易委员会、联邦贸易委员会等）通过了前两个测试，但未能通过第三个测试。对于预算控制而言，重要的是频率。如果一家机构每年都必须获得政治上的批准才能获得资金，那么它与立法者的所有交流，甚至它所有的外部行动，都会受到与立法者即将开展或正在进行的谈判的影响。政治家不一定需要公开地运用他们的正式权力来规定或禁止，以使机构领导人对其愿望保持敏感。在这个测试中，英国金融行为监管局［大致相当于美国的证券交易委员会、美国商品期货交易委员会和消费者金融保护局（CFPB）］在形式上比英国央行更独立。两家机构都有独立的工具，其政策制定者都有正式的工作保障，但英格兰银行的预

---

① 尤其是在美国，在行政机构的研究中往往忽略第三个问题。OECD, *Being an Independent Regulator.*

算是由政治家们每五年制定一次，而金融行为监管局通过公众咨询，可以制定自己的预算（并向受监管的公司收取费用来为自己筹资）。①

将其中一些例子结合起来看，各国之间的差异就变得显而易见。在证券市场监管规则的制定方面，欧洲证券及市场管理局不独立，英国金融行为监管局在法律上具有很强的独立性，美国证券交易委员会介于两者之间。正如第 7 章进一步讨论的那样，由于它们的目的和职能基本相同，并共同作为这一领域的国际权威机构——国际证监会的平等成员，这些差别就显得特别明显。

这突显出规范性标准是否授予受托型机构独立性的重要性，这是下一章的主题。另一个需要谨慎考虑的问题是如何授权，也将在下一章讨论。

## 受托人仍然是代理人：存在的问题、激励和设计

政治学家长期以来一直认为，无论机构官员的正式地位如何，即使不被部门利益俘获，他们也有可能追求自己休闲性或权力性的利益，或者其他他们所认为的公共利益（或福利），但牺牲的是立法机构制定和追求的公共福利。②受托代理人的情况与普通代理人一样。但是，标准的委托-代理分析方法适用于稍微特殊的情况。

经济学家已经证明，任何委托-代理问题都有三个组成部分：不完全合同、逆向选择和道德风险。首先，委托人不能写一个完全合同来决定在每一种可能的情况下应该做什么。他们注定要通过不完全合同进行委托。③实际上，对受托型机构来说，关键是下放一些政策自由裁量权，毕竟合同设计是不完整的。目前的挑战是，在什么地方以及何种范围内赋予自由裁量权。

在一种简单的委托-代理关系中，委托人可以通过多种方式缓解

---

① 原金融服务管理局（在金融危机后的重组中被废除）也处于同样的位置。
② Gailmard, "Principal-Agent Models."
③ Hart, "Incomplete Contracts."

这一问题：选择他们信任并相信彼此目标一致的代理人（用政治学家的话说是盟友），当他们不喜欢代理人的选择时提供纠正性指导，要求就重大决策进行事先协商，定期更新契约。其中，只有第一种方式的变体适用于稳定的受托－代理制度。

这是一种变体，因为受托人的职责是对信托契约负责，而不是对委托人负责：受托人必须忠于他们的授权，而不是他们的委托人。这造成了一个双层问题。第一，按照通常的方式，候选人承担受托人/决策者的角色，可能会假装不是为了获得工作的权力和/或由此带来的额外回报。第二，被任命的委托人有动机任命对他们而不是对职责忠诚的盟友。这两种风险相互关联，潜在地阻止了合格候选人的申请，在任命过程中出现了所谓的逆向选择。[1]

即使事先本着诚信原则明智地做出人事选择，事后也可能被证明存在严重缺陷，因为在简单的委托－代理安排中，委托人和广大公众可能无法观察受托人在执行政策时是否离开了现场；而问题的发现可能会有很长时间的滞后。这种隐蔽的行为问题被称为道德风险。[2]

对于受托型机构来说，由于排除了持续控制，能否解决这些问题取决于制度的事前设计和事后监测的有效性。此外，要实现和维持合法性，任何结构性的解决办法都必须结合制度化的激励措施，以实现福利主义的目标（后面两章的主题），并与民主价值观保持一致（第二部分）。

## 结构、权力和名人

虽然关于"是否授权"问题的初步解释是通过对比军队和司法机

---

[1] 阿克洛夫（Akerlof）在《"柠檬"市场》（Market for "Lemons"）中对这个问题进行了经典阐述，从此该问题被命名为柠檬问题。在对委托的分析中，通常假定代理人知道它们是"哪一种类型"。我怀疑这在现实中是否正确：在某种程度上，政策制定者在执政期间会变成"他们自己"，受到制度、文化以及他们遇到的一系列事件的影响。甚至，认为他们的性格已经完全形成的想法也有点牵强，尤其是对那些刚接触政策制定的人来说。更确切地说，关键问题是委托人不知道代理人/政策制定者将成为谁。

[2] The classic reference is Holmstrom, "Moral Hazard in Teams."

构获得的，但其基本的共同点揭示了"如何授权"问题的深度：它们的绝对权力。虽然其中每个人都有一种自我克制的道德规范，但他们遵守自身特定规范的动机却以微妙的方式受到结构的影响。

例如，美国宪法理论家、评论员布鲁斯·阿克曼认为，20 世纪 80 年代中期对参谋长联席会议结构的改革似乎造就了一些知名将军，他们可以自由地发表对军事战略和优先事项的看法。[1]甚至在 2016 年美国总统大选期间，一位在任著名大法官和一位刚退休的军方首脑就候选人的优劣评价进行了公开干预。在这种情况下，制度未能产生与我们价值观相一致的激励措施：对美国法官而言，或许是因为他们没有任期限制，因此似乎只在党派政治对"他们一方"有利的情况下才计划退休；对退休美国士兵而言，或许是因为他们被任命为政治职务的门槛较低。

我们回到第二和第四部分中的价值观、文化和原始权力的问题，即使一些民主社会能够容忍高级司法机构和军队中的名人，但在行政国家的普通领域，这似乎是不可取、不可持续的。但在后面几章中，我们主要关注的是福利主义术语下的授权结构。

## 国家行政机构向独立机构授权的原则

最后，寻求独立机构制度设计的一般性原则是否明智？这些原则可以适用于每一个监管机构、服务机构和财政机构，从而适用于具有不同功能——如规则制定、许可证发放、关税设定、直接的市场运作以及一系列其他活动吗——的机构？

由于不同机构面对的问题有很大不同，进行这样的尝试可能会被认为很奇怪。对于反对监管机构的人来说，核心问题是授权的目的是

---

[1] 阿克曼在《衰落》(*Decline and Fall*)的第二章中指出，关键的改革是由 1986 年的《戈德华特–尼科尔斯法案》(Goldwater-Nichols Act) 进行的。该法案设置了一个参谋长联席会议领导人，其他人为顾问，这侵害了他们在国家安全委员会的参政权和总统的访问权。

制定具有法律约束力的规则，但前提是选民应该投票选出立法者。[1]然而，对于另一些人来说，中央银行从事的准财政活动令人难以容忍。这里有重要的区别。虽然个人和企业需要承担遵守监管规则的法律义务，但承担义务与中央银行对金融市场的干预完全无关，由此引发的资产价格和收益率的变化是世界上每时每刻都在发生的事情（第二部分）。但我们的问题是，一个民主社会为什么（以及以什么条件）允许未经选举的技术官僚做出影响信贷条件从而影响整个经济的酌情性决定。在这个层面上，这类似于在问，为什么我们应该允许未经选举的技术官僚制定规则，让世界变得更美好。

事实上，如果不同机构活动的合法化条件和限制条件有实质性的不同，那么除非监管、财政和服务机构的目标严格区分，否则就会产生反常现象。金融危机后，部分央行通过调整监管规则或直接干预市场来维持金融稳定，如果受到截然不同的约束（由截然不同的合法化原则驱动），它们就有动机去采取这一种而不是另一种方法。

这些普遍的问题绝不局限于中央银行。鉴于许多监管机构将制定规则和裁决的权力结合起来，是否能够按照共同的合法化原则来制定限制不同行政机构职能的原则，是很重要的。这就是我们在接下来的两章中要探讨的问题。第 3 章结尾提出的问题与法院或民选行政官员的原则性授权有何不同，将在第二部分讲述。

---

[1] Schoenbrod, *Power without Responsibility*.

# 5

# 授权给独立机构的原则

## 对既定目标的可信承诺

> 美国人……留给政治领域的决策太多,留给技术统治领域的决策太少……支持美联储独立性的论点同样适用于政府政策的许多其他领域。
>
> ——普林斯顿大学教授、美联储前副主席,
> 艾伦·布林德,1997 年[1]

在对行政机构的目的、职能模式和结构进行研究之后,本章阐述了给与日常政治高度隔离的受托型独立机构授权的原则的构建。按照第一部分福利主义的理论,我们首先规定授权的标准,在下一章中,我们将介绍如何授权,包括对授权多个任务的限制。因此,授权原则包括以下内容:

- 授权标准。
- 设计准则。
- 多任务约束。

---

[1] Blinder, "Is Government Too Political?"

## 政策授权的解释：短期与长期现实主义

政治学家会说，无论在哪个领域，对政策职能进行授权的政治选择只不过是一场利益之争。在看似合理的解释中，他们找出了一些似乎不太有价值的解释，例如立法者试图将不确定的政策结果归咎于他人，限制政治对手，或锁定特定部门利益。①在这些动机中，哪一种占主导地位，取决于立法者之间目前和未来政治力量的平衡。例如，如果美国的机构是在国会和总统职位掌握在敌对政党（即所谓的分裂政府）手中的情况下成立的，它们就更有可能与政府隔离（第三部分）。②

同样，在一国宪法规定的备选方案中，类似力量的相互作用也决定了授权制度在多大程度上是事先确定的，以及在多大程度上可以通过监督、预算核准等方式进行事后政治控制。若没有明确规定授权，则是因为立法者从中受益：他们可能缺乏时间或专业知识来充实授权，也可能有更多值得优先考虑的事项，或者可能再次希望将错误的政策选择归咎于官僚。相反，在授权与特定授权相结合的情况下，这可能反映出两党在长期分裂的政府下对锁定"温和"政策的做法达成共识。③

在我们看来，这些研究缺少两样东西。首先，机构本身被认为是相对被动的，在设立之初和之后，它们的结构、策略，甚至长期表现

---

① Fiorina, "Legislative Choice."
② Epstein and O'Halloran, *Delegating Powers*. 这一发现可能并不可靠。1970 年，民主党国会和共和党总统尼克松创建的环境保护局，是唯一一个在统一政府下设立行政机构的典型例外。重要的是，该机构的部分组成是通过行政分支机构的合并完成的，或许，国会的环保人士很乐意让总统加入他们的事业，让他在结构上产生一定的影响力。但我最好的猜测是，在新政实施后的几十年里，"独立委员会"的光环已不复存在。有关这种转变的证据，请参阅兰迪斯的《监管机构报告》（Report on Regulatory Agencies）。
③ 这适用于阿莱西纳（Alesina）和罗森塔尔（Rosenthal）的《分裂的政府》（Divided Government）对授权机构的广泛调查结果。然而，如果党派政治人士因不妥协而获得奖励，选民也会容忍在某个特定领域根本不存在任何政策制度，那么结论可能就不成立了。

都是由其各政治主体的激励和相对权力塑造的。这些假设完全不符合我的经验，也与一些研究相左，例如关于美国证券交易委员会对国会政策的影响的研究。①机构领导人和工作人员可以是行动者，影响目标，有时还会影响立法的形式。用一位学者的话说，这是一条双行道。② 的确如此，在接受模糊任务或不完整机构的任命时，他们的领导人必须有承担风险的个人动机，或者希望植入他们自己或其赞助者的政策偏好。

其次，我们认为更重要的是，现实主义的种种动机很难有助于产生持久的合法性。即使政治学家在经验上是正确的，也不意味由此产生的结构是可持续的，或有利于对政府的信任。选民们从州长那里得到的冷嘲热讽可能也就这么多了。这本书的假设是，不这样认为是不安全的。谈到宪法政治以及政府权力的分配，缺乏深谋远虑的现实主义无异于赌博，就像各西方民主国家目前可能从反对技术官僚政治的反应中重新发现的那样。

因此，我们需要谈谈授权给与政治隔离的机构的理由（而不是解释）。在谈到我认为最有说服力的一个案例之前，我们将对另外三个基于福利的案例进行回顾：专家的价值，效率政策与正义政策的分离，以及技术官僚作为公平评判者在相互竞争的利益集团之间进行政策谈判的价值。每一个都存在不足，但都有一定的启发性。

## 独立专家作为可靠信息的生产者

法律学者、政治理论家和公共管理领域的学者普遍对授权给技术官僚的历史性规范感兴趣，他们的争论集中在利用专业知识和创建培养具有这些专业知识人才的激励机制的益处上。随着现代政府的实质日益复杂，民选政治家们将技术操作难度过大的职能进行授权是明智的。这是 20 世纪 30 年代末罗斯福新政下证券交易委员会

---

① Khademian, *Capital Markets Regulation*.
② Krause, *Two-Way Street*; Carpenter, *Forging of Bureaucratic Autonomy*.

主席詹姆斯·兰迪斯提出的基本观点。①

欧洲政治学家弗兰克·维伯特（Frank Vibert）认为，独立机构是政权的第四分支，他强调了它们在生产、发布和解释复杂信息方面发挥的重要作用，否则社会就会怀疑在严密的政治控制下所产生的信息是否还值得信任。②

在我看来，维伯特并没有提出我们正在寻找的规范性案例，而是强调了一个重要的区别，这一区别削弱了用于独立决策的专业知识的重要性。他正确地提出，无党派生产和筛选的信息可以帮助产生信任。但这本身并不需要非政治性的决策。将独立的信息生产和公开透明的建议与政府行政部门的政治决策结合起来是可能的。在1997年英国央行独立之前的大约5年时间里，英国的货币政策是通过这样的制度来决定的：英国央行的分析结果记录在英国财政大臣/行长会议纪要和季度通胀报告中。

更现代的例子是许多国家设立独立办事处，就财政政策面临的经济限制提供咨询意见，如广受尊重的美国国会预算办公室（CBO）。英国预算责任办公室（OBR）的成就则反驳了纯粹的咨询机构无法吸引高素质人才这一观点，同时也证明了要确保专业知识的益处，也需要授予决策权。

虽然很难保证独立机构一定具备合理的专业资格，但专业知识本身并不能为决策与政治的隔离提供基本动力。事实上，将专家意见与决策分开的结构，在决策者需要利用不断变化的舆论潮流和价值观时，可能会产生更好的结果。

## 效率与公平

这种思想引出了第 3 章提到的福利主义者的动机。粗略概括如下：

---

① Landis, *Administrative Process*.
② Vibert, *Rise of the Unelected*.

1. 对一个政治家来说，把提高市场效率的职能委托出去是没问题的，因为这不会让任何人的处境更糟，因此也不属于政治范畴。
2. 虽然社会需要一个福利职能部门来指导如何分享提高效率带来的收益，但这不会困扰独立机构本身，因为它们只与技术官僚机制（科学）相关。

效率可以被认为是客观、科学或中立的，根据完全竞争市场的基准（外部标准）来评估政策结果。与此相反，正义是一个完全不同的问题，需要就如何分配收益进行持续的辩论和选择。

效率/公平二分法是这一解释的核心。从更具分析性的角度来看，这大致反映了伍德罗·威尔逊的行政/政治二分法（第2章）。然而，这在现实世界中遇到了困难：民众的财富情况影响了他们所能做出的选择（可能还有他们能够表达的偏好）。充其量只能说这使在效率/公平二分法的基础上将不同的目标分配给非多数主义和多数主义机构的情况复杂化。①

然而，效率和公平的潜在可分性确实提醒我们，必须区分赞成授权和反对授权这两类公共政策目标的论据。负责价值选择或分配正义的机构的合法性条件，比负责效率的机构的合法性条件要求更高。也可以这么说，重大分配选择不应委托给那些与政治隔离的技术官僚。

这是对行政机构中独立机构部分的限制，而不是为提高效率而进行政策授权的动机。它并不涉及是否应该将"效率政策"赋予技术官僚、民选行政部门或法院。

---

① 在《监管合法性》（Regulatory Legitimacy）一文中，马琼从表达同样的观点开始，但他的结论是，这种架构上的分裂之所以成立，是因为它是由不受信贷/财富约束的政府选择的［马琼，《欧洲规范》（*Regulating Europe*），第295页］。除了含蓄地（但无疑在很大程度上是准确的）假定民众在政府结构中没有发言权之外（见第二部分），这似乎还假定追求效率的独立机构可以在不考虑资源分配的情况下做出决定；例如，这不会影响它们就拟议的效率措施进行公众咨询时所收到的回应。

## 作为中立裁判或拍卖人的独立机构

另一个向技术官僚授权的可能动机是规范性变成了理性选择论者把决策过程比作市场的观念（第 3 章）。在总结政府失灵的理论时，我们看到立法效率的缔造者们在两个方面的乐观假设，一是公民政治权力失衡，二是政治家兑现补偿输家的承诺，这是一个无法消除的不确定性。

矛盾的是，这种政治"交易成本"普遍存在，为向各机构授权提供了一种可能性，因为在需要根据不断变化的情况制定和实施这些政策的领域，这可以降低制定政策的成本。在这种情况下，进行授权需要符合以下条件：（1）达成政策协议所需的额外费用不是财政方面的费用，而是机构直接控制的监管或其他政策的调整费用；（2）查明和达成这些协议需要详细的专业知识；（3）通过将机构负责人的声誉与明确、透明的使命（反映社会福利职能）联系起来，可以提高公正性和政策稳定性（即可信性）。

"政策即讨价还价"的比喻被保留下来。机构没有形成自己的公共利益观。相反，它的作用只是：第一，采用一个充分开放的程序，使所有利益相关方的声音都能在谈判桌上被听到；第二，建立做出可信承诺的声誉。

然而，显然，在各机构发挥作用的三个条件中，所有规范性工作都是由第（3）项完成的。政治家们拥有宪法允许的各种附带报酬，包括编写规则；正如已经讨论过的那样，他们可以利用独立专家的意见。他们最严重的问题是做出带有坚定信念的承诺。

事实上，无法做出可信承诺是公共政策制定的最大交易成本。可信承诺的重要性不亚于基本承诺。最后，我们认为，如果向与政治隔离的技术官僚授权是一种可行和有效的承诺手段，那么我们确实有动机建立真正的独立机构。

## 可信承诺的核心地位

公共政策领域面临需要做出可信承诺的问题，而 20 世纪 70 年代末和 80 年代初，经济学家对此进行了大量研究，关于授权问题的争论内容也随之发生变化。其中一个相关问题可被称为"时间不一致性问题"（time-inconsistency problem），即使是偏好稳定（社会福利函数是固定的）的决策者也会发现，偏离其承诺是最佳政策选择。①

最佳政策选择取决于其他人的行动，特别是他们对未来政策的期望，这就带来了问题。因此，居住在洪泛区的居民可能会迫使政府违背不建设昂贵的防洪基础设施的承诺。更普遍的情况是，如果人们的行为模式是基于承诺可能会被打破的预期，那么结果就是不这么干的后果会更加严重。

一种稍微复杂的变体出现了，即相信政府的承诺会使政府有理由违背这一承诺。例如，如果人们基于政府宣布的低税收政策而选择投资，那么政府可以（在短期内）通过对资本征税获益。如果人们考虑到决策者的激励动机，那么政策承诺就不会被相信。

这些思想成为货币经济学的基础（第 18 章）。如果通货膨胀率很高，并且预计会保持高企，那么政府不太可能实施低通胀政策，因为真正落实这一政策，将在短期内造成经济衰退。同样，如果一个货币机构领导人倾向于利用价格稳定来进行更多的经济活动，那么家庭和企业就不会相信其对稳定的承诺，从而使更高的通货膨胀率成为最佳选择。在上述每一种情况下，人们对违背诺言的预期都会自我实现。

与货币政策不同，承诺的核心地位，即人们相信政府的承诺和保持时间一致性，要通过极为缓慢的过程才能达到。②然而，事实上，在深度洞察的基础上，普林斯顿大学经济学家、美联储前副主席艾伦·布林德质疑，为什么政府的大部分政策没有按照中央银行的模式授权给独立机构，这或许有点开玩笑。③

---

① Kydland and Prescott, "Rules Rather Than Discretion."
② 在欧洲，到 20 世纪 90 年代中期，贾恩多梅尼戈·马琼强调承诺是核心。Majone, "Temporal Consistency."
③ Blinder, "Is Government Too Political?"

布林德的问题很难回答。虽然我认为大多数人会觉得这个想法是错误的，但我们可能很难确定货币政策与不适合授权给独立决策者的政策之间的区别。例如，英国教育专家在2015年提出一项建议，认为应将学校的国家级课程的设置授权给一个独立机构，而不是由教育大臣决定，理由是这一领域的稳定至关重要，因此政策不应随着各部门（甚至个别大臣）的变化而变化。我们应该如何看待这一问题？①

## 阿莱西纳-塔贝里尼模型：授权标准

在过去的十多年里，政治经济学试图阐明一些一般规范性原则，并预测部门利益何时会阻碍这些原则的实现。在两篇论文中，阿尔贝托·阿莱西纳（Alberto Alesina）和圭多·塔贝里尼（Guido Tabellini）分析了政治家们面临的选择：是自己决定政策，还是授权给与政治隔离的技术官僚。②

阿莱西纳和塔贝里尼认为，政治家们的动机是能够连任，而技术官僚的动机是专业声誉。对于重要机构的高级官员来说，我认为更现实的假设是，他们的目标是最大化机构的预算或规模。坦率地说，如果你有很多权力，你就不会专注于通过员工的规模来获得威望。③

在这种情况下，政治家们的目标是做需要做的事，包括在必要时改变政策方针，最终实现重返政坛的目的。事实上，因为他们希望人们感觉幸福（以事后效用或福利为基础模型），所以他们会准备随时放弃去追求一个明确的目标。相比之下，既然技术官僚的声誉取决于他们能否实现被公开授权的目标，他们就会付出努力，尽可能地做到

---

① 英国广播公司对一位刚退休的官员关于个人回忆的演讲的报道。
② Alesina and Tabellini, "Bureaucrats or Politicians? Part I," and "Bureaucrats or Politicians? Part II." 与政治隔离的程度被认为是很高的，因此其结果隐含着真正的独立机构（我们所说的受托型机构）。
③ 关于固定预算的官僚主义的经典描述见尼斯坎南（William A. Niskanen）的《官僚制与公共经济学》（*Bureaucracy and Public Economics*）。

最好。因此，随着时间的推移，他们更有可能坚持去实现战略目标。①

同样地，在这种模式下，政治家们的努力程度仅仅是可以赢得选举。因此，当一项政策具有相当大的分配效应，它的重点不是最大限度地扩大总体福利（整个蛋糕的大小），而是确保最有可能让他们重返政坛的大多数人（按照投票制度）生活得更好（增加多数人占蛋糕的比例）。与此同时，技术官僚只要单纯地追求法定目标即可。在这里，假设有某种动机，我们开始研究授权"效率任务"的规范性案例。

然而，如果一项政策具有相当大的分配效应，但其对总体福利的影响很难衡量或可以忽略不计（因此它不是帕累托改进），则该政策的全部内容是做出分配选择。在这种情况下，技术官僚不会被束缚在客观标准的桅杆上，他们本来也没有权力向受损群体做出补偿。虽然技术官僚可能比政治家更忠实地执行规定的分配政策（因为承诺问题），但这是执行机构的责任，而不是我们研究的受托型机构的责任。

在我看来，阿莱西纳－塔贝里尼模型指出，在满足下列条件的情况下，向技术官僚授权是比较好的策略。

- 可以说明具体目标。
- 社会的偏好是相当稳定的，基本环境也是如此，因此很清楚社会对政策的偏好是什么。
- 做出可信承诺以坚持一种政策制度，而且与我们先前关于效率

---

① 与任何模型一样，关于动机的假设和假设的约束一起驱动分析结果。因此，从某种程度上说，不同的结果来自这样一种假设，即政治家既重视政治遗产，也重视再次当选［马斯金（Maskin）与梯若尔（Tirole），《政治家与法官》（Politician and the Judge）］。我更喜欢阿莱西纳－塔贝里尼模型的设置，因为我相信，比起被委派给独立机构的候选人，政治家们更关心大的领域（赢得战争，建立福利国家，重建市场经济，确立公民权利等）。在国内政策方面，这些领域往往是政治家们试图重新定位或将新兴价值观融入社会的领域（例如，里根新政和撒切尔的放松管制/私有化），因此不符合阿莱西纳－塔贝里尼模型的标准，即社会偏好是固定和稳定的。即使政治家们确实关心他们在其他领域的政绩，他们通常也需要再次当选，以嵌入他们首选的政策，从而激励他们既削减任何短期内不受欢迎的以政绩为导向的目标，又掩盖他们将推行的政策（或者，如果他们在职，正在推行的政策）。

/93

与公平的讨论一致。
- 没有重大的分配权衡要求决策者做出重大的分配选择。

此外,阿莱西纳和塔贝里尼认为,这些政策工具有望发挥作用。在一种政策工具的成本和效益存在重大不确定性的情况下,与使政治家承担风险相比,利用技术官僚进行类似尝试更不容易被接受,因为该机制很难做出可信承诺,而且技术官僚的选择可能会带来意想不到的分配后果,这些后果是他们无法弥补的。①

虽然最初似乎有些自相矛盾,但这需要两种完全不同的授权制度,分析基础是可信承诺的福利:(1)仅限于提供详细说明(包括重新分配)的机构;(2)被授权追求可监测目标(如货币政策)或适用可监测标准的独立机构。但它并没有为那些有自由裁量权的独立机构提供保证,因为它无法解决可信承诺问题。既然如此,这就得出了一个令人吃惊的结论:在较高层次上分析(规范性理由),像美联储这样的货币政策权威机构与社会保障办公室的共同之处,要比与美国证券交易委员会或美国国家环境保护局的共同之处多!②

## 不同类型的可信承诺问题

虽然这是用经济学的语言表述的,但这为研究承诺问题打开了大

---

① 这与休伯(Huber)和希班(Shipan)等人的积极政治经济学相反,后者认为不确定性增加了授权的动机。除了标准结果,阿莱西纳和塔贝里尼发现,在结果不确定的情况下,如果这种不确定有溢价(例如,付出更少的努力),政治家们就需要在推卸责任和收取更高的费用之间做出选择。相比之下,我所说的"根本不确定性"指的是,委托人和代理人都不知道该工具的平均(预期)效果或其效果的方差等。

② 尽管在承诺问题上存在共同的压力,但这与加里·J. 米勒(Gary J. Miller)和安德鲁·B. 惠特福德(Andrew B. Whitford)的《超越政治》(Above Politics)的观点有着本质上的不同。即使在立法目的仍在不断变化,既没有可监控的目标,也没有详细的指导手册的情况下,他们仍试图从总体上为政府官僚主义辩护。承诺也包含在政治和行政交易成本中,参见霍恩(Horn)的《公共管理的政治经济》(The Political Economy of Public Administration)。

门，远远超出了旨在提高社会经济福利的措施。社会可能有其他重视承诺的理由。

最明显的是，我们可能希望得到保证，法律需适用于不同的案件以维护公正，当然这与将权力下放给金融管理机构的动机相距甚远。这也是一个承诺问题。这并不取决于该制度本身在每个人眼中是否提供实质性正义，而取决于每个人是否都相信，在法律规定的范围内，他们（群体和个人）将得到同样的待遇：根据同样的标准，他们的特殊情况对政策选择具有系统影响而不是武断影响（第8章）。这涉及局部一致性，而不是上面讨论的动态一致性。它为将法律纠纷的裁决权委托给独立的司法机构提供了一个规范的理由（第4章）。法官帮助解决承诺问题，因为按照阿莱西纳－塔贝里尼模型，他们的地位在很大程度上取决于能否保持公正的声誉。①

如果承诺问题的潜在范围很广，那么潜在的驱动因素也很多。它们可能是公共政策领域的本质内容，如货币政策或资本投资项目的税收和监管。它们可能存在于政治的变迁之中，这可能会促使人们偏离既定的政策目标，以支持或重新点燃民望。或者，它们可能是由于决策者行使私人权力而产生的，无论是民选的还是非民选的。②总体来看，承诺问题的这三种表现形式可以被标记为内在时间不一致性、选举政治和部门俘获。

它们是意志软弱（对古人来说，这是无能或无自制力）的表现。③

---

① 局部一致性和动态一致性没有分离。法律裁决的公平和公正具有工具价值，因为它增加了可预测性，从而降低了个人和企业的不确定性成本。这些都是与法治有关的价值观（第8章）。
② 第二个和第三个因素似乎是埃格特森（Eggertson）和勒·博奇（Le Borge）的《政治代理理论》（Political Agency Theory）中正式分析过的驱动因素。例如，政治货币政策制定者是否会屈服于压力强大的游说团体，反对近年来为使通胀率回到目标水平而采取的一些措施（第24章）?
③ 令人惊讶的是，哲学家们长期以来一直在争论失智症是否可能是理性的；请参阅莎拉·斯特劳德（Sarah Stroud）在斯坦福哲学百科上发表的调查文章。基德兰德/普雷斯科特（Kydland / Prescott）的《规则而非相机抉择》（Rules Rather Than Discretion）确定了在什么条件下，一个时期一个时期地优化可以合理地偏离长期的最优计划。

阿莱西纳-塔贝里尼模型设置的不同参数解决了这些问题。第二和第三种问题是通过让渡政治家的自由裁量权来缓解的,在这种模式下,政治家们只需要满足多数选民的需求就行了。第一个问题和第三个问题中的技术官僚变体(监管俘获)可利用未经选举的决策者实现可监测目标的声誉来缓解。这个方案是行不通的,除非社会知道自己想要什么,并且能够让技术官僚在逃避或追求不同目标时,冒着名誉风险去追求自己想要的东西。在一个常用的比喻中,社会必须把自己绑在政策目标的桅杆上,这是通过将技术官僚的个人名誉和地位捆绑到桅杆上来实现的(第10章)。

## 布林德的问题:为什么不对一切权力授权呢

从本质上讲,到目前为止,这为授权给以下领域提供了理由:任何追求诱人、虚幻、快速胜利的领域,任何高度投票导向的领域,以及任何影响到强大既得利益者的领域。在这种情况下,为什么不像布林德所问的那样,将更大范围的公共政策委托给与政治隔离的技术官僚呢?阿莱西纳-塔贝里尼模型提供的答案分为两部分。

第一部分,要重复的是,只有当社会有普遍确定的偏好,而且这些偏好可以在一个明确和可监测的目标中被具体规定时,才应该授权。否则,就没有什么可供承诺的,因此也没有必要对相关技术官僚进行监督。阿莱西纳和塔贝里尼倾向于把外交政策作为一个不稳定的领域。我要补充的是,关于军事战争和重大战略领域(第4章),这一判断也是正确的,这说明了为什么军事指挥部可以成为现代国家的支柱而不是成为一个独立机构。

从公众辩论的热度来看,环境政策的某些部分可能仍然如此。许多人坚持认为科学已经很完善,这一论调只是暴露出未能将足够广泛的活跃选民及其代表包括在与日常政治隔离的政策之中。因此,未经选举的环保机构的领导者更关心的是他们在政治赞助者和小群体中的地位,而不是通过执行一项得到广泛支持的任务来获得更广泛的无党派的支持。

答案的第二部分呼应了第 3 章，即对独立机构的授权不应包括重大的分配选择，这是许多财政政策和其他领域的中心"舞台"。在阿莱西纳和塔贝里尼的研究中，把这些问题留给政治家并不是出于政治道德或民主理论的公然动机，我们将在第二部分讨论这一点。相反，这是一个技术上的限制，因为非帕累托改进政策的衡量标准将受到质疑。鉴于所涉及的分配问题，只有政治家才有权提出必要的附带要求，以促成有效的政策谈判。

含蓄地说，在授权的独立机构制度具有分配效应的范围内，它们要么随着时间的推移而趋于平衡，要么作为政策的副产品而被接受，前提是其反映社会的偏好，并且目标是由政治委托人选择的。

## 授权标准对机构设计的影响

上文概述的授权标准直接影响到独立机构内的决策结构。

第一，追求专业地位的决策技术官僚的级别明显较高。这一点很重要：没有考虑到的是独立机构把决策制定下放给一大群初级官员，他们可能更重视工作保障、休闲等。即使他们的勤奋和专业知识堪称典范，但每个人都不足以单独获得名誉利益，这与作为集体在一个成功的机构中工作不同。

第二，应由有关领域的专家做出决定。虽然这似乎是显而易见的，但这意味着，只有在社会认识到存在有专业技术、知识的机构时，才会将权力下放给那些与政治隔离的技术官僚。不可否认的是，这一机构在实现机制的目标时，终归有不完美之处。这在某些领域不能适用，要么是因为没有公认的专业知识机构，要么是因为专家太少，以至于没有一个专业团体。此外，正式要求公认的专业知识可以减少政治家面临的逆向选择问题，也限制政治家任命非专家盟友，因为专家往往已经有了专业声誉。

第三，被任命的决策者也应该希望拥有真正相信他们职责（内在动机）的声誉。否则，他们可能不会在意因未能实现目标而受到的任何名誉上的指责，这使得他们可以利用手中的权力去追求其他目标

（道德风险）。例如，任职者的专业声誉为竞争政策/货币政策经济学做出了巨大贡献，但对于平庸的政策选择，如果任职者只关心前者就无法实现既定目标。在现实世界的制度建设中，这种显而易见的观点在许多关于授权的讨论中都被忽视了。①

第四，应由任期长但任期错开的成员组成的委员会做出决定。要使决策者独立，长任期是必要的（并非充分条件），以帮助满足对稳定的政策制度做出可信承诺的需要；如果决策者希望连任，则应避免让任命的负责人获得无形的影响力。之所以需要一个委员会，是因为一个单一的决策者（总统或首相），任命时很容易选择符合自己偏好的人（盟友），而不是符合目标所需要的社会偏好的人。因此，委员会不应成为其总统或首相的橡皮图章。基于同样的理由，成员的长任期应错开。

有一个具体的例子，公众认为，量化宽松是各国央行通过购买债券为政府提供廉价融资的一个阴谋，据此他们批评央行的独立性已被央行主动地悄悄放弃。对此，我的回应是，至少在英国，货币政策委员会（MPC）有四名"外部"成员，他们不是英格兰银行管理层成员。人们总是先入为主地认为，他们本可以不参与任何这样的阴谋，因为早晚会露出马脚。货币政策委员会的"外部性"支撑着委员会的独立性，帮助形成一种每个"内部成员"也可以独立决策的文化。

因此，成立委员会不仅仅是为了做出更好的决定或减少重大错误，当然，有足够的证据证明它们能做到这一点。②只要每个成员都被授权（一人一票），他们就会帮助彼此与公开设定的目标联系起来。

---

① For exceptions, see Besley, *Principled Agents*, chapters 1 and 3; Mansbridge, "Selection Model"; and, much earlier, Pratt and Zeckhauser, introduction to *Principals and Agents*.
② 有关委员会作为货币政策制定者的情况，请参阅布林德的《无声的革命》（*The Quiet Revolution*）的第 2 章。

## 利用独立机构决策者声誉的风险

除了阿莱西纳-塔贝里尼模型关于制度设计的四个推论之外，还有一个更普遍、更深层次的问题。

如前所述，向独立机构授权带来了由专业地位和公众声誉驱动的技术官僚。在阿莱西纳-塔贝里尼模型中，对声誉地位的敏感性是一种假设，就像所有的分析一样，该模型详细分析了这些假设的含义。在现实世界中，这必须颠倒过来，这种假设变成了制度设计的一种需要，一种规范的处方。除非决策者确实将实现该制度目标所能获得的专业地位放在首位，否则无法从授权中获得预期好处，因此制度需重新设计，以使决策者获得这种激励。

这一分析在一些重要而微妙的事情上有预设立场。显然，这不仅仅是一些"合同"授权模式所提出的惩罚措施。但是在强调奖励的时候，一种非常特殊的奖励是被优先考虑的。它依赖于未经选举的公共政策制定者对专业的重视，或者对更广泛的公众尊重的重视。公众尊重本身必须受到这些政策制定者的重视，不是因为他们能够在任期结束后将其兑换成财富，而是因为能为利益集团抓住有利可图的退休后工作的前景打开大门。重要的是，它还关乎从延迟的尊重，而不是即时或短期的受欢迎中获得的满足感。授权标准依赖于这些人的存在。

授权还依赖这样一种文化，即社会重视和尊重成功或尽职尽责的公共服务人员。①如果社会到了一个不关心公共服务的地步，那么，所有的赌注都将押在相关授权领域，机构领导人将仅关心在小群体中的声誉。因此，与激励相容的独立机构制度的可行性，不仅取决于设计方面的技术问题，还取决于决策者的性格以及更普遍的社会文化和价

---

① 更广泛地说，类似的观点也出现在佩蒂特（Pettit）的《狡猾的信任》（Cunning of Trust）一文中。经济学家直到最近才开始对文化产生兴趣。For a review, see Alesina and Giuliano, "Culture and Institutions."

值观。①

还有一个更复杂的问题。即使我们的机构领导人是廉洁的，但有些决策者爱惜自身羽毛，也有其阴暗面。一个受监管的社会可以通过向当选的政治家和记者抱怨或耳语来驯服这些机构官员，从而损害或贬低他们的声誉。当然，这种情况还在继续。毫无根据又似是而非的抱怨无异于一种俘获策略。因此，建立受托人/独立机构制度需要让决策者的专业声誉在很大程度上依赖于可观察到的公开信息，而不是聚会时的闲聊。换言之，得出阿莱西纳－塔贝里尼模型结果的关键假设之一，也是我们的授权标准，是要求公开地说明该机构做了什么以及为什么要这样做。

因此，独立机构的设计要比直接采用阿莱西纳－塔贝里尼模型更重要。事实上，关于如何授权还有许多话要说。

---

① 里奥尼德·赫维茨（Leonid Hurwicz）于20世纪70年代初在经济学中提出了"激励相容"的概念，激发了人们对激励约束和更熟悉的资源约束的兴趣［迈尔森（Myerson）的《机构设计视角》（Perspectives on Mechanism Design）］。就我们的目的而言，问题是一个制度需要什么才能使激励与价值观相容，因为这样它就可以在比结果更广泛的基础上合法化（第二和第三部分）。

# 6

# 向独立机构授权的设计准则

> 各机构在两个主要方面存在差异：能否观察其经营者的活动，能否观察到这些活动的结果。
>
> ——詹姆斯·Q. 威尔逊（James Q. Wilson），1989 年[1]

从总体上看，上一章的"授权标准"似乎是在目的和手段之间划清界限，我们将在第二部分回顾这一区别。但仅有授权工具并不意味着该制度就会自动实施。受托型机构对政策行使自由裁量权。法官解释立法，央行行长选择当月的利率，竞争主管机构可能对市场占有率何时过高进行测试。因此，就我们的目的而言，重要的是，授权标准不包括一套完整的条件，使授权能够在福利主义的基础上享有合法性。如何安排授权也很重要，因为它提供了一个有限的自由裁量权制度。

## 政治平衡与政治隔离

作为思考的出发点，可以设想将政党政治模式复制到独立机构理事会或委员会，当然这一设想并不准确。关于真正独立的受托型机构，如果有什么可说的话，那就是它们将适合技术官僚运作的领域与日常政治隔离。把民选政治家排除在决策之外，只是为了使非选举产生的政治派别的代表重新加入党派政治活动，这一做法没有多大的意义。

---

[1] Wilson, *Bureaucracy*, chapter 9, p. 158.

在采取这种办法的情况下，在掌握任命权的民选首脑和立法人员心目中，被提名者的技术专长往往不如他们的政治忠诚或赞助重要。这可能使技术专长集中在机构的工作人员中，他们发现自己与"普通"理事会成员对首脑的影响力的竞争，导致一些工作人员自己因为某种政治忠诚而被选中。

至少在美国的一些监管委员会中，这种情况是存在的。在这些委员会中，政党政治在结构上渗透到了理事会层面，而且随着美国政党政治变得两极分化，符合政党偏好的委员投票变得更加普遍。例如，美国联邦贸易委员会的网站将其描述为"两党"性而非"独立"性，这就很能说明问题；此外，美国证券交易委员会的一些高级官员当时也宣布，他们将在 2016 年总统大选后不久离职，这暴露出连高级官员的任命在很大程度上也变得党派化了。但是，从第 4 章所列的普遍标准来看，这两家机构都不是受托型独立机构。

## 向受托型独立机构授权的五个设计准则

在此背景下，我就独立机构授权制度的部分问题提出五个建议。除了社会认为授权有实质性理由，特别是不需要更改价值观或长远目标的选择，一个制度还应包括以下内容：

1. 关于其宗旨、目标和权力的说明，以及对其边界的划定（目的－权力）。
2. 关于由谁行使授权和拟采用的程序（程序）。
3. 关于该机构如何在其边界内执行政策的原则（运作原则）。
4. 足够的透明度，使被授权的决策者以及制度本身能够受到民选官员的监督和问责（透明度－问责制）。
5. 确定在危机期间突破权力界限时的规定，包括民主问责制的运作方式（紧急情况）。

我们将反复讲述这五个设计准则并不断拓展其内涵，把视野从福利和激励扩展到价值观和合法性的高度。乍一看，它们可能无伤大雅，但事实上，几乎所有不符合这些准则的现存机制都无法安然无恙。

通过将权力下放给一个独立机构，政治委托人将对该机构及其领导人给予信任。这不可能完全依赖于该机构及其领导人天生就很有道德感或始终忠于既定目标（被称为内在动机），还必须依靠对该机构坚持任务的激励，因为机构及其领导人会重视专业人员和公众对其的尊重。菲利普·佩蒂特称这是"信任响应"，我认为他说到了点子上。①

外部地位的重要性关系到一个制度的哪些方面应由立法者确定，哪些方面可由民选执行官确定，哪些方面可由独立机构本身加以充实。虽然不同国家/司法管辖区的精确分工必然会因其政治宪法和习俗的不同而有所不同（第三部分），但有些一般性规则是共通的。特别是，最高级别的内容应该以立法的形式呈现，以使其难以改变，并反映立法机构（议会）对公众既定偏好和目的的看法。

## 第一个设计准则：目的、目标、权力

因此，应通过立法确定机构的目标（例如，对中央银行而言的货币稳定）、独立性以及对授权制度的限制，从而限制其行使自由裁量权的领域，来满足"目的－权力"原则的要求。立法机构选择的是高层目标，而不是机构负责人，作为未经选举的技术官僚，不能把自己的想法强加到公共利益上。留有自由裁量权的区域应从属于既定目标。

因此，第一个设计准则的目的，不只是通过明确赋予权力和责任，以模糊的方式来获得"信任响应"。它将目标的设定与工具的控制分离开来，也就是说，一个独立机构应该拥有工具独立性，而不是目标独立性。②

---

① Pettit, "Cunning of Trust."
② 目标独立性和工具独立性之间的区别在货币经济学中已经存在了近 30 年［德贝尔（Debelle）和费希尔（Fischer）的《如何独立》（How Independent）］。通过第一个设计准则，我认为它与一般独立机构相关。

其结果是，原则上，可信性有两个来源：一个是机构业绩（成果）一致性所产生的可预测性，另一个是基于外部设定的目标而得到的规范性预期，更重要的是，这一目标是由具有合法性的更高权力机构确定的。[1]相反，如果一个机构设定了自己的目标，那么它就默认了，社会仅仅根据其表现（或至少履行自己的承诺）来信任它。这一模式的基础比较薄弱。规范性预期对"信任响应"有一定的影响。在我们对真正的独立机构所使用的比喻中，受托型机构会得到一份非开放式的信托契约。

也许，这一规定最基本的部分是独立机构必须追求的目标或必须适用的标准，因为它是社会福利职能的代言人。目标/标准应该是可监测的，用来评估该机构（以及任何政治上的盟友或评论员）是否成功，依据就是评估时点上适合它们的标准。举个例子，2%的通货膨胀率就是一个可监测的标准。再举一个可监测标准的例子，即向受外部打击的银行提供流动性支持，这些银行可以提供符合特定客观标准的抵押品。[2]这两个例子，都可以追踪信托契约的执行情况。[3]

出于同样的原因，如果一个独立机构要有多个目标，只要有可能，这些目标就应该分级（经济学家称其为词典编纂模型），在这种情况下，最高目标就构成实现其他目标的限制条件，以此类推。这有助于传递清晰的信息，并进一步避免独立机构政策制定者在确定目标优先顺序时，随意地将个人观念带到公开政策上并使其事实化。

---

[1] 我把这与霍利斯（Hollis）的《理性的信任》（*Trust within Reason*）区别开来，这更像是比基耶里（Bicchieri）的《规范》（*Norms*）的中心思想。

[2] 后者相当于一项规定，即一个机构如果确定符合法定标准，就必须采取行动。相反，如果法令规定它可以在这些条件下采取行动，就需要有一个可监测的目标，以避免做出重大选择。这在第四部分是很重要的，因为流动性援助的限制会成倍增加（第23章）。

[3] 在某些方面，与我的描述最接近的是马琼的《困境》，但在那本书里，根据中央银行文献（第18章）的一部分，人们假定受托人比政治委托人更"保守"（更重视低通胀）；相反，我认为他们必须受到激励，以依附于他们的委托人所设定的目标（或标准）。

第一个设计准则同样适用于任何类型的授权制度，无论是作为监管机制的一部分，制定规范公司和家庭横向关系的规则，还是像货币政策一样，规定由财政机构管理国家资产负债表。在每一种情况下，立法机构都需要做出决定，并大致确定自己的目标。对于监管机制而言，目标可以通过某种量化标准加以充实，从而阐明立法者的目标是什么。例如，如果目标是金融体系的稳定，那么社会希望这个体系有多大的弹性？如果目标是环保导向，那么多大程度的排放是不能容忍的？在财政机构里，对各种风险的容忍度是多少？是否可以实现成本最小化约束？

通过将词典编纂模型与主要目标的量化标准结合起来，立法者甚至可以考虑可能的长期权衡（如第21章所讨论的金融体系稳定与增长之间的权衡）。

鉴于此，立法者为机构面临的每种可能情况都进行了立法。监管机构可以从一个领域的定量标准中获得实质性指导，并在考虑法规规定的一系列一般性因素之后，颁布一项法定禁令，在其他领域适用与该标准大致一致的要求。同样，这与第四部分关于金融体系稳定的讨论高度相关。

因此，值得强调的是，虽然具体的目标和可监测的目标/标准对独立机构至关重要，但并不涉及详细的细节。确定一个制度是否符合我们的第一个设计准则，并不是计算法定词数量的问题。①

## 第二个设计准则：过程和程序

程序要求在很大程度上也应通过立法来满足，同时，对行使行政权力的方式实行循序判决。这是关于"由谁决策"和"如何决策"的问题，以达到清晰、公平的目的，并在就个别案件做出裁决时，实现程序公正。

---

① 这是休伯和希班的《深思熟虑的决定》（*Deliberate Discretion*）一书中使用的方法的一个潜在缺陷。

## 任命

因此，第二个设计准则首先涵盖了，机构内哪个群体就如何使用被授予的法定权力做出决定，如何任命决策者并确定他们的任期，以及影响他们决策的高级参数（如一人一票、协商一致等）。如果授权标准驱动产生这些程序所要求的实质内容（第5章），那么第二个设计准则则要求这些内容应成为法律的一部分。这对于做出任命安排和在主要法律中阐明决策委员会的专业能力十分重要。有些人原本会任命与他们关系密切或与他们有共同想法但不是领域专家的人，但这些制约因素削弱了行政部门提名/任命这类人员的能力（立法机构只确认人选）。

## 委员会程序及理由

第二个设计准则还要求在制定规则、行使自由裁量权的正当程序以及更普遍地说明做出决定的理由等方面，实行强制性的质询程序。在第一个设计准则成立的情况下，这有助于做出更好的决定，并帮助巩固机构独立性。基于同样的理由，立法机构不应规定使受托型独立机构对某些利益集团特别敏感的程序。[1]如果一个独立机构被社会的特定阶层所控制，那么在程序上，就要普遍咨询、听取案件双方的意见，特别是要给出强有力的辩护理由。

在与第一个设计准则一致的情况下，即使目标和权力都十分明确，也不能完全解决问题，如这些权力是否被用于且仅仅被用于追求规定的目标。举个简单的例子，中央银行的通货膨胀率目标为2%，并有

---

[1] 美国模式下关于事前立法程序控制的权威论文有麦卡宾斯（McCubbins）、诺尔（Noll）和韦格斯特（Weingast）的《行政程序》（Administrative Procedures）和《结构和过程》（Structure and Process）。他们的重点是立法者如何使用规定的程序来追求他们可能有的个人、地方或党派目标，或者他们可能需要回报的任何好处。第二个设计准则对这种技术进行了限制。

6 向独立机构授权的设计准则

权通过直接购买政府债券来创造货币。假设当前的通货膨胀率远高于目标水平，同时所有预期指标都显示，通货膨胀率在中长期内仍将远高于目标水平，在这种情况下，央行购买债券以扩大货币供应（并降低利率），显然是在滥用权力，但是在更微妙的情况下会发生什么呢？唯一的方式是让该机构说明为什么它的措施——它对特定权力的使用，可以实现其法定目标。这是一个过渡衔接部分，我们在第三个和第四个设计准则的讨论中，分别研究运作原则和透明度－问责制的关系。

## 第三个设计准则：机构运作原则

第三个设计准则，即阐明运作原则的工作属于机构本身。独立机构被赋予了一定的自由裁量权，因此其更高级别的任务范围（在英国，是职权范围）不可避免地有不完整性。但是，作为一个受托型机构，立法者相信它会坚持自己的目标。仅仅通过机构规则或对其个别行动和决定的解释来完成法定任务，是远远不够的。一个机构还应该有高层次的原则，使其政策决策保持一致，无论其"产出"是规则、行动（如货币政策制定），还是强制执行。例如，如果每一套新规则都反映了评估风险、成本和收益的相互冲突方式，或对世界运作的不同看法，则就法定目标而言，每一套新规则都是正当的，但不能使监管政策保持一致。同样，独立机构也应能够解释指导适用其规则制定权及其法定目标和限制的原则。

这些运作原则可以保证制度所规定的自由裁量权的行使，使政策具有系统性和可理解性。这不仅有助于增强可预测性（福利）和问责制（见第四个设计准则），就像第二个设计准则的某些要求一样，它还有助于防止被部门利益所俘获，因为有偏见的原则将暴露在公众的视野和辩论中。

即使独立机构的委员会应在一人一票的规则下做出决策，它也应努力以协商一致的方式商定其运作原则。这种方式有助于将分歧局限于对事实的解释或备选行动方案的预期效果，从而降低更高层次不协调的可能性。事实上，它可以帮助平衡一人一票系统固有的离心力和向心力，鼓励成员尽可能就普遍的策略达成一致。然而，如果出现概念框架或战略上的差异，那么少数群体选民应明确其投票背后的替代原则。

## 第四个设计准则：透明度和政治问责制

如果授权标准认定，独立机构制度的目的是让政策制定者能利用可监测目标，来实现反映公共利益的目的，那么透明度和问责制显然是制度设计的重要组成部分。

### 透明度

在包括货币政策在内的许多领域，及时透明是解决可信承诺问题的基本要求，因为它有助于证明政策是稳定的或系统的（第18章）。如果监测者看不见正在发生的事情，那就很难确保可预测性。

25年前，美国社会学家詹姆斯·Q.威尔逊针对官僚主义进行了一个举世闻名的实验。去掉各种华丽标签，使用一个简单的2×2矩阵：一个机构的产出是否可见和可监测，以及其行动的成果是否可见和能够得到评估。[①]矩阵中只有一个单元适合独立的受托型机构：产出和成果都必须是可监测的。

这一矩阵中的情形没有如人们所预期的那样得以实现。不可否认，从20世纪90年代中期到后期，货币政策（通过操作利率以管理通胀目标）在许多司法管辖区都取得了不错的成绩，但扩展到银行业监管（货币体系中的私人所有和管理的部分）层面，矩阵单元涉及的实践并不那么坚定，这是第四部分（第21章）的核心问题。

即便假设机构的产出和成果高度透明，也是远远不够的。靠运气

---

① 在威尔逊的《官僚机构》（*Bureaucracy*）中有四个分类，每个矩阵内分别为生产机构、程序机构、工艺机构和应对机构。

把事情做对，与通过普遍正确的判断把事情做对存在本质不同。因此，第二个设计准则和第三个设计准则所要求的理由和运作原则都受制于第四个设计准则的透明度要求：如果一个政权想要高效运作，就不能保密。

这与局部一致性（以及俘获风险）相关，就像时间一致性和规避短期主义一样。根据第三个设计准则，如果某一机构公布了其运作原则和行动（政策、规则、执行措施），那么监测者就可以确定任何为了特定群体利益而偏离这些原则的行动。更常见的重点，特别是在法律学者中，是强调程序的完整性，这是第二个设计准则的要求之一，可以对抗权力专断，但并不足以解决俘获风险。哪怕像法院一样，诉讼程序和最终裁决是公开的，但除非政策是根据明确的原则制定的，否则这种利益俘获就很难被发现。当然，这有助于解释为什么法官在解释和选择适用法律时强调并重视历史判例。

简言之，如果授权传递可信政策承诺的机制紧紧抓住技术官僚重视声誉这一点，那么不同的群体就需要有足够的信息来判断技术官僚是否真的坚持了自己的承诺。如果他们不这样做，他们的声誉可能会受到"观众成本"的影响（第9章和第10章）。

如上所述，监测者可以是任何人。但这里需要注意一点，在特定领域，有时可能不太需要实时透明。例如，一家银行不加控制地进行强制销售，可能会导致无序的破产，并带来巨大的社会成本，那么宣布这家银行必须削减高风险的投资敞口就是不合理的。为了在不牺牲可监测性的情况下避免这种情况，必须严格区分透明度和问责制。

## 政治问责制

这里的问责制指的是政治问责制，对创建和代表该机构的民选立法机构负责。提高透明度有助于推动公众对机构制度及其授权安排的公开辩论，这有助于政治家履行监督职能，但在我看来，该机构并不

/109

对特定部门利益或个别受监管公司正式负责。①最根本的原因是，对于受托型机构来说，在政治方面或部门反对的情况下，它们仍可以自由做出选择。问责程序最重要的产出是改变制度本身，要么修正，要么全面废除。②

这强调了将两个方面进行区分的必要性，一是政治家负责的关于该机制设立的问责制，二是独立机构负责的关于该机制管理的问责制。事实上，这是由"目的－权力"理论在目标独立性和方法独立性之间做区分造成的，因为需要利用独立机构来明确它们无法改变的目标。除非把目标/方法的区别写入独立机构制度，否则，当事情出错需要问责时，公众不知道该责怪谁，不知道是因为设计不善还是执行不力，他们在后续总结教训的时候也会面临这种问题。根据第四个设计准则，政治领袖（确切地说，是根据政府体制不同而决定机制的人，详见第三部分）必须对政体本身负责。

对于问责制的这两个方面，都有可行性要求：这些模式必须存在、被使用和被普遍理解。最基本的是，有必要设立一个制度，让立法机构进行监督。这并不是小事，正如第 2 章所讨论的，对于如何准确实现这一目标的质疑，在一定程度上促使保守党在 1997—1998 年反对英格兰银行获得独立性。

然而，这依然是不够的，还需要设立激励机制，确保立法者是为了公共利益开展监督工作，而不是为了自己狭隘的利益或其他优先事项。在这里，透明度的必要性再次显现。如果一项独立机构制度的产出或结果（即使滞后）无法被监测，或者如果产出与结果之间的联系

---

① 这是波文斯（Bovens）的《分析与评估责任》（Analysing and Assessing Accountability）中"责任"定义的一个特殊应用。它与斯科特在《问责制》一文中所说的"责任"有所不同。在我看来，"政治问责制"可以结合杰里米·沃尔德伦（Jeremy Waldron）在《问责制》（Accountability）一文中所说的"司法问责制"（但没有制裁）和"代理问责制"；前者是因为，在第一个设计准则下，独立机构是根据可监测的标准进行评估的，而后者是因为，对创建独立机构制度并维持其存在的立法机构负有责任。为了使代理人符合可监测的标准，主体可以评估其设置的标准的持续价值。
② 这隐含的假设是，独立机构制度在宪法上并不牢固，或者大致相当于独立机构不是政府的第四分支。这是否成立将在第二部分进行检验。

模糊不清，那么立法监督实际上会获得较大自由度，立法委员会可以在公开听证会上处理希望处理的任何事项，并可声称任何问题或成就都符合它的目的。正如必须激励独立机构领导人（在法定授权的具体意义上）追求公共利益一样，同样必须激励立法委员会，使其能够以专业的方式监督独立机构制度，以符合公共利益要求。

这使独立机构能够遵纪守法，有动机去提高信息透明度，而不管自己是否看到了这一点（第二部分）。这保证了第四个设计准则符合福利主义的工具性要求，也是我们在第一部分强调的重点。

## 第五个设计准则：紧急情况

前四个设计准则已经较为充分，而第五个设计准则针对紧急情况下的处理，讨论了一些特殊问题。有人基于创新优势怀疑其重要性，毕竟创新性遏制了2008—2009年的金融危机（第四部分）。

就我们的目的而言，危机是一种对公共福利极为有害的事态，而当局因没有相应权力而无法做出反应。良好的（机制内）应急计划模糊了正常和例外情况之间的界限，危机后，吸取了相关经验教训，我们应采取措施来填补这些空白，但是很难确定一个真正完整的契约（第4章）：真实世界的不确定性是永恒存在的。

既然如此，一个独立机构的政治主体就应制定意外紧急情况下的决策程序。实际上，这是一个"暂停"或"机制转换"按钮，当一个机构已经达到权力范围极限，其应急计划已经被用尽时，就可以按下这个按钮，但它应有潜力遏制或缓解不断演变的混乱局面。

2007—2008年，在货币政策、流动性政策和信贷政策领域，很少有央行能确定紧急情况下的工作制度。这是随后公众对央行表示愤怒、批评以及怀疑其合法性的根源之一。但是，在独立机构中，并非只有央行没有紧急制度安排。

原则上，第五个设计准则可以通过危机中的政治控制来实现，这种控制可以是事前的，也可以是事后的。如果政治当局在危机期间逐案批准行动，相当于中止独立性，则行动就是事后的。如果政治当局能够在危机期间以前瞻性的方式重新设置制度，由该机构选择行动方式，则行动就是事前的。这两种方式的界限不应模棱两可。

危机的处理往往还需要不同部门之间的合作和协调。无论为此目的采取何种安排，独立机构的独立性是保持不变还是被中止，都应明确。如被中止，应在法定当局下达指令后，以透明的方式实施。

以上论述涉及一个深刻问题，这也是20世纪政治理论家们关注的问题：什么时候政府才能合法地暂停或废除正常时期个人和企业的权利？在第二部分中，我们讨论了自由民主对独立机构行使紧急权力的影响（第11章）；在第三部分中，我们探讨了这一问题因宪法制度的不同而不同（第16章）；在第四部分中，我们分析了中央银行和金融监管机构应如何从军事/政治学中吸取教训（第23章）。

## 对多任务机构的限制

到目前为止，我们都在假定一个独立机构只有一个任务。但在现实世界中并非如此。例如，许多独立的中央银行既负责货币政策，也负责审慎监督银行系统；一些经济监管机构既负责公共事业，也负责竞争政策；一些电信监管机构负责监督内容以及经济贸易条款。问题是，在什么条件下，这些权力应该被允许。

一个反对多任务机构的观点是，它们容易优先考虑其中一个任务，特别是当这个任务的影响更容易被观察，并受到公众/政治家高度重视时。这种理论十分流行，如威尔逊的官僚主义理论。经济学家也对此进行了研究，并通过两种模型进行论述：一种模型是技术官僚得到金钱奖励；另一种更接近于我们的实际情况，即他们受到职业发展的激励。[1]无论如何建模，关于多任务的研究都证明其中存在风险，并随着

---

[1] For a recent study of performance problems, see Carrigan, *Structured to Fail*? On theory, see Holmstrom and Milgrom, "Principal-Agent Analysis"; Tirole, "Internal Organisation"; and Dewatripont, Jewitt, and Tirole, "Economics of Career Concerns." 在这些文章中，政策制定者隐含地是一个人，不像独立机构那样受多重任务约束。

每一次额外任务模糊性的增强而增加。

近几十年来，综合社会科学家的研究发现，备受青睐的解决办法是将每一项职能授权给不同的机构。事实上，在一段时间内，这已成为受新公共管理运动影响的行政部门决策者的信条：最好是让每个机构都只对一个被授权职能负责。

不少评论员认为，危机前的美联储着重证实了这一理论，同时让社会付出了一定代价，承认了将多个职能（货币政策和银行监管等明显不同的职能）结合到一个机构身上的缺陷。由于高层的选择依据是他们在货币经济学中的专长或预测经济波动的路径，在利率水平处于历史极值区间的情况下，这些决策者既可以提高专业声誉，又可以研究他们个人最感兴趣的问题。工作人员接受了这一现实，即几十年来，对银行的监管已相对落后。至少有时有人会提及这一点。

1997年以后，英国的监管架构为这一问题提供了不同的切入点。与从理论上推导的政策规定一致，银行监管与货币政策是分开的。英格兰银行仍被认为致力于金融稳定，但没有法定责任或目标，也没有被赋予任何权力（除了在危机爆发后的最后贷款人的权力）。所有金融监管职能都集中到一个机构，即金融服务管理局（FSA），一个"综合监管机构"。目前尚不清楚英国立法者是否认为金融服务管理局是一个单一任务的机构，但事实上，它有四个法定目标，其中金融稳定充其量是隐含的目标之一（第7章）。以下结果与理论分析是一致的。相对于更为突出的消费者保护目标，英国金融服务管理局忽视了稳定性。和现在的传统观点一样，英国央行没有对金融稳定给予足够的重视，因为其自身的货币政策职能更为突出、更有权力、更具有可监测性。但与公共管理研究的假设有些矛盾的是，英国各监管部门不能只关注各自的领域，而需要在危机期间进行合作。它们最初很难做到这一点。

这个理论看起来比实际应用中的方案要好。不可否认，多任务机构始终存在激励难题。但我不相信在所有领域单一任务机构都是一个可靠的解决方案。与任何结构模型一样，该理论的结果取决于它的假设，因此，政府结构的设计者在重新组织这一领域之前，需要询问假设是否足够多样或符合现实。

这一理论可能忽略的情况是，如果没有其他任务的成功，某项任务就无法成功，而关键是，每一项任务都基于共同的信息和分析结果。在这些条件普遍存在的情况下，如果激励措施阻碍了信息和分析结果的跨机构流动，或其中一两个机构发现难以在所依赖但不负责的领域建立人力资本，那么分离的理由就会被削弱。

在这里，我暂停对监管机构体系结构解决方案的分析。相反，我们需要找出一个机构负责多个任务的可能条件，同时设法克服多任务机构的激励问题。我相信，答案在于如何精心设计内部决策结构。因此，我们建议对设立多任务机构的立法者提供如下补充限制原则：

1. 一个独立机构只有在下列情况下才能有多任务安排：（1）任务之间有着内在的联系；（2）每个机构都面临可信承诺问题，并符合其他授权标准；（3）经分析判断，将多个任务集中在一个机构下能产生更好的结果。
2. 每个任务都应该有自己的目标和限制，并符合设计准则。
3. 每个任务应由该机构内的一个特定政策部门负责，每个机构的大多数成员只服务于特定职能，少数成员服务于所有职能。
4. 每个政策委员会都应充分了解其他委员会的讨论、审议以及行动。

第三个限制原则解决了对激励标准的担忧。它的设计目的是降低"推诿"的风险，因为任何政策委员会（有时在裁决机构中被称为议会）的大多数成员只对一个任务负责。而且，在降低这一风险的同时，不损害将多重任务合并在一个机构内的合理性，因为少数成员能够权衡一致性问题，在必要时进行协调。

正如美联储和英国央行的例子所表明的那样，这些多任务约束对于第四部分中关于危机后中央银行的分析非常重要。它意味着，独立的货币机构领导人不应在其权力受到持续政治控制的情况下承担自由裁量的政策职能，这个问题我们已多次谈及。

# 6　向独立机构授权的设计准则

## 一揽子授权原则

我们现在初步讨论了授权原则，包括授权标准、设计准则和多任务约束。尽管还要做其他分析，但有几件事需要再次强调一下。

## 互补性和潜在冲突

首先，五大设计准则（和多任务约束）必须被视为一个整体，旨在解决授权制度所固有的逆向选择和道德风险问题，并解决信托契约中不可避免的不完整性问题。我们已经看到了它们之间的互补性。另外，还有一些潜在的冲突，尤其是在第二个设计准则和第四个设计准则之间。根据第二个设计准则，如果广泛咨询和适当考虑被监管的机构和更广泛的公众的意见，就有可能导致非常复杂的规则，这就违反了第四个设计准则，即公众无法理解。由于必须遵守这两个准则，第四个设计准则应限制咨询甚至规则本身的不透明度。如第三部分所述，这将导致一些司法管辖区的变化。

## 透明度的中心地位

其次，我们找出了透明度的各种驱动因素：

- 政治主体（立法机构）应要求透明度，以帮助将受托型机构的决策者与职业声誉挂钩，这是区分政治家与技术官僚的基础。
- 立法机构和独立机构应追求透明度，使公众和企业能够对政策过程知情并做出合理的判断，通过保证可预测性来提高效率。
- 公众和立法机构应要求该机构具有透明度，以便公众能够就其管理问题进行公开辩论。
- 公众和独立机构都对透明度感兴趣，因为它增强了对立法者的

/ 115

激励，使立法者有动机对机构和制度进行全方位的监督。

## 事前控制机制：是否排除了政治上的凌驾

最后，应用这些准则，再加上政治家们改变或废除独立机构制度的能力，他们可通过制度设计来行使控制权。这强调了事前而非事后控制的重要性。对于受托型机构来说，政治控制不应事后通过诸如每年有条件的预算批准等机制进行，这些机制规定了机构可以做什么，不可以做什么，或者从更广泛的意义上说，是直接给出政策指导。出台这些措施等于重新进行独立机构的任务安排。退一步讲，即使立法者不这么做，其所拥有的这种能力本身也会使独立机构对政治家和政党偏好变得十分敏感，而这种倾向会影响独立机构制度实施的目的，即使立法机构将公共利益放在首位。这种事后控制机制对某些类型的机构制度可能是最佳的，但对独立机构制度和激励则不然（第10章），最明显的例子是立法者不知道或不能就明确的目标达成一致。

这就提出了一个很好的问题：这些授权原则是否绝对排除了允许对独立机构的决定或行动进行政治上的否决或特别批准的法定条款？

事实上，我不这样认为。对于任何凌驾行为来说，重要的是，它必须是透明的，受到立法审查的制约，受到明确标准的限制，而这在实践中是罕见的。例如，行政部门可以预先确定的"国家利益"的理由来撤销独立机构的决定/行动，那这个独立机构并不具备正常独立性。同样，对于需要特别批准的行动，只有在脱离通常监测该机构的标准方能实现机制目的的情况下，才能考虑，这要求对社会成本的可容忍度做出判断，而这在实践中也是罕见的。[1]

---

[1] 因此，如果独立机构制度是根据对个人行动/决定的可监测限制（例如，银行以最低成本解决问题，以保持稳定的目的），而不是根据代表该目的的可监测目标（例如，针对量化的通胀目标的货币政策）来制定的，那么对例外批准的法定规定可能更为重要。这与第四部分（第23章）关于最后贷款人的讨论有关。

## 总结

　　这一章和前一章首次阐述了关于受托型机构的授权原则。我们的建议是，除非授权原则得到满足，否则立法者不应设立真正的独立机构，更不能进行授权。

　　这些一般性原则，适用于所有或者说任何独立机构，如监管机构、服务机构和财政机构，尽管其产出或所在领域的性质不同。下一章将探讨它们在实际应用中的不同情况。

# 7

# 授权原则的实际应用情况

> 目前大多数经济学家给出的理由是……我们之所以监管，是因为分配效率，或者是为了减少无谓损失……当然，大多数澳大利亚人会对此感到惊讶。他们认为，我们的监管是为了确保垄断基础设施的所有者不会利用自己的地位"压榨"消费者。
> ——澳大利亚竞争和消费者委员会主席，2012年[①]

向真正独立的受托型机构授权的原则涉及三大问题：它们的民主资格（第二部分），它们是否符合经济发达的民主国家的宪法结构和政治规范（第三部分），它们能够对行政国家产生什么样的实际影响。

实际上，这些原则提出了一系列问题，最突出的是：

- 鉴于某些机构的任务或设计，它们的独立（远离政治）程度是否应比现在更高？
- 鉴于其社会目的，是否有机构在遵守设计准则的情况下可能更独立？

## 不符合授权原则

在第一个问题上，独立机构制度可能在许多方面违反授权原则，问题的严重程度及补救办法取决于违反的方式。

---

① Quoted in chapter 2 of Decker, *Modern Economic Regulation*, p. 24.

如果政策领域符合授权原则，但体制结构不符合第二至第五个设计准则，那么该机构本身就可以采取补救行动，包括像几年前一些欧盟机构所做的那样，要求更积极的立法监督。①

与目标表述（第一个设计准则）有关的问题会变得更加深刻，甚至可能是根本性的。如果一个独立机构没有明确和可监测的目标，它的合法性基础就是不稳固的，因为它将只能制定高层政策，来定义自己的成功标准。如果以授权原则为指导，独立机构的领导者应该强调并帮助减少这类问题，这既是权宜之计，也是政治道德。机构注重采用第三个设计准则，会阐明它如何解释和计划应用法定授权。由于将取代立法机构，独立机构应鼓励公众就其使命进行积极的公开讨论。例如，2012年美联储迈出了重要而受欢迎的一步，公布了它是如何定义"价格稳定"和"充分就业"的，与简单地宣布政策相比，邀请公众讨论是更好的方式。

更糟糕的是，一个独立机构的政策体制无法满足授权标准，因为社会的偏好是不断变化的，目标本质上也是不确定的，或者重大的分配选择是不可避免的，这均会导致独立机构无法获得合理调整。这些机构的数量越多，公众对当选的政治家和政府体系的信任就越发岌岌可危。理想情况下，技术官僚会拒绝提供服务。或者，他们会屈从于政治家，把自己放到法律和政治道德的对立位置上。

下面以财政机构和监管机构的职能为例，旨在强调这些原则有助于澄清不同程度的政治隔离和具体授权制度所涉及的问题。主要的研究案例是证券监管机构的设计，这一设计在不到一个世纪前就开始了。政界人士可以通过这一机制来探索如何在金融市场的公平和效率之间取得平衡。在危机后，它们还可以帮助维护金融稳定，但这要求它们与政治隔绝，以使它们对稳定的承诺可信。如何解决这一问题，将影响到过于强大的央行问题的严重性，因为市场监管机构对维持稳定的贡献越小，央行官员承担的职能就会越多，他们的权力也就越大。

---

① Busuioc, *European Agencies*.

## 财政机构：直接影响国家资产负债表的机构

我们通常认为财政政策完全由民选政治家直接控制，因为他们决定了支出计划和税收政策。事实并不是如此简单。国家的资产负债表涉及义务和债权，也受到政府债务结构、向家庭或企业提供的担保以及贷款或投资的影响。在许多国家，这三项职能都掌握在相应的（监管）机构手中，其与政治的隔离程度有所不同。

在过去的25年里，许多国家建立了自己的监管机构，发达经济体一直将政府债务的管理授权给专业的债务管理机构。在一些国家如美国，私人部门向家庭提供贷款，为其购买住房提供资金，由政府机构担保，以补贴自购产权房。许多国家都有代理机构为外贸融资提供担保，有时是通过进出口银行。

这些被授予的职能都面临委托代理问题。

## 债务管理机构：财政机构的执行机构

政府债务管理机构的目标通常是纯财务性的：在中长期内尽量减少（并控制）偿债成本。然而，政治主体可能倾向于一种在短期内将偿债成本降至最低的债务发行模式，以便为短期项目创造财政空间。这并不是不切实际的情况，在20世纪90年代中期，当公共财政承受压力的时候，这种危险在英国非常短暂地出现过。在此期间，我在英格兰银行管理一个执行政府债务管理政策的部门（在1997—1998年的改革期间，该部门被移交给一个机构）。我清楚地记得财政部打来的一个电话，说另一个部门在考虑发行零息债券。除了不需要用现金支付票息外，更吸引人的是，根据当时的会计惯例，公共财政根本不会登记任何还本付息费用。这一想法没有被采纳，但有一段时间，公务员们显然想知道，这对他们的党魁来说是不是不可抗拒的选择。

简而言之，当选的政治家在稳定、审慎的债务管理战略方面面临着一些问题，因为他们的预期任期比债务寿命要短得多。但是把事情留给一个不受约束的独立代理人会带来不同的问题。在某种程度上，一个自治的债务管理机构可能会被证券交易商迷惑，这些证券交易商将其债务进行分销并形成二级市场，从而使对短期市场流动性的担忧或行业对所用衍生品的兴趣变得过于敏感。在另一个层面上，如果该机构拥有就债务结构做出重大战略决策的自由裁量权，那么它们将在今世和后代纳税人之间的债务负担分配中做出选择。

授权原则有助于消除这些危险。尽管存在承诺问题，但以非常严格的条件给一个独立机构授权是不够的。影响跨代财政成本和风险分配的重大债务管理战略不应下放：战略应由政治家负责并予以公布，以便投资者、交易员、评论员和公众能够观察到过程中的变化。

总的来说，这使得债务管理机构更像一个执行机构+独立顾问，而不是一个真正独立的受托型机构。这些原则明确出自这样一个原因：分配选择。

## 作为财政机构一部分的政策机构：抵押贷款市场支持

第二类国家财政机构面临更大的挑战，因为它结合了公共政策使命（例如提高住房拥有率、出口率），有能力对公共财政产生实际影响。如果补贴足够大，短期内就不难得到更多的资金（比如抵押贷款）。但是，如果通过担保（或贷款）扩大补贴，公共财政的成本就面临不确定性，因为违约率、损失程度等无法事先知道。超预期的高昂成本将限制其他项目的实施。此外，如果当前的定向补贴增加了家庭或企业的债务，那么可能会拖累经济增长，甚至导致金融体系乃至整个经济的系统性危机。在全球金融危机中，政府支持的美国住房机构（即房利美和房地美）以及德国州立银行所扮演的角色验证了这些风险。

标准的委托代理问题会影响这些功能。在经济繁荣时期，当选的政治家扩大补贴规模，以确保尽可能多的选民受益，或者至少不会觉得自己被甩得太远，可能是有吸引力的。①但是，如果根据人数或一定

---

① 关于"帮助"酝酿美国次贷危机的激励措施，见拉古拉迈·拉詹（Raghuram Rajan）的《断层线》（*Fault Lines*）的第 1 章。

的短期利润来支付报酬，那么将权力下放给非民选的终身官员就不是一个解决方案。试图获得连任，以及试图从中牟利，都会引发类似的政策选择。

同样，这些原则也有帮助。任何"信托契约"都需要避免短期暴富的诱惑，并明确规定可以承担多少风险。就像央行中已经普遍发生的情况：在执行货币政策和充当最后贷款人的过程中，确定应承担多少风险（第四部分）。同样，由民选政治家决定风险范围的普遍做法，也应适用于财政机构的其他部分。这个问题不能简单地交给未经选举的独立监管机构。

但在美国，通过监管权力和准财政权力的显著结合，类似的事情发生了。由于金融危机的重大影响，房利美和房地美在履行其职责时所承担的金融风险，现在由联邦住房金融管理局（FHFA）控制和批准。联邦住房金融管理局是一个独立机构，已正式与总统（政治从属保护）和国会（年度预算拨款）隔离开来。[①]在法律上与日常政治活动隔离开可能有助于规避和防范过去发生过的一些诱惑和过分行为。然而，与这些原则相反的是，该机构只有一个决策者和多个目标，如权衡目的（提高住房所有率）、财政风险（房利美和房地美在世界经济衰退等糟糕状态下可能损失多少），以及金融体系的稳定性。相反，根据这些原则，一个与政治绝缘的监管机构不应该自由决定公共资金通过担保和证券化项目会带来多大风险，或者在没有外部监督标准的情况下，决定家庭资产负债表中的杠杆水平。此外，它应该对目标进行词典式排序，例如，维持金融稳定的责任。但这一切都没有按原则考虑。

## 为陷入困境的金融中介提供有序解决方案的机构

在某些方面，一个更好的例子是"清算机构"的设立，至少在一些司法管辖区是这样。自2008—2009年金融危机爆发以来，该机

---

[①] 在撰写本文时，联邦住房金融管理局还是在金融危机期间倒闭的政府支持企业的保管人。

构一直备受关注。在过去的80多年里，清算机构在美国发源，在欧盟和其他地方作为零售存款担保机构存在，并可以把自己的资产负债表放在不良银行收购后，以不间断地提供支付服务，清算机构显然应归属于财政机构。当然，只要采取谨慎措施，它们就不会让纳税人受到影响。

第一，存款保险可以由中介机构出资建立的基金提供担保，这些中介机构的零售债务得到担保，从而确保了违约方的偿付。当然，基金规模可能过小，但该机构可以收回幸存公司的超额支出部分。第二，机构选择重建或接管资产而不是清算，可以费用不高于破产程序的成本为条件，同时向基金的受保债权人支付款项。这样的法定标准［被称为最低成本（对保险基金而言），而且没有债权人的境况更糟］阻碍了代理机构做出重大的分配选择。第三，可以赋予这些机构迅速行动的职责。

如果当选的政治家执掌大权，他们会推迟将陷入困境的金融公司置于破产境地，因为这会有输家，并伴随其他一些问题，而在他们制订解决方案时，选举是重要的考量因素。这就是决议机构往往高度独立的基础，如在美国有独立于民选的分支机构：目的是在特定条件下，使解决企业破产问题的政策可信。在某些政治选区，日常政治仍在企业破产中有一定话语权，不排除在实际操作中加入其他考量因素，例如某些地区或选区的债权人的福利。授权原则为明确这一点奠定了基础。

但是，与其他操作上可行的策略相比，如果成本最小的解决策略对金融稳定的危害更大呢？如果金融不稳定可以用一个可监测目标来描述，那么根据这些原则，这一决策权就可以下放给与政治隔绝的独立机构。否则，这些原则要求继续实行多数投票的民主决策机制。在美国，联邦存款保险公司必须正式获得财政部（以及美联储）的授权，才能选择非最低成本的解决策略，以最大限度地减少系统性不稳定。

通过这样的立法规定，破产处理机构仍处于财政机构范畴内，没有带来不受控制的财政风险，也不需要决定社会能够容忍多大程度的不稳定。

## 来自监管机构的例子

监管机构的大部分活动并不直接影响其资产负债表,但仍然引发了许多问题,如以下例子所示(其中一些将在第三部分和第四部分中提到)。

### 公共事业监管机构

尽管与货币政策不同,公共事业监管已成为与政治隔离的典型,尤其是在欧洲。其独立性基于两个方面的因素。第一,使决策者致力于营造具有稳定性的监管制度,与政治隔离的公共事业监管可以防止私人基础设施投资因预期政策多变而损失,进一步将不确定性溢价从总回报中剔除。①第二,公共事业独立监管机构可能比政治决策者更不易被业界利益俘获。

第二点比较有争议(第 2 章),但很重要。因为如果政权虽然稳定,却倾向于既得利益者的利益,其承诺的社会价值就会降低。特别是根据第一个和第四个设计准则,在目标明确、政策审议和行动必须透明的情况下,部门被俘获的可能性就会降低。

但是,如何解决分配问题呢?许多国家要求向特定服务提供补贴。例如向偏远、人口稀少的地区提供铁路或电话服务,这显然是再分配问题。正如美国法学家理查德·波斯纳(Richard Posner)在几十年前指出的那样,它实际上是通过监管进行征税调节。②就我们的原则而

---

① Gilardi, "Same, But Different." 关于德国实现电信监管授权的路径,参见盖林(Gehring)的《结果》(Consequences),第 680 ~ 第 682 页。英国商务部的《经济监管原则》(*Principles for Economic Regulation*)也强调可预测性,这似乎并没有被纳入公共行政委员会 2014 年关于问责制的报告(第 2 章)。
② Posner, "Taxation by Regulation."

言，这些选择应该由当选的政治家直接做出或者根据明确的立法标准做出。但是，第13章和第14章中的研究发现，独立机构不应该对难以预料的政治敏感问题负责。

## 竞争主管机构：法官担任高层政策制定者

竞争主管机构的工作更让人感兴趣。根据第3章的研究，它们是（或应该是）市场经济中非常重要的经济政策制定机构。尽管它们在部分国家的地位较低，但在很多国家，它们的地位跟中央银行同等重要。它们裁决合并或收购要约，调查行业垄断、卡特尔和其他协议以及滥用市场权力等案件。部分国家的司法实践是将这一职能委托给独立机构（例如英国，德国则是在符合宪法规定的情况下进行授权）。尤其是美国，一些职能遍布核心行政部门和分支机构，如司法部反托拉斯司和联邦贸易委员会。在司法管辖区，法院发挥着重要作用。

当前有五种普遍的模式，因决策依据或法理疑点而有所不同。在每一种模式下，调查和分析的初始阶段都取决于专门的机构，现在通常由独立的竞争主管机构负责。总体上看，在不区分合并和反托拉斯政策的情况下，这五种模式包括：①

1. 竞争主管机构向普通法院采取执法措施（例如美国司法部管辖的事项）。
2. 竞争主管机构裁决，但有权就案情向法官和专家组成的专业法庭提出上诉（英国）。
3. 竞争主管机构裁决，但有权就案情向非法院机构提出上诉（澳

---

① 关于第一、二和四种模式，请参见特里比尔科克（Trebilcock）和亚科布奇（Iacobucci）的《设计竞争法制度》（Designing Competition Law Institutions）。第15章讨论了第二种模式和第三种模式之间的区别；参见凯恩（Cane）的《控制行政权》（Controlling Administrative Power），第9章。

大利亚）。
4. 竞争主管机构决定根据案情向其最高决策者提出上诉，并由普通法院对正当程序和公正性进行司法审查（美国联邦贸易委员会处理的事项）。
5. 竞争主管机构向民选行政部门的部长/内阁成员提出建议。

第五种模式在今天已经很少见了，除非受到宪法规定的限制，政治家因保卫"国家利益"而凌驾于权力之上。许多学术文献认为，竞争主管机构应该独立于政策的制定（以确保裁决的公平）。然而，奇怪的是，这些研究并不能解释什么。就可信承诺而言，这是一个很好的例子。

在以竞争为核心的市场经济中，进入市场的壁垒较低，一个国家可能需要将这一共识纳入与民选政治家不相干的制度中。否则，只要有收购要约或新进入者挑战当前市场结构，民选部长就会被直接游说，并被媒体宣传施压。有时，公众的呼声可能会让部长们承受太多短期压力，这不只是时间一致性问题，也不仅仅关乎判决的公正性，而是选举政治的严峻现实。长此以往，其效果可能很容易使现有企业僵化，并吓退新的进入者。换句话说，如果无法致力于（假定的）高水平自由市场政策，那么将会付出代价。与此相一致，在赋予英国央行"运营独立性"后，英国财政部帮助英国开启了竞争主管机构的改革，成立了一个新的独立机构，我认为其主要动力来自承诺。①

但是，承诺的内容是什么？竞争政策的目的可能是提高经济效率，或者如二战后的德国一样，防止占主导地位的公司加入破坏性的商业-政治联盟。②德国联邦卡特尔局是美国以外最早的竞争主管机构之

---

① 感谢英国前财政大臣埃德·鲍尔斯（Ed Balls）的背景介绍，还要感谢维克斯（Vickers）的《英国脱欧的后果》（Consequences of Brexit）中对旧的公务员接管小组的介绍。
② 关于从纳粹时期吸取的自由主义教训，见阿马托（Amato）的《反垄断》（Antitrust）。另外，贝克（Baeke）和佩尔绍（Perschau）的《法律和政策》（Law and Policy）记录了德国的例外情况，银行业和保险业是利益集团赞助的政治谈判的一部分。

一，旨在为自由市场的运作提供一个明确的框架，同时强调自由和经济福利（与第二部分讨论的自由主义相关）。

先把这些深刻的问题放在一边，我们是否应该权衡消费价格和收入以外的因素呢？比如，两家超市的合并将使合并后的企业有资源迁出市区，搬到更大的场所，降低成本，使消费者受益。但这可能会不利于市中心的市场交易，降低民众参与度，这一事实是否应该被考虑？近几十年来，正统观念一直认为，任何可被视为"分配"的东西，最好通过其他方式来实现，如税收和福利政策。[1]因此，在英国，当议会设立一个独立的竞争主管机构时，凌驾于权力之上的部长级"公共利益"被取消。

这仍然是悬而未决的重大问题。根据第3章的研究，竞争对手之间的合并会减少市场参与者的数量，但通过提高生产效率，也会降低消费品的价格，这该怎么办？类似于反竞争协议和市场力量配置的问题引发了20世纪美国一场伟大的公共政策辩论，在20世纪70年代和80年代，哈佛学派认为合并和竞争协议是糟糕的（因此本身是非法的），但芝加哥学派坚持认为，衡量并购优劣的依据，应该是消费者福利是否会得到提高。[2]

这反映了经济学的发展。近几十年来，经济学适应了合作与合谋的博弈论、不完全信息经济学的创新。[3]对我们来说，这些重大变化的意义不在于其发生在良好的经济学基础之上，而在于每一个变化都是在没有对相关法律进行修改的情况下发生的。换句话说，联邦贸易委员会和司法部反垄断部门的高级政策改变了法官的正式发言权，在某种程度上也改变了技术官僚的正式发言权。欧盟的情况只是稍微好一点，欧盟委员会的技术官僚主导了这一改革，欧洲法院对此表示赞同，

---

[1] Kaplow, "Competition Law"; Hovenkamp, "Distributive Justice." 这似乎假定公民社会的凝聚力将自发地或通过其他方式保持（第二部分）。

[2] For Chicago, see Bork, *Antitrust Paradox*. For a survey and synthesis, see Piraino, "New Antitrust Approach."

[3] Kovacic, "Antitrust Policy"; Vickers, "Competition Law and Economics."

这也是经过公众磋商的结果，而且当选的政治家也支持相关法规的相应修改。①

这使我们认识到，公众为什么可能不清楚反托拉斯制度的目的和目标，正如本章开头引用的那位澳大利亚官员的话所说明的那样。考虑到经济、社会和政治问题的重要性，第二部分的预期结果令人吃惊，即立法制度对目标的明确程度竟如此之低。更加令人惊讶的是，美国法律学者之间的很多辩论，是基于法官对具体案件的裁决进行的。因此，实现制度改革的方式是改变法院、法学院和机构董事会的教义。与我们的原则相违背的是，过多的高层政策制定留给了机构决策者和法官，而无视其他级别的政治势力。②

这些问题与前面列举的结构选择是分不开的。无论机构决策者如何与政治隔离，都必须向民选立法机构说明行使其被赋予的自由裁量权的情况，而法官则无须这样做。我们将在第二部分和第三部分（特别是第15章）中再次谈到这些问题。

## 审慎监管机构

谈到第四部分涉及的核心领域，中央银行和货币基金组织等普遍认为，应将银行和其他金融机构的审慎监管授权给独立机构。③但很少有人给出原则性理由。我认为，民选政治家理所当然地不应该进入这个领域，因为他们会想方设法地让银行向对他们有利的领域提供贷款。④

---

① On technocratic leadership, see Lowe, "Consumer Welfare." On ongoing EU litigation regarding per se rules on rebates, where there is no statutory policy, see Herbert Smith Freehills, "Advocate General Wahl."
② 出于不同的原因，皮托夫斯基（Pitofsky）在《政治内容》（Political Content）一文中也提出了类似的观点。
③ For example, see Basel Committee, *Core Principles*, Principle 2.
④ Miller and Whitford, *Above Politics*, opens with a striking story that illustrates the value of insulation. More generally, see Quintyn, "Independent Agencies."

然而，解决一个问题还不够。这类独立机构通常有多个模糊的法定目标（如要求它们在消费者保护、金融稳定、高质量服务和效率等方面进行分析和权衡），它们的投入很难被外界（立法者和公众）识别，它们的产出在理论上通常被视作机密，它们的政策和决定结果很难被评估。简而言之，它们就银行系统的安全和健全（或不健全）程度制定了总体政策，然而，除非发生金融危机，否则外界很难监督该制度的运营情况。如果政治家们和银行监管机构之间一定要有明确的界限，那么对近乎完全不透明的容忍程度该如何界定呢？这至少是授权原则所提出的问题。

按当前的标准来看，几十年来，独立机构在审慎监管方面的作用在很大程度上依赖于不可核查的信任。正如英国和其他一些议会民主制国家的传统做法一样，大臣们被秘密地告知关键问题和案例，甚至在一定程度上，信任的重心转移到了民选行政部门。只要银行倒闭，就有可能导致救助，那么与政治隔离的必要性就会受到损害。只有当危机不可避免的时候，大臣们才会向立法机构和公众汇报具体情况。对监管者来说，首要问题是二选一难题：是否应该让它们独立？

我认为，2007—2008年的危机引发的一系列创新，现在可以满足授权原则（第四部分）。如立法者可以更容易地在审慎监管机构中阐明其目的，避免用纳税人的钱进行救助，而立法者和外部评论员在危机爆发前监督独立机构。然而，我们的问题是，如果有事先存在的授权原则，即使没有发生危机，它们也能帮我们认识改革的必要性。

## 证券监管机构与稳定性：目标模糊的问题

上面的例子说明了"原则"有助于澄清授权结构问题。

- 债务管理：在通过投票机制制定政策的情况下，能否兑现既定承诺。
- 住房市场补贴：目标优先排序和减小财政风险。

- 解决陷入困境的金融中介机构的问题：利用相关因素限制自由选择。
- 公共事业监管：分配问题是否在任务中得到适当解决。
- 竞争政策：是由技术官僚、法官还是立法者决定目标。
- 审慎监督：保密要求是否排除了与政治隔离的情况。

在这个方面，关于证券市场监管机构的内容更丰富，因为不同司法管辖区的差异巨大（第4章），并为我们提供了研究素材，如有些国家的监管过于独立，而另一些国家没有实现政治隔离。根本的问题是这些机构的目标和作用是什么。

国际货币基金组织和国际证监会等国际机构长期以来都坚持认为它们应该是独立的，但除了不让政治家接触个别案件和需要专业知识，它们没有提出更有力的理由。证券监管机构在历史上和当今的角色说明，如果民选政治家无法明确它们的目的，那就需要将模糊的目标和剩下的政治控制结合，而一旦可信承诺损害福利，这种结合就会出现问题。问题的核心在于，证券监管机构已经从外围机构变成了维护金融稳定的关键机构，但似乎没有人完全明白这一点。

## 披露执法情况是传统证券监管的核心

近几十年来，证券监管机构的核心使命，是在监管领域内帮助实现市场公平并阻止欺诈。这种方式盛行的国家（如美国）在普遍的公开讨论之后，核心政策被制定并公开执行：立法者要求证券发行人和股票经纪人进行信息披露，而监管机构负责监管具体实施。执法要与日常政治隔离的理念一直被社会普遍接受，特别是经过尼克松政府试图干涉美国证券交易委员会调查一事，这一理念更得到强化。[1]

然而，随着时间的推移，在许多法域，证券监管机构成为公开的决策者，可以制定具有法律约束力的规则。

---

[1] Khademian, *Politics of Expertise*.

## 模糊性与多目标

如果一个机构的法定目标含糊不清或不确定，那么该机构就会不可避免地制定相关政策。在其使命声明中，美国证券交易委员会负责保护投资者，维护公平、有序和有效的市场，以及促进资本的形成。我也提过，特朗普政府已任命一位证券交易委员会主席，计划将重点转移到最后一项，以求重振经济。

而在大西洋彼岸，英国金融服务管理局的战略目标是确保金融市场运转良好，并有三个业务目标：①

- 确保消费者得到适当程度的保护。
- 保护和加强英国金融体系的完整性。
- 为保护消费者利益而促进有效竞争。

与美国证券交易委员会一样，该机构没有为三个业务目标设定可监测的标准，更没有赋予其权重，因此，该机构的决策者必须在考虑良好监管的八项法定原则的情况下做出决定。

## 多重模糊目标下的权力解释与运用

下面举个例子来说明目标不清晰可能产生的问题。在2007—2008年金融危机之后，英国金融服务管理局得出结论，认为它应该开始监管金融产品，而不能依赖产品的营销和分销规则，这实际上禁止了某些零售产品的销售，而不是依赖信息披露。此外，它的结论是，现有的法律允许这样做，因此，下一步不需要政治上的批准。包括我本人在内的部分英格兰银行董事会成员认为，由于以前没有授权央行以这

---

① 英国在2012年修订了《金融服务与市场法》（Financial Services and Markets Act）。作为银行的审慎监管机构，金融服务管理局的目标是提振市场信心、提高公众意识、进行消费者保护和减少金融犯罪。它还必须考虑到英国金融服务的竞争力，一些人认为，这给了政治家们一个推动"轻触式"监管的杠杆。其没有提到安全性和可靠性。

种方式行使权力,这就引发了关于目的和手段的问题,而且(据我们所知)议会在立法时没有就被禁止销售的产品进行讨论,这可能相当于事实上的制度更迭,应通过公众辩论和政治审查后才能合法化。[1]经过讨论,英国金融服务管理局向前迈进了一步,但时任主席阿代尔·特纳(Adair Turner)写信给财政大臣和下议院财政特别委员会主席,解释了正在发生的事情,这实际上给了他们一个反对的机会。

这突出了监管政策演变的一条路径:一个机构通过支持或允许对市场进行新的干预的方式来解读现有权力。美国证券交易委员会的历史要长得多,其使用了另一种机制:随着市场的发展或新的公众议题的出现,立法者扩大、完善或改变了一个机构的权力,甚至改变其使命。如果这样做,立法者和行政机构之间的关系就变得复杂。改革可能是由立法者领导的,目的是控制或指导该机构,也可能是由该机构主动要求的。[2]这没什么奇怪的。对于它们想要什么很少有共识,所以每年都是针对当前被关注事项(对冲基金、共同基金等)的特点确定的。

在这一点上,美国证券交易委员会和金融服务管理局(及后来的金融行为监管局)是相同的。但在另一种意义上,它们截然不同。第4章提到,金融行为监管局在形式上是高度独立的,在法律上比英格兰银行更加独立,但美国证券交易委员会并没有完全与日常政治隔离。除了因年度预算拨款受到国会的控制外,行政部门还因一项非正式的惯例,受到新任总统的定期控制。在这种情况下,鉴于委员会主席对议程和工作优先事项的控制,这将改变该机构的权力平衡,它可能使总统的计划和支持的目标被优先处理(如果即将离任的委员会主席选择放弃他作为普通成员的终身职位)。

---

[1] 在担任央行副行长期间,我是金融服务管理局的非执行董事。委员会没有涉及个别案件。

[2] 关于国会渐进式立法对美国证券交易委员会政策的影响,见韦格斯特的《国会官僚制度》(Congressional-Bureaucratic System),其回顾了股票市场交易平台的自由化是如何依赖国会的。但如果法律需要修改,也不奇怪,更大的问题是谁提出了这些想法。哈迪米安(Khademian)的《专家政治》(Politics of Expertise)一书记录了许多美国证券交易委员会和国会前议员及工作人员的观点,在不同场合下,国会发现如果没有证券交易委员会专家的公开支持,很难制定法律。

因此，从广义上讲，世界上最大的两个资本市场的市场监管机构有着相似的目的和使命，但与政治的正式隔离程度完全不同。

在美国，其他领域普遍存在着类似的模糊目标和部分政治控制相结合的思维，基本思路是：现实要求必须做什么，但政治家们不知道（或不能同意）做什么，所以他们把这件事交给一个法定目标模糊但权力广泛的机构（第13章）。而人们认为，这并没有多大关系，因为相关问题可以在不同利益集团之间进行合理的解决，由该机构主导达成协议，并通过法院进行进一步解决。如果他们（或他们的支持者）不喜欢他们所看到的情况，来自这两股势力（法院和机构）的政治家可以正式介入并掌舵，或任命他们的追随者/盟友担任机构一把手。

在过去的25年里，英国建立了许多独立的监管机构，其中一种粗略的表述是：必须做什么；没有人相信政客，所以应该设立一个能与政治保持适当距离的机构；没有人确切知道该做什么，因此该机构的法定目标应该十分宽泛；如果总体政策偏离轨道，政治家们很可能会通过媒体或直接施压迫使该机构服从自己的意愿，这就是2015年金融行为监管局首席执行官突然辞职的原因。

这些情况对许多独立的监管机构和政治家来说是不公平的，因为它们有助于说明我们的原则如何被运用在这两种模式之间做出明确、规范的选择。如果社会的目的不明确或不确定导致目标模糊化，那么完全独立就太过了：美国的体制比英国的好，因为政治控制的要素是公开的，并在法律中有严格规定（第三部分）。

因此，与各种国际组织的立场相反，除非在可监测目标的制定方面取得进展，否则我所倡导的规范标准似乎保证了证券监管机构在裁决方面的独立性，而不是规则制定方面的独立性。它们不是既定目标的受托人。今天的问题是，我们对证券监管机构的需求已相当清晰，而且确实存在严重的承诺问题。

**证券监管与金融稳定**

在关于美国的论述中，我忽略了一个重要的假设，即相关政策问题可以通过利益集团的中介机构的谈判来确定。换句话说，像"利益集团民粹主义"这样的信条是成立的。①但是，如果社会成本过高以至于私营部门的参与者无法内部化的话，这个假设就不成立。因此，证券（和衍生品）监管机构的日常政治敏锐性越低，它们就越多地参与到维护金融体系稳定政策的制定中，就像金融危机之后发生的事情那样。

这一角色面临着重大的承诺问题，影响了偏好/目标和政策选择。如果这让各方都感觉良好，并放宽对选民和竞选资助方的信贷供应，那么政治家们可以使资本市场繁荣。这些条件符合授权原则，使得能够向真正的独立机构提供明确的目标（第 20 章）。出于合法性，政治控制需要通过对制度进行详细规定来实现，这种制度不涉及在分配正义中的政治事后驱动或技术官僚事前干预。

我认为，过去有关证券监管机构独立的理由没有被很好地阐述，当国际组织暗示它们总体上是独立的时，事实上并不准确。然而，展望未来，如果对资本市场的监管是为了促进金融稳定，那么，目前允许独立机构在关键地区（美国和欧盟）发挥政治影响力是不太合理的。我们的论证结构如下：

- 如果货币当局是独立的，目的是解决社会问题，维持稳定并做出可信承诺……
- 至少在金融危机之后，如果证券监管机构是维持金融稳定不可或缺的因素……
- 那么，证券监管机构在发挥稳定作用时，需要有与货币当局同等程度的独立性，但必须受到同样的约束。

当一个可信承诺会对社会产生重大影响时，未与政治隔离会对社会福利造成影响。但是当一个机构被授权与日常政治隔离的时候，目标模糊化则成为一个合法性问题。在证券监管方面，如果没有分析应如何设

---

① 要了解 20 世纪六七十年代它在美国的影响力，见夏皮罗（Shapiro）的《谁守卫守护者?》(*Who Guards the Guardians?*)。

计为公众利益而维持金融稳定的机构，那么一场危机可能就开始萌芽了。①

## 总结

这一章围绕第一部分，简单讨论了通过更有原则的方式向与日常政治隔离的机构授权产生差异的表面问题。更简单地说，本章讨论了一个问题：谁制定了竞争政策，以及金融市场政策核心的一个尴尬之处。

可以彻底研究一下不同法域的监管机构在这些授权原则下的运作情况。我认为，有些情况下会提出授权的原则性理由，但大部分情况下往往没有。而且我认为，很少有独立机构的授权制度得到明确阐述，因此很多独立机构的目标模糊、限制不明。最后，这可能意味着某些机构的职能需要更多地与政治隔离，以帮助解决可信承诺问题。

因此，第一部分的结论是，我们给技术官僚和法官的决策空间可能既太多又太少。太多是指对其目标的讨论太多，或者与政治隔离的机构受到的限制和激励不足以提供可信承诺的福利的情况太多。太少是指抛开日常政治，人民的福利可以改善的地方太少了。我们会在第三部分再次讨论这些问题，现在首先面对我们研究的一个更深层次的挑战。

虽然第一部分的重点是福利，但到目前为止，我们发现合法性不足并没有反映在福利主义成本中。授权原则的理论十分充实，有助于我们思考民选政治家、法官和技术官僚之间的分工问题，但前提是这些原则的要求与民主政治的深层价值观相一致。背后隐藏的核心问题是，授权原则是否与民主国家的合法机构的权力相一致。这些将是第二部分的研究主题。

---

① Tucker, "Fundamental Challenges."

# 第二部分

# 价值观

独立机构的民主合法性

"第一个"政治性问题明确指出,"秩序、保护、安全、信任和合作条件等"是解决其他问题(而不是只做表面文章)的基础。基础意义上的合法化要求是指国家必须为每一个主体的权力提供正当的理由。

——伯纳德·威廉姆斯(Bernard Williams),《始物于行》①

独立机构的批评者将其视为现代代议制民主的瘟疫。第二部分探讨授权原则是否有助于消除民主赤字的问题,即当将重大权力交给与日常政治隔离的技术官僚时,民主赤字是否会扩大。尽管它让我们远离了中央银行和监管机构的日常本质,但这意味着我们不得不谈谈合法性了:它意味着什么,它需要什么。

我们认为,从广义上来讲,合法性不意味着公民要承担服从国家的道德义务,而意味着公民应接受他们不应抵制或破坏政府制度的事实。基于这一点,独立机构所拥有的合法权力需要符合政治团体中宪政民主核心部分的内在价值观和信念。由于这些价值观和信念是不统一的,这些原则必须通过我之前说的稳健性测试(详见第11章)。这必然涉及对政治、政府和民主的不同看法,因此本部分的介绍性评论总结了四种不同的民主政治流派。在为未来做好准备的同时,这也有助于突出不同的政治传统在央行的核心目标(价格稳定)中所体现出的独特优点。

## 行政机构合法性: 衍生合法性

正如我在本书概述中所述,合法性的定义非常宽泛,即公众接

---

① Bernard Williams, *In the Beginning*, chapter 1, pp. 3 and 4.

受国家机构的权力及其治理，这样它们就不用完全依赖强制力。[①]合法性降低了政府的资源成本，因此在其他条件相同的情况下，合法性提高了政府的绩效。

对于我们关注的机构来说，这意味着授权制度的合法性等于公众接受国家的强制力存在于机构背景中，并且在某些情况下可以被合理使用，来强制执行某些机构的政策或规则，当然这种强制执行的情况很少。因此，更高层次的政体不仅是国家行政机构的创造者，还是其后盾。在这样的逻辑下，机构合法性至少在一定程度上是国家合法性的衍生物，也是政府制度本身合法性的衍生物（见下文）。

因此，一个重要的问题是，国家和政府制度本身的合法性条件是否延续到了独立机构（是否具有传递性）身上。毫无疑问，在西方民主国家，有一种情况是不能被接受的：独立机构的政策制定者是由选举产生的（或者更明确地说，如果独立机构的政策制定者的权力是暂时的，那么独立机构在民主国家就不可能是合法的）。我们的观察涉及，在西方民主国家，合法性的其他条件是否具有过渡性，以及这些条件是否足以使独立机构合法化。甚至还有反面的观察：独立机构的制度、实质上的框架和运作方式是否会损害国家高层的合法性？

与此相关的是，如果任何机构在某种程度上拥有独立于其合法性来源的权力，那么它们是否应该将权力置于从属地位并承认民主合法性对政治生态的整体健康更重要？对于西方民主国家的独立央行来说，这已成为一个重大问题，尤其是在紧急情况下，需要仔细界定它们的合法性。

为了探讨这些问题，我们需要稍微扩展一下合法政治权力的意义及它们在现实世界中获得这种权力的条件。

---

[①] 在自由的民主共和国，我们最好考虑治理权（rihgt to govern），而不是理论家广泛使用的统治权（right to rule）。治理权也是让－马克·夸克（Jean-Marc Coicaud）在《合法性》（*Legitimacy*）中所推崇的，但他比我更重视"同意"的情况。

## 合法性和服从国家的理由

西方的政治理论,特别是 17、18 世纪以来,常常把政治合法性、权威和遵守法律的道德义务等同起来。学者们对此给出了各种各样的理由,这些理由主要来源于托马斯·霍布斯、约翰·洛克和伊曼努尔·康德的著作。尽管这些政治理论在许多方面都已经背离其创始人的思想,但它们仍可以被粗略地概括为以下几点:

- 霍布斯主义:国家的政治合法性、权威和对等义务源于人民在获得安全、稳定和解决集体行动问题方面拥有合理利益。
- 洛克主义:国家的政治合法性、权威和对等义务源于个人的自愿行为。
- 康德主义:国家的政治合法性、权威和对等义务源于人们在集体治理中相互合作的道德义务。

这三种传统理论都认为,基于统治者与被统治者之间的某种契约理念,公民有遵守法律的道德和政治义务。然而,这涉及不同的契约概念。

在洛克之后,最著名的一个例子就是,人们有了强烈直觉,认为我们必须自愿同意有遵守每一条法律的道德义务(而不仅仅是遵从法律规定)。这其实无意中指出了现代政府缺乏真正明确的"同意",且人们普遍认为,只要有了隐性(暗藏)同意的信号(例如选举中的投票),就足以产生具有显著结果的道德义务。[①]

相比之下,对于其他的传统,所谓的契约不过是一个比喻,用来表达一个政治团体的成员应该如何行事:对于康德主义者来说,是通过正义的要求;对于霍布斯主义者来说,则是通过工具理性的观点。[②]

---

① 关于同意的必要和获得同意的困难的现代经典著作是西蒙斯的《正当性与合法性》(*Justification and Legitimacy*)。
② 有关霍布斯契约主义和康德契约主义观点的总结,见哈姆林(Hamlin)的《契约论》(*Contractarianism*)。

每个人都面临着在现实世界中履行义务的困难。

康德和他的现代追随者约翰·罗尔斯（也许是 20 世纪最杰出的政治理论家）认为，开明的理性将引导我们走向一种合作性均衡，这种均衡承认并反映了每个人不可剥夺的自治权和尊严：其他人都有自己的目的，而不是我们各自实现自我利益的手段。因此，我们除了对彼此负有责任以外，还有福利需求，这就要求我们享有丰富的对等权利。政府的存在是为了阐明和行使这些权利，因此应该遵守政府规则。但悬而未决的问题是，一个奥林匹克式的国家如何能够合理框定实用的制度设计，使之在各个政治层面都存在分歧、容易出现糟糕政府的社会中运行良好。

相比之下，霍布斯的政治理论则带有一种现实主义色彩。在对工具理性的描述中，它与第三章中提到的经济学家（在福利方面做出理性选择的）调查市场和政府的经济理论有很大的相似性。为了使我们的目标切实可行，我们需要国家提供安全、由市场运作的基础设施，以及解决协调与合作问题的手段。有关国家结构或"游戏规则"的契约性协议不一定是一劳永逸的制宪会议的产物，而可能是一系列讨价还价、谈判或渐进式做法累积的结果，也许最初是在精英阶层的不同群体之间达成的，但在现代社会中，某种程度上是在精英阶层和人民之间达成的。① 由于国家有助于解决社区生活中无法解决的问题，霍布斯主义者认为，出于理性的考虑，服从一个为此目的而建立的国家是符合我们利益的，因此我们应该这样做。但是，他们留下了一个问题：为什么人们会坚持基于工具权宜之计的规则？如果我们不相信国家能够在逆境和（不可避免的）糟糕表现中团结一致，那么当权宜之计日渐式微时，为什么它的法律今天还具有约束力呢？因此仅仅建立在福利主义基础上的政体可能是脆弱的。

---

① 这在高层政治谈判的博弈理论中得到了延续。霍布斯自己也经常看到男人和女人被激情所控制，所以似乎更接近这样一种观点，即社群将会以艰难的方式学习，他们最好仔细权衡自己的利益。关于霍布斯对激情的悲观主义，见霍姆斯（Holmes）的《激情与约束》(*Passions and Constraint*)，第 3 章。

这三种理论分别依赖于"同意"、"构建的理想"和"假定的合理自身利益",问题出在它们想把合法性和义务统一在一起的野心上。这一点很重要,因为公众并没有明确认同独立机构制度,而且也不清楚一个公认的政治道德仲裁者如何有资格说,如果结果必须服从,那么某种抽象的标准可以证明独立机构的合法性。我们甚至认为每一个流派都在争取比独立机构合法性所需要的更多的东西。

## 合法性和服从国家的理由

要厘清这一点,需要更精确地区分四件事:①

1. 机构具有实际的权威。因为人们普遍认为,对相关社区的每个人来说,遵守机构的政策、规则和尊敬领导是有道理的,因为它/他们通常为协调和合作问题提供良好或可容忍的解决方案。
2. 国家及其机构的合法性。它们拥有公认和可接受的垄断权,可以利用国家的强制力来支持其政策、法律和规则;人民生活在一种不抵制或不破坏政府制度的规范之下,理由是政府被认为有权通过设立有约束力的规范来影响或限制行为习惯。
3. 政治义务(合法权力的强大互惠/对等关系)。从某种意义上说,人们(被视为)负有遵守国家法律的假定道德义务,仅仅是因为国家拥有必要的合法权力。
4. 人们有遵守特定法律或遵循特定政策的道德义务,不论国家及其机构是否合法、权威,或是否有义务遵守第 1~3 点(例如,

---

① 这有点类似于艾伦·布坎南的《政治合法性和民主》(Political Legitimacy and Democracy)中的分类。鉴于我们对下属机构衍生合法性的关注,我对合法性基础的看法与布坎南不同:内部的而非外部的,本地的而非永恒的,社会的而非道德规范的。格林(Green)的《国家的权威》(Authority of the State)一书探讨了权威、义务和合法性之间的区别。

一个专制政权可能有一项禁止谋杀的法律，人们会觉得这是道德上的承诺）。

就我们的目的而言，重要的是第1、第2点，即实际的权威和合法性。

## 央行具有实际的权威

权威不限于国家的最高阶层。在英格兰银行的历史上，19世纪到20世纪的大部分时间里，其行长在伦敦金融城的金融家和商人圈子里很有权威。尽管各大公司合伙人的背景各不相同，但他们或多或少地都开始接受这一点，即在集体困难时期，央行的权威可以而且应该得到接受和依赖。这源于：（1）央行作为系统的业务中枢，被银行界认为拥有他人无法取得的私人资料和网络（第四部分）；（2）行长来自该社区；（3）社会人士认为，央行使用其信息的权力，以及其在支付系统的中心地位，使其能够为整个系统的利益发挥领导作用，从而使其受益。[1]

从某种意义上说，这种权威是在最初受到一些私人银行的少数人抵制之后，通过习俗和实践演变而来的。[2]从某种程度上说（至少是从起源上说），城市中那些开始依赖银行金融设施的地区，在选择银行行长时需要一定程度的社会共识。但这些权力的来源都是本地化的，没有延伸到城市的非金融社区，更别说英国更多的人。英格兰银行的权力范围扩展到了国家事务，特别是19世纪早期对纸币发行进行了垄

---

[1] See Kynaston, *City of London*, and Giannini, *Age of Central Banks*.
[2] 其中包括一家17世纪的私人银行霍尔（Hoares）银行，它曾请愿反对银行章程，反映了辉格党（该银行的支持者）和保守党（其最初的反对者）在政治经济世界观上的冲突。参见平卡斯（Pincus）的《1688》，第12章。甚至在20世纪末，一家英国商业银行还坚持反对针对巴林银行危机的一种可能的市场解决方案，正如有人说的，在1998年华尔街，贝尔斯登（Bear Stearns）反对由纽约联邦储备银行促成的针对长期资本管理公司的私营部门集体解决方案。

断,这是因为英国议会通过了相关法规。因此,虽然它的实际权威依赖于以城市贵族的理性自身利益来解决集体行动问题,但它正式权力的合法性依赖的是议会制政府体制的合法性。

一段时间以来,许多司法管辖区的央行成功地将有机权威与衍生品合法性结合起来,并在20世纪90年代末和21世纪头十年的剧变(第18章和第19章)之后,一直寻求再次这么做。

相比之下,如今很少有监管职能需要有机的权威来源,自我监管机构的衰落就是明证。但它们可能仍然依赖实际的权威,为的是解决协调问题。例如,市场参与者需要游戏规则来指导和约束他们的行为,在一定程度上,他们对细节不感兴趣,更看重明确性,而不是不确定性、混乱和冲突。这种情况类似于纯粹的协调游戏,比如在马路的哪一边开车,解决方案在很大程度上是自我实践。然而,大多数合作努力和监管干预都暴露在背叛的风险之下(因为他们都依赖于他人的合规)。因此,背叛的代价是巨大的。

如果采取和实践这种合作努力的是支持解决纯粹协调问题和满足诸如国家安全等基本需求的机构,那么成本就会更高。这样一来,如果人们试图大规模脱离监管体制,就有可能破坏整个政府体系,使自己和他人付出沉重代价。这利用了基层政府的实际权威(有用性)。但是,职能的捆绑也增加了国家的能力,使之远远超出基本服务范围。如果该制度只依靠实际的权威,那么只有在其(假定的)满足基本需求和解决合作问题的价值不被选择或执行不当的倡议的成本与不受欢迎的成本,以及过渡到新的宪政制度的成本所抵消的情况下,该体系才是稳定的。①随着非基本倡议的增多,政府质量的变化可能会增加,这个体系的合法性就变得更重要,因为它可以作为隔绝失望和失败的屏障。

监管部门和其他部门的合法性来自整个体系,而不是它们自身实

---

① 隐式思维实验涉及基本需求和纯协调问题,以及合作企业的单独治理成本。这与哈定(Hardin)的《自由主义》(*Liberalism*)有一些共同之处,哈定用改革的代价来解释宪法的稳定性。

际的权威——如果监管部门和其他部门不能很好地履行职责，或者它们的目的得不到重视，那么这种权威可能几乎为零。合法性是它们能够履职的后盾。

## 巩固合法性权威

因此，我们关心赋予国家行政机构和其他机构权力的法律的合法性。[①] 人们会接受，但不会遵守这样的法律。当然，即使其中一些法律赋予行政机构立法权，合法性问题也仍然存在，但这不是行政机构的决定性特征。当一家独立的央行设定利率时，人们不会服从——因为没有什么可以服从的，资产价格的最终配置会让人们服从。相反，如果他们认可央行的决定，就相当于认可了央行拥有决策权。

即使有人（社区的一些人）认为公民确实有义务遵守代表大会通过的法律（例如，由民主选举产生的道德权威），但没有义务遵守独立机构颁布的具有法律约束力的规则，这对行政机构的运作不是致命的，这样一来，也许会实质性地限制可以委托给独立机构的职责。比如说，这些机构可能需要避免通过那些明显带有道德内容的实质性新规范。但正如第9~第11章所指出的那样，无论是否有遵守立法机构通过的法律的义务，民主的价值观都或多或少地施加了这种约束。

对于独立机构（和国家行政管理的其他部分）来说，重要的是人们接受这样一个事实，即国家有权设立机构并执行机构规则。他们

---

① 四种法律权利（和相关义务）经常与"统治权"联系在一起，在其他情况下，"统治权"包括：要求承担义务的请求权、创造责任的权力、获得豁免的权力、被允许垄断的权利［霍菲尔德（Hohfeld），《基本法律概念》（*Fundamental Legal Conceptions*）］。但是，从要求承担法律义务的权利出发，推断得出遵守每一项法律的政治或道德义务是相当大的飞跃。在我看来，之所以出现这个问题，是因为我们处理的是关于整个政治团体的政府权利的要求，而不是双边权利和义务。比如立法者只打算写一部法律，公众接受了法律带来的权利，却不接受法律规定的义务，那就太奇怪了。但是如果立法者是一个制定了许多法律（其中有一些被证明是有缺陷的，因此被修改或废除）的政府，那么这项责任似乎是另一种类型的（至少我是这么认为的）。

（公民）不应该系统地妨碍机构政策的实施，或阻止其他公民帮助机构，或以其他方式试图破坏现行的政府制度。

在这种情况下，不同意见通过政治规范和惯例所允许的途径传播，人们明白，如果他们在抗议过程中触犯法律，就可能会受到惩罚。虽然公民可以在不革命的情况下表达自己不服从的态度，但那些对不服从行为负有责任的人，必须接受他们适用的和国家执行的法律。

这样一来，人们就可以自由地对法律的正义问题发表自己的看法，从而有助于把正义问题同合法政府问题区分开来。①虽然可以体面地说，公民有义务遵守解决最基本的协调问题的法律——这类法律将成为极简主义国家的特征，而且最有可能享有实际权威，但遵守规则不是如此简单的基础，因为这些规则会面临持续的意见分歧，而不是在整个政治生态中存活下来的某一部分的单独挑战。

综上所述，虽然没有规定必须服从的义务，但这种合法性的概念并不薄弱。它不仅会让起义越界成为违法行为，甚至会否定普遍和持续的消极抵抗，毕竟消极抵抗必然会损害政府效率，从而最终损害福利、安全和稳定。不过它还是允许公民对特定法律或政策不服从。

关于公民不服从合法政府的观点与我们开始说的霍布斯主义、洛克主义和康德主义的观点有些冲突，但与社会中自由民主的观点并不冲突。合法性的意义或重要性不能完全与合法性的基础相分离，合法性的基础有其与特定政治形式相关联的特殊价值。虽然这个高层次的观点似乎与现实世界中独立机构的权力相去甚远，但它对我们在第二部分适用于授权原则的合法性检验来说绝对有根本作用。

## 合法性的条件：一个内部的现实主义描述

如果霍布斯主义关于国家的论述认为，问题是缺乏黏合剂，那么

---

① 菲利普·佩蒂特也提出了类似的观点，我觉得可能正是这种共同的观点，使得我在刚到哈佛不久就能与他建立起深厚的友谊。

这种黏合剂是由我们的价值观、信仰和承诺来提供的。它们塑造了我们评估结果的方式（反之亦然），意味着合法性不仅仅是权宜之计，也并不是"目前似乎行得通"。

从精神上讲，这迎合了思想史上的紧张局势，追溯到苏格兰哲学家大卫·休谟。他认为社会制度，包括国家和政府的结构和角色，是努力和主动发展起来的，而努力和主动是由需求、权力、经验以及通过辩论和辩解而形成的思想演变所塑造的。[①]通过同时塑造和反映我们的价值观，政府的发展和表现可以让政治团体展现出休谟所说的对国家的"忠诚"。我们因共同的生活方式而拥有更紧密的关系，而不是松散的传统关系，这种生活方式决定了一个政治团体如何（规范地）看待自己。

换句话说，价值观是政治共同体的一部分。虽然担任公职的个人的业绩是受奖励因素影响的看法是审慎的，但正如第一部分为授权原则所做的假设，如果不引入价值就考虑制度设计，则是鲁莽的做法，因为社会往往或多或少通过其价值来评价制度。我们对政府表现不佳的第一反应通常不是"好吧，没关系。有了这样的激励措施，也就不足为奇了"，而是"他们应该，而且本可以做得更好""他们让我们失望了"，或者"为什么我们选出的人让这种事情发生"，一旦我们开始只从激励的角度来考虑制度，犬儒主义就会出现，从而削弱合法性。从这种政治生活的角度来看，激励机制需要与价值观保持一致，而合法性很重要。[②]因此，独立机构制度的合法性取决于激励机制与价值观的兼容性。

综上，合法性的意义和条件是内生性的，是同时确定下来的。合法性的条件不仅可能因时间和地点而异，甚至在一个政治共同体内都

---

① Hume, *Treatise*, Book Ⅲ, e.g., pp. 539 – 567. Sagar, "State without Sovereignty."在休谟之后，萨加尔（Sagar）引用的"自然"和"道德"义务，与我在后面几章中描述的工具性和内在性理由有着广泛的联系。

② 这相当于说，只有一半的故事被捕捉到，如哈定的《制度性承诺》（Institutional Commitment）。

可能会有所不同，至少重点是不同的。因此，一个政府制度可以合法化，而不需要用相同的术语来解释每个人的忠诚。

这样一来，我们对独立机构制度合法性的调查是规范的，因为它规定了民主国家可能需要的东西，但不追求为行政机构的道德正当性建立永恒的高级标准。用在政治理论家之间流行的术语来说，这是一次"现实的"而非"理想的"对独立机构合法性的探索。这是"对我们而言"的合法性，正如伯纳德·威廉姆斯所说，"此时此地"赋予我们对民主治理的特定信念、承诺和生活方式。换句话说，我们的历史赋予了它合法性。①

## 意见的重要性：央行合法性概念的演变

这在某种程度上偏离了20世纪早期社会学家马克斯·韦伯对合法性的著名描述性论述，但我认为并非完全冲突。他认为，一个机构或组织的合法性仅仅建立在相关群体的信仰之上，有三种截然不同的信仰来源：传统、魅力，以及现代条件下的理性——法律。②这就抓住了中央银行困境中的一些要点。

20世纪的历史可以用一个曲折的转变来描述：从综合了传统与魅力的合法性［体现在20世纪初英格兰银行"迷人"的蒙塔古·诺曼（Montagu Norman）身上］转变为理性的法理合法性。③正如我们已经讨论过的，早在诺曼时代之后，或许直到20世纪90年代都是如此，

---

① 威廉姆斯的《始物于行》的第1章"政治理论中的现实主义与道德主义"和霍尔（Hall）的《基本合法化要求》（Basic Legitimation Demand）。这不同于彼得的《民主合法性》的合法性理论。
② Weber, *Social and Economic Organisation*. For a review of the sociological literature, Suchman, "Managing Legitimacy." While largely about private sector organizations, some of its points carry across to the state.
③ 贾斯珀·霍拉姆（Jasper Hollam）爵士认为诺曼很有魅力。霍拉姆在诺曼时代是一名职员，于20世纪70年代末以副行长的身份退休。霍拉姆是20世纪70年代中期英国央行遏制英国次级银行危机的核心人物，在我着手写这本书的时候已经去世了。

/149

人们仍然普遍认为央行拥有权威，并证明传统具有持久相关性，这也建立了一个信任库，每当出现问题时，央行都可以从中汲取信任。

然而，到20世纪90年代末，只要不是死守传统的人，都会同意这些似乎都不那么重要了。正如我们在第四部分中所讨论的，社会要求独立的货币机构有明确的法定制度，即法律作为法理合法性的体现。中央银行发现自己依赖于合法性标准，而不是利用金融中介机构在功能、自由裁量权和私人信息方面的权威。这些标准要求它们披露信息，并公开解释它们在透明度和问责制方面的决定（第一部分中的第四个设计准则）。换句话说，它们发现自己正从一个以权威和实用知识（市场知识）为基础的世界，走向一个以合法性和科学成就（经济学知识）为基础的世界。由此，许多人成了领导者（这是借用了一个术语——规范变化的引领者），呼吁这种转变，或者如许多人所愿，变得"现代化"。①

真正改变的是休谟所说的意见，仅仅相信一个机构或政府形式具有合法性是远远不够的。为了遵循公民不应消极抵制或积极谋求破坏政治制度的准则，使其在面对冲击和失望时依然能够持久，政府机构必须符合人民深层次的价值观。

## 合法性的三个标准符合我们对价值观的认知

以下是英国社会学家戴维·毕瑟姆（David Beetham）提出的观点:②

> 权力关系之所以具有合法性，不是因为人们相信其合法，而是因为权力关系可以根据人们的信仰被证明是正当的。这似乎是一个细微的区别，却是一个基本的区别（强调起源的不同）。

---

① Bicchieri, *Norms*.
② Beetham, *Legitimation of Power*, p. 11.

毕瑟姆认为，在实践中，合法权力能否建立和行使取决于以下三个条件是否得到满足：一是通过合法有效的手段，二是依据符合社会深层价值观和规范信念的法律、规范和惯例，三是通过人民的行动和合作来表达事实上的同意、认可或参与。①

在我们的调查中，我们可以把第一个条件看作一个对残酷事实的考验：一个独立机构的授权是否合法。认可需要来自那些最终被更广泛的群体接受的代理人，这一群体往往包括国家的核心官员，但会随着时间和环境的变化而改变。②对我们来说，行动者通常是法官，在拥有完全投票权的民主制度下，是更广泛的公众，正如美国最高法院2000年在处理乔治·布什和阿尔·戈尔总统竞选结果时所扮演的角色。

但是，狭义的法律效力是不够的，因为更广泛群体将对如何授予和行使合法有效的权力持有不同意见。③因此，第二个条件是政治团体成员利用其深层的信仰和标准所发表的意见：在这些价值观下制定能行使权力的法律和公约是否合法？若不合法，则会出现赤字。除此之外，这一条件涵盖了谁能制定法律，法律应该如何制定，以及法律的目标应该是什么的问题，所有这些都把我们带回到政治哲学家那里，他们现在不是作为普遍真理的追寻者，而是作为社会辩论和对合法政府普遍信任的贡献者。关于合法性的社会学和哲学概念是模糊的：规范的立场在政治共同体内部。

---

① 在第二版（第266~第268页），毕瑟姆主张避免使用第三个条件中的"同意"一词，而更喜欢我在主要文本中使用的公式，理由是"同意"将包括第二个标准对信念和价值观的测试，而对于一个社会来说，信念是可以推断的，但不能直接观察到。这类似于休谟对洛克"默许"概念的批判。
② 例如，在英国脱离罗马之后，君主的合法继承更多地依赖于议会，因为一旦君主成为教会领袖，来自主教的制裁就不那么重要了［格雷夫（Greif）和鲁宾，《内生政治合法性》(Endogenous Political Legitimacy)］。
③ 同样，这也不是什么新鲜事。英国的理查二世虽然是长子继承制下的合法国王，但由于失去了一些权贵的信任，他还是被废黜了。但他的继任者亨利四世却无法逃脱对部分政治团体的无效统治感［萨布尔（Sabl），《休谟政治》(Hume's Politics)］。

第三个条件是社会信仰和标准是否以及如何存在，这决定了是否存在"集体观念"等，否则就会有被动或主动的抵抗。原则上这是一个经验问题，但可能很难衡量，或者说没有一个客观的评估标准（一个没有争议的标准）。

对于第二个和第三个测试，有一个问题是谁来计数。在当今世界，拥有完全选举权的民主，意味着每一个（今天或明天）拥有投票权的人都是合法化的重要因素。这不是在舆论和实践中寻找一个具有代表性的代理人或主导倾向的问题。在一个自由、多元的社会中，不同的人、不同的群体对不同的代理机构设计和绩效要素的重视程度不同，对其社会信仰和规范的不同要素的重视程度也不同。这意味着，在今天的自由民主国家，合法性有多种来源或依据，因为有许多合法性受众。有些人优先考虑结果，特别是他们的社会经济福利，有些人优先考虑他们所认为的政治权利，有些人优先考虑符合宪法规定的内容，有些人优先考虑公众参与，还有一些人优先考虑一个政权在多大程度上是他们所处环境的一种熟悉甚至理所当然的特征（第 8 章和第 9 章）。这也意味着合法性以程度衡量，而不是二元的，而且它正在不断地被更新、浪费、侵蚀，或者被增强。

其结果是，独立机构是行动者，而不仅仅是合法性或非合法性的被动载体。因此，当我在第四部分讨论中央银行时，我想说的是，这些机构有必要在众多受众中自觉地寻求合法性，失去任何一个重要的受众，都有可能会带来巨大问题。

## 授权原则的政治价值稳健性测试

这为我们测试适用的授权原则提供了背景，以了解这些原则是否能够维护民主共和国授权的合法性。首先，在一个民主国家，并不是所有人都对政治和政治结构有完全相同的价值观和信仰。所谓的合法化意识形态或合法化原则，并不是一个整体。毕瑟姆的第二个条件需要修改为：$x$ 是合法的，因为人们可以根据他们对政府的每一个特定的核心信念来证明它是合理的。①

因此,广泛权力被下放给非民选的独立机构制度,需要在民主治理的不同概念下享有合法性,这些概念在代议制民主国家的理性人民之中普遍存在。②因此,我在这一章和接下来几章中所表述的可以被认为是一个稳健性测试。③它对独立机构制度有很大的影响,因为它增加了独立机构制度必须满足的约束条件(因此要求我们把它增加到原则中去)。

在这个方面,我们假设,不同派别的主流政治和民主理论在不同程度上会反映到人们在评估被下放的政府政权的合法性时会应用的价值观和信念中去。这并不是说,人们一般用政治理论术语来表达他们对民主和政府的看法,我将在后面几章中对此进行阐述。相反,我们的假设是,这些理念贯穿于大众话语之中,或许在塑造人们思考政治及其与国家关系的方式方面发挥了作用,如他们有投票权、发言权、知情权、异议权,在法律面前人人平等,享有某些权利。

政治学家、法学家、宪法学家并没有被封闭在象牙塔里,而是在现实世界中扮演着某种角色,即使隔着一段距离,也会通过中间媒介实现。不论这些学者的理论有多么抽象,其中不少都能最终渗透到政治价值观中去,并影响政治生活规范和惯例的形成,甚至这些规范和

---

① 威廉姆斯在一开始就把他的"基本合法化要求"设定为一种义务,向每一个公民证明——要服从国家的强制性。将此定义为每个公民的义务,是基于自由主义的价值观,与他更广泛的观点相一致,即我们在所居住的体系中使之合法化。
② 如何描述合理性充满了困难,但在我看来,它排除了那些坚持政治信仰、价值观、计划或实践的人,这些人支持暴政或普遍的压迫。对我们来说,理性是自由民主的价值观和传统。基于此,在对合法性进行社会学或"内部"测试时,授权需要与一个处于和平状态的社区的重要部分所持有的关于政治/政府的规范性概念相一致,这些概念不受强迫,而且这些概念对社区的集体生活产生了实质性的影响。
③ 稳健性测试的想法可以应用于其他机构或实践的合法性。这种测试的一般理论远远超出了这本书的范围。它不同于罗尔斯的重叠共识,因为人们不需要找到他们能够达成一致意见的共同理由,而只需要默认制度本身(即特定形式的民主、特定国家的民主)。但这不是一种肤浅的权宜之计,因为人们之所以默认这一制度,源于他们关于政治和政府的特定价值观和信仰。See Rawls, *Political Liberalism*, chapter 13.

惯例还会反过来强化那些价值观。

政治家偶然地或者意想不到地成为国家的缔造者、改革者和捍卫者，他们自己生成并传播一套基本思想和原则，构成了我们公共政治生活的一部分。他们使用的修辞手法可能抽象难懂，也可能平易近人，有时也可能兼而有之。其中一些跨越时代、影响深远。撇开古人不谈，我们先想想这些：美国开国元勋在《独立宣言》中所写的内容，尤其是亚历山大·汉密尔顿和詹姆斯·麦迪逊撰写的《联邦党人文集》[1]，亚伯拉罕·林肯在葛底斯堡战争中写下的"民有、民治、民享"的政府，丘吉尔的"民主确实是个很糟糕的政治制度，它只不过比历史上曾有过的其他政治制度强那么一点而已"，出自英国首席大法官休厄特之口的名言，即"正义不仅需要伸张，还需要彰显于人前"[2]，最后，"自由""平等""博爱"等字眼对法国人民具有深刻而特殊的意义，自从法国发生恐怖袭击以来，这些词又再次引起共鸣。

这些特殊性和多样性很重要，我们在第三部分还会继续讨论，因为不同国家的民主故事和民主制度都自成体系，以解释其行政国家的合法性和运作方式。所以目前，我们就专注于讨论关于自由民主共和国的性质和正当性的核心观点。

## 不同的民主政治观念

特别地，我们假设公众对政府的态度借鉴并反映了各种流派的不同规范和积极的思想，这些思想流派包括自由主义（无论是进步主义还是保守主义）、共和主义、社会民主主义以及有别于自由主义的保守主义。需要说明一下，在我使用这些词时，分类是普遍的。

---

[1] 这个人的笔名是普布利乌斯，取自罗马共和国的传奇缔造者普布利乌斯·瓦勒里乌斯·波普利科拉（Publius Valerius Publicola）的名字。

[2] *R. v. Sussex Justices*, *ex parte McCarthy*, 1924 1 KB 256.

## 自由主义与共和主义

我认为自由主义在很大程度上是价值中立的，它强调程序公平，强调个人可以最大限度地自由追求自己的喜好、事务和目标。在容忍与认可方面，每个人都应平等地获得尊重。① 私人领域和公共领域应该分开。

至少从历史角度来看，自由主义似乎在帮助我们应对多元化。人们认为实现公平和平等所必需的程序和限制，往往与各种"权利"有关。② 这些权利被构想出来的方式，在自由主义的不同派别中各不相同。他们对"国家干预的界限到底在哪里"存在截然不同的观点。这也与不同的自由观有关。例如，古典自由主义强调财产权、法治和不受干涉的自由。按照英国思想史家以赛亚·伯林（Isaiah Berlin）所做的区分，这就是"消极自由"（单薄的权利）和"积极自由"（厚重的权利）的对立。③ 与此同时，按照在二战前发展起来、在二战后繁荣起来的德国秩序自由主义（ordoliberalism）信条，应优先考虑经济生活的游戏规则，政府机构的合规都要建立在健康社会和社会正义的基础上。④

如果说自由主义的核心是追求个人事务的权利，那么共和主义则强调的是公民身份和自治。它在不同程度上借鉴了雅典和罗马的有关传统，但又呈现出不同色彩。

---

① 要了解这种容忍（没有被认可的容忍）为什么在现代世界出现，请参阅肖特（Shorto）的《阿姆斯特丹》（*Amsterdam*）。然而，肖特对阿姆斯特丹出现相互容忍现象的解释，确实带有明显的共和色彩：社区共同努力解决集体的土地回收问题，而每个人都能从中受益。

② "权利"之所以用引号，是因为普通法确定了具有法律效力的权利（和义务），但自由主义者认为，某些权利被或必须被认为是基本的或根本的，以至于它们应该超越选择，超越其他目标，同时被某些人相互交换（或平衡）。人们甚至整个社会对"这些'权利'可能是什么"意见不一，但在上下文含义明确的地方，不使用引号。

③ Berlin, *Four Essays on Liberty*, chapter 3. For a distinction with republican freedom, see Pettit, *On the People's Terms*, chapter 1.

④ 这种学说兼传统不仅限于德国人。如与弗莱堡有关的早期秩序自由主义者路易吉·埃诺迪，他后来担任意大利央行行长和意大利总统。

公民共和主义（civic republicanism）可以追溯到雅典的民主观念，倾向于优先考虑民主的形成，甚至优先在活跃公民中形成共同的价值观和集体商定的政策。① 它通常强调，美德和公共（或社会）利益高于个人利益（或公民美德）。这一传统有时把"自我实现"视为一个政治团体的缩影，以向亚里士多德的"美好生活"致敬。因为它明显地依附于小型、同质化政治团体中公民的力量，所以它或许更应被称为社群主义（communitarianism），这是我后面提到它时会用的标签。公共领域和私人领域之间没有实质性区别（合法性的基础是集体自治）。

政治理论家通常所说的新共和主义（neorepublicanism），我简单称之为共和主义，它的灵感更多地来自罗马、中世纪晚期的意大利城邦、17世纪的英国辩论以及美国的开国元勋，而不是雅典。作为政府公共事务的基础，它通常优先考虑不被统治的自由：不受男主人或女主人的控制。②在一个仁慈的专制君主统治下，生活并不算自由，但不受干涉的自由更加危险。因此，这一政治观念强调人民作为个人和群体，能够制定和挑战（或质疑）公共政策的重要性。权力应分散开来，官员任期有限且应对自己做的事情负责。但是，与社群主义不同的是，共和国（或联邦）的政治生活不需要公民的普遍积极参与，更不需要所有公民达成一致协议：公共领域和私人领域的界限模糊，但并没有混在一起。

因此，也可以说这是自由共和主义（liberal republicanism）：重要的是每个人参与集体自治的能力，只要他们愿意，他们可以作为公民而不是第3章中所说的消费者、工人和投资者参与集体自治。③

---

① 今天，这常常与政治理论家阿拉斯泰尔·麦金泰尔（Alastair MacIntyre）、查尔斯·泰勒（Charles Taylor）和迈克尔·桑德尔（Michael Sandel）的著作联系在一起。

② Pettit, *On the People's Terms*. Skinner, "Liberty." For emphasis on government being the public's business, see Waldron, "Accountability."

③ Pettit, *Just Freedom*, chapter 5.

## 保守主义

保守主义（conservatism，其变体与自由市场自由主义不同）重视社会制度的稳定性，不以原子式的理性个体为出发点。它通常表现为回避意识形态，支持传统、进化和有机变革，优先考虑那些保留事物根源的改革，不管这些改革需要多久才能达成。[1]因此从本质上来说，保守主义希望通过渐进式改革建立现代民主制度，或者随着时间的推移而形成根深蒂固的现代民主，就像英国逐步走向代议制民主一样。

公共领域和私人领域根植于事物的自然秩序之中。同样，合法性也存在于形成一些社会生活方式的既定实践中。18世纪的英国议会议员埃德蒙·伯克称之为"规范合法性"（prescriptive legitimacy）。

## 社会民主主义

相对于政治行动纲领而言，社会民主主义（social democracy）或许很少被明确地表述为政治理论。[2]它公开强调积极自由，而不像古典自由主义那样强调财产权具有至高无上的重要性。这两点是相互关联的，正如一位评论员所说的：[3]

> 为了维护全体公民的消极自由，自由主义理论将积极自由限制于部分公民，即财产所有人身上。

社会民主主义把国家看作促进人民和社会实现其能力和权利的积极因素。它最初与早期技术统治者的经济计划的观念联系在一起，今天它可能来自国家提供的服务，或法律宪政列举的社会经济权利（第8章）。

---

[1] 这基本上就是伯克的方法。Also, Huntington, "Conservatism as an Ideology," and Scruton, *Meaning of Conservatism*.
[2] A recent exception might be Meyer, *Theory of Social Democracy*.
[3] Meyer, *Theory of Social Democracy*, p. 15.

对于社会民主主义来说，国家的合法性取决于它是否实现或倾向于实现某种实质性的正义。公共领域的存在是为了改变私人领域的社会或经济不平等关系，私人领域的自治只能在目的性上有所恢复，但它本质上仍然是再分配。

由于社会民主主义包括"民主"，且它重视个人，因此与社会主义和共产主义相比，有时很难将它和左翼自由主义（left liberalism）区分开来。同样，在第二次世界大战后，西欧基督教民主在经济政策上表现为自由主义，但在社会价值观上却表现为温和的保守主义，强调社会团结，反对民族主义。[1]一般来说，这里所涉及的各种政治传统之间的界限是模糊的。[2]在现代世界中，自由主义和共和主义交织在一起，一个强调权利，另一个强调参与和挑战，两者都是为了防止权力滥用。在接下来的章节中，我将经常回顾这些政治传统对独立机构合法性所带来的影响。

我很少呼吁社群主义，因为它涉及的多是积极参与地方（市）政府的治理，以及将权力下放给城镇和村庄的情况，而不是国家级的政府结构。[3]同时，考虑到我们的原则要求，由当选的政治家做出重大的分配选择，我并未用更多的篇幅介绍社会民主主义。

然而，社会民主主义并不是影响公共政策制度的唯一实质因素。自由主义和共和主义也是如此，有时指向截然不同的两个方向，有时

---

[1] Muller, *Contesting Democracy*, pp. 132–143.
[2] 例如，共和主义的一些变体逐渐融入社会民主主义，主张建立一个积极的国家，塑造价值观，为人们创造条件，让他们过上充实的生活，或者更严格地说，是摆脱统治。但是，形式上的"社群主义"公民共和主义通过优先考虑有凝聚力的、有机的、历史悠久的社区的价值，逐渐变成了保守主义。也许更重要的是，自由主义和共和主义在许多州的政治史上都是交织在一起的，特别在美国，正如克洛彭贝格（Kloppenberg）的《自由主义的美德》（*Virtues of Liberalism*）一书中讨论的那样，尤其是第4章"过早的安魂曲"：美国历史上的共和主义可能令人困惑，在包括美国在内的一些国家，社会民主党人自称自由主义者，这或许是因为他们认为国家的作用在于监管和宪法（权利）干预，而非对公共所有权或部分生产、分配和交换手段的控制。
[3] 例如，在桑德尔的《民主的不满》（*Democracy's Discontent*）一书中，对自由的严峻考验是"参与管理一个控制自己命运的政治团体"。这就使"掌握自己命运"的日常政府能走多远成为一个未知数。

又是普遍一致的。我在下面几章对实质性政策的论述较少，因为我不是要讲如何建立和维持某个具体制度，因此在第二部分导言的结尾，我会就与各种政治传统有关的价值观谈一些我的看法，这些价值观意味着两点：一是反垄断政策，二是货币政策。概括地说，即结论是，对于反垄断政策而言，具有合法性的独立授权将克服一个关于目标的基本政治问题；而对于货币政策而言，合法化问题则更多围绕这样一个问题——虽然各方在目标上达成了相当广泛的共识，但不知是否有可监测的目标或标准来充分约束自由裁量权。

## 不同政治传统下的并购与反垄断政策

当代并购和反垄断政策的主流风气，从根本上讲是自由主义和福利主义：我们每个人都应该在不干涉他人的情况下，自由地追求我们的个人福利。效率低下的市场牺牲了总体福利。政策应追求"蛋糕"的最大化（第3章）。

然而，在第7章中我们提到，二战后德国早期秩序自由主义者同样关注过反垄断政策在避免私人政治权力过度集中方面所能发挥的作用。在大西洋彼岸的美国，类似的担忧出现于伍德罗·威尔逊提倡的"新自由"运动以及他的支持者、合作者中，同样，美国最高法院任命的联邦贸易委员会的缔造者之一布兰代斯（Brandeis）大法官也有类似的担忧。几十年过去了，即使在秩序自由主义者的圈子里，这种关注反垄断政策的思想也在逐渐消失。但在20世纪90年代，意大利前竞争事务主管兼总理朱利亚诺·阿马托（Giuliano Amato）又回到这上面来，他提出这样一个问题：是否应该把遏制经济大国政治社会风险的重要性放在与降低消费者价格（边际成本）同等重要的位置，甚至是更高的位置上？① 这是一种典型的共和主义观点，几乎完全呼应了

---

① Wilson, *New Freedom*, VIII–XI; Amato, *Antitrust*. 在秩序自由主义者内部，重点从欧几里得的那一代转向了玻姆的那一代。哈耶克以善意的忽视来接近市场主导地位，或许他相信进化的力量会起到保护作用。

菲利普·佩蒂特等人的观点，即任何人都能体面地拥有支使同胞的权力。

由于金融危机引发了政治动荡，而随之而来的过度行为助长了信贷泡沫，这一观点在最近有关竞争政策的辩论中重新浮出水面。①仅举一个例子就能明白，共和党对竞争政策的扭曲可能使其在信息、新闻和广告的私营供应商问题上采取不同的立场。

我并不是要在自由主义和共和主义的价值观中分出高低。相反，在这一领域中目标优先是根深蒂固的，这给当选的立法者造成了负担，特别是当他们试图将政策置于自己的能力范围之外时（我们将在第11章中再次讨论这个问题）。

## 不同政治观念下的价格稳定

价格稳定——这个中央银行的传统核心目标在不同政治观念下是不同的。尽管独立的央行往往被视为自由主义的化身，甚至是新自由主义的化身，但我想指出，在自由主义、共和主义的政治观念下，价格稳定都可以被视为一个合理的国家目标；甚至在某种限定条件下，也可以被视为社会民主主义国家的目标。

自由主义者（无论是进步主义还是保守主义）喜欢用美联储前主席艾伦·格林斯潘青睐的价格稳定的定义来证明：当"经济主体在经济决策中不再考虑总体价格水平的预期变化"时，价格稳定似乎就具备了合法性。②这几乎是衡量任何措施或政权是不是自由主义的标尺：它是否有助于自治人（和企业）自由追求自己的私人事务和幸福而不受干扰（这里指的是不受金钱价值变动的干扰）。

---

① First and Waller, "Antitrust's Democratic Deficit"; Davies, *Limits*, chapter 3; Khan, "New Tools"; Rahman, "Domination."
② Greenspan, "Transparency in Monetary Policy," echoing Volcker, "Can We Survive Prosperity?" from nearly twenty years earlier; I am obliged to Ed Nelson for pointing this out to me. For a contextual account, see Orphanides, "Road to Price Stability."

共和主义者认为，将价格稳定嵌入政治制度中的手段应该是有吸引力的，因为它有助于保护人民，使其远离可能被征收（意外的）通货膨胀税的情况。共和党人会认为民众希望价格稳定体现的是一种一致的集体利益，而不是不同利益冲突的结果。他们还希望达成一种协议（或者设立一个广义上的不受国家支配的机构）来约束政府，实现不违背价格稳定的承诺。从这个角度来看，价格稳定对巩固国家本身的合法性是必要的。

社会民主党人可能会问，政府是否在稳定物价和稳定就业之间做出了适当的权衡。自20世纪60年代和70年代以来，他们可能已经转而接受这样一种观点：如果预期中期通胀能够保持稳定，国家就有更多的余地利用货币政策刺激需求，以抵消经济成本结构受到不利冲击时经济活动和就业受到的影响（第四部分）。换句话说，许多社会民主党人将追求价格稳定视为一种手段，使国家控制的货币政策能够为社会提供应对困难的宏观经济环境的保障，保护人民和社区免受困难影响。他们不会认为价格稳定与他们的价值观和目标不一致，也不会寻求价格不稳定。

在第17章中，我们将看到，他们和自由保守派可以寻求更多东西，但现在我只想说，西方民主的所有伟大传统都能在价格稳定中找到一些有价值的东西。合法性面临的挑战在于，能否超越一种普遍确定的目标，建立一个在其他方面符合我们价值观的授权制度。

## 内容预告

无论在前面概述的哪一种政治观念下，有效的治理都应至少包括三个普遍属性：通过国家机制或官僚机构进行治理的能力、问责制和法治。[①]不同政治传统用不同的方式平衡这三个属性。我们调查的是国家机器的一部分——独立机构，应该在民主、现代政治问责制下拥有

---

① Fukuyama, *Origins of Political Order*.

怎样的管理方式。

在开始稳健性测试之前,接下来的几章中,我们首先讨论法治、宪政和民主的价值观。

# 8

# 独立机构与政治价值观和信念（1）

## 法治与宪政

> 授权原则宽泛且未经指导，体现了对法律的敌视。新公共哲学架构不甚牢固，这种敌视是这一架构中最脆弱的一环……随着对标准需求的增加，对标准的质疑也逐渐消失。
>
> ——西奥多·罗威（Theodore J. Lowi），《自由主义的终结》[1]

运用第二部分导言中概述的合法性方法，本章侧重于法治和宪政的价值观。它们加在一起是对有限（受限）政府观点的补充，约翰·洛克曾就此做过清晰表述。通过有关国家管理机构结构的规范（著名的"三权分立"），以及限制国家可以做什么、说明国家必须做什么并限制权力的行使的法律或公约，这些价值观得以实现。这两种价值观都早于现今的宪政民主。值得注意的是，它们推动了美国的一些政策辩论。例如，要求美联储遵循利率设定规则的人呼吁"法治"，而反对包括美联储在内的监管机构颁布具有法律约束力的规则的人则呼吁"三权分立"。因此，重要的是，这些政治价值观是否明确，以及授权标准和设计准则是否与之相符。这需要做什么呢？在探索这一问题的过程中，当代关于货币政策职能和金融监管职能的辩论的背景变得更加清晰。

这一论点的重点是，虽然这些价值观对行政机构的运作产生了实

---

[1] Lowi, *End of Liberalism*, pp. 93 and 97.

质性的限制，但它们不足以保证行政机构体制的民主法理性。简单地说就是，法院的监督是不够的。

## 法治：依法执政和受法律约束的政府

第 3 章介绍行政机构的目的与职能模式时，各类机构都被描述为通过或根据法律行事。法治这一表述代表了美国的价值观和规范对法律（合法性）的要求，推动一些设计规则与授权原则的结合。这种观念的根源并不是在现代产生的，在中世纪的英国，据说国王受法律的约束。然而，法治并不是一个无可争辩的概念，因此它的要求需要细化。①

此处不是要探讨什么是法律，而是按照第二部分关于法理性的一般描述，概述关于法治价值的各种主流观点，以了解这些价值如何为法治在宪政民主政体中的持续合法性创造条件。

许多描述都想将公共政策的实质内容抽象化，这些公共政策是经法律实体化的，且具有法律效力。也许最著名的是已故的现代作家、哈佛法学教授朗·富勒（Lon Fuller）列举的法治价值观所要求的特性：一般性、公开性、前瞻性而非可追溯性、明确性、内部一致性、时间上的稳定性、不受不可预测或任意变化的影响、现实可行性、颁布的法律实际上由行政机构和法院强制执行且适用。②

富勒强调的形式上类似于规则的法律的特性为人们提供了规划事务和延续合作时所需的（一定程度的）确定性和清晰度。为了繁荣，经济学家们可以（也确实）主张在 1989 年后从社会主义制度转型的国家中，法治应该优先于民主，因为法治保护财产权免受多数主义政策的波动性和过度性的影响，③这就是经典自由主义法治观点，与现代的

---

① Waldron, "Rule of Law."
② Fuller, *Morality of Law*.
③ Barro, "Rule of Law."

哈耶克的观点相关：①

> 除去所有的技术细节，这意味着政府在其所有行动中都受到事先确定和宣布的规则的约束，这些规则使人们能够相当肯定地预见到机构在特定情况下将如何使用其强制权，并在此基础上规划个人事务。

这里更深层次的价值观是不受干涉的自由和霍布斯式的稳定目标。

## 从规则到公平审判

这种情绪绝不仅限于古典自由主义者。因此，社会民主自由主义政治哲学家约翰·罗尔斯说：②

> 法律制度是针对理性人的强制性公共规则，目的是规范他们的行为并提供社会合作准则。如果这些规则是公正的（应该被接受），就为合理预期奠定了基础。

虽然罗尔斯和哈耶克在公共政策的实质问题上存在分歧，但他们都认同法律即规则的概念。然而，为了消除自由裁量权，规则必须是机械的，每个人都得同意——实际上，这是显而易见的，每一项规则都必须适用于可以想象的任何情况。如果法律不能作为一项机械规则来被执行，而且常常不能被执行，那么运用时便需要解释和判决。

这就形成了一种不同且重叠的概念，这种概念以法律程序和制度为中心。最著名的表述是19世纪末英国宪政主义者艾博·戴雪（Albert Venn Dicey）的箴言：③

---

① Hayek, *Road to Serfdom*, p. 80.
② Rawls, *Theory of Justice*, p. 235.
③ Dicey, *Law of the Constitution* (and discussion in Bingham, *Rule of Law*, pp. 3–4).

> 除非是在普通法中确定的明显违法行为，否则任何人都不应受到惩罚，即身体或财物不遭到损害……
>
> 不仅仅……对我们来说，没有人可以凌驾于法律之上，而且（从不同的方面）……在这里，每个人，无论其地位或状况如何，都服从该领域的普通法，并服从普通法庭的管辖。

普通法体系塑造了戴雪的世界观，而我们从该体系的细节中可以得出，政府必须依照法律运作。这意味着，要求法院廉洁奉公，等于要求无论发生任何事，当事双方都应该得到公正、经验丰富、独立于政府的法官的公平审讯。

所谓的"公平"是随着时间的推移而改变的，但是今天，公平的审讯通常被认为要么由法官（大陆法系）进行公平、公开的调查，要么普遍地依赖双方专业人员寻找的可用证据进行有挑战的辩论，他们会就相关法律的适用性进行争辩，法官就他们的调查结果进行原因说明，据此人们也可以向高等法院上诉。

法治这一概念的正当性可能就是公平，其根源在于重视每个社会成员的尊严：法律面前人人平等。正如下一章讨论的民主存在的正当理由一样，公平和开放的程序也具有认知价值：如果要运用法律的一般规定应对所有具体案件的特殊性，法庭辩论很可能会帮助做出更好的判决（这些决定是专业人士和公众依据标准做出的）。在允许存在怀疑的同时，他们接受共和主义的价值观，正如人们常说的那样：人们应该争取机会发表意见。

总之，法院必须采取公平的程序，才能做出终审判决，这意味着即使在人们对案情仍存分歧的情况下，其结果也应依法作为解决争端的依据。法理性的这一条件与社会心理学家的研究有很大的相似之处，社会心理学家研究了公众对执法、司法的要求，简言之，从治安到法庭，整个过程的每个阶段都要公平。①

这两个概念——正式规范和公平程序，在某种程度上往往是一体

---

① Tyler, *Why People Obey*.

的，这不足为奇，因为两者的特点在民主社会的价值观中都很显著。①一些法学家和评论员还试图将特定的实质性价值观与法律概念结合起来，因为它们得到（或应该得到）普遍支持，但此处我对这些问题不做太多论述，因为我们关注的是民主治理的合理结构和进程。②

因此，我们似乎要在纯粹的规范与公平审讯之间做出妥协。前者说明法治是一种规则，而后者包括对法律观点的辩论及对有争议的事件应如何运用法律。

前一种观念似乎牺牲了法治——我们的依据是人治而非法治（原文如此）。③ 第二次世界大战后，哈耶克认为通过福利国家的自由裁量式管理追求社会正义正是人治的结果。④

相反观点认为，并非合法政府的所有领域都要服从机械性规则。哈耶克和罗尔斯都没有太多关于民主的说法，但在民主国家，如果法律或制度经正当选举形成的立法机构通过（而不违反宪法规定），且并非是完全机械性的法规制度，我们也可以接受。事实上，在一个民主国家，剥夺人民非机械性法律规定的权利是很奇怪的：这样做将是"法治"特殊意义上的专政，而这并非是我们所要的（第9章和第10章）。

这就等于将"法治"看作虚幻的形而上学，排除在我们自身之外。正如经济学家们喜欢说的，透过公司和投资工具的（扭曲）面纱，看到最终的投资者、工人和消费者"只有家庭"，所以法律的应用不能排除有血有肉的人，法律规则不能自用。

## 规则与标准：危机后关于中央银行运作的当代论战

当然，根本问题不会就此消失，现在问题变为如何制定最佳的法

---

① 例如，《法治及其美德》（Rule of Law and Its Virtues）收录在拉兹（Raz）的《法律论文集》（*Essays on Law*）中。
② 最近几年最重要的例子可能是宾厄姆的《法理学》（*Rule of Law*），该书提出了八个原则，其中包括尊重实质性人权。
③ Scalia, "Law of Rules."
④ Hayek, *Political Ideal*, quoted in Tamanaha, *Rule of Law*.

律，以及如何限制其解释和应用，以便与我们的价值观保持一致。包括独立机构在内的行政机构，在关于规则和标准的相关优点（与第一部分关于规则与自由裁量权的论述类似）讨论中，或多或少地可以看出这一问题。①我们可用稳定金融体系的审慎政策（第四部分的重点）为例来说明区别：

- 规则指，持牌银行必须至少持有占总资产 $x\%$ 的有形普通股权益（按定义）。
- 标准指，持牌银行必须谨慎管理自己的事务，并保持足够的资本，以便在全球紧张的状态下保持安全和稳健。

当然，任何规则的条款都可能需要解释和判断（见上文），因此，区别是某种程度上的，而非绝对的。②但是，除非其措辞非常宽泛，否则该规则的限制会更严格。

同样，这也与货币政策相关，此处重新引入第一部分中目标和工具的区别，可做进一步分析：

- 目标规则指，应制定货币政策，以使年通货膨胀率（按定义）达到 $y\%$。
- 标准指，货币政策的制定应在中长期内保持价格稳定和充分就业。
- 工具规则指，政策利率（按定义）应按 F 公式确定。

哈耶克在规则和（模糊）标准之间的选择是很明确的：③

---

① 要了解它与反垄断政策的关系，请参阅克兰（Crane）的《规则与标准之争》（Rules versus Standards），在第二部分中，按照法律术语，"标准"一词的使用可能与第一部分关于福利主义的讨论略有不同。在第一部分（第 5 章和第 6 章）中，"标准"可以是目标的一部分，也可以是约束的一部分，问题是目标/约束是否可监测。这里明显的差别消失了，因为可监测的标准是类似于规则的（参见正文）。

② Schauer, *Playing by the Rules*.

③ Hayek, *Constitution of Liberty*, p. 153, quoted in Tamanaha, *Rule of Law*.

## 8 独立机构与政治价值观和信念（1）

当我们遵守法律时，在规则的一般抽象意义上，不管它们的应用情况如何，我们都不受他人意愿的约束，因此是自由的。立法者不知道规则将适用何种具体案件，运用这些规则的法官根据现有的规则和案件的具体情况得出结论，他们别无选择，所以可以说是法治而不是人治。

因此，不出所料，从近年来美国众议院通过的各种法律草案可以看出，那些高度重视法治概念的人支持货币政策的工具规则和基于规则的银行监管方式。①

几乎每一种可以想象到的规则都可以在货币史上找到例证。也许最著名的是19世纪的金本位制，它被载入法律，为公众所知，而且相对简单。②虽然这条规则似乎具有约束力，但在许多情况下，英国议会未使用该规则，且总是承诺一旦紧急情况结束就会重新使用它。因此，从深层次来看，真正的规则支配着一国暂停使用或重新使用某一标准。这一较高层次的规则只能从实践中推断出来，而这种做法最终在20世纪30年代初被废弃。换句话说，政策规则是复杂的。

部分原因在于，当代辩论的另一方更倾向于标准（或目标规则），因为他们认为经济知识远不足以支撑社会驾驭利率规则，更不要说机械性规则了。在监管领域，那些倾向于将规避策略应用于受管制行业的人（第21章有所讨论）也更青睐标准。尽管解释和自由裁量权是不可避免的，但法治价值观仍然促使这些判断保持历史一致性（或者说是原则性），任何例外情况都得到了认真解释，并且基本原则中的任何变化都会被预先提示。决策者应给出他们所做选择的理由，允许质疑，做到一致和清楚明确。适用于机构的法律同样适用于法院（并有助于支持我们的第三个设计准则，见下文论述）。

本着同样的精神，形式主义的法治价值观意味着自行裁决的空间

---

① Taylor, "Legislating a Rule."
② 与货币增长的规则或短期名义利率的路径不同，后者需要对货币需求或均衡利率的变化做出持续判断。

应该受到法律的限制，这样的法律应包含明确的标准（或目标）并避免不必要的模糊情况。我们应该尽力而为。我们的第一个设计准则只要求，在不排除工具规则的同时，作为最重要约束条件的目标和标准应该是可监测的，类似于规则。

总之，法治标准包括社会形成其制约措施的价值观和规范，约束那些（不可避免地）制定、执行和解释法律的人。这是有限的自由裁量权，正是第6章所援引的概念，用以推动构建独立机构制度的设计准则形成。现在，对于制约的需求不再是一个权宜之计和效率问题，而是根植于我们最深层的价值观。

应该从这个角度来看待危机后关于中央银行运作的争论。这些争论不仅仅涉及经济学，也涉及中央银行如何融入国家结构这一更为普遍的问题，因为这同样受到法治价值观的制约。

## 宪政与国家结构：分权

自古以来，一直存在关于国家设计的争论，从政界不同群体之间的分权，到界定不同政府机构的职能目标和权力，其核心规则也在变化。

平衡不同群体间权力的"混合宪政"的观点可追溯到亚里士多德：君主政体、少数人统治的贵族政体和多数人统治的民主政体。在罗马共和国，这表现为元老院、公民大会、保民官和执政官之间权力的分散。

在中世纪和现代早期，欧洲的部分地区盛行以团体为基础的结构。英国有两院制议会，让贵族和地区代表（绅士和市民）对君主的立法、增税和行政权力进行某种程度的制约，这是17世纪政治斗争的核心。同时，大革命前的法国，强调的是僧侣、贵族和人民这三个等级，而只有人民缺乏特权和政治权利。[①]

---

[①] 在英国，教会的领袖坐在上议院。宗教改革前，各大修道院的院长们也是如此，但他们都是土地贵族，而不是教会的官员。

## 8 独立机构与政治价值观和信念（1）

从启蒙运动开始，理论上，重点转移到三个规范的机构——立法机构、行政机构和独立的司法机构的权力和职能的分配上。这就是法国自由主义政治学家孟德斯鸠在18世纪的英国看到并欣赏的三权分立。[1]

虽然几乎每一个经济发达的西方民主国家都有这一模式的影子，但各自实现和演变的过程大不相同。在英国，普通法院制约着拥有巨大权力的行政机构，而大革命后的法国迫在眉睫的问题是保护人民议会不受有潜在反动性法庭的影响。[2]因此，拿破仑把以前的国王议会改造为国家理事会，至今仍然是法国最高行政法院。

我们并不用因这种变化而感到惊讶。今天受与分权相关的深层次价值观影响形成的国家结构并不是整齐划一的，这些价值观包括：（1）"任何人不得自断其案"促使司法机构独立于立法机构；（2）将机构劳动力划分到不同职能部门，从而促进效率和效力的提高，并造福人民；（3）避免权力集中，因为美国之父詹姆斯·麦迪逊主张：[3]

> 所有权力，立法、行政和司法权力集中在一人之手，正是暴政之所在。

综合来看，这些目的要么与全封闭的职能部门一致，要么在某种程度上与孟德斯鸠所说的"权力是权力的制约"有共同之处，美国的制衡体系也体现了孟德斯鸠所说的这一点。[4]

虽然国家的具体结构还没有确定下来，但标准的"三权分立"让行政机构成为立法机构和司法机构之间的桥梁，立法机构颁布对公众

---

[1] Montesquieu, *Spirit of the Laws*.

[2] For a recent succinct summary of the contrasting histories and conceptions in France, Germany, UK, and US, see Mollers, *Three Branches*, chapter 1.1. For a broader conceptual genealogy, see Vile, *Constitutionalism*.

[3] Hamilton, Madison, and Jay, *Federalist*, No. 47.

[4] Montesquieu, *Spirit of the Laws*, which combines the value of balance (a descendant of mixed government) with partial separation, as discussed in Vile, *Constitutionalism*.

有普遍约束力的且具前瞻性的法规，司法机构解释和运用法规，并在特定情况下具有最终决定性。一方面，立法机构在宪法约束下，为我们的集体生活制定大多数游戏规则（国家法律）。另一方面，法院通过公平的程序执行法律，尊重法律面前人人平等的规则。本质上，一个是政治性的，而另一个则相反。

作为唯一的 24 小时全天候待命的部门，行政机构位于两者之间，根据行动和选择执行法律（而法庭上的行动和选择永远没有终结的时候），并决定向法院提供哪些案件且随后执行法院的决定。整个 20 世纪，行政机构通过规章和法令不断充实法律体系，基于丰富的经验，还向立法机构提出倡议或修正案。这一系列职能非但不是机械性的，还需要灵活处理，自由裁决、政策制定也是如此。实际上，即使某些地方对行政机构没有定义，但无论在哪儿，行政机构都存在等级，最高层是总统或总理，无论通过直接决策、协商，还是任命权/罢免权，其总体政策是引导并维持整个行政部门的一致性。

因此，就公认的 18 世纪和 19 世纪的宪政准则而言，独立机构最明显的特点，第一是它们存在于行政机构等级制度之外。这种做法分散了权力（麦迪逊式的价值观认为这是好的），但缩小了行政协调的范围（福利效果不好）。

第二，与非独立机构不同，对于如何解释或运用自己的权力，独立机构无法轻松地向民选政治家寻求日常指导。我们的授权原则和第一个设计准则通过明确、可监测的目标来削弱这一影响。

第三，与行政机构的其他部分（立法、行政和司法职能）一样，独立机构似乎在挑战孟德斯鸠、麦迪逊式的价值观，即立法、行政、司法三个方面的控制权永远不应掌握在同一人手中。正如一位研究行政机构的领军学者所说的：①

> 在政府架构的最高层次之下，应放弃……（学说）分权和制衡的僵化分析。

---

① Strauss, "Place of Agencies," p. 578.

但更进一步的想法是将分权与法治价值观联系起来，要求是：①

政府要在治理过程的每个阶段保持自身的完整性。

我们的想法是，公民应该确信（并且能够看到），独立机构的治理措施尽管各不相同，但无论是单一措施还是综合起来，都要具有完整性。②第11章设计准则的稳健性测试就是要检查独立机构是否能够做到这一点。

## 法治与独立机构制度

在第二部分的导言中，我们认为，独立机构的合法性需要遵循传递性原则：授权不能违反支撑宪法政府正当性的价值观和信仰。价值观包括法治和某种形式的三权分立。值得注意的是，很少有人试图对照这些价值观来评价整个行政国家。③

这样的价值观要求具有法律约束力的法律法规透明并具有普遍适用性、合理预测性。虽然限制各机构的法律各不相同，具有特殊性，但基本价值观显然具有传递性。我们希望一个独立机构的整体决策，用富勒的话说，是通用的（在相关领域）、透明的、具有前瞻性的、尽可能清楚的、一致的、稳定的和可行的。

---

① Waldron, "Separation of Powers in Thought," p. 467.
② 例如，在2016年美国总统大选期间，美国联邦调查局（FBI）似乎抢先做出了应由美国司法部做出的决定，令美国评论员感到意外的是，事实证明证据收集与起诉决定实际上是分开的。
③ 值得注意的例外是，凯文·斯塔克（Kevin Stack）以彼得·施特劳斯（Peter Strauss）的著作为基础，概述了美国行政法对法治五项准则的审计：授权、通知、正当性、连贯性和程序公平［斯塔克的《行政法学》（Administrative Jurisprudence）］。正如下面所讨论的，我的方法的不同之处在于：（1）增加了民主的要求，（2）区分了真正的独立机构和行政国家的其他机构。关于法治和行政国家，见戴岑豪斯（Dyzenhaus）的《宪法制》（Constitution），第3章。

谈到法治的公平程序概念时，我们要慢下来，因为授权的目的就是改变制定政策、规则和决策的制度环境。我们可以从做出以下规定开始，如果一个机构的职能是准司法的，那么它的程序应该与法院的程序相仿。如果是准立法的，那么通过撰写具有法律约束力的规则，它的程序应该模仿立法机构的程序。但这种做法似乎有损授权的目的：如果程序实质上是相同的，那么为什么不把职能留给法院和立法机构呢？然而，这种推理在某种程度上解释了20世纪初，美国法院为什么推动行政机构在裁定特定案件时使用类似法院的听证会形式，以及1946年国会为什么通过《联邦行政程序法》，要求"正式制定法规"时采用听证会形式，向公众开放。但是，同一法案的"非正式"审判和"非正式"规则（很遗憾这样标明），更倾向于不用类似的法院和议会的程序（第15章）。

一旦想通了这一点，就会发现，公平程序的更高层次价值观必定是可传递的。因此，一个世纪以来，有关机构决策标准以及在何种情况下受损害的当事人可以向法院寻求补救或保护的司法和立法有相应规定。

## 行政法

行政法是公法的重要组成部分，也是宪法的重要组成部分。[1]戴雪的核心原则之一是，政府必须服从法律。我们多次提过，他坚持由普通法院来实现这一点，把基本准则与体制形式混在一起。在其他司法管辖区，最著名的是法国，由于历史特殊性，它的私法和公法有不同的法院制度。在其他方面，戴雪专注于另一重要原则，即法治与"政府拥有任意性、特权，甚至更普遍的自由裁量权"是对立的。[2]

---

[1] 关于行政法在宪政中的地位，参见布雷默（Bremer）的《不成文行政宪法》(Unwritten Administrative Constitution)。

[2] Dicey, *Law of the Constitution*. The 1914 edition marks a changed view of the French system: quoted in Endicott, p. 480.

现代组织抛弃了单纯否认政府（和法院）的自由裁量权的做法。正如已故的宾厄姆从英国最高法院辞职后简要地解释，当选的行政部门和机构"必须认真、公正地行使赋予它们的权力，实现授权目的，而不可无理由地超出权力的范围"。[1]

在大多数发达经济的宪政民主政体中，大多数情况下受损害的当事人可能会起诉至法院，对下列行政行为质疑：

- 权力的行使超出了被授权的界限（越权）。
- 未依照规定、公正的程序行使权力（自然公正原则，或美国人更熟悉的程序正义原则）。
- 未做相关考量或做出无关考量。
- 以极不公正、不合理、非理性或不相称的方式行使权力。

不管在发达国家还是其他国家，行政法在 20 世纪的不同时期以不同的速度发生了巨大的变化。当然，也有一些变体和特性，其中一些在第三部分着重介绍，但作为一个整体，按照上述方法被质疑的权利被普遍认为是避免任意行使行政权的关键。此外，法官或立法者通常会运用三权分立中的制衡原则，坚持将某一机构的立法职能、一般政策职能和裁决责任在一定程度上分离开来。

### 法治下的授权加隔离

然而，所有这些都适用于部分当选的行政人员和那些与日常政治不完全隔离的机构。我们关注的是授权加隔离。由此产生了一些在主要司法管辖区的行政法中通常不存在的要求。特别是，我们的第三个

---

[1] Bingham, *Rule of Law*, chapter 6, p. 60. 在担任英国最高法院院长之前，也就是后来的上议院大法官之前，宾厄姆曾是一名法官，后来又担任首席大法官，他是唯一一位同时担任这三个职位的法官。一位前法官曾向我描述，他是二战以来英国最伟大的两名公职人员之一，另一位是已故的英国央行行长埃迪·乔治。

设计准则要求独立机构发布操作原则以指导行使所授予的自由裁量权，明确计划在哪里（以及为什么），通过法规或标准的具体应用方式实施政策。如果一个独立机构与日常政治分离开来，那么这一要求便很重要，而且因授权的严肃性或社会经济意义，法庭很可能会遵循这一要求。最重要的是，授权原则要求一个独立机构的制度必须有一个明确的目的和一个可监测的目标（或标准），与我们一开始的形式化的法治价值观一致。然而，价值观的要求显然不是针对机构本身，而是针对立法者。

因此，就与日常政治隔离的独立机构制度而言，正当程序和其他行政法对一个机构运作方式的限制是不够的。行政法充其量可以在授权制度的设计或运作方面减少一些无视或歪曲我们价值观的错误做法。在基本的问题上，我们已进入高等法律和宪制惯例的范畴，面临的问题是，权力是否可以完全下放给各机构，是否可以（甚至必须）只在某些情况下才授权，以及由谁来决定。

## 关于独立机构制度的实质性宪法规定

正如我们在第三部分中所探讨的那样，很少有司法管辖区在其基本法或惯例中对行政机构做出明确规定；在有明确规定的司法管辖区（如德国），行政部门有时由部长控制，显然排除了独立机构制度（第13章）。因此，通常情况下，监管状态和绝缘程度已成为需要解释和补充说明的问题。

然而，宪政的根本价值是什么呢？尤其是是否只有通过授权与决策分离的方式才能实现或保障公民的权利？当然，得到的答案肯定五花八门，各不相同。

## 布坎南谈货币制度的必要性

已故的美国公共选择理论家詹姆斯·布坎南呼吁，一个政体的货币制度要具有宪法性地位。看着日常政治陷入一场利益之争，正常的行政政策制定被官僚及其庇护对象所污染，布坎南认为，应该理性地优先考虑对财产权予以宪法保障，同样应关注以规则为基础的财政制度。因此，他认为，货币价值的稳定性应纳入主权国家霍布斯式的"安全"概念中，从而促成有效的经济交易。①出于类似的考虑及对政治自由的更多关注，欧洲秩序自由主义学派要求嵌入式的游戏规则，以构建市场经济，从而建立一个独立的竞争管理机构。这一思路是第四部分（第 20 章）的核心内容。

布坎南晚年坚信，如果某些经济生活的规则可以超越正常的政治范畴，人民会更富裕，因此他认为自己的立场很重要。②辩论的另一方也是如此。布坎南和在他之前的哈耶克都优先考虑防止政府干预市场选择的权利，而进步的自由主义者则主张保护个人不受其他因素影响的权利，从而免受他们所称的"放任的市场力量"的影响，而政府则是实施这些保护的代理人。③

一旦明确这一点，关于一系列固定权利和做法的分歧就很清晰了：反对将实质性的政治概念，即"美好生活"和"正义"等概念限制在宪法法律或惯例中。对我们来说，探索独立机构制度是否有一席之地，而不是致力于产生一条实质性信条，重点在于：

(1) 确定秩序，决定由谁（法官或当选的政治家）确定独立机构在国家结构中的地位，第三部分会继续谈这个问题。
(2) 体制结构中根深蒂固的激励措施与政治价值观是否一致。

---

① Buchanan, "Constitutionalization of Money." 这是对早期论文中类似观点的更清晰表述。霍布斯被明确地招募到宪政自由主义事业中。对于布坎南来说，成文宪法似乎扮演了霍布斯式统一"君主"的角色，尽管宪法限制法律而不是提供法律。
② Buchanan and Musgrave, *Public Finance*.
③ 在英国文献中，哈洛（Harlow）和罗林斯（Rawlings）的《法律与行政》（*Law and Administration*）一书，区分了公法的"红灯"与"绿灯"变体，前者以古典自由主义精神约束国家，后者以 20 世纪中叶社会民主主义精神使国家得以存在。相比之下，美国进步自由主义者倾向于关注公民权利，而非社会经济福利，一旦他们寻求的权利融入其中，可能会让他们更接近古典自由主义。

## 法律宪政主义与政治宪政主义：法官管理还是政治管理

宪政主义出现了分歧，对于国家的限制，无论其实质内容如何，都会要么编入成文宪法中，或体现在普通法中，要么成为政治生活的固定惯例。前者是法律宪政主义（legal constitutionalism）的主导形式，后者是政治宪政主义（political constitutionalism）的形式，通过温和的法律和人民监督，人民代表进行自我约束。①

在形式上，最重要的区别是，根据两种不同的法律宪政主义，而非政治宪政主义，法官有权废除违反更高一级法律的法律。②但这并不是说，立法者在不对立法进行司法审查的情况下可以自由行使权力，法院可以解释法规，以便与固有的法治价值观保持一致。也不是说，在有成文宪法的政体中，制约因素只有基本法本身。

下面的说法在某种程度上说明了这一点。我们的法律制度不仅仅是公开的宪法和普通法的组合。相反，人们认为，除了一些没有争议也没有成文的法律规范之外，还有一些超级法规是准宪法性的，如果废除它们，社会生活方式的结构会发生根本性的变化。③

这有一定道理。即使在英国，最高议会在理论上可以废除任何法规，但这并不意味着立法机构可以蒙混过关。例如，经过近一个世纪的斗争，为保护最高法官不受国王的摆布，1701年英国将"司法独立"载入《王位继承法》（Act of Settlement），因此要废除《王

---

① Bellamy, *Political Constitutionalism*.
② 早在新宪政出现之前，英国的普通法就对英国政府起到了制约作用，但在立法方面却没有正式的最终决定权。"普通法宪政主义"是英国和其他几个类似司法管辖区所特有的一项新主义，它广泛地认为，法院可以剔除违反古代权利的法律，其依据是一种颇有争议的学说，即议会至高无上的地位源自普通法，因此它是法官的馈赠。然而，对英国来说，很重要的辩论似乎常常围绕着英国最可怕的17世纪的结局展开。在关于普通法宪政主义的主要文本中，其学术和司法的支持者对行政国家内的授权结构通常几乎没有什么发言权，所以较少被提及。参见《普通法宪法》（Comman Law Constitution）以及戈德斯沃西（Goldsworthy）的《议会主权》（*Parliamentary Sovereignty*）。
③ Eskridge and Ferejohn, "Super-Statutes." For criticism of a later book version, see Vermeule, "Super-Statutes."

位继承法》中的一部分内容是件非同寻常的事。而且，在美国，废除《联邦储备法》（Federal Reserve Act）而不采取其他代替措施，从宪法层面看是在冒险，这样美国的货币制度将随意发展（第12章）。

针对普通法院在何种情况下才能废除法律这一较窄的问题，英国最高法院前院长菲利普斯（Phillips）勋爵在庭外引用大法官劳斯（Laws）的话，将"宪法法规"描述为：①

(1) 以某种整体的、支配性的方式限定公民与国家之间的法律关系。
(2) 扩大或缩小我们现在所认为的基本宪法权利的范围。

无论这些言论是在何种情况下发表的，无论英国法官是否拥有这种权力，这些似乎都可以很好地检验一套长期存在的法规是否能让公众深信政府是一个好政府。而事实上废除法规的阻力很大。所有这一切都是在说，在政治宪政主义下，立法机构不是不受约束的；在法律宪政主义下，法院如果忽视了根深蒂固的公共价值观和相应期望，就有可能犯错。任何政体都没有一种纯粹的司法或政治宪政形式：一些根深蒂固的法定制度类似于宪法惯例或规范，在政治和法律之间占据一席之地（其中一些在实践中可能随着时间的推移而被纳入法律）。立法者需要注意法律的价值，而公法也是政治的一部分。②

因此，从宪政的角度来考虑行政机构，尤其是独立机构，最终会引导我们思考法官在民主国家中所起的作用。

---

① 最高法院院长菲利普斯勋爵引用了 2003 年索伯恩诉桑德兰市政府案中法官的判决内容［菲利普斯的《可能的艺术》（Art of the Possible）］。
② For a particular version of that thesis, centered on underpinning the state, see Loughlin, *Idea of Public Law*; more generally, Elliot and Feldman, *Cambridge Companion*. On conventions, see Barber, *Constitutional State*, chapters 5 and 6.

## 法官是宪法完整性的守护者：一个无穷回溯的问题

宪政民主中的"三权分立"使独立的司法机构在行政国家的公民生活中发挥核心作用。对一些人来说，这完全符合我们最深层的政治价值观。对于司法解释的必然性，已故的英美法法律哲学家罗纳德·德沃金（Ronald Dworkin）持欢迎的态度，他认为"那些有更好的观点的人，或者辩论更具说服力的人，具有更大的影响力"[1]。除非他是认真的，否则这就有点直白了。本着同样的精神，罗尔斯认为美国最高法院是"公共理性"的典范，是制定合法法律和公共政策的唯一渠道。[2]尽管其他人辩称，将社会面临的最重要，也可能是最有争议的价值审判权交给法官违反了民主精神，但事实是，在许多宪政民主国家（或许最值得注意的是德国和美国），这正是法官应扮演的角色。[3]

正如第 4 章所述，法官会成为守护者，对于立法议会可能会修改的法律，法官的地位要远远高于这些法律的受托人。

但创建与日常政治隔离的独立机构，是一种政治行为。政界需要通过某种方式来监督其委派的监管者（司法机构）是否按计划行事。法官在审理权力下放或权力行使的案件时，其行为本身必须符合法理性标准。但谁又能判定他们是否可以做到这一点呢？罗马讽刺诗人尤维纳利斯（Juvenal）在哈德良皇帝统治时期就提出了一个著名的问题：谁来守卫守护者？

这似乎是一个无穷回溯问题。这提醒我们，在民主国家，除非得到公众支持或被公众接受，否则所有机构都形同虚设。

---

[1] Dworkin, *Freedom's Law*, p. 27.
[2] Rawls, *Political Liberalism*. 在我看来，考虑到宪法法院在决定道德问题时必须经常使用不透明的内部代码语言，这是一个真正非凡的观点。
[3] 宪法权利（例如社会经济福利）的范围越大，它们之间就越需要相互平衡，这通常可能会让法院在与民主议会相关的公共政策目标之间做出权衡。对司法权凌驾于立法机构之上的批评，包括贝拉米（Bellamy）的《政治立宪主义》（*Political Constitutionalism*），以及著名的沃尔德伦的《反对司法审查的案例》（Case against Judicial Review）。

## 合法性不足以维持法理性

我们现在可以借本章来总结一下。

如果法治价值观在实践中仅限于正当程序（公平）、优先公开和利益相关方的请愿等问题，那么就会失去一些宝贵的东西。这正是西奥多·罗威半个世纪前所抱怨的问题，本章开头就有引用，当时他哀叹美国法官支持利益集团谈判的某种形式，放弃了设立立法标准或目标的需要。在民主国家，这对于那些与日常政治分离的机构的体制来说，尤成问题（第 11 章）。

## 新兴寡头：中央银行家、监管者和法官

有时在某些场合，法官们会更进一步，要么公开追根溯源，要么走程序通过强制性命令促使机构在公共政策问题上向自身立场倾斜。①

如果公众和法官默许立法议会推卸责任（见第三部分关于美国的内容），亚里士多德混合宪法便会有新版本，技术官僚或法官则是其制定者：一人是指一位权力强大的总统或总理（及其助手），多数人是指人民和他们在立法机构中的相对被动的代表，新兴寡头［用费迪南德·芒特（Ferdinand Mount）的话来说］是行政机构的领导层。②

如果今天的情况真是这样的，那么在启蒙运动之后的几个世纪里，所发生的变化将会是未经选举的国家权力从世袭贵族转向司法机构、中央银行和监管阶层的精英和技术官僚。这将是一个由代理机构和法院组成的体系，而不是 19 世纪末美国的由政党和法院组成的体系，这正是本书前言中提出的技术官僚问题。

---

① Shapiro, *Who Guards the Guardians*?
② Mount, *New Few*. 他认为新精英包括商界和民选的政治家，我则狭义地认为，是法律上未经选举的国家权力的拥有者。

## 中央银行需要授权标准

我们对合法性条件的要求，基本上可以通过回答法理性是否足够来实现。显然，法治和宪政要求政府机构，如独立机构，必须遵守基本法律和宪法惯例，不论其是否已被编纂成文。许多（在美国或许是某些）学者和评论员会就此止步：如果政府结构符合宪法，那么它就是正当的。这种观点利用了民主治理权威的狭义概念，并有所延伸，我反对这一观点，也反对这种狭义概念。

这种观点只是将法理性问题重新归为宪法法院（和其他行为者）解释和适用的宪法规定是否符合社会价值观的问题。当然，成文宪法在塑造、构建和维持信仰和价值观方面确实发挥着重要作用。[1]但要说因果关系绝不可倒置，便很牵强了。支持合法政府观念的规范和信念随着时间的推移悄然发生变化，更重要的变化逐渐反映在宪法解释和/或修订中。对于具有法理性的国家结构来说，也是如此，国家结构不仅要遵从法律，还要紧跟不断演变的价值观和期望。[2]因此，对于法理性问题的探寻，必须与18世纪商业自由（但不是民主）共和国所设想的宪法政府赋予我们的价值观相结合。[3]

授权标准便是这种结合产生的部分成果。要求所有独立机构制定明确且可监测的目标，这样的目标比法治价值观在一般性、可预测性、透明度和可理解性等方面的要求更高。人们需要知道自己想要什么，并需要合理保证，确保实际上这就是他们应得的。某些设计规则会随之诞生，以支撑对公平的需求。这相当于一种非授权原则（第14章）。

但这对民主国家的公民来说是不够的。法治和宪政并不是我们全

---

[1] Graber, *American Constitutionalism*. 一些作者（如戴岑豪斯）使用"合法性"来暗示与法治价值观相一致的合法性。我更狭义地使用这个词，因为价值观更能被视为合法性的信息或构成条件，而我们的社会包括但不限于法治。

[2] 我认为这是美国最高法院前首席大法官休斯在恩斯特（Ernst）的《托克维尔的噩梦》（*Toqueville's Nightmare*）一书中传达的核心信息。

[3] Sagar, "Istvan Hont."

部的政治价值观。尽管央行及其监管机构可能在法庭上受到挑战,但它们还需通过更大的考验。宪政民主要求我们思考民主是什么,民主意味着什么,以及其独特的价值观是否能够与独立的政策兼容。

# 9

# 独立机构与政治价值观和信念（2）

民主对授权加分离方式的挑战

> 对选举权提供切实保障并进行良性管理，将立法、行政和司法机构交由选定的人管理，这些人须切实由人民选举产生，而不能仅打着人民的名义。那么我认为，这样的代议制民主国家最有可能井然有序地运行，可以实现长治久安、人民幸福。
>
> ——亚历山大·汉密尔顿给古弗尼尔·莫里斯（Gouverneur Morris）的信①，1777年5月19日

> 任何由专家组成的政府，人民若无机会告知其需求，便只是维护少数人利益的寡头政治集团。
>
> ——约翰·杜威，《公众及其问题》②

正如历史所显示的那样，自由派并不总是迅速接受选举改革，他们的疑虑至今甚至依然存在。③有些人在民主中看到了不受约束的民粹主义的阴暗面。多数人可能压迫结构上的少数群体，今天的公民所做

---

① 1777年5月19日，亚历山大·汉密尔顿写给美国国家档案馆创始人古弗尼尔·莫里斯的信。
② Dewey, *Public and Its Problems*, p. 208.
③ "Political Democracy: Liberal Resistance to Suffrage Extension," chapter 6. i of Fawcett, *Liberalism*; and, from a different perspective, Muller, *Contesting Democracy*, chapter 1.

的选择可能会使后代贫困不堪，或者他们可能破坏或取消基本的政治和公民"权利"。哈耶克对此十分坦诚，明确拒绝将"当前多数人意见作为衡量政府权力正当性的唯一标准"。① 从自由派政治的另一面来看，罗尔斯的追随者也时有共鸣。借由法律的制定，民主成为个人作为公民在政治舞台上行使有限权利的一种手段。对于经验丰富的独立机构来说，避免流于世俗，可以立身于这种自在且有价值的价值观中。然而，对其他人来说，这增加了由技术官僚领导的非民主自由主义的风险。本章首先探讨独立机构制度是否能够与民主传统和价值观相一致。

## 民主与法律权威

前一章探讨了法治（rule of law）与法制（rule by law）的区别，以及它是如何约束独立机构制度的，但没有说明法律权威的弹性。如果法律权威的弹性依赖于人们普遍相信法律的法理性（立法的来源），那么民主会改变这种信仰的基础。

从某种意义上说，民主可以使法律成为我们的法律。将法理性作为一种机构的特性，取决于我们生活方式的内在标准——对我们来说合理正当。尽管政府偶尔或在某段时间内持续失灵，但是法律（包括任何基本法在内）的持续权威在一定程度上是由民主正当性衍化而来。②

这对独立机构制度提出了不同的要求，是对前民主宪政自由主义的背离。对于自由主义，如果法律（或更普遍的国家行动）超越了我们的权利，那么便具有非法强制性：相应权利可能被认为存在于事物

---

① Hayek, "Liberalism," p. 143.
② 这与仅仅依靠工具价值（似乎是有效的）来描述权威是截然不同的。在发现斯科特·赫肖维茨（Scott Hershovitz）持有类似观点后，我非常感谢他在访问密歇根大学期间以及之后与我的交流。参见赫肖维茨的《合法性、民主性》（Legitimacy, Democracy），这是对约瑟夫·拉兹（Joseph Raz）的权威观的回应，例如拉兹的《自由的道德》（Morality of Freedom）。

的自然秩序之中，根植于我们的内在价值观，或者仅仅是宪法所规定的权利。相比之下，对现代共和主义来说，只有人民以某种方式控制立法，具有强制性和规范化的国家才是正当的，因此，这样的合法力量才能用于执行法律和政策：自由在于成为我们自己的立法者。① 对许多人来说，这些想法深藏在我们对民主的信念之中。

## 中央银行与独立监管机构对民主价值观的挑战

这有助于解决"谁来守卫守护者"这个由来已久的问题，这一问题比上一章关于如何监管行政机构的"监督"质量这一问题更为普遍和深入。并非所有权力的滥用都是非法的。如果机构领导人靠虚张声势上台，或者事后优哉游哉、钻法律的空子（第4章），那么就需要有人来审查一下我们选出的代表。但是，谁来审查这些政治监管者？毕竟他们也可能推卸责任。难道解决这一无穷回溯问题的唯一方法是柏拉图《理想国》（*The Republic*）中苏格拉底与格劳孔（Glaucon）所争论的领导者的美德吗？

普遍的答案是，政治团体自我监督。民主国家未出现之前，解决方案在于寡头精英相互监督。寡头精英有望从坚守"游戏规则"带来的稳定和繁荣中获益，因此，即使是国王也必须赢得大臣的支持。② 一旦所有的成年人被赋予公民的权利，这种方法就行不通了，因为公民的利益可能会从统治精英的利益中分离出来。民主创造了一个公民自己可以监督并追究其统治者责任的世界。③

本书的一个核心问题是，各国央行和其他与日常政治隔离的真正的独立机构是否能够避免经历（民主）这一宝贵的过程，甚至一开始

---

① For this ideal in republican Rome, see Beard, *SPQR*, chapter 4.
② For an essay on the evolution of self-monitoring, see Greif, "Impact of Administrative Power."
③ For discussions of this by "mechanism design" economists, see Hurwicz, "Guard the Guardians?," and Myerson, "Fundamental Theory."

就以此为目的进行设计。如果是这样的话，授权又怎能与西方的民主价值观保持一致呢？

为找到答案，本章揭示了民主的不同模式、民主的法理性和价值观，强调公开辩论、挑战以及竞争性选举。独立机构制度违反了社会响应、参与和代表的惯用标准，使中央银行和其他独立机构在很多方面可能会面临民主赤字。考虑到这一点，本章列举了授权原则需要解决的一些问题。本章认为，在重点强调直接民主价值观时，这些侧重公众参与法律及政策制定的方案缺少某些重要内容，代议制民主要求的更多。

## 民主的概念

虽然民主有不同的概念，但从根本上讲，这些概念的共性，在某种意义上是政治社会的每一位成员，在治理方面拥有平等的话语权，并有平等的机会行使这一权利。通过抛硬币来决定政治问题可能是公平的（从另一个角度来看），但人们不能据此拥有话语权。因此，人们担忧独立机构制度法理性的一个重要原因是，人们如何在治理方面拥有"平等的话语权"。

在谈论代议制民主的特殊性之前，我首先谈谈民主最基本的要素。①

## 民主投票

民主最常见的概念是通过投票制度做出政治决定：每个人（无论

---

① 有些讨论与奥伯（Ober）的《戴摩波里斯》（*Demopolis*）有共同之处。在我的书即将出版的时候，他出版了这本书，他的特别之处是进行了一项思想实验，研究一个希望避免独裁统治的群体会在何种条件下着手并能够维持基本的民主。相比之下，我感兴趣的是从公民可能持有的观点中可以推断出什么样的合法性条件，因为在现实的经济发达的民主国家中，我们谈论和撰写民主是如何产生的，无论是源自单一的历史事件（德国），还是逐步演变的（英国）。

是作为选举人还是立法者）都有一票来昭示或表达他们的偏好，结果取决于以某种方式汇总的选票。一个人的投票可能反映出其个人或其认同的群体的利益，也可能反映其关于共同利益的信念。不同的人可能有不同的动机，但本质上，集体决策是通过投票做出的。

这个概念有两种变体。第一种变体，观点深刻，至少可以追溯到卢梭，即民主是一种收集一个社会对政治选择的偏好或看法的手段。如果这能以一种揭示公意的方式完成，就可万事大吉。简单来说，如果要下放行政权，我们需要一个严格的机制来确定一个每个人都能接受的社会福利函数（第3章）。

然而，在20世纪中叶，肯尼斯·阿罗分析，集体决策的一系列前提条件，包括连贯性、充分考虑所有可能的选择，只能选择其一，且个人选择不会受其他选择的影响，这些看似无害，但是与民主（与独裁相对立）并不相符。[1]这可归结为法国政治经济学家尼古拉·德·孔多塞（Nicolas De Condorcet）在200年前发现的一种现象：个人偏好带来的结果可能是A胜过B、B胜过C，也有可能C胜过A，这使选民们陷入了一个永无止境的循环之中。

再次对集体决策"不可能的结果"进行一系列分析后，大家更充分地认识到这一点，从而在学界不同领域引起了一定程度的恐慌或喜悦，因为它似乎表明，不能依赖民主探索人民的共同目的。有人说，这就是倾向于有限制的自由民主而非民主民粹主义的原因，鉴于肯尼斯·阿罗的平行福利定理，优先通过竞争性市场选择而非政治选择（第3章）。

当然，民主对此并不自知，会继续发展。也许这是因为我们在做

---

[1] Arrow, "Concept of Social Welfare." 阿罗通过规定进行社会选择的任何合法程序都需要满足的条件（公理）来解决这个问题。实际上，这都是一些"民主"条件，例如，每个公民都喜欢 $x$ 而不是 $y$，那么社会也会喜欢 $x$，主权财富基金不是由裁判员或"独裁者"决定的；以及一些"逻辑"或信息约束，例如在所有可能的状态下形成的首选项（完整性）和（完全指定的）状态 $x$、$y$ 不依赖于任何其他内容形成的首选项（独立性）。阿罗证明，基于那些关于合法、理性社会选择先决条件的明显良性假设，是不可能实现的：一组个体的排序偏好不能可靠地转换为社会总体的排序偏好。

选择时并不期望将所有可以想象的选择都搬上台面。民主国家跃跃欲试，期望由经验来揭示那些模糊或被忽视的选择。①

本着这种精神，有关民主投票的第二种变体，没有深入分析，这种观点认为民主投票是一种在面临分歧的情况下所做出的暂时选择，且易做出错误选择，然而可以预见，由于经验或舆论变化，这些选择做出之后会被重新审视。没有公意，只有共同的生活方式。面对由于价值观冲突而产生的持续、不尽如人意的分歧（政治理论家杰里米·沃尔德伦称其为政治环境），我们进行选举并接受选举结果，直至下次选举。②

探索的结果似乎是，通过独立机构制度来解决承诺手段问题可能不太合理，因为这似乎是一种永久回避分歧的方式（第 10 章）。

## 民主发言权：公共理性与辩论

在过去几十年中，"多元"发达经济体中不同群体所持的价值观根深蒂固，关系紧张，对此，一些作家提出了另一种审议民主的概念。根据这一概念，民主的实质不在于投票，而在于政界成员之间理性的辩论。与汇总偏好的民主观念相比，每个公民都能发表言论，最终产生结果，从而实现"平等话语权"。

这一说法的理想化版本是，在一个适当民主的社会中，每个成员都有机会参与审议，每个人都把将其区分开来的深层次问题、信仰、教义或利益搁置一边，在做出政治选择时，为寻求共同立场，给予彼此的理由以同等尊重。在这些条件下，政治决定将基于所有人都可以接受（或任何人都不能拒绝）的理由，而非同意的理由。继约翰·罗

---

① 更广泛的观点是，确定任何偏好汇总过程的公理本身就是一个恰当的社会选择问题，反映了我们如何看待民主。公理化企业只有在选择程序可行，并且可以递归地选择自己的公理的情况下，才会努力使合法性落地，也就是说，宪法规定的决策程序是用来选择自己的。

② Waldron, *Law and Disagreement*, chapter 5.

尔斯之后，这已成为众所周知的自由主义的法理性原则。[1]

罗尔斯似乎把这一原则限制在政治游戏规则（宪法规范）上，而相应地，在欧洲尤尔根·哈贝马斯则更进一步，将基本相同的要求延伸到常规法律层面："只有那些在立法的讨论过程中征得全体公民同意的法律才具有法理性。"[2]哈贝马斯这样认为，是因为宪法政治和普通政治之间没原则上的分界线：把权力下放给独立机构的决定是基于哪种政治呢？此外，如果我们将法理性等同于"有义务遵守"每一条法律，而不是如第二部分导言所述，接受国家强制施行法律的权利及履行不破坏整个体系的义务，那么他的论点可能具有说服力。然而，他所做的延伸结果却提醒我们注意测试的脆弱性。在任何实际的公共政策辩论中，都会有人持不同意见。例如，我们从第一部分得知，有些人整体上反对授权给独立机构，而另一些人则反对具体的授权事宜。

但对提出的这个测试并不是真实的同意或意见一致。它是假设性的，作为道德政治的基础，基于理性，应该被给予同意或人们对它达成一致意见。"公意"重生为"公共义务"，这种审议方式的转变使康德式判断成为公众辩论的理想化标准。

这对解决独立机构法理性问题没有多大帮助。谁能肯定，如果进行自由、理性的审议，搁置截然不同的生活观念，就会征得独立机构制度反对者的同意？"美联储是正当的，如果你够'理性'，就会同意这一点"：看看国会前议员罗恩·保罗！

事实上，令人尴尬的是，这非但对我们没多大帮助，反而更接近精英技术官僚的观念，这种观念便是独立机构制度遭遇的主要批判之

---

[1] 例如，著名的协商民主理论家乔舒亚·科恩（Joshua Cohen）明确要求，"只有当结果能够成为平等的自由和理性协议的对象时，它们才是民主合法的"（Cohen, "Deliberation and Democratic Legitimacy," p. 73）。科恩后来在同一篇文章中指出，即使在"理想条件"下，也不一定能达成共识，因此可能需要投票。这就进入了罗尔斯的合法性检验的"商议空间"："政治权力只有按照宪法的本质被行使时才是完全正当的，而宪法的本质是，所有公民作为自由、平等的公民，可以合理地期望根据原则和理想，接受他们共同的人类理性"（Rawls, *Political Liberalism*, p. 137）。

[2] Habermas, *Between Facts and Norms*, p. 110.

## 9　独立机构与政治价值观和信念（2）

一：这肯定是一种自由主义，却是浅薄的民主。然而，从丰富和公开的公共辩论的意义上来说，协商、审议的价值是健康民主的一部分。通过分辨、解释和尽可能排除不相关的深层次差异，赋予人们体面的话语权，有助于取得更好的结果，从而将我们维系在一个政治群体内。①事实上，在非假设条件下，这就是有关政治体制和规范的观点形成、完善及被挑战的过程。这与我们要求为公共政策辩护的理由以及就这些理由进行争论对我们的价值有关。②

这意味着，如果技术官僚机构，例如独立机构，是为解决承诺问题而设计的，那么各方同意的理由没必要一致，但不能截然不同，否则，这样的运作体制设计是不可行的：这正符合我们对授权原则进行严格考验的精神。此外，由于某些方面的分歧将持续存在，定期审查授权制度有助于防止我们对特定政府机构的支持或默许被视为理所当然。③

这种理性、相互尊重的辩论观点与用投票来解决目前重要政治差异和分歧的观点一样。如果不能达成协议或协商一致，无论是否合理，民主国家仍须做出决定，而投票才能实现这一点。④此外，虽然投票制度可以被载入法律，但要使公正和合理的审议成为一项可强制执行的权力并不容易。但是，公开辩论及政党内部辩论对于决定和制定待表决提案、快速方便实现一致决议至关重要。第一部分对原则的初步阐

---

① 这与古特曼（Gutmann）和汤普森（Thompson）的《民主与分歧》（*Democracy and Disagreement*）一书中提出的以参与者所支持的理由寻求共识的非理想条件方法截然不同。
② 一些激进的左翼理论家接受了这样的观点，他们认为，不存在一种原始的、不受利益影响的"理性"可以用来构建理性的辩论，权力关系无处不在，而且在一定程度上构成了所有的社会关系和惯例；他们寻求在共同的宽容文化中重塑和重振政治意识形态——是对手而不是敌人。参见墨菲（Mouffe）的《协商民主》（*Deliberative Democracy*），有趣的是，这本书借鉴了英国保守派政治理论家迈克尔·奥克肖特（Michael Oakeshott）的观点。
③ 我们对合法性的看法与伯纳德·威廉姆斯的看法一致。关于制度的定期辩论有助于契合他的批判理论原则：人们为宪法/制度设置提供自己和彼此的理由是他们可以自由、批判性地研究的理由，至少是不时的（Williams, *In the Beginning*）。
④ Habermas, *Facts and Norms*, p. 306.

述没有谈到这些，后面部分会涉及（第 11 章）。

## 民主质疑，民主监督

然而，对于左翼参与式民主主义者来说，没有一种审议民主能充分实现人民参与，实际上，审议民主是把公共政策交给了自食其力的精英阶层，他们只需要偶尔投个票决定由哪个政党执政。这会产生什么样的结果目前还不清楚。仅仅拥护基层的公民或经济民主，无法确定如何执行国家政策及实现连贯性（是政党吗）。① 参与式民主主义者强调公共生活的重要性，在行政国家的背景下，这可能等同于将参与视为代表（见下文）。

然而，更普遍的是，将民主视为"辩论和投票"确实有可能遗漏重要的东西，比如质疑。由于既不存在不容置疑的公意，也不存在普遍义务，问责制就变得至关重要。如第二部分导言所述，我们必须区分政体规范内的质疑（因此接受法律的强制执行）和对这些规范的法外质疑。共和主义理论家非常重视前者的可争辩性。当然，如果没有政治上或法律上的惯用方法或途径对政府措施质疑，那么任何关于民主的概念都将是单薄的。②

由此产生的一揽子方案——投票、辩论和质疑，让我们更了解民主是如何自己解决"谁来守卫守护者"这个无穷回溯的问题。每个人都可以监督，过后可以抱怨、抗议、动员、投票。这就是民主监督：偶然的积极监督。这就是我们所说的："嘿，你不需要去执行某某法。"或者更确切地说，"嘿，你（一个独立机构）应该独立思考和独

---

① For an account of the radical aims of some "participatory democrats," see Zolo, *Democratic Complexity*, chapter 3.
② 让我们再往前看，这避免了这样的结论：如果民主是由平等的政治尊重所保证的，那么若一个人拒绝遵守某些法律，则这个人就不会尊重他的同伴，这一观点似乎在克里斯蒂安诺（Christiano）的《宪法的平等》(*Constitution of Equality*) 第 6 章中得到了支持。这里采用的观点是，对同胞的不尊重将因抵制，更广泛地说，将因不与一个公民意见和行为合法化的民主国家进行普遍合作而产生。

立行动。"

使行政机构合法化至关重要。要实现民主制度与激励相容,就要求独立(和其他)机构透明,这样团体和个人就可以看到正在发生的事情,而不会混淆。

## 民主存在的正当理由

通过对不同民主概念的简述,我们知道了一件重要的事情。除非我们在描述中央银行和其他独立机构体系时,能为投票、公开辩论、质疑和监督问责找到一席之地,否则我们就不符合合法化的必要条件。但还有更紧迫的事情,授权给类似独立机构的受托人不应破坏民主本身的法理性。让我们从探索这件事情开始,逐步揭露问题的核心。

我们已经看到,民主的两个主要概念——投票和审议,都不能通过理性计算或更高程度的理性来自我合法化。我们可能会认为下面这种说法很新鲜:合法性不能来自课堂(无论是第3章所谈的经济学还是哲学),而只能来自我们。我们在自由民主共和国的实际价值和信仰中,一定能找到合法化的依据。

民主存在的正当理由有两种完全不同的分类:内在的和工具性的。[1]似乎很难说这两种都在社会成员中得到了重视,特别是它们并不像看上去那样被划分得那么清楚。

## 民主的内在正当性

对一些人来说,内在的一种正当理由是,对民主的支持及其强大权威的来源在于表达和构成他们所珍视的价值观,如政治自由和(或)政治平等。这意味着将"程序公平"置于重要位置:在为共同生活制定法律和规则的意义上,民主赋予政治自由(或平等)以

---

[1] For example, Anderson, "Democracy," and Arneson, "Supposed Right," both contained in Christiano and Christman, *Contemporary Debates*.

意义。

认为人人都持这样的观点，未免太理想化。想象一下，在政治制度不同的两个世界，产生了相同的社会经济结果。霍布斯式的福利主义者会对它们一视同仁：无论身处哪个世界，都要支持它。但现在人们发现，一个是民主国家，另一个是温和的独裁国家。也许有些人仍然漠不关心，但我敢说，还是有人不会。对一些人来说，如何做出产生结果的政治选择是很重要的。如果他们拒绝完美的温和独裁，那么就是肯定了参与、选择、拒绝、改变想法、共同学习或信任竞争对他们的价值。那些重视这一理由的人，很可能会对独立的央行和监管机构持否定态度。

## 工具性的理由

另一种正当理由是工具性的，针对的是民主政府所做的或能够在一段时间内实际达成的成果。根据这一观点，相对于其他政治组织的方式，如君主制或寡头政治，如果民主提供了实现社会最基本目标的最佳手段，那么民主的存在就是正当合理的（丘吉尔的观点）。根据第3章隐含的假设，相关目标是社会经济福利，但民主的工具性理由不仅限于此。无论人们对"善"有何看法，民主都是正当的，因为在他们看来，民主是实现或促进这种"善"的最好方式。

因此，虽然民主的内在正当性对某些人没有意义，但他们可能认为民主存在的正当性理由在于赋予所有人政治自由或政治尊重。对于那些优先考虑社会经济福利的人，关键是"什么是善"这样的概念是独立于民主程序和民主特性之外的。

时间可能会很长。有人可能认为，民主共和国既能维持基本稳定又能根据结果改变公共政策方针，从长远来看，它们的家庭、群体、阶级或整个社会的生活状况会更好。因此，在某种程度上，政府绩效偶尔差一点，甚至持续表现不佳，也不会使政府体系丧失权威。

人们对广义的民主的看法不同，对工具性价值的来源的看法可能就会不同。因此，深思熟虑的民主主义者可能会认为，民主之所以有效，是因为它具有"认知"特性，例如为辩论提供许多观点，可以避免出现"群体思维"和过度依赖技术专家等。①除此以外，另一种观点备受关注，与20世纪中期政治经济学家约瑟夫·熊彼特有关，这种观点认为民主的工具性价值基于政党、派系等之间的选举竞争，竞争的焦点是谁最擅长让流动选民背离他们的习惯或团体的忠诚。②正如第11章所揭示的那样，这两派将不同的正当性标准应用于独立机构制度。

更笼统地说，民主的工具性价值可能在于它通过"试错"来管理政府的能力：当某些事情似乎不起作用时，能够相对容易地改变路线。在我看来，民主治理的这一特点没有得到足够重视。它指出了民主的正当性在于实现独立于程序的目标这一说法的不足之处，并对授权加隔离的方式提出了特别的挑战。

第3章概述了政府的最大任务，比如避免或阻止可能发生的重大灾难：战争、饥荒、政治垮台、经济大崩盘。很明显，在这些情况下，我们的目标是独立于民主进程的观点极具优势。的确，一些人认为民主是正当的，并得到了普遍的支持，恰恰是因为民主在这些方面相对于非民主社会是有功绩的。③

考虑到这本书的写作和阅读环境，列举的最后一个例子对我们来说算是当头棒喝了。2008—2009年经济危机后，按照现代标准，经济处于极度萧条状态。金融动荡时有发生，程度不一，这表明即便是最成熟的民主国家，在动荡破坏宪政本身之前，它们能随机应变地摆脱麻烦，但同时也会导致某些危机产生。也许这种偏好在于民主有能力满足人们今天对快乐的渴望，同时也希望明天是最好的。

就我们的目的而言，这与两个问题有关：第一，民主能否在某些方面结合特定目标或路线（下一章的主题）以最佳方式实现我们

---

① 从广义上讲，在埃斯特隆德（Estlund）的《民主的权威》（*Democratic Authority*）中有一种更先进的观点。
② Schumpeter, *Capitalism, Socialism & Democracy*.
③ 阿马蒂亚·森（Amartya Sen）曾说过一句名言：没有任何一个成熟的民主国家曾遭受过重大饥荒［森的《以发展看待自由》（*Development as Freedom*）］。埃斯特隆德的《民主的权威》提出了更广泛的观点。

的目标；第二，区分安全、稳定和饥荒等重大问题与其他问题的重要程度。①对于许多政府，特别是行政机构每天所做的事情来说，这些活动和项目仅通过民主程序办理，将仍是公众和政治家讨论的主题。

把民主视为试错的过程，意味着不仅要检验实现固定或给定目标的手段，而且要探索、审查和修改相应的宗旨和目标。这带给我们跳出民主思维的工具性正当理由，它只考虑民主的认知特性：民主在提供符合外部（目标或独立于程序）标准的法律和其他政策方面做得有多好。这与刑事审判中的陪审团制度不同，因为长久以来，陪审团制度通常都是在纠正错误。相反，就公共政策的某些方面而言，它是通过持续辩论和定期投票的民主程序，产生我们关于"善良"或"正确"的标准。②

对于那些像约翰·杜威（见本章开头引语）一样认为民主的价值在于创造价值的过程的人来说，关键是通过辩论和解决分歧的程序，共同决定政府应该做什么（以及不应该做什么）。

因此，从这个角度来看，民主被视为一种建立、阐明和重新审视我们目标的正当途径，同时也是暂时实现目标的手段。民主是一种探索：在这个过程中政治群体寻找自我，并进行自我重塑。因此，内在正当性和工具性的界限便模糊不清了。

如果这适用于大多数普通行政政府，包括行政机构，那么它就不可能轻易地被用于受托型独立机构。因为这些机构宣称可以解决可信承诺问题，而承诺的对象不能成为正在进行杜威式探索的一部分。如果持续探索是民主的唯一或主要保障，那么除非准备弱化民主本身在政府制度中的地位，否则独立的中央银行似乎也不太可行（第10章）。

---

① A theme of Runciman, *Confidence Trap*. On democracy's possible susceptibility to financial crises, see Lipsey, "Democracy and Financial Crisis."

② Richardson, *Democratic Autonomy*.

## 民主的正当性及对独立机构制度合法性的稳健性测试

无论是倾向于内在的还是工具性的理由，我们显然都远远超出了纯粹的社会经济福利主义者考虑的层面。出于这些考虑，我们在第5章和第6章第一次阐述了授权原则。但我们面临的并不是不可调和的冲突。对我们来说，柏拉图式守卫者的治理，在造福人民的过程中，无论多么明智和专业，都与社会中许多守卫者对个人自治或政治事务自由的承诺，以及我们对公共辩论和某种集体决策的依赖相悖，鉴于在公共政策目标上普遍存在分歧，如果没有武力，就很难维持这样的统治。[1]另外，一个民主国家如果在各方面都不称职，长时间不作为，以至于其人民贫困不堪，基本安全难以保障，那么人民便不太可能支持这样的国家，甚至不会同意这样的国家存在。在戴维·毕瑟姆之后，我谈到对于合法性一般条件的详细说明，前者将违反治理结构与基本价值观和信仰相一致的需要，而后者则会降低表述性（或施为性）被认可的可能性。

如果这一讨论普遍地反映了人们在其生活的民主国家为国家执法权力进行辩护或解释的各种方式，那么它就为我们探索的问题设置了条件。

最明显的是，任何授权都不应违反（理想的是推动）被人们视为支持更高层次民主权力正当性的理由，因为这对独立机构的合法性至关重要。因此，对于那些认为民主的（主要）正当性在于反映或必须支持政治自由的人来说，任何对独立机构的授权都不应违反自由的条件（根据不同的概念）。对于那些认为正当性在于反映或促进人人享有平等的政治尊重的人来说，向机构授权不应违反或破坏平等的政治尊重或在政治上的平等地位。如果因为民主在政治制度中最有利于保障基本权利而认为民主是合理正当的，那么独立机构的作用和权力就不应与这些权利相冲突。[2]如果有人认为民主会使他们的社会经济生活

---

[1] Viehoff, "Authority and Expertise."
[2] 艾伦·布坎南的《政治合法性和民主》认为民主是必要的，因为它促进了基本权利的实现（无论设想如何）。

更优越，那么授权后绝不能使他们的处境更糟，诸如此类。因此，授权原则必须适用于政府制度的每一项授权。

## 代议制民主的其他要求

这份要求清单没有涉及我们赖以生存的特殊民主形式：代议制民主——本章开头引用的美国开国元勋亚历山大·汉密尔顿的信中第一次使用了这种表述。[1]这样做揭示了我们的问题是双重授权下承诺的合法性，并将重点转移到选举竞争、代表和参与的价值上。

## 代议制民主体制下双重授权的独立机构制度

两百年前，英国商业自由主义国家的崇拜者、瑞士裔法国作家本杰明·康斯坦（Benjamin Constant）做了一个著名的对比——把古人的自由（共和自治的权利）和现代人的自由（不受干涉的权利）进行了比较。[2]与古希腊或中世纪晚期意大利的城邦不同，现代国家人口众多，有的散布在广袤的大地上。让所有公民就所有对社会有意义的事情进行辩论和投票，是不切实际的。政府要想保持相当的效率、一致性和有效性，就必须授权。

虽然这与未经选举或通过有限选举权当选的官员组成的政府是一致的，但在19世纪和20世纪初，公民要求并确保他们有权通过投票选出自己的政府，并让政府负起责任，有许多优点：

- 除非公民个人出席立法会议，否则他们的意见无法被听取，但是他们有代表。
- 个人更容易继续挑战和反对他们不支持的措施，因为在人们发

---

[1] "表象"的概念相当灵活。Pitkin, *Concept of Representation*, and Runciman, "Paradox of Representation."

[2] Constant, "Liberty of the Ancients" (1819).

言后，他们可以从保持沉默的社会压力中解脱出来（在一些全民投票后，可能很明显）。
- 政体具有弹性，通过选举可以解雇政府，而无须对政府制度质疑。①

这些特点——不剥夺未参与者的权利，为自由主义（消极）的自由留有空间，政府的一致性、政策的可争辩性和政治系统的弹性在授权给独立机构时都不应被牺牲。然而，因为独立机构制度涉及双重授权，即从公民到其当选代表，从代表到独立机构，所以又会产生风险。②如果中央银行的银行家和其他独立机构的决策者没有当选，但享有工作保障，那么他们的政策制定在很大程度上可能会无视质疑和反对。因此，如果最终由独立机构进行大部分治理，公民（不可避免地）对不良政绩的反应很可能是对政府体系质疑。换言之，广泛向独立机构授予治理权有可能造成一种脆弱的非民主自由主义。

## 伯克式受托人和专家：独立机构与民选代表的区别

为了理解这一点，我们需要更仔细地研究第一级授权。人民代表是什么样的代理人？

政治学家对选举可能如何激励代表为公众的目的或利益服务，提出了相互对立但并不相互排斥的观点。③另外，人民根据各政党的承诺

---

① 有关新兴民主国家调查证据的报告，见毕瑟姆的《合法化》（Legitimation），第260～第261页。
② 执行机构制度不涉及同样意义上的双重授权。从法律上讲，有一个双重授权：从人民到立法者，再到行政机构。但在政治上，这更像民选政治家之间权力的转移，他们直接对公众负责。当总统或首相实际控制政策时，人民对政权的日常管理仍保持密切的关注。出于同样的原因，该政权不太可能做出可信承诺，正如我们在大选后看到的，环境政策等战略发生了改变。
③ For a survey, see chapters 1 and 2 of Przeworski, Stokes, and Manin, *Democracy, Accountability and Representation*.

选出他们的政府，这是一种前瞻性。

但在大多数制度中，选举产生的代表在法律上没有义务履行特定的职责，如果他们的选民对他们感到厌倦，他们也不会受罢免的约束。至少在形式上，当选的政治家作为公共利益的受托人，在良知上有一定的独立性。

美国独立的支持者、法国大革命的批评者埃德蒙·伯克（当选后）在向布里斯托尔选民发表的著名演讲中表达了这样的观点：①

> （代表的选民）的愿望对他有很大的影响。他们的意见，被高度尊重……这是他的职责……最重要的是，在任何情况下，他都要把他们的利益置于自己的利益之上。但他有公正的意见、成熟的判断力、开明的态度，他不应该为你……或者任何活着的人牺牲。你们的议会代表应该回报你们，这是他的判断力。如果他牺牲了自己的判断力而依附于你们的观点，那才是背叛而非效劳。议会不是由不同和敌对利益的大使组成的国会，而是一个国家的协商大会，是为了国家的整体利益，即所有人的利益（我的重点）。

因此，正如美国政治理论家亨利·理查森所指出的那样，一种说法认为该体系的有效性和合理性，在一定程度上依赖于民选代表比普通民众更善于策划、主持和解决有关公共政策的目的和手段的问题。② 作为受托人，政治家们似乎都在写自己的信托契约，并选择让契约的表述模糊，并接受不断修订。

然而，另一种说法是该体系具有后瞻性。人民投票淘汰那些表现不佳的政府，不论其最初的承诺（如果有的话）是什么。由人民选举产生的代表受限于他们想要连任（以及受法律约束）的愿望，因此兼具"受托人"和"代表"的身份。他们必须对选民所表达的或明显的意愿保持警觉，有时必须做出反应，并有动力做出判断，以确定什么

---

① Burke, 1854 [1774], pp. 446–448.

② Richardson, *Democratic Autonomy*.

能增进选民的福利，从而在事后能得到重视。①这几乎就是我们在第 5 章描述的关于政治家目标的假设，当时我们介绍了阿莱西纳-塔贝里尼模型，该模型提出，是将权力下放给政治家还是独立的技术官僚？

对我们来说，重要的是，这一代议制民主的标准观点根本不能轻松地推动一个由独立机构构成的世界的形成，这些机构的领导人从未接受过个人选举的严峻考验，其整体目的是独立而不是回应。与民选代表不同，他们实际上是受托人。

当然，合法性的条件已经改变。最明显的是，三个重要的制度设计特征有助于确保第一步是授权给民选代表——根据前瞻性的授权和回顾过去的记录进行投票，只有当人民间接地将权力授予独立机构时，授权才能继续存在。从这个意义上说，虽然他们可能是受托人，但独立机构的决策者并不是伯克主义者，他们可以自由地用自己对公共利益的看法来代替公众的观念。相反，独立机构的决策者是受托人，他们有义务忠实于公众的既定目标。因此，一个独立机构管理制度的授权（信托契约）在产生合法性方面很重要。在双重授权制度下，由拥有模糊信托契约的人民受托人（民选政治家），监督拥有类似模糊或开放式信托契约的独立受托人，将是一个严重的问题。

这一点尤其重要，因为代议制民主扩大并加剧了独立机构制度旨在解决的承诺问题。

## 可信承诺

第 5 章提出授权原则时，确定了可信承诺问题的三种变体：固有的时间不一致性、政治家有为了获得连任而违背商定目标的私人动机，以及在促使政策制定者产生分歧方面有私人利益的社会派别。政府制度影响它们的产生。

第一种变体可以在任何民主制度下产生，不论是人民民主制度还是有代表的民主制度。这是因为，在某些领域政策的最优路径，如果

---

① As in Madison, *Federalist Papers*, No. 57, p. 294.

逐次选择，确实偏离了最优的长期路径。即使是一个完全有道德的社会规划者，也面临着这个问题。

在某种程度上，第二种和第三种变体在很大程度上是代议制民主机构结构的产物，正如所讨论的那样，这种体制使民选政治家对选民不断变化的意愿和支持者的利益做出回应。无论是被认为是伯克式的受托人、地方选区（在英国被称为选区）的代表，还是特定利益集团的客户，政治家们都有采取行动的动机，向更多的选民隐瞒他们的真实路线，以及可能付出的代价。虽然一项可监测的任务可能会限制独立机构，但它并不妨碍政治决策者。

无论是在立法机构还是在行政机构，他们都对影响他们在选举前景的重要问题上出现的新观点非常敏感。事实上，如今的政治家们非但没有在选举中陷入精英阶层的束缚，反而有时更像是政治金融市场的"日内交易员"，表现得好像他们的政治命运高度依赖于路径。每天早上都有好消息或坏消息，如果是好消息的话，他们和团队花一天的时间试图保持他们的成果。如果情况不好，这一天将被用于反驳和转化，他们积极尝试在一天结束前在政治问题上达成一致，避免受挫后上床睡觉，并准备在第二天再次绕道而行。

在这里，我们看到代议制政府的另一面。在系统弹性、可竞争性、政策一致性和自由之间的平衡中，我们必然会冒着响应可能会转变为一种地方性短期主义的风险，因为这种短期主义会损害人民的福利。因此，独立制度被当作政治短视带来的一些问题的缓解剂。授权给独立机构是民选代表可用的一种机制，以保障这些地区的政策。他们希望自己作为受托人，但也承认他们无法承诺这样做：伯克式受托人通过任命未经选举的受托人来履行对他们的承诺，任务可监测，可促进规范性期望。

## 试错民主：承诺机制面临的挑战

然而，如前所述，在民主制度下，公共政策是通过试错进行的。经济学家把这一"错误"修正为：随着经验的吸取，法律被废除或修正，机构被改革、废除或创建，甚至宪法也会因不同程度的困难而被改变。

通过竞争性政党候选人之间的定期竞争性选举，这在代议制民主制度下具有了特殊性。在这个"重复游戏"中，人们可以尝试的不仅有具体的政策，还有政党、政策平台，甚至有意识形态，以确定它们是否合适。换言之，民主的试错得到强化和扩大，适用于整个政府方案，而不仅仅是个别政策。如果代议制民主能够发挥作用——这是一般民主的工具性保证，那主要是由于问责制。

然而，这意味着，即使一项政策执行得相当好，对立的政党也可能致力于废除对方的法律，因为这不是它自己的政策。在这个世界上，无论是否存在明显的重大"错误"，"试错"都可以继续下去。

因此，从这个角度来看，竞争性选举的反复无常可能既为承诺机制提供了理由，也阻碍了承诺的实现。下一章将讨论承诺技术的工具性价值是否能够在原则上与民主决策的内在价值相一致。第三部分探讨了在现实世界中，具体的宪法结构是如何塑造授权激励机制的。

## 直接民主的魅力：参与机构决策的制定

在总结独立机构制度所带来的民主赤字问题之前，我们应该回到直接民主对政治想象的持续控制上。当然，它的明确特征是，所有公民都可以就所有法律措施和主要公共政策投票，例如是开战还是签订条约，是否承担重大公共项目，是否重新分配财富，是否提供某种形式的社会保险等。

虽然这并不排除设立一个执行政策的行政机构，但将权力下放给民选行政机构和非民选机构之间并没有深刻的区别。相反，把权力下放给议会的公民成员和把专门的职能下放给外部人士是有区别的，就像古代和中世纪，国家雇用雇佣兵来领导和招募军人一样。从公民中选举的行政人员及组成的机构在代表所有（被赋予的）利益的集会上直接对其同僚负责。因此，我们读到雅典人要求平民海军上将和其他人承担责任，而在代议制政府下，他们的继任者及今天的中央银行家和其他独立机构领导人，在某种程度上通过人民代表承担责任，而非直接对人民负责。

但是，由于行政国家机构的领导人不是选举产生的，独立机构不受民选代表日常愿望的影响，更直接的民主形式对某些公民的吸引力再次显现。因此，许多评论认为，各机构就其拟议的政策进行广泛咨询有潜在的益处。也许，特别是在美国，参与的价值为相当严格的规则制定程序提供了理由，这些程序被描述为：①

> 它不仅旨在做出更好的行政决策，还要让公民确信行政决策的民主合法性。

另一位美国学者在我们的第三个设计准则中看到了拯救政府的前景，各机构解释了它们计划如何行使其被授予的权力，并对这些权力进行了狭义的解释：②

> （这）不问谁应该制定法律……（但是）法律是如何制定的……这样做加强了某种民主观念。通过要求各机构阐明限制标准，确保各机构以促进法治、问责、公众反应和个人自由的方式行使其被授予的权力。

如果这样做，被授权政府的合法性将成为法治的保护伞下直接民主的一种假象。虽然这是必要的，但似乎不太可能满足那些重视政府制度中代表性因素的公民。虽然选举产生的议会不符合美国国父和第二任总统约翰·亚当斯的规定，即它"应该像普通民众精确、微缩版的画像，像普通人一样思考、感受、推理和行动"，但它肯定比一般独

---

① Rose-Ackerman and Perroud, "Policymaking and Public Law," p. 302.
② Bressman, "Schechter Poultry," p. 1402.

立机构的政策委员会更接近这一规定。①

我建议，这些公民寻求他们选出的立法者来为与日常政治隔离的授权制度的目的和方向（而不仅仅是正式存在）负责。正如一位杰出的研究三权分立的作家所说：②

西方宪政史一直是维护西方立法机构的权威的历史。

在某种程度上，需要在福利和响应性之间找到一种平衡，既要满足代表性，又要满足参与价值。③

## 民主和独立机构：多方面的民主赤字

在第1章中，我们指出，一些对独立的央行和监管机构的批评者对困扰他们的民主赤字含糊其词。事实证明，这并不令人意外，因为人们的担忧是多方面的，而且各不相同。

这个问题当然超出了上一章讨论的法治和宪政问题。这些政治价值观对现代国家的要求虽然至关重要，但围绕诸如制定法律、形成习俗、确立公平程序和分权等的规则，是非民主宪政下合法授权的先决条件。

根据我们的稳健性测试，"更好的结果"也不足以作为其他的因素。从公开辩论和历史遗留下来的深层价值观来看，有些人将民主本身视为政治社会中共同生活的一种方式。有些人似乎忽略了这一点，

---

① John Adams, quoted in Pitkin, *Concept of Representation*, p. 60. 我在这里偏离了罗尔的《运行宪法》（*Run a Constitution*）这本书中的原则，即行政国家的合法性可以通过能反映选民情况的劳动人口来获得。虽然这对管理社会保障的交付机构等来说可能是可行的，但对政策机构来说还不现实。
② Vile, *Constitutionalism*, p. 352.
③ Urbinati, *Representative Democracy*. 乌尔比纳蒂（Urbinati）认为政治理论家甚至忽略了代表权和参与的兼容性，因为他们掌握着从孟德斯鸠，特别是卢梭那里继承的类别：特别是人民的主权，作为公意，不能被代表，却是公正的。

他们认为，如果这是考虑所有特定情况后在福利方面做出的最佳选择，那么即使一个机构的民主性很薄弱，立法者做出的授权决定（同样地，一个机构决定采取的特定行动方针）也是正当的（从道义或社会学角度，对公众来说）。①即使在福利主义的框架内，这一论点也是脆弱的，因为其隐含的假设是，大会和各机构做出的每一项决定都应根据其具体结果单独提出理由，而事实上，它的范围肯定更大。决策和结果对高层政治机构的信任产生了累积而复杂的影响，而高层政治机构是具体政策制定和政府运作的基础。太多的授权使我们走向一种不民主的自由主义，只有当它足够幸运以至能够发挥作用时，它才能生存。

政府结构的变化很少引起公众的注意，而且随着时间的推移，它可能成为政府熟悉的一部分。然而，当事情出了问题，公众发现很大一部分领域超出了政府的控制范围，却是在它力所能及的范围内时，如果这影响了人们对政府体系的信任，那么他们的反应可能就不那么好了。

政府如何才能让公众真正参与到国家架构改革中来？追溯到13世纪西蒙·德·蒙德福特（Simon de Montfort）对王室权威的挑战，如果"没有代表权就没有税收"的理念已经深入现代宪政中，那么为什么"没有代表权的监管"无法产生相同的共鸣呢？②

## 民主赤字的许多方面

这一章的论点是，当我们问代议制民主的哪些特征对我们重要，以及我们为什么要关心与代议制民主无关的授权时，答案绝不是单一的。

---

① 阿德勒在一篇有趣的论文《正当性、合法性》（Justification, Legitimacy）中对此进行了论述。2015年初夏，我与耶鲁大学的政治理论家丹尼尔·维霍夫（Daniel Viehoff）进行了一场激动人心的对话。这一观点贯穿于马琼对欧盟内部授权的分析。
② 当我在谷歌上搜索这种表达时，我发现20年前它就已经在舒尔曼（Scheuerman）的《规范与例外之间》（Between the Norm and the Exception）中出现过。最近，美国一些共和党政治家也提出了这一观点（见第1章）。我不打算有任何党派政治倾向。

## 9 独立机构与政治价值观和信念（2）

在回顾了我们各种错综复杂的民主价值观之后，我们可以理解人们为什么会反对独立机构：它们减少了公众的参与机会；它们的政策委员会的代表性不如选举产生的议会；它们不可避免地将价值观和目标的选择委托给他人；它们容易受到专家群体思维的影响；它们有固定的目标，降低了政府对符合人民利益的事件做出反应的灵活性；它们降低了选民通过有序的选举方法表达不满的能力；它们将辩论限制在一群专家中，而这些专家缺乏民选政治家能以可理解的语言与广大公众沟通的能力和动机；技术官僚是跨国精英（达沃斯人）的一部分，这些精英为了追求自己的利益和表达对世界应如何组织的看法而重新掌权。简单地说，通过非选举产生的权力的传播与我们是谁、我们努力成为谁格格不入。

如果这种观点（以及更多的观点）在社会上得到广泛响应，那么独立机构制度的合法性就需要以某种方式满足每个人。没有一个单一的民主赤字笼罩在独立机构之上，正如民主对我们来说很重要，独立机构制度可能有很多民主赤字。

因此，本章的要点可归纳为：在自由主义传统中，正如孟德斯鸠所说，"自由是做法律允许的任何事情的权利"。[1]共和党民主主义者补充道："只要我们在某种程度上能控制法律的制定，或者通过代议制民主来控制立法者。"

综上所述，以上两章试图列举对中央银行及更普遍的独立机构制度合法性的挑战，这些挑战是由法治、宪政和完全选举权的代议制民主的价值观所体现的。接下来的三章分别阐述承诺制度能否与民主相适应，授权原则是否可以满足合法的独立机构，以及原则和机构如何适应宪政等问题。

---

[1] Montesquieu, *Spirit of the Laws*, p. 161, Book XI, s. 3.

# 10

# 可信承诺与民主

## 机构与法官

> 立法权是通过积极的自愿授予和制度从人民群众中派生出来的权力，它传达的只能是积极授权的内容，即立法机构只制定法律，而不产生立法者，因此，立法机构无权将其制定法律的权力转移至其他人手中。
>
> ——约翰·洛克，《政府论（下篇）》，1690 年[1]

> 问责制是行政法的核心理念，它通过公众参与、国会监督、白宫集中监管审查和司法审查等机制得到进一步强化。一种截然不同的模式主导着金融监管领域。在那里，决定性结构准则不是问责制，而是独立性。
>
> ——吉莉安·E. 梅茨格（Gillian E. Metzger），
> 《镜中的世界》，2015 年[2]

一些人认为，民主赤字玷污了对独立机构的授权，因此也玷污了它们的权威。人们通常认为，民主赤字产生的原因是，制定政策的过程脱离了对人民负责的民选代表。这一点反映在本章的导言中，这些导言加在一起表明，通过制定规则的独立机构进行金融监管是一种令人憎恶的行为，后危机时期央行行长们最好可以适应这一看法。

---

[1] Locke, *Two Treatises of Government*, Second Treatise, chapter XI, s. 141, pp. 362–363.
[2] Metzger, *Through the Looking Glass*, p. 130.

然而，就本书所支持的对独立技术官僚的授权而言，这个问题可以说是更深层次的。我坚持认为，只有在一个政策领域做出可信承诺，才能解决一个真正的独立机构的授权问题，因为这些领域涉及的利益很大，而且可信度对成功至关重要。但是民主的一个核心特征是人民有改变主意的权利：关于他们想要什么（目的）和如何去获得他们想要的（手段）。在此基础上，任何彻底解决可信承诺问题的办法都会侵犯人民的民主权利。正如前面所说的，"试错"是民主运作的核心，那么公众要有空间去断定他们的承诺手段是错误的。换句话说，如果回应是民主本质的一部分，那么承诺手段似乎是反民主的，或者正如美国人所说，是反多数主义的。

这里似乎有一个悖论。一方面，设计授权的目的是帮助民主国家坚持人民的目的，取得更好的成果：在这个意义上，可信承诺可使民主的目的得以实现。另一方面，人民必须能自由地改变他们的目的。如通常所理解的那样，决议必须是，因存在一些承诺问题而中止民主，或一个旨在促成可信承诺的机构不可能是绝对的。①

更好地理解这一点，有助于解决一些问题。例如下面这三个独立的问题：

- 民主价值观是否因一代人试图约束未来（未来的自我和后代）而受到侵犯。
- 民主价值观是否与做出任何不可侵犯的承诺相矛盾（因此，解开这些结至少在技术上是一场革命）。
- 民主价值观是否意味着承诺技术在政治生活的不同部分有不同程度的强化。

---

① 前者指的是宪法中根深蒂固的规定（几乎）不可能改变——这是布坎南和其他保守派公共理论家，如已故的戈登·图洛克（Gordon Tullock）等所提倡的方法，他们规定了宪法层面一致同意的要求；也就是说，每个人都有否决权，因此多数主义民主受到了限制。Buchanan and Tullock, *Calculus of Consent*.

本章讨论这些问题中的第一个，即找到关于独立司法机构作为公正裁决者和非民选立法者的作用。这也有助于回答第 4 章中提出的一个问题，即根据民主价值观，何时可以将公共政策制度下放给法院、民选政治家（或其党派盟友）或被孤立的独立机构。第 12 章阐述了独立机构的问题是否比其他机构根深蒂固，并将其与政府的三个典型部门并列。

## 可信承诺和民主：冲突还是福利

使我们的承诺可信的手段是一种（个人或集体）自我约束的形式。在社会科学文献中，自我约束的范式是奥德修斯对他的船员们的著名命令，当他们从特洛伊海滩回家时，奥德修斯命令船员把自己绑在桅杆上，而船员的耳朵被堵住，这样他既可以听见塞壬女妖的歌声，还不用屈服于她的召唤。[1]遗憾的是，这只是对我们问题的一个简单比喻。这位狡猾的旅行者和花花公子只对他今天的消费感兴趣，而不是防范屈服于明天的即时满足所带来的长期危险。他只能通过命令他的船员才能成功。他们没有本着民主的精神抽签决定谁能听到歌声。而第三方的行为并不意味着会受到奥德修斯自我约束的影响，这正是独立机构体制的目的所在。

一个更贴切的政治自我约束的例子出现在同样的故事中，但他被困在伊萨卡岛上的家中。佩内洛普（Penelope）精心设计了一种装置来保护自己，使自己在奥德修斯长期缺席期间，不会去考虑找一个新丈夫而得到短期的回报，从而维护王国的完整性及其人民的长期福利。

西方政治中约束承诺的故事是从奥德修斯的自我放纵到佩内洛普的自我否定的过程。它开始于中世纪晚期的法国政治理论家让·博丹（Jean Bodin），他以倡导强大的主权国家而闻名，但他有关约束的观点不那么著名。博丹建议，明智的君主会通过各种方式来束缚自己的手脚，比如依照法律和既定的惯例进行统治，从而巩固和增强自己的权力。[2]在

---

[1] Elster, *Ulysses and the Sirens*.
[2] Holmes, *Passions and Constraint*, chapter 4.

这里，我们看到了宪政语言的先驱，但这是为了主权统治者的个人利益。

一旦我们实现宪政代议制民主，事情就会变得"对称"。作为独立的行为者，人们可能希望约束他们的代表，而管理者可能想约束他们的人民。就像博丹的君主理论一样，政治家们（政府）通过接受某种程度上束缚他们双手的安排来增强他们的权力。但是，与那位年长的君主不同，这不仅是出于利己的谨慎，而且是为了人民的利益而被授予权力的条件。同时，人民允许自己受到默许的约束，因为不经常举行大选，从而削弱了民众的力量。权力的分配，以及支撑和反映权力的思想、价值观和激励措施，都被重新组合在一起。

在这段时间里，政治游戏规则（宪法规范和惯例）与由政治或政治内部决定的公共政策之间的区别依然存在。前者不会发生连续或反复无常的变化，即不会产生不确定性，从而破坏政治实践。政治实践是解决政治共同体中共同存在的问题和挑战的方式。民主要有意义，包括为未来保留民主，就必须在某种程度上对政府模式进行集体约束。托马斯·杰斐逊希望每隔20年左右召开一次新的制宪会议，每一代人召开一次制宪会议，麦迪逊对此做出了有力的回应。①

即使在政治程序和行为的规则中，机械性规则和需要解释的规则也有区别（第4章和第8章）。虽然必然有关于前者的例子，例如美国宪法规定总统任期为4年，且任何人任期不得超过两届，但许多民主和立法程序在适用时都涉及解释或判断，这需要一种二级规则，机械地决定谁拥有最终发言权。最重要的目标和规范是这些解释和应用程序保持高度稳定。

当我们谈到政治内部的决定时，比如一些实质性的法律权利以及安全、服务、财政和监管等机构出现，稳定性的论据是不同的。如果民主政治的目的之一是允许集体选择，那这就包括在简单的多数主义

---

① 杰斐逊是否真的认为未来一代美国人重新引入君主制是合法的似乎值得怀疑。不过麦迪逊、杰斐逊与托马斯·潘恩（Thomas Paine）等人关于宪法承诺的辩论，可参见：chapter 5 of Holmes, *Passions*, "Precommitment and the Paradox of Democracy."。

进程之外做些什么（如果有的话），以及在普通政治中留下什么。①一个政体可能希望巩固由公正法官主持的公平审判的权利，这将禁止追溯性立法和一些非政治权利，但不包括那些正在试错的公共政策制度。

按照这一传统思路，有约束力的承诺"候选人"有以下等级：

1. 政治结构/程序的机械性规则。
2. 适用关于民主政治和政府结构及程序的解释性规则的机构。
3. 对民主政治权利以外的任何"基本"权利适用解释性规则的机构。
4. 根据普通法审理法律案件（并具有终审权）的机构。
5. 公共政策承诺。

前四大类共同表明，将机构作为一种承诺手段，对民主并不陌生。政治团体在第一类和第二类上寻求政治稳定，因为它们本身就是政治结构；第三类是对某些自由价值观的承诺；第四类是对适用法律公正裁决的承诺的一部分。这4类在性质上同第5类似乎有根本的不同，因为它们是根据法治和宪政的价值观来对民主权力进行制度化的限制（第8章）。对一些人来说，这将成为反对独立机构的理由。然而，这取决于一个有缺陷的假设，也忽略了一些重要的东西。

我们需要避免普遍的假设，即在代议制民主中滥用权力，要么是法院可以解决的法外措施，要么是可以通过投票补救的政策失误。这些条件并不适用于所有竞争执政的政党，因为它们都有可能违背一些实质性承诺，而且，它们这样做的社会成本（以及预期这样做的社会成本）是巨大的。在民主价值观的语言体系中，违背某些承诺可能不是违法的，但它会以非常严重的方式破坏人民的信任，这是滥用权力。

因此，公共政策制度的关键问题似乎是，价格稳定、金融稳定、保护投资者或保护环境等是否应被视为不合格的权利等级，例如，在自由和公平选举中的投票权或言论自由权。詹姆斯·布坎南就是这样

---

① Similar points are made by Waldron, *Law and Disagreement*, chapter 12.

看待这件事的。正如我们在第 8 章中指出的那样，他实际上希望价格稳定超出立法者的控制范围。

但把这个问题框定为宪法问题，会让人误以为承诺技术就是一切，或者什么都不是。用以立法的法律（从某种意义上说，是更普遍的法律）是一种承诺机制，只有通过正式修正或废除才能改变，并因此承担相应的观众成本（第 6 章）。①由于这些代价是有限度的，法律事实上的嵌入程度取决于它在多大程度上融入政体的信仰和生活方式，这就产生了第 8 章中说到的"超级法规"出现的可能性，但是这是通过政治，而不是唯一的宪法。

换言之，当选的立法者可以利用普通法律来保留对政策制度的最终控制，同时在自己的道路上设置障碍：让自己承担推翻或废除得到普遍支持或认可的独立机构制度的政治代价。

## 裁判机构与规则制定机构：维持法治价值观

这种关于授权给独立机构的想法，说明了处理问题的另一种方式。有人建议，各类行政机构应仅限于对民选议员通过的法律和规则的适用情况做出裁决，因此本身不能制定具有法律约束力的规则。②理由是，社会有非常明确的价值观，要求对在特定情况下如何适用法律/规则做出公正的裁决，因此，任何裁决机构都必须独立于政治和其他不相干的影响之外，以确保每一个案件都是根据是非曲直进行审理的。但是，根据这个论点，制定具有法律约束力的规则是一项立法职能，

---

① 对于法官制定的法律，判例的要求和给出的理由在律师群体中造成了这样的成本。
② 这些问题在维库尔（Verkuil）的《目的与限制》（Purposes and Limits）和斯塔克的《机构独立性》（Agency Independence）中进行了讨论，最高法院对自由企业基金诉上市公司会计监督委员会一案的判决，对我们的独立机构职能给出了暗示。安然（Enron）和世通（WorldCom）丑闻之后，美国的《萨班斯-奥克斯利法案》（Sarbanes-Oxley）设立了美国公众公司会计监督委员会（PCAOB），作为美国证券交易委员会下属的一个分支机构，负责监督会计和审计工作。此案涉及国会是否可以赋予其政策委员会成员终身职位。

它要求的不是独立,而是民选代表的积极参与或监督(或者可能还有其他某种形式的政治参与)。①

在这种模式下,独立机构将类似于专门法院,这提出了一个问题,即价值观决定何时将某一领域下放给一个独立机构,而不是普通法官。

## 作为政策制定的裁决

起点是否稳健?在回答这个问题时,我们要牢记并非所有的法律都是通过制定来实现的。在审理公民之间的法律纠纷时,司法部门作为服务机构的一部分,在这一过程中确立了原则。适用成文法时,司法机构必须解释:它决定立法的含义和/或合理适用的界限。从某种意义上说,这揭示了法官制定法律这一显而易见的观点。立法不应当由立法机构垄断。②

就我们的目的而言,关键的一点是,为了保持一致性和普遍性,无论是由法院还是由专门机构裁决,都需要增加原则。一系列的裁决产生了类似于隐含规则或一般政策的东西。

到20世纪60年代初,美国著名的法律学者和大法官们就提出了这一点。亨利·J. 弗兰德利(Henry J. Friendly)法官明确表示了担忧,他认为,各机构的裁决所适用的标准"不够明确,不能做出可预测的决定,不能让人们理解做出这些决定的理由",并规定"个案分析方法……作为补充,更多地使用政策声明和规则"。③

因此,为合法起见,独立机构只应被授予裁决职能的论点似乎是一个谜:

---

① 我的论点是基于一般价值观,而不是围绕总统监督的美国宪法的具体条款,见斯塔克的《机构独立性》的第241页。
② 这不仅适用于具有约束性判例的普通法体系。在大陆法系中,判例作为一种"软法",在法理的恒定性原则下运作,即对一系列核心案件的释法或理论有决定作用。这可能在公法中尤其普遍。Fon and Parisi, "Judicial Precedents."
③ Friendly, *Federal Administrative Agencies.* 其结果是将更正式的编纂纳入普通法管辖的管理政策。

- 机构裁判员应当是独立的,因为这是一种准司法职能,或者换句话说,适用自然公正(正当程序)的法治价值观,包括公正和独立的审判员。
- 裁决决定应在时间和案件之间保持一致。
- 支持一致裁决的原则相当于制定政策。
- 鉴于可预见和明确的法治规范,这些政策应在可行的情况下作为规则被事先阐明。
- 决策者不应独立于当选的政治家,因为他们扮演的是立法者的角色。

## 法院与独立机构:渐进主义与参与

揭开这个谜并不能推翻仅有独立机构才能做出裁决的说法。也许我们可以建立这样一种制度,将与政治绝缘的官员的裁决与立法机构偶尔的跟踪立法结合起来,立法机构将机构的基本原则和政策编成规则,并根据公众辩论加以修正。那么,为什么不把权力下放给法院而非监管机构呢?为了从技术专长中获益,行政州的审判人员可以是专业法官,但须接受普通法院的司法审查。

然而,在某些领域,我们希望通过政策的公开发布和辩论来进行监管,而不是增加裁决先例。我认为,原因在于上一章讨论的民主价值观。各机构(和民选立法者)可以就其计划的政策进行协商,而法院不就其原则和先例征求公众的意见;定期的法律改革并不是一个简单的缓和措施,因为它会给公众带来不愉快的调整成本。此外,我们希望监管政策制定者向公众和立法机构解释并捍卫他们的政策,而我们不希望法官被迫向立法者解释(这一点对第 15 章很重要)。我们希望在政治中就监管政策和货币政策辩论,我们也希望某一领域的机构能够根据公众咨询和自由辩论做出独立决定。这就是参与和问责的价值观。

如何解释独立机构和独立法官之间的这些区别?我建议他(它)

们明确我们知道和不知道如何制定可监测目标领域之间的差异。司法立法在普通法传统中很明显，在大陆法系司法管辖区中也发挥着非约束性判例的作用，其在本质上是渐进的，通过一系列个别案件发展和完善原则，每个案件都有各自的具体情况，但法官会察觉和阐明其共同线索，将其联系在一起。考虑到民主价值观，机构决策在社会广泛了解其所需内容（授权标准的既定目的和我们第一个设计准则的可监测目标）时更可取，因此希望就任何影响该政权的规则（提供某种"平等话语权"）进行普遍协商，并希望对政权和权力下放进行公开审查。①

## 作为规则撰写者的独立机构：立法自我约束

因此，只进行裁决的独立机构的建议似乎是从问题的反面开始的，这引发了一个问题，即我们为什么要费心设立独立机构。最根本的问题不是对特定案件的裁决是否特殊，而是行政机构的其他职能是否能够每天合法地与民选政治家隔离开来。

避免权力滥用的基本价值观为承诺通过独立司法机构公正地裁决争端提供了依据。我在这一章中建议，在民主政体中，我们也要防止权力滥用，我的意思是，以一种不违法但会让公众深感失望的方式来部署权力，使他们的富裕程度降低，并让他们比自己的既定目标得到尊重时面临的风险更大。

最重要的是，预期承诺被打破会导致更糟行为的产生。虽然经典案例可能是价格稳定和效用管制（第5章和第7章），但这个问题可能会影响立法过程本身。

---

① 从概括的高度看，这可能与宾厄姆的《法官作为立法者》（Judge as Lawmaker）中对法官制定法律的原则限制大致相符。第1（2）章，裁判的公务：特别是"（2）在……修正案要求……研究和咨询……［和］（5）在一个与一般司法经验相去甚远的领域出现问题的地方"［机构间尊重的原则］，第31~第32页。针对法官与民选决策者的问题，宾厄姆还提出"（3）其中……社会上没有达成共识"。在涉及目的的情况下，这将排除独立机构和法官。

想象一下，这似乎是我们需要的并已经发生的一场重大的金融危机，进而对监管制度进行重大改革得到了非常广泛的支持。想象一下，这将需要几年的时间来发展：这并不是因为立法者当前有其他的优先事项，而是因为，尽管已经确定了政策的普遍方向和标准，但在细节方面仍需大量的思考。这一进程的预期时间不是由立法者的激励措施或稀缺的专业技术驱动的，而是由根本的实质内容决定的。这将花费一个人数年的时间（确实如此）。由于这将需要数年时间，立法者担心随着危机记忆的消退，以及宽松信贷和资产价格通胀的短期诱惑再次显现，他们以及他们的支持者或广大公众的决心是否能够坚持下去。意识到存在他们的偏好会被扭曲的风险，立法者决定把填补改革后政权细节的工作委托给一个独立机构，从而来约束自己。

与政治学家提供的标准解释相比，这并不是一个立法者试图推卸责任或缺乏专业知识、懒惰或时间紧迫的情形，而是一个立法者试图致力于他们自己的高层政策的情况。

关键是，他们没有明确约束他们的继任者（或他们未来的自我），因为他们不能。但他们已经建立了一种结构，使任何这样的回溯更容易被评论员、公众和世界所接受。在授权结构下，未来的立法者必须通过立法，来推翻独立机构的规则，修正其授权，或完全废除它。这只需要普通的法律，而且都是符合宪法规定的权利，但每一项都是显而易见的，因此会增加屈从于特殊利益或屈从于短暂诱惑的政治代价。

## 独立机构规则编写的比例性

为了使这种授权立法经受得住我们对民主合法性的考验，制定独立机构规则的目的之一，就是达到其立法目的，包括不要过多地干涉自由（个人权利）。这呼应了第 3 章的效率思想，类似于欧洲大陆（最初是德国）公法的比例原则，需要被纳入我们的第一个设计准则。

它与第 5 章有关被授权进行重大分配选择的规定类似，但对已被授予的权力的行使起到了约束作用。它涉及的是个人权利，而不是集体权利，可能会更适用于非选举产生的独立机构，而非民选决策者

（第 11 章）。例如，除非确实有必要，否则不会限制人们选择公共事业服务的提供者，以确保相关基础设施的供给弹性。类似于这一点的考虑在第四部分对可能适当授予独立中央银行"宏观审慎"权力的评估中发挥了重要作用（第 21 章）。

## 选举产生的行政机构及被隔绝的独立机构与法院

我一直把独立机构描述为健康民主政体中一种非绝对承诺技术形式，这与民选代表可以面对的其他两种情况截然不同：

1. 一个国家面临着一个严重而紧迫的问题，立法者一致认为必须尽快采取行动，但根本不清楚该做什么。
2. 立法者大致知道要做什么，但无法阐明详细的制度，而且无法就可监测的目标达成一致。相反，立法者集中在若干同等级别的目标上，没有明确或原则性的（更不用说确定性的）规则来权衡这些目标。

在第一种情况下，可以不受干涉地进行授权。在第一种情况下，立法者可能会在一段有限的时间内将制定规则的权力下放给当选的行政机构（或其控制下的执行机构）。行政机构将有责任探讨如何解决这一问题，并向立法机构报告或提出建议，以制定更明确的标准和制度。[1]就合法性而言，这种授权将取决于当选行政机构的民主资格和任务的时限。

在第二种情况下，立法机构可能希望通过将技术专长与党派政治辩论结合起来的程序来充实政权。因此，它希望这一过程不受由一个

---

[1] 罗伯塔·罗马诺（Roberta Romano）曾倡导过一种类似的结构，即美国国会不知道自己想做什么，却得出结论认为自己无能为力（罗马诺的意思是"在黑暗中进行监管"）。有这样的例子。在美国，第一个无线电监管机构——联邦无线电委员会成立于 1927 年，每年续期 7 年，直到 1934 年通过法律成立了一个永久性机构——联邦通信委员会。在英国，英格兰银行于 1694 年根据一部有时限的宪章成立。几十年来，执照续期是一个关键问题。如果政府面临财政压力，该银行将在展期日之前寻求展期。

单一政党控制的民选行政机构的影响。在这种情况下，解决方案可能是成立这样一个机构，其政策制定机构大致反映了立法者群体本身的政治构成，并经常通过预算审批和指令受到控制（例如，美国的监管委员会）。因此，与第 6 章关于党派委员会的讨论相反，整体观点是，该机构的政策制定者是政党的"政治动物"，有明确的效忠对象和与特定立法者的界限。就合法性而言，这种授权完全取决于政治化的政策制定：创建立法者和否决者的微型专业版本。

因此，在宪政民主体制下，我们得出了法院、政府行政部门和独立机构之间进行分工的一些一般原则：

- 授权给独立法院，这些法院必须做出进行公正裁决的可信承诺，而问题的性质是，只有通过对特定案件的适用，才能逐步制定和维持一般性原则。
- 授权给那些目标模糊的政治家（或由选举产生的行政或立法机构持续战略控制的机构），这样就不会出现对既定政策做出可信承诺的问题，也就不必做出高层次的权衡。
- 在独立机构中，对公开政策的承诺具有社会价值，如果不涉及日常政治，机构自由裁量的一般政策应接受公开辩论和问责。

令人震惊的是，独立评估制度与选举产生的行政机构以及法院之间的区别在于，每一种情况都涉及与民主有关的价值观，分别是人民的福利，以及促使公众参与关于自由裁量权的辩论正规化。

## 民主是对可信承诺的一种解决办法

在即将结束这一章时，我要阐述代议制民主的另一个特点，颠覆代议制民主开启的"承诺与民主"的挑战。民主不仅可以通过有约束力的承诺来实现，还可以成为使承诺技术可信的关键因素。

我们在第一部分坚持认为，除非可以利用其决策者履行使命的方式设计独立机构制度，否则所期望的利益就得不到保障，而第二部分则认为这将剥夺它们的合法性。决策者的美德不足，激励机制也很重要。在第一部分，我们只担心受托型机构负责人的激励措施。但独立机构制度也很容易受到立法者的影响，他们可能会因为短期或部门利益，废除机构的独立性，或推翻其政策决定。换句话说，独立机构制度必须与政治家的激励措施相容。

这听起来很难，但是第 9 章认为民主是解决"谁来守卫守护者"这个无穷回溯问题的方法。这对我们使独立机构合法化的拟订方案非常重要。民主创造或包括一个可以观察当选政策制定者言行的行动者——观众，有些行动比其他行动更明显。这是第一部分观众成本的来源和基础。

即使在政策与规则相似的地方，在许多领域，专家观察员对政策何时发生系统性转变也意见不一。因此，当政策工具掌握在政治主体手中时，很难确定他们是在背弃（欺骗）政权，还是仅仅做出并非所有专家都认同的判断。如果政治家手中唯一的工具是正式废除机构的独立性或推翻其政策决定，那么情况就大不相同了，因为他们必须把这件事提交给议会（或至少宣布一项声明），并公开审查他们承诺的政权。由于当选代表更有可能被识破，因此，违背自己坚守政策制度的承诺的代价就会增加。所以，将其权力集中于法律文书的公共使用，而不是行政自由裁量权的日常行使，民选政治家的激励机制随之发生了转变。

在做出可信承诺方面，作为一种监督机制，民主通过授权给正式独立机构，可以得到更多的支持。

如果本章确定，旨在使既定政策承诺可信的机构，即使在制定具有法律约束力的规则时，本质上并不是对民主的固有诅咒，那么它就留下了如何设计和限制独立机构的问题。我们的设计理念就是要回答这个问题。因此，我们现在准备对授权原则进行强有力的检验。

# 11
# 授权原则的政治价值观与规范稳健性测试

（选举产生的）政治主体可以将权力移交给代表，但不能将合法性移交给代表；因此，后者必须设法确立自己的合法性。

——贾恩多梅尼戈·马琼，2005 年①

对民主和政府的意见多元化是我们调查独立机构制度合法性的核心。像我们一样，假设公民接受代议制民主的合法性，他们这样做的理由各不相同，而一旦引入独立机构制度，每一种理由都需要保持不变。这些理由要么在传递性原则下延续到独立机构制度，要么至少不被授权和独立性破坏。马琼的观点很重要，但只是部分正确：虽然独立机构会理性地寻求合法性，但在健康的民主国家，自我合法化是徒劳无益的。

因此，本章对授权原则进行了稳健性测试：它们是否对公众辩论和讨论中所反映的民主合法性的不同理由持肯定态度？这个测试是围绕前几章所讨论的政治理论在现实世界中的各种近似理论而构建的：精英–多数主义民主、利益集团自由主义、保守主义、共和民主和协商民主。每一种都有自己的一套要求，我们对照我们的授权原则对这些要求进行检查，找出差距和改进之处。独立机构在紧急情况下、在界定罪行时、在公开辩论中的正确作用成为重要问题。

---

① Majone, *Dilemmas*, section 4.4, p. 74.

## 精英 – 多数主义民主

在这个范围的一端是严格而简单的"多数主义者"。熊彼特在第一次世界大战前曾在维也纳政府任职，后来又在哈佛大学经济系工作，他们当时设定的最高标准是，一个机构的独立性应得到立法议会多数成员的支持，而立法议会本身就是在每隔几年举行的选举中通过完全选举权自由公正地选举出来的。[1]

这是如此薄弱，因此，作为一个规范性事项，它几乎不需要"授权原则"中规定的任何双重授权标准。在传递性检验中，具有传递性的并不多：民主，如果投票权能提供选民当时最关心的东西（基本上是社会经济福利），投票权就是合法的（因此得以存续）。如果立法机构的结论是这样的话，那么这种所谓的"精英"民主的现实主义版本将很难反对将政府的任何关键领域交给独立机构。简单地说，到底发生了什么？熊彼特对此相当明确，称法官、英格兰银行和美国州际商业委员会只是3次试图将公共权力领域与政治分开。[2]

由民主选举产生的议会赋予的熊彼特式授权，确实通过了我们采用的毕瑟姆的第一次合法性测试：这是在一个社会的宪法程序下采取的制定法律的措施。它隐含地接受了工具主义的授权，并正式将权力留给人民（尽管只是定期的），因为未来的立法机构可以自由地改变或否决独立机构制定的措施。

但是，如果是这样的话，那么权力下放和机构独立就相当于精英阶层将政策包传递给另一部分人。在某种程度上，有些人相信这就是现实世界的选举民主，这助长了一些"激进的民主主义者"提出的观点，即行政机构只不过是一个技术寡头。[3]

---

[1] Schumpeter, *Capitalism, Socialism & Democracy*, chapter 22 and 23.
[2] Ibid., pp. 292–293.
[3] Zolo, "Democracy and Complexity." 最近的一个支持由精英管理国家的例子来自沃索恩（Worsthorne）的《贵族》（*Aristocracy*）。沃索恩是英国央行行长蒙塔古·诺曼的继子，他提倡培养"贵族式"的管理精英，培养过程缓慢，但任人唯贤，是为了行使权力。

## 宪政自由主义

也许，最简化的中间民主包含更丰富的属性，而不是简单地让所有成年人定期给立法机构成员投票。为了赋予人民话语权，它增加了信仰自由、言论自由和结社自由，以及多元化的信息来源，这样公众成员就不会因为在无知的状态下投票而被谴责，而这种无知只是由相互竞争的精英群体的宣言所塑造的。有了言论自由和结社自由，就有了抗议的权利。①人民能够和平地反对他们的代表以他们的名义所做的事情。"代表"的概念开始有了基础。

此外，自由主义者在保护政治少数派方面对多数派政府施加了各种限制，包括对由独立司法机构管理的法治的基本需要。滥用权力会受到挑战，个人也享有某些权利（因政府对正义的看法而异）。这是与第 8 章所描述的公法相结合的一种民主，它开始赋予第一部分介绍的第二个设计准则以具体细节和原则。

当然，这些限制是当今自由市场经济中实际民主秩序所固有的：自由民主。为了享有合法性，各机构需要受到制约和制衡，这些制约和制衡的效果与那些有助于支撑多数机构本身的制约和制衡大体相同。因此，对立法机构和选举产生的行政机构的法律限制会一直延续到独立机构。

在残酷的现实中，这样一种政府体系可能仅仅是在相互竞争的游说团体中进行受限而有序的竞争。我们简要回顾了它的两种主要形式——多元主义和社团主义，通常与美国和欧洲大陆相关联，然后再看看这对授权原则的影响。

---

① 从本质上讲，这是罗伯特·达尔（Robert Dahl）的多头政体的概念，他引入这个概念是为了将现实生活中的代议制民主与民主理想区分开来：通过相互竞争的少数派、利益集团等的偏好"聚合"，由多数人统治。Dahl, *Preface*, and *Democracy and Its Critics*, chapter 15.

## 法治下的利益集团多元化

在熊彼特民主（Schumpeterian democracy）类似体制下，派系争夺权力，并在一段时间内攫取选举的战利品。一旦当选，他们和他们指定的机构领导人就会通过在这些利益集团之间讨价还价来制定政策，这些利益集团拥有资源和动机（我们称之为游说团体）。在各自的授权领域内，独立机构掌握着主动权。随着选民可以通过公共利益集团参与进来，对技术寡头政治的批评或许会有所缓和，但这一批评很难避免，因为只有一个薄弱的机构公正性概念在起作用（第3章和第5章）。在我们看来，这些机构并不是独立于日常政治的。相反，它们的目的是复制和管理一些领域的政治问题，这些领域过于详细或不够突出，以至于民选议员也有心无力。

半个世纪前，耶鲁大学政治学家罗伯特·达尔称赞了这种民主观点，认为这或许是在多元社会中让人民参与管理的唯一现实手段。如果各种力量的汇合产生了一个任务模糊或需要做出重大分配选择的授权，那么这必然是有效的结果，不仅在短期内，因为即使是适度理性的政治参与者也具有前瞻性，从长期来看也是如此。[1]另一方面，西奥多·罗威在《自由主义的终结》（*The End of Liberalism*）中对此进行了严厉的批判，现总结如下：[2]

> 代表某种事物的团体，都是根据它带来的政治资源来处理和评判的，而不是根据其利益的道德或理性主义力量。

## 利益集团社团主义：基于共识的联盟民主

利益集团之间谈判的另一种形式出现在那些反对"赢家通吃"选举、更倾向于采用协商一致的政府体制的国家。这是那些认识到区域、

---

[1] Dahl, *Democracy and Its Critics*.
[2] Woolley and Papa, *American Politics*, p. 174.

种族、社会或宗教分裂所带来的挑战而走向民主的政体的特点。[1]它们通常有比例代表制的选举制度，目的是建立一个反映人民及其身份约束利益的议会和政府。[2]它们的特点还在于社团主义：政府与"代表"社会不同群体的大型有组织的团体进行磋商和合作。这方面的例子包括工资谈判中的"社会伙伴"，以及监管政策中的工业和消费者协会网络。[3]如果这些团体的组织根基，对其成员具有持续的意义，并涵盖社会的关键基础，那么就可以借鉴共和党的"混合政府"传统，平衡不同群体的力量。相反，如果这些团体是新组建的，或者已经脱离了它们的根基，那么这是一个可以让公共政策在被提名的内部人士中被反复讨论的制度。

无论是哪种方式，都像多元谈判一样，建立共识的谈判要求此类体系中的机构决策者在制订新政策计划时对合作伙伴保持透明，以便进行磋商。

## 利益集团自由主义与原则

因此，与第一部分基本上是福利主义者关于授权原则的声明相比，它们的一些限制已变得更加明确，有些则有更坚实的基础。值得注意的是，第二个设计准则对强制程序的需求增加了内容。这些程序必须符合法治价值观（第8章），例如避免非理性或不合理，在合法权利受到损害的情况下提供相称性，并给予民选决策者较少的余地，以实现权利之间或权利与其他公共政策目标之间的权衡。

同样，在第5章中，独立机构最初被排除在做出重大分配选择的机构之外，因为根据定义，它们没有技术能力来补偿输家所需的财政

---

[1] The classic text is Lijphart, *Patterns of Democracy.* 可以说，美国有这样的分裂，但这些分裂并没有得到立宪者的承认。
[2] Kelsen, "Foundations of Democracy."
[3] Lijphart, *Patterns of Democracy*, particularly Table 9.1, chapter 9. On corporatism in, especially, economic policy, see Schmitter, "Century of Corporatism."

支出。我们现在看到，这不仅仅是对历史的好奇，而且植根于我们的价值观：没有代表权就不能纳税。由于监管干预有时可以像再分配税一样发挥作用（第7章），同样的情况也适用于它们。

最后，如果在现实世界中民主涉及谈判或建立共识，那么独立机构必须进行磋商，因为就传递性而言，独立机构不应比作为政治附属的机构更加不透明。

即便如此，在宪政民主的程度有所下降的情况下，我们仍可以在政治实践和价值观中找到支持这些原则的各种要素：

- 独立机构是根据适当选举产生的法律机构通过的授权法规建立和运作的（授权标准）。
- 认为立法机构有权撤销该授权或通过前瞻性的普通立法推翻独立机构的规则或一般政策。
- 对立法机构负有某种责任（第四个设计准则），以便它能够决定是否行使这些权力。
- 包括少数派权利得到保护，把重要的分配决定权留给立法机构（授权标准）。
- 在行政裁决中享有公平程序的权利（第二个设计准则）。
- 对特定决定进行司法审查的普遍权利（第二个设计准则）。
- 个人自由权利在规则制定和适用中受到相称原则的保护（第一个设计准则）。
- 制定一般性政策的透明度，使有关各方和利益集团能够做出合理的决定，参与谈判/达成共识，并对独立机构的决定提出质疑（第二个和第四个设计准则）。

然而，关于授权和独立机构的约束相当少。除了禁止做出重大分配选择外，它几乎没有或根本没有提到与日常政治隔绝的特殊情况：如果独立机构有足够的自由来实现自己的目标，那么在紧急情况下，以及当权力集中在非选举产生的机构手中，该怎么办？这为共和价值观打开了大门。

## 目标模糊与法律自由主义的不足

自由民主确实要求一个机构的自由裁量权在某种程度上受到限制，否则，防止权力滥用的保障措施就无法起作用。然而，在法律授权非常模糊的情况下，主流自由主义的回应是，期待法院取缔对权力的任意行使，制定程序保障措施，并与有关各方进行磋商，这是法律上的自由。[1]对罗威来说，这还不够好，他的末日情怀显然延伸到了行政机构上：[2]

> 一个没有标准法规的政府可能会产生多元主义，但它是特权和限制访问的多元主义。

也许对一些公民来说，"参与"机构决策的民主价值观如果足够开放，就可能抵消法治形式主义价值观的牺牲：通过颁布的标准实现可预测性和明确性（第8章）。但是，对于一个根本目的是提高政策承诺可信度的政权来说，这是不够的：对什么承诺？

法院可能寻求补救这一漏洞，促使各机构阐明明确、一致的政策目标，或者根据有关各方的诉状逐步制定自己的高级政策，以便将这一目标纳入法律。无论是多元自由主义还是社团自由主义，这相当于通过利益集团的谈判过程来阐明政策的目标或标准——无论是未经选举的技术官僚还是法官。然而，一些社会成员可能希望通过代议制民主的核心机构来确定较高的政策（标准或目标）。对他们来说，司法制裁可能会赋予合法性，但不能更深入地支持政权的合法性，因为法院本身并不占多数。

同样，对于与日常政治隔绝的独立机构制度来说，立法机构（而非法院）确保建立程序公正和有效的基本原则，正如美国1946年的

---

[1] 美国作家通常提到自由主义的法条观，但我认为这是一种误导，因为大多数民主国家，尤其是美国，不能呼吁前自由主义的法条观。

[2] Lowi, *End of Liberalism*, p. 125.

《联邦行政程序法》，可以帮助但不影响实质性的真空。①对于可信承诺，贸易参与、正当程序和对立法标准的司法监督是民主的倒退，而不是谨慎的权宜之计，如果像洛维这样的观点被社会的重要部分所接受的话，这就指向了共和主义价值观（见下文）。

## 紧急情况、突发情况和自由民主

到目前为止，似乎还存在一个漏洞，政府的哪些部门可以正当地与政治隔离，自由民主的价值观更多地说明紧急情况和权力，这是我们第五个设计准则的主题。

第6章关于基本操作的讨论是明确的，在现有知识和经验的基础上，制度内的应急计划应尽可能丰富。但是，意外或计划外的事情确实会发生，而且将会发生。然后呢？这个问题很紧迫，因为即使在远离战争、恐怖主义、法律和秩序的情况下，某些类型的危机，例如金融系统或环境的危机，也可能严重到威胁国家或社会本身的稳定。

这引起了很大的问题。面对最严重的灾难和威胁，行政机构是否能够甚至必须超越法律采取行动，在法律和政治理论家群体中，存在很大的争议，有些人认为这是不可避免的、必要的和可以容忍的，但另一些人则认为必须有某种问责制。②在"执行意志－行动"观点的极端变体下，第8章中讨论的宪政是一种骗局，在紧要关头被搁置一边：

---

① 因此，价值稳健性测试不允许我分享约翰·弗里德曼（John Freedman）的《危机与合法性》（*Crisis and Legitimacy*）一书中的结论，即解决这个谜题的方法主要在于采用类似《联邦行政程序法》中的法规（有关威斯敏斯特式民主的考虑见第三部分）。

② 举个例子，在反对"自由主义的法条观"时，波斯纳（Eric Posner）和沃缪勒（Vermeule）在《行政自由》（*Executive Unbound*）中认为，在实际操作中，当情况足够糟糕时，法律约束不会得到应用，而立法者会退后一步，让行政部门根据自己是否会得到公众支持的政治判断，去做只有它才能做的事情。要了解自由民主即使在紧急情况下也能维持的观点，请参阅拉扎尔（Lazar）的《例外论》（*Exceptionalism*）和《紧急状态》（*States of Emergency*）。拉扎尔并不认为自由主义已被其法律程序耗尽，而认为自由主义利用了事后的公共问责制，包括议会问责制。也许因为总统对国会没有正式的责任，波斯纳和沃缪勒讨论得更深入。

国家的真正权力（主权）在于谁掌握了在紧急情况下采取行动的权力。①如果在紧急情况下，当选的行政官员下台，让一个独立机构（例如美联储或欧洲央行）单独行动，那么这个机构就会被视为真正的主权机构。这令人兴奋，而且令人深感不安！

幸运的是，自由民主的价值观对这一切如何适用于独立机构制度施加了限制。我们必须区分民选和非民选的决策者。很难想象，任何民主概念都能事先保证未经选举的独立机构官员可以自由地即兴发挥，解决超出其职权范围的经济或社会问题。在这一点之后，民选官员需要参与，即使只是最低限度的参与，如通过某种法律文书来制定延长任期的框架等，这实际上是为了决定该机构下一步的工作。在自由民主制度下，计划必须是，当一个独立机构没有出路时，民选官员将永远参与其中。

这在一定程度上（并非完全）回避了一个重大的背景问题，即民选行政官员在行使紧急权力时是否仅受政治因素而非价值观的制约。②因此，它留下了一个开放的问题，即经选举产生的政治家应该如何在危机中扩大独立机构的自由裁量权。

在我看来，自由主义价值观似乎规定，如果存在侵犯人民合法权利的问题，就不应将行使这些新权力的决定下放给独立机构，无论这对当选的行政或立法人员有多方便。相反，民选政治家应该正式做出重大决定，如果有必要的话，还应在某个机构负责执行时给予指导。在这种情况下，该机构在有关文书/权力方面将不再是独立的：它们的独立性将被中止，而公众应该清楚地认识到这一点。换句话说，如果政治家们想在公众支持上赌一把，那么他们应该自己控制这些工具，而不是寻找代理人。

然而，在不出现这种道德问题的情况下，一个独立机构可能会被赋予新的自由裁量权。即便如此，一个保留合法性的独立机构的领导

---

① 这与纳粹政治理论家卡尔·施密特（Carl Schmitt）有关。任何想把这些想法从他身上抽离出来的人，不妨读一读里拉（Lilla）的《鲁莽的思想》（*Reckless Mind*），第 2 章。
② Silverstein, "Constitutional Democracies," which reviews Lazar's book, and Ramraj, *Emergencies*.

人也会想让自己确信,当选的政治家们所追求的都在他们的法律权力范围内,而且没有违反社会对合法政府的深刻信念和规范。考虑到其核心目的和这场未经证实的危机,他们还应关注权利扩张是否是自然的。因此,政治家赋予央行向非银行金融机构发放贷款的法律权力,与授权它们向资不抵债的公司发放贷款,或推行公开分配(例如区域或部门)的政策是两码事(第四部分)。

我相信,这揭示了我们的一些核心价值观背后的第五个设计准则。对于那些"规范仅适用于正常时期"的超级现实主义的回应,有人可能会反驳说,即使是真的,这也是制定第五个设计准则的另一个原因:适当的制度设计形成了正常的界限。从本质上说,危机是一种没有实质性或程序性规定的事态(第6章)。因此,一个独立机构应积极地在事前应急计划中尽可能多地考虑各种情况,因为这会扩大政权本身危机(而不是世界上的紧急情况)的边界。独立机构也应该积极地希望政治家们在法律上预先明确,一旦到达边界(无论多远),将会采取什么程序。这样,在和平时期的正常状态下,可以在民主政治权威的指导下制定非正常时期的准则。简而言之,我们的第五个设计准则经受住了基于价值观的审查。

## 权力与共和自由主义:避免成为"权力过于强大的机构"

上述自由主义民主对授权的限制的第三个缺口涉及权力的集中。宪政自由主义的核心是"对权力约束"的精神,但这些共和主义的变体加强了这种精神,这些变体的灵感来自罗马皇帝之前的罗马和意大利北部中世纪晚期的城邦:捍卫统治。在现代,权力的分散是詹姆斯·麦迪逊对美利坚合众国愿景的绝对核心。这为"授权原则"的程序性和实质性要求带来了一些重要的增强作用,也为其提供了亮点。

### 委员会不是唯一的决策者

这些价值观支持了原则的要求,即独立机构政策应由委员会依据一人一票（1P-1V）原则制定。这不仅仅是第一部分中隐含的假定问题，而且它支持了独立性并提高了决策质量——两者都是工具性、福利主义的考量因素。它也避免将权力集中在一个人的手中。正因为如此，在司法系统内审理上诉案件时，最高法院会以小组或委员会的形式开庭。要防止魏玛的辛登伯格（Hindenberg）做出的那种违宪行为，用一个由一名最高法官组成的宪法法院取代最高总统几乎是不可能的。[1]在较低的层次上，不应由单一的中央银行家控制影响人民经济自由的工具（第二部分导言）。

## 多任务约束与权力

同样的迫切性强调了多任务约束对立法机构赋予多个机构一项以上任务的重要性。这不仅仅是通过组织各机构以激励它们认真对待每项任务，从而加强成果（第6章），而且一旦引入了我们的政治价值观，我们就会明显地发现，多任务约束发挥了更广泛的作用。它们避免将过多的权力授予任何一个独立机构及其领导人，办法是设置一个相当高的合并任务的门槛，即在各机构之间分散权力，要求不同的政策委员会负责同一个机构的不同任务，这就要削弱机构内部的权力。

因此，非福利主义宪政价值观之一要求多任务约束的核心为分散的权力。

## 规则制定与裁判相结合：职能分离

除了加强独立机构在专门委员会中做出决定的依据之外，共和党人对自由主义价值观的看法也要求在原则上增加一些内容。特别是，他们在很大程度上对与三权分立有关的价值观所涉及的问题保持沉默（第8章）。

对于那些强调权力分散的人来说，将权力下放给独立机构可能是

---

[1] Muller, *Contesting Democracy*, p. 146.

一件积极的好事，因为它使行政机构和政府的权力更加分散。但是，对于那些认为职能分离的核心价值观在于不能让一个人或团体承担政府三大职能的人来说，这是不够的，这三大职能为制定法律、检查法律执行情况、审理特殊案件。①

如果法治下的宪政原则是过渡性的，而且很难理解为什么不是过渡性的，那么其结果是，任何被赋予这三种职能的机构都应该有明确的结构来将其分解。因此，如果理事机构正式批准这些"规则"，它就不应成为个别案件的终审法官：应当有上诉权或内部分离权。同样，调查合规情况的人在审理特定案件时也不应对案情有最终裁决权，以此类推。这相当于在我们的第二个设计准则上增加了更多的内容，这就需要对内部组织和分工进行限制。

## 犯罪与处罚：独立机构的禁区

我还想说，共和－自由主义价值观将使某一领域的规则制定超出独立机构的权力范围。虽然原则禁止向独立机构下放主要分配选择权，但至少在最初的框架内，这些原则使独立机构有可能制定或指明刑事犯罪的规则。

违反监管机构制定的规则将受到各种制裁，制裁范围从经营许可禁令（通过吊销或限制特定市场的经营许可证）到罚款或监禁。在我看来，监禁是限制一个人的基本自由，而且非监禁判决可能会带来社会耻辱，远远超出仅在受监管区内产生共鸣的制裁范畴。因此，只有经选举产生的立法者，作为人民的代表，才能制定关于刑事犯罪的规则。

这将排除立法机构授权代理机构填写刑事犯罪细节的可能性，就像在美国发生的那样（第13章）。如果这些机构是通过制定具有法律约束力的规则而成为立法者的，那么它们就不应该是刑事法律制定者。

---

① Waldron, "Separation of Powers or Division of Power."

这一点需要添加到授权原则中。①

我们可以走得更远。一个独立的监管机构是否有能力摧毁个人或企业（使企业破产或禁止个人参加任何形式的工作）？虽然在经济监管方面，监管机构必须能够禁止个人或公司从事有关的行业或业务，但可以说，对于机构来说，被授权毁掉，以致无法在社会生活的其他部分运作，实在是太过分了。这样做将侵犯它们的自由，超出完成机构任务（相称性）所需的范围。

这意味着立法者授予独立监管机构的权力不应包括征收破坏性罚款。如果非破坏性罚款和对行业的限制不能产生足够的威慑作用，那么立法者可以授权民选行政部门通过法院进行刑事制裁，包括更高的罚款。因此，在没有授权机构许可的情况下从事受监管的贸易行为被认定为刑事犯罪并不罕见。这一主张也需要被添加到原则中。

因此，各机构不应自行决定提起刑事诉讼。这些决定应在由民选代表领导的核心行政部门做出。这符合法治价值观，强调诚信在政府措施的每一个不同阶段的重要性（第8章）。它反映了刑事诉讼程序两端的民主价值——监督起诉政策，以及由同行陪审团确定有罪/无罪，这些都涉及人民代表。

## 超越社会经济福利：避免影响政治权力的重大选择

我们现在可以看到，如果民主价值观中的共和主义因素得到认真对待，那么第3章和第5章概述的观点就存在问题，并且欧洲学者强调，政策不需要使任何人陷入更糟的境况，将权力下放给与政治绝缘的技术官僚是明智和可以接受的：在仅限于追求帕累托效率的情况下，独立机构制度是合法的。

想象一下，相对于无所作为的政策，体制内的一系列政策选择让社会中的一些群体逐渐变得富裕，但让另一些群体的福利在绝对意

---

① 英国法律委员会的《刑事责任》也得出了类似的结论。它们还建议，议会不应该授权行政部门的大臣们通过英国二级立法体系制造刑事犯罪的权力。

上保持不变。虽然这显然是一种帕累托改进，但它可能会使经济和政治权力的分配发生非常显著的变化，这可能会破坏政治秩序的稳定。用自由主义者的话来说，少数人（甚至多数人）的政治权利可能会因社会内部经济力量平衡的实质性变化而受到损害。用共和主义者的话来说，更明确的是，未经选举的官员不应做出导致某些公民能够支配其他人的选择。

这是一种原则性的反对，反对授权法官和技术官僚对并购和反垄断政策（第7章）进行重大改革，这些政策允许商业帝国重新崛起，其领导人可以与世界各地的政府首脑和立法者进行无可比拟的接触。这里的重点不在于这是否是好的经济学。很明显，由于重大的正式决定是由法官做出的，这些变化是否合法也无关紧要。如果授权制度要与我们的价值观保持一致，那么这些制约因素应该适用于独立机构的决策者和法官。反垄断政策和并购政策的重大转变应该通过代议制民主制度来实现。

这也需要被纳入修订后的授权原则的稳健性测试中。

## 宪政自由民主对原则的启示

综上所述，授权给独立机构的原则的许多组成部分不仅受到福利主义（第一部分）的驱动，而且受到宪政民主的两个基本特征中的一个或两个的驱动：多数主义制度（粗略地说，是基于"偏好聚合"的民主）和一种对自由的严格约束（粗略地说，是宪政和法治）。

第一个也可以说是最重要的设计准则——权力必须由立法机构授予，是由民主和自由主义的价值观驱动的：民选政治家应界定决定政权宗旨和边界的基本任务和制约因素。第二个设计准则——规定正常时期的程序，是出于避免权力滥用的需要：这是宪政约束和法治的本质。第四个设计准则——透明度和政治问责制，主要是由民主驱动的：通过民选代表对人民负责，他们必须竞选公职。第五种情况——紧急情况，与第一种情况一样，是由两者共同推动的：在紧急情况下，民主选举的代表应控制任何政权的扩大，以便限制官员的权力，并确保民选政治家对政权本身负责。

然而，这一自由主义要求的目的几乎没有触及原则的其他两项要求：独立机构的目标是明确和可监控的，并且独立机构应该阐明它的操作原则（第一个和第三个设计准则）。可以说，它们只是通过促进系统、相称的政策制定来支持有效的执行和问责，并因此在福利主义的自由民主体制下找到一席之地。但它们也提供了更丰富的东西。与第四个设计准则（行动和理由的透明度）相结合，第三个设计准则展示了对一个政权及其运作进行公开辩论的价值，这种共和主义和民主概念更好地推动了谈判协商（审议）和监督，而不是所谓的投票和法律挑战。

根本的是，在参与政治的另一种基本意义上，民主已经从人们的视野中消失。熊彼特式的现实主义者和民主共识观点的持有者奇怪地一致寻求通过代表来传递响应。一种明确针对相互竞争的精英派别进行选举，另一种则针对将政府权力集中并分散到具有一定比例代表性的部分非民选精英阶层。尽管它们在动力和愿望方面存在巨大差异，但它们在公众参与和辩论方面的空间相对较小。

如果没有这种参与，那么任何一种制度的反应可能都不如某些公民所希望的那样灵敏和迅速。如果相互竞争的各方在有缺陷的政策制度中有共同利益，那么前者（精英选择）就会落空：这正是可信承诺问题。如果比例制度特有的妥协和否决过程有利于内部人士，那么后者（内部人士）可以这样做。在任何一种情况下，当选的精英可能会在一段时间内偏离所代表的政党（除非新政党进入的门槛很低）。

在这种情况下，独立机构制度可能不会造成自由主义或宪政赤字，但它们仍然会留下民主赤字（对某些人而言）。从某种意义上说，这并不奇怪，因为自由主义和宪政理念在前民主国家盛行。然而，一旦完全自由民主的价值观得到认真对待，忽视这些价值观就有可能影响到基于工具性和内在理由制定授权和隔离政策的授权制度。要看到这一点，我们需要转向影响我们价值观的其他政治传统：保守主义，尤其是共和主义。

## 保守主义与规范合法性：持久性是有效性的前提

独立机构合法性的自由主义基础——有效立法、遵守法治价值观、避免权力集中、在权力分配上不做重大选择，没有对授权制度的持久性做任何说明，含蓄地假设良好的结果就足够了。由于任何好的政权都经历过昏暗期，仅仅这样是行不通的，因为缺失了一些重要的东西。

如我们所想，如果下放权力给独立机构的一个必要条件是可信承诺的工具性价值，那么，除非该政权能够持久，否则就不值得为此操心。但是，如果该政权不能持久，其效力因此受到严重损害，那么又怎么可能是合法的呢？

在一个议会制民主政体中，随着政府行政机构的更迭，立法制度的改变也是完全有可能的，英国国有化、私有化和再国有化（在二战后的几十年中将一些看起来具有战略性的产业，如钢铁行业重归国有），就是明证。① 相比之下，在美国式的体系中，由于废除法律会面临巨大障碍，政策制度即使十分糟糕也可能会幸存下来，但代价就是人们对整个体系的态度发生改变（第 13 章）。

### 以英国央行为例

货币政策是一个范例，是要求政体稳定的领域，因为其效力在一定程度上取决于公众对未来政策决定的预期。因此，1997 年，托尼·布莱尔和戈登·布朗领导的工党政府在英国央行推行独立运行制度，自此之后，英国央行行长埃迪·乔治曾多次非常严肃地向我强调，除非最终实现政府更迭，且之后的政府也支持独立运行制度，否则我们就不会有保障（这花了近 15 年的时间，距保守党公开推翻他们首次反对独立运行制度的那一刻已经过了很久）。

虽然我不太相信乔治会说这样的话，但其观点中有一点很引人注

---

① 英国钢铁工业在 1946 年国有化，1952 年私有化，1967 年重新国有化，20 世纪 80 年代再次私有化。

目,暗示了1997—1998年政权更迭的合法性最初只取决于一项法律,而该法律已由经正当选举产生的立法机构批准通过。只要保守党以民主赤字为由继续持反对意见,该政权/行为是否符合英国关于适当政府的深刻价值观和信念,就可能被质疑。换言之,该制度需要生根发芽,包括让英国央行的决策者对他们的管理负责。

强调持久性,进而强调两党支持,与那些非常重视制度有机演变的保守派的政治思想相吻合,这些思想体现在伯克的"规范合法性"概念中。尽管对政权明确政治授权及问责至关重要,伯克本人直截了当地反对私人控股的东印度公司也证明了这一点,但仅仅如此是不够的。[1]

我们的设计准则大体上似乎符合这些要求,但我们现在可以看到,只有辅以不间断的额外测试,该政权的合法性才取决于持久的接受:融入它服务的社会。这可以用来描述17世纪英国司法独立的演变过程,这场斗争为18世纪末司法独立成为美国宪法中被普遍认可的价值观奠定了基础。[2]

## 共和民主:公众支持独立机构的必要性

强调持久性似乎至少符合共和主义的变体,简而言之,它们要求社会为关键的政策制度提供广泛的跨部门支持,这种支持不仅通过有代表性的立法者,而且重要的是,通过普遍且理想化的对公共生活的积极参与而实现。

当然,一旦这样说,很明显,在这样的情况下,事情不仅限于成功的授权制度。自由主义——无论是哈耶克式的还是罗尔斯式的,在政治理论中,选民都会受到政府潜在倾向的影响,他们的同意具有合法性是从"第一原则"中推测或演绎出来的,其中更疯狂的民粹主义

---

[1] Norman, *Edmund Burke*.
[2] Sorabji, principal legal adviser to the lord chief justice and the master of the rolls, "Constitutional Status."

冲动需要加以防范。

相比之下，共和党的传统建立在早期从罗马流传开来的信条之上，即人民控制和挑战政府是自由的本质。民主公民权被添加到宪政中，法律面前人人平等，个人可以自由地追求个人的目标。对于重视这一价值观的社会成员来说，某种授权的合法性将取决于公众的支持和不断挑战的机会。

## 既定偏好和人民的目的

这与我们表述的对自由主义的担忧直接相关，正如我们所理解的那样，对于模糊的授权问题，我们的解释是很少的。

最明显的是，如果将权力下放给受托型机构的主要目的是通过坚持人民的目的来帮助民主国家取得更好的结果，那么人民的目的最好是被人所知，或者更确切地说，是由某种具有深刻合法性的程序所决定的，这正是民主程序的作用。

按照共和党的民主政治理念，这需要的不仅仅是在议会中进行一次仓促的投票。换言之，如果民主构成或促进了公民通过某种形式的自治实现政治自由的能力，那么就需要公民能够参与公开辩论，该辩论旨在揭示是否存在支持授权的普遍共识。

我们在讨论自由民主的要求时忽略了原则的一个部分：授权标准强调稳定的社会偏好，这是双重授权的必要条件。偏好不可能是稳定的，除非偏好具有普遍性；而且，除基本需求外，这些偏好不可能具有普遍性，除非经过长时间的公开辩论。

## 公开辩论：价值观

这些主题与第9章所述的"协商"民主学派的现实变体类似：尽最大努力发起公开辩论，在这种辩论中，利益和成见得以展现，因此在一定程度上得以淡化。

建立独立机构制度的提议，将包括讨论问题的性质、目标可能是什么,以及为什么授权可能有所帮助。支持授权的官方部门将提出理由,包括不同种类和不同来源的证据,并在不同级别的技术细节上加以说明。此外,它们还要讨论是否需要对一个独立机构的决定进行观察,是否可以根据事先确定的标准对结果进行评价。如果拟议制度的成功与否难以追踪,那么就需要告知公众。所有这些都需要在迭代过程中接受挑战和修正。

就如今欧洲大陆一些最具影响力的传统政治思想而言,这似乎带来了弗莱堡学派自由主义(Freiburg ordo-liberal)对社会经济生活游戏规则的渴望与法兰克福学派哈贝马斯主义(Frankfurt Habermasian)在丰富且理性的辩论后做出的政治选择间的某种和解。这相当于将工具性的合法性规范和内在的合法化规范结合在一起,但共和主义价值观要求辩论具有真实性,而非仅仅是假设。

最重要的是,我们需要展开辩论,以确定权力下放是否让民选政治家做出了公众希望他们做出的决定。在第5章关于"原则"的首次阐述中,这涉及是否将重大的分配选择权移交给独立机构。但是,第一部分所采用的经济学语言掩盖了这里的潜在价值。

从共和党关于民主政治的观念来看,我们只是不希望未经选举的技术官僚决定或塑造我们所生活的社会。例如,我们是否应该生活在市场经济体制下,我们是否希望以牺牲消费者福利为代价来限制市场力量,或者我们是否应该容忍经济效益高但会促使政治权力集中的市场力量,这都不应由一个独立的竞争当局决定。相反,该机构的宗旨源自我们在民主论坛中做出的选择。同样,我们不希望由监管机构决定一般药物应该合法化,而对特定药物采用民主商定的标准。我们不希望由一个媒体监管机构决定设立一个公共服务广播机构,而是要在整个行业应用一种标准,这种标准会从更高层次的公众选择中得到启发。换言之,我们不希望由独立机构就社会价值做出重大选择。我们不希望它们担当现代的创始人。

同样,当由一位技术官僚或公正的裁判主持利益集团之间的谈判从而做出具有广泛影响的选择时,我们也会犹豫不决。正如英国最高法院

一位现任法官所说：①

> 在英国和美国，支持大量公法诉讼的单一利益集团，除了自己的政策领域外，对其他政策领域不感兴趣。法庭（我补充一下，独立机构）……可能对其他领域没有特别的了解（除了之前的那些领域）。

这似乎是对授权标准的一次重写，即政治选择是为政治家而非技术官僚做出的。如果第 5 章没有明确规定什么是"重大的分配选择"，那么现在的问题在于什么选择才是"政治选择"。

关于个人生活的哪些特征与再分配政策有关的观点，会随着时间的推移和社会的不同而改变。②此外，正如第 9 章所讨论的那样，假设确定包含分配权重的社会福利函数时，没有稳健的分析过程，那么这些社会选择总是具有内在的可争辩性，这就是政治。鉴于英国民主政治的情况，合法性要求独立机构的禁区边界应由具有代表性的立法议会在公开辩论后划定。的确，议会实际上决定了什么是重要的，就目前而言，是政治。

因此，马琼的授权"效率"（而非"公正"）原则（详见第 3 章）的缺陷可以在政治中得以解决。这并不是第 2 章涉及的伍德罗·威尔逊及其同时代人主张的政治/行政二分法，而是通过普通政治缔造的一系列特质，受政治进程缓慢的宪法惯例的制约。鉴于代议制民主的价值，当选的立法者就其关于独立机构权力边界的选择对人民负责。

由于犯"错误"的代价正逐渐损害政府本身的民主制度，官方部门必须承担责任，把问题公之于众。公开辩论的问题不是抽象的问题，如"什么是重大的分配选择？"但可以更简单地表述为："只要禁止这个特定的独立机构对 Y 和 Z 进行决策，你们（公民）就对它们做出的决策 X

---

① Sumption, "Limits of Law." 在第二部分的讨论中，这相当于说，在代议制民主的必要意义上，此类诉讼没有给足够广泛的群体以"平等的话语权"。
② 性别、种族或年龄问题并不总是被认为与分配政策有关。也许其他能让人与众不同的东西将会被后代继承。

感到放心吗？如果放心的话，只授权 X 可以吗？"

## 公开辩论：现实主义

这一切都回避了一个问题，即指望这种公开辩论是否现实。20 世纪中叶，美国两位主要的公共知识分子对此意见不一。约翰·杜威属中左翼自由派，我们之前已经和他见过面，他认为，公共理性和参与是民主不可或缺的组成部分。沃尔特·利普曼（Walter Lippmann）属于中右翼自由主义者，是 1938 年巴黎会谈的核心人物，也是新自由主义朝圣山学社（Mont Pelerin Society）的先驱。他认为，寻求大量的公众辩论是完全不现实且天真的：大多数人会选择晚上看电视或体育赛事，而不是就公共事务进行辩论。[1]但两位的观念似乎都不正确。一方面，各种各样的人有时的确会和朋友、同事及家人讨论时事和政治，即使他们更喜欢看运动节目或做运动。另一方面，虽然利普曼表现出明显的屈尊就下，但显然他是正确的，他认为每个人都关注所有或大多数重大公共问题是不现实的。

然而，这并不是重点。共和党的审慎规定是，国家机器、政党和自由媒体应消除辩论障碍，并鼓励就重大政治选择，特别是关于国家权力分配的选择进行辩论。政府透过公众咨询寻求广泛意见，利用传媒进行接触，而不是主要依靠游说团体和结盟的智囊团，这样的做法才可行。

这并不是说每个人都必须是一名技术专家，甚至精通该事项。在自由、先进的社会中，评论员、利益集团和传教者提供翻译服务，从而在技术专家和公众之间架起知识桥梁，揭露官方提案和计划中的差

---

[1] Dewey, *Public and Its Problems*; Lippmann, *Phantom Public*. 有关这场辩论的简要说明，请参阅瑞安（Ryan）的《政治论》（*On Politics*），第 26 章。参加巴黎会谈的有哈耶克、法国自由主义者雷蒙德·阿隆（Raymond Aron）、奥匈自由主义者迈克尔·波利亚尼（Michael Polyani）、秩序自由主义者威廉·罗普克（Wilhelm Ropke）和亚历山大·鲁斯托（Alexander Rustow）。

距、缺陷、矛盾和选择。①

最终，在代议制民主政体中，"广泛的公众支持"意味着各主要政党的支持，并且他们都知道有可能遇到挑战和辩论。对于全新的制度，以及新成立的机构，引起辩论兴趣的责任完全落在立法提案的推动者身上。然而，标准议会程序的正式性并不排除更广泛的参与。虽然不同司法管辖区的做法各不相同，但可在议会审议过程中或之前公布法案草案以征求公众意见；立法委员会可邀请公众参加听证会，可能是以投票方式选出问题，或征集公众希望向技术官僚证人询问的问题。

新技术对此产生了影响，跨越了古代与现代之间的鸿沟。雅典人有在大会发言的权利，但很少有人行使这一权利（至少历史学家这样认为）。本着同样的精神，当今的技术提供了一种参与的手段，而不是一种义务。古代的自由可能是通过在集会来回的路上，向知名公民唠叨、施压或抱怨，或者通过中间人向主要公民和演说家请愿得以实现。现在，这种自由可能是指给当选的代表发邮件，加入电子请愿书，写博客，或在社交网络上辩论。但这也意味着，要设法分清事实、有依据（已经检验）的观点、谣言和谎言，因为专业、严肃、虚假和轻浮的评论与批评之间的界限模糊不清。②

## 关于中央银行的一个例子

当一项提案涉及授予一个现存的独立机构新的权力时，我们也会有强烈的期盼，希望该机构能够临时性地解释其部署拟议权力的方式，从而为公众辩论做出贡献。这种行为等同于第三个设计准则规定的预

---

① 我觉得对翻译服务的重视，是受到近 40 年前哲学家唐纳德·戴维森（Donald Davidson）著作的启发。这就是我对多学科组织（如英国央行）如何在各专业人士相互尊重的情况下运作的看法的核心内容。参见滕特（Tett）的《筒仓效应》（*Silo Effect*），第 248～第 249 页。在克里斯蒂安诺的《理性审议》（Rational Deliberation）一文中也讨论了类似的公共审议中的分工问题。

② Nichols, *The Death of Expertise.*

先交付业务原则。

2011年，英国央行正好就是这样做的。英国议会将进行至关重要的法案二读，该法案规定英国央行负责金融稳定以及银行监管，而在此之前，英国央行发表了一份文件，阐述了它履行这些职责的计划，并且举行了一次网络会议，从而为发起和扩大公开辩论做出贡献。由于计划采取的新方法标志着对前政权的重大突破，我们希望将议会决定是否继续推进，以及法案起草进程本身等因素纳入公众讨论中。我们的目标是帮助满足公开辩论的必要条件，而非强烈主张将有关责任移交给我们。

## 共和主义的问责制和可争辩性

颁布独立机构制度不代表公共辩论的结束。问责制在所有现代民主观念中都十分普遍。远离日常政治压力并不能让独立机构的领导人免于各种各样的争论和挑战。这反而使它们变得更为重要。我们的价值观包括三个方面：

- 有在公正和独立的法院对机构决策的合法性质疑的能力，这些法院的诉讼程序通常向公众开放。
- 有参与关于机构一般政策建议、决定和运行的普遍公开辩论的能力。
- 能够向授权立法机构的委员会公开解释机构的工作。

我们已经看到，基于共和主义价值观，要求正当程序和司法"监督"的第一种自由主义不能取代第二种和第三种。就其本身而言，对行政行为的司法审查只会将民主赤字从非多数主义机构转移到其他机构。例如，如果一个独立机构缺乏明确的立法目的和可监测的目标，那么制定相应的规则，而非不必要地侵犯自由（第10章），就要求司法机构理解独立机构的模糊目的，或以反映法官自身价值观的方式权衡（平衡）其多重目标。当我们考虑高等法院大法官——受过良好教育的精英阶层中学习法律的人，是否能解决我的央行前同事的所有民主赤字问题时，这一点就变得很明显了。我的央行前同事是学习经济学的精英。授权要有民主合法性，就必须让公众参与，尤其是在政权有意暂时将民意代表和自己的代表绑在一起的情况下。

依据共和主义价值观，无论自由裁量权的行使受到了多大的限制，必须同样受到更普遍的政治监督。我们关于授权制度的"五个设计准则"似乎与此吻合。若没有类似准则，就很难看到公众如何就该政权展开理性辩论。反之，公众就能了解该政权的目标，指导独立机构行使自由裁量权的原则，比如该机构实际做了什么，提出和实施的一般政策（例如，规则）及其提出和实施建议、决定和行动的理由。

然而，相比第 5 章和第 6 章的最初设想，我们还需要更多。一个独立机构的决策并不总如预期那样起作用，因此机构决策者需要能解释其选择，并能够接受挑战和反驳，即使选择在事后看来是合理的。这些选择无论是否被正式定义为成本效益分析，都或隐或显地在一定程度上依赖于对其政策效果的概率预测。考虑到共和主义价值观，独立机构需公布信息，提供依据，用于辩论其对利益和成本的预测是否得到普遍证实，即使未得到普遍证实，也是合理的。简言之，独立机构应进行事后审查。这种审查在货币政策制定者中已经十分普遍，但在监管机构中似乎很少见。

## 参与限制：以中央银行为例

然而，参与制订作为独立机构合法性的普遍解决方案，面临着很大的障碍。

尽管规则制定是可行的，但裁决性决定，包括中央银行就短期无风险利率水平做出的定期决定，不可行也不可取。事实上，本书的重点在于，如果授权制度旨在确保对一项稳定政策做出可信承诺，那么让政策制定者不受公众情绪波动的影响或许是关键所在，这样他们才能始终如一地坚持体现公众意志的目标。①

即使在独立机构规则制定方面，利用直接民主的精神来支持公众参与也稍有误导性。某些情况下，社会各方面对规则草案的反对并不足以让一个独立机构改变航向。例如，一个负责维护金融稳定的独立机构提出了一项规则，以遏制信贷和资产价格的泡沫。该机构认为，一旦泡沫破裂，金融体系就有可能崩溃，经济会陷入深度衰退，数百万人将失业。每个人——公众、银行家、民选政治家，都能享受繁荣带来的好处，这或许正是将制定规则的权力下放给独立机构的目的（第20章）。在这种情况下，重要的并非当下繁荣时期的意见，而是明确的机构目的以及授权制度制定时丰富的公众辩论。因此，在制定独立机构的目的时，共和主义及参与性价值观都具有重要的工具性。②

然而，依靠目的和执行之间严格的界限并不安全。无论如何精心设计，围绕目的的选择可能会在不经意间落入独立机构之手。因此，当一个机构走上既涉及手段也涉及目的的道路时，公众参与独立机构政策制定就具有特殊的重要性。在第7章中，我们引用了2007—2008年经济危机后，英国金融服务管理局转而禁止金融产品的例子。这间接地减少了公民自己做选择的自由，虽然拟议的路线在该机构的法定权力范围内，但还是因此引发了关于目的的问题。这与政治/行政一样，没有明确的目的/手段二分法，只有立法者暂定的界限。当目的或完全出乎意料的手段被发现时，公开辩论则必不可少。③

---

① 这就引出了凯利（Kelly）在《解锁铁笼》（Unlocking the Iron Cage）这篇发人深省的文章中提出的解决方案。和近20年前的罗尔一样，凯利的解决方案可能适用于福利发放机构，但对政策机构不起作用。
② 在强调法定目标时，我与罗斯-阿克曼（Rose-Ackerman）在《公民与技术官僚》（Citizens and Technocrats）中所提出的观点略有不同，后者针对的是整个行政国家。
③ 理查森的《民主自治》（Democratic Autonomy）对机构政策制定在决定目的（而不仅仅是手段）、颠覆韦伯传统方面不可避免的作用进行了有根据的分析。

## 立法监督

虽然设计准则为健康的公众辩论提供了正确的基础，但独立机构不能仅通过广泛的参与就产生（或合成）自己的合法性。参与和公开辩论是必要的，但还不够。①

与此一致的是，在代议制民主制度下，立法机构的委员会听证会提供了中央论坛。独立机构本身并非"多数派"，它们必须向代议制民主的"驾驶舱"——立法议会解释对委托给它们的政权的管理。议会具有民主合法性，通过颁布适当的法规，为独立机构的衍生合法性提供了一些先决条件。立法机构可以剥夺独立机构的权力与地位。立法者之间的辩论在性质上与其他讨论和审议不同，因为它们是独一无二的行动者。②

因此，就独立机构本身而言，议会听证会提供了与公众沟通的唯一重要的渠道。这些听证会经由电视转播，被广泛报道，并以与民选代表进行交流为中心。它们为独立机构决策者提供了一个机会，使其能够抛开技术官僚团体的专业术语，用公众可以理解的语言进行交流，不用与民选政治家争夺公众的认可或人气。反过来，立法者也可以提出和追问公众关注的问题和困惑，这相当于一种说明性的问责制。③立法者本身需要表现出对授权制度的理解，特别是对它们规定的目标和任何书面规则的理解，否则，它们怎样才能就制度的运作和管理提出相关问题呢？如果它们敷衍

---

① 想象一下，一个拥有非常模糊的授权（"追求公众利益"）的独立机构，迫切希望获得公众对其总体核心政策（包括其对可监测目标的建议）的认可。为此，它组织了一次公民电子投票，吸引了大量公民的参与，并产生了明显支持其建议的多数。事实上，独立机构已经建立了一个影子电子议会（单一议题的民主）。但是，在代议制民主制度下，缺少一些至关重要的东西：人民选出的代表机构，例如，在不同的政策制度之间产生一致性，并在一段时间内保持问责制（第9章）。

② 为提高人们对实现我们的价值观的立法进程的重要性的兴趣所做的共同的努力，见沃尔德伦（Waldron）的《法律与分歧》（*Law and Disagreement*）的第一部分。

③ 在盖林的《结果》中就有这样一种观点。

了事，可能会被媒体"追究责任"。这就是第 9 章和第 10 章描述的 360 度民主。

听证会还为独立机构领导人提供了一个公共论坛，在设计或构建授权制度时，以此为基础着重指出其中的问题。当一个独立机构认为自己需要更多或不同的权力来完成现有任务时，我认为民主的价值观与其在立法听证会上对有关事宜保持沉默不符；它们甚至有义务向立法者阐明它们的担忧。如果独立机构政策制定者认为独立机构无法完成任务，特别是无法完成委托给它们的具体任务，就保持沉默，那么这是不负责任的。本着同样的精神，我认为，共和主义民主价值观意味着，独立机构领导人有责任突出其权力和模糊授权之间的差异。人们往往认为，模糊授权增强了机构的权力，但事实并非如此：一项授权宽泛的条款可能会暗示政治家和公众，一个独立机构将提供实际上超出其能力范围的"产品"。独立机构的领导人有意让这些问题走出"阴影"，成为公众辩论的焦点。

## 协商民主价值观在独立机构决策过程中的应用

独立机构本身的决策又如何呢？在这一点上，与协商民主理论家所倡导的理论相近，是恰当且现实的：决策者之间平等且互相尊重，只使用那些可能引起其他决策者和专家评论员共鸣的理由，抛开个人偏好，愿意接受劝说。简言之，协商审议。

授权原则规定，由民选代表确定清晰明确、理想化的词典式目标，目的是使个别独立机构决策者难以将其个人偏好带入重大问题。除此之外，审议的价值显然强化了授予独立机构的权力应被授予委员会的理念，辩论的目的是帮助个别成员做出自己的决定，而非影响主席兼领导人。

由此看来，各委员会的认识力不仅在于收集对事实持有不同看法的成员的投票，而且至关重要的，还在于与其他专家进行表决前的探讨。当然，这是我在英国货币政策委员会的个人经验，该委员会成员经常会因辩论而改变主意。①在此基础上，包括美国联邦公开市场委员会和欧洲央行管理委员会在内的一些央行委员会的规模都过大了。②

独立机构要做出裁决，就会出现分歧（就像司法小组成员之间的分歧一样）。我们的第四个设计准则要求，表明并公开不可避免的分歧，以免单一独立机构决策者辩称，他们的意见是任何理性人在相同情况下能做出的唯一决定。委员会成员之间的分歧透明化，有助于使独立机构免受攻击，即其所谓的权威建立在永远无法实现的全知之上。同时还有助于表明，做出裁决（可能出错）的自由裁量权是由立法机构授予的，与宣传的民主价值观一致。此外，更实际地说，在独立机构委员会成员作证的情况下（第15章），少数派投票有助于立法委员会确认使用哪些突出问题审查决策者。

实际上，第一部分对原则的原始陈述将这些要求强加于独立机构的政策制定上，但主要的依据是，这些要求削弱了民选政治家通过其选择的负责人来决定政策的能力，从而巩固了机构的独立性。在第二部分，我们确定了独立机构应在委员会中制定政策的其他四个不同的原因：

- 分散权力，而非将权力集中于可能追求个人目标的人手中（宪政）。
- 通过相互间的集体监督，减少个别决策者以其价值观取代立法目标和宗旨（共和民主）的风险。
- 创造一个政策更为审慎的环境（工具性担保）。

---

① 在布林德的《无声的革命》（Quiet Revolution）中，委员会在其他引人注目的讨论中，并没有特别强调审议的好处。
② 当三位或三位以上的理事讨论某件事时，美联储还受到法定的透明度要求的约束。有一次，一位美联储理事问我，在英国央行，我们是否在正式会议之外讨论过实质内容。我的回答可能让人既钦佩又困惑，我的回答是，这就是在那里工作的意义所在，但我们几乎从未进行过双边讨论，我们的讨论不是关于在哪里制定货币政策。美国的《阳光法案》（Sunshine Act）可能产生了适得其反的效果，至少在由选举产生的代表提名者和确认的政策制定者中，阻碍了分析和审议。

- 暴露分歧，从而使委员会的主要审议（共和主义的辩论和审议性民主）显露于审查之下。

由此产生了相当严格的细节要求。例如，（委员会）主席不应主导议程的制定；授权条款鼓励达成共识，然而在无法真正达成共识的情况下，成员们必须自由投票。

## 审议委员会与工具规则

这种对委员会价值的强调，使得独立机构的政策工具（如货币政策利率）更难符合具有约束力的规则。第8章提到，"实际"规则最终很可能是关于什么时候遵守规定，什么时候搁置，什么时候重新选择的工具规则。我们现在可以看到，工具规则不适用于基于委员会的决策。

如果规则是机械的，那么就没有必要设立政策委员会。相反，如果对规则的投入（仍以货币规则为例，假定经济状况和均衡路径上的变量）需要解释和判断，那么对每一项规则的投入都可能存在（支持的）大多数，而不存在它们所产生的工具规则的决定性大多数。① 当然，委员会的决策与产出有关。重申一下，其正当性不仅在于结果，还要符合我们的政治价值观，即避免权力集中。②

---

① 这就是所谓的"话语困境"。标准的例子是由三个人组成的大学委员会决定是否给某人提供一份工作。每位成员根据两个标准（研究和教学）以及总体水平对候选人进行评分。这三个成员的观点是通过、失败、不是，或失败、通过、不是，或通过、通过、是的。大多数成员都会在每一项投入中让候选人通过，这意味着候选人应该会得到这份工作。但即便如此，依据大多数成员得出的最终结论也很可能是，候选人不应该得到这份工作。List and Pettit, "Aggregating Sets".

② 也许法律规定的文书规则的提倡者假定一个委员会将通过工作人员建议的文书校准，但我不知道为什么一个政策制定者会在他们而不是工作人员对其投票负责的情况下承诺这样做。此外，在某些情况下，授权给工作人员事实上可能会有放松信誉管理的风险（第5章）。

## 总结政治价值观稳健性测试的原则

我们对政治和民主价值观的探索积累了向受托型独立机构合法授权的先决条件。本着稳健性测试的精神，左翼参与式民主主义者和右翼法治立宪主义者最终都未能取得对独立机构授权须符合标准的完全控制（因为他们没有取得对民主和宪政价值观的完全控制）。除他们关切的问题外，还必须权衡其他问题，例如选举结果和民选代表在制定高级政策制度方面的基本作用。

因此，如果强烈要求公众积极参与所有政府决策（例如，月度利率决策），那么"原则"就不能满足社会对合法性的需要。这种程度的参与无法与受托型机构制度的目的一致，后者的目的在于解决时间不一致性问题或可信承诺问题。社会不能做到两者兼得。但"原则"确实要求公众参与关于目标（或目的）和政策（手段）重大转变的辩论。

## 对"通过"的改进之处

话虽如此，总的来说，"原则"在这些工作中得到了很好的应用。然而，与第一部分（第 5 章和第 6 章）中最初的阐述相比，有一些须澄清、阐述和改进的地方：

- 建立独立机构制度前，须尽可能进行广泛且公众普遍参与的公开辩论。
- 一旦该制度建立并运行，就必须保持对该制度进行挑战和辩论的机会。
- 独立机构应为这些公开辩论做出贡献，就如何评价其工具的有效性及其被授权减轻的弊病的社会代价提供相关资料并进行研究；而且应为独立研究提供可用数据。
- 独立机构应当公布数据，以便对其成本效益和其他预测进行事后评估。
- 不应授予独立机构做出关于社会价值观的重大选择的权力，或

- 极大改变政治权力分配的权力。
- 独立机构的规则制定不应为达到立法目的和目标（相称性）而过多地干涉个人自由的权利。
- 独立机构不应能够创立或拟定刑法，以及提起刑事诉讼。
- 对独立机构的制裁不应包括巨额罚款。
- 第二个设计准则规定的程序必须有助于传达独立机构规则的制定、裁决和其他行动中的法治价值观。
- 在制定规则的独立机构中，确定（裁决）个案的架构应该在一定程度上分隔，每个不同的决策阶段都应有其完整性。
- 应避免独立机构内的权力过度集中。
- 独立机构的决策机构应具有审议性，并有由平等的成员组成的投票委员会。
- 独立机构规定的目标、标准或工具规则须被立法者理解，并被公众广泛理解。

"授权原则"的最终版本请见本书附录，这些原则经受住了第三部分中的另一类测试。最重要的阐述需要开展大量的公开辩论。然而，辩论不可能永远持续下去，也不会总能达成明确的共识。"原则"可能无法达成强有力的协商民主规定的理想化的普遍共识，我认为这并不是一件坏事，因为这与第9章强调的民主政治"试错"的特征一致，少数持怀疑态度的人，甚至是反对者的存在，是为了持续对某一政权的优点进行辩论。

## 回顾宪政民主价值观下的独立授权

第二部分导言概述了贯穿民主政治的各种传统。我们现在可以看看他们如何看待授权原则。自由民主党、共和民主党、社会民主党和保守民主党似乎都能在"原则"中发现符合其关于政治和政府的深刻信念之处，同时继续持有对政策本身的不同意见。

自由主义者，无论何种肤色，都重视"设计准则"规定的程序限制。我认为他们应特别强调司法审查和"第五个设计准则"的要求，即紧急情况下应明确程序上或实质上发生了什么。在我看来，如果一个政权符合"原则"，那么只要自由主义者认为这种国家干预是合理合法的，他们一般就会允许授权给受托型机构。

不同派别的自由主义者在政权的实质问题上将分道扬镳。尤其是监管，但不是唯一的，会干涉公众的私人生活。自由民主下的自由主义者将为国家干预设置较高标准。而社会民主下的自由主义者（奇怪的是，这一标签很少在美国使用），如果认为国家为预防或减轻因权力关系不平衡而干涉公民的能力能够抵消国家干预的危害，那么他们将设置一个较低的标准。我们调查的要点是，公共政策政权的实质优点/缺点可以与这样一个问题分开：如果被采纳，是否可以适当地委托给一个不受日常政治影响的独立机构？

保守派则强调时间的重要性，因为时间表明一个政权正在取得更好的成果，同时对最终负责任的民选立法机构负责，并只在一个政体的传统和价值观的范围内授权。

共和主义可能会走得更远。事实上，一些人认为中央银行等独立机构（如下一章讨论的选举委员会）具有积极的方面，这恰恰是因为当民选行政机构倾向于取代其私人、短期目标并获得连任时，它们将坚持公众一致同意的目的。[1]根据这一观点，如果（并且只有）按照"原则"的规定，独立授权制度才具有合法性，由公众理解、监督和质疑它在现实中是否传递了预期的独立程度和共同（或公共）利益。

## 20世纪80年代英国央行对货币政策独立的态度

在本章讨论中占主导地位的价值观，在我的一位前任老板兼导师

---

[1] 佩蒂特的《按照人民的意愿》（*On the People's Terms*），总结了第19和第20点，见第306页；早些时候，还有"民主去政治化"，这不同于仅仅以促进审议性政策制定为理由而主张授权给各机构［例如，赛登费尔德（Seidenfeld）的《公民共和党辩护》（Civic Republican Justification），其中没有区分不同程度上与政治潮流隔绝的机构］。

的临别反思中得到了体现。回顾 20 世纪 80 年代关于英国央行独立性的辩论,我感到震惊的是,尽管为通胀的代价感到悲痛,但英国央行上一代领导人仍不希望货币政策独立,除非社会普遍支持价格稳定。副行长乔治·布伦登在中央银行工作了 40 多年后,在 20 世纪 90 年代的最后一次讲话中说道:①

> 我的理想是打造一个对公众负责的中央银行,负责有效维持货币稳定,但一个普遍希望维持货币稳定的社会,视通胀为一种致命的罪恶,而政府则致力于维持物价稳定。

布伦登谈论的不仅仅是对货币独立有效性的普遍信念,他的意思是,公众的同意或支持也是合法性的一个条件。②这恰好是这本书的主题,也是我在这一章中检验和捍卫"授权原则"的动机。

据此,适当的立法是必要的,但还是不够。民主国家也需要由经验产生并经辩论形成根深蒂固且稳定的偏好。

---

① Blunden, Julian Hodge Annual Lecture. 布伦登是巴塞尔委员会和巴塞尔支付委员会的首任主席。
② 不久之后,一位保守党领袖候选人给央行行长利-彭伯顿打了个电话,使用了以下措辞:"罗宾,我想让你知道,今天我将呼吁银行独立。""我倒宁愿你不。""为什么不呢?""时机不成熟。"

# 12

# 独立机构与宪政

央行独立性由三权分立驱动,而非第四分支

> 是否应有一个真正独立的货币当局?宪政的第四分支是否与立法、行政和司法机构协调?
> ——米尔顿·弗里德曼在美国众议院银行委员会上的证词,1964年[1]

在第二部分,我们一直在探讨授权原则是否符合民主社会中普遍存在的关于政治和政府的深刻价值观和信念:法治、受约束的政府,以及最重要的代议制民主。我们可以得出结论,只要适当充实"原则",一般来说,将有限的决策权力移交给不受日常政治影响的真正的独立机构,就是合法的。

基于这样的背景,本章将论述"原则"和独立机构如何适应宪政,需要考虑以下内容:

- 行政机构是否因三权分立而失效。
- "原则"(或类似的原则)是否应等同于宪法惯例。
- "原则"是否能够适应独立机构在国际政策制定中的作用。
- 所有真正的独立机构是否应在宪法体制中得到同等对待。
- 考虑到宪政的基本原则或更普遍的政治价值观,是否应明确特定的独立机构制度。

---

[1] Friedman, "Statement, Testimony, and Comments."

- 独立机构——包括所有机构或部分机构，尤其是央行，是否组成了一个平等或独立的政府"第四分支"。

然而第三部分转而谈及美国、威斯敏斯特（指英国）和欧盟治理的实际情况，目前，我们主张国家精简的观念，只假设民选立法机构和民选行政机构之间在一定程度上有所分离，法律的完整性也被委托给一个独立的司法机构（不区分民法和普通法）。即便如此，也足以揭示各独立机构之间一些重要的宪制区别，比如选举委员会和货币当局之间的区别。

## 行政机构、宪政和国家分支

政府的基本结构并非刻印在石头上一直不变。至少在运作上，人们熟知的三角结构，形成于18世纪和19世纪，却因20世纪监管型国家的发展而发生了变化。结构、规范和期望值都具有适应性，不仅受法律框架和宪法制定者思想的影响，还受政府回应公众需求或期望的动力的影响。这些变化具有实质性，但它们是基本的吗？

一方面，公法必须进化演变，从而保持对下放权力行使的适当制约。立法机构不得不遵循自己创造的条款，完善程序和规程，从而约束机构，并通过专门委员会对其进行监督。选举产生的行政机构需学会协调各种政府职能，同时又不侵犯立法机构授予这些机构正式独立的完整性。

另一方面，尚不清楚这其中是否有任何一项从根本上挑战了宪政民主的基本结构。

## 从政治理论到政治价值观

部分问题在于，现代政治理论的两大主流派别对此都未发表太多看法。现代霍布斯派强调，为了满足福利主义者工具逻辑的要求，国家将合理地对政府加以限制，以防止权力滥用。而且，由于并无类似于亚当·斯密的"看不见的手"的机制引导政府制定有效的政策,他们认为,自由裁量的监管很可能以无法改变的政府失灵取代可以改变的市场缺陷。因此,一种政体将理性地通过创造新的产权寻求纠正阻碍市场发挥有效性的问题的方法;并且在解决不能交予市场的重要集体行动问题时,应尽可能考虑规则而非政府的自由裁量权(第3章和第8章)。① 换言之,霍布斯派通常对国家应该做什么和不应该做什么有很多规定性看法,但对宪法层面下事情如何构建的看法却相对较少。

相比之下,现代康德派认为,国家需要做很多事情来维护人民的自主权和尊严。他们更愿意(这不是他们会用的一个词)通过宪法约束的政府机构来接近经济学家型社会规划者。市场要正常运作,国家不仅需要提供基础设施和市场运作规则,还应处理违反社会正义感的分配结果(或更通俗地说,判断正确与否要考虑每个人的内在价值观和自主权利)。但是,康德派对国家的结构和授权同样没有太多论述,高层次的宪法安排能确保自由公民之间公平、合理的辩论(第9章),决定了他们认为政府应该拥有任何能伸张正义的必要权力和结构。

尽管有一些例外,霍布斯派犬儒主义者通常是右派,康德派理想主义者则是社会民主(或进步主义)左派,这点非常好。他们很少在关于行政机构的辩论中相遇,往往如同夜行之船,互不相干:一方出于"自由",主张受限制的国家政权,另一方主张进一步促进"平等"的一切政策规定。这表明,许多政治理论已经对政府失去了兴趣。

然而,在思考政府结构之际,我们可以转而考虑我们行使国家权力时的不同价值观和信念。② 第二部分提出了以下规则:

- 避免权力集中的重要性。
- 需要进行限制和检查以避免权力滥用。
- 公正的裁决对以国家强制权力为后盾的规则(法律)的公正执

---

① Brennan and Buchanan, *Reason of Rules*.
② 要了解不同的政治思想传统是如何分别利用自由和效率来推动权力分立的,请参阅巴伯尔的《序幕》(Prelude)。

行至关重要。
- 公民的价值在于能够理解并依赖政府程序链中每一个实质性环节的完整性。
- （对公民福利的）价值在于，避免通过代议制民主议会（系统但合法地滥用权力）实现人民目标的结构。

这些规则显然阻止了一些制度创新，特别是将所有立法权移交给行政部门，前"立法机构"成为某种监管机构。①但它们并没有特别要求孟德斯鸠的"三权分立原则"，如果机械地理解这一标准，那么在实践中，选举产生的政治家在某些领域会因为缺乏做出可信承诺的能力而实施较差的政策。

对此，合适的回应之一是摆脱18世纪欧洲历史和思想遗留的架构。例如，20世纪初，孙中山在中国明确提出了建立一个五权分立的国家，增加了考试权和监察权，以审查和培养精英官僚机构以及维持其他部门的正直与忠诚。②2005年前后，政治动乱后，泰国也采用该结构。除了法国的高等学府系统（特别是精英云集的法国国家行政学院），审查分支似乎与西方民主国家无甚关联，但廉政分支并非如此。这一点体现在近几十年来议会民主国家内涌现的各种独立监察员③，或许还体现在大约十年前英国设立的公共任命委员会等类似机构。这似乎只在少数几个国家引发了关于宪法的辩论，尽管如此，正如西澳大利亚州现任首席大法官所言，我们需要"仔细考虑任何背离传统宪法结构的行为"。④

---

① 参见佐洛（Zolo）的《民主的复杂性》(*Democratic Complexity*) 第184页："考虑到立法议会职能的下降，应该认识到有必要进行新的权力划分。行政权力几乎都包括行政立法权，而选举产生的机构可以获得更广泛的权力，以检查和控制行政当局的活动。"
② For example, Ip, "Building Constitutional Democracy."
③ 使用该机构的国家仍普遍使用监察员一词。
④ Martin, "Reflections," and "Forewarned and Four-Armed," expressing reservations about integrity agencies' immunity to legal challenge. Also from Australia, Field, "Fourth Branch of Government," and Wheeler, "A Response."

## 是一个监管分支吗

本书关注的核心问题是，我们需要对美国宪法理论家布鲁斯·阿克曼的建议进行类似的批判性审查，即我们新增的关于西方合法政府的概念不仅是一个廉政分支，也是一个监管分支。[1]实际上，他认为这个分支已经存在，所以我们最好正视它。这就需要我们接受这样一个事实：一个政体既要根据普通法下放监管权，又要让渡（也就是说，不可改变地转交）制定规则的权力，这些规则对各类机构具有法律约束力。

本书并未进行如此深远的讨论。受民主价值观的限制，我们主张（第10章）提出一项较温和的建议，即为了防止权力滥用，某些情况下，立法机构可能会设法增加（其现任成员及继任者）日后违反某项政策的政治成本。立法机构将制定明确的标准或目标，以建立并设计前进的方向。该领域/问题的性质导致需要多年才能完善监管制度，届时立法机构可能很难坚持它们所制定的路线，因此会把完成这项工作的责任委托给受托型机构，并用一个可监测的目标对其进行监管。在宪法上，立法机构仍有废除或改革该制度的自由，并有通过法律推翻该制度中任何或全部规则的自由。通过独立机构监管制度实现授权和隔离，是立法者在问题最突出时坚持自己设定的公共目的的一种手段。

基于这一观点，大部分监管部门未保证这样的隔离。将"追求公共利益"的任务授权给一个机构则完全不同：该行为放弃了立法机构制定高级政策的责任，违反了民主价值观（第11章和第14章）。第10章中概述的其他类型的授权原则制定机构也非如此：例如，授予当选的行政机构临时、有时限的权力，从而进行试验，以便提出建立一个更长久且合法的政权的建议；将权力下放给一个正规的政治化机构，由其负责权衡不同的目标，并由民选政治家控制和约束。授权原则不是为这些情况中的某一种设计的。

---

[1] Ackerman, "New Separation of Powers."

## 受托型机构的宪法地位

尽管受托型机构比其他机构更加独立和强大，但这样设想出来的受托型机构通常并不属于与我们所熟知的高级政府的三大分支并列的"第四分支"的一部分，显然它们是从属机构，尽管经常是孤立的。权力是被授予和被约束的，而不是被异化的。立法机构可以撤销或改变授权范围和条款，也可以通过正常的立法程序推翻独立机构的措施。①法院可以裁定授权法的含义。

这类受托型独立机构的存在，是为了服务于明确的公共政策的宗旨和目标，因此应由法院（以及独立机构本身）对其法定权力做出有目标的解释；如果表面上明确的目标实际上模糊不清，则应以法定方案的总体成果来解释其法定权力。这是因为，授权的合法性取决于为立法目标所做的可信努力的意图以及约束该机构实现这一目标所对应的制约因素。②

这一法定解释的规范意味着，如果拟议的措施在某种程度上在成文法的文本分析范围内，但不能合理地被视为旨在实现该机构的法定目标，那么独立机构应停止这样的做法。

此外，在政治宪政精神（第8章）下，一项措施虽然是合法的，但也要有充分的理由相信，在法律通过时，根本没有类似措施被预期能达到授权目标，我们的民主价值观则认为该机构有义务寻求现任民

---

① For a discussion in a US context, see Strauss, "Place of Agencies."
② 我的想法是这样的。假设法令授权机构订立规则，规定银行须做出"审慎行为"，而法令的整体目标是稳定金融，稳定金融指的是，在特定规模的冲击下，核心金融服务的供应得以维持（见第四部分）。然后，在发出有关"审慎行为"的法令时，"审慎行为"应被解释为，为了维持既定的稳定而做出的重要行为，这些行为将有助于保护投资者，或使经济充满活力，或提供经过合理评估的风险调整后回报。这种方法与20世纪50年代美国的"哈特和萨克斯法律程序学派"（Legal Process School of Hart and Sacks）相呼应，根据它们的一般目的（承诺、探索/试验、授权政治化）区分了不同类型的行政代理制度。参见哈特（Hart）和萨克斯（Sacks）的《法律程序》（Legal Process）一书。感谢杰里米·沃尔德伦提醒我这一点，参见斯塔克的《目的论》（Purposivism）。

选行政官员的某种庇护。①例如，这样的做法使欧洲央行在采取措施阻止欧元区解体时，能够获得各国政府首脑的集体支持，问题是，"你们的政府希望货币联盟继续存在下去吗？"（第23章）。

总之，授权原则符合宪法规定，在这一体制中，三个典型的分支机构能在符合原则的独立性方面保留其核心作用。

## 作为宪政社会规范的原则

现在，更容易看出授权原则是怎样符合宪政的总体方案的。如果将其解释为确立"一套规则以确定实际行动以及机构如何组织和运作"，那么"原则"显然是本着这种精神的。②"原则"是引导部分行政机构的准则，作为一种标准，可以对立法工作进行评估并追究其责任。通过规范民选政治家和未经选举的技术官僚之间日常权力的分配，清晰地呼应了第8章中英国法学家的话，即以一种普遍、全面的方式来制约公民与政府之间的法律关系。

简言之，宪政可以（我认为也应该）给有助于民主国家做出可信承诺的安排留出空间，同时对该做法的制度手段加以限制。这样，按照宪政的价值观（第8章和第10章），各民主共和国通过提供价值广泛的产品获取持久性与稳定性。

这并不意味着为了获得支持，"原则"必须在任何时候和任何地方被纳入宪法（不论是否编纂），以便受到法院审理。它们也许相当于一种处于法律与日常政治间的公约，最初以政治和社会制裁而非法院为基础（但后来，部分可能以法律原则为基础）。换言之，要想做出改变，"原则"至少需要成为一种"政治规范"，被国家主要部门的核心官员接受并获得其绝对的忠诚，同时得到重要外部评论员的支持

---

① 这条箴言帮助我解开了我在第7章中的困惑，当时英国金融服务管理局计划将个人投资者保护的基础从分销监管转向产品监管。
② Bellamy, "Constitutional Democracy."

和非正式执行。①

## 通过公开辩论达成元共识

"原则"只有嵌入公共实践和公共意见才能成为规范。然而，它们实际上是由不同的民主政治概念所驱动的需求堆积起来的，因此很难将它们看作"重叠共识"，即相互竞争的观点是共同的，而不是交叉的。②这样的最低标准（最小公分母）非常薄弱，而"原则"却并非如此（至少在我看来是这样）。

相反，只有那些对社会的各种价值观和政治信仰有不同程度依恋的人，才会认同他们认为没有必要，但其他人重视的原则要求，才能就这些原则达成一致意见。只有当每个人都能承受他人信仰和价值观所产生的制度性后果，这才切实可行。

这样的一致意见不会是一项在具体情况下围绕授权达成的普遍协议。人们可能会对具体情况是否或能否满足这些条件而产生不同意见。因此，围绕"原则"达成的一致意见，就相当于对部分政府结构的元共识。③实现这一目标需要公开辩论。

这对于解决可能的挑战，即第11章中对"原则"稳健性的检验来

---

① 这类似于戈德斯沃西的《议会主权》对威斯敏斯特委员会至高无上的议会主权的解释。
② 正如第二部分介绍中所解释的，我们的稳健性测试并不寻求原因/理由上的"重叠共识"。在罗尔斯早期的著作中，处于危险中的是一个政治学概念，它可以为组织政治学提供一个人们一致同意的基础（罗尔斯的"重叠共识"）。我的想法是，每个人都可以在制度上实现民主，但没有统一的激励价值。所以，在一个有三个人的情况下，可能只有两个人的价值观是相同的，但他们每个人都能承受由另外两人持有的奇怪观念所带来的制度性后果。这与埃斯特隆德的《杰里米·沃尔德伦谈〈法律与分歧〉》（Jeremy Waldron on Law and Disagreement）中的论点不谋而合，后者含蓄地提出，多数主义民主的合法性必须有统一的依据。一个社区与其政治机构合作或向其政治机构表达忠诚，并不等于社区成员都同意一个单一的主张或原则。
③ For a similar point but cast in terms of debates about specific policies rather than the structure of government, see Dryzek and Niemeyer, "Reconciling Pluralism."

说，十分重要。但到目前为止，这一直被我们所忽略。在此我选择了前几章中提出的民主政治和治理的概念和价值观，而在第9章，我大致驳回了合法性检验中"不合理反对"的自由原则，因其强加了公断人的价值观，那么前者（民主政治的价值观）怎么可能比后者（自由原则）更好呢？对此的回应为，在这本书的稳健性测试中得以幸存，仅仅意味着"原则"值得通过公开辩论加以认真考虑。也就是说，真正的公开辩论已经摆脱了规范性协商民主所寻求的康德式束缚——不是在想象中的会议室里进行推理，而是真正的辩论、产生分歧和妥协。

这样的辩论似乎涉及不同价值观之间的竞争。例如，如果一个政治团体的某一部分人员只重视那些符合程序公平原则的设计准则的要素，他们就会希望（更狭义地说）推动更严格的流程施行，从而服务于其职业兴趣。因此，均衡可能是这样一种情况，即向该群体添加流程的边际效益等于向另一群体添加流程的边际成本，而另一群体则只考虑一个制度的工具性福利主义后果。既然如此，从理论上讲，社会最终将变得冷漠，不关心它通过独立授权的方式实现可信承诺的好处（如果这听起来有些牵强，那么想想美国行政法学家和专业经济学家吧）。

"程序"要求之间可能也存在权衡。例如，为决策者的审议提供公众信息的进程与均衡代理机构政策委员会成员的权力的进程之间可能存在紧张关系，前者为公众提供必要的资金以对该制度如何运作进行辩论，后者则保护公众免受委员会主席权力过度集中的影响。具体而言，将所有政策会议的记录公之于众对公开辩论是有价值的，但有可能将真正的审议工作从集体委员会会议推向主席（或其特使）举行的双边会议。同样，人们可能会对成本和收益的平衡有不同的看法。[1]

这些问题的解决方案不可能既详细、全面，又普遍适用于所有领域或所有潜在的独立机构制度。关于制度设计的公开辩论需具体问题具体分析。有时候，公开辩论的取舍本质上可能是如何在保证民主的

---

[1] Warsh, *Transparency*, pp. 36–39.

"工具性"和"内在性"之间取得平衡。

## 独立机构决策者的"原则"和激励机制

与现代霍布斯派的观点相反，我们已经承认，并非可信承诺的所有问题都可以通过机械性规则来解决。被授权的独立机构需要行使一些受约束的自由裁量权。

然而，"原则"在精神上是霍布斯式的，因为其依赖于将受托型机构决策者的利益束缚在一个授权目标中。"原则"假定，对机构的信任和信任回应（第 6 章）需要精心设计的激励机制（否则机构就会不计后果地采取行动）。

然而，事情远不止于此。我们已在第一部分介绍授权标准时进行了讨论，如果我们试图利用独立机构决策者对威望和地位的渴望，那么社会必须真正重视忠于职守的公职人员，并准备好"给予"他们"尊重"。如果这只是一种伎俩，只授予空有其表的荣誉，那么对于那些追求威望的技术官僚来说，就没有任何价值，如此一来，这显然对社会也没有任何效用。因此，我们呼吁符合"公共美德"的概念或做法，即使其试图避免对个别决策者个人美德的依赖。这是激励机制与该领域价值观相容的先决条件之一。

### "原则"是独立机构决策者的社会规范：引导自我约束

如果将"原则"作为一种政治和社会规范，那么可能有助于建立自我约束的激励机制。

鉴于独立机构决策者在社会中有崇高的地位，他们有机会担任其领域或授权职责之外的思想领袖。长期以来，法官和军事领导人一直面临着这样的诱惑，形成了第 4 章所述的储备道德。在此，这似乎是一个道德问题。但是，这当然也是一系列多样的公众期望的一部分，这些期望有时被非正式地编入法典，它们构成了军事指挥官和法官在社会中的地位。将类似"原则"的东西作为对独立机构授权的限制条件，同样也可能有助于引导央行行长和其他独立机构决策者形成自我约束的规范或道德（这是合法性的前提，在第16章和本书的结论中都有提及）。

当然，这一切都会带来某种变化，这才是关键。哪些团体可能有动机帮助健全的宪政民主转变为这类政治规范［克里斯蒂娜·比基耶里（Cristina Bicchieri）所说的"潮流引领者"］呢？[1]也许，到处都会有立法者。也许独立机构领导人自己，在某种程度上认为有必要作为合法性的寻求者行事。

强力倡导"原则"（或类似原则）的机构，包括国际机构（国际货币基金组织、世界银行、经合组织、巴塞尔委员会和国际证监会组织等行业标准制定者），其整体目的是建立共同的国际政策和规范。然而我们在此遇到了一个问题。过去，这些机构大多主张独立授权，而不总是列出原则性依据（第7章）或保有对地方政治价值观的敏感性。事实上，作为国际自由主义的独立领袖，他们会改变独立机构，不是吗？

## 国外独立机构：对国际政策制定的影响

因此，我们需要面对的是"房间里的大象"，即众所周知但被故意忽略的问题：当独立机构不在国内环境中，而与外国同行一起作为国际政策制定共同体的一部分采取行动时，如何才能维持授权原则中规定的准则呢？

哈佛大学政治学家丹尼·罗德里克有一句名言，全球化、独立国家主权三元悖论和完全民主构成了难以处理的三难困境。[2]如今已过去很长时间了，但这种情境并未有多大改变，民主国家继续加入缔结国际条约和协定的组织。独立机构，特别是中央银行，在很大程度上就属于其中的一部分。在如今这个世界，民主选举产生的议会首先将政

---

[1] Bicchieri, *Norms*.

[2] Rodrik, *Globalization Paradox*.

策判定授权给国内独立机构,然后不同国家的独立机构聚集在一起,以协调甚至制定共同标准,并承诺忠实遵守这些标准。①

与独立机构类似,集体制定国际政策的问题在于可信承诺。在一些国家政策或问题对其他国家产生实质性影响(溢出效应)的领域,国家之间十分关心彼此的行动。每个国家都希望向其他国家做出可信的保证,即没必要为得到互惠承诺而忧心忡忡。从这个意义上说,国际政策制定机制是在彼此和全世界面前共同携手,所以要了解国家自身存在的基本原因(无论民主与否):缓解集体行动的问题(第3章)。

相应地,国家决策者有时会发现,在国际谈判桌上,比完全在国内环境中更易摆脱那些强有力的国家游说团体的影响,否则,这些团体的国内影响力就会威胁到国家的整体利益。此外,尤其在技术含量很高的领域,如果部分"政策"掌握在国际专家手中,国内当局有时更容易承诺坚持其想要采用的制度。我可以相当肯定的是,在担任央行副行长期间,我注意到了所有这些力量的作用。

即便如此,在国家宪政准则范围内,这种状况可能会让独立机构合法化的工作付诸东流。独立机构国际会议审议的成果,也必须以某种方式享有合法性。我认为有四个必要条件:②

1. 把政策制定工作纳入国际机制,应承诺并且在事后带来比国家政治决策者能够取得的结果更好的结果(权宜之计)。
2. 应该民主地支持高级别政策制度(目的)并得到国际机制本身(条约)或其旨在形成约束力(地方立法、民主程序)的实质性政策的支持。

---

① 这里我只讨论独立机构所使用的非正式国际机制,因为当选的执行机构通常参加其规则具有直接约束力的条约组织。
② 我相信,这四个条件可以映射到布坎南和基欧汉在《全球治理机构》(Global Governance Institutions)中提出的"合法性的复杂标准"上。同样,英国给独立机构的授权原则也有广泛的对应关系。

3. 该机构的行为应符合法治的价值观，以便限制独断权力，并防止权利受到侵犯（法治）。
4. 政策制定和产出均应足够透明，从公众辩论和审查中受益，以便社会/国家能够决定是否维持该政权，并对其产出和模式质疑（第四个设计准则）。

英国国内合法化的独立机构应在此基础上参与国际政策的制定，这是"原则"的补充规定。

有必要补充一下最后一个设计准则。第一，国际标准制定者应公开磋商，鼓励各方做出回应。第二，这些国际机构的主要集团和子集团的主席应发表讲话，明确地以国际机构的身份，讲解其思想的演变。第三，独立机构本身应尽其所能，确保国内对其参加的国际审议工作有广泛的了解和认识，说明其机构的国内政策在多大程度上是根据这些国际讨论、协定或标准制定的。

把这些步骤结合起来，就等于认清了国际协调的现实，使之面临辩论和批评。

## 三权分立与具体的独立机构制度

在不与特定政权接触的情况下，我们可以走得很远，但无法走得更远。在第二部分结尾外，两个对比鲜明的案例研究，即对选举委员会和货币当局的研究显示，一个独立机构的特殊目的可以改变其在宪法制度中的地位。

### 选举委员会：是民主的守护者吗

像选举委员会这样的机构，在一些州负责以不同方式确定选区边界、可用于选举的金额、与利益冲突有关的规则、宣传方式等。其目的是通过制定和执行代议制民主的规则以巩固民主国家的完整性。

有时，选举委员会与调查员和反腐败机构并称为"廉正机构"，但这样的说法具有误导性。①从原则上讲，国家三大机构中的每一个都可包含监督其他机构廉正性的机构。但如果一个政治组织希望摆脱这些事情，比如民选代表确定选区边界（英国称之为选区）的事情，并希望保护现任法官不卷入如此具有政治色彩的事情，那就行不通了。

选举委员会的职能并非总是由独立机构承担。在新的民主政体内，这种分离可能更常见，有时由成文宪法规定。但旧的民主政体也很难不受选区划分、竞选资金和选举廉正问题的影响：在本质上，熟知民主并不能抵抗对民主的侵蚀。

无论选举委员会目前在特定司法管辖区有何种正式的地位，作为保证选举廉正的一种工具，原则上可以采用两种截然不同的方式确立。

根据第一种方式，立法机构将根据普通法规设立选举委员会，并让其成为一个受托型机构。实际上民选立法者会说："我们的本意是好的，但我们需要约束自己，为此，我们正在建立一个独立机构，与日常政治高度隔绝。"立法机构将有权修改或废除其授权法案，或推翻委员会的决定，但这样做会很容易被大众看见。

因此，选举委员会以这种方式设立，事实上其独立性取决于公众和政治舆论，也在一定程度上取决于其表现。在关于独立性的突发事件的一个突出例子中，人们普遍认为，2013年，西澳大利亚州选举管理出现问题（选票丢失），一个选举委员会丧失了权力和地位，并因征聘困难而最终丧失能力。②

根据第二种方式，选举委员会将更加深入，最明显的方式是通过基本法或宪法设立选举委员会。议员不但不能干预，也不能通过普通法律任意废除或修订该制度。虽然出现了关于如何委任委员及如何向公众交代的问题，但是这显然超出了"原则"的范围。

事实上，无论是通过法律还是公约，在保护民主进程完整性方面的深度防御作用，使一些选举委员会具有监护人的地位，其地位高于

---

① 廉正机构和选举委员会之间的区别也在阿克曼的《新三权分立》（New Separation of Powers）中有所体现。他把选举委员会分配给一个民主部门。

② "Inquiry into the 2013 WA Senate Election," www.aec.gov.au.

/267

常规的独立机构，并且可能构成真正的第四分支机构。

## 中央银行在宪法秩序中的地位如何

我们的另一个案例的研究，从货币当局的角度得出了一个不同的结论，甚至在某些方面更有趣。作为第四部分的铺垫和前奏，我们在这个问题上花了更多的时间，因为如今的中央银行是非民选权力的缩影。

在第二部分的导言中，我们大胆地提出，在民主政治中，将价格稳定视作公共政策目标的合法性是实现自由的一个条件。这是否意味着，正如米尔顿·弗里德曼在纪念美联储成立五十周年大会上所引用的声明中说的那样，央行是政府的"第四分支机构"？

这个想法激励了其他人。如第8章所述，对詹姆斯·布坎南来说，这意味着政策应受到严重限制：

> 一种类似于独立司法机构的机构似乎是必需的，但是必须受到宪法规定的参数的约束。①

无论罗伯特·达尔是否认为这是一件好事，他都会把中央银行纳入他的"准监护人"行列（因为"央行不会拥有柏拉图针对真正监护权提出的道德和认识论上的正当性理由……"）。②最近，英国公法理论家马丁·洛克林（Martin Loughlin）把央行行长纳入"监督官"行列，这个名称是向负责监督国家基本福利的斯巴达人致敬，因此监督官在某些方面凌驾于国王之上。③

---

① Buchanan, "Constitutionalization of Money," p. 256. 布坎南几乎是在说，这只有在一个成文宪法而非议会是最终主权权威的政体中才能实现。这只是将最高政治阶层的重心，包括党派之争，转移到了解释宪法的最高法院的法官身上。
② Dahl, *Democracy and Its Critics*, p. 337.
③ Loughlin, *Foundations of Public Law*, chapter 15. 从更广泛的包括第四分支独立机构的角度来看，维伯特的《非民选的崛起》(*Rise of the Unelected*) 一书将央行视为权威机构。

为了理解中央银行不是常规独立机构的说法，让我们回到我们在第一部分开始时提到的国王，他将财政、司法、信息和军事权力紧握在手中。迈向现代国家的最早步骤之一是，要求中世纪的议会批准国王征收额外税收的愿望。它仍然是三权分立的核心。如果行政政府能够用印刷钞票的权力来代替合法的税收权，这种分权就会受到破坏。如果行政机构控制了制造货币的权力，那么它至少能够推迟向立法机构寻求额外"供给"的需要，而且最坏的情况可能是利用通胀消除债务的实际负担，以减少需要议会或国会批准的税额。换句话说，它可能会篡夺立法机构的特权。

对此只有两种解决方法。一种方法是通过一项法律，把货币绑在有约束力的、机械性的规则上，最明显的是一些物理标准，比如黄金。如果一个社会接受法定货币的话，另一种方法是将货币价值的管理委托给一个机构，该机构的设计宗旨是不受短期流行的需要和诱惑的影响。

立法机构必须在商品标准和独立的中央银行管理的法定货币制度之间做出选择。虽然观点不同，但回归金本位制不太可能成为当今全面民主国家的选择。旧金本位制的目的是提供货币的外部可兑换性和稳定性，这符合那些从事国际贸易和国际兑换的国家的利益。由此产生的国内产出和就业的波动在政治上可能无法在现代世界持续下去，公众希望在采取措施使商业周期平缓的同时保持物价的稳定（宏观经济稳定政策）。这是所谓的嵌入式自由主义的一个方面，它由一个系统组成，该系统包含了一些降低自由市场资本主义个人或群体的成本的措施。[1]

## 中央银行的独立性是高级别分权的必然结果

根据这一观点，一旦采取法定货币政策，独立的货币管理机构就是支持分权的一种工具。该管理制度是高层宪法结构及其背后价值观

---

[1] Ruggie, "International Regimes." 鲁吉（Ruggie）本人关注的是福利国家，而不是宏观经济稳定政策。

的衍生品。

这是一种实质上不同的保证，保证中央银行独立于被纳入授权标准的福利主义和民主测评。[1]它们是许可型的，限制了可以合理授权给独立机构的范围（可信承诺，没有重大的价值判断），而现在我们有理由将货币政策下放给独立机构。

### 禁止政府的货币融资：共和主义的观点

这种观点为中央银行不应向政府提供"货币融资"的规则提供了一个双重宪法基础。一方面，如果政府能要求中央银行融资，它就可以通过不正当的方式获得通货膨胀税，那么对稳定的承诺将缺乏可信度。对这些要求的限制可以被认为是中央银行的财政盾牌。[2]另一方面，如果中央银行可以自行决定是否直接向政府贷款，而不受其稳定目标的限制，它将能够决定一个财政拮据的政府是否能够生存下来，这使它成为一个主人而不是一个受托人。"禁止货币融资"规则的两个要素都借鉴了共和主义的非支配价值观。

### 宪法上必要但不平等的第四分支

我们现在可以概括地说，中央银行作为货币当局在以下事件中的立场：

- 货币独立是被允许的（原则上可以实现合法性），因为通过承诺，它可以前瞻性地取得更好的结果，并有助于保护人民的自由，同时（第四部分所述）符合原则的限制因素。
- 此外，这可以作为支持更高层次的宪法分权的一种规范化的保证手段。这并不是货币政策本身固有的时间不一致性福利问题的结果，而是因为货币政策本来可以被民选行政当局用作一般

---

[1] As, for example, in Blinder, *Central Banking*, and Drazen, "Central Bank Independence."
[2] 第四部分在讨论央行流动性和信贷政策引发的担忧时，我们引入了财政削减的概念，以补充这一保护措施。

税收的工具。
- 但是，与立法机构承担（假如说）法院裁决个人纠纷的职能不同，如果人民赋予立法机构通过普通法律征收通货膨胀税的权力，是不会令人反感的。
- 因此，在法定货币制度中，独立是高层宪法分权的必然结果，但不需要嵌入基本法中。
- 在不嵌入基本法的情况下，立法机构不仅可以推翻该机构的决定，还可以改革或废除该制度。因此，为了从可信承诺中获益，央行法规需要得到广泛的公众支持。
- 为了避免中央银行拥有与立法机构类似的权力，有必要制定一项"禁止货币融资"的规则。如果它能够选择是否为政府提供资金，那么它将类似于一个非常强大的机构：实际上，在某些情况下，它是一个具有支配地位的上级机构。

## 真正的独立机构的等级制度：受托人和监护人

前文介绍的选举委员会和货币当局的两个案例研究丰富了真正的独立机构的概念。与第 4 章中介绍的单一类受托型机构相比，我们现在对独立机构体制的等级制度有了更清楚的了解：

1. 受托型独立机构是通过普通法规设立的，出于纯粹的结果主义，对公共政策目标做出可信承诺（例如，为充实金融体系的弹性标准而设立的监管机构）。
2. 不是基于宪法设立的受托型独立机构，这些独立机构是上级分权的必然结果（例如，独立的货币当局）。
3. 基于宪法为维护民主和法治而设立的监护型机构（通常是宪法法院，可能还有一些选举委员会）。

为了强调我们先前的结论，似乎很难争辩说第一类或第二类受托型独立机构可以与其他正规机构一起构成政府的"第四分支"。那三个分支机构对机构拥有权力——创建与宗旨及权力（立法机构）、任命（行政机构）和遵守法律（法院），但反过来说并不成立。在这个世界上，根据授权原则，游戏规则可以设定和修改，并由三个熟悉的高级别分支机构监督。

相反，属于第三类的真正独立机构可能构成一个独特的第四分支。它们实质上是民主进程和法治的捍卫者。高级司法机构，或许还有独立的选举委员会，都符合这一描述。通常情况下，央行不属于这一类别。

## 央行可能会变得过于强大吗

在第二部分结尾处，我们回答了弗里德曼的问题，即在民主宪政共和国中，独立的中央银行是否或应该被视为第四分支机构吗？答案为否。然而，我们必须加上两个限定条件。

第一，那些根据条约建立的央行（尤其是欧洲央行）超出了民主选举产生的权力的范围，并已采取行动支持它们所服务的体系，情况又如何呢？

第二，即使没有被恰当地视为第四分支机构，央行是否仍有可能成为权力过大的全能机构呢？正如20世纪初美国"强盗贵族"的问题所显示的那样，个人和组织可以行使许多政治权力。当大型政府机构有国家的财政和强制权力作为后盾时，风险难道不是更大了吗？我们的原则是否足以保证它们不会在政治上行使权力？我们最终会依赖于自我克制的道德规范吗？

为了解决这些问题，我们需要将关注点从第二部分的价值观转移到对激励政策的仔细研究上。我们的目标是建立一个激励–价值观兼容的独立机构制度。在第三部分中，我们将着眼于现实世界的国家结构，在这种结构中，各国央行和其他独立机构在国内和国际上都能找到自己的位置。然后，在第四部分中，我们将更仔细地研究危机后中央银行的权力，以及如何确保其合法性在实践中不会因为成为权力过大的全能机构而受到损害。

# 第三部分

# 激励

现实世界中的行政国家：
不同宪制结构下的激励和价值观

> 危险的野心多半隐藏于热心于人民权利的漂亮外衣之下，而很少被热心拥护政府的坚定而严峻的面孔所掩盖。
>
> ——亚历山大·汉密尔顿

> 首先，政府要能控制他人；其次，政府需要学会自控。
>
> ——詹姆斯·麦迪逊①

本书的前两部分从现实的国家结构中抽离出来，阐述了授权的原则，然后对照宪政民主的一般概念对这些原则进行了考察。现在，是时候研究现实世界了。接下来的几章将更细致地探讨不同国家宪法构建、监督和追究独立机构责任的能力。在决定是否以及如何使政策与政治保持一定的距离时，这些国家的政府又将如何处理汉密尔顿和麦迪逊这两位西方政界权威在价值观上明显的对立关系呢？

如果说资本主义有多种形式，那么很明显，宪政民主也有多种形式。②而这一调查不可避免地会缩小范围，将重点放在美国、英国、法国、德国和欧盟其他国家（在较小程度上），以及一些经济发达的民主国家。

我们的根本问题是，在这些不同的制度中，按照授权原则建立的独立机构是否会违反宪法规定，是否会自然地遵循应有的秩序。如果这些原则在规范上不与司法管辖区的宪法秩序产生冲突，那么就要看不同的国家结构和政治惯例在实践中是否能够适应这些原则。随之出现的一个重大问题是，作为特定宪法结构基础的价值观是否总是与这些结构产生的激励相一致。因此，我们首先从一个国家的宪法和政治结构如何影响其立法者的立法动机开始说起。

---

① From Hamilton, Madison, and Jay, *The Federalist*, Nos. 1 and 51, pp. 3 and 266.

② On the former, see Hall and Soskice, *Varieties of Capitalism*.

## 宪法结构对政治的影响

在对第二部分所述原则进行的政治价值稳健性测试中，我们假设代议制民主只不过是行政机构与立法机构之间的权力分立，而法律的完整性部分掌握在独立的司法机构手中。在现实世界中，宪法结构更加丰富，而法律制度则借鉴了不同的传统做法。

许多政府（但不是全部）削弱了不同议会的民选立法权。行政和立法机构之间的分立程度从高（美国、欧盟）到低（英国）不等，一些州是单一州制，另一些州则是联邦制，而后者在中央和各州之间的权力划分上表现出很大的差异。

代议制民主最基本的制度即投票制度，也有不同的形式。民主政府通常由地区（或英国所称的选区）组成，选举委员会会选出一名或多名候选人来代表每个地区。有些地区有"票数过半"（简单多数制）的选举规定；其他地区实行按比例选举，可以针对政党名单而不是个别候选人进行投票。

在一些国家，包括选举制度在内的整个国家结构一揽子计划被正式载入成文宪法或基本法，其长度和时效不同，且存在或多或少的修改障碍，其含义会因实践和解释的不同而发生演变。在其他国家，特别是英国，宪法包含了一些法律、惯例和公约，而这些法律、惯例和公约并不是在一个地方编纂的。①无论是否正式编纂，联合政府是否规范，关于竞选资金的法律是严格（英国）还是宽松（美国），以及对社会和经济权利的主张是否可由法院审理，宪法体制都会影响政治的各个层面，包括政党结构（无论是少数党还是多数党，且无论其当选代表是否遵守纪律）。

政府的建设和议员个人相对于党魁的独立性取决于这些高级别的

---

① 这并不排除在一个地方非正式地总结一揽子措施。在前内阁大臣奥唐纳的倡议下，英国以新西兰为榜样，于2010年12月出版了《内阁手册：关于政府运作的法律、公约和规则的指南》(*Cabinet Manual: A Guide to Laws, Conventions and Rules on the Operation of Government*)，该手册没有正式的法律效力，也不是一成不变的。

规则和惯例。同样的激励和约束对行政机构的结构和监督方式有着巨大的影响。

## 两种简单多数制：英国与美国

尽管美国和英国在诸多方面有很大的不同，但仍处于选举制度的一端。它们的立法议会由单一成员构成的地区代表组成，这些代表以多数票当选，公众没有法定的投票义务，这通常被称为多数主义，是现代代议制民主的一种简称。在这两个国家中，政府实际上都不需要普选的多数人，更不用说那些有权投票的人了。然而，对比英美两国会发现，即使是在简单多数制下，情况也会有所不同。

在英国，单个候选人的选举（或连任）前景通常在很大程度上取决于他们所在政党的受欢迎程度，尤其是他们的政党领袖，因为选民们知道他们很可能选择一个能够为其计划立法的单一政党政府。这使得政党领导人和议会正式成员对国家舆论高度敏感，从而也催生了很严格的议会党纪，除非后座议员辞去职务，否则如果不改变党的领导层，他们将不会再次当选。

相比之下，在美国，由于参议院、众议院和政府之间需要保持一致，所以美国的政党纲领难以获胜，选民更关注候选人对当地利益和价值观的敏感性。党派的纪律通常是宽松的，其结果是，立法结果反映了许多相互竞争的立场和观点之间的相互协调。①

综合考虑，这些高级别的宪法结构和政党政治制度影响着各委员会在立法机构中的作用和影响力。在美国，国会领导人和委员会掌握着立法过程的关键权力，包括提出并实际上否决法规草案的权力。委员会成员受到激励，允许同辈在那些与选民的地方利益最相关的委员会中任职（根据第 11 章中利益集团多元化支持者的观点，他们可能具有信息优势）。②鉴于政党纪律相对宽松，委员会成员通常可以自由地

---

① Pettit, "Varieties of Public Representation," appendix.
② Shepsle, *Analyzing Politics*.

追求这些地方利益以及他们认可的国家利益。因此,美国的法案很复杂,为了获得委员会和/或议院的多数票,有时要采取必要的特殊措施。

相比之下,在英国,议会特别委员会在立法方面没有正式作用,相反,实际上是行政部门垄断了立法。在下议院和处理立法草案的(不同的)法案委员会中,政党纪律严明。上议院(在今天通常扮演"自由修正室"的角色)可以推迟出台和修改立法草案,这意味着如果与后座议员一起使用资金的话,当局有时可能不愿意推翻其在下议院的措施。然而,法律基本上会获得通过,法规的技术完整性在很大程度上得到了议会顾问团专家办公室的支持,该办公室可以对反对党草案或政府决定的第二议院修正草案进行技术改进。

对我们而言至关重要的是(在第15章中提过),下议院议员的党派划分通常不那么分明,也就是说,当他们在监督独立(和其他)机构的特别委员会中任职时,他们的党纪并不那么严格。对许多后座议员来说,委员会可以说已经成为他们政治影响力和威望的主要来源。因此,他们通过对公共政策实质性的联合干预,在监管立法方面获得了非正式的影响力。

或许总结这两种多数主义制度之间差异的最好方法就在于是否有决断权。[①] 在英国,政府可以支配所有:因为一旦它的计划不能获得议会的通过,它就不再是政府了。相比之下,美国政治结构中的多数主义因素被众议院、参议院、总统(和法院)的立法权分散抵消了。用政治学家的话来说,这创造了许多"否决权"。[②] 当一个政党掌握立法三角的所有三个要点时,通过的法案可能比"分裂的政府"下通过的法案更多,反对派可能要等很多年才有机会废除这些法案。换句话说,美国的立法体系在一定程度上是有意为之的,很少具有决断权,即使有,也容易陷入令人绝望的极端。这一点对于行政机构的结构是

---

[①] Cox and McCubbins, "Political Structure."
[②] Tsebelis, *Veto Players*. For background on veto powers in the US Congress, see McCarty, Poole, and Rosenthal, *Political Bubbles*.

非常重要的。

## 共识体系与欧洲大陆

美国的政治体系依靠妥协来完成任务，这与那些依赖共识和社团主义的欧洲大陆民主国家有一些共同之处（在第 11 章中提过）。阿伦·李帕特（Arend Lijphart）注意到，在宗教信仰或种族等"严重分裂"的国家，权力更有可能被共享。因此，阿伦·李帕特对比了"共识"和"威斯敏斯特"民主模式的体制。[1]前者是明显的比例代表制，有多个政党和联合政府，包括主要政党的"大联盟"，相比之下，这些联盟仅出现在英国的国家灾难或重大战争时期（这可能会被认为是极端主义在联合政党之外获得临界规模的风险）。[2]

除了由专门的宪法法院支持的自由制衡之外，这种制度往往将权力分散给官僚机构。社团主义和授权被认为是降低了冲突的发生率，且这些冲突对于代表分裂社区不同部分的民选政治家来说可能是棘手问题。这些"与世隔绝的法庭"被认为阻止了技术官僚对社会经济和公民权利的侵犯。自二战以来，社会经济和公民权利一直是欧洲大陆的标杆，事实上，这种政府体系往往能够积极地接纳非多数主义的机构，因为它们有助于避免权力的集中，并可能传播有助于促进公众共识的公正信息。独立的央行完全符合这种情况。[3]

在第三部分讨论的欧洲国家中，德国虽然只讲一种语言，但具有许多共识政体的特点。和美国一样，它是一个联邦国家，有着成文的宪法和强大的宪法法庭，它的文化是以规则为基础的。但它采取的也是议会民主制，国会议员按照比例代表制选举产生，从而组成联合

---

[1] Lijphart, *Patterns of Democracy*. 李帕特对英国政治体系的描述已经变成了一幅漫画，随着时间的推移，淡化了法院、第二议院以及各特别委员会的作用。但从宏观上看，他的对比是成立的。Dahl, *Democracy and Its Critics*, chapter 18.
[2] 这些可能是 2017 年德国大选的前两年就有的文字。
[3] Cama and Pittaluga, "Central Banks and Democracy."

政府。

欧洲大陆的另一个例子是法国，它拥有半总统制的政府体系，允许总统和来自不同党派的议会多数派共存。①它有相当严格的短期政党纪律，但也有政党分裂和重组的传统（也许是由选举引起的）。总的来说，这可能会把法国推向优柔寡断的境地，除非出现一位强势的总统能够得到议会多数党的支持。然而，与美国形成鲜明对比的是，行政一致性通常由高度同质化的技术官僚精英来维持，这些精英在著名的法国国家行政学院接受培训。这一群体跨越国家的所有部门，包括宪法法院以及私营部门中的关键部门，传统上认为自己致力于体现共和国的价值观。

## 欧盟的特例：联邦治理

法国和德国，以及脱欧之前的英国，都是欧盟成员国。正如第2章中简要描述的那样，欧盟是一个主权国家联盟，通过一系列条约暂时取消或汇集国家主权的要素，从而形成了欧盟法律的主体。它的法律指令必须在全国执行，其中的一些法律，包括一些机构制定的规则，具有直接效力。在其机制内，欧盟委员会对立法法案的正式提出具有垄断权，由部长理事会和议会做出决议。对于某些措施，大部分监管国理事会以绝对多数（有资格的多数投票）而不是全体一致的投票方式做出决定。

而在现实中，政策制定在欧盟的法律机构和成员国的政府协定之间存在着波动的空间。在关键时刻，包括在2008—2009年金融危机中，后一种模式往往占主导地位。正如德国总理默克尔经常评论的那样，欧洲是在法律约束下以协商一致的方式发展的。

欧洲议会的特点进一步加强了这一点：议会成员在每个成员国内通过单独选举，以政党名单比例代表制确定。没有欧盟范围内的政党，取而代之的是各种中间偏右、中间偏左的全国性政党代表。作为公开

---

① Elgie, "Semi-Presidentialism."

的联盟，这些集团做出了更进一步的妥协。

议会规模很大（有超过 700 名议员），其委员会也同样庞大：截至 2016 年年末，负责监管欧洲央行和金融监管的经济委员会有 61 名成员。因此，立法辩论和机构听证会期间的发言时间受到严格限制。在立法方面，议会由有关委员会主席和该委员会成员选出的一名报告专员代表议会与理事会和委员会进行所谓的三方对话谈判，其结果是，在立法通过所需的最低投票数的阴影下，赋予相关专家权力。

欧盟制度区别于国家民主制度的一个非常重要的特点是，在欧洲议会选举之后，尽管欧盟委员会的组成（作为一个整体）必须得到议会的批准，但总体政策轨迹往往不会发生变化。

## 政治激励、价值观和行政机构的设计

这些不同的国家安排形成了涉及政治文化的激励和规范措施，对行政机构的形态、是否授权、如何授权以及监管安排产生了深远的影响。

## 激励的力量

那么，不同司法管辖区的潜在政治结构会如何影响权力下放呢？第三部分的导言为此提供了一个大纲，我们将在接下来的几章中详细解答。

英国的主要政治家历来习惯于在执政期间控制政策，因此，我们预计他们会对权力下放持有偏见，就像他们在历史上所做的那样（第 2 章和第 17 章）。用一位政治学家的话说，他们（和他们的公务员）天生就是"权力囤积者"。[①] 出于稍有不同的原因，我们同样会认为，政治和行政领域的法国精英，对将权力下放给独立机构持怀疑态度（这一点可以从第 2 章中克里斯蒂安·诺耶的话中得到证明）；如果要实现这

---

① 2012 年 5 月，马修·弗林德斯（Matthew Flinders）向英国下议院政治和宪法改革委员会提交了书面证据。

一目标，就必须非常小心地确保其精神体现在机构领导人的选择上。

在与其截然不同的典型高度分化的政府形式下，无论是行政部门还是立法部门，美国的政界人士都不习惯控制政策，这使他们有可能在体制和个人影响之间相互斗争，包括阻碍或压制对手的力量。

然而在美国，向独立机构授权可能是一种手段，以让那些短暂行使立法权时碰巧被他们青睐的政治人物卷入某种政策的实施中；而在协商一致的民主国家中，下放权力给非政治家可以从结构上解决政体内部不同群体之间的社会价值观或观点相互冲突的历史问题。换句话说，正在进行持续谈判的美国式利益集团多元化过程可能是基于表面现象的"多元化"（因此，如果意识形态上的差异有朝一日演变成更深的社会分裂，或许事实正是如此，那么多元化可能会被削弱，甚至变得僵化）。

与此同时，在欧盟，欧盟委员会有激励措施（也可以说是义务）推动立法措施，将监管权力集中于共同体这一级。[①] 个别成员国的政治家为了维护自己的权力，会有目的地抵制该举措，除非欧盟的某项倡议能使他们干涉本国竞争对于反对的某项政策，或者通过将某一领域移出国家政治来逃避责任。

最终结果是否如此，取决于特定的民主治理制度所产生的权力下放的激励与这些制度对应的价值观是否相契合。事实证明，这对于理解关于行政机构的全国性争论是非常重要的。

## 问责制：英国关注的重点

在立法权力集中的英国，很少有人怀疑最终应由谁来决定一项法律条款及其随后执行的程度，因为一切都由当时的行政政府来决定。

由此推断，问责制在英国公共生活中扮演着核心角色。在对于谁应该对此负责的问题上没有任何含糊之处：政府、下议院、国家和法院。两个主要政党几乎没有权力下放的动机，这与行政部门问责制的

---

① A similar point is made in Majone, "Two Logics."

深层规范是一致的。

半个世纪前,在授权治理呈爆炸式扩张之前,一位知名评论员刻画了历史上议会至上这一原则是如何调和英国制度的两大支柱——议会控制下的政府和法律控制下的行政行为的:①

> 大臣负责制成为英国体制的关键。只要这仍然是一个现实,整个宪政大厦就可以维持下去;如果这不再是一个可行的概念,那么法律基础和政府运作就会开始逐渐解体。

独立机构(另外还有独立的欧盟成员国)的出现,可能会改变这种微妙的平衡关系,并有可能颠覆这种平衡。这就解释了为什么问责问题在英国关于独立机构的争论中如此重要。②

与此形成鲜明对比的是,在美国,任何参与者都可以对立法或行政部门的执行拥有事实上的否决权。在政府、众议院、参议院及其委员会和成员的贡献、底线和妥协问题如此难以权衡的情况下,谁应该为一项法案承担责任,以及之后诉讼人和法院在决定立法意味着什么中扮演着何种角色,这一切都是很难弄清楚的。因此,"问责制"在美国政治文化中所起的作用似乎比其在大西洋彼岸的作用要小,因为从设计上看,分裂的责任是需要共同承担的。③

在这个世界上,人们普遍认为,司法监督机构对法院负责是司空见惯的事,而这在英国人看来有点奇怪。

## 根据宪法通过法律的权利:美国关注的焦点

相反,恐怕许多美国人会惊讶于英国和其他一些欧洲国家对行政

---

① Vile, *Constitutionalism*, p. 254.
② Wright, "Politics of Accountability."
③ 令人惊讶的是,美国关于民主理论的著作很少提到问责制,除了达尔(Dahl)的《民主及其批评家》(*Democracy and Its Critics*)之外,寥寥无几。

机构制定法律（以具有法律约束力的法规的形式）以及更普遍地行使自由裁量权所采取的宽松态度。这从根本上推动了对美国行政州进行改革的提议，同样地，也有人呼吁国会为美联储制定利率规则。

问题的根源在于，只有当一个拥有受欢迎且充满活力的领导人的政党赢得了选举三角的全部席位——总统、众议院和参议院时，宪法才为立法计划扫清了道路。此外，如果联合政府是在响应一种能被普遍感知的全国性需求（也许是在紧急情况下），而且该政策和总统都得到了全国各地的支持，那么法院就可能会倾向于允许在宪法上有风险措施的存在。①

当典型、短暂的联合政府时期过去时，反对党可能无法得到一个现实的机会来废除一项他们十分厌恶的政策，除非他们掌握了三角关系的全部三个要点。如果这需要很多年甚至几十年的时间，那么这项政策的改革将成为国民生活的一部分，政府的结构、国家的作用或人民的法定权利都将改变。这就是宪法在没有被正式修订的情况下的演变。可以说，现代行政机构的存在本身就是一个例子。②

因此，具有讽刺意味的是，如果伯克的"规范合法性"通过历届政府承袭某项措施而在他的祖国发挥作用，那么一种不那么令人高兴的体制似乎在美国得以牢固确立。在那里，时间不一定能让伤口愈合。事实上，当某一方的领导人被证明能够改变国家政府的体制结构，从而改变宪法时，就像新政时期对行政机构的改革一样，一些问题可能会被永久解决。

在美国，激励和价值观可能在其他方面存在分歧。正如我们将看到的那样，如果国会鼓励人们推卸责任，制定规则的权力就可以在任何地方由议价能力的平衡而不是由有关政府结构的价值相容原则所引导（第13章）。可以说，与经济学家所强调的狭义的激励兼容性相比，

---

① 恩斯特在《托克维尔的噩梦》一书中讲述了这样一个故事：20世纪30年代，美国的首席大法官休斯做出了让步，从对行政机构的实质限制放松到要求其具备程序完整性。
② 宪法转折点（或"时刻"）这一颇有争议的观点，在阿克曼的《我们人民》（We the People）一书中被提出。

美国体系在努力实现激励与价值观的兼容。这或许可以在某种程度上解释为什么在美国许多关于行政机构的评论中充斥着令人烦恼和痛苦的语气：鉴于立法者的激励机制，政府很难实现自己的价值观。

## 结果合法性：是否是欧盟的解决方案

欧盟的情况又有所不同。为了推动和维持其项目，成员国鼓励赋予非选举产生的委员会启动立法的垄断权，并将各种管理职能下放给该委员会，随后再下放给独立机构。由于缺乏民众参与，而且整个欧洲大陆也缺乏积极的公开辩论和对欧盟事务的参与，这种非民选权力结构促使人们认为民主的价值观是通过"输出合法性"（本质上是后果主义的合法化战略）来实现的。[1]然而，这是站不住脚的。因为它依赖于由"程序独立标准"来验证的监管，这些标准不需要民主程序的事先认可，坦率地说，它依赖于持续成功的结果。

这一差距不能通过补充"制度结果"合法性的概念来弥补，尽管这一概念至关重要（大致上与法治价值观相对应，再加上各种形式的参与，因此也符合第二和第四个设计准则）。[2]这是因为，这种合法化战略（产出加产出证书）不能通过体现民主价值观的程序，为非民选技术官僚划定实质性的禁区。因此，它暗示了由于欧盟几乎没有再分配能力，从定义上讲，其监管干预几乎直接针对价值 – 中立（values-neutral）效率的提升。但是，正如第 3 章和第 5 章中所讨论的那样，在现实世界中，效率和公平之间没有清晰的界线，而考虑到欧盟委员会推动扩大欧盟监管范围的动机，这一点就显得尤为重要。[3]因此，通过选举产生政治家很有必要。

---

[1] 尽管沙尔夫（Scharpf）在更早的时候就提出了这些想法，但他在英文版的《欧洲治理》(*Governing in Europe*) 中对欧盟产出的充分性持悲观态度。
[2] 施密特的《民主与合法性》(Democracy and Legitimacy) 区分了"制度"和"建设性"的产出。
[3] Majone, *Dilemmas*, chapter 7.2.

如果民主制裁主要来自部长理事会和首相级欧洲理事会，那这就意味着，他们有责任就建立欧盟独立机构制度的措施开展必要的公开辩论。然而，这种价值观驱动的计划很可能与他们私下谈判的动机发生冲突，从而在将价值选择授权给非民选技术官僚方面做出妥协（违反我们的授权标准，超出了"产出"、"生产量"和程序性"输入"的合法性测试）。目前看来，似乎需要一种更透明的制度（例如，在讨论和通过法案时举行公开会议），这样才能使与会部长的激励措施更接近于民主价值观，从而使其国家权力合法性所依赖的公开辩论更加一致。①

## 路在何方

我希望，关于民主政府的特定体制结构如何塑造或改变信念和规范的这些例子有助于表明，在现实世界中，关于行政机构合法性的辩论的复杂性是不可避免的。虽然任何政体的制度都是由其特定历史形成的深刻信念所塑造的，但这些信念和价值观本身在一定程度上也受继承的体制结构及其产生的激励因素的影响。

既然我们在这里探讨的是权力问题——权力的拥有者是谁，权力的目的是什么，权力的条件是什么，那么事件、信念、价值观、规范、法律和制度之间的相互联系，都不是小事。要使公共政策激励措施与之兼容已相当困难，而要让其与激励价值相容可能更难，尤其是在政府结构创新方面。

我们将在接下来的几章中探讨这一点，首先会探讨当地的激励和价值观是否会影响权力下放给独立机构，以及在经济发达的西方民主国家中，模糊的目标、问责制和紧急情况下的挑战是如何变化的。在此过程中，我们将再次回顾独立机构作为国际集体决策者所面临的特殊挑战。

---

① 《欧盟运行条约》（TFEU）的第 15（2）条似乎已经要求这样做了，但我们并没有看到安理会进行电视辩论。

# 13

# 国家在原则性授权下履行可信承诺的能力

> 想要有长期成功的经济表现,不仅要有对经济主体的适当激励,还要有对政治主体的激励……宪法必须是自我履约的,这样,主要政党就有必须遵守它的动机。
>
> ——道格拉斯·诺斯(Douglas North)与巴里·温加斯特(Barry Weingast),1989年①

授权给真正的受托型独立机构的规范性案例的核心是,在某些领域,人们的福利可以在不违背宪政民主的深层价值观的基础上,通过实质性的减少可信承诺问题而得到改善。这些机构在实践中是否存在或能否存在,取决于立法机构是否有能力制定具有适当约束力的承诺制度。其结果可以用一个二维矩阵来表示,在一个维度上,无论授权原则(或类似的原则)是否能够得到满足,在另一个维度上,无论一个制度的制定是否能够被授权给一个真正的独立机构,都可以有五种结果(见表13.1)。

其中三种结果令人特别感兴趣,因为它们意味着立法者犯了一个错误,要么使人们的处境比他们想要的更糟(对独立机构的授权不足),

---

① North and Weingast, "Constitutions and Commitment," p. 806. 具有讽刺意味的是,这篇论文所研究的是关于1694年创建的英国央行对于英国的价值,目的在于实现政府偿还债务的可信承诺。而今天的正统观点则认为,各国央行应该被禁止为政府提供货币融资,以便对低通胀做出可信承诺(第四部分)。

表 13.1　五种结果

|  | 满足授权原则 | 未满足但是能够满足授权原则 | 不能满足授权原则 |
| --- | --- | --- | --- |
| 授权给独立机构 | 民主合法性福利改善 | 可补救的合法性问题 | 不可补救的合法性问题 |
| 受政治控制 | 不适用 | 福利机会成本 | 敏感的 |

要么在支持政府制度的情况下承担不适当的风险（对非民选官员的过度授权）。一个国家可能更容易犯这样或那样的"错误"，这取决于其宪法结构和规范所产生的激励。

在本章中，我们将研究主要司法管辖区是否能够在不下放不适当权力（如分配选择或制造刑事犯罪）的情况下将自己（及其公众）绑在桅杆上。事实证明，承诺能力并不取决于一个司法管辖区的法律制度是基于民法还是普通法，而是取决于其宪法结构和惯例所产生的激励。粗略地说，我们的初步结论是，美国更有可能承担机会成本，但也面临合法性风险；英国可能面临合法性风险；德国可能拥有更多事实上的独立机构，而非法律上的独立机构，这引发了一个问题，即德国的法律规范是否与其关于有效管理的价值观和信念保持一致。然而，在上述每一种情况下，以及在法国乃至欧盟，只要类似的原则成为一种规范，授权政策变得更具原则性就没有了不可逾越的障碍。

我们将从美国开始，然后探讨英国、法国、德国乃至欧盟，分别考察宪法的功能和否决权。

# 美国

在美国，完全授权给不受外界影响的机构的能力面临无休止的争论。虽然没有人质疑，国会可以为一个机构免除年度预算批准，但它在立法上不受总统约束的能力被质疑。

20世纪中叶，机构制定的规则常常被认为有准立法性质。但今天，美国主流法律学者更倾向于认为，无论规则是否具有准立法性质，作为一个法律问题，它必须在行政权力下执行，因为宪法（第一条）

规定"所有立法权都属于国会":①

这些活动采取"立法"和"司法"的形式，但它们实际上是根据我们的宪法结构，行使"行政"权力。

对于局外人来说，这可能会像刘易斯·卡罗尔（Lewis Carroll）的"红心皇后"（Queen of Hearts）那样，重新定义词语的含义。但合法性是法理性的三个组成部分之一，没有人会对最高法院在合法性问题上拥有最终发言权表示严重怀疑。

有一种观点认为这种授权是被允许的，这一论点的实质是，虽然宪法赋予国会立法垄断权，但它允许行政部门"补充"法定条款的细节。此外，各机构可以履行补充职能，因为宪法不要求总统直接控制执行机构，而是对其行使普遍的监督。因此，反对以宪法为框架的授权有以下两种形式：要么让各机构过多地自由补充细节（下一章的主题，也是英国的授权标准和第一个设计准则），要么独立机构（如我们所界定的那样）和半独立的管理委员会都不服从总统的监管。

## 多重否决权的效果

这些问题不可避免地与美国政府体系所创造的激励机制的结构纠缠在一起。众所周知，美国政府体系拥有大量否决权，阻碍了任何形式的体制变革。事实上，这是创始人詹姆斯·麦迪逊的目标之一："立法权威的重要性要求它应该……分裂。"② 以下是对这一过程的描述（在接下来的两章中将进行详细阐述）。法律很难通过，一旦通过，则很难被改变或废除。国会很难确定明确的目标，即使在同一党派控制下，参议院也可以限制总统对机构政策委员会成员的遴选；国会各委

---

① 阿灵顿市诉联邦通信委员会案，2013年，引自沃缪勒的《菲利普·汉伯格的评论》（Review of Philip Hamburger）。这一观点似乎认为，美国政府的每一个机构都必须是宪法规定的三个分支机构中的一个，而且只能是其中之一。这一观点在施特劳斯的《代理之地》（Place of Agencies）一文中受到了挑战。

② Madison, No. 51, in Hamilton, Madison, and Jay, *Federalist*, p. 267.

员会监管机构的激励机制很弱,除非受到选民或有权势的利益集团的推动,但它们可以选择对那些在法律上控制财政(拨款)的机构进行严格"控制";① 作为非选举产生的政策监督者和决策者,法院既面临有价值的激励措施,也面临不那么有价值的诱惑,以填补人们所认为的限制机构的空白。

## 对比总统与国会的"控制"

最终的结果是行政机构、半自治委员会和真正的独立机构(如美联储)的大杂烩。在任何特定情况下,所选择的结构取决于政治家们的结盟,如果有任何政治主体可以对其施加持续的"控制",那么就会产生非常严重的后果。

对于执行机构来说,总统拥有相当大的权力:解雇政策制定者,让白宫领导人审查规则草案,发布行政命令,说明他们是如何完成任务的。② 虽然行政机构的前工作人员向我强调,这些机构可以享有相当程度的事实上的独立性,但这种说法通常突出了机构负责人与总统或其直接圈子的关系的好坏。相比之下,对于独立机构(如美联储)和监管委员会(如证券交易委员会)而言,总统只能因为"具体的原因"解雇政策制定者(这些原因通常不明确,可能包括严重的无能、疏忽或不诚实)。

在国会对各机构施加影响的工具中,这本书特别强调了年度预算批准(重点强调频率)。再加上各机构规定和禁止行动方案的相关能力,这就相当于加快修改机构立法的程序,克服常规立法改革所特有的否决权(考虑到法院禁止总统单项否决)。③ 多年来的谈话给我留下

---

① Tollestrup and Saturno, "Congressional Appropriations Process."
② Kagan, "Presidential Administration"; Bressman and Vandenburgh, "Inside the Administrative State"; Lewis, *Presidents*.
③ 克林顿诉纽约市案,1998 年。早在该案件之前,美国总统就曾试图否决法案的具体条款,至少可以追溯到林肯总统。20 世纪中期,一项法案在美国众议院获得通过,但没有在参议院获得通过,因此没有在法庭上接受检验。

了一种清晰的印象：包括监管委员会在内的此类机构的负责人的生活，往往与国会委员会成员不断变化的偏好和担忧搅在一起。作为一种附带效应，如果机构领导人认为总统的支持就会帮助他们与国会搞好关系，他们就会对总统的愿望更加敏感。因此，政策的方向不可避免地会针对政治舆论平衡的变化以及为主要委员会成员提供资金（也可能因此撤资）的利益集团。

再加上各个行为者的否决权，这一系列政治控制工具为美国两个民选政府部门就行政机构的结构展开竞争提供了背景。而最终的结果在一定程度上取决于美国是处于分裂还是统一政府阶段。在前者中，国会反对党经常（但不总是）寻求与总统日常控制隔绝的机构。①

相比之下，在短暂的联合政府时期，一个政府会（理性地）想设立一个行政机构（总统可以随意解雇决策者），或者一个只有一个政策制定者的独立机构，而参议院的少数派则试图对总统的盟友做出"最好"的限制。

因此，一个拥有政策委员会的真正独立机构应该比较少见。在一项重要的研究中，有13个机构被确定高度独立于总统日常控制之外，而据我估计，大多数机构都受到年度政治拨款程序的制约。②但是，同样地，当一个独立机构（或监管委员会）成立时，它很有可能被保留

---

① Horn, *Political Economy*; Epstein and O'Halloran, *Delegating Powers*; Huber and Shipan, *Deliberate Discretion*; Lewis, *Presidents*. 有关法律学术以及公共选择理论和政治学的评论，请参阅：Gersen, "Designing Agencies," and Moe, "Delegation, Control."。鉴于我们早些时候讨论过，美国立法委员会类似于2/3政党分裂的立法机构的专职委员会（第6章和第10章），现在的问题是，为什么现任总统的政党即使在政府分裂的情况下也能获得多数席位。我想答案是，如果不这样，总统就会有强烈动机去否决那些没有赋予他的政党结构性多数席位的法案。今天我们看到的委员会政治化几乎是不可避免的平衡结果。

② Datla and Revesz, "Deconstructing Independent Agencies."一些机构拥有预算独立性，但在达特拉和里夫斯的总统正式隔离测试（如FDIC）中得分不高。最近发表的一篇认为总统权力过大的论文是塞林（Selin）的《机构独立》（Agency Independent）。

下来。①既然如此，如果一个政府及其参议院的盟友想要削弱或破坏独立机构在法律上的独立性，那么它们最好的选择就是进行任命。在美国的表述中，人事即政策［这里考虑到了对独立机构的授权（第5章和第11章），它强调了长期交错任期的重要性］。

总之，美国机构和个人否决权的多重性所确立的复杂谈判进程会导致以下结果，这些结果与我们的授权原则相去甚远：

1. 在联合政府的统治下，即使不存在稳定的公共偏好，一个机构也能够真正独立。
2. 尽管有些机构的一些职能保证了其与日常政治之间更大的距离，但它们必须受到国会的定期控制，特别是对年度开支的控制。
3. 即使在法律上的独立性持续存在的情况下，事实上的独立性也可能被削弱。

第一个结果的一个例子是消费者金融保护局。它不受国会预算拨款的约束，而是由美联储提供资金（这实际上使美联储变成由美联储自己决定的抵押税的被动中转机构）。② 消费者金融保护局只有一名有工作保障（为"事业"提供保护）的政策制定者。当选的行政人员也不能指导其政策的制定。无论该机构所服务的社会事业有多大的实质价值，就授权原则而言，我们调查的要点是（说得委婉些，是从党派的评论来看），美国社会是否已经解决了它想要保护多少消费者的偏好，或者应该提供多大程度的保护的问题，而这些尚不清楚。同样不清楚的是，单一政策制定者的结构如何能够确保通过不同的政治管理维持稳定的政策进程。当一个新的政党拥有足够的否决权时，它将任

---

① 对美国行政机构的研究发现，美国的独立机构制度比授权给行政部门（包括行政机构）的政策制度更持久［刘易斯的《政策的持久性》（Policy Durability）］。
② 由于政治背景和文化的差异，我很难理解美联储为什么没有公开表示这是错误的：铸币税应该进入中央联邦金库，由国会处置。

命一个采取不同行动的盟友。正是出于这个原因，机构现任者有动机将他们的世界观深深地嵌入其中，以至于对方很难在任何合理的时间内消除这种世界观。从某种意义上说，这只是政治游戏，但要维持合法性，"游戏"是一个完全错误的比喻，因为在这一领域，各方只在目的和手段上达成了共识。①

我们在第 7 章中指出，美国证券交易委员会是上述第二个结果的一个例子。它可以为维护金融稳定做出持续且巨大的贡献，但只要其年度预算拨款处于政治控制之下，就很难对此做出承诺。问题在于，在一定程度上，美国证券交易委员会还负责一些政策领域，在这些领域，人们的偏好没有那么明显，美国证券交易委员会必须在同等级别的法定目标之间进行权衡。因此，按照目前的设计，与政治保持更大的距离是不恰当的，问题是美国人民的福利成本是否值得重新调整目标和结构。

也许第三个结果的最重要的历史例证，是美联储从 1913 年成立到 20 世纪 80 年代保罗·沃尔克（Paul Volcker）独立执掌美联储（第 17 章）。根据这些原则，在长期实施政治货币政策期间，最好正式中止美联储的独立性。

## 过犹不及：引发刑事犯罪的机构

另外，根据原则判断，美国对个别机构授予的一些权力过于宽松。值得注意的是，正如司法部一位前部长在几年前向国会指出的那样，许多美国机构因授权问题而引发刑事犯罪：②

> 监管机构通常会颁布国会未颁布的刑事处罚规定。事实上，将新的监管规定形式化似乎已变得机械。据估计，未经国会审查的监

---

① 在我写这本书的时候，其中一些问题已经被提交给美国最高法院，一位新的代理院长已经被任命。

② Thornborough, "Overcriminalisation."

管机构所犯下的刑事监管罪行高达30多万起。

一个典型的例子是，美国证券交易委员会的一项规定将内幕交易定为刑事犯罪，该规定大约是在《美国1934年证券交易法》（Securities and Exchange Act of 1934）通过30~40年之后制定的。[1]虽然美国证券交易委员会并未完全脱离政治，但这一例子在此得到了强调，因为美国的授权原则并没有区分两种隔离的程度。一个被赋予如此高自由度的独立机构将会过于强大。

## 为实现可信承诺进行有原则的授权

综上所述，如果法院得出结论，总统可以对各种与日常政治隔离的机构进行密切监管，那么，做出可信承诺的可能性在美国将不复存在（除了将受约束的政策决定权委托给与政治绝缘的法官外）。此外，如果这包括美联储，税收权力（通过意外通胀）将被有效授予立法机构以外的民选官员——总统，因为他有部署这些权力的动机（第12章和第四部分）。

与此同时，美国目前拥有巩固独立机构制度的技术，但其立法结构中所蕴含的错综复杂的力量和激励机制使其很少这样做。这一点很重要。案例研究表明，美国机构在政策制定过程中与政治压力的隔离程度确实随着正式独立程度的增加而增加。[2]

总之，一些可信承诺问题可能没有得到解决，这使得美国人民的处境比美国证券交易委员会的例子所显示的还要糟糕。但正如消费者金融保护局的例子所示，在社会偏好得不到普遍解决的情况下，美国

---

[1] 《美国1934年证券交易法》规定金融欺诈为刑事犯罪，但没有对其进行界定。20世纪40年代初，美国证券交易委员会颁布了相关规定，充实了内幕交易罪的内容，但直到20世纪60年代（民事犯罪）和70年代（刑事犯罪）才将其适用于内幕交易。在英国，尽管长期以来一直存在欺诈刑事犯罪，但内幕交易直到20世纪80年代经过大量公众审议后，议会才将其列为刑事犯罪。

[2] For example, Wood and Waterman, "Dynamics of Political Control."

没有摆脱机构过度隔离的合法性风险。在后一种情况下，最好的解决办法是建立一个由预算拨款控制的委员会，这样，由党派技术官僚组成的团体就必须与国会相互协调，直到就目标达成共识。众议院提出的一些具体改革措施将推动事态朝着这个方向发展。

但其中一些法案，特别是美国《行政审查法案》，在我撰写本书的时候仍未在国会获得通过，这将加剧可信承诺问题。正如我们在第二部分中所指出的那样，如果受约束的授权规则适用于一个受托型独立机构，并保证与民主价值观相一致，而当选的立法者致力于确定一个明确的标准，那么，如果未来国会想要以快速而简单的方法来放弃这些承诺，那将是有悖常理的。通过将代理规则的制定转变为提出法律建议的有效（但非正式）过程，美国《行政审查法案》将使立法者面临放弃最佳意图的诱惑，在获得连任、从既得利益集团筹集资金的情况下致力于一项政策。为了使政策承诺可信，并使立法进程符合我们的价值观，国会需要自我约束并举行一次投票，推翻独立机构的规则，这样，中止履行授权的承诺就会产生"观众成本"，这种成本在民主制度下充当了一种承诺技术和一种警告。①

因此，无论其对执行机构和追求模糊或多目标的半政治委员会有什么好处，在满足授权标准和第一个设计准则的情况下，消极不作为是没有意义的。对于这些制度来说，解决民主赤字的办法主要是避免模糊的目标（下一章会讲到）。

此外，与美国政府中的许多情况一样，美国《行政审查法案》也会产生不正当的激励。各机构可能会在依赖裁决（避免被动否决）与高调制定规则之间摇摆不定，在第二种情况中，任何不作为的责任都可能被推给国会。同时，独立机构的领导人将有动机，在一定程度上通过广泛协商，确保公众理解其中的利害关系。当公众的目的不确定或不明确时，所有这些都是公平的政治游戏，但当公众的目的明确时，重新引入短期政治会使民选代表的利益高于他们所代表的公众的利益（第二部分）。

---

① On the values of legislative processes, see Waldron, *Law and Disagreement*, Part I, and *Dignity of Legislation*.

## 英国

从宪法的另一个角度来看,英国政治的特点是党纪严格,但分权能力较弱。正如第三部分导言中所提到的那样,只要政府在下议院拥有有效的多数席位,它就可以通过议会立法,并很容易地废除或修正法律;它可以通过任何事实上的议会确认听证会获得提名的资格;传统上,法院在很大程度上受到狭义的法律的限制(第15章)。这种设置让执行人员在行政机构的设计和运作中成为潮流的牺牲品。

可信承诺问题实际上是系统固有的问题。由于法律容易改变(而且由于司法机构不会制定法律),没有任何立法公共政策制度或体制结构是与生俱来的。①从历史上看,英国政府确实难以实现稳定的进程,因为其在宏观政策和行政结构方面都摇摆不定。

### 伯克式的规范合法性

因此,我们早先的观点是,在英国的宪政体制下,所有的合法性都有一种伯克式的风格。可以说,英国体制的决定性特征不是任何一个特定的政府选择去做什么,而是它选择不去做什么:它不废除或修改那些继承的法规和制度。两党对公共政策制度的支持或接受是通过弃权表达的(这是一种跨期制衡,而不是人们更为熟悉的美国当代否决权制度②)。

换句话说,威斯敏斯特式议会面临的深层承诺问题意味着,在特定领域(如独立的货币政策独立性领域)应用承诺技术,在习俗和实

---

① 这是对英国法院工作方式的夸大,因为其可以正式宣布一项与《人权法案》(Human Rights Act)不相容的法令。这促使大臣们在准备立法时接受多重程序保障,但这与他们的能力基本无关。

② 这是拉尔夫·达伦多夫(Ralf Dahrendorf)提出的一个重要问题的答案,即当英国由"创新的少数人统治"时,它如何能享有合法性[强大的政府是通过多数票(约40%的选票)选举产生的]。回答:英国公民,知道立法上的错误可以被纠正[达伦多夫的《工业社会的政治》(Politics in Industrial Society),脚注7]。

践赋予其必要的权威光环（如第19章中所讨论的金融监管）之前，其本身是不可信的。

然而，这并不能解释为什么自20世纪90年代以来，英国政界人士似乎一直在积极接纳独立机构，尤其是经济监管机构。在过去25年里，英国成立了更正式的独立机构，这或许比美国早了整整一个世纪。

对英国政府这一结构变化的一个可能的解释是，它符合一个政党（工党）各部分的利益，将各种职能放在一定的范围内，预计另一政党取消本就不会发起的改革将付出高昂代价（详见第17章中关于英格兰银行独立性的讨论）。公务员和政策分析人员也有可能普遍在观念上发生转变，以减轻英国体制固有的承诺问题，从公共所有权到对私有化公共事业的公共监管的转变既提供了机遇，也提供了需求。

尽管提供了可能的基于福利的解释，但这个故事并没有解决英国对议会问责制的深度依赖所带来的基于价值观的授权障碍。解决办法来自下议院特别委员会制度（第15章）的一场革命，以及创造性地利用议会的能力，将机构设计和维护的某些部分委托给民选行政人员。

其中的一部分将在下一章中讨论：议会责成行政部门充实主要法案中规定的目标。结合其事实上的立法权力，这有助于强调大臣们对议会负责，并对该机构本身负责（而不是强调对机构的管理）。

英国体制的其他部分也保持了持续的政治控制，从而解决了人们对问责制的担忧；但在不同程度上，这些因素可能会影响可信承诺的实现。

## 优先权：削减独立性作为分配选择的解决方案

在这些技术中，英国的独立机构制度通常授予行政部门一项优先权。

对一些公共事业监管机构来说，这会让负责任的政治家做出重大的分配选择，帮助克服效率与公平之间界限模糊的问题。有些制度包括"国家利益"、"国家安全"或"外交政策"等行政部门（例如，外交部）优先的理由，即使它们的权力受到欧盟电信和能源领域法律的限制。相比之下，有一项更为开放的条款，即允许财政部公开推翻英国央行的货币政策决定。

在澳大利亚和加拿大的两种并非完全不同的宪法制度中，行政政府可以向负责对金融体系进行审慎监管的机构发出指示。然而，在英国，在金融危机之前，政府对旧的金融服务管理机构没有这样的权力，而危机后的任何一家微观监管机构，包括英国央行的审慎监管局，也没有这样的权力。

在做出可信承诺（从而遵守授权标准）方面，重要的是，任何行政部门都必须透明地行使权力，并向议会公开报告，而且只在特殊和罕见的情况下才能行使这些权力。否则，机构领导人对政治家的行动会很敏感，即使没有被正式行使，政治权力的阴影也会影响机构政策。

## 单一政策主管的独立机构：对可信承诺的障碍

可信承诺的另一个风险来自英国用单一政策主管、构建独立机构。

第一和第二部分提出了独立机构在各委员会做出决定的理由（包括第 11 章讨论的其他理由），这些理由有助于加强独立性和公信力。尽管这正是英格兰银行货币政策委员会以及上诉法院和最高法院的构建方式，但许多英国经济监管机构（例如，通信办公室、天然气和电力市场办公室）只有一位主管掌权，且其权力完全由非全时委员会监督（第 15 章）。至少，这降低了变更主管时政策保持稳定的可能性，从而削弱了承诺的有效性。这也增加了民选行政官员任命盟友担任这些机构主管的可能性，因此这种结构对立法者可能具有激励作用，即使它与授权目的背道而驰。

鉴于行政机构拥有广泛的任命权和沟通权，威斯敏斯特制度面临的一个内在挑战是，独立机构法律上的地位和事实上的地位之间可能存在差距。伦敦各地过去几十年来的实践表明，各种独立机构事实上的独立程度会因主管和相关大臣的个性而异。因此，一个机构独立的理由越不清楚，所带来的风险越大，立法之前的公开辩论越少，目标也就越模糊。在这种情况下，议会的监督更难以平衡行政权的方式进行。它们强调了在需要可信承诺的情况下，类似于授权原则的规则的潜在价值。

## 随着情况的变化，对立法约束进行重新排序

然而，英国面临的更大挑战是，在一个公众希望大臣们通过立法来应对新挑战和新环境的政体中，如何维持对政策的政治承诺。因此，能源公共事业监管机构的法定目标已经被修改了几次，"以使其更明确地符合政府政策，尤其是在实现可再生能源的政府目标方面"。[1] 这最终也影响了总费用。

在某种程度上，这个例子可能是英国社会希望在能源监管中真正产生转变的结果，这也引发了我们在下一章中对权衡的重新讨论。但是，考虑到令人尴尬的权衡取舍，这似乎比重新考虑目标更有意义。只要能源批发价格较低，公共事业监管在政治上就是"死水"。随着价格上涨，能源支出在家庭支出中占重要比例，政治焦点发生了变化。从某种意义上说，可以理解的是，大臣们希望独立监管机构保护处境艰难的家庭，然而，这可能相当于将分配选择嫁接到最初旨在提高经济效率的政策制度上。

在不利的情况下，监管机构的独立性是否能被保持，应成为是否决定将权力下放给独立机构的一个考量因素。在一个高度突出的领域，比如直接决定家庭账单的领域，即使被理解为机构更迭，也可能出于基本短期原因而行使立法优先权，这样违背政策承诺的假定"观众成本"就不会成为现实。换句话说，要想在威斯敏斯特式的体系中信守承诺是不容易的，除非对在不利的环境中坚持一项方针的价值的理解已经深入整个社会。从总体上看，这突出了我在第一部分的讨论，即有必要思考一种协调政治角度分配公平的机制，并希望对市场效率做出可信承诺。这似乎是英国尚未完成的任务。我的猜测是，问题的部分原因在于，几十年前公众对下放公共事业监管权缺乏充分的讨论。

## 对授权太放松了吗

同样，权力集中也适用于英国的某些独立机构。普遍来看，英国

---

[1] Tutton, "The Future."

可能对授权过于放松。例如，令人吃惊的是，英国通信办公室不仅对媒体的经济管理负责，还对媒体产出的内容负责。从表面上看，这是权力显著集中在一个仅有一个主管的机构的现象。随着2016年对BBC产出的监管职责的增加，我们面临的多重任务限制将迫使人们思考，该机构的设计是否满足了我们的价值观需求。① BBC的产出想必包括与私人提供的竞争性媒体服务不同的公共产品。即使如一些人所言，技术变革正在模糊平台与出版商之间的界限，也模糊了经济监管与内容监管之间的界限，但这最多只能说明，英国将两者都置于同一个屋檐下，而不是将它们委托给相同的政策制定者。② 多任务约束正式要求在该机构内设立不同的"分区"，由议会直接将权力授予不同的多成员委员会，并由成员各自负责具体的授权职责。

总之，英国已经克服了在做出政策体制承诺（政治问责）方面遇到的最大障碍，但如果这样做了，对权力的位置的态度可能会变得随意。

## 两个非常不同的欧洲大陆国家

如果美国监管机构的结构可以被合理地描述为权宜之计，而英国的做法易于转变流行观念，那么，鉴于各自的宪法惯例和政治结构所产生的激励措施，两国授权的广泛格局并不完全令人感到意外。然而，当我们转向法国和德国时，从政治宪法到行政机构结构的映射似乎迷失了方向，至少在它们分别被视为是"行政主导"和"共识"民主国家的范例的情况下是这样的。事实上，形式上的现实与公式化的期望

---

① 这个问题几乎没有在BBC的《克莱门蒂报告》（Clementi Report）或英国政府的回应中解决。公共辩论关注的是BBC是否应该进行自我监管，而不是英国通信办公室是否为其新的（或现有的）责任进行了精心设计。法规要求英国通信办公室的主板中必须有一个专门负责内容的委员会，称为内容委员会，但重大决定权保要留给主板；内容委员会的个别成员无须向议会委员会或通过演讲解释其投票和决定；权力实际上集中在总干事手中，是给当选的行政政府任命盟友的奖励（第6章）。

② 分类平台和出版商可能不适合这个新世界。如果是这样，那么本书的问题是，谁应该正式确定一个新的框架：民选议员还是非民选法官和技术官僚？

几乎是相反的，所以我们在这里会更多地探讨它们。

## 法国

法国是一个拥有强大行政机构的统一国家，与英国有许多共同之处。因此，我们所描述的政治阶层同样不愿接受向独立机构授权的做法，但这是基于对削弱核心行政部门能力的厌恶，而不是像英国那样担心议会问责制被削弱。然而，这些保留最终让位于全球趋势、欧盟倡议所创造的活力以及自身根深蒂固的价值观的演变。从今天的有利条件来看，这等于通过将"欧洲"的价值观与《理想国》中所构建的价值观结合起来，来恢复激励-价值观的兼容性。

法国和英国也有很大的不同。宪法法院下设了一个经过调整的选区，这也许与监护制度相一致，宪法法院由前高级政治家和职业法学家组成。宪法设立行政机构，管理公务员制度（第二十条）；赋予总理颁布具有法律约束力的"条例"的权力，并将这一权力下放给各部长（第二十一条）；赋予总统在紧急状态下发布法令的权力，并受到议会弹劾权的限制（第十六条和第六十八条）。[1]因此，独立机构必须在法国的宪法和法条限制中找到一席之地（而不是像在英国那样，仅仅因为最高议会的意愿而产生）。宪法委员会认为，总统和总理负责发布法令和规则：[2]

> 不妨碍立法机构授予总理以外的公共当局制定允许执行法律的规

---

[1] 关于制定规则和法令的权力，见休伯的《行政命令权威》(Executive Decree Authority)。1958年，共和国第五宪法通过。2008年进行了大规模修订，仅以超出两个选举议院所需的绝对多数一票通过。值得注意的是，修正案限制了行政部门在没有议会的情况下通过法案的权力；赋予议会对总统任命宪法法院法官的否决权；此外，在受到一些阻碍的情况下，授权对侵犯基本自由的法案进行事后司法审查［根据20世纪70年代的一项法院裁决，这些法案已借鉴了1789年的《权利宣言》(Declaration of Rights) 所固有的价值观］。

[2] Decision No. 96-378 DC of July 23, 1996, paragraph 11.

则的权力，条件是这项授权只涉及其适用领域及内容范围有限的措施。

从广义上讲，实际效果似乎是限制了机构对各种类型的决定的裁决，只有少数几个领域受到部长级的否决或推翻。与我们在北大西洋的两个例子不同，具有法律约束力的法规主要是在部长的授权下颁布的，这符合法国行政部门的传统。①大多数法国监管机构在其法定职权范围内颁布一般政策，说明它们适用的履行其裁决职责的标准（符合我们第三个设计准则）。

法国例外主义在另一方面也很明显。虽然独立行政机构（AAIs）已经成为法国政府的一个常见组成部分，但它们缓解简单的时间一致性问题的灵感不尽相同，甚至不是每一个都完全属于受托型机构的范畴。有些人可能更明显是守护者的候选人。这一点在20世纪70年代成立的国家信息自由委员会中尤其突出，该委员会旨在保护国家持有的公民数据的完整性。②同样，在保护公民免受国家滥用权力风险影响的机构中，法国最高视听委员会（CSA）是一家媒体内容的事后监管机构，也是法国最早的独立机构之一，成立于20世纪80年代。公众辩论得出了这样的结论，即鉴于自由媒体在民主社会中的重要作用，它需要独立于当选的政治家们。也许是因为顺序，也许是因为对核心管理层之外的权力集中的敏感性，与英国（见上文）相反，法国最高视听委员会与电信监管机构是分开的。

随着包括竞争管理机构和公共事业管理机构等依标准设立的独立行政机构的数量不断增加，国务委员会在2001年的一项广泛研究中将其定义为：③

---

① 这也许可以解释为什么在罗桑瓦隆的《民主合法性》的第二部分中，独立机构合法性的关键标准"民主合法性"是公正性，因为这符合将独立机构视为提供公平裁决而非具有法律约束力的规范的机构的想法。
② Halberstam, "Comparative Administrative Law."
③ Conseil d'état, Rapport; English translation from Elgie, "Quasi-Autonomous Agencies."

代表国家采取行动，而不服从……完全自主地采取行动，使它们的行动不受法院的影响或制裁。

换句话说，在法国最高行政法院对行政法的评估中，这是完全独立的，能够减轻各种各样的信誉问题。虽然理事会也许并不支持这个概念，但它坚持认为，在独立行政机构存在的地方，它们应该是适当独立的。与独立机构设计不够规范的英国相比，法国的司法概念化在很大程度上排除了民选行政部门的凌驾权力。①

与此相一致的是，理事会有时在其法律面前会问，计划中的新机构是否真的需要独立。2015 年，参议院的一个委员会对这一主题进行了充分的讨论，该委员会担心，虽然一些独立行政机构是为了响应国际和欧盟的要求而设立的，但另一些机构只是对政治机构不信任；有些人缺乏清晰的理性思维，他们之中往往有在最高行政法院和类似机构任职过的前任官员；在任何情况下他们都没有被安全地隔离，其理由是政府有能力通过拒绝任命法定人数来关闭消费者安全委员会（Consumer Safety Commission）。②两年后，即 2017 年年初，法国颁布了两项关于独立行政机构的法规，反映出议会（下议院）更为温和的态度。人数从 40 人左右减少到 25 人左右，且制定了共同的法律框架，包括关于任命、任期和公务员冲突的规定。③

## 德国

在许多方面，德国符合"李帕特共识国家"的标准，在强大的宪法法院保护的基本法下，联邦主义和联邦政府是按照比例代表制选举

---

① 一些权力是凌驾于另一些权力之上的，但我从一些法国高级官员那里得知，与英国和其他国家相比，这些权力很少被使用。
② French Senate, *State within the State*.
③ 资料来源：对法国官员的采访。与独立行政机构的独立性根植于国内法案不同，法国央行独立是法国加入欧洲货币联盟的一个条件。因此，从技术上讲，其审慎监管权也不受政府部门参与独立行政机构资源预算的限制。

后形成的。然而，它并不真正向与政治有关的独立机构大肆授权。

正如第 2 章所指出的，作为一个主要的民主国家，德国的基本法确实对行政机构做出了明确的规定，包括由议会授权经选举产生的行政部门，以及部长对各机构的授权。一般而言，公共当局的每一项决定都必须通过"合法性链"向公众追溯，法案必须规定赋予行政机构的任何权力的"内容、目的和范围"（第80.1条）。[①]

然而，至关重要的是，基本法也明确指出，也许除了德意志联邦银行以外，各机构都从属于有关部委。[②]更具体地说，与核心公务员制度一样，每个机构正式受一种或两种部长级监督——法律监督和技术监督[③]，金融监管机构［德国联邦金融监管局（BaFin）］受两种监督的制约；著名的联邦卡特尔办公室（联邦卡特尔局）只受到法律监督。

因此，监管规则草案往往在最后定稿并以机构本身的名义印发之前提交各部委审查。议会及其委员会不必批准拟议的规则。此外，正如第 15 章所讨论的那样，它们也没有积极监督各机构的工作，显然是因为它（简单地）在指定部长的控制下实施法律规定的明确政策。[④]换言之，我们在第二部分花了大量的笔墨来介绍的政治/行政二分法，在德国仍然有效，而且很好地借鉴了韦伯的思想。

这似乎是最终的结果：除了货币政策和对特定案件的裁决，没有基于非政治政策制定的承诺手段，也没有民主赤字问题。这个系统可能会产生一些福利机会成本，但不会面临合法性问题。

---

① Puender, "Democratic Legitimation."
② 事实上，第二次世界大战后德国的首任总理阿登纳对货币独立持谨慎态度［马什（Marsh），《德国央行》（*Bundesbank*），第 6 章］。在欧洲货币联盟成立之前，人们对德国央行的宪法地位存在不同看法：基本法明确规定了货币机构，但只有在创建德国央行的普通法中才明确规定了货币机构的独立性。
③ For example, Bach and Jann, "Administrative Zoo."
④ 部长的权力是具体的，就法律而言（第 65 条），应由有关部门独立行使，而不是在总理或内阁的具体指示下行使。相比之下，在英国，法律通常赋予"国务大臣"权力，这是一个受人尊敬但通用的术语，涵盖了许多拥有这一头衔的部门大臣。除此之外，这使得重新分配政治责任更加容易。首相作为第一财政大臣，在法律上是国务大臣。

然而问题在于，在实践中它到底是如何运作的。实际上，一个机构的政治绝缘性取决于在任的部长和他们领导的公务员们在组织、行为以及商业实体中介入的程度；也取决于各部委积极监督的意愿和能力。他们的动机可能因议会本身没有积极监督各部门部长的权力而受到抑制。如果因为这样或那样的原因，一个部门不活跃，而监管法律又没有明确规定所有重要事项，那么理论上，实际的独立比法律上的独立更重要。①

在一个可能的现实世界中，学者分析得出结论，称在2007—2009年金融危机之前和刚开始的时候，德国金融监管机构（德国联邦金融监管局）享有相当大的自主权，因为他们表示，财政部不具备履行其法定职责的资源。与此一致的是，我记得德国财政部不需要为这次金融危机负责。但是，同样的研究人员报告说，该部门最终通过行使其重组监管权、稀释其领导人权力以及加强其自身能力做出了回应。②当然，我的经验是德国财政部干练而积极地参与了2009年之后全球体系的改革工作。

很明显，这些学术研究是否可靠对我们的调查很重要。一方面，如果各机构一直处在控制之下，那么就有太多德国机构可能无法与政治隔绝，也不会因信誉受损而面临福利受损的风险。另一方面，如果各机构没有真正掌握控制权（事实上的自治超过了法律上的隔离），那么其效果可能是在某些领域改善福利（可能是竞争政策），但在另一些领域违反了深层价值观。

区分两种可能性是很重要的。一种观点是，部委有时会忽视自己的责任，结果各机构被有意束缚住了手脚。另一种观点则非常不同，在中间偏左和偏右的地方，都有一种根深蒂固的附属于秩序自由主义法案的信条，用来约束政府机构，而这正是政府部门所能理解的。

换句话说，行政机构行为是否已经超越了法律？如果是，那么是社会期望和价值观超越了法律的规定（但事实和非正式的温和规范保

---

① Doehler, "Institutional Choice."
② Handke, "Problem."

持一致）所推动的呢？还是事实挣脱了社会规范（正式和非正式）的束缚所推动的呢？至少，哈贝马斯关于国家结构、民主和法治（事实和规范）的长期论述，似乎需要对德国哪些监管和行政机构应被视为承诺问题的解决方案进行具体的制度分析。

## 欧盟的民法国家成员

总的来说，在最初的犹豫之后，欧洲历史上最大的两个统一国家——英国和法国似乎在将权力下放给正式的独立机构方面迈出了最大的一步，但法国在保留部长参与多数规则制定方面与德国更为一致。

我认为，如果有人认为，与普通法国家相比，大陆法系国家在将规则撰写权授予未经选举的官员时，面临更严格的限制，那将是一种误导。在意大利、墨西哥和西班牙，银行监管机构历来发布具有法律约束力的规定；此外，在欧洲货币联盟成立之前，德国央行通过下放制定规则的权力来设定存款准备金率。

在对欧洲大陆的案例研究中，比法律传统更重要的是欧盟成员国身份的影响（正如我所写的，对英国来说依然如此）。在电信和能源等领域，欧盟法律要求国家监管机构不受国家政治的影响，这在德国引起了一定程度的宪法摩擦（因为排除其他因素，要求部长采取行动的自由裁量权被剥夺了）。此外，欧盟层面的监管政策和法律也在不断增加。

### 欧盟

因此，我们最终将目光转向更广泛的欧洲法律框架和欧盟自身的"独立"机构（正如第 2 章所述，之所以用引号，是因为除欧洲央行外，大多数欧盟机构只具有部分独立性）。

### 改变了激励，演变了教义

20 世纪 50 年代末，在欧洲法院对梅罗尼（Meroni）进行判决之后的几十年里，欧盟委员会的行政权不能也不应该下放，这是绝对的教条——不仅在法律上，在布鲁塞尔，在政治上也是如此。作为"欧洲计划"名副其实的先锋，欧盟委员会委员和他们的常设工作人员对此给予了有力的保护。21世纪初，在为起草欧洲宪法而召开的最终没有结果的会议上，他们的保护力度或许是前所未有的。

然而，他们偶尔也不得不做出让步，特别是在20世纪80年代末的一场危机之后，在欺诈和效率低下问题频发的情况下，委员们集体辞职。新上任的欧盟委员会主席罗马诺·普罗迪（Romano Prodi）在欧洲各地建立了机构，分散了布鲁塞尔过度扩张的中央官僚机构权力，并使其能够重新专注于核心任务。在胁迫下，一定程度的授权成为委员会本身的一种释放工具。

从那时起，欧盟机构成倍增加，其作用逐渐强化。在长期只被安排咨询或狭隘的交付角色（第4章的层级结构中最低的两层）之后，已经与其他政策机构类似，最近成立的机构可以起草规则并做出裁决。

在这方面，在坚实的宪法基础上调整法规以设立新机构。多年来，欧洲理事会一直依赖条约内的一致条款（使其能够在与议会协商后采取必要措施，以实现共同市场成为一个整体的目标），获得应用专门针对内部市场的特定部分条款的权力（以多数票通过，但现在议会为一个集体议会，建立机构以作为推行具体政策的"工具"）。[1]换句话说，假设欧洲议会倾向于支持建立欧盟机构，那么否决权的数量就会减少。

对于这些微妙改革的设计者来说，欧洲法院的条款也得到了发展。在一个重要案件中，英国以违反Meroni规则为由，质疑欧盟证券市场监管机构（欧洲证券及市场管理局）的危机管理能力。2014年，欧洲法院裁定，考虑到欧洲证券及市场管理局受与成员国协商的义务等的限制，其禁止卖空的权力是可以被接受的。[2]

---

[1] Andoura and Timmerman, "Governance of the EU." A UK challenge against the new route failed in the ECJ in 2004: Case c-217/04, *UK v. European Parliament and Council of the EU*, May 2, 2006.

[2] Nicolaide and Preziosi, "*Discretion and Accountability.*"

所有这些都发生在法院非授权原则的正式核心没有被抛弃的情况下。因此，由欧洲监管机构起草的"二级"规则是由欧盟委员会正式签署的。换句话说，一个非选举产生的机构只有在经全国选举产生的理事会和议会成员审查之后，才可以颁布由其他非选举产生的机构制定的具有法律约束力的规则。

## 机构、委员会与合法性

在我们对可信承诺办法的可行性和合法性进行调查时，在某种程度上，一个机构和委员会所拥有的管理权之间似乎没有什么差别，两者都是非选举产生的领导机构。但这是错误的。

欧盟机构的设立是为了服务于一个特定的目的，如果设计得当，其技术官僚的地位可能与其实现这一目的的专业声誉挂钩，这反映在一个可监测的目标上（第5章和第11章）。相比之下，委员会的存在是为了推进欧洲项目；其领导人虽然不是选举产生的，但通常都是国家的政治家。换句话说，它是一个政治机构，其领导小组成员在其同行（我们的研究对象）中的声誉取决于他们追求一个目标的成功程度。

因此，一个重要的问题是，通过技术官僚机构实现承诺的步骤是否会受被纳入欧盟进程的各种审查和审批机制的影响。

## 欧盟委员会对欧盟机构的监督

第一个文书涉及委员会本身。除了正式颁布规章制度外，它还是机构董事会成员，并行使预算权力。欧盟委员会对机构与项目一致性的实际监测，可能与其委托给技术官僚的法律监督权发生冲突，如果是这样，这对其他参与者来说是否透明？

我的印象是，委员会在机构委员会中的实质性权力，应取决于其代表相对于机构高管和各国代表的素质。但实际问题并不完全在于官僚权力的平衡。研究人员收集了相当令人信服的轶事证据，证明委员

会在机构审议中获得的权力。①很明显,这是通过预算程序来运作的:②

> 首先,委员会可以决定一些事情,这是我们想要的。但是委员会仍然可以说这不是我们给钱的目的,也不是我们的首要任务,所以他们用很多钱来渡过难关。

当然,这听起来非常像美国国会的年度拨款程序。我们兜了一大圈又回到了原点,表明欧盟独立机构与美国半独立委员会的关系,比与全球独立央行的关系更密切,这可能会损害它们承诺的可信度。其实,与美国的类比是不准确的,因为与国会议员不同,欧盟委员会的委员不是由选举产生的,而是由各个国家政府提名并由理事会任命的(欧盟委员会主席和全体委员都有否决权)。

## 欧盟机构的承诺与政治至上

欧盟委员会的杠杆和激励措施必须与理事会和议会的权力一起使用。如果其中任何一方行使其对机构规则的否决权,那么,对其他参与者而言,这种做法是透明的,相应地会使风险上升,并导致对非正式影响的依赖。委员会委员或议会议员有时也希望保护各机构不受委员会的影响,就像在议会民主制国家,议会有时保护独立机构不受行政部门的影响一样(反之亦然)。然而,为了得到有效的保护,委员会显然需要使用一些非正式手段(必须是可见的),就像欧洲议会议员(带着一定程度的担忧)对我说的那样。③

---

① Busuioc, "Accountability, Control and Independence"; and Egeberg and Trondol, "EU-Level Agencies." 该机构报告称,相比于国家部长和官员,机构对其董理会和委员会中的国家监管者更为敏感。这些案例研究并不集中于独立的欧洲监管机构。
② Quoted in Busuioc, "Accountability, Control and Independence," p.611.
③ 具有讽刺意味的是,这类似于欧洲议会和理事会成员的动机,即对委员会本身行使被下放的权力施加非正式影响,而不是使其承担行使其正式否决权的费用[凯丁(Kaeding)和斯塔克的《立法审查》(Legislative Scrutiny)]。

第二组非委员会权力持有者是国家监管机构，正如我所写的，它们通常在欧盟机构委员会中拥有多数投票权。其中一些在国内完全独立，而另一些则隶属于行政部门。即使在欧盟法律要求欧盟国家机构完全独立的地方，它们也很容易服从国内的政治影响力：比如它们可能违反我们的多任务约束，保留其他政治从属职能；或者机构领导人对地位和威望的渴望可能集中在国内社会。有很多关于欧洲监管机构（以及欧洲央行的审慎监管部门）的轶事可以证明这一点。[1]为了使政权对政策目标的承诺可信，必须公布机构委员会和理事会的投票结果，以便评论员和公众能够观察到这种分歧。这是另一个需要通过"观众成本"实现激励相容的制度设计案例。

综上所述，尽管欧盟已经对"授权与隔离"的合法性进行了管理，但欧盟监管机构能否做出可信承诺，仍未可知。

## 总结

本章阐述了特定宪法惯例和传统固有力量如何推动各国监管机构结构的多样性。因此，它们在不同程度上面临着政策执行不力的机会成本和合法性脆弱的政治风险。这就提出了一个大问题，司法管辖区是否能够通过遵守独立机构（或类似机构）的授权原则做得更好。

我们将分两部分进行研究。下一章将讨论经济发达的民主国家在多大程度上能够（或可能）赋予其独立机构明确的法定目标和标准——这是我们第一个设计准则的要求。没有明确的目标，就不清楚可信承诺意味着什么。下一章将介绍与设计规范对流程、透明度和问责制的要求相关的实践。

---

[1] 2017年9月20日，欧盟委员会发布了可能缓解欧洲监管机构方面问题的提案大纲。

# 14

# 目标界定不清所导致的问题

独立机构的非授权原则

> 法院唯一的问题是,机构是否在其自由裁量权范围内采取行动,即解决模棱两可问题的方案是否公正合理。
>
> ——美国最高法院大法官安东宁·斯卡利亚
> (Antonin Scalia),1989 年①

真正的独立机构需要有明确的目标,这是本书的一个中心论点,即使在某些情况下,不受干涉的授权也与我们最深层的政治价值观相一致。模糊的、不确定的或不一致的目标打破了对人民民主商定目标的承诺,从而破坏了独立机构政策制定者及其员工免受日常政治影响的保护罩,也使其暴露于受行业因素影响和被其他派系集团攫取利益的风险之中。②

我们现在来看看代表法律宪政主义的美国和代表政治宪政主义的英国(第 8 章),是如何达到我们第一个设计准则的要求的。

## 美国独立机构的目标和标准:以修订的非授权原则来实施第一个设计准则

我们先从美国说起。在美国国会制定明确目标的过程中,障碍重

---

① Scalia,"Judicial Deference,"p. 516.
② 因此,这些原则寻求解决巴尔科(Barkow)在《绝缘机构》(Insulating Agencies)中提出的问题。

重,这或许正可以说明,既与总统政治隔绝,又与国会的日常思潮隔绝的真正的独立机构相对罕见。

在上一章中我们看到,根据宪法,制定机构规则目前被认为是在行使行政权,这在国会立法细节上体现得淋漓尽致。因为如果颁布的规则只涉及问题的表层,机构就会发现,即使自己基本上已经把所有的实质都抛在一边也没关系;甚至,即使因为立法的表层不包括明确的目标和/或标准,从而使机构发现自己正在制定"高层政策"（high policy）也没关系。"细节"的概念正在逐渐消失,而"鱼贯而入"（filling in）似乎也不是最合适的动词,也许"立法"会更贴切一些。

本书始终强调的一个问题是,区分合法性和正当性是非常重要的。合法性理所当然地可以由法院来判定,而正当性,无论在何种情况下,都是维持一套政府体系所必需的。

## 向代理机构和法官授权的模糊性和不确定性

国会能否在没有设定明确目标的情况下进行授权？这个问题对美国法理学家来说并不陌生。类似于我们的第一个设计准则,过去也被称为法院的非授权原则。从20世纪20年代末开始,如果不制定一项"可理解的原则"来进行指导和约束,就不应该向任何机构（任何独立机构或总统控制下的机构）授权[1]。

一些美国法律学者向我强调了一点,因为美国有许多代理机构,所以授权法规必须可以通过某种方式来满足这一原则。事实上,非授权原则最后一次正式亮相是在1935年。但也许,就像"对细节吹毛求疵"一样,"可理解的原则"这一说法所表达的含义,对于一个大法官来说,已经变得很特殊了,早已不是普通民众所理解的含义。

在实际情况中,从管理机构的技术官僚（我所在的群体）的角度

---

[1] *J. W. Hampton, Jr., & Co. v. United States* 276 US 394, 409 (1928). 关键在于,"如果国会通过立法法案制定了一项明确的原则,并要求个人或机构遵守这一原则,那么这种立法法案就没有禁止立法权授权"。

来看，这一原则是以违背我们的价值观为代价而得到尊重的：检验标准不应该是一个机构是否将"立法"当成一门艺术，而应该是它是否有效地选择了社会的"高层政策"，且平衡了其价值观。令人吃惊的是，不同的美国监管机构往往存在一个共同的问题，即机构目的多少有些模糊，以下几个例子说明了这一点：

- 联邦通信委员会，服务于"公共便利、利益或需要"，并（为无线电服务）"进行公平、高效的分配"。[1]
- 联邦能源监管委员会（FERC），确保公共事业类收费"公正合理"。[2]
- 美国国家环境保护局，制定一项"保护公众健康所必需的""有足够安全边际"的空气污染物政策，并附带"保护公共福利所必需的"政策。[3]
- 美国证券交易委员会，提供保护投资者的组合，以及公平、有序、高效的市场，进行资本积累（第7章）。
- 美联储，维护银行集团的安全和稳健（第21章）。

我认为在上述几个例子中，由于缺乏明确性，各机构不必在乎其行使的手段，只需保证（在某些情况下，还需要权衡）结果，这在过去几十年里是毫无疑问的，当新总统想要任命一名致力于政策重大转变的国家环境保护局局长或美国证券交易委员会委员时就是如此。

无论法律上有多么细微的差别，目前的情况是相当清楚的：一些机构可以制定高层政策，因此很难公正地对待学术上"有争议的"问题。一些人想要埋葬非授权原则，甚至在"挖坟"的时候都不掉一滴泪；另一些人则认为，它已经被禁止进入某些公共政策领域的非授权"准则"

---

[1] *National Broadcasting Co. v. United States*, 321 US 190, 215 (1943).
[2] 《联邦权力法案》（Federal Power Act）。
[3] 《清洁空气法案》（Clean Air Act）。

所取代；还有一些人仍在哀叹，它"掏空了宪法结构"。①

大多数批评"含糊不清"的人把矛头对准了国家的行政机构。然而，很少有人注意到，在某些情况下，含糊不清的法律同样会给未经选举的法官带来政治权力。正如我们在第 7 章中看到的，美国法官在 20 世纪最后 25 年中对并购和反垄断政策做出了巨大的改变，这可能会提高经济福利，但也可能使政治权力向大企业倾斜。这都是因为相关法规设置了完全不确定的目标和标准。法官们尽最大可能运用他们对经济发展理论的理解，几乎没有犯过错误，这些经济发展理论也得到了广泛的认可。然而，当他们不进行监管机构在修订规则时应该进行的那种广泛磋商就调整经济发展理论时，他们对自己行为的态度确实不同于评级机构（第 15 章）。②

此外，根据非授权原则，立法者让未经选举的司法官员自由制定高层政策是错误的，这与美国价值观中的共和元素（republican element）不符。本书就是想说明，这样做会损害人们对政府体系的信心。当然，这像是一根慢慢引燃的导火索，但近年来，这根导火索一直在释放火花。法官们本可以采取不同的做法，坚持将经济政策已过时的先例反映出来，从而呼吁国会重新审视法定制度，但他们之所以没有这样做，一定程度上也要归因于美国立法的困难。

## 当一个空洞的非授权原则符合代理机构法定解释时，就会出现民主混乱

可以说，美国的另一种司法实践加剧了这种目标模糊或不确定的问题，那就是遵从机构对法律的解释。1984 年，最高法院通过了一项颇有意义的决定，再次在概括性的摘要中明确，如果一个机构的管辖

---

① Posner and Vermeule, "Nondelegation Doctrine"; Sunstein, "Nondelegation Canons"; and Ginsburg and Menashi, "Our Illiberal Administrative Law," from where the quote comes (p. 492).

② Lemos, "The Other Delegate." And contrary to the Bingham principles of judicial lawmaking noted in chapter 10.

立法含糊不清，只要解释是合乎情理的，法院就应遵从该机构对其规定的解释。① 乍一看，这是非同寻常的。正如 1983 年迪普洛克（Lord Diplock）勋爵所强调的那样，和民法法官一样，英国法官也把确定法律的正确含义视为法院的职责。②

撇开不同的传统不谈，这样的结果似乎是，通过模糊或模棱两可的法规，最大限度地扩大了美国各机构的自由裁量权。正常情况下，允许官僚决定自己的权力，在民主国家是一种奇怪的状态。但从积极的方面来看，它似乎合理地反映了法院和国会的动机。考虑到美国通过法律的障碍，如果法院经常否决机构对其目的和权力的理解，即使许多民选议员和公众舆论支持这些机构，司法解释也很有可能会继续存在。换句话说，法院除了对宪法做出的不可逆转的决定外，还会发现自己实际上是在根据行政解释编写，并授权给各机构的法律。人们可以理解为什么法官们会在这个问题上退缩。相比之下，在英国，如果法院判定一项法律的含义与民选政策制定者所认为的含义或现行政策相悖，那么议会迟早会修改该法律。因此，谢弗林原则（Chevron Doctrine）所说的尊重，可以被认为是一种更普遍的均衡，这种均衡是由美国政府其他高层部门的能力和做法决定的。换句话说，这标志着最高法院试图遏制下级法院自己立法的积极性和意愿，因为下级法院本身在立法时容易优柔寡断。③

---

① 谢弗林美国公司诉自然资源保护委员会案，最高法院的最新成员——戈萨奇法官在下级法院审理古铁雷斯 - 布里祖拉诉林奇一案（2016 年）时，表达了对谢弗林原则的怀疑。严格地说，《联邦行政程序法》明确要求法院裁决所有相关法律问题（第 706 条）。

② 能量转换设备公司于 1983 年对 RPC 231 的应用 [*Energy Conversion Devices Inc.'s Applications* (1983) RPC 231]：哈勒姆 - 埃姆斯（Hallam-Eames）的《谢弗林原则》（Chevron Doctrine）中引用了该事例，认为考虑到英国机构在合理应用法律方面的自由裁量权，可能夸大了英美之间的差异（见下文）。英国方法缺乏宪政根基，但具有实际意义 [见恩迪科特（Endicott），《行政法》（*Administrative Law*），第 9 章]，其中指出，一个单一的"正确"解释可以接受许多不同的法律应用。

③ 同样的制度限制和激励有助于解释美国法院与英国相比的低形式主义（和许多法律理论）：阿提雅（Atiyah）和萨默斯（Summers），《形式和实质》（*Form and Substance*）（关于反垄断法的差异，第 323～第 324 页）。

然而，理解了并不意味着就能让其拥有持续的合法性。同样，激励与价值观的兼容似乎也很难实现。为了弄清这种尴尬的核心，我们必须更仔细地看问题。在谢弗林之后加入最高法院的已故美国最高法院法官安东宁·斯卡利亚，对顺从原则的合理化提出了一个有用的观点：[1]

> 在一项致力于机构执行的法规中，含糊不清可以归因于以下两种国会愿望之一：国会希望有一个特定的结果，但对其又不是特别清楚；国会没有专注在某一个特定问题上，却打算让独立机构提供解决办法。如果是前者，我们所面临的是一个真正的法律问题，应由法院适当地加以解决。如果是后者，我们所拥有的是授予独立机构的自由裁量权。

要理解斯卡利亚法官的上述双重区别，在我看来，最重要的是理解第二个例子中，将一个政权委托给独立机构的详细规定，这里区分了三种模棱两可的情况：

1. 模棱两可是指法律只部分明确规定了机构目的和目标。
2. 模棱两可是指法律只规定含糊不清的目的和/或目标。
3. 模棱两可是指在一项法规中规定了多种未加权的目的和/或目标，因此当需要持久的权衡时，它是不确定的。

在第一种情况下，一种明显的做法是，含糊不清的法定条款需要有目的地加以解释和应用（如第 12 章针对独立机构制度所提倡的理由，目的就是一切）。但这很难解决第二或第三种类型的歧义。因此，当具体条款含糊不清或目标不明时，问题就更严重了。

目前还不清楚，简单地放弃谢弗林原则是否有助于实现宪政民主的价值观。如果法院不遵从案例 2 和案例 3 中机构的解释，它们就将

---

[1] Scalia, "Judicial Deference," p. 516.

成为事实上的立法者，而不再是独立机构，就像竞争政策一样，在民主合法性方面几乎没有进展。

或者有人可能会说，鉴于国会在修改和废除法律方面面临的困难，让国会通过详细的法规有违民主精神。考虑到现实世界的限制，最好由国会和（或）总统控制的机构负责这项工作，法律要求这些机构广泛和自由地进行协商，并解释其决定的理由。但这也仅仅是说，激励机制要与价值观兼容是不可能的：如果制度本身不能够进行改革，价值观就必须依附（或屈从）于激励机制。对我们来说最重要的是，这还是不能解决独立机构与政治高度隔离的问题。

其实一旦这里的民主赤字问题得到解决，解决方案的核心就能显现出来。我想说，最高法院可以维持一种更有针对性的非授权原则。

## 一种适用于受托型独立机构的非授权原则

即使美国法院对要求机构"追求公共利益"的法规一直感到满意，但从正常意义上讲，这些模糊的目标既不易懂，也不符合原则，扭曲了民主的深层价值观。不论它们如何适应国家的结构，把所有机构都同等对待是错误的。[1]在美国体制的约束和激励下，考虑到它们与日常政治隔离的不同程度，以及它们被授予权力的原则性目的，应该可以区分不同的机构类型。

如果这一目标是做出可信承诺，那么这些机构需要与日常政治隔离，但它们实际上没有被授予主要立法权，因为它们是将政府与人民既定目标联系在一起的工具（授权标准，第11章）。我建议，修订后的非授权原则侧重于这些问题。

因此，根据第一个设计准则，我提出非授权原则的一种可能性，将真正独立的受托型机构与那些没有完全与政治隔离的受托型机构区分开来。这将在实质上重新提出对"可理解的原则"的要求，但也只

---

[1] 这些区别在权威的政治学文献中也不常见［例如，麦卡宾斯的《退位或委派》（Abdication or Delegation）中的调查］。

针对独立机构，因为它们不同于接近多数主义的行政机构。①这样一来，因为合理的解释将受到法定目的和目标的约束，所以政治上处于孤立地位的机构就不可以自由决定自己的权力了。②

对于法律宪政主义下的政体来说，在允许未经选举的、孤立的技术官僚（和法官）行使国家权力之前，限制代议制议会制定高层政策，将有助于人们认识到民主的价值。③

## 在美国之外

这不仅与美国有关。法国也可以进行上述大面积的司法检查，尽管宪法委员会规定应限制授权，但许多独立行政机构都有多个未优先考虑的目标。④

对独立机构来说，这一版本的非授权原则自然要归于法国最高行政法院，其职能包括就法规草案的合宪性和目的的充分性提出意见。法国最高行政法院的意见虽然对立法者没有正式的约束力，但由于司法审查案件的法官很重视这一意见，它经常被优先考虑。因此，还是有办法在法国应用这些原则的。

当然，避免模糊或不确定目标的授权的责任并不仅仅在法院。在美国，总统可以否决含糊其词的法规，而且可以说他应该感到自己有

---

① 同样的道理也适用于法院本身，正如第 4 章所述，在适用普通法案时，法院是具有权威性的独立受托人。根据第 10 章中的原则，它们戴着宪法的帽子，就应该反对它们的司法亲属被委派去"填补"模糊或不确定的法规中遗漏的高层政策。就像我们针对独立机构讨论的原则所涵盖的那样，法律授权给独立司法机构对一般政策的自由裁量权应受到可监测标准的约束。
② 参见第 259 页脚注②。
③ 在这一点上，我的观点与伊利（Ely）的《民主与不信任》（Democracy and Distrust）一书中的观点有重叠。问题不在于民主是宪法本身的主导原则，而在于这是代议制民主的宪法。多夫（Dorf）的文章《民主与不信任》（Democracy and Distrust）中也提出了类似的观点。但是，也许与伊利的观点相反，在这里我只想说，这对整个国家的权力分配有影响。
④ 资料来源：各部门首席行政长官。

必要这么做。①如果没有这些正式途径，专家可能会拒绝担任独立机构的决策者，媒体也可能会提出抗议；如果违反"明确授权"的规范，公众舆论可能会坚持自己的立场。所有这些力量在其他民主国家都同样重要，包括那些因为不成文宪法而依赖政治和公众监督立法的国家，比如英国。

## 在英国议会体系中制定独立机构的目标和职责

那么，再来看看英国，由于政府在威斯敏斯特式议会民主制中享有更多的自由，英国在许多方面的立场都截然不同。

最明显的是，即使政府屈从于广泛的反对意见或下议院修正案，它仍然严格控制着法规的详细语言。事情还远不止于此，设置事前目标的机制有很多。

### 次级立法

一种途径是"次级立法"。在次级立法下，建立该制度的初级立法"授权法案"允许行政政府通过"法定文书"充实细节，但须遵守加快的议会程序（快速批准或否决）。然而正如前首席大法官伊戈尔（Igor）所指出的那样，虽然原则上它可以被善意地用于制定高层政策，从而限制监管机构规则所影响的"三级立法"的目的和范围，但它还可以被有争议地用于授予民选行政官员高级的权力。②

一个经典的例子是，英国政府对大型金融集团在英国国内的零售银行业务进行了"圈护"（ring-fencing），旨在增强它们的弹性。由于英格兰银行的倡导，决定在圈护的银行内进行一项活动是"必须的"、"可以的"还是"不能的"的关键参数，是由政府二级立法规定的，

---

① A point made some decades ago in Lowi, *End of Liberalism*.
② Judge, "Ceding Power" and *Safest Shield*, pp. 99 – 106. For a history of the New Zealand Parliament's oversight of secondary legislation, see Morris and Malone, "Regulations Review."

而不是像最初由行政官员提议的那样,由监管机构(英格兰银行的一个机构)的规则规定的。那时候英格兰银行领导层认为,不应该允许它们做出如此具有架构性的决定,应该让民选政治家做。

20世纪30年代,当有关新政时期的行政机构的辩论进行得激烈时,詹姆斯·兰迪斯曾提出,美国可能会采用二级立法。①但除了以一种相对低调但重要的方式存在之外,它也并没有受到真正的重视。根据1934年的《规则授权法》(Rules Enabling Act),国会建立了制定联邦法院程序规则的机制和程序。由法官和非专家组成的混合委员会提出的建议一旦得到部分司法部门的批准,就会被提交给国会,如果在7个月内没有遭到否决或撤销,这些建议就会作为法律生效。②这一妥协程序消除了法院是否有制定自己的程序规则的固有宪法权力的不确定性。

或许,如果美国各州的民选机构开发出这种程序,它们就能找到填补机构法定职责的方法,这种方法将追求《行政审查法案》(就像我所写的那样,尚未出台)的基本精神,但重点是提供可监督的目标,而不是逐个进行合规审查,这样也不会给本就人数不多的立法机构带来过多工作。

## 必须得到主管部门的许可

在英国,法定文书并不是充实授权制度的唯一机制。一项法令可以要求(或规定)民选行政部门在非法定职权范围内充实政权,并由议会对其运作方式进行非正式的监督。按照我在"原则"中所阐述的观点,尽管高层目标必须被写入法规,但议会不必在主要法案中规定所有细节,可允许在实行该制度时再慢慢学习。

有些机构提交审议的事项占据整场议会会议,往往还要做中期审查

---

① Landis, *Administrative Process*, pp. 77–78.
② 拟议的规则由实务和程序规则委员会拟定,其成员由最高法院首席大法官根据该法任命。规则草案首先由美国司法会议审议,然后由最高法院审议,最后提交国会。

的准备(例如,竞争主管机构、水务监管机构、能源监管机构)。这些战略政策声明(通俗地说,就是"战略指导")似乎是卡梅伦政府为了重新划定高层政策和监管自由裁量权之间的界线而提出的。但是,有传闻称,随着草案在英国政府内部流传,这些文件可能发展成为购物清单(shopping lists);其中一些文件非常详细,以至于用"战略"一词来形容都不太合适。①

其他的,像英格兰银行货币政策委员会和金融稳定委员会等机构的职责范围,就会每年发布一次。在货币政策方面,英格兰银行在主要法案中确立了词典编纂目标,由当选的执政者定义价格稳定性(自现政权建立以来,这就是一个通胀目标),并对货币政策委员会在管理通胀与经济活动之间的短期平衡提供指导。银行的观察人士每年都会对这一规定进行仔细审查,而竞争主管机构的职权范围似乎不那么受关注(通常在民选的行政政府中以较低级别签署)。

应该说,这种方法确实有危险,并不是所有行政主导的政治制度都适用,举个例子,正如前一章所讨论的,法国部长无权扩大机构的法定职权范围。在可行的情况下,要使激励措施相容,就必须限制行政部门根据自己的目的重新构建制度。就英格兰银行而言,由于英国议会已将"价格稳定"作为首要目标,行政政府想要设定一个不合理的高通胀目标,就会面临被起诉的风险。但我的一些前同事担心会出现微妙的幕后操纵,因为2013年货币政策委员会的职权范围被修改后,其就可以对未来利率走势采用"前瞻性指引"(应该说这得到了即将上任的行长的承诺)。根据第四个设计准则,行政政府在决定独立机构制度时,必须受到立法机构的监督和问责。

从宪法上讲,这一职权划定机制在英国可行,因为包括首相在内的大臣们都要遵守法律,并对议会负责。相比之下,美国总统并不对国会负责,而且据我所知,总统的特权在司法上是不可审查的。尽管二级立

---

① 它们是在英国商业、创新和技能部的指导下逐渐引入的,在第 7 章中提到过。在我撰写本书时,它们正被扩展到通信办公室的经济监管职能。一些数据来自斯特恩(Stern)的《英国公共事业监管模型》(British Utility Regulation Model)。

法在美国可能可行,但很难想象国会会允许总统为美联储、联邦存款保险公司或其他不受监管的机构设置非法定责任。①

## 多个目标和"考虑"需求

这一切听起来好得让人难以置信,更刺激的是英国还喜欢赋予独立机构多个具有同等地位的法定目标。如果每一项规定都是明确的并包含一个定量标准(很少有,也很少这样做),那么这将使独立机构不得不在各种职责之间进行权衡。尽管英国有足够的资金来建立与这些原则相一致的制度,但英国经常允许机构通过走后门的方式采用高层政策,正如第7章对金融监管的讨论以及上一章对天然气和电力市场办公室的描述那样,它的目标是促进低消费价格和可再生能源投资。

在过去10年左右的时间里,英国议会形成了一种习惯,那就是在监管立法中考虑一系列社会福利、现实因素和一些用行话来说一个机构应该"考虑到"的因素。英国新成立的审慎监管局大约有30个这样的因素需要权衡,金融行为监管局大约有50个。②在没有判例法的情况下,机构领导人和法律顾问必须或明或暗地决定这些因素意味着什么:它们是从属目标、非约束性条例,还是其他什么。无论正确的法律结构是什么,它们肯定会产生影响。③20世纪90年代中期的金融服务管理局的法规要求,旧的金融服务管理局必须考虑到金融服务业的竞争力,这是"轻触式"(light-touch)监管的先兆,而"轻触式"监管也是10年后伦敦对金融危机的部分贡献。

正如大卫·柯里(David Currie)在总结担任英国独立机构监督委员

---

① 当然,美国内阁官员可以对国会负责,但我看不出,比如,为美联储设定职权的美国财政部长,如何会给人一种给民主谱系蒙上一层阴影的假象,因为内阁官员和美联储主席一样,都不是民选的。
② 资料来源:各部门首席行政长官。
③ 判例法规定,当某一机构被要求遵守某一准则或指导方针时,它必须提供适当的理由,以允许自己偏离准则或指导方针。可以说,这与必须考虑一套在任何地方都没有详细阐述的广泛法定使用准则是不同的。Coleman,"The Future."

会(UK-IA oversight boards)主席的丰富经验时所言:①

> 英国监管的传统是设定(并"考虑到")一系列职责,再将平衡这些职责的责任推给监管机构。根据我的经验,拥有一个明确的主要职责是相当有利的,比如通信办公室,就在这些职责中设定了明确的主要职责。

这个问题在2007年英国议会第二分庭(Westminster's Second Chamber)的一份报告中得到了强调,似乎也是促使各部委在贸易上提供战略指导的原因之一。②然而,伦敦方面有人怀疑这只是昙花一现。没有法律规定大臣们有发布指导意见的义务;即使有,也不清楚公共事业监管机构的法定目标是否足够具体,是否足以从法律上限制大臣们发挥符合我们授权原则的作用。

## 层次目标中可监测的标准

一些读者可能会想:为独立机构重新倡导非授权原则固然好,但法官、评论员和公民如何知道目标何时"太模糊""太不确定"?会不会绕了一大圈我们还是和现在一样呢?

要回答这个问题,我们必须回到授权原则上来,特别是授权给一个独立的、符合授权类型的机构的标准上来。这些原则是目标可监测的先决条件(而不是把希望寄托在为该机构服务的少数专家身上)。从我们的价值观来看,如第二部分讨论的,有必要确保可信承诺的好处以人民的目的为导向。从激励角度考虑,如第一部分讨论的,有必

---

① Currie, "Regulatory Capture."通信办公室是英国独立的监管机构,也是通信行业的竞争主管机构。截至2017年年初,柯里担任英国竞争和市场管理局董事会主席,此前他曾担任通信办公室董事会主席。有关英国独立机构监督委员会的问题,请参阅下一章。
② 上议院,英国经济监管机构。

要利用独立机构领导人来履行机构使命,还要将这些机构领导人与当选的政治家区分开来,因为政治家在争取连任的过程中通常注重短期效益。这些都是需要一个可监测的目标的原因,这里的重点是,无论法定目标是否可监测,从定义上来说,它们都是可以被观察到的,因此法院不必画出生硬的界限。我们提议的路线不应该受到"什么时候太模糊"这类问题的困扰。

当立法机构希望赋予独立机构多个目标时,这一点尤其具有重要意义。除非被预先指导在不同的情况下应优先考虑哪个目标,否则独立机构和社会(或不同利益部门之间)就独立机构能够在多大程度上实现其目标会始终存在分歧。但如果不做出牺牲,就会危及可监测性。解决这个问题的办法是,要么把权重放在不同的目标上,要么将权重分级(正如经济学家所言,按照词典的方式)。

原则上,这在议会制国家应该比在美国更容易实现。然而,经验表明情况并非如此。如果说美国面临着授权不足和授权过度相结合的风险,那么英国的主要问题或许已经变成了授权过度,一个机构只有合法地对社会目标本身进行排序,才可能突破这种局面。

因此,本章的结论是,在法律宪政主义和政治宪政主义下,像英国这样的授权原则可以帮助立法者更好地构建独立机构制度,从而在英国民主政体中支持非民选权力的合法性。

# 15

# 流程、透明度和问责制

## 司法约束与政治监督

法院将会"调查方法、数据充分性和测试程序的每个细节,如果这些方面的规则有所缺失,(法院)将会驳回这些规则"。

——美国代理律师,20世纪70年代[1]

我担心,专职委员会根本没有时间审视其职权范围内的每一个"代理机构"……专职委员会根本没有时间和资源来做它们已经在做的事情,更不用说增加它们的负担了。

——下议院农业委员会主席,1999年[2]

即使在一个独立机构设定了明确的和可监测的法定目标的情况下,根据我们的授权原则,这也不足以为今天的宪政民主国家中与政治绝缘的未经选举的权力提供合法性。其他必要因素包括委员会制定的方针政策、离职后的生活限制、公平的决策和有效的公共责任。

对第二个至第四个设计准则合规性的全面审查已超出了本书的范围。但是,在介绍独立机构政策制定者工作时面临的结构环境和个人限制的几个例子之后,本章主要阐述透明度、司法审查和政治责任。虽然各国的细节差别很大,但大多数国家似乎都面临着司法和政治监

---

[1] Quoted in Strauss, "Rule-Making."
[2] 下议院公共行政特别委员会是半官方机构,引自弗林德斯的《分布式公共治理》(Distributed Public Covernance),第900页。

督之间的潜在紧张关系（第11章），因为本章导言已经显示，问题很突出。

## 第二个设计准则：委员会、任命和职能分离

在许多司法管辖区，独立机构的方针政策由委员会决定。在货币政策领域，美国、欧元区、日本和英国都是如此（尽管一些委员会实际上是通过主席的共识来决定的）。在监管领域，欧盟的金融监管机构（尽管它们的董事会具有由国家代表专家组成的专家小型会议的特征）也是如此。类似地，欧盟竞争事务专员必须获得专员学院其他成员的同意，这是我从个人谈话中了解的事实，而不是虚构的。

但是，委员会的决策并不是嵌套式的国际标准。各中央银行中，加拿大和新西兰的中央银行是例外；在其他领域还有更多例外，包括我们所见的美国消费者金融保护局（由董事领导）和许多英国经济监管机构（由总干事领导）。根据授权原则中反映的价值观，这些制度存在问题。

### 监督委员会的不足

这个问题不能通过英国的这种董事会来解决，这些董事会将执行专家和"独立人士"混为一谈，并且以私营部门的上市公司董事会为蓝本，是一种新公共管理层热衷于在竞争激烈的市场中为国家建立营利机构模型的表现。[①] 这些董事会通常在不同程度上将"监督"与一些"一般政策"责任结合起来。如果他们纯粹是为了监督而非权威，那么他们可能无法深入正在发生的事情，继而也不能削弱董事长如首席执行官般的权力。对比来看，在某些情况下，如果他们正式负责签署和颁布具有法律约束力的规则或其他实质性政策，那么很难看出他们如何能够成为除独立专家以外的其他角色，而他们每个人都能够捍

---

[①] 英国流行的监管机构治理结构中包括一名"首席行政长官"政策制定者，由兼职的"独立成员"和几位高管组成的法定委员会监督。

卫和解释他们批准的规则或政策。

此外，如果像英国一样，只有主席和总干事通常要经过议会确认听证会，那么就会产生令人讨厌的悖论。董事会成员尽管受到不同程度的民主制裁，但他们拥有同等的权力，或者说，权力的竞争领域向主席和总干事倾斜，使他们成为权力强大的公民。根据授权原则，两者都没有足够的合法性。

当然，有效的内部监督绝对是至关重要的，它是一个独立的因素，有助于使独立机构不受内部结构和流程问题的政治影响。但它不是分散自由裁量权的替代品，也不是行使政策自由裁量权的政治责任的替代品。至少在英国，这是尚未解决的治理问题。

## 独立于（监管）俘获风险：进入和退出约束

对于一个独立机构体系来说，为了做出可信承诺，其每个政策委员会成员不仅需要与日常政治隔离，还要免受私人利益的妨碍，包括明显受监管的行业利益的妨碍。

进入和退出/退休政策对这一点至关重要。[1]然而，似乎各个国家或地区都没有既定的规范。例如，主要司法管辖区并未统一规定中央银行政策制定者，即对金融中介机构负有责任的人，或在党派政治中作为参与者或捐助者而积极参与的人。

同样地，监管机构也会加入行业协会、游说团体和它们监管的公司。尽管美联储前政策制定者两年内不能在受监管的银行工作，但他们似乎可以自由地就货币政策发表言论。在其他地方，这种约束因人而异。

---

[1] 在英国，一些政策制定者是兼职的，在担任职务时明确限制利益冲突至关重要。几年之后，英格兰银行领导层倾向于采取比财政部更为严格的政策，财政部承担着寻找准备服务的合格人员的责任，并发布了一项协议。此后，它已被议会授权的代码所取代［1998 年《英格兰银行法案》（Bank of England Act）第 13 B（2）段，经《2016 年英格兰银行与金融服务法案》（Bank of England and Financial Services Act 2016）修订］。

鉴于目前在国际论坛上制定或协商的政策数量很多，各国可以在交换其在该领域的政策和做法中受益，尤其是使它们知道在汇兑方面对参与者的限制。

对我们来说，最大的问题是，更严格的要求是否应该应用于独立机构，而不是适用于与政治隔离程度较低的机构。据我所知，目前没有任何司法管辖区能挑选出获得特殊待遇的执行机构。在本书第四部分审视多目标的中央银行是否有成为权力过于强大的机构的风险之后，我们会再回到这个问题上来。

## 职能分离

在司法管辖区之间，关于决策的完整性和开放性的规范有更多的一致性。例如，根据授权原则，在独立机构既制定又执行规则时，通常会出现职能分离的情况。在法国，这是宪法委员会提出的一项要求（针对代理机构，但尚未进行内阁裁决）。在美国，《联邦行政程序法》对其进行了规定。[1] 在英国，这不是一个具有绝对约束力的一般规则，但这是某些特定政权的法定要求，并且许多机构在任何情况下都要遵守这些规定，以便降低司法审查的风险。在欧盟，除了所有委员会成员正式参与反垄断决策之外，委员会在其监管职责中并未做要求，也可以说，据我所知是不需要的。[2]

## 第二至第四个设计准则：咨询和公开辩论

此外，还有各种方式促进公开辩论，包括通过咨询委员会和针对

---

[1] 美国宪法包含权力的重叠和制衡，但不是纯粹的或"抽象"的分权。Buckley v. Valeo, 424 US 1, 124（1976）; Manning, "Separation"; and Strauss "Place of Agencies." On the history and lingering appeal in the US of pure separation, see Vile, Constitutionalism, chapter 6.

[2] Asimov, "Five Models."

规章制度的公开协商。然而，在司法审查和政治问责之间，每一个都只占据令人不安的部分空间。

## 咨询委员会

在许多国家，特别是那些拥有社团主义传统的国家，法案要求各机构设立咨询委员会，但它们往往使政策制定者只能行走在一条介于勇猛争夺和陈词滥调之间的狭窄道路上。

在美国，国会为这些委员会提供了一般法定框架。这似乎非常明智。但据说，这种做法使得他们的讨论毫无成效。

在英国，许多独立监管机构受其管理法规的授权，要求建立消费者和从业人员委员会，这些委员会有义务公布该机构的工作情况。监管机构并不对这些委员会负责，这可能会使职责模糊。我曾经看见一个监管机构的首席执行官坐在房间外面，等待着被邀请去回答行业委员会的问题：现场场面调度（mise-en-scène）感觉不对。

这些委员会也不能代表其头衔所反映的整个社会。正如一位英国前高级大臣曾经对我说过的，许多议员比消费者小组成员更能接受公众和消费者的意见。与此相一致的是，几年前在伦敦发生的一则逸事，早期金融服务管理局消费者小组的一些成员，曾是托洛茨基社会主义工党的成员。我不知道这是否属实，但如果是这样，我怀疑他们是否能代表广泛的公众舆论。

明确这些专家小组的功能是最基本的要求。英国通信监管机构（通信办公室）前任主席描述了他是如何说服消费者小组将注意力集中到该机构分析消费者问题的广泛方法上，而不是通过其他渠道就具体问题进行游说的。①

与来自特定利益集团的委员会进行接触的法定要求，不能取代体面的公开辩论。

---

① Currie, "Regulatory Capture."

## 规则草案咨询：错综复杂的风险

促进并实现更广泛辩论的主要正式手段是，就规则和政策进行协商。

在美国，所有机构都必须就具有法律约束力的规则进行广泛的协商（但不能就指导原则进行协商，例如，如何解释其权力）。《联邦行政程序法》相对较宽松的要求已经被这一领域的司法立法所改变，监管者不得不公布他们对每个重要问题的回应。①

在英国，独立机构特定法规现在通常规定了协商利益相关方的要求，并且代理机构通常要公布其收到的陈述的总体报告及其对陈述的回应。一般的义务是"告诉（潜在利益相关方）足够多的信息（可能是一个很好的协议），使他们能够做出明智的回应"。在法国和德国，协商既不是一般法律义务，也不是特定法定制度的共同特征，但各机构在实践中已经开始进行协商。②

然而，在不少国家，协商文件的风险非常高，以至于只有在利益集团行业协会和行业游说者的调解下，公众才能接触这些文件。如果在法庭上质疑某项规则的合法性（越权）或具体应用存在风险，那么该机构在其正式文件和声明中应谨慎考虑这一点。换言之，在不同的司法管辖区，咨询和解释性文件都或多或少是由寻求保护其代理人的律师撰写的。

## 操作原则

同样的考虑因素可能会阻止或削弱第三个设计准则所要求的操作

---

① 正如我在第1章中提到过的，即将出台的"监管问责法"将要求更多类似于庭审的公开协商程序。
② On Britain: then master of the rolls Lord Wolf, quoted in Endicott, *Administrative Law*, p. 35 (also commenting that "consultation is not litigation," in *R v. North and East Devon* [2000]). On France: Rose-Ackerman and Perroud, "Policymaking and Public Law." On Germany: regulatory officials and Puender, "German Administrative Procedure."

原则的应用。从技术上讲，在几乎所有的民主治理结构下，发布这样的指导都是可行的。例如，尽管美国最高法院认为，一个机构不能通过对其管辖法规的自我解释来使其行为符合宪法，但它并没有排除机构公开从广义上解释和计划应用其权力的可能性。[①]

然而，实际上，除了货币政策（第四部分）之外，操作原则几乎不明显，但也有显著的例外情况，例如美国和欧盟关于横向合并的指导，这可以通过迅速确定特定案例的必要性来解释。在金融监管机构中，20世纪80年代的英格兰银行解释了它是如何看待法定要求的，即每个管理或控制银行的人都应该是"适合且适当"的。而在许多司法管辖区，可能是由于诉讼风险的存在，这种做法已经过时了。如果法庭从字面意义或意识形态上解释这些文件，那么当代理律师试图躲避未来的子弹时，这些文件可能最终会变得难以理解。

我在第11章中提到，根据共和党的价值观，英格兰银行在2011年发表了一份文件，从广义上解释了它将如何处理议会正在辩论的审慎监督的新职责。值得一提的是，经验丰富、素质高的工作人员的第一直觉是，这应该是一个内容丰富、细致入微、篇幅相当长的文件。我们的回答是，它应该是简短的，以便律师、顾问和游说者以外的人可以阅读。这甚至不是一个具有法律约束力的规章制度！

解决这个一般性问题很重要。为每项规则或决定提供合理的理由，与指导和支持机构政策的一致性原则并不相同。不能指望法院解决这个问题。由于对法律的挑战不可避免地涉及一个特定的规则或裁决，不容易证明政策的广泛一致性和可信度是合理的。如果法官确实解决了这个问题，那么他们就会成为政策制定者，这本身就存在问题。

## 第二个设计准则：通过司法审查的法治价值观

在比较不同司法管辖区的司法审查制度是如何有助于遵守授权原则时，很容易发现这个问题的棘手性。

---

[①] Bressman, "Schechter Poultry" and "Disciplining Delegation."

一方面，我们的民主价值观指向立法机构制定的对内审程序的限制，这些立法机构是经选举产生的，反映了一个特定社会如何平衡决断性、参与度和正当程序。另一方面，这些价值观会优先考虑，委托一个独立的司法机构监督行政机构是否遵守法治价值观，而无论这种法治价值观被嵌入成文宪法还是普通法。

哪个机构会占主导地位，取决于激励机制。因此，虽然大陆（罗马）法律体系似乎可以自然地适用于具有立法印记的程序编纂，但编纂公法在很大程度上依赖于政府准备对自己施加的限制。直到1977年，经过近20年的工作之后，德国才正式将行政程序编纂成法典，即便如此，它也只涵盖了裁决性的决定，而不包括规则的制定。法国直到2015年才让国民议会通过一项法规，将数十年的司法判决中隐含的标准编成法典。[①] 在欧盟，虽然条约规定由欧洲法院进行司法审查，并列出四个广泛的理由，但这些理由都含糊不清，使法官们确定了许多程序要求，以及对欧盟机构和委员会具有约束力的实质性限制。[②]

在普通法司法管辖区中，英国2006年的《立法和监管改革法案》（Legislative and Regulatory Reform Act）要求监管机构"透明、负责、均衡和一致"，并规定行政政府就机构规则编写程序发布指导意见。但考虑到行政主导（只要获得议会的授权）和未经修订的宪法，司法机构通过普通法制定程序完整的规范也就不足为奇了。[③]

相比之下，在美国，立法机构（国会）与行政部门（白宫）之间的高度分离，使前者有强烈的兴趣将成文的程序性约束强加给行政。与是否以明确的目标（第14章）进行授权的问题不同，这是美国政府体系中激励与价值观兼容的罕见情况，1946年的《联邦行政程序法》

---

① Puender, "German Administrative Procedure" and Custos, "2015 French Code."
② 《欧盟运行条约》第263和第267条。
③ 20世纪60和70年代的法律重大变革是由上议院高级法官里德（Reid）、威尔伯福斯（Wilberforce）和迪普洛克领导的。在此值得一提的两个重点是，法官拒绝接受旨在阻止司法审查行政行为的法定条款［艾斯米尼克案（Anisminic），1969年，一个源自1958年苏伊士运河危机的案件］；以及后来的一系列案件，这些案件逐步将行政权/王权纳入范围。One standard textbook treatment is Wade and Forsyth, *Administrative Law*.

仍然是其行政法的核心（第2章和第8章）。

## 激励与法官：公平和竞争与本质理性

当然，无论法典化的程度如何，在所有司法管辖区，个别案件都会使司法机构根据其制度的约束、激励和价值观制定行政法。对我们来说，最大的问题是它们在多大程度上发挥了作用，从而在不受政治监督和公开辩论的影响下制定总体政策。

规范地说，第二部分的讨论可能会指出，对独立机构决策的司法审查的强度，随着独立机构体系不符合授权原则的程度（导致民主赤字）以及受到挑战的诉讼跨越自由主义的程度的增加而增加。这不能区分不同类型的独立机构活动，例如，在货币政策决策和多任务中央银行的审慎稳定性决策（第四部分）之间，只能区分其谱系和影响。这个想法反映在表15.1所示的矩阵中。

表15.1 矩阵

|  | 符合授权原则 | 不符合授权原则 |
| --- | --- | --- |
| "基本权利"没有受到威胁 | 浅显的审查（例如，不无道理） | 不那么浅显的审查（例如，明显合理） |
| "基本权利"受到威胁 | 更深层次的审查（例如，相称性） | 深度审查（例如，相称性和优点） |

可以通过多种方式遵守授权原则的独立机构，将受到法律（法院）的约束，选择对个人自由侵犯性最小的工具（考虑到该诉讼所促进的任何法律权利），但是在确定需要采取哪些措施以实现其法定目的并校准所使用的工具时，独立机构将面临较宽松的考验（不合理或非理性）。虽然前者相当于"检查"（并且可以激励法院发掘新的权利），但后者反映了制度"平衡"的价值，法院尊重民选立法者对符合原则的独立机构（而非法官）的授权（如果它是一个同等级别的政府部门，也许会尊重独立机构本身）。同时，一个不符合原则的独立机构，如果与政治绝缘却没有在授权制度中加入适当限制，更严格的司法审

查将给予它们（和可以想象的立法者）减轻（或补救）政权缺陷的激励。

现实世界中司法审查的力度随着决策者身份和决策性质的不同而变化，在主要民主国家中并不完全明确或一致，而且在某些情况下会随着时间的推移而逐渐消退和流失。在某种程度上，不同司法管辖区之间的差异反映了宪法在多大程度上纳入公民、社会和经济"权利"。

因此，在德国，很多工作都是由基本法规定的，行政诉讼的许多挑战都集中在授权法规：是否规定了必要的内容、目的和范围（即宪法权责测试，第13章）；跨越民主或其他宪法权利的价值观，这些价值观被延伸到社会与经济领域。① 除此之外，德国行政法还包含比例原则，这一原则是由19世纪普鲁士的法官在民主出现之前制定的，以约束专制自由主义国家对社会的治理，并在20世纪后期扩展为被广泛传播的宪法原则，在这一原则下，法律权利必须得到适当的平衡。② 此外，行政法院的专家还将否决那些没有行使权力的官僚机构，这些官僚机构本应行使权力，在相关考虑因素被忽视或被不公平对待时，后面一种情况显然不仅仅需要合理做出决定。③ 总的来说，其效果是法院可以了解行政机构裁决的实质价值。④ 因此，就我们的第二和第四个设计准则而言，德国授权的"合法性链条"依赖司法监督，在内阁监督确实存在的情况下则依赖内阁监督，而不是公众参与规则制定，或者如下所述的依赖议会对政策制度的问责。

欧洲法院利用了德国公约，同时因为要考虑联邦，在某种程度上又背离了德国公约。在应用条约审查和监管自由的四项条约依据时，

---

① Puender, "German Administrative Procedure," and Bignami, "Regulation and the Courts." 法官发现并裁定权利范围比以前认为的更广泛，根据法律宪政原则（第8章），其影响包括将有关领域的最终发言权和仲裁权从民主议会转移到法院。这部分解释了我为什么偶尔会给权利加引号。

② Mathews, "Proportionality"; Schlink, "Proportionality"; and on the high theory, Alexy, "Constitutional Rights."

③ *Ermessensausfall*, *Ermessensfehlgebrauch*, and *Ermessensuberschreitung*.

④ Bignami, "Formal versus Functional Method."

中央的测试在事实或自由裁量权问题上是相称的,也是"明显的错误",近几十年来,在法院发现法律上有实质性权利的领域,这一点得到了更广泛的应用。① 但是,在涉及审查力度是否应该对决策者的身份敏感(尤其是在下一章要讲述的挑战)时,德国宪法法院与欧洲法院之间的分歧,并未因对德国法理学的明显借鉴而解除。

在众多盎格鲁撒克逊国家中,美国的合法性似乎在很大程度上依赖于司法警察,尽管其宪法规定的权利分类相对较少。考虑到抽象审查标准在表面上很相似,与英国的对比显得更加明显。根据《联邦行政程序法》,美国面临的一项重要考验是,诉讼是"专制的还是变化无常的"(普通言论中的高度贬义语言,这似乎使美国关于官僚主义的辩论变"暗")。英国进行了有关诚信、合理性、相称性的测试。此外,与法国相比,这两个制度系统都授予法院、行政机构向相当具体的当事方质疑的权利,比起保护自由"权利"和法治价值观(第8章),这与保护共和主义的可竞争性(第9章和第11章)更为一致。②

然而,尽管有这些相似之处,但是美国对机构决策的司法审查在许多方面比英国高等法院的审查更具侵入性或更严格(取决于个人的观点)。

除了"人权"案件,英国高级司法机构明显不愿意在满足权利、程序和自然公正要求的同时,取代自己的政策观点。③ 相比之下,在20世纪70年代,美国联邦上诉法院法官制定了"硬审"审查原则,其中包含了章节开篇引用的词语,实际上,它使法官能够代替他们对

---

① 对于大约十年前不同司法管辖区的比较,见克雷格(Craig)的《法律、事实和自由裁量权》(Law, Fact and Discretion)。
② 根据英国的一项法律条款,法院有权决定申请人是否对行政诉讼有"足够的兴趣",以便对案件进行审理。英国法官已经制定广泛的标准,以裁定一个人的地位,从而向政府提出挑战。2013—2014年,HMG放弃了一项引入法定身份限制的建议,转而支持"直接"利益。它遭到了包括退休法官在内的法律界的广泛反对。
③ 合理性和相称性通常被认为适用于不同类型的案件,或者,也就是说,因为国家干预的门槛(以及司法审查的强度)随着自由或权利潜在危害的严重性的提高而增加。E.g., Carnwath, "From Rationality to Proportionality."

事实的看法，或者对法律应如何应用于事实的看法。尽管最高法院最终遏制了下级法院的激进主义，但对"合理性"的检验仍然存在，这就需要关注一个机构的决策是否有理由和事实的支持做保证，而不是"在'决策'之前与证据背道而驰"。①

这两个制度系统在应用之前，对监管规则质疑的方式也有所不同。英国法院不会受理此类案件，主要是因为法院在处理具体纠纷和挑战的特定情况时提供程序完整性，但不太适合一般政策的制定（见第10章对宾厄姆司法立法标准的参考）。相比之下，在美国，规则经常受到媒体热议，主要是因为政策制定者违反了一般性法规（即《联邦行政程序法》）。② 与特定情况一样，这些失误可能包括大量论证推理中的缺陷，例如成本效益分析不充分（即使在法规没有正式要求成本效益分析的情况下）。

据我所知，这些美国学说并没有区分独立当局、半政治监管委员会和更接近政治的执行机构。"尊重"一个机构对其适用法规（第14章）中含糊不清的规定的解释，以及大致类似的对其自身规则的解释，似乎导致了一种奇怪的情况，即美国法官可能会在介入事实、推理和政策问题的同时，回避法律问题。总体而言，英国的情况似乎正好相反，在第二次世界大战后不久，法院规定必须使用法定权力来促进立法的政策和目标，这些法定条款作为法律相关事件由法院自己决定。③

---

① 关键的现代案例是美国汽车制造商协会诉美国国营农场互助汽车保险公司案，463 US 29，43-44（1983），摘要见西塔拉曼（Sitaraman）的《外国硬视评论》（*Foreign Hard Look Review*）一书，第520页的"民主硬视评论"部分。阿德里安·沃缪勒在《法律的废除》（*Law's Abnegation*）（特别是第5章）中提过，法院只对合理性进行细致的检验，但侧重于最高法院的原则，而不是上诉法院和下级法院所发生的事情以及它们对代理机构的影响。即使在最高法院层面，一些监管委员会，特别是美国证券交易委员会的做法和程序，也已经被最近的司法干预所改变，参见克劳斯（Kraus）和拉索（Raso）的《理性边界》（*Rational boundaries*）以及美国证券交易委员会的《操作程序》（*Operating Procedures*）。
② 有关美国、加拿大、法国和意大利的实质性审查与程序性审查的比较，请参阅罗斯-阿克曼的《司法审查》（*Judicial Review*）。
③ 帕德菲尔德诉农业部长案（1968），一个关于没有授权自由的案例。

正如以往一样，这种解释取决于三权分立的具体细节所产生的动机和利益，特别是立法否决权是否存在。从广义上讲，美国的初级立法是一项效果不确定的大规模行动，法院认为自己是行政国家的"主人"，拥有不同程度的自由裁量权，而英国法院可以克制自己，因为它们知道，政策制度实质上存在系统性缺陷，如果是公众意见或民选行政部门的利益要求，那么缺陷将由议会修正。①

总而言之，美国宪法规定的均衡是指法官作为一般政策制定者的支持者。虽然人们对美国法官必须接受概率论和统计学的培训才能发挥这一作用感到惊奇，但我们面临的问题是，民主赤字通过一种特殊的途径出现。一方面，它符合（也可能保证）美国司法机构的公开政治化；另一方面，它存在责任漏洞（第四个设计准则）。如果国会将自由裁量权委托给独立机构（以及其他机构），则可以期望它们去解释并捍卫它们的一般政策。相反，如果政策的实质由法院确定，则无法用公众理解的语言对其代表进行会计核算，以帮助他们决定是否维持政策制度。

## 审查与上诉：美国行政法官和英国仲裁庭

然而，当我们转向基于案情的上诉专用机制时，如何平衡第二和第四个设计准则所反映的价值观的潜在难题，在英国更为突出。②

根据法规，美国在证券交易委员会等机构内设立了行政法官，以便与权力分离价值观相协调，进而使执法决策中存在一定程度的职能距离。基于案情的上诉往往来自委员会委员，他们同时也是规则制定者。基于美国宪法第三条中法院的司法审查来质疑该程序的完整性（基于美国宪法第一条的立法机构的职能），从而降低了立法者决定适用其自身规则的冲突风险。总而言之，这不是一个糟糕的设置，因

---

① 我认为本质上是一个相似的出发点，见凯恩在《控制行政权》中的分析比较（也适用于澳大利亚）。我感谢彼得·凯恩就我们重叠的话题进行交流。有关欧盟的比较，请参阅克雷格的《全球行政法》（Global Administrative Law）。
② 对于裁决决定、上诉和复审的不同结构的比较，请参见：Asimov,"Five Models."

为委员们可以向国会说明他们的一般政策（见下文），法院可以监督程序完整性。

在英国，根据机构在特定案件中的裁决提出的上诉是针对按法规设立的仲裁庭的，该仲裁庭作为一个连贯的体系运作，涵盖整个行政州，从"大众行政司法"到略为稀少的独立监管机构。澳大利亚经过审议后做出了完全相反的选择，与澳大利亚形成鲜明对比的是，英国仲裁庭在技术上是由法官主持的法院。与此相一致，人们质疑最高法院仅以狭隘的理由受理对仲裁庭的裁决，但也强调仲裁庭本身可以用自己正确的具有实质决定性的看法取而代之。① 事实上，原则似乎大体上是这样的:②

> 权宜之计要求，如果议会在某一特定领域设立了这样一个专门的上诉法庭，则应利用其专业知识来达到最佳效果，指导该领域的法律和实践。

作为一个整体，这在最高法院的自我约束方面是合理的；如果依据 1957 年《法兰克报告》（Franks Report）中所述的规定，仲裁庭应该被视为"裁决的而不是管理的简单机制"。③ 这引入了一种裁决/行政二分法，这种二分法没有比我们在第 11 章中驳回的政治/行政二分法更好的基础，而且在任何情况下都无法适用于采用非机械法规的政策机构。作为惯例，政治界仍然可以选择在两者之间划清界限，但在这种情况下，很难弄清楚英国的界限是否与我们的价值观相符。

这是因为，对于前政策制定者而言，将角色的职责定义为指导实

---

① Elliot, "Ombudsmen, Tribunals, Inquiries," puts this in context of the juridification of agency accountability (as well as using the "mass administrative justice" tag); see also Rose and Richards, "Appeal and Review." On a 2014 case in which the Supreme Court overruled the Court of Appeal on a matter disputed between the Tribunal and Ofcom, see Richards, "Dogma in Telecoms."

② Carnwath, "Tribunal Justice," p. 9.

③ Quoted in Carnwath, "Tribunal Justice," p. 3.

践，标志着上一级法庭是一个政策制定者组成的团体。然而，在一定程度上由于他们是法官，仲裁庭庭长并没有向下议院委员会做证，以解释和捍卫这些原则，从而证明他们在工作过程中制定事实上的一般政策。如果像传闻一样，机构政策制定者确实接受这些具有（非法律）先例效力的法庭政策原则（因为在实质性基本相同的观点上被推翻两次是不合理的），那么法庭决策者不接受公众监督和辩论从而使民主赤字开放，这是议会问责制的价值。

具有讽刺意味的是，美国出现这种变体是由于常任法官受政策诱惑，而英国出现这种变体则是因为法庭决策者被指定为法官。同样具有讽刺意味的是，在戴雪契约（第8章）实施一个多世纪之后，英国的仲裁庭制度已经演变成法国的国务委员会，类似地组织成单独的"分庭"，但被正式地安置在司法部门，而不是行政部门。

## 法国国务委员会

事实上，国务委员会是一个典型的上诉法庭。它对机构颁布的规则和条例质疑，并对其裁决提出上诉。① 根据法国的共和主义价值观，该委员会的接触范围很广，要求政策遵守1789年革命时的平等价值观。② 近年来，有人对"软法"声明（例如新闻稿）质疑，例如，通过市场行为，它们可能会对经济福利（或潜在的社会福利）产生重大影响。③

根据司法规范，国务委员会在公开听证会后做出裁决。与行政规范相一致，它有效地进行了重新审查，也许没有美国普通司法审查法院所特有的学说上的明显变化。

因此，根据悠久的历史和设计，国务委员会占据了盎格鲁撒克逊

---

① 这并不排除通过普通法院提出一些法律挑战，例如，反对竞争管理机构对卡特尔的决定。管辖权通常在委托法规中规定。资料来源：法国高级官员。
② Bignami, "Formal versus Functional Method."
③ 考虑到政策制定者使用推特，这对美国来说很有趣。

司法领域和官场高层之间的领域。通过审查案情，委员会成员对关于一般政策的阐述做出了重大贡献。由于担任法官，委员会成员不用向议会做证来解释他们的一般政策。

## 关于中央银行的一个例子

我们调查的问题可以通过 30 多年前中央银行的故事来说明。

根据英国 1979 年《银行法》（Banking Act）的规定，银行可以针对英格兰银行的监管行为提出上诉。在那之前的几年，我参加了一次最高级别的审慎监管机构的会议，以决定是否关闭一家小银行。其中一位大老板（我不记得是谁了）询问关闭银行的决定是否有可能在上诉时被推翻（对法庭而言）。我从来没有忘记布莱恩·根特（Brian Gent）的反应，布莱恩·根特平时是一个举止平庸的人，但众所周知，他是最出色的银行监管者之一。根特摇摇晃晃地说道："当这家银行倒闭时，法庭的判决将会失效。"然后，银行会对法院推翻其程序的完整性或公正性持有截然不同的看法。

虽然优点/过程的划分并不明显，但可以而且应该进行区分。如果进入实质问题，法官巧妙或不巧妙地形成一般政策，那么各机构就难以解释一般政策，而代表很难就其运作方式进行辩论。虽然这对于受政治控制的机构来说可能并不重要，但案情审查的组织安排确实影响了内阁制度拥有民主合法性的能力。

## 独立机构就与司法/法庭的政策分歧向议会做证

没有议会坚持要求法庭（在法国是委员会分庭）庭长应定期就其总体政策做证（我认为，他们可能会否认这些政策），解决办法是让机构领导人在自己的证词中明确说明，实际上一般政策是由仲裁庭制定的，并且他们不同意这些政策。否则，与我们的第四个设计准则相反，对政策的责任陷入了真空，选举产生的立法者处于弱势地位，无法判断独立机构体系是否有效或需要改革。

这让人想起第12章在解决独立机构跨国精英所提出的问题时，要求他们在国内就新出现的国际政策做证。这给立法监督委员会和技术官僚带来了负担，对于出庭做证的官员来说，自愿回答他们没有被问过的问题并不容易。

为了避免疏远司法机构和国内立法者，国家行政部门和机构官员似乎有必要避免引起人们对他们与法庭的政策分歧，以及他们国际工作范围的关注。但要想想这样的沉默意味着什么。公众很容易被不作为的"罪过"所误导，就像犯不该犯的罪一样容易，但误导的时间不会持续太久。

## 第四个设计准则：独立机构体系的政治监督

因此，重要的是，根据第四个设计准则，是否可以通过立法委员会的证词真正实现政治问责制，请记住，这意味着要区分政权的设计权和管理权。

### 独立机构体系设计的民主责任

毫无疑问，当一个政权垮台时，当选的政治家们处于激烈的竞争之中。在西方民主国家，控制行政政府的政党在大金融危机的投票中受到了打击。在美国、英国和法国，共和党、工党和人民运动联盟被投票罢免。只有德国总理默克尔的基督教民主联盟在党派竞争中幸存下来，但其不得不与社会民主党建立一个大联盟。只要行政政府有责任确保监管制度符合目的（或者甚至更重要、更基本的是，根据第一个设计准则，该制度有明确的目的）问责制就是公平的。

在议会制度中，这是相对简单的。行政部门是法律的主要发起者，需要不断审查所有主要制度，立法委员会需要确保它们这样做。

在美式总统制中，这是一个更为复杂和微妙的问题。一方面，行政部门对独立机构体系没有正式的责任。另一方面，正如共和党人所发现的那样，现任政党可以为糟糕的政策付出代价。这激励当选的行政当局去发表对政策体制的评论，并在国会关注政策体制的基础时向国会提出建议。前财政部长保尔森在发布重新构建美国金融监管架构的提案时就做到了这一点，他认为，正如他所看到的那样，将正式责任与能力更好地结合起来，将减少分裂。①

然而，在任何政府体制下，立法者和公众对政权的了解在很大程度上依赖于独立机构的证词。因此，对民选立法机构负责的方式既可行又可以得到人民的信任，这绝对至关重要。与其他地区一样，这种变化非常明显。

## 政治监督的可行性：美国

一般情况下，在美国，政治监督机制在表面上是直截了当的，参众两院长期以来一直通过委员会来工作。② 事实上，许多美国机构都受到国会委员会的监督。虽然这可能会带来一连串的申请、调查和法令，有时会牺牲一致性，损害行政效率，但没有人怀疑国会应通过委员会制度对代理机构进行监督。

同样，除了美联储下属12家地区性储备银行的行长之外，所有独立机构的官员都是总统任命的众多官员中的一员，但必须得到参议院的确认。③

## 政治监督的可行性：英国通过特别委员会制度进行转型

鉴于英国政府"由众议院负责"的惯例，英国在历史上的立场更为复杂。因此，在过去的35年中，很难过分强调强大的下议院特别委员会的重要性，特别委员会的出现相当于一次重要的宪法演变。这次

---

① US Department of Treasury, *Blueprint*.
② 之所以加上"一般情况"一词，是因为，就美联储而言，12家地区性联邦储备银行的行长在法律上不是联邦政府的官员，尽管这不需要阻止国会要求他们做证并解释自己的政策立场。
③ 至少印象深刻的是，在监管委员会任职的参议院前工作人员的数量有所增加。如果要扩展到更加独立的机构，它们的独立性可能会受到影响。

演变开始于20世纪80年代初撒切尔夫人担任首相期间由诺曼·圣·约翰·斯特瓦斯（Norman St. John Stevas）领导的改革，但是撒切尔夫人对这次改革是持怀疑态度的。① 在这几十年间，一系列渐进式（和未经研究的）改革加强了特别委员会制度；自2010年最新的重大变革以来，主席由下议院选举产生，而不是由党派管理者选出。在主要委员会的服务已经成为每个成员声望和知名度的来源。

当委员会在跨党派的基础上通过一致性报告采取行动时，它在任命上具有杠杆效应，或许更明显的是，在立法过程中不是通过正式的程序性权力，而是通过委员会委员的观点在众议院起作用。②

总体而言，这些发展使机构问责制成为可能。事实上，可以毫不夸张地说，英国的监管机构和议会委员会的地位一直是共生的，这就是恢复激励与价值观相容的方式。③

## 政治监督的可行性：法国和德国

在将英国与欧洲大陆分隔开的区域，有另一个统一的国家——法国，它要求对其独立机构进行与国家机构不同的审查。所有机构的财务和运营都可能被超精英财政稽核总局（由自法国国家行政学院毕业的最高级别官员组成）审查；管理和支出由强大而独立的法国审计法院审查，以保障公共资金的完整性。但是，尽管目前至少有一些独立

---

① 这是基于与撒切尔夫人的授权传记作者查尔斯·摩尔（Charles Moore）的一次交流。
② 从形式上讲，任命是由当选的行政官员根据诺兰原则做出的：招聘广告，对该职位的性质和所需素质的公开声明，以及由高级公务员进行的面试，他们会向决定人选的大臣提交一份简短的名单。对于一些独立机构，包括英国央行的货币政策委员会和金融稳定委员会，在任期开始前举行非正式的议会听证会，由特别委员会发布"候选人"是否符合法定标准的结论。
③ "表面上"是因为，在英国作为欧盟倡议的一部分采纳了独立机构体系的情况下，议会霸权和问责制的价值观仅在英国脱离欧盟以及国家监管机构可能被传唤做出解释的观点上得到维持。这超出了本书的范围，但可以认为，英国脱欧是激励的结果——价值观不相容，除非像法国一样，英国接受欧洲的价值观。剩下的人大体上是这样做的，没有离开。

行政机构举行了任命听证会,但在我的印象里,议会的公众监督对法国机构所起的作用可能比英国要小一些。

同样,在德国,监管机构通常被要求去联邦议院委员会做证,主要是在审议其所在领域的立法草案时。这种听证会往往是临时举行的,而不是例行公事地监督它们对现有体制的管理。因此,尽管德国机构可能通过裁决性决策制定总体政策,但与司法监督相比,公共会计很少有或根本没有。此外,据我所知,任命听证会没有在德国举行过,大概是因为机构决策者受到内阁的控制(第13章)。

## 世界各地央行与金融监管机构的证词

这种多样变化绝不仅限于欧洲大陆。加拿大的审慎监管机构——金融机构监理总署(OSFI)有义务公布其内部审计报告,但是,正如在欧洲大陆一样,其负责人通常只有在某些事情出了问题或政治家们全神贯注的时候,才在议会做证。相比之下,澳大利亚审慎监管局(APRA)对审慎监管制度的管理和金融制度的稳健性进行了一年两次的测试。对于审慎和公共事业监管机构而言,这与正常年份英国的频率大致相同。

大多数(但不是全部)央行行长的出现频率更高(第四部分)。其中一个极端是日本,日本央行行长可能至少每两周对国会做证一次,而在"和平时期",英格兰银行行长在下议院财政委员会中出现了6~8次,现在则定期举行有关经济稳定和货币政策的听证会。另一个极端是德国,德国央行行长可能会对整体经济政策做出声明,但从未对联邦议院的货币政策做出声明,人们普遍认为这样做会损害央行的独立性。介于两者之间的是,欧洲央行行长每年两次出现在欧洲议会的经济合作委员会(ECON)上,就货币政策进行"对话",这一词语的选择可能标志着央行宪法地位的提升(第四部分)。

在我看来,这种在常规立法监督实践和规范中的分散性,与授权的模糊性一起,意味着人们对未经选举的权力的民主合法性的先决条件缺乏共识。

## 有效政治监督的障碍

即使听证会是例行公事,它们也不是总能达到我们赋予它们的意义。这有很多原因。

### 铁三角和政治娱乐业务

也许对立法监督最深的怀疑源于政治学家所说的铁三角,这种表达被用来捕捉监管机构、相关立法委员会和受监管行业之间潜在的"乱伦"关系。在美国,人们担心的是,监管委员会的成员往往代表受监管行业对就业和税收特别重要的地区或州,使其对行业利益高度敏感;并且该行业不遗余力地为成员的连任竞选活动提供资金,让工作人员到各机构任职,并在委员会退休成员离任时为其提供住所。最令人愤慨的是,每个人都被完全俘获了,而任何其他出于公众利益的考虑都是让人感到庆幸的。

在英国议会模式和比例代表制下,政治家的连任前景更多取决于其政党的相对地位,竞选资金受到更多限制,这种情况下美国模式的动力通常相对较弱。但这并不是说这种制度中的激励措施会产生纯粹的美德。在所有系统中都存在一种不同的铁三角:监督委员会、媒体和公众。事实上,政治娱乐业务很容易被视为政治家和他们所代表的公众之间复杂的沟通所内含的东西。它不需要破坏证词的价值,实际上可以帮助机构领导者建立一个宝贵的公共平台。

然而,在实践中,国会和英国议会委员会似乎确实以不同的方式执行其监督职能,这很可能是由于立法者权力和激励措施不同。

### "警察巡逻"与"火灾警报"监督:当问题严重时,警报已经太迟了

政治学家经常会区分"警察巡逻"和"火灾警报"监督:前者是正在进行的,几乎是全面审查,后者高度针对具体情况,以回应公众或利益集团的投诉或警报。在开创性的工作中,美国研究人员在 20 世

纪 80 年代提出，国会委员会明显倾向于采用耗费资源较少的"火灾警报"模式，这并不能使美国机构自由地做它们想做的事情：它们仍会被发现，并被追究责任。① 因此，有人认为，只要事情进展顺利，监督之手在很大程度上可能是不可见的。

即便如此，如果发生严重的危机，那么可能被称为"追逐式救护车"的机构的政策和行为监督将是完全不够的，因为它本质上是事后监督。"火灾警报"监督仅适用于公共政策领域，在这些领域，失败的代价对整个社会来说并不高。在 2007—2008 年金融危机期间，未能确保美国金融监管者专注于美国金融体系的弹性，这一点过于鲜明和悲惨。

因此，令人惊讶的是，至少对主要机构而言，英国议会委员会似乎总体上试图进行"警察巡逻"监督，并对丑闻、危机和投诉采取后续行动。② 可以说，英国议会委员会在立法过程中的有限影响力加强了委员会主席和成员监督（并且被监督）独立机构行为的动机。

事实上，有理由认为，当授权给独立机构时，英国议会对一个政策领域的审查要比行政政府进行的审查更为严格，因为政府后座支持者随后可能会将繁重的工作留给反对党，使监督过程更具党派性质，使大臣们更容易转移视线。③ 作为独立机构体系的一项规定，第四个设计准则在英国似乎具有激励与价值观兼容性。

## 从"警察巡逻"到公开辩论：监督独立机构的意义

然而，在"警察巡逻"和"火灾警报"方面制定监督措施，还存在另一个问题。因为它们是与识别失败相关的隐喻，所以暴露出一个

---

① McCubbins and Schwartz, "Congressional Oversight Overlooked."
② Flinders, *Delegated Governance*, chapter 6, "External Accountability."
③ 计划将研究结果列入谢丽尔·肖恩哈特-贝利（Cheryl Schonhardt-Bailey）即将出版的书中，该书暂定名为《英国议会委员会的经济政策问责，监督和审议》（*Accountability, Oversight and Deliberation of Economic Policy in UK Parliamentary Committees*）。

平庸的观念，即听证会在民主社会中可以且确实发挥了作用。他们忽略了第二部分所强调的听证会层面：为独立机构的授权和管理提供公开辩论的机会。证词不仅揭露了未经选举产生的官员的工作缺陷，还涉及通过其当选代表与公众进行沟通，是一种讨论性的问责制（第11章）。

这需要展示独立机构政策委员会中普遍存在的千变万化的观点。每一位有投票权的成员都应该在一年内出庭做证。为了公众责任，他们应该这样做；而为了确保公众辩论的丰富和相关性，应该给他们这样做的机会。在中央银行和金融监管领域，一些司法管辖区比其他司法管辖区更能满足这一条件。例如，美联储和欧洲央行关于货币政策的证词集中在主席身上，而其他委员会成员则无须例行做证或根本不做证。

当一个委员会以协商一致的方式运作，并保留体现"真实偏好"的投票时，这一切都不容易。当委员会规模太大时，这种运作模式是必要的。它还有助于限制在这些领域进行议程操纵的范围，在每次会议上，政策委员会必须优先考虑其目标面临的众多威胁，选择使用哪些工具，然后校准所选工具。这就是为什么英国2012年的法案要求英格兰银行的金融政策委员会在保留投票权的情况下，以协商一致的方式做出决定。

然而，无论动机是什么，如果总能达成共识，这样少数派选举成功的情形就永远不会发生，那么共识和领导力之间就存在一种观察上的等价性。在危机之外保持一致是很奇怪的。如果立法监督者要衡量他们立法和授权的程序的有效性，那么他们必须举行听证会，以便梳理意见分歧。

## 比较美国和英国对货币政策制定者的立法监督

我们的论点是，独立机构本身不是"多数主义者"，它们必须对代议制民主的立法议会负责，对委托给它们的政权进行管理。回顾第二部分，大会的民主合法性通过适当的法规，赋予该机构自身合法性的程序部分。立法机构可以剥夺权力。出于这些确切的原因，这类听证会在不使用行业术语的情况下举行，也是与公众沟通的唯一的、最重要的渠道。

因此，如何举行此类听证会非常重要。它们是漫谈式的还是对抗性的？它们是在被授权领域坚守，还是在立法者感兴趣但超出机构职责范围的领域徘徊？来自不同政党或同一政党内部不同派系的立法者，是否以党派的方式行事，还是整个委员会"群策群力"？在所有这些方面，听证会的实际情况在不同国家之间似乎存在很大差异。

在一项有趣的比较研究中，基于对英国央行和美联储监督下的英美听证会的量化文本分析，谢丽尔·肖恩哈特-贝利发现威斯敏斯特的听证会比华盛顿的听证会更具互动性和话语权。相比之下，在成员们的提问过程中，哗众取宠的较少，流程较少，连续性也较好。[①]

这是符合我的经验的，正如肖恩哈特-贝利所说，这可能与英国通常有4~5名英格兰银行政策委员会成员出席听证会有关。这不是主席宣读的长篇"证词"，因为财政委员会成员和评论员希望利用时间向银行询问有关已经出现在公共领域的材料（例如通货膨胀报告）的问题，这通常是不受欢迎的。要明确的是，央行行长在游行中并不总是很舒服的："成群结队地狩猎"的比喻可能是合适的。但听证会几乎总是在英国央行官员发现机会的情况下举行，如果他们愿意的话，可以提出自己的问题和关于政权的想法。

正如我们在第三部分导言中讨论的问题一样，这些差异可能源于各国宪法和政治结构为立法委员会成员制定的不同激励措施。如果没有正式的立法角色，英国议会选拔委员会成员可以通过集体行动来最大化其非正式权力。听证会是一个反复的"游戏"，随着时间的推移，机构决策者的声望以及委员会成员的声望都处于危险之中。因此，英国听证会构成了实质性和程序性的重点，公众对独立机构体系的问责和辩论围绕着这个重点展开：激励与价值观的兼容性。

相比之下，美国的政党纪律较弱，委员会成员对立法有明确的否

---

① Schonhardt-Bailey, "Monetary Policy Oversight."

决权，国会监督听证会对成员地位的影响似乎不那么重要，重要的是他们发起、推动改革立法或正式调查的能力。几十年来，委员会成员已经为美联储的改革提出了数十项法案。① 虽然很少有人将其纳入法令，但这项工作为成员提供了一个表达立场的机会：这种做法似乎比在例行监督听证会上提出问题更有意义。因此，这似乎有可能削弱对"不受约束的授权"合法性的重要规范性贡献。

面对这一点，寻求合法性的独立机构领导人将理性地提出改进会议的建议。② 他们还会寻求其他方式与公众进行沟通和互动，而不是在风格或实质上与选举产生的政治家竞争。在金融危机期间，美联储主席本·伯南克开始做这样的事情，尽管我所提出的论点并非针对特定危机。各地的央行行长都在积极发表演讲和进行媒体采访，其他一些独立机构领导人也这样做，但可能没有得到应有的普及。

## 可行性降低：立法委员会负担过重

我所描述的立法委员会的要求显然很高。在时间、资源和专业知识方面，正如威斯敏斯特委员会前主席在章节开头被引用的话所证明的那样，他补充说："这令人失望，但这是对现实的接受。"③

除非情况发生重大变化，否则根据我们的授权原则，将得出一个重要的结论。如果有任何真正独立的与日常政治高度隔离的政府机构，由于资源限制而无法受到立法委员会适当的监督，那么就民主合法性而言，若这些机构不以其目前的形式存在，而是由选举产生的行政政府控制，那就更好了。换句话说，如果委员会制度只能为"主要机构"做彻底的工作，那么任何真正的独立机构的目的必须真正关系到社会福利。这可能是对第三部分提出的原则的最重要的一个补充。它

---

① Binder and Spindel, "Independence and Accountability."
② 准确地说，这来自一位经验丰富的美联储前政策制定者和一位经验同样丰富的美联储观察家最近的观点。Kohn and Wessel, *Fed's Accountability*.
③ House of Commons Committee on Public Administration, *Quangos*.

为我们所倡导的独立机构体系提供了实际优势。

如果立法委员会过于紧张或其听证会不完全有效，那么独立机构必须以某种方式寻找其他向公众解释的途径。但该机构的政策制定者也不能放弃选举产生的立法机构——论坛，在那里他们的解释不断开始和结束：失败，再试一次，更有收获的失败。

## 总结：行政国家的法治价值观与代议制民主之间的紧张关系

本书的核心主题之一是，对于独立机构而言，政治问责的关键渠道是通过民选代表向人民开放。法律的可争议性虽然至关重要，但不能与政治上孤立的授权政策体系的整体价值相结合；它甚至没有营造出人民对一般政策或决策者拥有"平等发言权"的假象。就好像我们正在面对独立机构体系，它体现了社会在自由主义价值观（第8章）和民主共和价值观之间所面临的紧张局势（第9章和第11章）。

因此，无论司法审查制度和司法公正上诉制度有何不同，其结果是每个司法管辖区都在努力将各机构纳入法律范围，并让各机构在公共论坛上对其总体政策负责。我们认为，实现这种组合对于与日常政治隔离的独立机构尤为重要。

对于符合授权原则的独立机构，我们的政治价值观表明，解决方案是将司法审查的重点放在促进程序的完整性和开放性上，而不是放在司法政策制定上，因为这将有助于巩固自由民主的民主元素。[①]

## 作为授权驱动程序的负担：行政国家的困境

一旦考虑到实质性审查和严格的程序规范所设定的激励措施，由此产生的困境就几乎成了一个悖论。越频繁地给独立机构授权，司法

---

[①] 在罗斯-阿克曼的《司法审查》一文中，主张采用类似的方法，但针对的是整个行政国家。

机构就越有动力去强制执行严格的公平标准、正当程序和实质合理性程序。但是，除非像法国那样，行政法根据行政决策者的民主背景或接近程度对它们加以区分，否则对一般标准的要求越高，行政部门的政治家就越有动力将政策授权给他们日常控制之外的人。

这一动态可能在某种程度上解释了英国热衷于授权与政治隔离的现象。在美国，这些力量略有不同，除了总统之外，没有一个行政部门的人是由选举产生的。但是，希望将政治中心与常规司法审查的负担拉开距离的愿望，可能仍然有助于解释，在总统最公开的内阁盟友之外的行政机构中，监管和行政权力普遍存在的情况。

对于整个行政国家来说，这创造了一个民主的无人区，被任命的官员不会上门去告诉人们希望自己当选，因此这通过法院和广泛协商加强了对可竞争性的要求。总的来说，潜在的合法化原则依赖于对公众参与的综合吸引力（无论是基于利益集团自由主义还是基于直接民主的价值观），以及对科学（技术官僚）和正当程序的吸引力。

本书中，我们认为，虽然这种状况对于或多或少处于紧张的政治束缚中的执行机构和半独立机构而言是可持续的，但对于完全独立的机构而言，这还不够。在政治绝缘性很强的地方，参与的价值和公共理性不能完全取代代议制民主的模式和负担（第 9 章和第 11 章）。最重要的是，当选代表必须制定明确的目标，并通过定期听证会帮助确保定期的公开辩论（第一个和第四个设计准则）。我们在前一章中已经看到，很少有司法管辖区能够实现这一目标。在紧急情况下，这尤其可能成为问题，我们现在转向第三部分。

# 16

# 设计的极限

权力、紧急情况和自我约束

> 困扰自由主义法学家的两个问题是：授权和紧急情况……在紧急情况下，只有执行人员才能足够快地通过新政策和实际行动管理事件。
>
> ——埃里克·波斯纳与阿德里安·沃缪勒，2010年[1]

在第二部分我们讨论了有可能确定授权给真正的独立机构的一般标准——授权原则，这些标准与民主合法性的广泛概念相一致。在前几章中，我们一直在研究这一结论在现实世界中是否成立。事实证明，这些原则中只有部分内容反映在西方主要发达经济体的实际监管（或行政）国家结构中。

这些民主国家机构的宪法地位从确定到不确定，代理程序的法律框架从一般到特别，向立法机构问责的频率从频繁到偶尔，全都不尽相同。而且，各机构法律独立性和事实独立性之间的一致程度，在不同国家、不同司法管辖区和不同时间内似乎也不完全一致。

这种多样性挑战了本书的核心假设：独立机构民主合法性的前提是"我们"的合法性，这是以社会的信仰和价值观来衡量的。之前几章可能会让人怀疑"我们"到底是谁。

在我们看来，美国的制度难以实现激励与价值观的兼容；英国能在一定程度上重建这种兼容性，但也只有在改革议会委员会监督机制

---

[1] Posner and Vermeule, *Executive Unbound*, p. 7.

和剩余的民选行政控制机制之后才行；法国实际上试图通过把欧洲的价值与国家的价值放在一起来维持这一平衡；而德国面临的是一个完全不同的问题，那就是德国基本法是否有能力提供可以增进人民福祉的政策。换句话说，似乎不同的行政国家有完全不同的核心合法化标准：

- 美国，参与权的产生经过正当程序，并由法院监督。
- 英国，与法治相平衡的议会问责制。
- 德国，通过正式的部级监督，对官僚适度行使自由裁量权进行监督，形成"合法性链条"。所有这些都由宪法法院监督（民主宪政国家，今天体现在秩序自由主义中）。
- 法国，面向欧洲内部共和国的行政官员和法官等精英的公共服务。
- 欧盟，可能通过欧洲理事会和欧洲议会否决规则和司法监督的裁决政策来提高福利，旨在实现日益紧密的联盟。

在特定的经济发达的民主国家，如果确实需要不同的原则、不同的法律和政治宪政（第8章）来奠定行政国家的基础，那么我们的方案似乎就会失去吸引力，因为共享民主价值观的背景假设就不成立了。但我认为，当我们无法区分真正独立的权威机构和其他机构时，这个难题会更加棘手。

如果后者是一种故意实施的政治杠杆，那么地方规范有所不同就不足为奇了，因为政治主体使用这些控制工具的能力和动机差别很大。相比之下，真正与日常政治隔绝的机构，向代议制民主提出了一个普遍的挑战。当然，一个共同的基本信念和价值观是，公平选举产生的人民代表应经过公开辩论并在宪法限制范围内，确定公共政策的目标以及在主要立法中实现这些目标的权力；监督这些职责和权力的行使，以决定是否维持这些职责和权力；还应该对人民负责。

如果这些基本是正确的，那么民主国家也面临着同样的挑战，那就是如何构建和监督受托型独立机构的角色和责任。尽管存在不足和

/353

差异，但前面几章并没有揭示在任何司法管辖区应用类似原则会遇到的不可逾越的正式宪法障碍，也没有找出每一个司法管辖区应用这些原则的理由。

我的论点是，这关系到民主国家的健康，尽管这是缓慢的影响。独立机构的表现不可能始终如一、堪称楷模，除非真的有奇迹出现。它们会逐渐形成一个孤立的、未经选举的权力体系，并很可能造成政治上的脆弱。也许，政治是"上帝"最不可能干预的领域。

在第三部分对这些原则的可行性进行调查之后，本章相应地回顾了迄今为止在健康的民主国家中普遍存在的两个政治挑战：独立机构不能进行重大分配（或价值）选择，以及在较长时间内适当限制独立机构在紧急情况下的作用。本章以金融危机为例，回到自我约束这一令人困扰的问题上来，为第四部分对危机后中央银行的考察奠定基础。

## 在分配公平和价值上的授权选择：授权标准

为了厘清独立机构不能做出重大分配选择（或以其他方式决定其服务的社会形态）的原则，有必要说明这些问题出现在何处。

正如央行行长们在开始实施量化宽松政策（第24章）以来所发现的那样，如果独立机构有相当大的离散块，或者给特定群体带来了持续的成本，那么就更容易识别出意外的巨大分配效应。但是，当单个监管措施的分配效应不显著，累积起来到相当可观时，事情就不那么简单了。这就引出了一个棘手的问题，在有关监管的大量文献和评论中，这个问题几乎没有得到过处理。在符合授权原则的制度下，独立机构本身是否应评估其政策可能产生的分配效应，即使效应本不应由它们自己的决定衡量？行政机构或立法委员会是否应做出评估，评估是否能够不侵犯独立机构的独立性？一般而言，无论机构在政治上是否与外界隔绝，在司法领域，许多人甚至都没有意识到这是一个问题。

这一原则反映在美国的行政机构制度中。凭借行政命令的力量，克林顿总统提出过一个要求（布什总统和奥巴马总统也一直贯彻），即行政机构应该在成本效益分析规则的编写中加入对分配效应的评估。[1]这意味着他们可能会做出分配选择,呼吁总统坚持多数主义。尽管不受总统行政命令的约束,但是一些"独立委员会"已经在它们自己编写的指导成员如何运用成本效益分析的手册中涵盖了分配问题。[2]或许它们也可以利用其党派委员所隐含的民主品质,但对于真正与我们有关的独立机构来说,情况会更加微妙。不过这也正好可以提醒国会和行政部门,它们的政策选择可能会产生令人意想不到的对物质分配的影响。

无论机构的正式权力和对应限制是什么,基层都存在一些令人不安的事实。哈佛大学政治经济学家理查德·泽克豪泽(Richard Zeckhauser)和其合著者在2014年发表的案例研究中发现,几乎没有迹象表明,人们正在研究分配问题。[3]如果这是一种普遍现象,其结果是使非多数主义团体远离不可避免的政治问题,那么就目前而言,这可能是件好事。但这也可能意味着,政界人士未能解决他们是否希望披露和辩论监管政策的分配效应问题。

其他地方的情况可能更不明朗。例如,我一直未能在英国监管框架内找到处理分配问题的指导方案。因此,我们不知道司法领域真正采用的框架是什么(如果有的话),以便维持被授权的技术官僚对经济效率/总福利的追求和对分配正义的政治选择之间的实际分离。自2008—2009年金融危机(第24章)以来,这一问题一直在货币政策领域中出现,因此对央行行长而言,它与适当限制紧急权力的问题是一致的。

---

[1] 2011年1月18日颁布的第13563号行政命令《促进监管和监管审查》,其第1(b)条中有:各个机构都必须……(3)在可选择的管理方法中,选择那些净利益(包括潜在的经济、环境、公共卫生和安全及其他优势,分配的影响,公平)最大化的方法(我的重点)。还有一篇劝解"科学诚信"的文章。

[2] 例如,美国证券交易委员会的《现行指导方针》(*Current Guidance*)。

[3] Robinson, Hammitt, and Zeckhauser, "Attention to Distribution."

## 紧急情况：第五个设计准则

正如第 6 章和第 11 章所提出的，在几乎所有形式的宪政下，把危机看作一种极为不利的情况都是有用的，因为国家机制没有为这种情况做正式的准备，缺乏应付危机的权力或能力。[①]政府被迫进行创新：获取新的权力，创造性地使用现有的权力，或者宣布进入紧急状态以激活某些潜在的权力。在宪政民主国家，问题是谁可以合法地这样做且不违反我们的价值观。

第五个设计准则（紧急情况）解决了这种情况下独立机构的位置问题。它强调了广泛授权的体制内应急计划的重要性，最重要的是，民选决策者必须在危机期间参与独立机构体制的重组。虽然第二部分的结论是，这与我们的自由共和主义核心价值观相符合，但事情在实践中的发展情况似乎对宪法结构和突发政治事件高度敏感。

### 美国

在美国，主张"总统控制"的人士，在证明独立机构的非合法性时，甚至提出了民选行政机构处理紧急情况的必要性。

他们认为，宪法规定总统必须是一个"单一的行政机构"，因此没有什么时候会比危机时期更需要联合政府了。在危机时期，总统的民主合法性比任何其他选举产生的官员都要高，因为只有总统得到了全国人民的授权。总统做统帅具有隐喻性的共鸣和象征意义：在最重要的时候，应该由总统负责，这难道还不够清楚吗？

但在辩论的另一边，怀疑总统是国家全能指挥官的人总会指出，总统对行政政府的监督并不等同于决定一切；宪法对之前规定赋予总统的隐含角色总是含糊其词；总统唯一明确的权力是向任何行使行政权的人

---

[①] 当然，即使它不是宪政意义上的危机，那些直接受影响的人也会经历（可能被描述为）非常糟糕的事件。希望本章各部分的"危机"一词的原意从上下文来看是清楚的。有时用"灾难"来表示受影响的人面临的危机。

征求意见。独立机构的拥护者可能会补充说,只要不侵犯机构的法定独立区域,它们就可以在没有命令的情况下与民选行政部门和行政国家的其他部门合作。主张国会在立法中占据主导地位的人可能会认为,除非得到国会的批准,否则总统在危机中不应具有重塑独立机构授权的能力。

虽然这种僵持不下的局面是围绕美国政府组织开展更广泛辩论的特征,但它尤其突出了独立机构在紧急情况中的作用。激进的支持者提出了两个观点:

- 如果独立机构有足够的灵活性来拯救国家,国家就会得到最好的服务,因为独立机构不像总统那样具有强烈的党派之分,因此,公众和/或国会更有可能默许它们为保护国家和人民而采取任何特殊措施。
- 核心执行机构应在包括独立机构在内的各机构的支持下,在总统的权威指导(不是控制)下,对紧急情况负责。

第一个观点要求为独立机构提供最大的灵活性。与我在本书中一直讨论的观点相反,在这种观点下,事先过于明确独立机构的目标和权力是无益的,因为在紧急情况下这可能会限制它们,使国家和人民的福祉受制于总统和国会迅速在法律改革中进行合作的能力。换句话说,持这种观点的人会拒绝接受我们的第一个设计准则(明确的设立目的、机构目标和机构权限),因为它创造了对第五个设计准则的需求(包括通过民选政治家来重建机构的法律制度;或者考虑到机构的内在能力,在它穷途末路时才批准其行动以帮助解决危机)。从这个角度来看,更好的做法就是在法律上措辞含糊,以便让美国和美国人民在危机期间得到更好的保护。

这绝不是一个假设的立场。在与两党前联邦行政官员的讨论中,我一直强烈地感觉到,由于议会两院制与一院制之间存在着巨大的反差,以及在美国式的体制中存在着迅速做出反应的障碍,各机构只需要能为公共利益而行动就行了。其根源在于,如果政府机构只能袖手旁观,任由人民受苦,那么国家的合法性和生命将面临更大的危险。

然而,国会议员们似乎倾向于以不同的方式看待问题,至少在事后是这样的。最近的例子是,2010年《多德-弗兰克法案》(Dodd-Frank Act)削减了美联储的"最后贷款人"权力,因为几年前在危机最严重时期,美联储采取了异常行动。换句话说,即使只按照那些以结果为导向的实际标准来衡量,也有两种选择:一是那些曾经"拯救世界"但不一定能够再次这样做的机构,二是那些在职权范围内(正如人们普遍理解的那样)顺从政治权威的机构。

这不仅仅涉及危机期间人民福利与未来危机期间子孙后代福利之间的潜在紧张关系(用"不仅仅"描述这种关系应该是合适的)。机构授权的界限如此模糊,以至于它们在实质上不受约束的情况下,无须事先获得政治上的支持,就能合法地充当美国的援军,这等于削弱了法治价值观,并在事态严重时搁置正常的民主进程,以上都令人感到不安。

如果我们打算坚持这些价值观,那么与第五个设计准则相一致,立法机构最初的职责至少应是预测灾难期间可能需要什么,并及时从危机中吸取教训。这看起来似乎是显而易见的,但自金融危机以来,人们对管理和遏制金融危机的兴趣,可能还不如对预防金融危机来得浓厚。①

另一种观点认为,美国总统作为行政部门中唯一由个人选举产生的成员,应该有权自由制定紧急政策,从而为那些冒险进入未知领域的机构(包括独立机构及其监管委员会)提供政治指导和民主掩护。实际上,这是埃里克·波斯纳和阿德里安·沃缪勒在他们令人振奋的探索过程中发现的:在国家紧急情况下,行政部门的主导地位是可以接受的;任何对总统侵犯权利的限制来自事后人民的政治问责,而不是法律问责。②

---

① 美国前财政部长蒂莫西·盖特纳(Timothy Geithner)是个例外,他在其《压力测试》(*Stress Test*)和《我们更安全吗?》(*Are We Safer?*)中强调,面对无法想象的灾难,随机应变是不可避免的(正如我对危机的定义,从宪政的角度来看,以或多或少有序的方式解决陷入困境的中介机构机制,也可以被视为是对危机的预防。在这种意义上,危机管理始于图表的结束和政府权力的即兴发挥)。

② Posner and Vermeule, *Executive Unbound*.

波斯纳和沃缪勒无法反驳的论点是,在危机中国会不能像行政部门那样迅速地采取具体行动。他们的证据也表明,美国最高法院明显倾向于让行政部门采取行动。但这并不意味着这种状况是"好的",或者用我们的话来说,是不可持续的。自他们的著作于 2010 年出版以来,我们看到:不止一个国家的立法机构在早期行政当局领导的冒险之后,阻碍了在叙利亚的军事行动;总统通过行政命令解决美国移民问题的举措引发了紧张局势(我应该补充一句,这话早在 2016 年大选之前我就写好了)。换句话说,行政权力的界限一直在被协商。考虑到本书的这些问题,独立机构的领导人最好在他们的心里刻下以下文字:总统不能保证为骑兵冲锋提供有效的空中掩护。

第 11 章比较抽象地审查了我们深刻的政治价值观在紧急情况中对独立机构的影响,得出的结论或多或少与此相符。作为机构合法性的保管人,政策制定者如果想要冒险进入其法律权力外的未知领域,应该会希望得到总统的支持;但他们也应该问问自己,他们假定的道路与人民和社会的标准、信仰、价值观或明确的愿望是否冲突。让我重申第五个设计准则的核心:寻求合法性的机构领导人应争取事先安排,最好以立法为基础,涵盖危机时期博弈的程序规则。

## 关于欧洲的两个例子

欧元区有一个引人注目的例子,表明当"脚本"不完整时,可能会出现代价高昂的不确定性。2012 年秋季,欧洲央行宣布,在某些情况和特定条件下,准备购买陷入困境的成员国的政府债券,但这一声明遭到了德国联邦宪法法院的质疑,德国联邦宪法法院为此还寻求欧洲法院的正式指导。在欧元区存在风险的时期,这可能加剧市场的不确定性,使民众付出沉重的代价。不过这并未成为现实,但一些观察人士确实认为,一些国家围绕上述德国法律质疑的公开叫嚣,导致欧洲央行推迟了启动量化宽松政策的决定。欧洲央行的核心目标截然不同,也毫不含糊。最终,一年多后,欧洲法院得出结论,认为欧洲央行的支持行动政策是一种内部行为,德国联邦宪法法院紧随其后也这样判决。

可以合理地说，这一事件出色地证明了，即便是最独立的中央银行，也受到法律的约束，因此法院决定了它们法定权力的意义。不过，也可以像德国联邦宪法法院那样辩称，欧洲法院本应对欧洲央行的推理进行更严格的检验，有效地进行上一章讨论的那种从头开始的审查。[1]然而，在严酷的现实中，司法监督发现其面临的选择成了是否要以一种可能危及自身生存的方式限制经济监督。对我们来说，教训就是，如果欧洲央行的权力范围事先得到明确，情况会好得多。

第13章引用的欧洲证券及市场管理局危机-权力法庭案件说明了这一点。它展示了如何降低不确定性：（1）立法者应该提前考虑，危机时期任何人是否都可能需要某种特定权力，谁应该拥有它，以及在什么条件下可以行使它；（2）任何法律上的挑战都是在权力产生时提出的，而不是在灾难时期行使权力时提出的。对于那些受灾难影响的人来说，危机是可以减轻的，因为从宪政的角度看，危机并不一定是危机。

## 英国议会

相比之下，人们对英国议会制度的担忧，与其说是对实质性危机管理体制完整性的担忧，不如说是对政治家们最终是否说了算的担忧。这一点可以从2007—2008年金融危机后关于"谁负责"的讨论（第2章）中看出来。值得注意的是，负责监督经济和金融政策的议会关键委员会——下议院财政委员会对两党发出了强烈的呼吁，要求明确财政大臣未来将牢牢控制危机期间公共财政面临的任何风险，并进一步确保跨机构（无论独立与否）实施联合战略。换句话说，与美国相

---

[1] 根据基本法的"民主条款"，德国联邦宪法法院的最终判决，在外行看来，似乎是在抗议欧洲法院没有对欧洲央行的计划进行更深入的实质性分析，因为欧洲央行在政治上高度独立。BVerfG, Judgment of the Second Senate of 21 June 2016—2 BvR 2728/13—paras. 181–189. http://www.bverfg.de/e/rs20160621_2bvr272813en.html.

反，英国国会和行政政府在危机管理方面的观点往往是一致的，当然前提是大臣们要随时向下议院或其委员会通报情况。

然而，乍一看并不是这么一回事。议会比国会更可能公开承认是行政政府在掌权。但无论在比喻意义上还是在字面意义上，议会肯定不是在给行政机构开空头支票，议会只是想知道，必要的实质性和程序性安排正在落实（第22章和第23章）。

## 有权势的人必须自我约束：法官、将军和中央银行家

在我们结束第三部分之前，有两点将是显而易见的：一是立法者对授权与隔离普遍产生了一种不安、快意和困惑交织在一起的情绪；二是即使是精心构建的（遵循原则的）制度，也不足以保证把非选举产生的权力拥有者限制在一定范围内。

如今，这两点在人们对央行的态度上体现得都很明显。正如第3章所述，央行是现代非民选权力的具体体现，涵盖了财政国家、监管国家和服务国家。考虑到财政能力，它们也会发现自己身处紧急状态的第一线。

批评人士会说，设计央行的高层原则宣言似乎与现实不符。这不是最近的事。早在20世纪50年代，得克萨斯州的国会议员莱特·帕特曼（Wright Patman）在主持一个调查美联储的委员会时就宣称："美联储是国会的一个部门，但是……在任何意义上都不对国会负责。"[1]当然，事实上美联储的目标、权力和界限完全来自国会的法案，而且只能通过国会的选择来维持。所以该委员会的批评应该是，在缺乏透明度的情况下，国会无法通过宪法权力和民主义务来监督美联储，从而决定是否维持这个行政机构。

这一见解被纳入了我们的第四个设计准则，需要几十年才能站稳脚跟，但与前面几章的另一个教训是一致的。由于民选政治家的动机

---

[1] Committee on Banking and Currency, *Primer on Money*. Quote from Rep. Patman, chair of House Committee on the Federal Reserve.

复杂，甚至相互矛盾，独立机构必须寻求合法性。在大金融危机爆发前的几十年，各国央行基本上都在积极寻求其货币政策职能的合法性变得更加透明，在某种程度上也更加系统化（第 18 章）。在危机期间和危机之后，权力的积累要求这些努力加倍，并重新审视央行的设计准则和合法性。

这是自我约束规范的必要条件，我们在第二部分（第 12 章）中指出了这一规范的重要性。虽然对将军和法官来说，这已经足够熟悉，但如今，它肯定同样适用于非民选权力的第三大支柱——央行行长。

如果他们的正式授权是公开的，期望被夸大了，历史被模糊了，那么社会将更难期望央行官员（以及其他独立机构官员）遵守任何非正式的界限：明确授权的形式主义背后的精神，使人们更容易推断出不成文的界限在哪里。因此，第四部分试图为危机后的央行确定正式的约束，有助于在本书的结论中确定独立机构自我约束的区域。

# 第四部分

# 权力

是过于强大的全能机构吗?
中央银行的政治经济学;权力、合法性与重构

中心点或支点，目的是使（货币和信贷）机器的每部分都能运转。

——弗朗西斯·巴林（Francis Baring），英国银行业王朝的奠基人，谈英格兰银行，1796 年①

在这一部分，我们关注的是权力：中央银行行长非选举产生的权力。历史上的一个例子是英格兰银行行长蒙塔古·诺曼。他是伦敦金融城的最高统治者、国际金本位的捍卫者、国内预算纪律的执行者，他的权力（而非他的职务）在 20 世纪 30 年代初被剥夺。诺曼生于 1871 年，发迹于第一次世界大战之后。他的错误在于，没有领会到完全民主制带来的对公共政策的期望的深刻变化：衰退很重要，而如果政策没有效，那么近乎蒙昧主义的不透明就会被疏远。即使他想成为一个合法的探索者，他也会迷失方向。作为一个极度致力于做正确事情的人，他提醒人们，在合法性脆弱、对相对权力充满猜忌的地方，代价高昂的错误——能导致危机的产生——可以促使深刻的制度改革。

在最近这场危机中，对于各国央行及其领导人的表现像英雄还是恶棍，尽管观察人士的看法不一，但没有人怀疑它们日益增强的权力、责任、形象，甚至名气。在本书最后一部分中，我们将研究它们的新角色和地位是否与授权原则相一致。

## 宪法（意义）上的央行（制度）

第四部分建立在对央行自身的一系列发现（特别是第二部分）的基础上。我们认为，毫无疑问，大家都已经同意服从中央银行，但基于我们对其合法性的考虑，人们需要接受它有这种权力：(a) 为某些目的而重塑国家资产负债表；(b) 制定规则并做出监管决策，而国家

---

① Baring, "Observations," p. 6.

的民主核心可能选择通过独立法庭执行这些规则和决定。那么，什么能保证央行在不受日常政治影响的情况下行使这些权力呢？简言之，我们总结得出的结论如下：

- 价格稳定这一目标符合我们最深刻的价值观，因为它有助于维护自由，特别是，旨在保护人民免受国家滥用其在货币发行方面的垄断权力的影响。
- 在法定货币制度下，货币当局的独立性是议会的财政控制权主体与民选行政政府之间更高层次分权的必然结果：如果民选行政部门控制货币杠杆，那么它将拥有征税权（通过非预期通货膨胀）。
- 因此，中央银行的独立性要以宪政的价值观为根基。
- 然而，中央银行本质上并不是政府的第四分支机构，因为它们以不同的方式隶属于国家的每一个上级分支机构：法定权力的授权（立法机构）、领导人的提名或任命（行政机构），以及根据法律对争议的裁决（司法机构）。

因此，我们很清楚，从本质上讲，中央银行既不是民主法治国家崇高价值观的守护者，也不是其完整性的守护者。

## 宪法上的差异：欧洲央行和普通央行各有所长

尽管存在着巨大的差异，但这一总体特征同样适用于总统制、威斯敏斯特式民主政体和以共识为基础的联合政府民主政体。① 但是，当我们谈到欧洲央行时，这一观点就站不住脚了。

与大多数民主国家不同的是，欧元区的中央银行并不与民选财政机构合作。② 由于发行银行具有潜在的财政能力，建立共同货币需要

---

① 对美国而言，这对那些主张"单一高管"的人构成了挑战。这些人坚持认为，总统至少必须能够随意解雇和聘用任何高管。如果是这样的话，总统将有一个税收杠杆。
② Trichet, "Building Europe."

在联合政体中创建一种财政工具，而无须熟悉财政状况。似乎是认识到了这一点，货币联盟的缔造者们试图通过一项根深蒂固的宪法义务来约束欧洲央行，该义务被庄严地载入了条约，以维持价格稳定。从这个观点来看，在正常情况下，欧洲央行的独立性仍然是更高层次宪法的必然推论：并不像美联储或英格兰银行那样是为了避免违反三权分立原则，而是为了避免无意中创建一个拥有多种自由度的货币财政当局（迄今为止，还没有宪法对其进行制裁）。与此相一致的是，欧洲央行并不是按照与理事会、议会和委员会相同的条约条款（第七条）成立的，这表明了它的不同地位。

与此同时，该条约以纪律约束取代了自由裁量权，为加入货币联盟的成员国确立了"不纾困"的原则。然而，当它成为现实时，却遭遇了激励价值不相容的问题。成员国有签署"协议"的短期动机，但没有更长远持久的动机去遵守或执行它们的协议。此外，对欧盟的许多国家来说，财政限制甚至与价值观都无法兼容。因此，当欧元区面临生死存亡的危机时，联邦政府财政能力的缺乏，使得欧洲央行成为唯一能够阻止货币联盟崩溃的机构。它自己成了欧洲计划的担保人。不仅是一个权力强大的机构，而且是一个必不可少的机构：一个守护者，比一个正常的中央银行更重要。从政治上讲，它面临的最大挑战是，如何让自己扮演一个更温和、更合适的受托人角色。

在此过程中，它还需要面对另一种挑战。如果管理委员会的许多成员真的按照国家利益而非欧元区的整体前景进行投票，那么欧洲央行可能还不如一个普通的央行。这两点是相关的。欧洲央行越是被逼无奈地充当监护人，政策委员会成员就越难以抛开他们对自身面临的生存问题的不同看法。

## 一个未完的故事

因此，欧洲央行所采取的诸如购买公司债券和控制信贷等特定举措，无法推定其他央行在正常的宪政民主体制下采取的类似行动是合法的。然而，关于宪法意义上的央行的故事，即便是对它们而言，迄今为止，在政治、监管角色和国际主义三个方面也都是不完整或有缺陷的。我们在这里简述一下每个问题，以便为第四部分做些铺垫。

## 政治与中央银行

首先，我们似乎想当然地认为，既然央行应该是独立的权威机构，那么它们现在是，将来也会是。但这根本不可能。我们对机构独立性的一般性讨论，或我们对货币政策独立性的宪法基础的倡导，都不足以解释，为什么在现实世界中，央行的独立性得到了认可，并在实践中得到了维持。在我们的故事中，必须考虑到政治的介入及其影响。

事实上，在过去的几百年里，盛行着两种截然不同的中央银行模式。在第一种模式下，一个国家的央行被当作政府金融政策的运作机构，拥有独特的专业知识和权威。在第二种模式下，央行是独立的权力机构，被授权承担特定的责任，并与日常政治隔离。

这两种模式都依赖专业知识，但对专业知识的要求截然不同。在第一种模式下，正如弗朗西斯·巴林在200年前所观察到的那样，中央银行的职能是由技术官僚的比较优势决定的，这种比较优势根植于其作为支付体系的核心，是国家服务设施的基本组成部分，在整个银行业间建立各种关系，并灌输了一种独特的中央银行"技术诀窍"思维模式（军事类参见第4章）。在第二种模式下，中央银行只做那些已被正式授权的事情，而不管在整个国家的整体机制中，中央银行是否最适合被授权处理其他方面的事务。

它们的存在方式是如此的不同，并且与不同的合法化准则相关联，以至于从政治控制到独立的过程是复杂的，而且往往是困难的。在新兴市场经济体中，由于操作上的相对优势，即便是在央行正式独立之后，人们有时也期望（需要）央行继续履行非常广泛的职能，包括采取促进经济发展的措施，如促进普惠金融和引导信贷流向优先部门。

其结果可能是央行占据两个领域：一个是政策制定，另一个是政治选择。

相比之下，在经济发达的民主国家，从下属机构到独立的受托型机构的转变，通常会引发权力及其边界问题，有时会以牺牲福利为代价。例如，当英国央行试图让自己在一定程度上适应货币政策独立性时，它主动放弃了对工业金融、企业纾困、公司治理、一些非核心银行服务以及所有证券结算服务的参与①。获得独立性之后，银行监管和政府债务管理被转移到了其他机构。为了使货币政策与政治的隔离合法化，英国货币体系的历史被搁置一旁，这是一个与人类历史截然不同的（非休谟式）时刻。

这些摩擦并不纯粹是当地环境的产物。央行通常已经获得正式的独立性，在本书第二部分中，我们称之为实际的权威。作为银行业的核心，这正是央行成为货币体系（银行家的银行）中枢所带来的结果。对于普通大众来说，还有更多的事情正在发生，甚至还有一点魔幻。在这里，作为一种象征性权力的来源，中央银行的权威来自其对货币的持有和对实体银行票据的使用（这使得顶级中央银行家们对于银行票据的设计、完整性和流通问题都保持高度敏感）。从象征性权力在国家权力中的作用来看，这并不是一件小事。②

作为一个权威且强大的机构，央行被法定独立性赋予了现代化的合法性，其基础是宏观经济政策核心的托管式隔离。结果是成为一个全能机构。

因此，走向独立往往涉及有关央行放弃历史上某些确定的职能的辩论，也就不足为奇了。但是，当自然赋予的权力范围比正式合法的授权范围更广时，潜在的紧张局势仍然存在，我们也不应感到惊讶。

长期以来，人们一直在争论央行是否能够或应该担任银行监管者。争论的根源在于权力问题，而不仅仅在于哪种结构能带来更好的结果（第19、第20和第21章）。

---

① 其中一些措施相当于重新思考央行处于服务状态时的地位，但没有一个明确的框架。
② Bourdieu, "Social Space," and Bourdieu, Wacquant, and Farage, "Rethinking the State."

## 处于监管状态的货币当局

其次,宪法支持中央银行独立的理由只适用于货币政策,因为它具有潜在的征税能力。但它并不适用于央行可能承担的其他职责,尤其是政策监管和审慎监管职责。

在本书第一部分和第三部分中,我们已经强调了跨国乃至跨司法管辖区的监管机构的复杂性和多样性。有些机构是真正独立的,有些独立于行政机构而非立法机构,有些则受行政机构控制。

虽然我们可以从不同宪法制度下政治家所面临的激励和限制来解释这一点,但行政国家的结构似乎并不以基于民主共和国管理机构的宗旨和职能的任何一套原则为基础。

关于危机后的央行,我们提出了一个明显但令人不安的观点。危机后的央行将货币政策职能与银行监管职能以及某些情况下的其他职能结合起来。除非有令人信服的理由将这些职能分离开来,否则要么不将它们赋予央行,要么违背我们的授权原则,央行将不得不在承担独立的货币政策职能的同时,还以某种方式承担起一个非独立机构的职能。

从历史上看,央行思维模式包含了对银行系统稳定性的担忧。但在 20 世纪 90 年代,随着一直致力于(货币政策职能与监管职能)正式分离的德国被视为抗击通胀的典范,这种局面逐渐被取代。具有讽刺意味的是,委婉地说,这种新兴的正统对立学说忽视了德国宪法体制的特殊性(第 13 章)。由于德意志联邦银行或多或少是德国各机构中唯一一个不受基本法关于行政决策和执行部级控制的规定约束的机构,德国不愿赋予中央银行监管银行的法律职能。这样做意味着,央行在其所有职能中并未完全与政治绝缘。

对于德国不将银行监管置于央行控制之下,这是一个很好的,甚至决定性的理由。然而,这与在任何司法管辖区,无论宪法环境如何,都不应将监管职能与货币政策职能结合起来的观点截然不同。的确,如果跨越大西洋,我们看到墨西哥宪法也特别指出,中央银行具有根深蒂固的独立性,但措辞大不相同。在德国,德意志联邦银行的法律隔离只适用于货币政策职能,而墨西哥央行的独立性则涵盖了它的所有职能。因此,只有当该国政界人士和公众甘愿让监管变得独立时,它才能承担审慎监管的职责。

主张央行永远不应该承担审慎监管的责任,就像德国官员习惯做的那样,将意味着坚持认为德国的宪法安排对所有人都是最优的。德国这一立场的基本驱动力可能会被公开,这是有益的,因为它将影响到有关欧洲央行是否应继续担任欧元区银行业的审慎监管者的辩论。

关于欧洲央行在审慎监管中扮演何种角色的问题,还有一个更大的变数。因为就其货币政策职能而言,当它是一个监护人时,承担监管职能意味着它需要将监护人和受托人的职能结合在一起:它的一般政策可以被某一方面而非另一方面的立法所推翻。正如一些最高法院对宪法和普通法都有裁决权一样,考虑到问责制和我们的第四个设计准则在应用方面所涉及的深刻分歧,这一点是一个问题。

## 国际主义: 跨国精英

最后,要在政府内部找出一个比央行行长更接近(广义上的)跨国精英的群体并不容易。我们的法官偶尔会在会议和研讨会上进行非正式会面,以交换意见,有些法官在处理困难问题时甚至引用外国的案例或原则。各个领域的监管机构开会,不仅是为了交换意见,也是为了形成共同的政策方针。然而,长期以来,各国央行将这一趋势推到了一个不同的水平。位于巴塞尔的国际清算银行成立于第一次世界大战之后,它做了所有的上述事情,但又远不止这些:它是各国央行行长真正的家,无论他们的角色、资历或机构独立性如何;它提供了一个论坛,方便大家交流意见、组织培训、制定标准、进行政策合作、偶尔开展政策协调,同时也为饱受打击或不知所措的行长们提供一个情感庇护所。

需要说明的是,我对此的看法是非常积极的。我相信,"巴塞尔经验"让各国央行行长接触到了同行们不同的理念、做法、问题和背景,这些有助于他们变得更加开明。国家在技术问题上的立场所体现出的揭示真理或自然法则的魅力，在与其他领域同样令人信服的理论或更好的结果联系时，很少能够幸存下来。①

但是，国际政策网络给人民带来的社会收益并不是这里的重点。在现实中，无论国家是否由柏拉图式的监护者管理，都可能不会随时随地地符合人民的利益。日渐国际化的政策制定，可以在不引人注目的情况下，将权力的实质转移给新的跨国精英阶层。

在第 12 章中描述过的罗德里克的全球化的三元悖论，对国际经济学家和政策制定者来说并不陌生。人们早就认识到，一个国家不可能同时独立控制国内货币政策、固定汇率制度和资本自由流动。每个国家只能从三个中选择两个。二战后，大多数国家或多或少地放弃了国内货币自主权，将自己与事实上的美元标准挂钩。在新罕布什尔州召开的著名的布雷顿森林会议上就监管规则达成协议，国际货币基金组织和世界银行应运而生。从本质上讲，该体系依赖美元与黄金挂钩的稳定汇率，但事实证明，美国当局无法使这一点与它们的外交和国内政策重点相协调。

20 世纪 70 年代初，在美国财政挥霍和通胀失控的重压下，布雷顿森林体系崩溃。自那以后，大多数国家都采用了浮动汇率制，由国内（或者像欧元区那样，地区性的）控制货币政策。从技术上讲，根据国际货币基金组织的条约规定，每个司法管辖区都可以自由地实施资本管制，但它们一贯并不这样做。大多数人认为，在这个世界上，一个国家的货币政策对其他国家的影响将局限于汇率的变动，各国经济部门可以为了本国公民的利益管理本国货币政策。此外，这是一个由民选政府果断选择和维持的世界。

然而，各国很快就发现它们的稳定政策和做法对彼此都有影响。1974 年，德国赫斯塔特银行宣布破产。它在美国、英国或其他国家没有实体分支机构，实际上也没有任何有意义的商业业务，但它改变了全球银行业政策。当赫斯塔特银行外汇交易的美元部分违约时，其违

---

① 披露：危机过后，我曾担任过一个巴塞尔标准制定机构的主席，也是致力于"大而不倒"的金融中介机构的金融稳定委员会委员之一。

约成本跨越了大洋，影响了世界各地，就像 20 世纪 30 年代初位于维也纳的奥地利信贷银行崩溃时一样。国际社会的反应是要为银行业的稳定构建一个共同框架。十国集团（简称 G10）央行行长成立了巴塞尔委员会，启动了银行监管标准与监管的趋同进程，这一进程一直持续到今天。

几代人之后，随着 2008 年年末雷曼兄弟的无序倒闭，全球金融体系的断层暴露出来，世界各地的人们明显非常痛苦。与 20 世纪 70 年代一样，核心改革背后的实质性倡议和推动力来自国际会议和辩论，这反映出一种观点，即没有任何国家（甚至包括美国），能够独自采取行动以确保其金融体系安全。

在新的全球分配机制下，银行必须持有更多的资本和流动性，同时提高对银行最低准备金的要求，因为这些银行的倒闭无疑会造成系统性后果；通过将损失转嫁给债券持有人而非纳税人，各方已就跨境金融机构问题制定了标准并达成了协议；衍生品必须集中清算，非标准合约必须满足最低抵押品要求；衍生品交易的信息被保存在一种新型基础设施——交易数据库中；此外，"影子银行"（但没有达成一致的实质性总体政策）的风险也不断受到监控。[①] 读者不需要任何专业知识就能看出集体行动的范围有多广。至关重要的是，许多由此产生的标准主要是由巴塞尔委员会、国际证监会组织或 G20 金融稳定委员会制定的。此外，也许是由于预期各国将在不同的地方倡议中寻求自主权，各个国际标准制定机构已采取措施监测遵守情况，并首次发表了评估报告。

综上所述，现存的制度可以表述如下：

- 鉴于国际金融体系溢出效应的程度和社会成本，除非转向金融自给自足，否则稳定政策在很大程度上必须在国际上制定。
- 国际标准大多是由来自机构的非民选官员制定的，这些机构在

---

[①] Tucker, "Regulatory Reform." White, "Enhancing Risk Monitoring." 这些问题不仅要由中央银行和银行监管机构来解决，也必须有证券监管机构参与。

各自的司法管辖区内基本上是独立的。
- 除非全世界一致遵守这些标准，否则这些标准毫无意义。
- 如概述（第1章）所述，国际上对国内执行不力的批评，有时会被视为对民主权威和自主权的侵犯。

换句话说，大型金融危机（实际上是20世纪90年代之前的亚洲金融危机）的教训，与罗德里克对现代性的批判——德克·舍恩马克（Dirk Schoenmaker）称之为金融三元悖论[①]——发生了冲突。国家对金融体系政策最低标准的完全控制、国际金融一体化和国内金融稳定是无法兼得的。通往罗德里克"超理论"（"全球化不可能三角"）的桥梁是明确的：如果世界选择金融一体化和金融稳定，那么民主国家将无法拥有对金融体系的政策自主权。因为很难想象人们会选择接受周期性的金融不稳定，显而易见的选择是：（1）放弃金融全球化，恢复国家自治；（2）保持金融一体化，将民主移至全球层面（国际民主主义者的梦想）；（3）维持国际金融一体化，制定全球金融政策，接受对民主的稀释。

第12章中所阐明的各项原则对应的国际政策增订版，旨在打破这一毫无吸引力的三元悖论，主要做法是将国际政策制定限于非正式协定，这些协定必须经过透明的国内程序才能转化为具有法律约束力的准则。其结果是，如果我们要避免央行行长权力过大，他们作为合法性寻求者的努力就不能局限于国内的突出问题。

## 内容预告

本书第四部分试图在我们给出的授权原则的指导下，找到解决这些问题的办法。

开篇简要回顾了一些特别令人震惊的政治干预货币政策的例子，以及政治学家对20世纪80年代和90年代央行独立性措施浪潮的解

---

[①] Schoenmaker, *Governance of International Banking*.

释。这就引出了这样一种描述：货币政策制定者是如何抓住经济学思想上的一场革命，为独立性提出有原则的依据的。较为巧合的是，同样的见解也为设立通过透明制度实现合法性的机构奠定了基础，在当时，透明是一个流行的词汇。

一段时间以来，出现了一种既提供可信性又提供合法性的模式。巨大的金融危机引发了一波以前无法想象的紧急行动，随后又出现了权力和职能的扩张。正是这些情况向我们提出了一个大问题，即究竟有多少权力和职能可以被合法地授予这些机构。

我们考虑了它们在监管、信贷政策和危机管理方面的角色，力求将每一个角色都纳入统一的货币信贷章程之中，该章程通过财政紧缩条款对它们的金融业务加以约束。自始至终，根本问题在于各国央行现在是否过于强大；随着时间的推移，这些新的、不情愿的宇宙主宰者的非凡地位，是否会不仅侵蚀或破坏它们自身的合法性，甚至还可能破坏民主治理体系的合法性。

在本书第 3 章中，我们曾经讨论过，在一个 4×4 矩阵中，中央银行可能占 8 个单元，甚至是令人警醒的 12 个单元，矩阵将行政国家的 4 种管理模式（财政、监管、服务、紧急状态）映射为 4 种目的（安全、分配效率、分配公平和宏观经济稳定）。在本书的最后一部分，我们将运用授权原则，试图将危机后的央行业务重新压缩到致力于宏观经济稳定的 3 个（或 4 个）单元中。

# 17

# 中央银行与货币政策政治

> 时间不多了,我们要让经济赶快运转起来。
> ——美联储主席阿瑟·伯恩斯致尼克松总统,
> 1971 年 12 月[①]

在央行出台独立法案的情况下,为什么执政府还会背地里坐镇并动员其政党?政治中从不缺美德,同样也不缺利益。此外,为什么法理上的独立性会带来事实上的独立性?为什么一个独立性极强的央行也能够做出可信承诺?尽管宪法的规范和更高标准的准则可以证明这些行为的合法性,但其实没有回答上述任何一个问题。那么,实证分析与规范分析都需要展开论述。

关于央行独立性的故事,会围绕着利益和理念的强大组合展开,在这一章和下一章中都有讲述。值得注意的是,在 20 世纪 80 年代和 90 年代有关独立性的辩论中,央行作为最后贷款人和货币体系稳定监督者的角色几乎没有出现过。

## 宏观经济需求管理的政治控制

尤其在法定货币体系中,民选行政部门有强大的动机去争取对货

---

[①] Abrams, "How Richard Nixon," No. 16–82, December 10, 1971.

币的控制权，同时它们对于稳定性的价值却鲜有付出，口惠而实不至。① 在现代英美货币史上的关键时期，这一点表现得尤为明显。从20世纪70年代中期开始，英国经济走向萧条，只能向国际货币基金组织寻求帮助，是当时七国集团（简称G7）中最后一个这样做的国家。英国政府带领着政治家和议会议员，共同强调了将战胜通货膨胀作为首要任务的重要性。然而，20世纪80年代至90年代，尽管在制定货币制度方面进行了一系列失败的试验，但英国首相拒绝放松对货币制度的控制。因此，当时任财政大臣尼格尔·劳森（Nigel Lawson）提议英格兰银行独立时，首相撒切尔夫人回应道："将货币政策的责任以及对抗通货膨胀的责任移交给一家独立的银行……这样看来，似乎是政府在承认自己没有抗通胀的能力，而这在政治上会带来极大的破坏性。"②

几年之后，在1992年，英国退出了欧洲汇率机制，英镑迫切需要一个新的名义锚。财政大臣诺曼·拉蒙特（Norman Lamont）承诺将公布英国央行的建议，并宣布通胀目标，试图以此来束缚自己和同事，从而在一定程度上改变每个人的动机。

这些内容在某种程度上与研究人员一直在努力寻找"政治经济周期"的有力证据相矛盾。在第5章提出的第二种承诺问题的一个例子中，对此已经做过阐述。但这些研究人员可能弄错了方向，他们往往从这样一种假设开始，即政治性货币政策的目标是促进经济发展，以配合一次大选。然而，从我在20世纪80年代末和90年代初看到的情况来看，这个目标可能不那么具体，但会更加直接。出人意料的宽松政策，有时会以提高近期的民意调查支持率为目标，政治上的受欢迎程度，存在着严重的依赖路径。在一个抵押贷款实行浮动利率的体系中，比如英国，银行降息对家庭收入的影响几乎是立竿见影的。拉蒙特的改革至少遏制了这种政治性货币政策的异变。

---

① Ferguson, Cash Nexus, especially chapter 5 and 8.
② Lawson, The View, p. 870. 当时，我是英国央行行长罗宾·利－彭伯顿的私人秘书，在撒切尔夫人和劳森的一次重要会议上，一位官员给了我同样的账目。

然而故事尚未结束。在拉蒙特卸任后，他的继任者公开拒绝央行提出的在 1997 年大选前收紧政策的建议，关于这一点，拉蒙特是十分担忧的。他认为当风险足够高时，透明度不足以消除货币政策政治性的影响。由此，拉蒙特开始公开倡导央行的独立性。①

对于央行内部发展来说，这是至关重要的年份。当时任央行行长埃迪·乔治第一次意识到央行提高利率的建议几乎肯定不会被采纳时，他绕着桌子要求我们每个人说出自己的观点，然后做出了一个将央行公开放在政府对立面的决定。也许，特别是对于我们这些中产阶级来说，这真是一个特殊的时刻，与其说是由于政治上的动荡，倒不如说是因为这有效地共同分摊了一些在当时仅属于行长的职责，乔治正朝着使货币政策由委员会决定的方向迈进。

如果说在英国，是依据现实情况部署了对货币政策的法律安排，从而引发一场关于政界人士是否应放弃控制权的争辩，那么在美国，美联储在形式上总是与外界隔绝的，虽然表象有时也会误导我们。实际上，二战后的几十年就像一段关于货币道德的故事。在战争期间，政府公开进行了非正式的改革——优先考虑廉价的公共债务融资。此后，作为政府金融政策的运营部门，美联储越来越多地试图摆脱其作为金融压制和货币融通代理人的角色，导致美联储主席马里纳·埃克尔斯（Marriner Eccles）发起了一场关于他自己的战争：一场见证他被赶下主席宝座的战争，泄露的文件揭露了总统的欺骗行为，当美联储使用著名的 1951 年《美联储－财政部协议》时，最终政府感觉遭到了背叛。② 据说，美国前总统哈里·杜鲁门曾为了避开威廉·麦克切斯尼·马丁（William McChesney Martin）而横穿马路，杜鲁门当时已将马丁调离财政部，安排他去当美联储主席，总统坚定地希望可以借此保留政治控制权，却发现与 700 多年前的亨

---

① Lamont, *In Office*, pp. 322 – 327；对利率决策持续政治化的不满，见第 337 ~ 第 340 页。拉蒙特从未在 1992 年的货币改革中赢得足够的信誉。1992 年的货币改革被打破，是后来改革的先决条件。

② Hetzel and Leach, "Treasury-Fed Accord" and "After the Accord."

利二世一样——他的挚友、大主教托马斯·贝克特（Thomas à Becket）改变了立场。

从政治上讲，马丁的成就是恢复了美联储一定程度上的自治权，尽管是在为了进行积极的总需求管理而与财政部开展密切合作的框架下。这种机制可以在就业和通胀之间寻求平衡，无论政治家们认为目前更重要的关注对象是就业还是通胀，它都会非常敏感地做出反应。这一机制在20世纪70年代无法存活。一个尚未完全服从于林登·约翰逊政权的强权政治机构，却能够主动向尼克松总统投降，并且是由于最糟糕的原因：党派政治结盟。①

在1972年尼克松竞选连任的准备阶段，录音带记录下了臭名昭著的水门事件。在与尼克松超出适当权力边界的对话中，美联储主席阿瑟·伯恩斯说出了本章开头引用的令人反胃的话。②

这是一种虚假的独立性：表面上客观公正的央行行长们已被政治贿赂和收买。令人震惊的不仅仅是简单地为了党派政治目的而采用货币政策，这可能会让一位央行前行长感到不安，但与此同时，伯恩斯还会伪装成一个独立机构领导人。对我们的政治价值观而言，这是非常严重的事情，因为这相当于在违背三权分立原则的情况下，密谋侵害公众利益。

说句公道话，伯恩斯偶尔也会挣扎，他本人也会通过媒体受到持续的、有时候是令人非常不愉快的公众压力③。他对国际同行的告别

---

① 关于马丁主席与艾森豪威尔总统、约翰逊总统和帕特曼议员的关系，参见彼得·康蒂-布朗（Peter Conti-Brown）的《权力与独立》（*Power and Independence*），第48～第51页和第201～第203页。
② Abrams, "How Richard Nixon." 关于尼克松与伯恩斯的关系，请参阅彼得·康蒂-布朗的《权力与独立》，第192～第195页。尽管彼得·康蒂-布朗认为，如果总统愿意并找到一个与之成为伙伴的主席，那么他就可以支配美联储，但我认为，这些原则的条款将有助于让这一点变得显而易见，从而对双方都产生阻碍。
③ Abrams, "How Richard Nixon"; and, for a striking account involving Alan Greenspan, Mallaby, *Man Who Knew*, pp. 139–144.

演讲很可能会被称作"中央银行的痛苦"。①

## 独立性的政治科学解释：利益和否决权

无论这些事件显示出何种道德品质，它们都突显了一件事：各国政府对央行独立性的支持令人惊讶。事实上，如果央行独立的目的是将利益从货币政策中剥离出来，那么政界人士为什么要同意呢？

一般情况下，这取决于谁会在改革中受益，谁会遭受损失，对立法者所在的各个不同团体的牵连程度，立法者如何看待自己的利益（或他们所服务的事业、意识形态、社会团体的利益），以及必须考虑的宪法规定的或事实上的否决权数量。② 在这一现实政治框架内，政治学家发现了各种可能的力量，这些力量来自"需求方"（那些积极追求独立性的人）和"供给方"（那些愿意提供独立性的立法者）。③

在需求方面，有人认为，金融行业整体支持并推动了低通胀，或者更通俗地说，债权人支持独立性，因为他们（名义上的）的债权被通胀侵蚀的可能性更低。这种利益通常与银行联系在一起，但事实上，一个国家的金融体系不同，选民的拥护情况也不同。④ 例如，英国银行贷款通常采用浮动利率，因此，总体上利率要根据通胀进行调整，在这种情况下，银行则显得不那么重要。在20世纪70年代和80年代，金融行业中支持低通胀的主要是长期投资机构（人寿保险公司和

---

① Burns, "Anguish of Central Banking."
② On veto points and CBI, Moser, "Checks and Balances"; Keefer and Stasavage, "Improve Credibility"; and Hallerberg, "Veto Players."
③ Surveyed in Bernhard, Broz, and Clark, "Monetary Institutions." For a critical review, see Forder, "Central Bank Independence."
④ Posen, "Central Bank Independence" and "Declarations Are Not Enough." 在随后的论文中，波森问道，社会偏好是否是提高通胀率的关键，这与本书的论点只有几步之遥：可信度取决于持久性，持久性取决于（并支撑）合法性，而合法性又取决于稳定的社会偏好（第11章）。

养老基金）和为他们服务的股票经纪人。① 因为，他们通过代表广大居民成为长期名义债券的主要投资者。

需求方面的另一股势力，来自由央行行长和货币经济学家组成的团体。当然，央行独立性会增强他们的权力和影响力，但除此之外，他们也有自己的理由。即便是在布雷顿森林体系（在这个体系下，多数国家的货币与美元挂钩，而美元本身与黄金挂钩）下，芝加哥经济学家米尔顿·弗里德曼等给出的理由是，使用浮动汇率可以让当前的国际账户失衡状态得到更平稳的调整。但正因为这将恢复国内货币主权，因而也产生了一个问题——如何才能阻止政界人士滥用货币权力。布雷顿森林体系崩溃后，这些问题无法回避，引发了长达25年之久的关于规则与自由裁量权的大讨论（在下一章中会讲到）。

在供应方面（即立法体系内），政治学家们认为政界人士可能会希望：对继任者拥有约束力（清楚应该服务于谁的利益）；或者将宏观经济表现不佳的责任推给央行（尽管这显然不适用于引入独立的政府部门）；或者在以多党制为特征的政体中，防止任何单一的联盟或派别通过持有财政部的投资组合而控制货币权力。②

这些因素显然都有一定的力量，但重要的是它们在特定情况下是如何结合在一起的，从而导致了央行独立性故事的多样性。例如，在英国，叫嚣着维护货币纪律的资产管理者/股票经纪人，在等待长达25年的时间后，才使英国央行重新获得独立性。这种解释可能与政府可以通过约束其继任者而奖励其支持者的观点恰好相反。需要明确的

---

① 英国货币主义的许多倡导者是股票经纪公司的经济分析师［如蒂姆·康登（Tim Congden）、帕特里克·明福德（Patrick Minford）］或记者［如山姆·布里坦（Sam Brittan）和年轻的尼格尔·劳森］，他们后来成为重要的政治家。我猜他们很可能受到长期投资机构的影响。约翰·福德（John Fforde）、埃迪·乔治和该行的其他人就是这样，他们对通胀的态度与20世纪70年代首席经济学家克里斯托弗·道（Christopher Dow）不同。前者负责政府债务管理，因此面临着因赤字融资而出现的货币信用缺乏的问题。

② 这是一种更广泛的观点，即以共识为基础的政治体制自然倾向于将权力下放给与之保持距离的技术官僚（第三部分）。Bernhard, "Political Explanation" and *Banking on Reform*.

是，这个账户不是空的。例如，正如迪莉娅·多伊兰（Delia Doylan）在一项关于拉丁美洲的研究中所指出的，在向民主过渡的过程中，正在实施大规模政治体制改革的政府，会通过央行独立性嵌入自己的一些价值观，这对现任官员可能有吸引力。[①] 但是，如果是"普通政治"，通常会涉及两个主要政党之间的权力交替，政府有时可能会更倾向押注于制造（更大）货币政策混乱的反对党。

的确，如果一个政党认为自己不会像反对党那样实行宽松的货币政策，而且认为通胀问题在政治上也很突出，那么它就有相当强的动机不去约束其继任者。既然知道反对党迟早会取代自己，将货币诱惑摆到桌面上来，就可能会加速自己回归政府的步伐。在我看来，这似乎正是英国保守党对工党的看法，因为工党通常倾向于扩大政府规模，从而增加财政赤字或提高税收。

如果这种说法大体上是正确的，那么工党最终促成了英国央行的独立就不那么令人意外了。在这一问题上，他们试图约束自己，因此从谈判桌上撤掉了一个被认为有益于保守党的经济杠杆。此外，在了解上面提到的劳森－撒切尔事件的教训后，他们在1997年5月上任的第一个周末就开始了冒险尝试，这样就没有人会质疑他们是在以一个有实力且不退却的角色行事。

这与意大利共产党支持的央行独立性没有什么不同。[②] 但奇怪的是，从表面上看，工党似乎为保守党的天然支持者提供了好处，以使他们能在政府任职更长时间。再加上其他一些改革举措，这引发了人们的指责，新工党被认为是为了追求个人权力而穿了保守党的衣服，这是意识形态上的背叛。[③]

然而，现实情况更为复杂。特别是在几乎没有否决权的司法辖区，比如英国，无论是何种原因推动了央行独立性的落实，当另一派获得立法权时，央行与外界隔绝的保持独立性的授权可能会被撤销。甚至

---

[①] Doylan, "Holding Democracy Hostage" and *Defusing Democracy*.
[②] Goodman, "Politics of Central Bank Independence."
[③] For a view of the UK story, see King, "Epistemic Communities."

像美国这样拥有许多否决权的国家，政界人士也可能寻求在政策委员会中加入致力于弱化价格稳定承诺的盟友。因此，重要的是，央行独立性能否为整体经济发挥作用。

## 降低通货膨胀的风险溢价：是否是央行独立的政治中性因素

在政治学文献中，对央行独立性最具说服力的解释涉及新兴市场经济体。西尔维娅·马克斯菲尔德（Sylvia Maxfield）认为，一旦他们放宽对资本账户的管制，新兴市场经济体审慎的做法就是，以央行独立性保护自己免受举棋不定、心存疑虑的国际投资者的影响。[1] 这通常表现为，一些国家使自己从属于国际资本市场，在放弃经济主权的同时，造成国内的民主赤字。但这种解释忽略了重要的一点，那就是央行独立性不仅适用于新兴市场经济体，还要考虑新兴市场经济体以外的适用情况。

实施央行独立政策最令人信服的理由是，让政府能够节省为其债务支付通胀风险溢价的成本。这不是对预期通货膨胀的补偿，而是在平均通货膨胀率越高，通货膨胀率就越不稳定的情况下，对其产生的风险支付的溢价费用。这就意味着，对货币纪律缺失的怀疑会带来真实损失。它与国际资本市场无关，国内外长期名义债券投资者都要为通胀风险支付溢价。[2]

---

[1] Maxfield, *Gatekeepers of Growth*.
[2] 这个对"不稳定溢价"（instability premium）的描述应该与德隆·阿西莫格鲁（Daron Acemoglu）、西蒙·约翰逊（Simon Johnson）、帕布罗·切鲁宾（Pablo Querubin）和詹姆斯·罗宾逊（James Robinson）在《政策改革》（Policy Reform）中所讨论的"跷跷板效应"区别开来。他们的观点是，既然审慎的货币政策限制了政府，政界人士就会试图摆脱束缚。在制度约束薄弱、没有能力滥用货币政策追求短期目标的政治体系中，政治家们可能会诉诸其他手段，包括财政政策。我的观点是，确实存在需要以某种方式进行分配的储蓄，因此谨慎的货币政策并不一定会约束政府。当然，如果各国政府夸大储蓄规模、推行危及货币稳定的财政政策，那么这两种现象可能会相互影响。

衡量货币制度变化对债务融资成本的影响的技术应运而生。当时我们认为，英格兰银行的独立，可能会使英国政府名义债务的偿债成本降低约50个基点。最近的研究表明，其中很大一部分可能代表着风险溢价的下降。① 如果是这样的话，考虑到当时真实无风险利率为2.5%~3%，这对偿债成本的影响将是相当大的。

即使考虑到不确定因素，名义债券的实际利率削减5%~10%，也是非常大的幅度。整体而言，这可以解释为什么在保守党重新执政时期没有撤销工党的央行独立政策。因为如果他们这样做，就会导致债券收益率上升，从而损害他们的选民的利益。

更重要的是，在这种对央行独立性的解释中，尽管改革者有不同的事前激励机制，但事后的左/右党派利益并不存在不对称。如果央行独立性确实降低了风险溢价，右翼政府就可以自由地将节省下来的偿债成本，用于降低他们支持的群体的税率，而左翼政府则可以将节省下来的资金用于更高的公共支出，或直接投向自己支持的群体。②

只有当一个政治派别积极希望他们的国家支付风险溢价以迫使政府财政收缩时，这个账户才会崩溃。可以想象，美国部分地区的情况也是如此。在实践中，让我们来看看沃尔克领导的美联储和里根政府之间的较量，后者曾敦促沃尔克放松货币管制（以及暂时提高需要承担的偿债成本），以便他们能够避免削减开支。

这种对央行独立性的解释，与政治学家通常所偏爱的游说力量的平衡相去甚远。它并没有摒弃利益，而且保留了现实主义的优势，但引入了一个符合普遍公共利益的好处：不为可避免的风险支付溢价。然而，只有当政治人物开始相信央行的独立性或多或少是一份免费的午餐时，这种做法才能得到支持。这给我们带来了一场思想革命。

---

① Joyce, Lilholdt, and Sorensen, "Extracting Inflation." For a summary, see Guimares, "Government Bond Yields?"
② Silber, *Volcker*.

# 18

# 观念的转变

信用是通向合法性的一扇神奇之门

制度可以发挥规则的作用,我们应该通过起草货币制度而非建立货币规则来解决时间不一致性的问题。

——拉里·萨默斯(Larry Summers),1991 年[1]

20 世纪 70 年代,整个西方世界出现了令人唏嘘的高通胀,同时又发生着反复无常的变化,在一些经济发达的国家,这一现象一直持续到 80 年代甚至更晚,继而引发了对货币改革的呼吁。经济分析方向和观念的深刻转变始于 20 世纪 60 年代中期,随后耗时 20 多年才得到重视,最终推动了技术官僚主义的改革,也意外地为合法性创造了条件。

在 20 世纪 80 年代末和 90 年代正式实施中央银行独立性措施的浪潮来临之前的 20 年左右的时间里,经济学家记录了未来通胀预期在决定价格和工资中的重要性,以及在失业和通胀之间明显缺少长期平衡的问题。在考虑到一个国家实体经济结构特征的情况下,相关的"自然"失业率普遍高于平均水平。[2] 根据这一证据,人们不再认为在就业和物价稳定之间会出现永久性的、基于价格的平衡,因此政治家们不必再日复一日地控制货币杠杆。

在某种程度上,这绝不意味着把控制权交给央行行长。正如改革领袖米尔顿·弗里德曼所强调的那样:"损失函数中最重要的两个变

---

[1] Summers, "Price Stability," p. 625.
[2] Mankiw and Reiss, "Friedman's Presidential Address."

量，一个是逃避责任，另一个是获得声望。"① 作为对未来的一种预测，这是完全错误的，因为各国央行行长最终将问责制作为一种公开的自我约束手段而加以利用。弗里德曼对这个世界的看法的确充满了讽刺。他和其他人一样，极力主张政治从经济政策中退出，由此他在1976年获得了诺贝尔经济学奖，但当时西方大部分国家陷入了滞胀，他独特的货币对策没有发挥作用。

他的首选方法体现在20世纪80年代对沃尔克领导的美联储进行的持续而尖锐的批评中，他偏爱的做法是建立严格的"以规则为基础"的制度，而当局无权放弃。这是哈耶克精神：法治下（第8章）政府需要规则，而不需要人（原文如此）。因此，具有讽刺意味的是，市场自由化作为如"货币主义"一样的思想工程的一部分，削弱了弗里德曼所赞同的规则（货币存量增长的目标）的可行性。金融创新和金融自由使得货币需求（测量值）高度不可预测，让当局难以知道应将目标定在哪里，如何解释数据结果，以及如何向公众解释每年之间（有时是一年之内）目标的改变。即使长期需求是稳定的，政策终会奏效（观点各异），但是在人们希望对到底发生了什么有模糊认识的司法管辖区，它也无法经受住政治问责的挑战。亨利·西蒙斯早在几十年前就预见到了这一点，当时他提出了将目标对准物价水平本身（或者，用今天的说法，是通货膨胀率）的可能性。②

因此，在20世纪80年代初的一段短暂插曲之后，一些国家或多或少地将政策置于以货币为基础的自动驾驶状态，并重新做出判断，以便将名义锚与需求和经济活动的波动结合起来。这第二个目的反映了现代民主的要求，但也构成了自由裁量政策的致命弱点。

名义工资和价格过去（和现在）是存在一定黏性的：并不是所有

---

① 米尔顿·弗里德曼写给斯坦利·费希尔的信，被引用在费希尔的《规则与自由裁量权》（Rules versus Discretion）中，第1 181页，以及弗里德曼的《独立的货币权威》（Independent Monetary Authority）中。
② Simons, "Rules versus Authorities." For a review of how monetary targeting unraveled in the UK, see Goodhart, *Monetary Theory and Practice*, chapters II and III.

事物都会对货币政策的宣布立即做出反应。一方面,这意味着政策制定者可以帮助经济从衰退中复苏,或者可以控制总支出不可持续的增长。另一方面,这意味着,即使通货膨胀和经济增长之间没有一个从长远来看有意义的平衡,政策制定者也可能会利用短期平衡来促进爆发式的增长,即使不可持续,在一段时间内,这种增长也是受欢迎的。企业和家庭会预测工资谈判和价格设定方面的情况,因此在稳定状态下,通胀最终会高于预期,而不会在经济活动或就业方面带来任何持久的好处。① 这是我们在第一部分(第 5 章)中遇到的时间不一致性问题,那么,为什么应该相信央行行长能维持低通胀呢?

与此同时,在现实世界中,央行独立性看上去确实发挥了作用。最值得注意的是,德国央行由著名的"稳定文化"作支撑,其中包括二战后德国重塑形成的文化。在面对 20 世纪七八十年代石油价格冲击带来的通胀时,德国央行被公认比其他任何主要西方国家货币当局做得都好,德国经济没有遭受像其他国家一样的损失。在大西洋的另一边,里根政府聚集力量让美联储反对保罗·沃尔克,沃尔克(恰好)获得了足够的公众支持,采取了决定性的步骤,战胜了世界储备货币的通胀,这些工作在艾伦·格林斯潘执政初期得到巩固,似乎为一段特殊时期的增长奠定了基础。② 直到 20 世纪 90 年代初,经济学家们一直在收集证据,证明央行独立性可以在避免加剧产出和就业波动的情况下改善通胀现象,这显然是一顿免费的午餐。③

只要有正确的政策体系,事情似乎就可以进展得很顺利。这激发了人们对"解决"通胀偏见问题的分析模型的兴趣。有两种主要的正式解释,一是肯·罗格夫(Ken Rogoff)的"谨慎中央银行家"理论,

---

① Barro and Gordon, "Model of Monetary Policy."
② Silber, *Volcker*.
③ Alesina and Summers, "Macroeconomic Performance." 后来的研究表明,独立性的影响较弱,但最早独立的中央银行的业绩表现已经导致不同制度的国家对通胀的态度发生了巨大变化 [如克劳(Crowe)和米德(Mead)的《中央银行治理》(Central Bank Governance)]。有理由认为,通胀表现趋同的原因是希望避免相对于独立的中央银行低通胀货币的持续名义贬值。

他认为银行家比社会公众更反对通货膨胀，因此不太愿意开拓短期交易；二是卡尔·沃尔什（Carl Walsh）的契约理论，根据契约，政治家们有能力"惩罚"未能完成目标的代理人，这就激励央行行长去抵制诱惑。[1] 很容易看出，罗格夫的灵感来自对德国央行的通胀和保罗·沃尔克造成的通货紧缩的憎恨，这两者分别依赖于具有划时代意义的历史和一个人的信念。相比之下，沃尔什的通胀目标显然更为平凡——目标是新西兰在20世纪80年代末引入的"契约"。事实上，储备银行已成为设计现代货币机构的标准化趋势引领者，正如凯恩斯肯定知道的，经济学家和政治理论家并非常常是不知情的宣传家，他们所代表的世界是由实干家构成的。

当然，对于世界各地的央行行长来说，他们抓住了抽象分析、实证研究和实际绩效比较的完美结合的机会。在举办的活动和会议中，强制将关于各方面问题的思考联合在一起，具体包括通货膨胀的成本、通胀和就业之间缺乏的长期平衡、信用的重要性、货币政策的传导机制（没有过多涉及银行），尤其是现有的独立中央银行的跟踪记录。斯坦利·费希尔2014年担任了美联储副主席，但20世纪八九十年代时仍在麻省理工学院工作，麻省理工学院是策划随后发生的一切事情的人才的总部，为1994年纪念英格兰银行建立300周年的会议制作了标准账户。[2]

对于评论家来说，这代表了学术界和政策界的"认识共同体"对群体利益的巧妙追求。的确，许多对这类文献做出贡献的顶尖学者后来都获得了政策方面的美差。但是，无论是好是坏，毫无疑问，思想已经发生了重要的转变。正如本章开头拉里·萨默斯所说，到20世纪90年代初中期，许多政策制定者都认为，货币工具规则的试验需要授权给精心设计的货币机构。

---

[1] Rogoff, "Optimal Degree," and Walsh, "Optimal Contracts."
[2] Fischer, "Modern Central Banking." 麻省理工学院对于第四部分故事的重要性不容忽视。它不仅把芝加哥的"理性预期"革命带回到凯恩斯主义的商业周期中，还培养了大量后来成为顶级决策者的人才。

这是具体但不完整的。一方面，实质性的观点非常清楚。在寻求总需求与总供给（经济的生产能力）之间的平衡时，政策将重点放在中期的通胀前景上，而且是系统性的，因为这将利用预期来实现。①弹性通货膨胀目标制的时代开始了。

另一方面，没有人能确定如何设计出萨默斯所说的可以解决时间不一致性问题的机构。

## 通过制衡来维持中央银行的独立性

事实上，重述那段经济学专业的读者可能过于熟悉的历史，目的是说明它并不十分奏效。虽然它有助于解释独立性是如何被赋予的，或者美联储的独立性是如何被重新激活的，但它无法解释为什么中央银行独立性应该取得成功从而在法律和实践中得以维持。毕竟，随着潮流的变化，以及一件件令人失望的事情不可避免地发生，政府机构的许多其他组成部分也会瓦解。

如果政治家们持有货币工具时受到时间不一致性问题和短视政治诱惑的侵害，那么，如果合适的话，他们为什么不推翻或破坏他们所控制的任何授权呢？当形势变得严峻时，为什么保守的央行行长不会被"通融"的央行行长所取代呢？同样，如果偏离目标，实际上对政治家是有用的，可以帮助他们恢复声望或重新当选，那么为什么要依赖政府来执行针对央行行长的契约呢？正如 20 年前所指出的那样，时间不一致性问题只是简单地被重新定位了。

这似乎是对所谓的意大利政治经济学派的毁灭性批评，在第一部分中，我们将阿莱西纳和塔贝里尼提出的可信承诺，作为授权给受托型独立机构的积极保证。② 最大的问题是，如果制度取代了规则，为什么会更好？

这些担忧并非凭空想象的。尽管央行政策制定者自己并不完全赞

---

① Taylor, "Discretion."
② Posen, "Do Better Institutions."

同学术界的时间不一致性通胀偏见模型，但他们确实认为存在承诺问题，他们担心货币独立性的可持续性和信用。换句话说，许多央行行长更关注政治短视主义。但对于这两个群体来说，解决之道在于制度的设计，这样人们就能看到所发生的事情是否符合承诺。

## 建立制度：授权、激励和公众声誉

随着20世纪90年代经济的发展，正统观念变成了货币目标应该是可观察的，央行的行动应该是可理解的（符合我们的授权原则）。通过设定利率来锁定通胀是符合实际情况的，因为从家庭和企业的日常生活来看，这是合理的，而以货币总量为目标，除了专家以外，任何人都无法理解。许多中央银行强调政策的制定要根据通货膨胀的前景，它们开始发布对经济增长和通货膨胀的预测，并试图广义地解释它们将如何应对不同类型的经济冲击。

如果用一个词来概括总结，这个词同样源于思想革命，那就是透明度。

指导思想是预期和激励。如果短期通胀受到中期通胀预期的强烈影响，那么家庭和企业需要信息来帮助它们形成这些预期。如果政策的牵引力来自对央行逐月决策路径的预期（反映在债券市场收益率曲线上），那么市场就需要有关央行政策方针的信息（用行话来说，反应函数）。

如果要激励央行坚持其使命，那么其目标和行动以及结果都必须是可见的。这样，央行就可以凭借自己的能力和可靠性而声名鹊起。声誉产生过程的复杂程度关键取决于中央银行的产出和结果的透明度与可理解性，其在特殊情况下的授权程度，以及审查央行并公开辩论其行为和表现的渠道的多样性。不要只考虑"保守"的央行行长，还要考虑"受到严格审查"的央行行长。

至于对事实上的独立性的担忧，如果要鼓励政府放手让央行独立，那么必须让任何凌驾或干预行为都非常明显。货币制度的完整性取决于能够直接或间接观察和影响政治主体行为的行动者的范围。其目标是提高政治短视主义的政治成本：在没有中央银行独立性的制度中，政治家们选择将政策利率维持在比如长期3.5%的水平，而不是提高到4%，比起这样的情况，如果他们部署了极少使用的引人瞩目的法定权力以凌驾于一个独立央行之上，那么这更容易被发现继而引起对政治家是否已经有"欺骗"行为的公开辩论。

这是一个相互制衡的体系。为了可信，现代货币制度依赖于许多不同身份的人，即众多观众，他们以360度均衡的视角观察正在发生的事情。

虽然只有精英专家才能掌握货币制度及其运作的所有细节，但基本设置的工具价值是可以理解的，即它使这些专家能够通过报纸、博客和社交媒体与更广泛的公众进行沟通。因此，央行学会投资于广泛的中介机构：新闻媒体、评论员、学者、商业经济学家、工会、金融市场分析师和交易员，以及公众。这不是一个细分受众的问题，或者更确切地说，如果是这样，结果会适得其反。传达给社会不同部分的信息需要一致。一些"观察家"消耗了中央银行大量的产出，以至于不一致的地方会被发现和公布。[1] 这也不是命令去使用通俗的语言，这些语言可能会引起公众的共鸣，而公众的情绪始终处在政治选举领域内，不在技术官僚的托管下。

## 偏好、契约和声誉

我所描述的偏好、契约和声誉并不依赖于任何一种可信承诺的经济理论，而是依赖于每一种理论。授权类似于契约，但通过公众声誉来执行，而不依赖于可能存在冲突的行政部门或立法机构。这反过来又取决于央行行长是否真正关心他们履行职责的声誉。因此，重要的是，社会能够给予尊重以及央行行长应该真正相信政治制度：不是"保守"的央行行长比别人更喜欢低通货膨胀率，而是"保守"的他们会认为离开正式授权是一件坏事。这是一个由偏好、动机和声誉组

---

[1] For an anthropological view of central bank communication, see Holmes, *Economy of Words*.

成的三重锁，几乎与第 5 章中的假设完全一致。

## 合法性是信用的一个条件

因此，在弗里德曼对央行行长的价值观和品格的谴责中，更具讽刺意味的是，被视为履行可监控的任务可能是他所渴望的央行行长个人声望的来源。

在这里，本书的核心谜题自行解开了。如果问责制是通向声望的途径，而声望有助于工具性地锚定制度，那么我们也处于合法性的领域。360 度全方位监控，不仅仅是激励相容机制的一部分，也是本书第二部分中提到的，警惕式的民主。

为了使中央银行的独立性可持续，社会必须给予支持。正如第二部分所强调的，这需要辩论和仔细审查。这取决于表现，也取决于原因。无论我们认为他们是高明的、有道德的，还是纯粹利己的，明智的央行行长都会希望对其政策进行理性的辩论和批评。

我们可以把它与司法系统做个比较。我们知道，在美国宪法确立司法独立之前，从 17 世纪起，英国就一直在争取司法独立，并在欧洲大陆建立了理论。[1] 我们还清楚地意识到，受到联合国和英联邦原则的支持，在世界的一些地区，这种斗争仍在继续。[2] 但如今，许多民主国家可能认为司法独立是理所当然的。因此，如果你发现在发达国家，最高法官都在积极地解释（有时甚至是辩护）他们如何适应其特定司法管辖区的宪法设置，你可能会大吃一惊。出现这个情况是有原因的，举一个例子：就在 10 多年前，英国法官还不得不与政府就如何制定和控制法院管理预算展开斗争。[3]

央行行长也是如此。一个社会的宪法规范和制度结构需要不断地解释和支撑。对于央行行长而言，他们试图影响他们所管理的政

---

[1] For the perspective of a judge, see Lord Justice Brooke, "Judicial Independence."
[2] United Nations, "Basic Principles," and Commonwealth (Latimer House), *Principles*.
[3] For example Lord Justice Leveson, "Dicey Revisited."

治制度形态的兴趣,与他们在解释这些制度时所扮演的适当角色有关。

因此,从 20 世纪 80 年代末开始,英国央行的领导人就通胀成本和货币稳定是经济繁荣的先决条件(但不是充分条件)进行了大量演讲,使市场信号在资源配置方面更加清晰地发挥作用。在获得独立后,人们决心避免被描绘成"通胀疯子"。早期的央行行长埃迪·乔治反复强调这些观点,包括在他退休的时候。

## 保持透明度的双重目的

因此,有关透明度在产生有效货币政策方面的优点的经济文献,与认为透明度对于确保中央银行对政权的管理责任以及政治负责人对政权正式建设的问责至关重要的思想是一致的。① 为了提高有效性,透明度使对政策进程以及名义变量路径的预期成为可能。就合法性而言,透明度使公众能通过一种说明性的问责制(第 11、第 15 章)对该政权及其运作进行知情的辩论。

从这个角度看,央行行长和经济学家的关注点——信用,以及批评他们的人的关注点——合法性,不是被单独记录的。如果社会真的想要价格稳定,这种稳定反映在一项立法行动中,那么合法性使中央银行可以做出令人信服的承诺。② 如果没有立法机构建立的法案,中央银行将无法对社会施加短期成本,这有时可能是必要的,以使长期通胀预期在面对石油价格上涨等冲击时保持稳定,这些冲击会暂时推

---

① 有关信誉影响的文献综述,几乎没有或根本没有提到合法性的重要性,请参阅布林德、埃尔曼(Ermann)、费雷泽(Fratzcher)、德·哈安(De Haan)和詹森(Jansen)的《央行沟通过程》(Central Bank Communication)。布林德当然曾在其他地方写过有关中央银行和民主的文章。

② 这与那些认为中央银行独立性完全建立在正式法律上〔例如,罗伯茨(Roberts)的《逻辑学》(Logic of Discipline)〕的学者的看法不一致。这与对中央银行独立性公式化指数解释力的怀疑是一致的,并且认为更广泛的政治和社会背景很重要,如阿西莫格鲁、约翰逊、切鲁宾和罗宾逊的《政策改革》。

高通胀，但需求和产出会下降。但是，有了（操作上的）独立性和民选代表明确的目标，央行行长可以适当地认为，社会已与自己偏好的主体联系在一起。他们可以依据稳定的偏好而不是随环境变化的偏好自由前行。因此，再次重申，央行行长不必比社会更保守，而是需要尽职尽责——"尽职且合法的央行行长"。通过合法性获得信用，通过信用获得合法性。

当然，这是第二部分我们探讨政治价值观时所传达的信息。我一直在描述一种制定货币制度的方法，这种货币制度或多或少都符合授权原则——明确阐述的制度、简单的货币工具、行使自由裁量权的原则、不具欺骗性的透明度、与众多听众的接触，以及最重要的是向立法委员会作证。所有这些都是为了建立和维护可靠、合法、权威的声誉。

## 机构为什么能够执行规则

综上所述，对于机构为什么能够执行货币工具规则，答案是，机构是重新配置激励机制的装置。

通过改变利益平衡，它们为产生专业知识和信息提供了新的激励；创造出以前不存在的检查，甚至可以为社会想要依附的价值观找到管理者。许多央行行长个人的确相信价格稳定的价值，当人们意识到独立央行是用来体现和嵌入这种价值的工具时，这就不那么令人惊讶了。

民主治理机制的独特之处体现在两个方面。它们利用360度监控的制衡，解决了无穷回溯问题。但为了长期可持续发展，它们所体现和加强的激励措施必须符合（或重塑）我们的价值观（第二部分和第三部分）。经济理念的变革促进了作为政策效率工具的透明度的发展，它产生了宝贵的副作用，有助于使中央银行的做法与民主价值观保持一致。

当然，这种情况太好了，好得让人难以置信。

# 19

# 引诱上帝

危机前的正统货币制度

我们（英国财政部）既没有要求被征求意见的权力，也没有将我们的观点（强加于英国央行）的权力；……一般来说，为了避免对（货币）问题产生政治影响，我们不应该提出这种要求。

——给温斯顿·丘吉尔的建议，1925 年，就在央行被剥夺权力的几年前[1]

前几章关于现代货币制度的论述，融合了四种不同的思想：诚信经济学、阶级利益政治学、合法性政治理论和信任社会学。通过接受透明度，中央银行"群体"及其政治领袖创建了一些制度，这些制度似乎有能力实施更好的政策，并且事后看来，能够满足授权原则中所体现的合法性条件。哦，多么美好的一天……

## 多么幸福的故事

在不同程度上，货币政策制度确实符合这一描述。

在英国，1997 年建立的"独立运作"制度包括一系列的法定目标，以价格稳定为其首要目标。此外，为了避免在产出和就业方面出

---

[1] 奥托·尼迈耶（Otto Niemeyer）写给时任英国财政大臣丘吉尔的备忘录，引自基纳斯顿（Kynaston）的《伦敦城》（*City of London*）的第 316 页。丘吉尔在此期间委托对财政部与银行关系进行了两次评估。

现不利的波动，要求行政政府制定年度预算，这一预算定义了"价格稳定"，并给央行的政策制定者时间，让他们在成本冲击（如油价暴跌或飙升）后，将通货膨胀恢复到目标水平。在法定货币政策委员会中，决策是在一人一票的基础上做出的，其中还包括"外部"成员，行政政府试图通过这些成员为央行的职业官僚体系带来新鲜空气。根据法规要求，中央银行必须公布其政策会议记录和通胀趋势分析，这是通过概率意义上的"扇形图"实现的，这种"扇形图"强调了不确定性和风险①。由于无法判断这个国家可能面临何种危机，议会赋予了行政政府超越货币政策委员会的权力，但这些权力必须被透明地使用，而且只能在特殊情况下被使用。公众问责制，主要通过央行和财政部官员分别在下议院特别委员会前举行听证会来实现，该委员会几乎在同一时间被重新启动（第15章）。

这一系列方案在某种程度上解决了人们对于中央银行独立性的担忧。根据约瑟夫·斯蒂格利茨的总体评论（本书第1章中引用的许多中央银行独立性批评者的灵感来源）进行评估的英国体系并未授予目标独立性；它建立在一个委员会的基础上，该委员会权力分散，并有助于将真正的不确定性和分歧暴露给公众，它需要透明度。② 在"后凯恩斯主义"阵营中，一位作者回忆道，凯恩斯本人在一份有关印度货币体系的报告中，也曾倡导在民主与技术官僚专业之间保持类似的平衡。③

那么，或许令人鼓舞的是，英国制度的一些特征在央行界存在争议。在私下会面中，面对德国央行行长汉斯·蒂特迈尔（Hans Tietmeyer）的批评，英格兰银行前行长埃迪·乔治激烈地为英国拒绝"目标独立"的做法进行了辩护，称这是不可取的，也是不必要的。蒂特

---

① 默文·金喜欢在《通货膨胀报告》的新闻发布会上强调，货币政策委员会的中心预测被证明正确的概率是0！点预测不是很有趣。
② Elgie, "Democratic Accountability," and Stiglitz, "Central Banking."
③ Bibow, "Keynes" and "Reflections."

迈尔认为，英国的"独立运作"是一个有缺陷的"半吊子"措施。①

这并不是说英国的体制是完美的。例如，英国没有关于政府直接进行货币融资的法定禁令，当前的所有法律约束都来自欧盟条约。②相反，它的益处在于，英国拥抱中央银行独立性的时间较晚，因而它能够从广泛的国内辩论、学术文献和其他地方的经验中吸取教训。因此，不足为奇的是，大体上类似的规则指导了其他国家政体的演变。

世界各地的透明度都在大幅提高。③ 即使在美国，在立法对"稳定物价"和"最大就业"给予同等重视的情况下，美联储最终也公布了其对法定目标中这些组成部分的看法。④ 对公众和立法者来说，政策的产出（短期利率）和结果（通货膨胀）都或多或少变得更加明显和易于理解。事后来看，狭隘的货币主义者为中央银行的技术披上了神秘的外衣，削弱了它们为民主和法治服务的主张。在新世界，被使用的技术有助于合法性。

无论何种原因，独立的货币当局已经风靡一时，成为一种时尚。随着中央银行独立性的蔓延，通过一些人所称的"模仿"⑤，要逆潮流而动变得更加困难。最终，这在正统教义中被制度化了。在欧洲，《德洛尔报告》强烈建议，任何货币联盟都应建立在独立的中央银行基础

---

① 安德鲁·贝利（Andrew Bailey）把这些以前没有报道过的对话记录传给了我，他当时是乔治政府的办公室主任，也出席过一些交流活动。由于欧洲央行和美联储可以自由地定义自己的名义目标（如今的通胀目标），使其与维持价格稳定的法定任务保持一致，因此它们都拥有一定的目标独立性，而不仅仅是工具独立性。在这一点上，我的观点似乎与伯南克的《货币政策》有所不同。
② 根据《马斯特里赫特条约》（Maastricht Treaty）第 123 条，在欧盟内部建立货币联盟后，对于英国是否禁止货币融通，律师们可能存在分歧。
③ Geraats, "Central Bank Transparency" and "Monetary Policy Transparency."
④ 如何将美联储的法定使命分解为一个目的和目标，是一个特别没有争议的问题。立法语言是"应保持与经济增长长期潜力相适应的货币和信贷总量的长期增长，以有效促进就业最大化、物价稳定和长期利率适度的目标。"可以说，把第一个条款解读为一个目标（尽管就原则而言，这个目标很难监控），把第二个条款解读为目的［欧文·费雪（Irving Fisher）的《金融稳定》（Financial Stability）和塔克的《货币政策》（Monetary Policy）］，是很自然的。
⑤ McNamara, "Rational Fictions."

之上。在更广泛的世界范围内，作为所谓的华盛顿共识的一部分，它通过国际货币基金组织的倡导以及在特定情况下附加于一揽子援助计划之上的条件来发挥作用。①

## 原始的和简约的

几十年来，在这种全球标准下实施的货币政策相当简单和直接。

与许多行政国家相比，中央银行并不依赖于过多的"关键绩效指标"，这些指标对于项目管理和职能的履行很有用，但对于促进为实现公共目标而开展的公众辩论没有帮助。由于目标相当简单，各国央行依赖于对经济运行状况的公开解释、对经济未来演变的概率预测，以及通过提供足够的信息来进行的分析、辩论和批评。许多专家认为，这种方式对于社会或政治信任是必要的。②

各国央行利用自身作为经济最终结算资产（货币）供应者的垄断地位，以及价格和工资方面的短期黏性，设定了一个非常短期的利率，来对经济中的支出进行粗调，而不是微调，旨在使其与经济生产能力保持一致，从而实现预期的通货膨胀。由于任何一天的隔夜利率单独产生的影响都是可以忽略不计的，各国央行的目标是制定一项系统性政策，以形成对政策利率未来走势的预期。人们认识到，在总结了有关经济运行的经验教训之后，可能需要不时地更新支持政策的原则，但最基本的原则仍然是要保持原则性。③

简而言之，货币政策在其工具上是非常简约的。

尽管货币政策影响了资产价格和银行贷款条件（很明显，政策效

---

① 威廉姆森（Williamson）的《华盛顿》（Washington）以及费希尔在对"华盛顿共识"的回顾中，对该方案的早期和后期版本进行了区分。
② O'Neill, *A Question of Trust* and "Perverting Trust."
③ 伍德福德（Woodford）的《原则与公共政策》（Principles and Public Policy）一文中也提出了类似的观点。不过，我并不赞同伍德福德提出的一些具体的实质性原则，我认为，这些原则将在理性摇摆不定的世界里实施切实可行的政策，与评估全球经济生活的理想标准混为一谈。

果被认为部分依赖于这样做），但是政策并没有对信贷分配进行直接干预。这种影响是通过资本市场和私营银行完成的。其他任何做法看起来都会与市场经济格格不入。

此外，央行的风险敞口很小。无论通过低风险的国库券操作，还是为更广泛类别的证券放贷（用术语来说，回购，即"出售和回购"），都要求有超额的抵押品。因此，与财政政策的距离被标记出来（尽管正如我所讨论的那样不是零）。

因此，政策可能被描述为既是原始的，又是简约的，对独立机构管理制度而言，这是理想的品质。

## 坚守底线：节制

最后，与许多政治科学文献和一些更广泛的评论所预测的相反，总体而言，央行行长所追求的权力（或责任），并没有超出他们所认为的维持价格稳定所需的权力范围。他们不是帝国的缔造者，他们以预算为目标，或以更大的影响力作为衡量威望的手段。许多人尤其希望避免成为银行监管人员，因为他们担心这会把他们拉进政治色彩浓厚的消费者保护领域。他们意识到自己的权力，而且，无论是出于信念、原则还是权宜之计，许多人都不愿扩展到无保证的领域——进入其他机构的地盘，从而危及自身权力。

所以，那时候的货币政策不仅是原始的、简约的，还是节制的。可以说，那是一个天真无邪的时代。

## 众神都存在

回顾过去，这令人想到第一次世界大战后的国际共识。在国际联盟会议坚持央行独立原则（第1章）的同时，丘吉尔收到了在第1章中引用的明确建议。那一刻被证明是蒙塔古·诺曼和他那一代人的巅峰时刻，他们缔造了一种国际模式，但金本位制瓦解后，这种模式也随之崩溃了。

正如我们所看到的，即使在25年后，美联储仍要面对杜鲁门总统提出的压低长期债券收益率的要求，以帮助政府在朝鲜战争期间筹集资金，货币政策直至赢得国会的支持才获得自由。① 与此同时，在英国，至少持续到20世纪70年代末，英国央行都被称为"财政部的业务部门"。

25年过去了，央行行长在世界各地阔步前行，他们或许会问自己，历史是否会重演。如果没有别的，像鲍勃·伍德沃德（Bob Woodward）为颂扬长期担任美联储主席的艾伦·格林斯潘（也是自诺曼以来最著名的央行行长）而创作的传记《艺术大师》（Maestro），会唤醒沉睡中的众神吗？②

遗憾的是，有人敦促大家提高警惕。就在阿瑟·伯恩斯以痛苦的呼喊结束自己的职业生涯仅10年之后，20世纪央行界的杰出人物保罗·沃尔克于1990年也走上舞台，与同行们分享自己的告别想法。沃尔克不仅强调了价格稳定的优点，而且（极力地维护一种更为古老的思维模式）强调了央行在监督银行体系稳定方面的关键作用。沃尔克很有预见性地在标题中直接提出了一个大问题："央行的胜利？"带着一个加强语气的问号③。没有人在听吗？

## 多么不愉快的故事

21世纪初，主要央行的行长们刚提醒世界注意"大缓和"（Great Moderation）的奇迹，国际经济和货币体系就在"大金融危机"（Great Financial Crisis）中分崩离析。

人们发现，精心设计的货币制度存在缺陷。而且，受教条、倾向和专业知识的影响，各国央行已经与金融体系的稳定性过度脱节，它们不得不重新认识大多数由私人企业（银行）发行的货币债务的重要

---

① Hetzel and Leach, "Treasury-Fed Accord."
② Woodward, Maestro.
③ Volcker, "Triumph of Central Banking?"沃尔克在问答环节中强调了这个问题。

性。20 年前，柏林墙的倒塌标志着历史的终结（正如弗朗西斯·福山在写给黑格尔的赞歌中提出的质疑），但通胀目标制并没有预示着货币历史的终结。

随着金融和经济危机的爆发和加深，出现了大规模的即兴创新。除了扮演银行体系最后贷款人的传统角色外，央行还向货币市场基金和金融公司等"影子"银行提供流动性。在银行体系陷入困境之际，它们以最后做市商的身份介入，以保持主要资本市场的开放。虽然不同货币区域的细节和时间会有所不同，但在 2009 年年初短期政策利率触及"零利率下限"后，它们转而通过直接作用于资产价格中所包含的全部风险因素（短期溢价、流动性溢价和信贷风险溢价）来提供宏观经济刺激。为了做到这一点，它们大举干预了长期政府债券、公司债券和抵押贷款债券市场，并对银行的某些贷款进行了相对于其他贷款的补贴。在此过程中，它们离控制经济中的信贷配置更近了一步，并在资产负债表上承担了几十年来最大的风险。

"简约的"和"原始的"——20 世纪 90 年代和 21 世纪初的标志，几乎不再是恰当的形容词。在短暂的纯真年代里，货币政策的合法性盖过了央行的权威，但随着欧洲共同体遭遇复杂的世界现实，这个时代已经过去。[1]

## 是合法性危机吗

随之而来的挑战不仅在于效率和效益，还在于合法性。根据我们的授权原则可以判断，在 2007 年中期，一个似乎还算令人满意的体系，仅仅在几年后就超出了可接受范围。

就授权标准而言，人们一直在问，央行是否最终做出了重大的分配选择。这些过程要么处于紧张状态，要么没有人们想象的那么好（第二个设计准则）。例如，在英国，事实证明，向整个体系和个别公司提供流动性援助的决定与政治（良好）无关，也不是委员会做出的［不

---

[1] For a robust assessment, see Wolf, *Shifts and the Shocks*.

太好；奇怪的是，就民主价值观而言，这种治理地位是由非专业董事会（the lay Court of Directors）控制的，而且可能仍然存在]。

几乎没有哪家央行明确阐述了其最后贷款人政策的操作原则，或者在有效（或"零"）利率下限（第三个设计准则）下如何实施货币政策。很少有人考虑过如何确保那些不能立即透明化但不会引起恐慌的行动的政治责任，这些行动会使人民面临更大的风险和困难（第四个设计准则）。或许最成问题的是，没有一个司法管辖区有明确的游戏规则，来决定央行在不可预见的情况下如何出手救援，或者从另一个角度来说，决定央行何时停止救援（第五个设计准则）。事实证明，在美国，当一系列非银行金融机构获救（美国国际集团）或获准破产（雷曼兄弟）时，仅这一点就足以引起轩然大波。

换句话说，在危机期间，一个苛刻的审查者可能给央行遵守这些原则的表现做出"不及格"的评价，而仅仅在几年前，它还愉快地评价央行的成绩是"通过"（有着不同程度的区别）。

## 更多的权力

然而，危机过后，各国央行积聚了更多权力！在监管领域，这一点尤其明显。此前，监管部门在这些方面最为节制（或放松）。

对此有许多可能的解释。一是，无论货币制度的设计存在什么缺陷，通过创新，货币当局帮助市场避免了20世纪30年代大萧条的重演，这并非小事；二是，危机爆发前其他机构的失败，更加明显地令人难堪；三是，这场危机促使人们改变了对中央银行目标的看法，这意味着，如果最大的问题在于制度设计而非管理，那么责任在一定程度上应当由当选的政治家承担。

第二和第三种解释在英国很有说服力，英国央行和其他人认为，对于危机前没有监管权的央行，如果社会期望它维持金融稳定和价格稳定，那么它面临着"缺少工具"的问题。[1] 在2010年选举产生

---

[1] Mervyn King, then governor of the Bank of England, Speech (2009).

的新政府的全面改革中，危机前的监管机构被议会废除。作为一个1997/1998年才设立的机构，英国金融服务管理局的根基还没有稳固到足以保护它免受强烈反对的地步。如果说英格兰银行在其3个世纪的存在期间，是从伯克式的规范性合法性中获益，那么英国金融服务管理局则不然。相反，对于首相卡梅伦来说，审慎的监管权属于央行，因为这个角色需要"权威和……尊重"，但如果一家扩张后的央行在银行领域的潜在权威要被赋予合法性，那么它就需要改革。①

在欧元区，欧洲央行和其他国家认为，如果没有银行业联盟，那么货币联盟是不完整的，也是脆弱的：一些成员国的银行业的崩溃或脆弱性，阻碍了整个欧元区货币政策的传导。欧洲央行获得了在整个欧元区对银行进行监管的职责，尤其是要克服人们认为国家主管部门被本国银行系统所控制的看法（第13章）。

相比之下，美联储在危机前就是银行监管者，再加上围绕其紧急业务的争议，在2009—2010年国会就《多德－弗兰克法案》进行谈判期间，美联储发挥了作用。与欧洲和亚洲的一些同行相比，当时的政治潮流使美联储最终扩大了监管职能，但也许会导致更加狭隘的（所谓的）宏观审慎职责［临时调整监管要求以防御信贷繁荣（信用过度）的能力］，而围绕其治理和责任的辩论仍未解决。

然而，这些差异只是细节。总体而言，与20世纪30年代形成的反差几乎不可能再大，权力重新集中在许多央行前行长和央行现行长身上。②

---

① Interview with Patience Wheatcroft, *Wall Street Journal* (European edition), December 14, 2009, six months before the 2010 general election.
② Although not always framed in terms of legitimacy, see Goodhart, "Changing Role"; Shirakawa, "Future of Central Banks"; Eichengren et al, Rethinking Central Banking; Issing, "Paradise Lost"; Cecchetti, "Central Bank Independence"; Volcker, "Central Banking"; and Buiter, "Central Banks." And from seasoned observers: Middleton, Marsh et al., *Challenges*.

## 评估今天的中央银行制度：有原则边界的合法性

因此，现在终于到了本书"反思"的时候了，尤其是关于是否以及如何授权的原则。这些原则涉及当今各国央行都身处中心的相互关联的四大领域：货币政策、流动性政策、监管政策和信贷政策。

我们似乎面临着严重的紧张局势，根源在于央行执行着两种完全不同的职能（第23章）。一方面，人们期望它们以系统的方式实施货币政策，以便在不损害经济名义锚的情况下熨平经济活动中的波动。可见，它们是为正常情况而设计的机构。另一方面，当央行作为最后贷款人时，期望它们的运作具有灵活性，央行相当于经济领域的美国骑兵部队——一个处理经济与金融突发事件和紧急情况的机构。

如果央行成功地建立了实施系统性货币政策所需要的声誉，那么当它在危机期间暴露出通常隐藏的创新面时，这种声誉不会受到损害吗？相反，正常情况下以循规蹈矩的行为著称，是否会削弱人们对其在危机中挺身而出开展救援的能力的信心？换句话说，各国央行是否需要维持一种丰富的、多用途的声誉，就像"双面神"一样？

当然，多年以来，这种双重思维一直是中央银行争论的焦点。实际上，第一部分和第二部分的讨论揭示了这是一个错误的出发点。为了民主的合法性，最后贷款人的功能必须建立在一个遵循原则的制度之上，而不仅仅是标准的货币政策功能。此外，这同样适用于更广泛的资产负债表政策和央行监管行动。

此外，由于我们在这里讨论的是具有多任务的中央银行，这些制度不能被分割，陷入组织孤岛，而必须联合起来。否则，把它们放在一起就没什么意义了。[①] 正如已经指出的，我们需要类似于货币信贷宪法这样的制度，它涵盖中央银行业务和对货币系统中私人银行业务的约束，接下来的章节将对此进行阐述。

如果最初的系统性政策与灵活的政策二分法，通过更仔细的检查得到解决，那么就会出现另外两个问题。第一个问题是，在这种情况

---

① Tett, *Silo Effect*.

下，如果央行进一步采取行动，可能会避免或缓解一场重大危机，那么该制度的边界上会发生什么？正如我们在 2009 年看到的那样，对于货币政策而言，这是一个与最后贷款人政策同样重要的命题。当时，各国央行的利率达到了有效的"零"界限。我们的第五个设计准则（当紧急事件发生时）应该如何在央行中实施？

在这一背景下，潜藏着一个重要命题，我们在第二和第三部分（第 11、第 16 章）中以抽象的和更一般的术语讨论过。是否应该给予中央银行广泛的事实上的自由，让它们在紧急情况下"做正确的事情"来拯救国家，让它们在"拯救世界"之后承受愤怒的立法者和公众的压力，这样对社会更有利吗？

与第五个设计准则一致，我认为央行"信托契约"的重要性在于尽可能明确、实质性和程序性。尽管做出了最大的努力，但未经设想的操作仍受到政治主体的特别批准，这些业务应保持在中央银行的合理定义范围内。因此，中央银行和财政政策之间模糊不清的界限，需要在构成货币信贷宪法一部分的财政剥离中得到明确。

最重要的制约因素是，当选的政治家，实际上不应该仅仅因为他们无法达成一致或者不能采取行动，就将财政政策授权给央行。如果没有这种限制，我们很可能会发现自己处于一种平衡状态，即民选代表将重任留给了央行。可以说，这种情况在大西洋两岸都发生过（第 24 章）。

因此，这里我们在探讨危机后的中央银行时遇到的第二个问题是，本书第 1 章所暗示的大困境——中央银行能做的越多，民选财政当局被激励去做的事情就越少，从而与我们最深层次的政治价值观产生了紧张关系。简而言之，如果在民选政策制定者的控制下，人们不清楚央行的界限在哪里，那么确定中央银行的界限就更难了。

这些都是我们接下来要遇到的大问题，它们关系到自由和民主政体。

# 20

# 货币信贷宪法

中央银行和银行业稳定

我认为,任何对世界银行章程的修改都不是使其符合正义、健全的政策或我国宪法所必需的。

——安德鲁·杰克逊总统发表的关于否决美国私人银行的声明,1832 年 7 月 10 日

政府应该取消银行对货币的一切控制,但要把货币的借贷权留给银行。

——欧文·费雪,支持芝加哥"狭义银行"计划,1936 年[1]

我坚持认为,如果央行对金融体系失去兴趣或影响力,那么无论是货币政策还是金融体系,都不会得到很好的服务。

——保罗·沃尔克,1990 年[2]

2007—2009 年的大金融危机,无情地暴露了标准货币政策体制对保持稳定的无能为力。正如我所指出的,如果设计货币制度的正统观念是思想发展和经验积累的产物,那么这些思想就是不完整的,经验也被错误地记住了。

随着对银行业稳健的信心在 2007 年首次下降,然后在 2008 年

---

[1] Fisher, "100% Money," p. 413.
[2] Volcker, "Triumph of Central Banking?"

秋季消失，资产负债表出现"裂缝"，金融市场关闭，实体经济中面向家庭和企业的信贷供应萎缩。金融体系和市场情绪的崩溃对经济活动和就业造成了沉重打击。这是世界主要的中央银行为放宽货币和信贷条件而采取的果断行动。但随着银行体系的崩溃、信心的疲弱以及一些经济体家庭部门的债务积压，货币政策向支出的传导受到了影响。

对于一些研究20世纪货币政治学的学者来说，这一事件的发展历程证实了长期以来他们在货币体系中看到的深刻缺陷。詹姆斯·布坎南不仅主张基于规则的货币供应控制，而且提倡禁止杠杆式私人银行业务，一旦经济体从商品（黄金）标准转向法定货币，这种杠杆式私人银行业务就丧失了货币作用，因此，在避免货币短缺方面具有自主权。他希望将创造货币的权力完全留给国家。[1] 另一些人则相反，他们积极支持私人创造货币，希望将国家排除在外，允许商业生活的正常规则在没有任何安全网的情况下运行，布坎南将其描述为"无政府状态"。[2] 我们生活的现实世界既包括货币的国家创造，也包括货币的私人创造，国家通过存款保险和最后贷款人来支撑私人体系。

在这个复杂的世界中，独立中央银行的介入是否存在原则性的理由，正是我们的多任务约束旨在帮助解决的问题。第一个实质性限制为在一个受托型独立机构内合并所有职能提出了三个条件（只有在下列情况下，才应赋予独立机构多重任务）：

1. 它们是有内在联系的。
2. 每项任务都面临着可靠的承诺问题，但并不需要做出重大的分配选择。
3. 据判断，这种组合将带来更好的结果。

---

[1] Buchanan, "Constitutionalization of Money," p. 255.
[2] Smith, *Rationale of Central Banking*; Hayek, *Denationalisation of Money*; and Dowd, *Private Money*, which contains a short section entitled "Abolishing the Bank of England," possibly explaining why Eddie George asked for a summary (Buchanan, "Constitutionalization").

考虑到这些测试，本章将首先探讨，为什么中央银行对金融体系有明确的利益，进而需要对金融体系施加一些影响。接着本章指出，稳定政策在很大程度上依赖于可信度，根据英国的授权标准，这在一定程度上使其与日常政治隔绝。还探讨了授权给货币当局是否能取得更好的结果。①

## 为什么货币稳定与金融稳定具有内在联系

沃尔克的两个关注点明显不同。一个（兴趣）是描述性的，而另一个（影响）是规范性的。这并不是说，一个公众当局仅仅因为有利益就应在一个领域中发挥正式的作用，即具有指导或约束的权力。货币政策制定者对劳动力市场结构，更广泛地说，是经济的供给方面有着非常明确的兴趣：从广义上讲，经济体的产品和劳动力市场越灵活，当经济体面对恶劣冲击时，中央银行在控制总体需求方面做得就越少。②

但是没有人认为中央银行应该在供给政策中扮演一个正式的角色。因此，沃尔克的规范性规定必须建立在它们对金融体系兴趣的特殊性质之上，而这种兴趣本质上源自银行业在货币体系中的地位，以及中央银行在银行体系中的地位。

### 部分准备金银行制度：私人流动性保险和货币创造

一个经济体的银行系统为其他经济体（家庭和企业）提供流动性保险。为此，银行允许客户按需提取存款，并按需提取已承诺的信贷额度。它们提供这种流动性保险的能力，源于它们的存款负债被我们

---

① 下一章将讨论稳定机制能否满足设计准则。
② 埃迪·乔治在《宏观经济管理方法》（Approach to Macroeconomic Management）一文中明确指出，20 世纪 90 年代的英国中央银行领导层认为，在 20 世纪 80 年代的供给改革提高了实体经济的灵活性后，获得运营独立性要容易得多，因为这降低了需求管理在应对经济冲击方面的负担。

（个人和企业）视为货币。当银行贷款时，它只是把钱贷给客户的存款账户，从而扩大了货币供应量。资源是笔一挥就能创造出来的——过去是这样，现在也是这样。即使存款立即转移到另一家银行，整个货币体系的负债也会扩大。银行是货币机构。事实上，当今经济体中的大多数货币是由私人银行发行的存款货币，即广义货币（或者说，广义货币是由私人银行自己的借贷活动创造的，是一种内生货币）。

这不是一个没有风险的行业。它被经济学家称为部分准备金银行制度（Fractional-Reserve Banking，简写为 FRB），而且这一次，这个术语传达了一些重要的信息。尽管商业银行承诺按需偿还存款，但它们只将这些存款中的一小部分用于低风险、流动性强的资产（其中风险最低、流动性最强的是存放在央行的余额，即准备金）。它们的大部分资产都是向高风险借款人发放的非流动性贷款。由此产生的资产负债表结构——由非流动性风险资产组合支持的活期存款，本质上是脆弱的。

如果一家银行面临着大量的提款，它可能不得不以折扣价出售资产，要么是因为它给这些工具的市场流动性带来了压力，要么是因为它被视为一个被迫出售的卖家。出售时遭受损失会损害银行的净资产（偿付能力），降低其剩余债务的安全性。因此，有一种先到先得的激励机制，促使客户在为时已晚之前动用流动性保险。这样的挤兑不仅会影响到不健康的银行，也会影响到任何一家健康的银行，因为为满足提款而进行的减价销售可能会使这些银行在事后破产，这相当于一种自我实现的恐慌。[1]

流动性危机一直是现代资本主义的一个特征。除了伤害那些在银行倒闭时陷入困境的储户之外，它们还带来了更广泛的社会成本。由于私人货币体系是以信用货币为基础的，一旦存款不再被当作货币，受影响的银行体系就失去了向企业和家庭发放贷款的能力。如果危机蔓延，银行系统的其他部分可能无法无缝替代，甚至可能因为直接损失和蔓延而使自己被卷入旋涡。随着信贷供应趋紧，经济状况恶化，导致更多的人拖欠贷款，从而刺激人们向银行挤兑。

---

[1] That story is broadly captured in Diamond and Dybvig, "Bank Runs."

所有这些都意味着，我们生活在这样一个世界里：支付和贷款（货币体系和信贷体系）是不可分割地交织在一起的，要么存活下来，要么一起崩溃。至于中央银行，它是服务机构最基本的一部分。

银行之间通过中央银行账簿上的货币来结算债权，货币是经济的最终结算资产。与弗朗西斯·巴林在第四部分开头的话相呼应的是，这是一个支点：流动性支持（流动性再保险）对银行体系乃至整个经济都是如此。

在大金融危机的早期，当中央银行向银行提供大量抵押贷款时，它们试图避免单个银行资产负债表的收缩（小额保险）。后来，当整个银行体系在全面崩溃的边缘摇摇欲坠时，央行通过从非银行金融机构购买资产来缓解信贷状况。这大大增加了中央银行（狭义）货币的供应，抵消了银行系统（广义）存款货币供应（宏观保险）的收缩。[①]

它们这样做是为了防止普遍的经济停滞。

与任何一种保险一样，这种流动性再保险的已知可用性会激励银行（和其他机构）承担更大的风险，因为它使银行免受自身行为和选择的某些成本的影响。这种"道德风险"问题（第4章）通过国家控制其社会成本的努力，使危机更有可能发生。

由于上述原因，正如所预见的那样，危机引发了关于是否应该允许银行和银行业存在的新辩论，对此，一些人回应称，应该禁止的是中央银行本身。

## 取缔中央银行

19世纪30年代，安德鲁·杰克逊总统认为，一家全国性银行将威胁到美国的福利，这一信念促使他否决了对美国第二银行宪章的续

---

[①] 默文·金是这样说服英国相信，量化宽松政策本质上并不会引发通货膨胀的：我们正在解决一个可能引发通货紧缩的"资金不足"问题。相比之下，美联储倾向于不强调量化宽松的货币政策部分（或更普遍的货币政策部分），这让它面临指责，指责称它创造了过多的货币，可能导致通胀失控。

期。美国第二银行是在亚历山大·汉密尔顿提议设立的美国第一家银行的基础上衍生出来的。从那以后,这为"自由银行业"运动提供了灵感,该运动希望废除中央银行,而不是银行业。如果没有它的支持,银行家们将被迫参与竞争,被迫保持谨慎,这样经济就可以在不付出繁荣和萧条的社会代价的情况下运行。这里有三个陷阱。

第一,这个论证假设议会和立法机构不知何故被剥夺了救助陷入困境中的银行的权利:到19世纪中叶,美国联邦政府有效地为私人发行的银行券提供了担保,促使存款人在麻烦的第一个迹象出现时就将其换成纸币。第二,它假定银行具有足够的同质性和可监控性,以至于一个挥霍无度的票据发行者可以被发现,并被排除在"票据交换所"之外,通过"票据交换所",它们将相互清偿债务。但是,与这种俱乐部式的世界形成鲜明对比的是,今天的银行是如此的复杂和多样化,以至于很可能集体滑向过度发行。第三,它假定,拥有完全投票权的民主国家能够容忍伴随19世纪金本位制而来的经济活动和就业的剧烈波动(在金本位制下,正如人们偶尔提倡的那样,黄金被用作新的货币锚)。[①]

在另一种情况下,自由银行业的倡导者还含蓄地假设,社会可以接受私人银行家拥有更多的权力。除了杰克逊自己一直专注于银行家不受约束的权力这一具有讽刺意味的事情之外,我怀疑,为了获得有竞争力的货币发行,是否值得创造更多的私人政治-金融权力。[②]

但这一切都不是要否认道德风险的核心观点——我们在讨论后危机时代的最后贷款人制度时,又回到了这一点(第23章)。

## 禁止或允许部分准备金银行的存在

杰克逊出任总统后大约一个世纪,芝加哥经济学家对银行在货币

---

① 根据哈耶克的提议,发卡银行自己选择的不同标准之间将存在竞争。要了解(前)德国央行的观点,请参阅哈耶克的《货币竞争》(Currency Competition)。
② 杰克逊的否决取决于为公共目的服务,但主要由私人(包括外国)股东持股和控制的银行的垄断权和免税权,而这在当时仍是英国中央银行的模式。

体系中的地位发起了另一场攻击。根据"芝加哥计划",部分准备金银行本身将被禁止,只剩下今天所谓的狭义银行,其全部投资于政府债券或中央银行准备金(中央银行反过来投资于政府债券)。

就我个人而言,我怀疑这样做是否明智。银行提供的流动性保险包括,通过承诺的信贷额度,减少家庭、企业和其他金融中介机构通过持有流动性证券来自我防范流动性风险的需要。① 换句话说,银行业具有社会价值,需要与破产的社会成本放在一起。管理制度旨在减少这些总成本,使社会净成本低于社会效益。

狭义银行的支持者认为企业注定要失败。他们想把货币和信贷的经济制度分开。要想有成功的机会,任何这样的制度都不能局限于法律上被称为"银行"的企业。如果当前的经济物质创造的流动性和流动性保险服务可以被复制到其他地方,那么要求法律上的银行将其资产100%用于持有政府债券没有多大意义,因为它们肯定会在监管中套利。该政策将需要扩展到任何具有银行业经济实质的中介形式,即今天的影子银行,其形态和规模各异。②

值得停下来思考一下,这是多么激进。它排除了开放式共同基金取代银行成为美国家庭和小企业的核心贷款机构的可能性。由于它们是在先到先得的基础上赎回的,基础资产的不透明将使它们面临挤兑。没有短期债务的封闭式无杠杆信贷基金不受挤兑影响,因此不会被禁止。但毫无疑问,一些投资者希望他们的资产能够在一个流动性较强的市场上交易,从而推动"无风险"基金和风险基金之间的分割,后者将成为信贷供应的新支柱。③

鉴于评估其投资组合的难度和管理上赎回纪律的缺乏,投资于风险基金的需求强度,以及对整体经济的信贷供应是否充足,将存在一

---

① 如果存款提取和信贷工具提取的可能性不是高度相关的,那么总收益就会增加。Kashyap, Rajan, and Stein, "Banks as Liquidity Providers."
② For recent advocacy of this, see Cochrane, "Towards a Run Free Financial System." On the other side, see Cecchetti and Schoenholtz, "Narrow Banking."
③ Kotlikoff, *Jimmy Stewart*.

些不确定性。这听起来像是一个经济问题，却很容易成为一个政治问题。如果对经济的信贷供应严重受损，可能会有人呼吁政府填补这一缺口。的确，令人相当惊讶的是，对 20 世纪 30 年代"芝加哥计划"的一些最有力的政治支持来自政府的拥护者，他们决定如何在经济中分配信贷。正如参议员布朗森·卡廷（Bronson Cutting）所说："私人金融家不享有任何信贷利润。"① 在一些政治家看来，一个被学术界视为让资金不受信贷影响的项目，是一种让价格机制脱离信贷配置的手段，将央行从一家货币机构转变为一家国有信贷银行。这是值得深思的：政治家们手中的信贷创造迎合民意，帮助朋友，或者接近计划经济。

撇开争论不谈，狭义银行问题是留给民选政治家的。在 2008—2009 年的金融危机之后，不同的国家对这个问题进行了不同程度的讨论。② 从一个机构过渡到一个完全不同的机构的成本太不确定，以至于当政者、民选政治家和技术官僚都无法认真对待。③ 无论是好是坏，世界一直坚持部分准备金银行制度，但受制于重新设计的监管限制。

## 货币稳定的两个组成部分

因此，我冒昧地表示，詹姆斯·布坎南无疑会遗憾地与许多人一起，把银行业的稳定看作货币稳定的组成部分。公共政策目标是维持稳定的金融系统，能够在各种环境下提供支付、信贷和保险等核心服

---

① Phillips, "Chicago Plan," pp. 17–25.
② 在英国，央行行长默文·金表达了对老朋友约翰·凯（John Kay）的狭义银行业务的兴趣，这给市场注入了氧气。这导致政府建立了一个由约翰·维克斯担任主席的审查机制，该机制反对狭义银行业务（以及《格拉斯－斯蒂格尔法案》对"商业"和"投资"银行业的分离），但在狭义银行业务的有关争论平息下来之后，建议在更广泛的银行集团中限制任何重要的零售银行业务（英国银行业独立委员会，《中期报告》，第 97 ~ 第 100 页）。
③ On transitional costs of constitutional change, Hardin, *Liberalism*.

务，它并不能完全与货币稳定分开，因为它在很大程度上是稳定的私人经济的货币体系的一部分，银行，则岌岌可危。

因此，我建议，我们应该从广义上考虑"货币体系的稳定性"，它有两个组成部分：①

1. 央行货币在商品和服务方面的价值稳定性。
2. 私人银行体系中存款货币在中央银行货币方面的稳定性。

需要明确的是，这对我们的目标非常重要，第二个部分绝对不是说不允许任何银行倒闭；只有当陷入困境的公司的货币债务必须转移到其他健康的吸收存款的公司的债权上，或者以其他方式共同承担时，这样的支付服务才不会中断。

这种关于银行体系重要性的观点，曾是央行峰会上的正统观点，与央行独特的思维模式密不可分，保罗·沃尔克坚决主张货币当局参与稳定政策，就反映了这一点。在20世纪90年代兴起的文化变革中曾被边缘化过，它现在正在复兴（第18章）。②

## 从兴趣到影响

认为广义的货币稳定关系到整个社会的利益的理论，不足以让我们得出沃尔克的制度结论。货币政策制定者可能认为可以依靠独立的监管机构来确保银行体系的稳定和货币市场的效率。然而实际上，作为金融体系的中枢，央行很难避免沃尔克所规定的那种更广泛的角色。

---

① Advocated in the introductory section of Tucker, "Turner Review Conference."
② 1994年在英格兰银行成立300周年纪念会议上，只有担任过央行行长的拉罗西埃尔（Larosiere）、理查森、沃尔克和国际清算银行前总裁兰法鲁西（Lamfalussy）强调了银行监管。埃迪·乔治也表达了与沃尔克类似的观点。Capie et al., *Future of Central Banking*, "The Philosophy of Central Banking" and "Central Banking in Transition." Eddie George, in "Pursuit of Financial Stability."

## 不可分割的影响力利益：金融灾难现场的最后贷款人

一个经济体的货币发行者可以做其他人无法做的事情：随意创造货币。当货币需求突然发生变化时，如果要避免对经济活动的无意约束，就必须满足这些需求。银行系统的挤兑——人们要求赎回存款（提取现金），现在相当于对央行货币需求的增加。如果银行没有足够的央行货币（或可以通过市场转换成央行货币的资产）来满足客户对现金的需求，如果它们不能到央行将非流动性资产兑换成现金，它们就会倒闭。假设央行同意这一观点，它将同时做两件事：一是充当最后贷款人，稳定银行业；二是确保流动性紧缩不会影响货币政策的实施进程。维护银行业稳定和物价稳定的使命不仅与社会密切相关，而且与央行自身最基本的职能密切相关：创造货币。

这对央行何时何地出现在一个国家的经济生活中有着巨大的影响。英国金融服务管理局不能盲目否认，它将确保"清算工作顺利进行"，这是它们的行话，指的是在整个经济体系中完成一天的支付。简而言之，最后贷款人肯定会发现自己身处金融灾难的现场。因此，毫无意外的是，社会通常希望央行能够解释事情怎么会发展到如此地步。2007年北岩银行崩溃后，英国版《经济学人》的封面以"失败的银行"为标题，刊登了英格兰银行时任行长的一张照片。[1] 不是央行行长、监管机构和财政大臣（当时的英国三方稳定委员会的成员）的三幅照片相连的画面，而是只有央行行长。我的观点不是说这家银行没有尽到自己的责任。问题在于，在监管机构与央行关系形式化且实际上保持一定距离的情况下，在最重要的时刻，它不可能像英国和其他国家的一些人所希望的那样，将金融服务管理局的声誉与审慎问题隔离开来。没有权力的责任和没有责任的权力一样没有吸引力，而且几乎都对社会有害。

如果是这样的话，作为最后贷款人的各国央行，有能力影响金融体系的监管，以符合它们的利益。在最基本的层面上，当它们贷款时，

---

[1] *Economist*, September 20, 2007.

它们想要收回它们的资金！它们需要能够判断哪些银行（可能还有准银行机构）应该获得流动性，以及以什么条件获得流动性，这些问题是历史上银行业实际权威的来源。甚至"广义央行"的反对者也普遍认为，作为最后贷款人，央行无法避免对希望借款的银行进行检查。2007年英国发生的事件表明，从头做起对社会是有害的。一家央行要具备充当流动性骑兵的能力（如果它能够判断自己的货币决策将如何传递给经济），就必须能够在和平时期追踪每家银行的健康状况。

## 在今天的宪政民主国家中正式确立官方部门的权力

在一些司法管辖区（例如德国和日本），这反映在央行对银行进行检查但不做出正式监管决定的安排上。这里可能有文化上的特殊性。在晚宴上，我曾坐在德国央行前行长赫尔穆特·施莱辛格（Helmut Schlesinger）旁边，问过他为什么公开坚称央行不应充当银行监管者，而事实上，德意志联邦银行的许多员工都在从事银行监管工作。他对此的回应是，德国央行没有正式的责任，因此银行业问题不会影响德国央行的声誉和作为货币当局的地位。[1]

在英国，我猜在美国也是，央行无法逃脱人们关于银行业危机的指责，它只能说自己只是事实上的监管者之一，而不是法律上的监管者（如上所述，即使英国央行没有监管银行和市场的职责，它也无法逃避银行业危机的责任）。

需要说明的是，本书的立场是，如果中央银行要实质性地参与监管，无论是否与其他机构合作，民主价值观都要求出于第二部分所探讨的所有原因，它们的角色应该得到正式确立。

---

[1] 关于英国金融监管局对德意志银行监管的常规依赖，见《银行法》第7（2）条。预见到德意志银行神话的影响，奎因（Quinn）在《英格兰银行的角色》（The Bank of England's Role）一文中强调了德意志银行神话在监管方面的广泛作用。关于德意志银行的贡献和参与，请参阅德意志银行行长多布雷特《什么是"良好的监管"？》（What Is "Good Regulation"？）。

## 从影响到绝缘：货币体系稳定性的受托人

认为中央银行应该在稳定政策中扮演某种正式角色的观点，不足以让它们在履行这些职责时免受日常政治的影响。事实上，一些人，有时甚至包括央行行长，认为一个肩负多重使命的央行可以在不同的领域获得不同程度的独立性。①

尽管在技术上可行，但混合模式将使货币独立性面临风险。公众、评论员、行政部门的政治家和立法者可能会认为他们的央行是一个整体。在稳定政策范围内，如果一家央行的监督角色受到政治控制，我怀疑，它能否在其最后贷款人决策中保持独立性。而且，如果政治家们在某些政策领域拥有正式的杠杆，那么他们将非常有可能将这些杠杆作为非正式的货币政策谈判的筹码。世界就是这样运转的。

此外，混合模式也不利于成功的制度建设。如果员工们意识到存在某种重要性或地位上的等级关系，那么将任务集中起来的技术的好处将可能被浪费掉：在美国人民和更广阔的世界面前，主管者的存在方式和作用被认为不如货币研究者，这是格林斯潘领导下的美联储的诅咒（第6章）。

如果这大体上是正确的，那么央行不应在稳定政策方面发挥实质性作用，除非有充分的理由将其与日常政治隔绝开来。这就是我们的授权标准发挥作用的地方。

---

① 斯坦利·费希尔曾用婚姻来做比喻：在婚姻中，每一方都可能在各自生活的不同阶段生活在一起［路透社记者佩德罗·达·科斯塔（Pedro da Costa）的报道，2013年4月18日］。但婚姻伴侣可以随心所欲地给予和接受，他们不是某些被授权的公共利益的受托人，他们不寻求公众的尊重，而且其中一人没有更大的内在合法性。关于"中央银行独立性"，伯南克主张，在其监管/监督职能方面，美联储已经而且不应该比其他监管机构拥有更多的独立性，因此在其货币政策职能方面，包括贴现窗口和最后贷款人，美联储的独立性也不应该比其他监管机构更强。在我看来，这可能是错误的。然而，事实上，美联储在监管方面与货币政策方面有着几乎相同的政治隔离，而且比环保局或证券交易委员更接近工作保障、预算自主权、工具自主权（第4章）。

### 稳定性通常受到重视

我认为，民主国家普遍认为金融体系的崩溃是一件坏事。我的意思是，人们似乎很可能同意，支付、信贷供应和风险保险等核心金融服务应该在几乎所有情况下都得到维持。社会在这一领域的基本偏好已大致确定（尽管它们能否以明确的目标表现出来要推迟到下一章）。

### 可信承诺

信贷供应、房价以及更普遍的金融资产价格的繁荣一旦开始，就可能具有深深的吸引力，这一点或许无可争议。从这个意义上说，稳定政策具有货币政策的一些特征。政治决策者会倾向于用自己的利益（连任、受欢迎程度）来代替国家的利益。这或许包括允许可能破坏稳定的信贷繁荣持续下去，以便利用"感觉良好的因素"，或者更微妙的掩盖政策，使之有利于支持者和特定选民。例如，它可能会通过央行市场操作的超额抵押品要求（折损率政策）来模糊地执行，或者通过降低总体资本金要求来公开地执行。

换句话说，在此之前有一个关于可信承诺的经典问题：社会理想上希望将自己绑在"稳定"的桅杆上，但发现很难做到这一点。

当然，根据授权标准，这是把权力移交给一个真正独立的受托型机构的问题的实质。至少，在折损率政策方面，独立的理由几乎与货币政策一样充分。此外，根据下一章讨论的约束条件，我们还可以提出一个相当有说服力的理由，让那些充实监管制度以寻求稳定性的官员免受惩罚。

### 纳税人救助的诅咒：必须为财政风险画上句号

然而，当预防性措施已经失效，剩下的只是在深渊和投降之间做出选择时，历史上普遍存在的纳税人偿付能力纾困（这是一项明确的财政措施）又如何呢？这让当选的行政人员（以及他们的公务员制度保护者）对审慎监管的行为产生了持续的兴趣，他们想知道哪家公司可能会陷入困境。一旦他们在谈判桌上获得了一席之地，在其他时候，他们就有可能拥护宽松政策的优点。

因此，独立的必要条件可能是：

1. 监管机构确信，在没有纳税人偿付能力支持的情况下，企业可以相当有序的方式独立解决。
2. 任何保险计划都由该行业预先提供资金，任何事后差额都由该行业剩余部分的抵押税来弥补。
3. 如果行政部门认为监管机构的行为对公共财政有直接威胁，则有权撤销监管机构的行动，但前提是，在适当的延迟之后（如果立即公开披露，会破坏稳定），任何此类权力的使用都应对相关立法委员会的主要成员和全体议会透明化（此条件将复制某些国家/地区中存在的货币政策控制权）。

如果这些条件不能得到满足，首席监管者可能会与中央政府保持一定距离，但最终处于行政部门的政治控制之下（一种美国式的行政机构），而中央银行则尴尬地坐在一边，像一个事不关己的旁观者。因此，一家寻求合法地位的央行将有巨大的动力推动建立机制，在不让公共资金面临风险的情况下，解决陷入困境的中介机构的问题。

考虑到近年来对处置机制的改革，我认为它们足够可信，独立的央行不会被排除在监管之外。[1]

## 多重使命的央行会带来更好的结果吗

正如我们所指出的，即使独立的央行能够在稳定政策中发挥作用，也不能证明它们应该是唯一的甚至主要的权威稳定机构。例如，它们

---

[1] Tucker, "Resolution of Financial Institutions."

可能扮演有限的角色，由另一个机构领导。因此，最后一步是，能否证明在央行的管理（多任务约束测试的第三项）下，更有可能实现稳定。关于可行性、合作和激励，有三种类型的观点。

## 利用中央银行的权力

将稳定政策授权给央行，避免了在面对政治和公众压力时，建立另一个拥有"消除冲击"所需的权威和独立性的机构所面临的艰巨挑战。如果一个经济体的央行已经被赋予了权力和合法性，那么赋予它维持稳定的责任或许比重新开始的不确定性更可取。特别是，被行业俘获的风险可能会降低，因为货币政策制定者在社会中的地位并不取决于银行家。

## 合作与信息交流

然而，如果中央银行和主要稳定机构是分开的，那么它们需要合作（实际上是协调）到一个不同寻常的高度。信息需要无摩擦地交流，这比担保更容易规定和承诺。对于个别官僚而言，可以被描述为"地盘之争"的冲突可能具有高度破坏性，"负重叠的职能缺失"（under lap）成为一种符合相关人士私人利益的制度平衡。然而，对社会而言，"负重叠的职能缺失"可能比"正重叠的职能缺失"（over lap）更具破坏性。在2007/2008年之前的10多年里，当世界为这两个主要的国际金融中心的中央银行家和监管者之间的距离付出代价时，人们恰恰发现了这一点。①

因此，独立央行承担维持稳定职能的理由，本质上是将可信承诺与降低政策协调障碍结合起来。反对这一作用的论据基于存在利益冲突的可能性。

---

① 在英国，人们对信息会顺畅流动充满信心，但这种信心既天真又有害。Roll et al., *Independent and Accountable*, pp. 44 and 68.

## 为流动性和宏观稳定提供保险的道德风险

个人、企业和金融中介机构似乎承担了更多的风险,包括承担过多的债务,因为中央银行是金融体系的支柱,也是寻求平抑经济波动的权威机构。① 尽管自20世纪90年代关于"格林斯潘对策"的讨论以来,这已引起了人们的关注,但目前还不清楚是否应该让各国央行退出对正式监管职责的争夺。毕竟,当监管机构独立时,这些不同的道德风险也不会小。

的确,有理由将监管措施的控制权分配给货币道德风险问题的制造者。由于各国央行对预期的最后贷款人和货币政策的行为反应增加了它们对金融风险的敞口,也加大了它们未能达到目标的风险,它们有动机成为强硬的监管者。相比之下,尤其是在政界人士或行业人士要求政府放宽货币政策的压力下,第三方监管机构可能会倾向于在形势不妙时部分依赖货币纾困的前景,因为它本身不会承担央行事后干预的成本。

对于克制论而言,情况并非如此。它有两种形式。

## 审慎责任导致的货币政策的克制

第一个隐忍风险在于,如果货币政策制定者将一些银行推到破产的边缘,那么它将推迟必要的货币紧缩措施。正如史蒂夫·切凯蒂(Steve Cecchetti)总结的那样,2007年的大金融危机正在展开:②

---

① Miller, Weller, and Zhang, "Moral Hazard," and Farhi and Tirole, "Collective Moral Hazard."
② Cecchetti, "Financial Supervisors." Also, Copelovitch and Singer, "Financial Regulation," which appeals to a structural explanation from Dewatripont, Jewitt, and Tirole, "Economics of Career Concerns." 与本书的主要区别在于,在多任务约束下,每个任务都被委派给一个不同的委员会,而德瓦特里蓬特(Dewatripont)等人则认为有一个统一的政策制定者。

> 关于隔离的最令人信服的论点是潜在的利益冲突……央行将保护银行而不是公众利益。让银行看起来很糟糕，会让监管者看起来也很糟糕。因此，允许银行倒闭将影响央行作为监管机构的声誉。

由于我们关于"与外界隔绝的授权"的论点是建立在独立机构优先考虑声誉的基础上的，这显然很重要。它突显了上述有关有效处置机制的观点的重要性：必须利用这些机制将监管机构从对银行倒闭的恐惧中解放出来，使货币政策制定者避免仅仅为了救助监管同僚而放松政策的企图。

## 货币能力受限导致的审慎政策的克制

我怀疑，另一个隐忍风险问题对政策制定者来说可能不那么容易解决。在这种情况下，央行可能会避免收紧对银行的审慎限制，因为它担心，如果信贷供应因此收缩，它将没有足够的货币"弹药"（比如，因为利率接近于零）来抵消对经济增长的任何暂时冲击。当然，推迟只会增加未来发生银行业危机的可能性。如果到那时，货币部门已经恢复了它的弹药（利率已经上升），克制可能已经有了回报。如果没有，克制将使事情变得更糟。近年来，这一指责一直指向欧洲大陆当局，欧洲大陆银行业的脆弱性比其他地区存在的时间更长。

根据授权原则，有两种缓解措施。第一种措施将在下一章中讨论，是一个可监控的目标，因此一个隐忍的管理者很难隐藏。第二种措施在于多任务约束要求的独立政策委员会：审慎委员会必须做其职权范围内正确的事情，如有必要，它的投票权将超过央行行长。如果这将给经济带来灾难，那么这个问题应该由民选政治家来解决，因为整个货币体系将陷入困境。

## 总结

总的来说，围绕中央银行是否应该担任银行监管者这一长期问题的争论指向一个健康的结论：以它们的（如果只有潜在的）实际的权威作为货币体系的支点，它们不能合理被排除在金融系统的监管和监督之外，但它们也不能提出一个独特的主张，即只有它们才能监督或监管系统的稳定性。然而，我们的关注点不在于央行是否必须成为金融稳定管理机构，而在于赋予它们这一角色是否会违反民主价值观和规范。到目前为止，似乎还没有。

## 改变新公共管理的粗糙形式

因此，本章充实了引语中的主张，即在某一领域的正式授权有时不可避免地会在其他领域赋予事实上的权力。根据本书（第二部分）提出的观点，鉴于宪政民主的价值观，最好是将这种参与正规化，并限定其范围和组织结构。

很明显，这完全不符合新公共管理的核心原则之一，该原则主张每个机构都只能行使一项职能，以增强问责制。[1] 在英国，我怀疑新公共管理产生了一个微妙（且有害）的影响，即在 1997 年决定将审慎监管权转移，远离英国中央银行。这在英国以外的地方也很重要。鉴于伦敦作为全球金融中心，以及许多国家都在追随英国的脚步（至少在某些情况下，可能是受到了国际货币基金组织的鼓励），英国正试图让世界走上一条错误的甚至是妄想的道路。最终，行政管理的潮流被打破了，而这一次却令人叹为观止。

虽然人们可能对新公共管理原则的机械应用感到绝望，但这将错过更大的前景，因为毫无疑问，这个多任务方案会带来危险。它们是实质性的、文化性的和政治性的。

---

[1] Hood,"Public Management."

## 货币信贷宪法

首先，我们需要一种联合中央银行体系的方法，这是货币体系稳定所必需的：与其说是詹姆斯·布坎南所提倡的那种"货币宪法"，不如说是货币信贷宪法。

我指的是银行和中央银行的游戏规则，其旨在确保广泛的货币体系稳定。货币信贷宪法将涵盖对银行业务和风险的约束，以及央行必须做什么（它们的职责）、可以做什么和不能做什么，所有这些都基于共同的原则，以便形成一个连贯的整体。政体的货币信贷宪法将作为一种政治规范来运作，它不一定是正式确立的，但至少是作为一种填补空白的惯例而被嵌入其中，这些在第 8 章和第 12 章中关于政治与法律之间的关系中有过讨论。

19 世纪和 20 世纪初的前辈们对这一思想是很熟悉的。他们的货币信贷构成包括金本位制、对私人银行的准备金要求（对中央银行的黄金储备的间接要求），以及 19 世纪中期英国经济学家沃尔特·白芝浩（Walter Bagehot）所推崇的最后贷款人功能。[①] 该方案的不足之处在于，它没有明确规定偿付能力危机而非流动性危机的范围。更糟糕的是，随着我们的经济在 20 世纪转而接受法定货币，政策制定者全面放松了名义锚和银行资产负债表约束条件之间的联系，以至于这种联系不复存在。

从战略的角度看，今天的货币信贷宪法可能包括 5 个组成部分：通货膨胀的目标（或其他名义水平），持有储备金（或易于兑换成储备金的资产）的需要随着银行杠杆/风险具有的社会意义的增加而增加，为从根本上有偿付能力的银行提供流动性再保险机制，为破产银行提供处置机制，并规定中央银行可以在多大程度上自由行使其职责和重建其资产负债表结构。

尽管就货币体系的私营部门应具有多大的弹性这一关键政策暂时没有定论（第 21 章），但这一结构性基准明确表明，对银行稳健的约

---

[①] Bagehot, *Lombard Street*.

束以及因此而产生的监管是一个经济体货币信贷宪法的组成部分。[1] 两者都是私人银行自身合法性的条件，因为私人银行拥有接触最后贷款人的特权，并正式进入壁垒。但是，与 20 世纪的理论相比，鉴于地方性监管套利和金融系统之间的联系，重点将是银行的经济实质（期限变换、杠杆和信用中介），而不是仅仅关注拥有合法形式的"银行"中介机构。

## 多任务央行面临的挑战：文化

除了能否制定出令人满意的限制性宗旨、目标和权力之外，一个被赋予这种信贷宪法的多任务的央行，还面临着严重的文化和政治挑战。

一个参与维护稳定的央行必须知道很多事情。而一个货币政策制定者需要知道实体经济和利率是如何通过货币市场传播的，稳定政策制定者还必须对金融机构和金融市场的基础设施（他们不经常操作或使用）有很深的实践和理论知识。用一个经常被提到的比喻来说，一个肩负多任务的央行必须既是狐狸又是刺猬。[2]

这种旧央行思维模式的部分复活，将折中主义与正式分析结合起来，只有遵循多任务约束，打破由央行服务的独立政策委员会之间的

---

[1] 从本质上讲，对银行业的限制大致如下：由持有的流动资产"覆盖"的短期负债（S）的面值 X%，贴现到央行赋予它们的价值（d.LA）；剩余资产 [(1 − d).LA 加上央行的不合格资产] 以规定的最低比例由普通股（K）和可转换为股本而不受干扰的债务（称为可保释债务，B），以及任何"未披露"的短期负债[(1 − x).s] 提供资金。K 和 B 越高，资产组合风险越大。当设定 X 为 100 时，就为短期负债提供了充分的流动资产，这是大卫·鲁尔（David Rule）在英国中央银行首次提出的想法。作为一个公共设施结构的永久性版本，其在默文·金的《金融炼金术的终结》（End of Alchemy）一书中被提到。在这样的计划下，正在进行的行业游说（以及相关的政治压力）将针对短期债务的定义、合格工具的数量以及折价水平。

[2] 要比较刺猬式的货币机构和狐狸式的竞争主管机构，请参见维克斯的《中央银行》。事后看来，维克斯的文章或许可以被解读为一篇无意中优雅的文章，讲述了在维持广义货币稳定（如正文中所定义的）的过程中出现了哪些问题。

正式权力，才能与合法性的要求相协调。

## 挑战：政治

在某种程度上，央行领导人可以塑造其机构文化。但他们无法塑造或控制政治，一个肩负多任务的央行会以危险的方式触及政治。信用体系涉及经济内部的资源配置，监管需要制定规则并受到法律的挑战，监督（由监管权力支持）需要对个别公司做出判断并采取行动。所有这些活动都可能使央行政治化，而独立货币当局的全部意义在于与政治斗争绝缘。

特别是，参与监管和监督，激励了被监管行业（及其政治赞助者）"俘获"的央行，哪怕只是通过对复杂领域技术投入的认知依赖。[1] 或者，如果央行对银行采取强硬态度，就会产生一种"官方反对"，即游说民选政府行政机构和立法机构反对监管机构，使该政权政治化。

在驾驭这一领域时，央行的监管部门必须像任何其他监管机构一样，在干涉主义和善意忽视之间取得平衡。鉴于审慎制度是针对市场失灵的，监管者不可能完全成为"自由放任"的信徒而不履行对人民的责任。左翼批评人士有时将新自由主义世界观与货币当局联系在一起，这种世界观在肩负多任务的央行中是不可持续的。但这也引发了右翼人士相应的担忧，他们担心央行可能会发展出一种干涉主义，甚至是统治主义，而由于央行与日常政治隔绝，政府失败的代价将被放大。

出于上述每一种原因，央行内部都有声音反对在维持价格稳定之外承担任何职能。我认为，这相当于在制造神话：在神话中，它们没有参与，但实际上，它们参与了。

---

[1] Carpenter and Moss, *Preventing Regulatory Capture*; and, in particular, the chapter by James Kwak, "Cultural Capture and the Financial Crisis."

## 展望：中央银行的设计

因此，在以下各章中，在第一至三部分制定的授权给独立机构的原则的指导下，我们概述了实施货币信贷宪法的各种选择。① 这需要审查以稳定为导向的审慎政策（第 21 章），以中央银行的资产负债表作为信贷政策的工具（第 22 章），并形成紧急最后贷款人政策（第 23 章），分别对应中央银行在监管状态、财政状态和紧急状态下的地位。这样做不是为了得出明确的答案，因为不同的司法管辖区可能会在某种程度上存在合理的差异，而是为了帮助公众进行辩论，因为考虑到支撑这些原则的政治价值观，我们可以对合理选择加以限制。

---

① Among other recent similar exercises: Balls et al., "Central Bank Independence".

# 21

# 中央银行和监管机构

## 稳健性政策

> 如果我们的民众想要一个庞大的无风险金融体系,当局的确能够如其所愿。但是,我们将为此付出巨大代价……尤其对工商业的服务而言。
>
> ——埃迪·乔治,成为英格兰银行行长之后不久,1993 年[①]

上一章指出,由于公众对于金融危机的明显厌恶,想要令人信服地承诺一项旨在防范金融危机的政策也是一个很大的问题,因此,可以把稳健性政策的实施授权给一个受托型独立机构。然而,这些仅仅是先决条件的一部分。根据我们的授权原则,任何这样的政体,都需要为机构设立明确的目标,避免授予做出重大分配选择的权力,只允许对个人自由的必要干预,要求公布指导行使监管自由裁量权的具体原则,并迫使在竞争服务、公开辩论、政治问责中提高透明度。简而言之,政策的产出和结果需要是充分可预见的。

本章讲述了如何约束/限制和构建中央银行的监管角色以实现这一目标。作为确定可检测目标大体轮廓的一个步骤,我们首先从一个独立的稳定机构能够合理处置的问题的性质开始。

---

① George,"Pursuit" p. 61.

## 独立央行有限的稳定授权

金融系统中的各种病症或摩擦，造成了两种具有明显区别的社会成本：①

- 繁荣。资源配置不当，特别是债务的过度积累，决定了繁荣会以萧条告终。②
- 破产。在一些金融中介机构发生危机之后，资产价值的暴跌，以及基础金融服务业在供给方面出现回撤或者严重紧缩，导致了宏观经济的低迷和社会困境。

两者都是负外部性的产物（第3章）。社会不能仅依靠个人的美德、谨慎或激励来确保分配效率或跨期稳定性，这样会坐以待毙。因为在金融体系中，（私人部门的）社会破坏性行为带来的个人利益超过了个人成本。

第一类社会成本的驱动因素——资源分配不当和负债过多，包括目光短浅以及羊群效应：一个处于醉酒状态的金融系统的体制问题。这些驱动因素只是些概略式的或定性化的术语，通常包含对"理性"的违背，因此，当下它们很难被预测或者建模。既然如此，一个旨在微调信贷和资产价格动态变化的系统，对于独立授权来说，将过于雄心勃勃，因为我们不知道如何制定一个可监控的目标，如果这个目标得以实现，那么我们将达成共识。虽然我们可以把未偿信贷占国民总收入的比例（或其增长的比率）设定为一个目标，但目前尚不清楚这与我们所关心的事情之间的联系有多紧密，同样我们也不清楚是否存在可靠或可预测地引导它的政策工具。执政者可能会为此努力，但根

---

① 本章借鉴了塔克提出的金融稳定机制。要了解国际上各种各样的稳定机制，请参阅奈莉·梁（Nellie Liang）和埃奇·罗歇尔（Edge Rochelle）的《新的金融稳定治理结构》（New Financial Stability Governance Structures）。
② Borio et al., "Labour Reallocation and Productivity Dynamics."

据原则，他们不能抛弃技术官僚而独自去行动。

第二类社会成本——随着严重的经济衰退而来的混乱，在社会中更为明显，也更容易为技术官僚们所理解。它由资产贱卖、危机蔓延所驱动，是由中介机构介入破产程序所带来的混乱导致的；当破产程序的百叶窗拉开，清算者着眼于债权人的私人利益，而非更广泛的经济和社会利益。补救的措施是建立一个有弹性的金融体系，在破产和困境发生时，该体系能够继续发挥作用。在这种情况下，政策是相对简单的：当银行机构被要求增加股本金时，损失规模会相应成比例地扩大，对世界上大多数国家来说，这很可能会将一家银行推向破产边缘。此外，我认为可以为系统弹性机制提供一个可监控的目标。这种做法可以规避对金融稳定或金融不稳定下定义，以及由此而来的衡量和监控方面的难题。①

从制度上来说，这与上一章阐述过的中央银行保障广义货币体系稳定的使命相吻合。因此，一条遵循货币信贷宪法的原则，将阻止央行干预市场失灵，包括一些资产价格的飙升，这会危害到经济资源的有效配置，但不会危及金融系统的弹性。它也不会是一个旨在为不同部门或区域积极管理信贷条件的制度，因为这将违反授权标准中对分配选择和无法监测的目标的限制。

## 不得授予独立央行这样的监管权力

此外，按照我们关于货币体系稳定性的原则和定义，各国央行不应对如下事项负责：

- 竞争政策。这将使央行变得比它们所需要的更强大，导致过于强大。
- 金融服务业的结构。因为它涉及效率和弹性之间的高度平衡。
- 它的外部竞争性。因为这会通过政治施加压力，放宽弹性标

---

① 第23章为关于央行在危机管理中作用的讨论提供了一个不同但互补的解决方案。

准，采用"宽松监管"。
- 支持行业在政府或社会中的利益。而这可能会被部门利益所俘获，从而使得其弹性低于预期。
- 消费者保护。这混淆了公众对其更广泛的"稳定"使命本质的认识，也会使大多数央行行长脱离他们的舒适区和职业动力。
- 市场监管。因为这不可避免地包含了对消费者的保护，并且会使得中央银行过于强大（相当于美联储加证券交易委员会）。

纵观当今世界的中央银行体系，这份目录并非无关紧要。①

从更深远的角度来讲，它还引出了这样一个问题，这样的体系应该具备多大的弹性？而这又该由谁来决定？

## 系统弹性的制定标准：政治、权衡和公共辩论

总的来说，如果央行稳定授权的公共政策目标应该是保持整个体系服务的连续性，从而避免"破产"这一最严重的代价，那么这个体系的核心必须是一个可监控的弹性标准。这部分内容大多包含在了第一个设计准则中，本书第三部分（第 14 章）将其描述为一个复兴/再生的"非授权原则"。最大的问题是，它在原则上和实践中分别意味着什么。

粗略地说，政策制定当局需要确定金融体系所能承受的冲击的严重程度。原则上，这将由如下三个事件驱动：

1. 认为最终借（贷）款人冲击系统引发第一轮损失是由潜在（随机）过程造成的。
2. 金融系统的结构（或模型），这些损失和其他冲击通过它在金

---

① 因此，美联储失去其剩余的消费者保护功能将是件好事。尽管如此，如果立法机构确实把这些或其他任务委托出去，那么中央银行的民主责任是尽其力量和专业精神履行其货币稳定职能。然而，中央银行制度的合法性将是脆弱的。

融体系中传导。

3. 对系统性危机的容忍。

第一个和第二个事件是技术官僚和研究人员科学研究的对象。第三个事件则有所不同。鉴于与政策机构设计相关的货币经济学的核心观点是，经济活动与通货膨胀不存在长期的权衡取舍关系，但我们尚不能判断，如果彻底消除那些会导致周期性不稳定的风险结构，是否会损害经济的繁荣。[1]正如英国前财政大臣乔治·奥斯本（George Osborne）所说的，没有人希望如墓地般死寂的稳定性。在民主社会中，应该允许多少残留的系统性风险，恰好是一个需要进行民主辩论与选择的问题，正如本章开头引用的埃迪·乔治所说的话中所暗示的那样。

原则上，当选的政治家们会为"对危机的容忍"开脱。危机与非危机并非简单的二元关系，而更类似于但丁神曲中的地狱之旅：有各种不同程度的可怕事情。2008—2009年，政策制定者们避免了20世纪30年代大萧条的重演。下一代人必须（而且能够）在此基础上有所改进：例如对上一章中提到的解决方案、处置机制的改进，不要求能够消除银行系统的困境，但要比以往更好地控制其社会成本。

因此，我们应该从社会对各种不同糟糕状态的容忍度来考虑。其范围处于两个极端之间，一端是停止提供所有核心服务，另一端是大类服务中只有一种受到了严重损害。抽象地说，我们可以为一系列核心金融服务设想一个向量，社会不会容忍在提供服务 $i$ 的过程中，有大于概率 $p$ 的可能减少 $x$ 个百分点或更多。因此，我们可以合理地将支付系统被冻结以至于我们不得不诉诸物物交换（就像20世纪30年代美国部分地区发生的那样）的概率设置为非常接近于 0，但银行贷款或者保险暂时中断的可能性略高一些。

在实践中，政界人士需要决定（或认可）核心中介机构的基本弹性要求（对其资产负债表和相互关联性的限制）。这是不可能凭空产生的，但是必须反映出对上述第一、二个事件以及其他政策和工具有

---

[1] Ranciere et al., "Systemic Crises."

效性的判断，这包括通过：(1) 解决或转移破产的中介机构的职能；(2) 进入市场的替代能力，提供的核心服务能维持多久。

然而，即便有了这些判断，向政治家或公众提出"你对金融危机的容忍度是多少"这样一个问题也是很不现实的。不过，技术官僚的政策制定者们可以帮助组织一场辩论，来讨论金融体系应该能够承受什么样的场景，并对其可能性做出估计。例如，我怀疑，欧洲的政策制定者相信，即使一颗小行星完全摧毁了美国（及其经济），他们的银行系统也可以不受到伤害。但是，对于2008—2009年那种影响世界稳定的银行系统的崩溃，公众似乎希望它们发生的频率小于75年一次。如下面将要讨论的，银行和其他机构公共压力测试的出现，可以帮助人们了解这一亟须开展的辩论。

## 国际弹性标准已经存在

不管怎么说，我想强调的是，对于危机的容忍已经存在，并且不可避免地存在于现有的监管标准中了，比如银行的《巴塞尔协议Ⅲ》。当它得到G20领导人的支持，并在欧洲由欧盟理事会和议会正式通过欧盟法律时，政治家们肯定明白，他们本可以选择一个更严格或更宽松的标准。[1]我想说的是，根据授权原则，为了有效性和合法性，标准的含义（可接受的危机容忍残余）应该尽可能明确，即使只是通过说明性的例子。

上述都是国际最低标准，这并非偶然。考虑到一国金融体系对其他经济体的溢出效应，各国单方面选择自己的弹性标准这一情况将不可持续。世界要么向金融自给自足的方向转变，要么让自己适应一个全球化市场的存在（见下文），这要求为弹性设定一个共同的最低标准。因此，如果要进一步的阐明和执行，需要获得各国民主领导人的集体赞同，这需要以全国协商和挑战为基础，并且符合我们所说的授权标准。

---

[1] 2010年11月，G20首尔峰会公报第29段。

## 实施弹性标准：被隔绝的学院派

根据上一章的论述，在依据这种公开辩论选择（或认可）高水平弹性标准或基准之后，当选的政治家们希望把它的实施授权给一个高度独立的机构，因为政治家们有动机为了短期利益而放松对金融的约束。因此，所选择的长期权衡方法将被钉在民主的"桅杆"上，只有通过公众可以观察到的公开、正式的步骤来推翻/修正，才与我们在"民主作为一种监督机制"（第二部分）下的授权的"观众成本"理论相符。①

因此，独立机构，包括可能有多个任务、目标的中央银行，将被授权：

1. 将正式指定的弹性标准应用于特定明确的中介机构（如银行）中。②
2. 将对危机的潜在容忍度应用于其他部门和活动，调整监管标准的形式和实质，以考虑其对整个系统弹性构成威胁的性质和程度（第一个设计准则）。
3. 公开解释并就如何考虑这些部门或活动特征进行正式咨询（第二和第四个设计准则）。

这样，在整个金融体系中，弹性标准的阐述和应用将得到民主的授信，而不需要立法者自己制定所有细节，这符合第 10 章授权原则编写的条件。

---

① 感谢里卡尔多·瑞斯（Riccardo Reiss）就如何将长期贸易与短期贸易结合起来进行了交流，如果人民代表希望以一种特殊的方式达成贸易平衡，那么就可以加强隔离授权的理由。
② 严格来说，这应该反映特定司法管辖区的情况。与欧元区部分地区目前的情况一样，当一个经济体的灵活性较低，在不影响经济活动和就业的情况下，抵抗严重冲击的能力较差，或者当一个经济体的财政体制较弱，以至于政府无法在经济低迷时期支持总需求时，个体金融中介机构需要变得更为强大，以满足整个体系所需的弹性标准。

然而，事情还没结束。任何一套为了在大体正常的情况下提供理想弹性标准的监管要求，在面对异常强劲的经济繁荣或金融体系内部结构变化（亏损通过这些结构传导到整个金融体系）时，都可能被证明依然存在不足。因此，相应地，在所谓的宏观审慎政策中，稳定政策当局也将被授权对监管要求做出动态调整，以维持所需的系统弹性。①

虽然这是一项艰巨的工作，但独立机构的工作并没有因监管规则的制定和调整而被拖累。还有另一层复杂的问题，其背后的含义包括，对弹性标准的可监测性，以及在后危机时代对中央银行实行民主监督的可行性。

## 系统弹性：一种被隐藏行为问题所困扰的公共产品

私人金融中介机构的弹性与私人飞机的弹性并不相似。一些飞机共用相同的部件，但每架飞机都不会因为其他飞机的问题而陷入危险。在金融体系中，中介机构之间的联系是如此紧密，以至于几乎任何地方的一个严重问题都可能造成崩溃局面。

那些直接或间接的暴露与依赖几乎无法避免。作为客户，我们不都使用同一家中介机构，因此，他们必须通过结算系统和货币市场代表我们开会，通过货币市场，一个经济体的金融交易得以进行，中介机构的账簿得以保持平衡。较小的中介机构依赖较大的公司提供基础设施服务，比如清算、托管和流动性保险。效率是通过相互依赖所允许的竞争来实现的。

在第 3 章中提出了正确的论断，这意味着金融系统的弹性可以被认为是一种公共产品：每个人都能得到好处，但系统的个别成员会侵蚀这些好处。如果人们不相信金融系统具有弹性，那么他们都有承担更多风险的动机。因此，只要他们没有被发现，他们的风险就会被客

---

① 它们常常被描述为宏观审慎工具，是为追求宏观审慎（或整个系统）目标而使用的标准审慎监管措施。

户和市场对手低估。由于公司似乎关心相对短期的业绩，因而他们很难保持良好的状态。然而，如果许多公司屈服了，总的来说，整个体系的一些弹性就会被削弱，从而使他们的个人风险偏好所依据的假设失效。这是公共问题的一个例子，在历史上，人们会倾向于过度使用公共用地，结果是让每个人的情况都变得更糟。①

不同于一个局部、真实存在的"公地"，金融体系的弹性在悄悄减弱，因为企业能够通过经济学家所谓的隐藏行为来掩盖自己的真实状况。现在的金融界存在太过多样化和分散化的机制，以至于无法自我监管。相反，当国家制定规则来限制中介机构的资产负债表选择时，相比在校准这些规则时所能考虑到的，受监管的公司会想方设法承担更多的风险；而不受监管的中介机构本身可以不受规则约束，尽管它们的业务本质上是一样的。换句话说，金融是一个可以常常变换形态的变形者。监管套利行为广泛存在、非常普遍，规则制定者无论多么努力追逐，最后也只是徒劳的。

按照这种思路，全球金融危机是蓄势待发的。它是由规模相对较小的美国次级抵押贷款市场引爆的，也揭示出该金融体系的弹性非常薄弱。在过去的几年里，它已经被系统本身的动力所吞噬。

为了解决这一问题，以隐藏行为为核心的微观审慎监管应运而生。它在金融稳定政策的制定和规则的执行之间占据了重要地位，重要的资本、流动性和其他要求都被载入这些规则手册之中。

综上所述，不同于价格稳定，当局无法通过自身努力"创造"金融稳定，但必须阻止或使私人中介机构打消诸如侵蚀金融体系弹性之类的念头。

## 微观和宏观审慎监管实际上并不存在

要做到这一点，就不能逐个考察中介机构，因为金融体系就是这样一个系统，它的各个组成部分通过部门内部、部门和市场之间、与

---

① Ostrom, *Governing the Commons*.

实体经济的互动乃至各个国家之间的联系，而相互联系。正如巴塞尔委员会第一任主席乔治·布伦登在 20 世纪 80 年代中期所言：[1]

> 监管机构的职责之一，是从更为广泛的系统性视角来看待问题，有时甚至抑制那些谨慎的银行认为安全的做法。

不知为什么，在接下来的 20 年里，我们失去了这种基本的洞察力。虽然有些监管行动和监督活动是针对"原子型"（微观）的个体，而另一些则是针对聚合加总的整体，但它们有一个共同的目的，因此：

- 确保个别中介机构的"安全和健康"的标准微观审慎目标，应该明确地从系统弹性和稳定性的角度来制定（正如英国 2012 年的立法）。[2]
- 这意味着不要试图达到零失败。
- 将系统稳定性的责任与微观审慎监管完全分开是很困难的，但并非不可能。[3]
- 但是，在中央银行要面对多任务约束的情况下，微观审慎监管应委托给一个独特的输出成果为裁决性质的委员会。

这相当于对银行和金融政策进行了一个宏观审慎的重新定位，在这个世界上，独立稳定政策当局，不仅仅是具有法律约束力的规则和制度的制定者。它们单独地或者与类似的独立的行业专家机构一起，监测中介机构、基础设施和市场，并做出裁决。

鉴于这是一个公共产品问题，如果它们在金融界成员中享有一些

---

[1] George Blunden, "Supervision and Central Banking," pp. 380 – 385. 布伦登当时已退休，不再担任巴塞尔委员会主席，但重新担任英国央行副行长。
[2] 确保中介机构避免以对稳定性产生不利影响的方式开展业务，并将其失败对稳定性的预期影响降到最低。
[3] 德国有一个有趣的体系，在这个体系中，德国央行向英国金融监管局提供微观审慎建议，并向财政部提交宏观审慎建议，而无须对这两个领域的决策负正式责任。

实用的权威，以及具备设计良好的独立机构（在第二部分的介绍中所做的重要区别）能够获得的衍生合法性，那么它们阻碍破坏弹性的监管套利行为和威胁稳定的复苏战略的概率，或许会有所提高。这样务实的当局不大可能在诸如美国这样机构管辖区重叠的国家当中盛行。在稳定政策领域，任何监管竞争带来的好处，都有可能被希望退回到依赖正式执法的可信度的保守策略所抵消。

## 规则与标准：基于判断的监督

因此，稳定政策面临的问题是第 8 章中讨论的关于规则和标准的问题。正如我们所描述的那样，如今大多数监管机构都采用了基于规则的方法，以警惕和防范专断权力的行使：每个人都知道被监管团体需要什么，而拟定的规则可以被公开咨询和质疑。然而，我们在本章中已经指出，鉴于普遍存在的规避行为，这些规则为稳定政策提供了不可靠的基础。政策制定者们陷入了一场追逐游戏，他们注定毫无胜算。在金融体系崩溃后，一种基于合规性来识别和惩罚违规行为的方法，并没有真正提升稳定使命的严肃性。

相反，微观审慎监管者必须做好准备，并能够做出如下判断：公司 X 的管理过于草率，以至于它在世界各国可能面临的现实状况面前，都不可能达到所需要的弹性标准。在做出这一判决时，微观审慎监管者需要准备好撤销公司的执照（并被依法授权），或者对其承担的风险进行限制（可监控与强制执行）。

支撑监管者的发现的基本标准，例如，审慎、称职的管理、中介机构内部的权力分离，必须在法规中确立，并根据制度的目的加以解释。当将其应用到个别公司时，要求微观审慎监管者遵守在第二部分和第三部分总结的程序公平和理性的规则。

## 一个多目标使命央行的潜在功能和结构

在后危机时代，各国央行的潜在职能正变得更加清晰。尽管弹性的核心标准应该带有某种政治约束力，但作为广义货币体系稳定性的受托人，中央银行原则上应该在如下情形中发挥作用：

1. 校准该标准是如何适用于（广义上的）银行系统，以及金融系统的其他部分的。
2. 对处于或接近支付系统核心的银行中介机构的微观审慎监管（第 20 章）。
3. 进行微观审慎监管以发现并阻止其他私人公司、基金、机构等可能需要流动性再保险以维持向经济体系提供核心服务的隐藏行为。
4. 监控整体系统，以识别漏洞。
5. 进行监管要求的动态"宏观审慎"调整，以维持繁荣时期所需的弹性。
6. 运用危机管理工具和政策，尤其是作为最后贷款人（第 23 章）。

能发挥上述作用的中央银行，其对应的稳定力量将非常强大。当需要暂时收紧监管要求，以维持金融体系在经济繁荣时期的弹性时，它也将面临不得人心的局面。银行家、金融家、民选政治家和广大公众可能会找到共同的理由，抱怨央行官员基于他们所谓的更高智慧破坏了政党的事情。

这不是理论上的情形。在发达民主国家的中央银行中，英国央行无疑拥有全部的六种职能（并非仅仅是其中的每一个），相对而言，美联储和欧洲央行分别拥有更为有限或非正式的宏观审慎责任和权力。

我们已经讨论过，在不牺牲合法性的前提下，弹性标准本身被民主认可的重要性，我们还明确了央行不应被赋予的使命有哪些。借鉴授权原则的内容，本章剩余部分的讨论，将围绕权力、结构、操作原则和政治责任等方面的约束条件展开。

## 有限的权力：没有失衡或者重大的再分配选择

授权原则规定，不允许进行重大的分配选择，制定规则必须与政权的目的相称。这意味着无论是让中央银行走上政治选择的舞台，还是对自由选择进行不必要的干预，每一项潜在的监管（或宏观审慎）手段都必须被评估（第10章和第11章）。

目前，这些限制因素几乎已经成为最流行的"宏观审慎"控制杆：针对人们可以借多少钱购买房产或用于其他目的，设定和调整相对于房产价值或收入［分别称为贷款价值比（loan to value，简写为LTV）和贷款收入比（loan to income，简写为LTI)］的限制。

如果应用这些原则，独立机构（而非选举产生的行政官员）能够为家庭（和/或非金融企业）可获得的产品设定最高贷款价值比或贷款收入比，这是不合适的。这种限制可能会剥夺一些家庭（或此类企业）争取美好前景的机会，尽管他们理解并有能力履行因此而产生的偿还义务。因此，这些措施（就自由主义理念而言）将减少自由，所以似乎不适合委派给不必寻求连任的政策制定者，除非它们是确保金融体系弹性的唯一可用工具，而它们并不是。[1]

在2014年，英国央行采取过另一种方法，对任何一家贷款机构的投资组合中的某些比例（比如高贷款价值比的抵押贷款所占比例）设定上限。它关注的是金融体系本身的弹性，而不是努力为家庭和企业可用的服务和产品制定法律。一种方法似乎适合使用不受外界影响的非选举产生的权力，另一种则不适合。而且，与银行的资本要求相比，它很可能在不牺牲公众对贷款价值比和贷款收入比限制的更大关注的情况下实现这一目标。

与此大体相似的是，应限制央行监管机构参与区域或行业政策的制定。很明显，房地产和其他市场有时会出现一些特殊的热点问题，但除非整个系统的弹性受到威胁，否则这不是遵守原则的央行监管机

---

[1] 这种限制不适用于通过对衍生品交易的最低保证金要求或对担保贷款的最低超额担保要求等方式，限制向其他金融中介机构提供的杠杆，以保持金融体系的弹性。

构需要关心的问题。这种情况很少发生，公众和政界人士都不应指望央行来解决特定城镇和地区的房地产泡沫，尽管这些泡沫最终可能会给当地民众带来苦难。

## 分割的权力：一个由专家委员会组成的系统

这些原则在内部结构上也很明确。正如前一章所指出的那样，对于授权给中央银行的每一种管理体制，都应该设立单独的政策委员会。

与货币政策委员会一样，稳定性委员会也必须定期举行会议，因为其具有不作为的潜在倾向。稳定性委员会面对的长期利益非常不确定，但同时面临不受欢迎的风险，政策制定者们可能倾向于推迟采取行动，直到人们普遍意识到经济繁荣或失衡后系统弹性遭受被削弱的威胁。[①] 解决方法是明确什么都不做也是一种行动策略，正所谓无为而治，有时候无为即有为。要做到这一点，可以让稳定性委员会每隔一段时间就正式地重新设定各种核心监管工具，并公布会议纪要，说明其决定（包括"不改变"）的理由。

这差不多就是后危机时代英国央行的格局了。[②] 在欧元区，欧洲央行拥有独立的货币和微观监管委员会，尽管前者有权凌驾于后者之上（而且两者都太大，无法成为审议机构）。[③]

它也近似于美联储长期存在的结构，监管和货币责任分别由美联

---

① 2016 年 5 月，我的老朋友，荷兰中央银行的高级官员阿尔特·霍本（Aerdt Houben）在国际治理创新中心（CIGI）、加拿大银行、国际货币基金组织和彼得森国际经济研究所在渥太华联合举办的一次会议上雄辩地阐述了这一点。
② 英格兰银行有独立的法定委员会负责微观和宏观审慎政策，主要是为了使宏观审慎政策的大部分不受到微观监管失误的影响，并利用不同类型的专家技巧（见下文正文）。我和乔治·布伦登在 20 世纪 70 年代末、80 年代中期、90 年代初和 21 世纪初都提出过一些建议，为了反映这些建议，这个微观审慎机构最初是按照法国的模式成立的，作为一个正式的附属机构，其目的之一是赋予外部成员在内部组织中法定的角色，因为一些监督产出是在部门层面进行的。
③ 欧元区的宏观审慎机构要复杂得多，包括欧盟委员会和其他机构。

储和联邦公开市场委员会承担。本着这些原则,只有作为联邦公开市场委员会成员的政策制定者有责任不让公众觉得联邦公开市场委员会是(或应该是)一个"宏观审慎"机构,也不让公众觉得他们个人被国会赋予了维护稳定的责任,实际上他们并没有被赋予过这样的责任。作为联邦公开市场委员会成员,他们有资格向董事会施压,要求其对系统弹性遭遇的风险采取应对行动,他们认为这些风险会对货币政策目标构成威胁。

## 透明度和问责制

中央银行稳定体制满足合法性要求的最后一个重要前提是,公开辩论和政治问责(第三个和第四个设计准则)。在这里,一场革命必不可少,但多亏了危机中的创新,它可能已经在进行当中。

### 操作原则的透明度

如果说微观审慎监管的口号是判决和判断的公平,那么动态宏观审慎政策的对应口号则是系统性的。两者都可以围绕一般政策和方法的透明度来推进。

在微观监管方面,各国央行必须做到公平,即在不同情况和不同时期都保持一致。为此,在第三个设计准则的指导下,除了明确它们计划在多大程度上依赖规则的执行,以及在多大程度上通过监管判断来应用广泛的法定标准,还应该公布它们将如何评估需求,比如"审慎",从而促进(且仅限于)系统弹性目标。

在宏观审慎方面,政策委员会同样必须公布一份报告,说明它认为每一个工具是如何运作的,哪一项最适合于什么样的情况,以及当不止一种工具可能起作用时,它将如何在不同的工具之间做出选择。在英国,立法是这样要求的。在美国,尽管法律没有要求这样做,但美联储已经公布了反周期的资本缓冲框架,以及《多德-弗兰克法案》规定的压力测试中反周期元素的框架。①

## 监督审慎监管的问题

无论将总体政策暴露于辩论之中有多值得,这些提高透明度的步骤都仅仅触及审慎监管问责制问题的皮毛。正如第 7 章所指出的,尽管监管产出——规则和条例,明显是可以观察到的,但从历史上看,除了个别受监管的公司之外,审慎监管机构的活动基本上是看不见的,无论是输出还是结果,都是不可监控的。

这绝非意外。在审慎监管者的圈子里,因公司失败带来社会成本而引发的敏感,在很久以前就产生了一种文化,甚至可以说是一种学说,以致它们的工作必须保密:如果揭露它们所了解的公司的弱点或采取它们要求的、渴望的补救措施,世界就会变得不安全。尽管这些担忧是可以理解的,但在这些原则的指引下,它们与监管界的另一平行信念完全相悖,即审慎监管机构应与日常政治隔绝。

因此,即使中央银行(或其他独立机构)的监管者本身能够监视系统是否满足本章前面概述的弹性标准,我们的人民和我们的代表又如何能够监督它们的监督行为呢?当然,如果审慎监管必须是不透明的,那么它就应该向日常的政治控制开放。②

幸运的是,可能存在一个潜在的解决方案。一种有序处置危困企业的强化机制,能够降低企业弱点变得明显所带来的社会成本,使监管者更勇敢地增加透明度。至关重要的是,美国当局在 2008—2009 年金融危机期间的一项创新,为监管者提供了一些具体而重要的内容。

---

① 资本监管规则:美联储执行《巴塞尔协议Ⅲ》的反周期资本缓冲框架,参见 https://www.federalreserve.gov/newsevents/press-releases/bcreg20160908b.htm,关于压力测试场景设计框架的政策声明,参见 https://www.federalreserve.gov/supervisionreg/dfa-stress-tests。
② 这个问题是公认的,但在我看来,安藤布林克(Amtenbrink)和拉斯特拉的《确保民主问责制》(Securing Democratic Accountability)并没有解决这个问题。

## 压力测试：最终公开的事情

自2009年春季以来，美联储率先在全球范围内对银行资本充足率进行了信用压力测试。除了前瞻性的观察和关注不太可能的（尾部）风险外，测试每年系统性地针对超过一定规模的公司进行，而且，相对于以往的监管标准而言，是高度透明的。[①]它们帮助监管机构评估系统的弹性，并对个别公司的安全和健康做出判断，同时考虑中介机构之间的相关风险敞口。

紧随美联储之后的是欧洲央行和英国央行，它们开始承担起新的审慎职能。在未来几年，其他机构也将不可避免地加入压力测试行列，比如清算所、交易商，或许还有大型资产管理公司。随着时间的推移，这些不同部门的工作可以（也应该）与整个系统的宏观审慎压力测试结合起来。[②]

就我们的目的而言，最重要的是，这些测试的规则性和透明度能够转变公众对审慎监管的公开问责和公众辩论，使其朝着货币政策领域的标准方向发展。年复一年，每个人都将看到所选择的压力情景的严重程度，以及各公司的业绩。立法者将能够利用金融体系的不同部分以及同样重要的更广泛的社会层面的评论，对监管机构进行审查。随着时间的推移，在对市场纪律的影响，不同司法管辖区测试的相对强度与韧性，它们在遭受重大损失之前能将脆弱性控制和降低到何种程度等方面，学术界也将提供研究参考和启示。

在高水平的政策层面，这将帮助立法者思考他们希望在金融体系中获得的弹性程度，该体系机制的运行状况如何，哪些地方需要改革，以及应该在哪些地方重新分配被授权的责任。

另外，通过压力测试，提高系统风险暴露程度和健康状况的透明度，有助于降低监管机构和监管者被行业利益裹挟或俘获的风险。压

---

[①] 透明度还不完全：值得注意的是，考虑到银行赌博的风险，监管机构自己的模型并未公布，尽管这种情况可能会发生变化。Tarullo, "Departing Thoughts."

[②] Constancio, "Macroprudential Stress Tests."

力测试迫使个别中介机构地位的透明度发生了飞跃式的改变，前提是，监管者要直截了当，满足这个条件是再重要不过的了。这可能会得到各大司法管辖区的监管机构的帮助，这些监管机构允许与该体系弹性有利害关系的观察员或外国当局的参与者进入，并根据每个中心程序的完整性进行独立的报告。①

最后，开展定期、高度公开的压力测试，这种机制有助于提高公众对审慎监管的认识。管理者长期面临的一个问题是，在"和平时期"很难有任何的突出表现。这曾让20世纪90年代初的英格兰银行行长罗宾·利－彭伯顿头痛。他担心，只有在银行倒闭后，才可以公开讨论该行的监管记录。他认为这些辩论是必要和适当的，在任何情况下都是不可避免的。但他感到沮丧的是，失误和失败永远无法与成就相提并论。没有人知道什么进展得很好，特别是哪些公司已经扭亏为盈，避免了公众杂乱的议论和可能发生的灾难（正如在他任职期间，米特兰银行所经历的）。那是很多年前的事了，最终，部分解决方案可能就近在咫尺，已经唾手可得。

因此，要实现"规范期望"（normative expectation）的力量和公众辩论的合法利益，进行透明的压力测试应该是一大优先事项。监管不再是一个神秘的事物，原本公众和他们的民选代表只有在出现了严重的问题时才会感兴趣、才有机会接触到。进行透明的压力测试无疑有利于所有监管体制的合法性和有效性。如果已经很强大的央行能够体面地承担起维护稳定的新责任，那么这几乎是必不可少的。

## 议会听证会

正如第一至三部分所强调的那样，在立法机构委员会举行听证会时，透明度和公开辩论是必不可少的。在此，我们必须指出授权原则所暗示的结构的含义。对于具有多重使命和任务的央行来说，那些只在稳

---

① Cecchetti and Tucker, "International Cooperation?" 在任期间，我曾与至少一位海外同行讨论过邀请有实质兴趣的观察员。

定性委员会/监管委员会任职的成员,在维护整个金融体系稳定方面的过往记录,无疑会受到影响。如果金融体系真的崩溃了,那么这些决策者就应该包括在首批被传唤的官员之列,他们需要向立法者解释央行管理失败的原因。这种个人问责制的设计,目的是确保他们对系统的弹性承担个人责任。这将标志着议会听证会不再过度依赖以主席为中心的证词。

## 总结:监管状态下的央行

在本章中,我概述了应该如何来约束既作为监管部门(一部分)又作为财政部门(一部分)的央行。按照授权原则,这可以归结为使稳定政策的目的与货币政策的目的保持一致,明确央行的稳定部门必须有一个由选举产生的政治家所设定的目标,并且可以被公众监督。答案的核心是通过安全与健全的立法标准和透明的压力测试所追求的弹性标准。

然而,无论利弊,本章的叙述难免不完整。与货币政策不同,央行永远无法控制所有影响稳定的政策工具:"宏观审慎时刻"基本上不可能将影响金融服务的政府政策的所有方面都授权给一家独立机构。因此,金融管理局必须能够与其他监管机构合作,而这些监管机构本身也需要一个明确的法定授权,以确保稳定和足够的独立性,从而能够做出可信承诺(这正是第 7 章中围绕证券交易委员会和其他证券监管机构进行讨论时首次提出的问题)。

更为深刻的是,要将央行的监管角色阐述清楚,就不可能独立于它在财政中的地位。具体来说,哪一个机构应该首先采取行动来阻止对稳定的威胁,是金融稳定委员会还是货币政策委员会?换句话说,如果一个拥有多重使命的央行认为风险价格如此之低,以至于正在破坏金融体系的弹性,那么它应该带头实施监管政策还是资产负债表政策?这些职能是否应该像某些人所说的那样,需要接受不同程度的司法审查?[①] 即便是要回答这些问题,我们也得先看看,央行的资产负债表操作和干预应该受到什么样的约束。

---

① Lehmann,"Varying Standards."

# 22

# 中央银行和财政状态

资产负债表政策和财政剥离

> 美联储……事实上是全世界最大的金融中介机构,其在民主社会的独立性最终能否实现取决于……是否能不被(政治)要求去做(太多不该做的事)。
>
> ——保罗·沃尔克,2013 年 8 月①

对于央行行长和他们的政治监督者来说,最受关注的或许是他们在信贷政策中扮演的角色:公共政策旨在直接刺激私营部门向借款人提供信贷,甚至将信贷引向特定的部门或地区。

事实上,这是各国央行自 2007 年以来最具冒险精神的地方。就我个人而言,这同样也是他们面临问题最多的地方。里士满联邦储备银行前首席经济学家马文·古德弗兰德(Marvin Goodfriend)认为,积极参与信贷政策影响了"独立央行的理念"。②

在危机初期,包括美联储和英格兰银行在内的一些央行充当了最后的做市商,它们提出购买私营部门的票据,以维持市场的流动性,这是因为私人交易商正因资本紧张而撤出市场。

随后,他们用更直截了当的宏观经济目标干预信贷市场。从 2012 年开始,当经济复苏停滞不前时,英格兰银行提出以商业贷款(以及

---

① Volcker, "Central Banking" and "Fed & Big Banking."
② 引自我个人的回忆。这是古德弗兰德的《难以实现的承诺》(Elusive Promise)中的一个重要观点。

一段时间的抵押贷款）组合证券为抵押，提供为期 4 年的贷款，对手公司发放的新贷款越多，利率就越低。在 2016 年英国公投脱欧之后，英格兰银行还购买了企业债券。在欧元区，欧洲央行也采取了类似的方案，以各种信贷证券补充其定期拍卖的贷款（回购）。日本央行一直在购买债券，并间接购买股票。美联储购买了所谓的机构抵押贷款支持证券（Agency Mortgage-Backed Securities，简写为 AMBS），这些证券自 2008 年以来一直得到联邦政府的正式担保。以上这些行为的目的都是通过降低信贷成本来刺激经济支出，而这些领域的风险溢价会高得令人望而却步，或者央行认为这些领域的信贷成本会对宏观经济产生良好影响。

因此，尽管创新的过程中伴随着困扰，细节上存在差异，但发达经济体的央行都参与了信贷政策。

暂且不论这些行为的效果如何，在合法性方面就存在两大问题。首先，向特定经济部门或特定借款人分配或引导信贷似乎与授权标准不符，因为这涉及选择支持谁的问题。[①] 其次，直接购买有风险的债券是有风险的。如果风险真的发生，纳税人将承担任何成本，前提是通过央行对国债支付较低的利息（广义上称为铸币税，即央行通过创造货币为有息资产提供融资而获得的利润）。

正如我所言，这种情况将持续一段时间。由于私人融资也同时发生，即使停止购买，所购证券的投资组合也需要很长时间才能到期或被出售。

不止于此，相比从前，央行有了更多的选择。进入 21 世纪，许多央行开始按照政策性利率支付银行的准备金利息，如危机前的欧洲央行和英格兰银行，还有危机期间的美联储。这样，它们就抛弃了几百年来没有支付准备金利息的做法：当我第一次在英国央行提出这一举措时，我最亲密的一位同事对此的回应是"血腥的地狱"。因此，除了上一章讨论的监管工具之外，原则上，许多中央银行现在可以独立

---

[①] 有关美联储政策制定者（现为前政策制定者）的担忧，请参阅普罗索（Plosser）的《有限的中央银行》（Limited Central Bank）。

确定它们的政策性利率、资产负债表规模以及资产组合构成。理论上，它们可以在自己选择的资产市场上为每一种工具设定不同的目标：价格稳定、流动性状况、信贷状况。

## 中央银行：国家合并资产负债表的管理者

为了明白这一点，我们最好回到独立性或合法性问题之前，这是一个最基础的出发点，即央行究竟是做什么的。

### 中央银行在做什么

许多人会这样回答：央行就是控制货币供应量的机构。只要央行能够直接控制自身货币负债的产生，或者能够满足对货币的需求，这就已经很接近答案了。而货币需求的产出，除了其因素外，还与央行为促进经济支出而设定的利率有关。但这一故事仍暗示了人们对央行目的的看法。

相反，在我们研究的这一部分，机械地将央行视为隔夜资金的边际出借人/借款人是有效的（弗朗西斯·巴林的货币体系枢纽）；央行同时利用这一权力进行大量的金融操作，从而改变负债结构，甚至可能改变潜在的国家合并资产负债表的资产结构。

如果中央银行只购买（或贷出）政府债券，国家合并资产负债表的结构就会改变，其长期负债会被货币负债所取代。如果它购买（或贷出）私人企业债券，国家合并资产负债表就会扩张，其资产组合就会改变，风险敞口也会受影响。在这两种情况下，任何净损失都以铸币税收入减少的形式流入财政部，这意味着在较长时期内要么增加税收，要么减少支出（而净收入则相反）。

从整体上看，政府的总体风险未必会随着这一操作而增加。如果购买私人企业的资产有助于重振经济支出，那么政府增加福利支出和减税的可能性就会降低。但风险的形式将会改变，并且由于风险转变的动因是中央银行业务，国家风险敞口的决策者会从选举产生的财务政策制定者转变为未经选举的中央银行行长。①

从这个角度看，问题在于，央行在改变国家合并资产负债表方面应该有多大的自由，以及最终应达到何种目的。

### 极简主义概念

几年前，马文·古德弗兰德等人提出了一个极简主义的概念，即将央行对用货币负债来交换短期国库券的公开市场操作的干预限制在一个适当的范围内（为了控制隔夜货币市场利率）。早在20世纪50年代初美联储的辩论中，这一模式就隐约成形，而且具有深远的影响。②

最后贷款人的作用仅限于调节对央行（基础）货币总需求的冲击，因此对在私人货币市场上抵消银行间储备分配这一临时性问题不起作用。当货币市场失灵时，有偿付能力的银行如果无法通过央行的公开市场操作获得准备金，就会破产。③

在名义利率的有效下限，央行可用的唯一工具将是下调对政策性利率未来走势的预期（即所谓的前瞻性指引）。④所有其他刺激总需求的干预措施（如后危机时代的"量化宽松"和"信贷宽松"）都将落在政府"财政部门"的肩上。我的主要观点是，不属于央行职权范围的事情，就应该交给当选的政策制定者，而随之而来的是可信承诺和时间不一致性问题。

---

① 这样，央行就可以被归入一个更广泛的准财政机构类别。Mackenzie and Stella, "Quasi-Fiscal Operations."
② Conti-Brown, *Power and Independence*, pp. 44–46. 威廉·麦克切斯尼·马丁不顾纽约联邦储备银行行长艾伦·斯普劳尔（Allan Sproul）的反对，成功地将美联储的操作范围缩小至国债。10年间，马丁领导的美联储开始"扭转操作"，购买长期国债以降低长期融资成本，并允许短期利率上升。
③ Tucker, "Lender of Last Resort."
④ 是有效下限而不是零利率下限，因为一些中央银行由于银行系统信贷供应降至零的影响而停在零利率之上，而且最近一些中央银行还设定了负边际利率。"零下限约束"是指中央银行面临的低正利率，在这种利率下，中央银行可以在"透过玻璃看世界"的负利率和其他非常规措施之间做出选择。

## 22 中央银行和财政状态

### 极大主义概念

另一方面，在极大主义概念下，央行被赋予自由管理合并资产负债表的权力，这在理论上甚至包括与不同的家庭、企业制订不同的选择方案。这将使央行与财政部并驾齐驱，进而与其他任何民主国家关于央行的主流观念都不相符。

因此，一方面，政府维持福利的整体能力正在萎缩，另一方面，其职能实际上要么被未经选举的央行接管，要么被抛弃。

如果第二部分和第三部分的主题是模糊目标的问题，那么现在看来，对央行来说，一个清晰明确的目标是不够的。事实上，考虑到它们的内在运作能力，一个明确的目标使其更重要，因为按照第一个设计准则，它们的授权是明确的，否则它们将被激励去做任何必要的事情来完成它们的任务，而不管这些任务涉及财政领域的多大范围。

### 央行独立性条款：惯例，而非自然法则

对不同工具在减轻经济问题方面的效用进行积极的经济学研究无助于解决这一问题，因为它没有说明国家的哪个部门应该控制哪些工具。[1]这一潜在问题似乎是本书的核心：是否有可能在可信承诺的福利优势与多数控制权的丧失之间取得平衡。

虽然第二部分认为中央银行的独立性来自高级别的权力分立，而非一种工具上的权宜之计，但这并未比上面提到的中央银行业务的极简主义概念要求更多。然而，在准备金制度存在的情况下，我们在第20章中提出这还远远不够，因为作为一个经济体最终结算资产（货币）的发行者，央行不可避免地承担了最后贷款人的角色。它将向私人货币机构发放贷款，即使严格来说，央行货币不存在总体短缺的问题，因为仅仅由于货币市场失灵或其他现金流充裕的银行不愿放贷，就听任一家银行倒闭，将是一种疯狂的行为。必须解决央行准备金分

---

[1] 因此，我们的关注点与伯南克的《工具》（Tools）不同。

配的严重问题，因为破产的社会成本不可忽视，即便有了前几章讨论中提出的新的处置工具。因此，央行的资产负债表永远不可能是一个纯粹的极简主义概念所假定的原始状态。

一旦这一点得到承认，问题就变成了如何让央行在货币政策和财政政策之间保持"正确"的模糊界限。"正确的一边"这一词是用引号引起来的，因为这是一种惯例。既没有在自然法则中找到它的根源，也没有在央行的某些不可剥夺的本质中找到。我们生活在这样一个世界，从深层意义上讲，这个世界不存在纯粹的"财政政策"和"货币政策"领域，而是关于如何将由民选和非民选政策制定者控制的领域区分开来的选择。

因此，我们需要一套有关央行资产负债表管理的一般原则，在制定民主国家所青睐的将由民选政治家控制的财政政策与由独立机构控制的货币政策分开的惯例时，为民主国家提供合理的选择。所有可用的选择都受到授权给更普遍的独立机构的原则的限制，包括每个政体的公约是开放的、可理解的和可执行的。以下是我们的特定原则对央行业务的影响。

## 央行的财政分配

我们在第 12 章中讨论过，在面对政府提出的货币融资要求时，基于宪法的央行需要一个财政盾牌来保护其授权的完整性。如今我们可以看到，这一盾牌需要与财政剥离相结合，因为财政剥离建立了一个被适度约束的范围，使得它们能够在此范围内控制自身的资产负债表。对于任何一个独立的央行来说，无论财政剥离是广泛的还是狭窄的，是含蓄的还是明显的，它都已经存在，而原则要求它尽可能明确。[1]

央行司法领域的财政剥离需要包含以下内容：它可以用来放贷的资产种类；在何种情况下以及出于何种目的可以购买的资产种类，这

---

[1] Goodfriend, "Federal Reserve Credit Policy." 早在 1994 年，马文·古德弗兰德就首次提出了类似的建议。我和马文可能会在不同的地方画一条界线，但我们都认为有必要画一条界线，并认可我们在 20 世纪 90 年代中期讨论过的高层政治经济问题的重要性。

些行动是否曾与政府或立法机构协商；以及财政当局将如何弥补损失并将其通报给行政和立法机构。

在解决上述提到的每一个问题时，这些民选代表必须切合实际，了解社会想要央行在经济困难时期做些什么。当它想要越界时，首要立法中有相应的约束，这使这样一个改变是显而易见的，而且对政治家来说，这一成本有点昂贵。

这并不意味着，立法机构或行政政府必须列出或批准央行可以用来放贷或直接购买的每一种证券。可以合理地按照一般标准进行财政剥离，将该制度的具体细节留给中央银行的技术专家。

在这一广泛的框架内，我们可以探讨一些具体的事情。

## 央行的资本来源：一个政治经济问题

首先，央行资本来源的形式是很重要的。在范围的一端，财政当局可以对损失给予正式的全面赔偿，但规定必须符合央行操作条件的资产数量，从而至少间接地规定央行市场操作的范围和形式。在范围的另一端，可以向央行提供一份目的说明，允许它用铸币税收入抵销财政当局造成的损失，并可以自由选择其业务的形式和范围。在这两个极端之间，有无数种方式，包括各国央行放弃所有铸币税收入，转而通过对银行体系征税为自己融资（英国模式），以及针对某些业务进行逐案审批和赔偿。

一个社会应该知道其央行制度在这一范围内应处于什么位置，并且意识到它的选择关系到央行的独立性。经济学家喜欢说，央行不可能破产，但当地的规范要求在公开账户中记录资产净值，亏损后的资本重组将给行政部门和立法部门带来巨大的政治杠杆。[1]

---

[1] 出于这个原因，在危机爆发前几年，我曾私下敦促英国央行增加股本。从财务上讲，这对政府来说是一次洗牌：拥有该银行的财政部将注入更多股本，而该银行将投资于一系列英国国债。但股本基础不应过大，因为这可能会降低风险自律标准。我的愿望是，将资本金设定在一个水平，以弥补在事实证明该行抵押品折价不足的尾部事件中所造成的部分损失。它将减少（但不能消除）一些支助行动所需的政府赔偿。

## 约束：绝对与相对

除此之外，关于财政剥离还有一些显而易见的约束。

首先，也是最重要的一点，货币政策独立不应被暂停或限制，除非通过一种被透明行使的正式法律文书，并得到立法机构的明确同意；同时，除非得到立法许可，否则政府不能控制货币融资。

其他可取的约束包括：（1）央行必须在实现法定目标的同时尽量最小化其资本风险；（2）尽量减少在正常经济条件下有利于或鼓励将资源分配给特定部门、区域、个人或企业的业务。

## 既定目标下的最简操作

对于一个特定的财政剥离，我们的第三个和第四个设计准则结合在一起，提出了更高的要求：中央银行应该公开阐明它计划以何种有助于政治问责和公众辩论的方式行使其有限的自由裁量权。这就指向了一个"工具节俭"的原则，我想借此说明的是，在任何一种情况下，它们都应该采取最简单、最直接并且与既定目标一致的策略。

这样做的目的是帮助公众和立法机构监控中央银行的资产负债表。更简单地说，法规监管者应该定期要求中央银行解释为什么它改变了短期利率（可能的话，也要解释前一章讨论过的宏观审慎监管杠杆的改变），而不必非要弄清楚为什么它经常干预整个金融市场，影响期限溢价、流动性溢价和信用风险溢价。

实际上，当短期利率高于有效利率下限时，需要一种高度简便的方法。尽管这一原则尤其适用于正常情况（"和平时期"），但它应当具有普适性。

因此，2007—2009年，尽管由于未能成功预料到当时的情况，加之必须保护公众免受大萧条的影响，中央银行成为创新者是人们完全能接受的，但如果类似的情况再次发生，试验性的简略指令可以并且应该被避免。在任何特定司法管辖区决定其财政剥离限制应具有约束力的情况下，中央银行现在应该充分了解如何使用最少的指令来应对挑战。① 而且，应该提前说明这些应急计划（下一章将会详细阐述）。

## 中央银行资产负债表业务的一般原则

综上所述，我提出以下指导有关中央银行资产负债表制度的讨论的一般原则，并在括号内指出这些原则是如何从我们的授权原则中产生的：

1. 各中央银行的资产负债表业务应具有明确的目标、权力和约束条件。约束条件包括财政剥离，明确了独立的中央银行家和民选财政政策制定者之间的分界线（授权标准和第一个设计准则）。
2. 中央银行应该受到财政保护，防止民选政府通过立法以外的方式要求货币融资（政治隔离）。
3. 政权应当具有时间一致性：中央银行不应该否认那些它们事实上将要做的事情。因此，任何正式的约束都必须体现在初级立法和激励机制中——与立法者相适应（授权标准）。
4. 中央银行的资产负债表的运作应当始终尽可能地与其目标保持一致，从而有助于理解和问责（第三个和第四个设计准则）。
5. 在金融稳定委员会的约束下，中央银行应根据法定目标将损失风险降至最低（授权标准）。
6. 如果它们获准经营私营部门票据，则应尽可能采用公式化的方式选择单个工具，以避免中央银行对实体经济中借款人的信贷分配做出详细的选择（授权标准）。

---

① 例如，英格兰银行不需要重新设计类似于2008年3月推出的特别流动性计划，因为自2008年秋季以来，该行一直致力于通过贴现窗口和较长期回购，以多种抵押品为抵押进行放贷。特别流动性计划是一项填补严重缺口的创新，而在2008年年末之后，英格兰银行公布的标准体系中已不再存在这一缺口。

/455

7. 中央银行应制定和发布全面的应急计划，以在其被授权范围内，特别是在金融稳定委员会的限制范围内，实现其目标。这些计划应尽可能与控制国家合并资产负债表重要部分的政府其他部门（如政府债务管理人）进行协调，这样，政策的政治控制的后门就不会被打开，而政策本来是要授权给央行的（第五个设计准则）。

在下一章关于紧急情况的内容中，我们还有一个需要补充的限制条件，但是我们已经有足够的篇幅来概述这些一般原则对于金融危机期间或金融危机之后的几年中所进行或倡导的各种"非常规"行动的影响。讨论的内容围绕一项业务是否涉及高风险证券交易展开，流动性再保险工具推到下一章，因为它们在灾难时期和紧急情况下自行成立。

## 运用资产负债表原则操作无违约风险的政府工具

本部分讨论无违约风险的工具的操作，涵盖量化宽松、"直升机撒钱"和负利率操作三部分。[①]主题是如何与财政当局进行合作或协调。

### 量化宽松与政府债务管理

量化宽松是最基础的操作工具，例如，央行购买长期政府债券，以达到既向经济注入资金，又降低长期债券收益率的双重目的。就国家合并资产负债表而言，量化宽松相当于两种操作的组合：（1）中央银行通过"最低限度"的公开市场业务购买国库券；（2）然后再进行另一项交易，将国库券换成长期债券。第二种操作本质上为政府债务管理业务。因此，政府债务管理者可以通过延长净发行期限来抵消央行政策的部分影响。实际上，当它们的目标是尽可能减少中长期内还

---

① For a more complete but preliminary review, see Tucker, "Political Economy."

本付息的成本时（第7章），它们几乎没有动力这么做，因为它们想要锁定由央行操作带来的非常低的资金成本。值得注意的是，这样的情况似乎已在美国上演。①

在英国，当局承认适当的协调是必要的。在2009年年初开始量化宽松政策之前，英格兰银行和财政部公开了一份往来信函，在信函中财政大臣阿利斯泰尔·达林（Alistair Darling）承诺："政府不会因为英格兰银行出于货币政策目的而进行的资产交易改变其发行策略。"②

重点在于，一旦国家合并的（净）政府/中央银行资产负债表的组成受到重大影响（这种情况下，在负债端），由于中央银行对经营资产的选择，要想使政策整体统一起来，就会不可避免地进行一定程度的合作和协调。

只要央行明确实现其目标所需的货币政策立场，就不必对侵犯货币独立性的操作发出条件反射性警报。③如果事先得到支持并表明需要与政府协调，那么猜疑就更容易平息。在英国，银行政策制定者会提前几年就此发表公开讲话。④

## "直升机撒钱"：坚定地进入财政领域

一直以来，量化宽松的假设是，只有当经济不景气的时候，央行

---

① 这是由哈佛肯尼迪学院公共政策在读硕士约书亚·鲁道夫（Joshua Rudolph）记录的，后来在格林伍德（Greenwood）、汉森（Hanson）、鲁道夫和萨默斯的《政府债务管理》（Government Debt Management）一文中有详细阐述。布鲁金斯学会会议上讨论人士给出的公开解释版本令人多少有些困惑，除非财政部在量化宽松政策出台前公开并公式化地承诺延长债务期限。
② 默文·金和阿利斯泰尔·达林之间的通信时间分别为2009年2月17日和3月3日。
③ Mervyn King, Speech (2012).
④ King, "Institutions of Monetary Policy," and Tucker, "Managing." 债务管理目标最初是在1995年的"债务管理审查"之后制定的，其内容如下：从长期来看，要将满足政府融资需求的成本降至最低，同时考虑到风险，确保债务管理政策与货币政策的目标保持一致（这是我强调的）。参见英国财政部，《债务管理报告（2017—2018年）》。备注：我是1995年那次审查中银行方面的官员之一。

才会向经济注入过量的资金，也就是说，随着经济复苏，中央银行将出售债券或让债券流出。"直升机撒钱"的第一个显著特征是，这种注入是持久性的，第二个显著特征是，钱将被直接投到人民手中，正如米尔顿·弗里德曼所说的那样，就像从直升机上撒下来一样。[1]

因为这涉及谁（所有家庭、所有纳税人、所有居民纳税人等）应该得到这笔钱以及应该得到多少（所有人的一次性付款、固定比例的收入或财富等），所以很明显，这是税收政策。对于央行来说，自己做出选择将等同于发起一场经济政变。通过一个正式版本，赋予表面上的合法性，立法者将暂时赋予中央银行这样的权力，就像罗马人选举一个临时独裁者来帮助应付紧急情况！但今天这肯定会扩大合法性对正当性的贡献。

相反，最常用的方法是将此类操作分成两部分。独立的中央银行将决定为实现其通胀目标而创造多少货币，财政当局将决定如何分配/支出这些货币。然而，考虑到中欧在一战后的历史教训，如果几年后，人们已习惯这一安排，而民选政府决定继续下去，那么很难确定央行是否会保留事实上的自主权，以退出这一安排。

"直升机撒钱"被认为是一种不负责任的行为：撒销中央银行的独立性，以尝试产生超出标准货币政策指令的突发性通胀。对于任何一个政府有财政空间，在不破产的情况下可以借入更多资金的经济体而言，在尝试更多熟悉的债务融资（财政）刺激和鼓励消费、投资的改革之前就去冒这样的险是很不合理的。无论如何，这并不是专为央行做出的决定。

## 负利率：向银行转移财富的政治经济

近年来，一些中央银行，尤其是日本银行、瑞士国家银行和欧洲央行，已经跨过"地平线"，进入负利率的世界。关于这一点可以说很多，但与我们有关的是，一些中央银行只对最后几个准备金单位设

---

[1] Friedman, *Optimum Quantity of Money*.

定负利率，继而以较低的正利率或零利率偿还银行持有的大量准备金。无论这在经济刺激方面有什么优点，就公共财政而言，这都是一种税收（或分配）政策。这相当于：（1）中央银行按负利率对所有准备金支付利息；（2）将资源从政府转移到银行，相当于银行的大部分准备金只收到了一小部分按正利率计算的利息。在其他情况下，考虑到公共资源的重新分配，通常将第二阶段保留给当选的财政当局。

根据授权原则，这种政策需要民选政治家的支持。这只不过是说，正如央行在开始支付准备金利息之前需要获得政府的批准（因为这提高了对银行业的征税），补贴也是如此。

这三个案例的寓意是，一个独立的中央银行不应该担心与财政当局的协调，同时也不要假装货币政策具有货币性质，实则不然。

## 将资产负债表原则应用于私营部门工具

当我们转向风险工具的操作时，事情变得更加有趣，例如最后做市商干预和购买私人证券以刺激总需求。在这一部分的讨论中，问题不在于当局之间的协调，而在于是否存在绝对边界以及任何可能出现的宽松约束问题。

### 担保贷款比购买贷款更容易被接受

首先要说的是，根据我们对中央银行业务的一般原则，以私营部门证券多元化投资组合为抵押的担保贷款（回购）比直接购买更可取。回购协议避免了重要的政治经济风险，因为它们让投资特定工具的选择权留在投资者个人手中，并使中央银行能够持续进行风险管理。①

---

① 直接购买是一种一次性游戏，将买家暴露在市场和违约风险中。相比之下，在标准回购协议下，如果现有证券贬值，则央行每天（或更频繁地）都可以要求额外的抵押品；而且，如果它不再愿意以原始工具为抵押品放贷，那么它可能需要另一种类型的抵押品。

出于这些原因，如果常规的银行交易对手由于陷入困境而无法参与回购业务，那么中央银行最好暂时增加与之打交道的中介机构（合格交易对手）的数量。既然这样做可以降低风险，那么央行就可以刺激对这类证券的更广泛需求，从而有助于维持私人市场的运作。

然而，在提供回购贷款软条款方面需要加以限制，这将相当于向交易对手和/或基础票据发行人提供补贴。因此，中央银行应透明地确定减记（所需的超额抵押品）和证券价值，以便进行民主审查（符合第三个和第四个设计准则）。英格兰银行在2010年曾试图做到这一点。[①]

当涉及直接购买时，这些让央行坚持央行核心理念的各种方法是不可用的。在这里，中间目的很重要：它可能是恢复市场的流动性，或者，以比在紧张或萎缩的市场更好的条件为特定行业融资。下面我们简单地讨论一下每一个问题。

## 最后做市商

第一类干预相当于试图修复一个基本健康的市场的功能，这个市场受到暂时性问题的困扰，这些问题严重影响了经济表现，或者更狭义地说，影响了货币政策的传导。最好将其视为最后贷款人功能向资本市场的扩展：最后做市商。[②]如果资本市场相对于银行变得越发重要（这似乎是可能的），那么各国央行是否应该以及如何扮演这一角色可能会变得更加紧迫。

一个基本面良好的市场可能会突然枯竭，原因有两个：做市商变得资金紧张，或对标的金融工具的完整性产生不必要的担忧。在这两种情况下，面对突如其来的抛售压力，短线交易员可能都不愿冒险持有大量库存，因为他们都担心同行会先其一步进行抛售。这种集体行

---

① Breeden and Whisker, "Collateral," commissioned partly in response to Buiter, "Financial Crises."
② Tucker, "Repertoire"; Buiter and Sibert, "Market Maker"; Mehrling, *New Lombard Street*.

为等同于做市商的运作。

市场失灵是最后做市商介入的必要条件，但不是充分条件。当局还必须确信：(1) 市场突然关闭将对其货币政策目标的实现或整个金融系统弹性的维持造成重大损害；(2) 没有更好的解决方案，例如向更广泛的市场参与者提供担保贷款，以帮助它们作为交易商进入市场。①

在没有其他选择的情况下，任何最后做市商的干预应限于"系统意义上的"市场，并设计为短期的，其目标是：以某种方式恢复市场或促进有序平仓。与传统的最后贷款人操作一样，这些条款需要降低道德风险，即买卖价差要高于正常情况下的差价，但要小于市场危机中普遍存在的非常大的价差。②

根据授权原则，应事先确定并公布关于最后做市商运营的这些或其他任何规则，以便有明确的制度。

## 纯信贷政策：引导供给以刺激总需求

央行官员和经济学家所谓的"信贷政策"比最后做市商业务走得更远。③ 最基本的问题是，为什么直接大规模购买高风险债券这件事会被考虑。

虽然明显的动机是降低资本市场的信贷成本，但这需要直接或间接地通过降低无风险利率的预期路径以及应用基本量化宽松政策将投资者从政府债券挤到私人证券。换句话说，央行首先应该竭尽所能地采取措施。这表明，在信贷政策的选择成为一个现实问题之前，应采用下列最低实质性标准：

- 货币政策利率处于或非常接近有效下限，且预计将保持在这一水平。

---

① 据我所知，卡尼（Carney）行长也提出了类似的观点。
② 英国央行在 2009 年标售公司债券时就是这么做的，它设定的上限价格部分基于其对基本面的评估。Tucker, "Repertoire."
③ Hetzel, *Great Recession*, chapter 14.

- 单纯的量化宽松政策和对政策利率预期路径的指导是不够的，甚至会带来更多不可接受的风险。
- 即使符合条件的交易对手方被扩大到银行以外，期限延长，私人部门票据的回购操作也不够。
- 因此，存在着一种严重的风险，即一场严重而持久的衰退将产生强大的反通胀力量，甚至将通缩嵌入人们的预期之中。

这些都是必要条件，而不是充分条件。在少数情况下，货币政策制定者和财政当局通常指定的领域会在某种意义上开始相互关联。因此，政治经济或治理方面的标准也需要提前制定。我建议采取三项限制措施，旨在让独立的货币政策制定者尽可能接近基本原则。

首先，只有在央行拥有控制权（能够在金额、条款和时间上做出独立决定）且明确指向实现其法定目的和目标的情况下，此类操作才应记入央行的资产负债表。或者，政府应在立法机构同意的情况下明确中止央行独立性。在其他国家发号施令时，不应假装央行仍保持独立。（这符合我们的授权标准。）

其次，在采取了这种做法之后，将再一次受到体制条件的限制，中央银行应该尽可能广泛地使用这类票据。当经济和平时期最终恢复时，统一分配的决策很容易在企业和家庭中削弱其合法性。美联储购买的抵押贷款支持证券可能不符合这一标准，因为尽管在法律范围内，它们似乎更青睐家庭信贷而非企业信贷（除非在家庭抵押贷款市场出现特定故障）。这是一个制度设计的问题。相关立法允许购买政府担保的票据，但不包括联邦政府担保的企业贷款证券化。就避免中央银行补贴某些类型的信贷而言，如果法定制度的范围更窄或更广，那就更好了。（这也符合我们的授权标准。）

最后，央行定价决策的基础应该是透明的，这样它就可以对后来曝光的任何隐性补贴负责。如果立法机构或民选政府想要发放隐性补贴，那么它们可以在自己的权力范围内这么做。（这是第四个设计准则里提到的。）

事实上，这些限制央行行动的先决条件，都不妨碍财政当局制定补贴或引导信贷流动的计划。一旦货币政策走到尽头，在民选政策制定者的掌握和控制下采取更广泛的财政政策将更顺理成章。我们将在第 24 章中重新回顾这一问题。

## 干预资本市场以抑制繁荣

虽然出于货币政策目的而在信贷市场上进行的任何操作都是当标准利率停留在有效下限时为刺激经济而进行的购买行为，但考虑到金融稳定，有时是出售，而不是购买。其目的是推高特定市场的信贷成本，以此来对抗可能会威胁到稳定的繁荣。①

这使我们回到上一章结束时讨论的问题。一些司法管辖区已赋予其当局权力，以在危及稳定的情况下，针对部门风险敞口，临时增加资本金（或其他）以满足监管要求，问题在于，央行通过直接干预资本市场，寻求达到同样的效果，是可取的，至少是合法的。

从政治经济学的角度来看，此举的明显好处在于，它将央行的权力定位在其资产负债表上，即通过市场价格进行传导，而不是通过对中介机构或最后借款人施加具有法律效力的约束。

我们不采取这一措施的原因有两个。首先，为了成为繁荣时期的出售方，央行需要在经济稳定时期成为购买方，以便维持被认为与稳定密切相关的资产类别（如抵押贷款和商业房地产债券）的大规模投资组合。但增加需求往往会降低信贷成本，从而可能引发过度发行，扭曲经济稳定时期的资源配置。如果各国央行试图通过使各种市场风险溢价与经济基本面保持一致来避免这种情况，那么我们又回到了如何成功监控的问题上。（更重要的是，当处于有效利率下限时，央行转而利用量化宽松政策将风险溢价压低至市场水平以下，这一目标可能需要被暂时中止。）

---

① For a proposal along these lines, see Benjamin Friedman, "Financial Crisis." A version appeared in the *Financial Times*: http://www.ft.com/intl/cms/s/0/47e50644-ea63-11e3-8dde-00144feabdc0.html#axzz45oZS59P3.

/463

就本书所关注的问题而言，更重要的是，这类操作与前一章的观点截然相反，即授权给独立机构的金融稳定机制，应致力于保持金融体系作为一个整体应有的弹性，而不是管理信贷周期或依赖于每个市场的错误定价。这一目标以及我们关于央行资产负债表管理的极简主义原则，促使人们倾向于在直接市场干预之前，部署宏观审慎的监管工具，例如提高金融中介机构的资本金、抵押品或流动性要求。因此，中央银行参与监管可能会减少它们对财政状态更加政治化的影响。

## 极简主义和央行资产负债表规模

极简主义原则还有助于解决央行资产负债表的规模问题：在正常情况下，央行应让市场需求决定准备金的总量，而不是将其作为额外的政策工具。换句话说，央行不应该例行地使用由准备金创造出来的额外的自由度，而应该让银行根据货币政策利率、流动性要求、支付流出风险等因素，选择目标准备金水平。

在金融稳定时期，在限制央行的同时，这将使其资产负债表规模在金融体系紧张导致准备金需求增加时得以扩张。而且，当处于有效利率下限时，央行也不会因此转变运作方式，转而使用量化宽松政策来增加基础货币的供应。这些都是有好处的，因为它们规定了合理明确的阈值，其中，由于实际或初期危机，中央银行需要采用更多的工具来实现其法定目标。

这一章得出的结论是，首先，一个健康的民主国家可能会以不同的方式划分界限，但应该能够解释它们的界限在哪里以及为什么会这样。例如，为什么美国允许美联储购买政府债券，而德国的重点恰恰在于避免这种情况？其次，任何约束都应该是信守承诺的，或者更明确地说，具有时间一致性。最后，一个政权可能会审慎地纳入一系列渐进的市场干预措施，目的是在日益严峻的条件下追求不变（且可监控）的目标，并相应地设定门槛和限制。然而，政权内的行动和政权外的行动之间必须有区别，这一点在下一章当我们谈到最后贷款人的责任时将变得更加清楚，这个问题乍一看似乎是一个悖论。

# 23

# 中央银行和紧急状态

最后贷款人可以从军民关系中吸取的教训

美联储在很多方面都偏离了经典模型,以嘲弄它是最后贷款人的观点。

——托马斯·汉弗莱(Thomas Humphrey),里士满联邦储备银行前顾问①

实际上,我不能命令央行做我想做的事。只有英国央行才能向银行体系注入必要的资金……就我们赋予央行独立性这件事而言,既有好处也有坏处。

——阿利斯泰尔·达林,英国前财政大臣,2007—2010年②

前两章讨论了中央银行作为货币信贷系统的中枢,以及服务机构的重要组成部分,是如何在成熟民主国家的监管实体和财政实体中找到合法地位的。③我们现在转向更微妙的领域,它一直暗藏在整个背景中。

本书第二部分的核心问题是,国家的紧急权力是否能够与自由民

---

① Humphrey, "Lender of Last Resort," p. 333. For a different view, see Cline and Gagnon, "Lehman Died." 很明显,我自己的总体立场是,救助资不抵债的企业的决定不适合央行。
② Darling, *Back from the Brink*, p. 23.
③ 关于它们在服务状态中所处地位的讨论将集中在对它们作为核心金融系统基础设施的架构师、工程师和操作员的原则性限制上。

主原则，特别是自由法治理念相一致。①在某种程度上，我们回避了这一问题，我们得出的结论是，无论民选政府行使紧急权力的基础是强还是弱，独立机构都会有所不同。对它们来说，游戏规则必然会更加严格，因为它们没有得到"投票箱"（选民）的认可。

因此，我们在第五个设计准则中规定，当一个独立机构达到其职责和权力的边界时，在程序上和/或实质上发生了什么，都应该在事前明确，并且它们在本质上能够为应对灾难提供实际的帮助。本章探讨了这一普遍原则能否在中央银行体系中得到延续。正如我们在第三部分与现实世界的短暂接触中所看到的，一些经验丰富的行政部门活动家认为这是不可能的（第16章），但我的观点有所不同。

除了军队，很难想象其他哪个公共机构与这一系列问题更密切相关。首先，限制行政部门行使紧急权力的标准之一——对资源的需求经立法机构批准，这几乎不适用于央行。它们可以印钞票，因此可以扩大资产负债表和资产组合，而不必面对适用于执法的实时检查：它们可以做任何事情。实际上，这几乎就是央行的观点。它们是一个经济体的最终流动性来源——最后贷款人。因此，正如我们已经说过的，每个人——行政机构和立法机构、评论员、公众，都很容易将央行视为金融业的美国骑兵。简而言之，它们是为紧急状态建立的机构。

但是它们应该利用这种固有的能力吗？我们是否应该冒险让它们作为经济主权的控制者而存在（借用本书第二部分中所论述的）。与军队不同的是，它们在形式上是独立的，不受日常政治的影响，因此不能轻易地在不损害其存在意义的前提下寻求政治授权。这对它们在危机中应该和不应该做什么提出了挑战：它们应该在多大程度上被允许编写自己的规则，以及它们事后应该如何负责。

正如我们在上一章所看到的，宏观经济政策涉及这些问题。对于最后贷款人职能来说，问题显得尤其尖锐，因为这一职能在非常复杂的情况下，可以一瞬间被调用。在我们继续论述之前，我们需要区分危机升级的四大阶段：

---

① Lazar, *States of Emergency*.

- 常规操作。
- 危机管理明显是金融体系范围内的业务，而独立机构此前已颁布了相关操作原则。
- 危机管理属于央行的法律权限，但央行没有颁布任何操作原则，而且需要谨慎地获得政治批准，因为在该体系形成时，这些业务将超出任何合理的政治或公众预期。
- 通过选举产生的议员可以将危机管理行动纳入法律范围，且不会与独立机构的宗旨相冲突，也不会违反支持授权标准的政治价值观。

这种整体性结构框架适用于宏观政策干预，而且对于以最后贷款人为幌子的央行来说尤其合适。那么，社会首先想从它的最后贷款人处得到什么呢？

## 央行作为流动性再保险机构：设计一个体系

在前面的章节中，我们把一个经济体的央行描述为流动性再保险机构，在弗朗西斯·巴林将英格兰银行称为"最后贷款人"时，首次捕捉到了这种意味。既然如此，货币当局可以不用等到最后一刻或者自己的政策遭到质疑时才采取行动，这样做是有好处的。我喜欢套用（或合理化）沃尔特·白芝浩的名言：①

> 各国央行应该明确表示，它们随时准备及早、自由地发放贷款（也就是说，随时准备发放贷款）给经营稳健、拥有优质安全抵押品的公司，而且利率高于正常市场条件下的利率。

---

① 我的观点归纳自白芝浩的金本位背景，该背景模糊了遭受国际收支危机的国家与银行体系内部流动性运行之间的区别；它强调只向稳健的公司放贷，我认为这一点隐含在白芝浩原则中。Tucker, "Repertoire."

我再次重申，最后贷款人制度是拥有部分准备金银行制度的货币经济的组成部分（第 20 章）。原则上，它将带来两大好处。事先，知道最后贷款人的存在，银行的短期债权人应该不那么倾向于挤兑。事后，就算真的发生挤兑，央行的流动性供应降低了银行被迫出售资产的必要性。如果银行被迫出售资产，将会压低资产价值，导致原本可以避免破产的家庭和企业破产，并将整体经济推入较低的均衡增长轨道。换句话说，最后贷款人原则上可以降低挤兑事件发生的概率和影响。在无正当理由的挤兑面前，它有助于保持稳定；在不健康的公司遭受有正当理由的挤兑时，它遏制了恐慌向健康公司的蔓延。其目的是阻止和遏制危机蔓延。①

## 悬而未决的辩论

不用说，这个体系绝不是毫无争议的。与所有保险制度一样，它也蕴含着道德风险和逆向选择问题。一个多世纪以来，这些问题一直处在激烈辩论中。19 世纪 60 年代，或许是凭借在家族银行的经验，白芝浩支持英格兰银行接受其作为最后贷款人的公共责任，前行长汤姆森·汉基（Thomson Hankey）反驳说，他认为做出隐含的支持承诺是对"任何健全的银行业理论"的威胁。②

在最近的金融危机之后，这一切又重新上演。2010 年，《多德－弗兰克法案》削减了美联储的最后贷款人职能和权力。2015 年，参议员伊丽莎白·沃伦（Elizabeth Warren）和后来的参议员戴维·维特（David Vitter）提出了一项两党合作的提案，对限制做了更进一步的收紧。相比之下，在英国，英格兰银行的流动性再保险业务在 2008 年年末进行了转型扩张；而且，如果这还不够，政府在 2012 年采取了法定权力，使央行能够在某些条件下直接采取行动（见下文）。

这些截然不同的发展轨迹反映了一场由局部偶发事件引发的混乱

---

① The costs of contagion are the central theme of Scott, *Connectedness and Contagion*.
② Kynaston, *City of London*, p. 85.

辩论。当金融危机在 2007 年爆发并蔓延至 2008 年时，各国央行为稳定金融体系和更广泛的经济而采取（或没有采取）的行动，遭受的赞扬与批评可以说是等量的。它们在注入流动性和保持市场开放（公正）方面的创新，每获得一次赞扬，就会对应得到一片齐声指责，许多人指责央行打破了央行与财政政策之间的关键界限。从本质上讲，最严重的指控可能是，一些中央银行（据说也包括美联储）资助了一些资不抵债的公司，而这种行为超出了它们的法定权限。[1]马里奥·德拉吉领导下的欧洲央行因将货币操作作为支持手段和为欧洲国家纾困的一种形式，跨越了秩序自由主义路线而受到抨击。[2]相反，英格兰银行则因最初行动迟缓、过于谨慎、过于担心道德风险而受到批评。无论人们对这一问题的看法如何，这种大西洋两岸的对比足以表明，在最后贷款人的运作中什么才是正统的做法，需要确定下来。

的确，在参照我们的设计准则（也就是如何给独立机构授权）进行评估后，2007—2008 年发生的金融危机，暴露出这个体系几乎在所有方面都出了问题：

- 最后贷款人职能的边界常常不明确（第一个设计准则）。
- 在战斗白热化之前，指导各国央行行使自由裁量权的原则也不存在（第三个设计准则）。
- 并非总是由委员会做出决定（第二个设计准则）。
- 民选代表很难监控事态发展，部分原因在于事件的急转速度、规模和复杂性，部分原因在于公开披露可能加剧货币当局竭力遏制的危机（第四个设计准则）。
- 在不损害货币独立性的前提下，央行何时以及如何寻求和获得

---

[1] 例如，埃里克·波斯纳的《法律权威》（Legal Authority）认为，美联储对法律范围进行延伸是必要的，并主张赋予它更多的危机处理权，事后再追究责任；而乔治·塞尔金（George Selgin）的《最后贷款人》（Last-Resort Lending）则持相反观点。我的担忧得到了波斯纳的认可。

[2] Brunnermeier, James, and Landau, *Battle of Ideas*.

政治授权并不总是很明确（第五个设计准则）。

需要说明的是，在一些司法管辖区，有与政府已经达成协议的可适用的法律和/或守则。①但遗憾的是，事实证明它们是不完整的。

与这些政治经济问题相关的是，2007—2009年的一系列事件引发了大量实质性的设计问题。值得注意的是，央行是否应该向非银行金融机构提供流动性援助？它们应该承诺针对广泛或狭窄的抵押品类别放贷吗？我们如何防止最后贷款人援助沦为一种走后门的纾困？②

## 向后和向前：应急机构提供的公共设施

这就是第19章中所指出的紧张局势。一方面，本书致力于阐述，央行作为旨在解决可信承诺问题的独立机构的缩影，只有当其政策是系统、透明的，才应与日常政治隔绝。另一方面，作为应急机构，央行有能力介入并防止流动性危机破坏整体经济的稳定。我们看到了一段即兴发挥的历史。

正如我们所看到的，提供流动性再保险的最后贷款人面临着可信承诺的双向问题（模棱两可）。各国央行会信守在流动性危机中放贷的承诺吗？此外，当背后的根本问题在于企业的偿付能力而非市场流动性时，央行会在本不应该放贷的时候放贷吗？

司法权在两者之间摇摆不定。在汉基与白芝浩发生争论的一个半世纪后，英国财政大臣阿利斯泰尔·达林发现自己支持白芝浩的主张，正如本章引语所示。但具有讽刺意味的是，他批评英国央行行长默文·金在2007年未能及时提供流动性援助，而就在大约10年前，他还对他的前任埃迪·乔治做出评论，称后者在20世纪90年代初太急

---

① 在英国，根据与财政部签署的1997年谅解备忘录（2006年修订）的条款，很明显，如果英国央行希望超越已公布的制度，就需要得到政府行政部门的批准。
② 关于这些问题和其他问题的更详细的讨论，参见塔克的《最后贷款人》（Lender of Last Resort）。

于向一大批流动性受损的小银行放贷。

或许正是出于这种焦虑，几年之后，即将上台的工党政府赋予了央行货币独立性，同时还规定"支持行动"必须得到财政大臣的批准。即使是最温和的双边流动性条款，也有可能牵扯到政治因素。在默文·金任职初期，他是支持我的提议的，即对财政部与央行签署的危机管理谅解备忘录进行修改，使之达到这样的效果——只有在银行超出其"公开的信贷安排"时才需要获得政治批准。①

问题的关键在于，在当今的民主国家，把有效性与合法性结合起来的唯一途径是游戏规则的透明化。这就是公共流动性援助机制所能提供的。作为应急机构的中央银行，被制度化了。

如果做出可信承诺与作为应急机构运作在原则上能够协调一致，那么如第二部分所述，实现从"原则上"到"实际中"的转变，还需要公众的审议和辩论，以获得必要的理解和支持。危机前，大西洋两岸都缺乏这种能力。考虑到许多央行的起源和发展历程，最后贷款人职能似乎非常了不起，但它基本上从政策辩论和有关货币制度的学术文献中消失了。②

## 规则与原则

然而，事情也不完全是这样。已故货币历史学家艾伦·梅尔策（Alan Meltzer）就曾呼吁制定最后贷款人规则。③ 这一点也获得了被称为宪政主义者的新自由主义右派的支持与赞同。

本书的中心论点是，要想发挥工具效率和代议制民主的内在价值，

---

① 当时，这些已公布的工具并不包括政府债券以外的抵押贷款。在20世纪90年代初的那期节目中，为防止我被误解，我必须指出，当时的副行长乔治对英国小型银行危机的处理简直就是危机管理的模板。与此同时，在隔壁的办公室里，行长罗宾·利-彭伯顿在首相约翰·梅杰的大力支持下，阻止了更大危机的威胁。

② For the deep origins and hence nature of central banks, see Goodhart, *Evolution of Central Banks*, and Giannini, *Age of Central Banks*.

③ See concluding parts of Meltzer, "What's Wrong with the Fed?" Also, Laidler, "Central Banks as Lenders of Last Resort."

需要建立一种制度。但我怀疑它能否包含不需要解释或判断的机械规则（第8章和第10章）。这是因为，几乎可以从定义上说，紧急情况中出现的问题都是难以预见的，也没有被编入体制计划中。如果要保护公众不受可避免的伤害，可以根据国家（或国际）紧急情况的迫切性和问题的规模来呼唤创新，就像在他们要求和期望的完全自由的民主国家那样。

但是，对非选举产生的独立机构，也不应该完全听之任之。与货币政策一样，我们需要一种受约束的自由裁量权制度，其约束与我们的第一个和第三个设计准则相一致，这两个设计准则的制定结合了立法机构和央行已公布的操作原则。①此外，就像其他监督制度一样，这些制度需要得到广泛的辩论，自由裁量权的行使需要能够被事后审查。目前，即使在那些具有最后贷款人框架部分要素的司法管辖区，也很少将这些要素组合成一个连贯且方便理解的整体。如果独立的中央银行想要享有合法性，并保持可持续性，那么上述情形就不会令人满意。

有三样东西是必需的：一个实质性的制度、一个治理框架以及一个不会破坏政策目标的问责机制。实质上，政府必须在公信力、避免逆向选择问题、解决道德风险问题以及在明确的财政剥离机制下运行（在这种机制下，央行可以凭自己的权力行事，但不能冒险越权）之间有意识地选择一种平衡。最后一项措施是必要的，目的是让央行行长们专注于央行的自身业务，从而限制他们的权力。

## 针对独立的最后贷款人的若干原则

在这种背景下，我认为以下内容可能是由独立机构运作的最后贷款人制度的核心。

第一，为避免产生疑问，应该重申，各国央行将扮演最后贷款人

---

① 在卡洛米利斯（Calomiris）等人所著的论文《建立可信规则》（Establishing Credible Rules）中，梅尔策和他的合作者基本上采用了这种方法，呼应了塔克在《最后贷款人》中的观点，但用的是美国部分右翼人士偏爱的"规则"措辞。

角色。①在当今的民主国家，这应该成为一种法定责任，而不是一种既定惯例。在这种情况下，央行需要一个法定目标（授权标准和第一个设计准则）。这应该是为了避免或减轻流动性不足但基本健康的中介机构造成的社会成本，这些中介机构要么以无序的方式倒闭，要么对信贷和其他服务实行定量配给（以满足中介机构的私利）。

一旦承担了这样的法律责任，一般来说，央行就将失去是否根据其对道德风险成本的特殊看法来激活其最后贷款人职能的自由裁量权。相反，它们将为自己对所面临事实的评估以及制定的任何援助条款（第四个设计准则）负责，并受事先设定的贷款条款和条件以及监管制度激励来与道德风险做斗争（正如第 20 章对货币信贷宪法的讨论所概述的那样，如果可运行的债务必须由符合央行贴现条件的资产覆盖，那么这些债务就可以相互关联）。

第二，正如"不提供货币融资"是安全独立的货币政策的组成部分，独立的最后贷款人的一个基本原则必须是：不向实质上已经资不抵债的公司提供贷款（授权标准）。

各大央行再也不应发现自己无力反驳"你拯救了××公司"的指责。拥有良好的抵押品是必要的，但值得强调的是，这还不够，因为在持有一些确定性资产的同时，净资产也可能是负值。②

这是央行资产负债表管理的第八项基本原则，是上一章所述七项原则的补充。它借鉴了历史经验教训。就在英格兰银行将白芝浩 10 年后提出的原则（白芝浩 1873 年出版《伦巴第街》一书，其中有关于这一原则和英格兰的银行家的实践的分析）付诸实践之际，它却拒绝救援 19 世纪中期伦敦最大的贴现行之一欧沃伦格尼银行（Overend Gurney），理由是它不稳健、不可靠。③

近期处置没有纳税人偿付能力支持的不健康企业的法定制度取得

---

① Tucker,"Repertoire."
② "良好的抵押品就足够了"的理论是一个谎言，当央行行长们明显处于自我毁灭模式时，就会拥护它。Tucker, "Lender of Last Resort."
③ Kynaston, *City of London*.

新进展。鉴于这一点,如今的央行没有理由比19世纪的前身更加放松。最后贷款人援助在概念上不同于(实际上现在可以真正避免成为)对根本不健康的公司进行救助。最后贷款人所需的辨识解析技术的突破,无疑是革命性的,因为它们可以在应该说"不"的时候说"不"。① 作为合法性的寻求者,央行行长们在每次关于最后贷款人的演讲开始时,都应该解释一下他们管辖范围内的决议机制。

这将不确定性转移到央行如何评估偿付能力上。与我们的第三个设计准则相一致,各国央行需要发布一个评估稳健/偿付能力的框架,这个框架必须建立在概率基础上。在评估支撑各国央行货币政策决策的宏观经济预测的完整性和质量方面,观察人士所面临的不确定性,与上述问题在性质上并无不同。两者天生具有前瞻性,因此事后可能都是错误的。本着这种精神,各国央行需要为这些评估制定内部流程,以在形式上、深度上和生产流水线组织上与货币政策流程相匹配。

第三,应该承认的是,一项公开的政策,即仅以少数高质量抵押品为担保的贷款,无论在何种情况下,都是不可信的。考虑到银行业危机给经济带来的影响,事后央行只要能获得像样的抵押品,就会放贷(给一家基本面稳健的公司)。但是,中央银行无法以其不能理解、评估和管理(授权标准)的资产为抵押,提供业务贷款。②

第四,同样出于信誉的考虑,除非存在铁定的法律门槛,否则各国央行不应排除在个别情况下向有偿付能力的非银行金融机构提供贷款,否则经济稳定性将受到严重威胁。③但是,它们只有在与政府行政部门协商后才能这样做,并且应该向立法机构提交一份(可适当推迟或保密的)报告。

此外,如果任何非银行金融机构最终变得与银行相似,以至于需要央行提供流动性援助,那么它们的管理层就应该承担后果,因为它

---

① Tucker, "Regulatory Reform" and "Resolution of Financial Institutions."
② Breeden and Whisker, "Collateral."
③ 如果这种贷款的无条件限制确实存在,那么,该国的货币信贷宪法也会审慎地禁止非银行金融机构或通过非银行金融机构进行流动性转换,以避免这种旋涡。

们将从事代价高昂的监管套利活动。同样，其他拥有类似业务模式的公司也应该被迫成为银行或进行改革，这样它们就不会有再面临类似银行的流动性危机的风险。毕竟，正如英国经济学家霍特里在近一个世纪前所观察到的那样，"任何能够从央行借款的人，都可以因此获得法定货币"（而且，我还要补充一句，因此可以招致类似货币的债务，因此应该作为货币机构接受监管）。[1]

第五，在法定制度下，央行如何行使其有限的自由裁量权来充当最后贷款人，应该由一个正式委员会根据一人一票的原则做出决定。虽然民选总统或首相可能拥有一些个人权力，但央行行长不应该与支撑这些原则的共和价值观相一致（第二个设计准则，第11章）。

## 目标和可监督的任务

我所提倡的央行最后贷款人工具和操作，包括如下几个设想：

- 由央行向实质上并没有资不抵债的借款人提供流动性援助，其目的又在于以下两点。
- 避免因无序违约或陷入困境的中介机构撤回经济服务或对经济服务实行定量配给所带来的社会成本。
- 避免通过可能带来这种社会成本的直接或间接渠道向其他中介机构蔓延。

在最后贷款人的定义中加入一个目标，有助于增进公众辩论和理解。在美国，人们对美联储最后贷款人角色的改革提出了各种各样的建议，辩论的焦点是各种可能约束的利弊，正反两方几乎都没有提到目标。以这种方式来构建、解释和监督公共政策是非常奇怪的，有时还会冒着将美国推向一个最终可能伤害改革者最想保护的人（也就是公众）的政体的风险。最后贷款人的目的（可能）是在经济困难时期

---

[1] Hawtrey, "Genoa Resolutions," p. 292. More recently, Tarullo, "Shadow Banking."

维持基本服务，而不是拯救股东、债券持有人或破产公司老板等。

我还要补充一点，这也与政府直接向家庭和普通企业提供流动性保险无关：央行在服务机构中的地位是基本的，但也是有限度的。那些建议货币当局使用新技术让每个人都能在网上银行开户（央行不再是分级支付系统的核心，而是电子货币服务的直接提供者）的人将不得不找到一个解决方案，以应对央行转型为一家面向所有人的国家信贷银行的风险。[①]

然而，我们最初的设计理念是什么呢？如果一家独立的央行要在不涉及政治的情况下做出最后贷款人决策，那么它需要一个可监控的目标或标准。不同于我们旨在维持系统弹性的量化标准，为最后贷款人操作制定一个可监测的目标似乎更加困难：如何判断它们是否有效？事实上，我们又回到了如何以可衡量的方式定义"金融不稳定"的问题上（第21章）：流动性压力的影响要有多严重，央行才能保证提供流动性援助？而且，即使我们能够具体说明，我们如何才能在事后确定一项表面上成功的干预确实是必要的，因为不稳定性威胁（如定义的那样）被预先制止了，或者相反，这种干预是不必要的，因为实际上不稳定性威胁比当时的判断要小。

我认为，解决之道在于，从某种程度上代表福利的目标（弹性、预防性监管），转向明确最后贷款人责任，即在借款人及其抵押品符合条件的前提下放贷。相关的宽泛意义上的资格标准将在立法中被规定，并按照第三个设计准则的规定，由中央银行在其业务原则中加以补充，以便形成一个可监测的标准。

在借款人或抵押品的类型不符合条件的情况下，央行还可以单独负责，就流动性受损但基本面良好的中介机构困境（通过金融体系）可能会带来多大的社会成本做出判断，进而向选举产生的行政部门提出建议，以使其被允许放贷（"紧急援助"）。在这种背景下，关于央行在其公开框架之外（但仍在其法定权力范围内）究竟在情况变得有多糟糕时才可以行动，采取何种行动，是先发制人还是在不稳定变得

---

[①] Tucker, "Central Banking in the Digital Age."

明显后才采取行动的正式自由裁量权,将带有多数主义的印记。

这是"特殊审批"过程的一个实例,作为第 6 章设计准则的一部分已经被讨论过。欧洲央行将不得不判断其提议的干预是否会奏效(尤其是,是否适得其反):如果受托型独立机构认为这些条件没有得到满足,它就不应该放贷,即使会有政治制裁。因此,如果对某家特定公司的紧急流动性支持是公开的,那么就必须坚定地期望,它要么消除不必要的恐慌,要么为解决借款人的根本问题提供帮助和方法。[①]

## 事情进展如何

与此同时,据我所知,没有哪个司法管辖区的最后贷款人制度能通过所有这些测试。不过,很多地方在形式上确实存在一定程度的正式性,而且几乎所有主要的司法管辖区现在都对定期流动性再保险和受特殊程序约束的紧急流动性支持进行了区分。

在美国,美联储可用于放贷的资产受到法律约束,但其用途不明确,"不向本质上已经资不抵债的借款人放贷"是如何实施的也不清楚。[②] 根据《多德-弗兰克法案》,美联储向非银行金融机构提供的任何贷款,现在都必须通过财政部长获得总统的批准,而且它再也不能为单个公司提供特殊的贷款便利。前者与这里列出的原则完全一致,而后者很可能导致代价高昂的社会混乱,或者随着时间的推移,导致对法定约束的富有想象力的应用。

在欧元区,在欧洲央行成立之初,各种各样的抵押品都是合格的。然而,目前我们还不清楚,在向处于基本面不健康边缘的企业提供贷款方面,欧洲央行或各国央行究竟有多大的自由裁量权。

在英国,一个全面的公共贴现窗口工具(以及经济上的等价拍卖)直到 2008 年年底才被推出,通过该工具,银行可以用多种抵押品借款,但在至少一个世纪以来的重大改革中,该工具已存在,最近又

---

① 这是英国在 2007 年首次向北岩银行提供流动性支持时存在的致命缺陷。
② 1913 年制定的美联储法案的目标——维持"弹性货币"——并没有提供多少帮助。

被扩展到各种非银行交易商手中，从经济实质上讲，这些交易商就是银行。① UK TA 要在公开框架之外放贷，央行就需要得到财政部的批准。另外，自 2012 年以来，英国行政政府拥有法定权力，可以在经济面临非常严重的不稳定性威胁时，指示英国央行提供援助。正如默文·金对我所说的，这将是"我们一起做的最重要的工作"，我记得非常清楚。政府同意对其指令权施加以下限制：任何此类贷款都将通过代理人进行，登记在一个不在银行资产负债表上的特殊目的载体上，由政府进行担保，并由银行而非政府提供资金，前提是货币政策委员会能够控制任何随之而来的货币扩张。考虑到政府关心的是确保央行在适当的时候放贷，它们本可以更好地为英格兰银行制定一个法定的最后贷款人目标，换句话说，它们本应依赖法律规定的（受约束的）一般性责任，将贷款载入庄严的法律，而不是依据特定情况下的政治力量。

这三个关于司法管辖的故事，都指向为最后贷款人制度划定边界的问题。考虑到无论如何精心起草这份合同，它都注定会被证明是不完整的，而且可能会产生灾难性的后果，问题仍然是在真正的危机中，央行究竟应该做些什么（如第 6 章所定义的，超越正式权力、能力和计划）。在这里，我们将从非选举产生的权力中更加成熟和老练的标杆之一——军队及其与政治主体的关系中吸取经验教训。

## 紧急情况下的中央银行：军事/政治关系的教训

本书在第一部分介绍"纯粹的代理"和"受托人"授权之间的区别时，独立的央行和适当从属的军队就形成了鲜明的对比（第 4 章）。现在我们发现，正常情况和紧急情况之间存在着一个重要的区别。正常情况下，立法者可以制定一个独立运作的机制；而在紧急情况或危机中，央行达到了它们决策"脚本"的极限，但仍可以出手救援。

在危机中，至少有三个显著特征被认为是军事/政治关系和央行/

---

① Bank of England, Development of Market Operations, sections II and V – VII.

政治关系所共有的。第一，在这个领域（金融市场和公众中），由于目标和行动存在冲突，可能会出现混乱甚至恐慌；第二，战略上的不一致可能会破坏危机管理的执行；第三，领导人（将军或央行行长）面临新的个人考验。[1]虽然就业和经济产出不关乎（战场上的）生命，但关乎人的生计，它们非常重要。

此外，一场危机可以改变政治与"行政"之间的合理界限。这一点在战争中也很明显。根据冲突的性质和持续时间的不同，政治在战争中的适当角色会有大的不同：无论是全面战争（如二战），还是局部冲突，军队都必须与当地人民共同开展心灵与思想的斗争，或者就像埃米尔·辛普森（Emile Simpson）所说的"武装政治"（举个例子，比如在阿富汗）。[2]如此巨大的环境差异，驱动着媒体和公众关注对他们而言非常突出的特殊问题，并影响了国家士气，因此，政治家们理想化地希望重新划分控制和授权自治之间的界限。鉴于不确定性的代价，以及故事主人翁（军队的将军们）的精力从现实世界的危机转移到他们自己的约束性争端上，这凸显了在不同战斗场景中，军事/政治关系的性质事先必须尽可能被明确。这就需要一种结构，很难确定这种结构就是正确的，但无论正确与否，其重要性不会降低。[3]

这为央行行长们带来了广泛的教训。与军队一样，需要进行政治投入或决策的环境也可能大不相同。它们的范围可能是，从决定进行财政干预，到与外国同行联系以应对全面的国家紧急状态，再到帮助监管机构应对公众对一家银行倒闭的强烈不满。20世纪90年代初，英国国际商业信贷银行的倒闭最初引发了有关种族歧视的指控。与军队一样，一旦危机不可避免，技术官僚就有必要将现实主义带到政治委员会，剩下的问题就是如何避免陷入地狱的最深处。和军事联盟发起的攻势一样，在国际金融危机期间，让国内公众了解其他国家当局正在做什么，可能是至关重要的，因为无论它们采取什么行动，都可

---

[1] Betts, "Civil-Military Relations." and Cohen, *Supreme Command*, pp. 8–9.
[2] Simpson, *War*; especially chapter five, "Liberal Powers and Strategic Dialogue."
[3] 有人建议，在这方面，英国可以向美国学习。See de Waal, "Right People."

能与国内直接相关。正如辛普森（转述克劳塞维茨的话）所观察到的那样，在经济危机中，政策必须不断控制当局的选择，但不能完全控制，因此必须适应金融体系动态产生的不断变化的需求。①

尽管存在这些结构性的相似之处，但是当一家独立的央行达到法定职责和权力的边界，而危机仍在肆虐时，情况就会发生进一步的变化。与一般情况（第11章和第16章）相比，在这些情况下，货币政策、财政政策、政府债务管理和管制政策等通常分开的领域的职能目标，很可能已经以某种方式集中在一起，只是为了让政治和经济系统维持基本运转。换句话说，理想的做法可能是在统一的政治控制下建立一个"普遍"的中央机关公务员制度（这在一些经济发达的民主国家是无法实现的）。尽管在正常情况下，独立机构制度的重点是建立和标记"领土"边界，从而通过加强公共政策的执行使政府体系更具弹性，但在某些类型的危机中，职能的分离恰恰可能成为脆弱性的根源。

可以说，这正是2007—2009年发生的事情，其后果多年后仍然显现于全国范围内的不同辩论中。然而，正如我们已经看到的（第2章和第16章），围绕着威斯敏斯特的问题是："谁将对此负责？"在美国，美联储曾与美国财政部和市场监管机构合作的消息被披露，引发了一些评论，其大意是，它们大肆吹嘘的独立性有点假。②事实上，化解一场全国性的金融和经济危机，需要具备下列所有条件，这种说法是毫无争议的：

- 政治目标和高层（国家）战略。
- 一名"陆军元帅"，负责监督该战略核心的操作执行（包括对事件的适应），并在需要更新时发出信号。
- 各机构之间的合作和协调机制，包括独立机构，拥有立法机构授予的特定权力，并在必要时与其他国家进行合作和协调。

---

① Simpson, *War*, pp. 126–129.
② 举例来说，请记住并非所有的美国独立机构都是独立的。Bressman and Thompson, "Future of Agency Independence."

## 23 中央银行和紧急状态

根据回应的性质，央行行长可以是陆军元帅，他们能发掘出第四部分导言中描述的那种古老传统中见义勇为的心态。以赛亚·伯林对平行世界的专家政治判断的描述，很好地捕捉到了这一点：①

> 将不断变化的、多彩的、瞬息即逝的、永远重叠的数据融合在一起……对什么才是关键，有着很强的辨别能力。

无论央行是否在"战场"上负责战略操作，行长们都必须做好与政府和其他机构合作的准备。在长期动乱期间，目标的更新和高层战略的制定，用第4章所引用的军事术语来说，应尽可能成为"对话平等但权力不平等"的问题。②对于央行来说，这确定了一个重要的事实，即前提条件同样重要。

与军事/政治关系形成鲜明对比的是，事先存在的明确界定的货币独立区域不应被非正式地或秘密地侵犯。在公开使用任何法定的权力或紧急立法的情况下，独立的中央银行对立法机构授权给它的决策保留自主权。这绝对不排除讨论、合作，特别是在决定使用自己的货币和管理权力时，要考虑其他机构的计划行动。因此，民主和法治的有效联盟得以建立。

本书的核心思想之一是，在致力于保持健康的民主国家，结构能够而且必须有所帮助（第五个设计准则）。因此，一个经济体的货币信贷结构中，应该包括实质性和程序性的应急安排，这些安排应尽可能广泛，并且可信。这意味着明确财政剥离需要：

- 在常规的可用工具之外，就紧急流动性再保险制定原则性制度。

---

① Berlin,"Political Judgment."对于埃迪·乔治在危机管理模式下的表现，以及他和艾伦·格林斯潘在结合体经济学模式下的表现，这都是一个不错的描述。研究表明，在某些情况下，好的决策是折中的，像狐狸一样，"接受模棱两可和矛盾"。Tetlock, *Expert Political Judgment*.

② Betts,"Civil-Military Relations."

- 如果民选代表明确希望，则在标准货币传导渠道严重受损的情况下，为干预整个信贷市场做好准备。

所有这些都必须符合以下条件：（1）事实上会采取行动的时候，不声称货币当局永远不会采取行动；（2）不放松对政府直接货币融资和对无法挽回的破产中介机构提供流动性援助的限制。毫无疑问，即使没有设想到适当的程序，也会出现一些情况，但是有可能突破纯粹的程序创新的边界。作为合法性寻求者，实现这一目标符合各国央行的利益。

因此，在前一章论述的资产负债表管理的一般原则，以及本章论述的最后贷款人原则之外，我们必须再增加一条：

> 在不清楚正常权力边界上会发生什么的情况下，央行应公开敦促当选的政治家让这些边界具有绝对约束力，或者，明确它们如何在危机中做出调整边界的决策。任何在紧急情况下得到的政治支持的延期，都应受到央行的目标以及不提供股权支持的规则的强制性限制。

独立央行的业务独立性，将在政治家们设定的所有新的紧急状态边界内得到保护，而政治家们将受到该机构正式的事前目标以及他们自身对公众所负有的责任的约束。如果央行反对这种紧急情况下的延期，那么它们必须转而支持具有完全约束力的初始约束。

就我们的深层价值观而言，如果各国央行不按照我的建议行事，而是诉诸法庭，让公众理解那些模棱两可的边界规定，那么事情确实会变得非常奇怪。应该由选举产生的政治家而不是法官，来决定是否扩大央行在紧急情况下的自由裁量权。在此重复并应用本书第二部分的观点，一组未经选举的高级官员（法官），并不能弥补另一组未经选举的官员（中央银行家）的民主赤字。

这就是概述（第1章）中给出的处方对应的合理基础，即当欧洲央行创新性地拯救欧元区时，它本应寻求欧洲理事会的支持。更重要的是，这本来可以是一次政府首脑的政府间会议，因为这是联合会成员确认他们是否希望他们的项目继续存在的时刻。①

## 事后问责制

上述这些都是关于事前限制的。事后有对立法机构负责的制度。

这也是现代军事史上的一个教训。在越南战争期间，似乎可以接受的是，高层官员对国会掩饰和隐瞒了他们对林登·约翰逊总统的战略的严重怀疑（也可能是反对），甚至在被问及直接问题时都如此。几十年后，除了最初围绕这一问题的讨论，埃里克·新关（Eric Shinseki）将军采取了相反的做法。他直接向参议院透露了他的观点，大致上是需要增派多少地面部队才能实施政府的伊拉克战略。事实证明，这也是有争议的。②

在紧急情况下，央行也面临着类似的风险：在危机期间，公开和坦率的证词会破坏旨在维系经济体系稳定的行动。同样的情况偶尔也会发生在公开披露某些对稳定的威胁方面。在克服这个问题的过程中，我们可以再次从安全与情报领域吸取教训，在一些司法管辖区，立法委员会（秘密）的简报会被用来保障问责制，同时也防止过早地对公众公开。我不知道发达民主国家的央行和财政部是否有这样的安排，但这些其实都值得考虑。除了紧急情况本身，如果第21章中讨论的压力测试信息披露被证明是不完整或不透明的，那么此类听证会还可以用来加强对单个公司和整个体系审慎监管的政治监督。

英国已经朝着这个方向迈出了一小步。2008年秋天，在向一些英国银行提供大规模隐秘流动性支持时，英国财政部特别委员会和公共账目委员会因为没有得到通知而被激怒，后来它们与英国央行和财政部达成一致，即同意未来将向其各自的领导汇报任何类似的隐秘行动。

简要总结一下，军事领域给央行带来的经验教训有：

---

① 透明国际注意到这一点。Braun, *Two Sides*.
② 布鲁斯·阿克曼2010年第二场关于人类价值观的演讲。Ackerman, *Decline and Fall*.

- 在危机之前，制订计划，包括实质性内容和程序，并在政治家和他们可能的战地指挥官（陆军元帅）之间建立现实的关系。
- 在危机中，建立机制意味着要跨部门合作，其分工不能侵犯当局适当授权的权力，尤其是与独立机构隔离的政治指令，除非公开推翻法律。
- 在危机之后，确保向立法者提供账目，以保障问责制。

人们应该像思考货币政策制度微妙的内部结构那样，对思考和建立这样的制度具备同样浓厚的兴趣。

## 当前状态

在我写本书时，不同的司法管辖区在多大程度上接近本书的宽泛规定？

欧洲央行在危机管理方面没有与政府达成任何事先协议，这似乎是有道理的，因为它没有与之对应的财政部，而且人们从其根深蒂固的孤立状态中，得出了有关合作的错误推论。

自 2013 年以来，英格兰银行的货币政策规定：如果特定市场或活动中的非常规干预对信贷分配或风险有影响，那么治理安排必须与行政政府协商一致。

在美国，2009 年财政部和美联储发布了一份联合声明，讨论它们将如何合作以应对这场危机：广义上讲，美联储将避免信贷风险和避免进行信贷配置；货币稳定性不应受到危机化解措施的危害；他们将敦促国会为关键的金融机构引入一套全面的解决方案。已故的安娜·施瓦茨（Anna Schwartz）是对这份重要文件感兴趣的极少数人之一，曾经与米尔顿·弗里德曼合著了影响深远的《美国货币史》。这个声明文件至今并未被更新，尽管 2010 年《多德－弗兰克法案》已经将其取代。[1]

---

[1] US Treasury, "Role of the Federal Reserve," and Schwartz, "Boundaries."

这里还有未完成的事情。非民主自由主义已经出现在人们的眼前。因此，明智的做法是在对央行的限制达到极限而未被突破之前，阐明其后果。但即便如此，就足够了吗？

# 24

# 终究是过于强大的全能机构吗

## 威胁与重构

中央银行有特定的理由保持其独立性。一般认为，货币政策具有重大的动态一致性问题，且不包含太多非技术性的政治内容。然而在今天的世界中，动态一致性论证之所以失去了力量，是因为核心问题太少，而不是太多。更加突出的汇率问题、财政政策与货币政策搭配问题、货币政策的信贷分配问题，让它更倾向于把这些问题授权给政府机构来进行决策。因此，最起码我们需要重新考虑中央银行的独立性，而且用当前的形式可能无法继续证明其合理性。

——拉里·萨默斯在 2017 年与作者交流时如是说

如果央行是城里唯一的游戏规则制定者，那么我就要离开这个城市！

——默文·金，国际清算银行，2013 年①

我们所能做的只是提出简单的问题并听取你非常博学的解释……那对选举产生的政治家有什么好处？

——英国议会议员乔治·穆迪（George Mudie）在下议院财政委员会听证会上对默文·金说，2011 年 6 月 28 日

---

① 在 2013 年 6 月举行的第一次安德鲁·克罗克特（Andrew Crockett）纪念演讲中，默文·金回应拉古拉迈·拉詹（《在黑暗中摸索》）的个人记录。

在授权原则的指导下，前三章讨论了后危机时期各国央行分别在监管状态、财政状态和紧急状态中找到一席之地所必需的实质性约束条件。解决方案是，与货币政策一起，央行所扮演的每个角色都必须作为经济体货币信贷宪法的一部分。

如果仅仅拥有监管和资产负债表方面的权力，理论上，当面对货币稳定性威胁时，中央银行有很多选择。例如，当信贷利率和资产价格暴涨，同时危及银行系统的弹性和价格稳定时，原则上央行可以提高资本和/或流动性监管要求，对那些特别容易受到冲击的个人银行中介机构，还可以实施更严格的监管控制，提高在特别繁荣的市场中适用自身业务的超额抵押品要求，提高利率等。我们认为，考虑到资产负债表政策与财政政策之间的界限模糊，不应经常选用资产负债表政策而忽视监管政策，这一点很重要。

与这一原则相一致，在第15章中我们论述过，对独立机构进行司法审查时适用的民主合法原则将使中央银行能大体上保持中立。需要特别注意的是，这个领域的一些工具可能产生与预期相左的效果，因此央行不会因为进行监管干预后会有更严格的司法审查，就马上转向货币政策。更何况，在保护自由主义的背景下，每种政策工具都面临着不合理或不理性的宽泛标准。①

立法机构法定制度，是通过条文而非多样的司法标准来推动事情发展的。多任务约束的影响是，每个单独的政策委员会都必须考虑，如何使用它们自己特定的权力来实现其特定的目标。因此，中央银行的监管部门自然不能指望货币政策的制定者们免除它们确保系统弹性的责任。

然而，在日常政治之外，中央银行的货币权力仍然是特殊的，因为货币独立是高层权力分立的必然结果（第12章）。接下来，我们再谈谈概述（第1章）中讨论过的一系列论点，即货币独立本身就是一个错误的转向，或者，换句话说，鉴于金融危机后各经济体所面临的

---

① 这似乎与戈德曼（Goldmann）在《裁定经济？》（Adjudicating Economics?）中的观点大体一致。

挑战，货币独立的时代已经过去了。

即使货币独立的理由大致完整，我们也应该问问，它是否会导致央行成为城里唯一的游戏规则制定者？过度依赖独立机构是否就会破坏人民的经济福利？虽然谨慎的政权设计可以遏制央行的硬实力，但我们仍需认识到，由于潜在的象征性或软实力，它们可能仍会成为超级强大的全能机构。[①]第一个风险，意味着我们需要重新讨论财政制度。关于第二个风险，本章和本书的结论都在努力从司法规范中吸取经验，来说明为保证央行正式的政治隔离能够持续，央行行长们应该如何在民主宪政共和政体内行事。

所有这些都引出了一个相当基础的问题：央行行长们到底是哪些人？

## 金融危机后货币政策的政治经济学

长期以来，一些批评者一直认为，中央银行独立性的一个基本前提——央行独立性与长期福利分配无关，是新自由主义意识形态所放的烟幕弹。在大金融危机之后，缓慢而不均衡的复苏，以及持续增长的私人融资力量，让这些批评又重新浮出水面。有迹象表明，货币政策制定者确实做出了重大的分配选择，不再需要独立性，而且狭义的集中利率政策甚至可能有悖常理。

### 一条好消息：不要偏向于牺牲就业

然而，在讨论三个挑战之前，我们对金融危机后的货币政策实施有了一个非常积极的看法。事实证明，在不释放流动性的前提下，只要有一个可靠的体制，就能为陷入困境的经济体提供货币支持。正如第1章所述，一些早期的独立评论家，尤其是对货币宽松政策持批评态度的人，通常都会认为央行行长有不对称和不平衡的偏好：比起未达标的通胀，

---

① Nye, *Future of Power*.

他们更不喜欢超标的通胀,因此他们会牺牲就业来换取价格稳定。为避免在经济陷入大萧条后才出台恢复经济的政策,各国中央银行锚定了中期通胀预期,事实证明,这种方式为名义需求注入大规模刺激,是完全可行的。

在民选政治家的控制下,如果要实施类似的刺激经济的措施,那么货币政策基本上无法保持最基本的可信度。可以说,英国一直密切关注着中期通胀预期,即使油价和其他成本冲击在2011年将整体通胀率暂时推高至5%以上,我们仍维持了超常的刺激措施。我希望,这能在一定程度上缓解一些人善意的担忧,他们怀疑央行行长偏袒特定利益集团。事实上,无论央行行长的私人偏好如何,他们的民主法定职责都是明确的。

## 分配效应与选择

这并不是说没有分配效应。特别是在德国和英国,人们普遍关注的是,量化和信贷宽松政策(购买大量政府和私人机构发行的债券)创造了系统的赢家和输家。批评人士坚持认为,通过推高资产价格,量化宽松政策让富人更加富裕,同时让年轻人更难拥有住房;并且,压低储蓄回报率损害了那些中等家庭和领取养老金的人的利益,这些人并不富裕,终生依赖储蓄的收入。许多经济发达的民主国家,在经历了多年的收入中值停滞或下降之后,迎来了经济增长乏力时期。这似乎是在拿一块本来就不大的蛋糕,然后把它重新分配给那些已经拥有最大份额的人。由于民主政治是作为衡量和解决部门利益的制度而存在的,包括我们三个挑战中的第一个在内的抱怨,让央行行长们误入并发现自己被困在了不属于他们的陌生领域。

如果他们做了(且确实做到了),那么这可能违反授权标准,即禁止独立的受托型机构就跨群体和跨时间的福利分配做出重大决定。为了理解这一点,我们必须指出在第一部分中引入的分配选择和效果之间的区别。

毫无疑问，货币政策能够并一直具有分配效应。[1]当央行提高利率以抑制需求时，债务人和资产持有人通常会付出一些成本，而储蓄者的收益会在一定程度上得到提升。在正常情况下，对整个社会而言，这些影响是由可持续增长的利益决定的；另外，随着时间的推移，它们往往会被宽松货币政策产生的正面效应所抵消。后危机时期的特别之处在于，超低名义利率和资产购买已持续多年，因此一些分配效应更显著，持续时间更长。考虑到中等收入群体比穷人更倾向于在选举中投票，考虑到人们对富人在一定程度上引发了危机的愤怒，这些影响引发一些不安也就不足为奇了。

对央行来说，考虑到它们的职责，它们最关心的是恢复总收入和增加就业，以便使通胀回到目标水平。然而事后看来，它们本应更加积极地强调其政策的成本。[2]如果它们当初这样做了，那么公众就会更清楚地看到，政治当局有办法减轻一些分配后果，货币政策和财政政策的不同搭配值得考虑（见下文）。从这个意义上说，这是本书所提出的一般性问题的典型例子，即当选的政治家该怎样追踪授权给行政机构的政策的分配效果（第7章和第16章）。

## 非中立性：中央银行独立性的滞后、权衡和冗余

当前秩序面临的第二个挑战，也是最深刻的一个挑战，指向货币经济学的核心原则，间接支撑了授权与隔离的合法性：用术语来说，货币是中性的，甚至是超中性的。从长远来看，增加经济体中的货币数量并不能创造更多的产出和就业，提高货币增长率也只会转化为更高的稳定通货膨胀率（第18章）。一群社会民主党的政治科学家和评

---

[1] 前同事比恩（Bean）在《中央银行》（Central Bank）中也曾做过类似的分析，我在撰写这本书的最后一天读到了它。
[2] 英格兰银行在2012年发布了一篇关于分配效应的文件，以回应下议院财政部特别委员会提出的问题。现在，中央银行家们正致力于解释，货币政策不是造成不平等的主要原因［例如，康斯坦西奥（Constancio）的《不平等》（Inequality）］，尽管有必要，但这与正文中的观点仍有那么一点不同。

论家长期以来都在质疑这个观点，但未能取得决定性证据。①最近，一些非常著名的美国主流学术经济学家提出了更为微妙的观点，他们认为，货币政策可以并且应该被用来避免因大规模冲击而对经济造成的长期损害。②

他们的观点重新引起人们对所谓滞后性的担忧：在经历了2008—2009年经济崩溃造成的沉重打击后，经济无法自动恢复到危机前的水平，甚至可能无法恢复到以前的增长率。这意味着，经济支出（总需求）的持续疲软，会破坏生产力（总供给）和潜在增长动力。正如美联储时任主席珍妮特·耶伦（Janet Yellen）在2016年美国大选之前所言，政策问题变成了是否要运行"高压经济"，以收复失地，防止永久性恶化。③

要做到这一点，必须在引发更高通胀和引发新一轮金融部门不作为之间做出权衡（见下文）。毕竟，如果经济恰好没有出现疲软，而被提振的总需求并未产生额外的生产力，那么短期内通胀压力将会加剧。更重要的是，如果持续增加供应的努力让市场和薪资议价者认为，政策制定者有意在通胀方面承担不对称风险，那么长期通胀预期可能会上升。一个悬而未决的大问题是，应该由谁来决定是否采取高压政策，它会被留给未经选举的技术官僚吗？

在更高的层面上，有关滞后效应的辩论逐渐演变成一种观点，正如拉里·萨默斯在本书第一章中所言：央行独立性发挥作用的环境已经不存在。不同的观点认为，通胀问题是20世纪70年代的一个借口，尽管是一个严重的问题；对抗通货膨胀的斗争已经取得胜利，而且是持久的胜利；将所有宏观经济政策工具集中在一群（政治）人物手中，就可以解除人为障碍，形成一个统一的货币财政战略，从而更有

---

① Forder, "Central Bank Independence," and McNamara, "Rational Fictions."
② Blanchard, Cerutti, and Summers, "Inflation and Activity." 此外，在一个各国央行按政策利率支付准备金利息的世界里（第22章），一些关于货币长期中立的老观点并不那么直截了当。但撇开技术细节不谈，这不能使人们相信，向已经满负荷运转的经济提供货币刺激，可以改善经济的长期表现。
③ Yellen, "Macroeconomic Research."

效地应对当前生产率增长持续低迷和债务积压的挑战。倡导者可能会补充说，一个没有经济增长的世界面临的政治和道德风险都过高。① 他们会说，严格坚持各领域独立的时代已经过去，为了得到更好的效果，他们还会说，这一点在日本央行的承诺中体现得很明显，日本央行承诺为了经济复苏可以购买任何规模的债券，以压低长期国债收益率，但它也将自身推到了债务货币化的风口浪尖。

这是一个大问题，对于维持货币独立是否存在实质价值仍没有达成共识。授权原则指导我们区分以下两种情况：一是当选的立法者暂停中央银行独立性，以便通过财政赤字来进行货币融资，从而产生通胀预期；二是永久性地将制定货币政策的权力交给当选的行政官员。我们认为（第12章），后者会将通胀税的征收权交到行政部门手中，违反了三权分立的原则，这也不是一个依赖时间不一致性问题的论点。此外，如果将中央银行永久地置于当选的行政机构的控制之下，那么政策制定者就能够在不受立法机构监督的情况下，将信贷或资源转移到特定的群体、部门或地区。这会严重削弱政府体系实施货币政策的能力。一些主要国家的央行在大金融危机后试图让通胀回到目标水平，而在反对央行该行为的声音中，前述的观点尤为突出。正如第5章所讨论的那样，承诺问题比经济学家们钟爱的时间不一致性问题更为广泛和深刻。② 因此，经济增长停滞对政治稳定和合法性构成的风险，与放弃宪政价值观的风险、放弃对既定目标的承诺的风险并存。这可能不重要，但正如第18章所述，在20世纪80年代和90年代，中央银行独立的不同理由得到了核心经济学专业人士（时间不一致性）和政策制定者（政治短期主义）的支持。而到了今天，我们应该更广泛地看待承诺问题。

从福利的角度来看，如果仅仅因为价格稳定不能保证经济繁荣和金融稳定就放弃中央银行的独立性，那么这将是十分不合理且奇怪的。

---

① 关于增长与社会道德品质之间的关系，见本杰明·弗里德曼（Benjamin Friedman）的《道德后果》(*Moral Consequences*)。我不认为弗里德曼会反对中央银行独立性。
② 伯南克的《货币政策》也提出了类似的观点，但没有采用宪政框架。

特别是在经济活力持续减弱的今天，根本无须考虑政治控制下的货币政策是否会在未来某个时点突然再次带来危害。①就此而言，只有在中长期通胀预期与明确或隐含的通胀目标保持一致的情况下，金融管理机构才应该拥有管理"高压经济"的自主权。

然而，任何这样的结论都必须建立在这样一种判断之上，即人们不值得为存在偏见或政治动机的货币政策付出社会代价。央行做决策时应该根据这样的原则，而不是自己的判断。如果暂停对货币政策的政治隔离有意义，那么民选政治家也应该做出正式而明确的决定。

## 货币政策会自我毁灭：风险偏好和债务

当前秩序面临的第三个挑战是，货币政策是否会对更广泛的货币体系稳定产生反作用。多年来，人们似乎一直在否认，但现在终于接受了这样一个观点，那就是货币政策能够并且确实影响着金融市场的风险承担，尽管它并不总是用健康的方式影响。

越来越多的人认识到，风险溢价和风险偏好受到货币政策的影响，不仅受到旨在影响风险溢价的量化宽松等货币操作的影响，还受到定期利率决策的影响。如果像 21 世纪初那样，极低的利率使得投资者和交易员在一定期限范围内寻找最高收益率并不断缩小信贷范围，那么就可能出现这种情况。②但是还有一种情况，如果货币政策制定者倾向于为政策利率铺路，从而在较长时间内抑制资产市场波动，那么交易员和投资者就可能会低估风险，而相反的结果是，风险更高（危及系统弹性）。

---

① For similar sentiments, see Granville, *Remembering Inflation.*
② Stein and Hanson, "Monetary Policy." 这篇论文最初于 2012 年作为美联储的研究论文发表，它揭示出，持续宽松的传统货币政策可能会导致期限溢价下降。期限溢价是投资者承担长期风险所需的补偿。正如塔克在《国家资产负债表》中所写的那样，这一结果也适用于英镑收益率曲线。"虽然尚未得到证实，但这一现象可能是由受名义收益率目标和/或相对业绩目标约束的资产管理公司和中介机构对收益率的追求推动的。"

无论潜在的力量是什么，货币政策甚至都可能成为繁荣与萧条问题的一部分。这基本上就是国际清算银行的立场，该银行认为其成员国应降低对稳定就业和经济活动周期波动的重视，而应将重点转移到对发展缓慢的"金融周期"的管理上。如果是这样，那么除非经济学家和央行行长们更加深入地了解这一切是如何运作的，以及该方法能否以符合立法者设定的可监控目标的方式来实施，否则央行独立性就会被削弱。该目标可以与民主价值观保持一致（第21章），目前看来，央行的国际总部不太可能也无心成为中央银行独立性反对者的盟友。

与上述相反，本书的思路是，将为遏制过度繁荣而产生的社会成本，转嫁到为金融体系制定了强弹性标准的监管政策上。如果货币政策助长了不合理的行为，那么拥有多任务的央行就有动机成为严厉的监管者（第20章和第21章）。

必须指出，这并未解决对资源分配不当、整个私营部门和各国政府之间实际或一开始的过度负债，以及相关国家间宏观经济不平衡的广泛担忧。① 原因很简单，正如第21章所论述的那样，尝试这样做就会把央行的界限拉得太远。但其效果揭示了一个更深层次的"制度缺失"问题：与金融危机后政策制定者的普遍做法相反，"宏观审慎时刻"（曾一度抓住技术官僚的想象力）也无法解决"制度缺失"的问题。

事实上，如果要减轻第21章所讨论的金融病态和摩擦所造成的社会成本，那么至少还有另外两种缺失的制度：一是解决内部金融失衡，包括任何不危及货币体系弹性的过度的家庭负债；二是管理国家资产负债表的脆弱性，这些脆弱性源于与世界其他地区累积范式下的资本流动（也可以称为"整体经济宏观审慎政策"）。虽然由选举产生的政府应该适当审查是否有必要设置如此丰富的宏观稳定制度，但没有什么能够阻止中央银行关注自身适当贡献的不足。②

---

① Respectively, Turner, Between Debt, and King, End of Alchemy.
② Tucker, Financial Stability Regimes.

## 货币政策是唯一的游戏：中央银行是虚假的希望

在这些担忧和挑战背后，隐藏着一个共同的主题：我们已变得过度依赖央行。这已经成为央行行长们自己的当务之急。

2013年6月，时任印度央行行长的拉古拉迈·拉詹在纪念安德鲁·克罗克特的演讲中总结称，各国央行将自己作为城里唯一的游戏规则制定者。这使得各国央行行长深感不安，默文·金感受到了这种不安，于是回应道："如果央行是城里唯一的游戏规则制定者，那么我就要离开这个城市！"（确实如此，他几周后就退休了。）[1]

就在同一个周末，国际清算银行在巴塞尔发布年度报告，详细阐述了可持续经济复苏的真正重任为何以及如何落到需要加强资产负债表的政府、银行、家庭和企业手中。最重要的是，需要供给侧改革来改善长期增长前景，提高宽松货币政策带来的消费能力。通过支持对商品和服务的短期需求，各国央行可以为这些根本性调整和改革创造时间，但它们无法做更多的工作。国际清算银行担心，如果政府和其他主体没有抓住这次机会，那么情况将会变得更糟，因为央行的干预似乎足以解决眼前的问题。

即使在公共财政稳健的国家，哪怕货币政策达到了短期名义利率的有效下限，在大金融危机过后的几年里，政治家们也拒绝提供持续、可自由支配的短期财政刺激。因此，国际清算银行难免会担心各国央行成为城里唯一的游戏规则制定者。在危机爆发后的第一阶段，除了引发争议的流动性支持外，央行的宏观经济干预举措还引发了大家对央行独立性的讨论。一些人甚至怀疑央行独立性是否合法。还有一些人担心央行和财政部过于亲密，严重影响了央行的独立性。

事实上，全世界都面临着央行与民选政治家之间关系紧张的问题。前者受到法律的强制性约束，同时承担义务，后者受到的约束少，承

---

[1] Rajan, "Step in the Dark," p.12. 安德鲁·克罗克特在1994—2003年担任国际清算银行行长。在对经济政策的诸多贡献中，他在21世纪初呼吁采取宏观审慎的方式对银行体系进行监管。

担的法律义务也少。结果，当短期政治给那些为遏制危机或实现经济复苏而采取行动的民选政府和立法者带来问题（政治科学家称之为政治交易成本）时，它们大可以袖手旁观，因为它们知道央行只能在其法定范围内进行尝试。拉詹使用了正确的动词，但使用了错误的方式。央行并不是自愿成为城里唯一的游戏规则制定者，而是由政府安排的（积极的，不是不积极的，自愿的）。结果可能是，货币、财政和结构性政策的组合出现缺陷，给世界经济和金融体系带来本来可以避免的风险。

## 中央银行不能放弃它的法定授权

然而，尽管存在这些可能的事实，但仍不能规定或暗示央行应该按兵不动，以使政府采取行动。要做到这一点，就要剔除央行从选举产生的议会中获得的法定授权，这就意味着放弃了民主和法治的观念。央行成为城里唯一的游戏规则制定者是一回事，但让它们废除主权，把其收到自己手中，则完全是另一回事。

因此，尽管央行努力行使自身的权力，但它们最终看起来仍不像一个宏观经济政策制定者。而且，它们还面临着被追究责任的风险，因为它们根本无法实现繁荣。

如果不是危机前的那些传统观念，货币政策本能够帮助我们度过任何周期性经济低迷，并使我们避免陷入另一场经济大萧条。神奇的是，民众知道了这些后并没有进行更大的政治抗议。从短期来看，唯一可能的答案就是，各国央行行长又用了一代代传下来的口头禅，而且一遍又一遍地重复它：央行可以争取时间，但无法促进长期繁荣。央行可以帮助经济从灾难性的衰退中复苏，但不能改善潜在的经济增长动力。它们可以帮助推动支出，但不能创造更多的长期财富。引用已故的埃迪·乔治的话来说，那就是：''维持稳定是中央银行存在的意义。稳定也是生活中美好事物存在的必要条件，但不是充分条件"。[①]

---

[①] That is the theme of El-Erian, *Only Game in Town*.

## 明确财政权力在财政国家中的作用

然而,长期来看,我们还须应对更深层次的挑战。

尽管我认为有可能修复多任务央行的民主合法性,但我没有提出任何能够解决上述财政政策和货币政策制定者之间存在的问题的方法。

这是因为我把注意力集中在原则和民主进程上,以便在未经选举的技术官僚的权力和当选的代表的权力之间划定界限。但就效率和福利而言,仅查看其中一个(技术官僚的)领域很难确定边界应该在哪里。重要的是,另一个领域里有什么,以及该领域的主导人会采取何种措施。这是中央银行面临的难题。

简而言之,我们需要一部财政宪法,而不仅仅是第 20 章中讨论的货币信贷宪法。除其他事项外,财政宪法还需要在货币政策接近有效下限且经济面临严重衰退时,涵盖财政部门在稳定宏观经济中的作用;如何追踪各国央行的分配效应;此外,在金融服务领域,当其他一切都失败时,是否会出台"最后资本"政策,或者"不纾困"的政策是否可信。①

这些问题都非同小可。例如,如果要重置税收和福利制度,让其自动维持稳定,以便在非常糟糕的经济环境下更有力地发挥作用,那么政府在正常时期可能有必要降低未偿债务存量。这类问题往往没有关于最佳货币政策的辩论那么受关注。

## 央行行长如何解决他们自己和社会的问题

换句话说,央行独立性的成本(负外部性)可能是对财政机构(研究和实践)的投资不足。

我们需要社会摒弃央行是城里唯一的游戏规则制定者的观点,不是因为它们失败了,而是因为这一观点不可持续,并且违背了我们的

---

① For example, DeLong and Summers, "Fiscal Policy in a Depressed Economy." On COLR, Tucker, "Repertoire," and Geithner, "Are We Safer?"

价值观。央行行长自己也看到了这一点（有些人也这么做了），他们也只能空谈，他们不能扮演柏拉图式的守护者。但是，为了引入一个在没什么战略意义的层面上提出的观点，他们不得不承认自己政策的弊端，也不得不承认自己在恢复经济方面的作用有限。

这要求各国央行行长采取强硬的沟通方式，来解释他们不能提供什么，而不是其他人应该做什么。公众应该依赖他们可以做的事情，而不是依赖他们不能做的事情，否则他们就会被期待所累。正如一位智者所言，如果央行是城里唯一的游戏规则制定者，而人民看上去又很享受这种状况的话，那就真的只有"上帝"会帮你了。这等于是承认了对可能重塑实体经济前景的深层力量一无所知。

## 权力过大的机构：民主社会中的中央银行

由于各国央行在监管状态中的权力和责任显著扩大，所有这一切都变得更加困难。如果中央银行不是无所不知的，那么为什么还要给它们更多的权力呢？我们在本书中进行了阐述，并在第四部分中应用原则来解决这个问题，这也是中央银行独立性面临的最大挑战。

我们的解决方案以明确的制度为中心，权力范围越小越好，以实现单一系统的稳定性。这是为了激励央行行长们通过结果（第 5 章）来寻求尊重和声望，如果他们也承担了我们在第 21 章所列出的各种责任（例如，竞争政策、消费者保护措施），那么他们将会非常强大，只要一上任，就会被赋予任何他们重视的地位或声望。

然而，我们应该承认，即使央行行长承担的责任重大，风险仍然存在，但不论其成就如何，他们都可以享誉世界。这就要求加强有效的政治问责机制（第 6、第 9、第 11 和第 15 章）。

### 政治问责制

但由于缺乏对央行预算的控制权，一旦制定了游戏规则，立法者实际上就会变得无能为力吗？这不是一个空洞的问题，正如本章开头所引用的下议院财政委员会听证会上的那段话。

2011 年 6 月，时任英国下议院财政委员会工党高级成员的英国议会议员乔治·穆迪向默文·金（还有我）施压，询问此类听证会的结果是什么，它们真的能影响货币政策吗？我们的回应是，只要议会维持央行的运营独立性，央行就有权逐月做出货币政策决策，但议员有权改变或废除该权力。美联储和其他大多数国家货币当局也是如此。

在这里我们看到了一些重要的事情。央行"独立性"不仅仍在谈判中，也在逐渐融入我们的社会。所以说，央行独立性被辩论、被反复讨论、被批评、被赞扬、被容忍都是一件好事，因为正是这些辩论构成了独立机构制度的民主合法性（第 11 章）。这是民选代表选择维持央行独立性的必要因素，因为他们希望在平衡的情况下，保持货币稳定。因此，货币当局不能退到安全的地方（第 1 章），必要时它们还得将自己暴露在挑战之下。

## 国内问责制与跨国精英

这种辩论以及持续的共识在某种程度上解决了一种担忧，那就是中央银行已经成为或者一直都是为全球化大都市精英的利益服务的工具，也就是说，政策是由"达沃斯人"制定并为他们服务的。

为了更清晰地认识这个问题，我们以各国央行在巴塞尔总部举行的闭门会议为例，各国国内的民主和问责制实际上可能被货币体系的国际政策制定模式限制，然而，这无疑是夸张的。国际政策合作机制之所以存在，是因为国内立法者允许并接受它。在监管领域，所有的稳定政策都是在国内法律、规则的指导下制定的，并受到当地的制衡。

然而，在本书第 12 章和第 15 章中，我们提倡各国央行合作所通过的国际机构和委员会提出的新兴思想和计划应该越来越公开和透明。除此之外，它们还应该积极寻求在国内和欧盟地区就国际监管问题作证的机会；如果政治家们假装不知道国内政策制定需要甚至依赖国际合作，那么就要大声疾呼，并且明确指出稳定政策的核心标准是在政治层面上制定的。

如果能够采取更多措施来确保国内对国际合作的了解，那么可以采取更多措施让各国央行行长免受国际金融精英的威胁。除了远离不受审查的国际商业会议外，这可能还需要加强其服务的软规范。为此，中央银行可以借鉴司法部门的做法。

### 司法的教训：任命，任期，冲突

与央行一样，司法机构也受制于英国一位宪法评论员所说的解释性责任，而不是牺牲性责任：必须解释但不必担心被解雇。①最高法院也像央行那样，根据个人的"投票"来决定在委员会里的案件，按照明确的程序行事并根据基于原则的理由来做出它们的决定。②

### 任期

与央行行长不同的是，最高法官不仅任期较长，而且在任期期满之后通常会隐退，或者换句话说，那就是正式退休。在英国，法官的任用条件让退休的法官无法重返法律界执业。官方的指导意见指出，退休法官仍可能被公众视为司法界的代表。③在这里，各国央行的实践可能会有所转变。

各种各样的问题接踵而至。例如，任期在原则上可能很长，但在实际中可能不长。在英国，政策委员会的"外部"成员的任期不长，通常为3年，可以连任一次。在美国，美联储理事虽然任期较长，但

---

① Bogdanor, "Parliament and the Judiciary." Also, Judiciary of England and Wales, *Accountability of the Judiciary*.
② Paterson, *Final Judgment*; and for a comparison with central banking, Goodhart and Mead, "Central Banks."
③ Judiciary of England and Wales, *Guide to Judicial Conduct*, chapter nine.

实际上往往只有几年，最终自然而然地形成以主席为中心的委员会。很难相信，这是国会的本意，毕竟一开始它给了理事长达 14 年的任期，但只给了主席 4 年的任期。它有可能使"人事即政策"成为现实，这与日常政治隔离的要求相悖（第 5 章）。[①] 相比之下，就没有人会认为最高法院法官会在不到几年的时间内辞职。

缺乏任期限制可能会带来问题。它们存在于欧元区和英国，但不存在于美国。人们普遍认为，艾伦·格林斯潘任美联储主席的 18 年半的任期，对任何人来说都太长了。具有讽刺意味的是，考虑到要求央行独立的理由，问题就在政治短视的一个有趣转折点上出现了：随着格林斯潘的声望日益高涨，每当他 4 年任期期满时，总统的短期利益与国家和机构的长远利益就会相左。正如《格林斯潘传》的作者所言，当他第 4 次被任命为美联储主席时，"（格林斯潘）因此被招募来提升（总统）的形象"。还有一种说法，人们感觉"他待的时间越长，他的存在就越让人安心"。[②] 一个可能的解决办法是，像美国总统的任期一样，对主席的累计服务年限也做出法定限制。另一个（我觉得不太可靠的）解决方案是年龄限制，就像适用于英国最高法官的做法一样，虽然在美国没有这样做。

## 利益冲突

最后，与最高法院法官形成鲜明对比的是，在中央银行委员会，几乎找不到一个能使那些政策制定者一直干到退休的高级职位。有时可能会出现这种情况，但这不是一种常态。然而，随着许多央行积累了广泛的审慎监管职能，"独立央行"中独立的权重需要被重新调整。我相信，从短期政治角度来看，货币政策和宏观审慎政策的制定者已

---

[①] 在法律上，美联储理事只能因"事由"被免职，而对于总统是否会在中期选举中更换主席，法律没有提及。鉴于第 5 章所述的连任杠杆风险，主席的较短任期（4 年）和主席领导的决策，并不是可信承诺的可靠基础。

[②] Mallaby, *Man Who Knew*, pp. 563–568 and 610.

经付出了很大的努力。现在,我们同样需要谨慎行事,以确保央行审慎监管机构不受其所监管群体的狭隘利益影响,它们甚至不应该面对可能的利益冲突。在每个司法管辖区,社会需要决定自己在这个问题上的立场。

我们可以更进一步探讨:高级官员是否应该被允许在政治选举中投票?在美国,最高法院法官可以在国会或总统选举中投票。在英国,情况发生了变化:2005年以前,最高法院法官都是上议院议员,当时大选中第二议院所有成员投票都受到限制。现在为强调三权分立,他们不再属于第二议院,但从法律角度来看,结果是他们可以自由地在选举中投票。①当然,我希望他们不要这样做。

有趣的是,过去一些军事指挥官,尤其是二战期间的美国将军奥马尔·布拉德利[Omar Bradley,我想或许还有乔治·马歇尔(George Marshall)]认为,他们不应该投票。② 在我的10年任期里,我不止一次地想过,我不会反对英格兰银行货币政策委员会的成员不能投票的非正式规定。如果高级官员被要求与政治隔绝,那么反过来,即使是在内心深处,他们自己也应该强化自己不应该参与党派政治的观念。一位英国最高法院前院长说:"我不知道我在最高法院的同事们的政治主张。"③ 那我也很高兴地说,我不了解我在英格兰银行的同事们的政治观点。

即使政策制定者的深层价值观、兴趣和偏好会因为明确的使命和透明度要求而不得不在委员会面前有所保留,但作为受托人,他们也不应该辜负信任,让人们认为他们或他们的同事支持的是对任务的授权,而不是其他内容。这意味着,除了所承担的那些职责,我们应该绝对禁止任何带有公共政策内容的外部活动。在

---

① 既是最高法院的成员,也是上议院立法会议的成员,会被禁止在下议院就立法进行投票。自1873年以来,法官被禁止在下议院任职。
② Ackerman, *Decline and Fall*. This was a late-nineteenth-century norm (Huntington, *Soldier and the State*, pp. 258 – 259).
③ Phillip, "Judicial Independence and Accountability."

这一点上，美国比英国和欧盟更为强硬。

## 央行行长是哪些人

不管怎么样，随着各国央行行长行使其巨大的权力，关于他们是谁的争论将会持续下去——不仅是关于主席，如果委员会制度能够正常运作，那么还会有关于选哪些人作为委员会成员的争论。这当然是一件好事，这是央行保持持久合法性的必要条件。央行在宪法中的地位可能（也不应该）像司法机构（第12章）那样高，但它们被赋予的权力依旧是影响深远的。

那么，央行行长究竟是哪些人呢？最好的回答方式是，他们不应该是哪些人。

央行行长不是神职人员。这一比喻经常被用来批评央行的神秘性和它们时不时抛出的保持市场稳定的"咒语"。这个比喻引起的共鸣在于它对更高权威的诉求。正如霍布斯所观察到的，中世纪晚期的牧师和主教们认为自己不应该受政治权威的控制，因为他们只对"上帝"（或教皇）负有责任。作为当代"牧师"，央行行长们将只对稳定负有责任；而且，作为真理的载体，他们会"发现……他们本身就是正确的"。[①] 如果稳定是西方民主国家的先决条件，那么他们的更高职责难道不是尽其所能维持稳定，进而维护国家本身吗？我们的答案是否定的。在我看来，马里奥·德拉吉的负担在于，他不是在为一个发达的民主国家服务，没有他组织的对货币体系的隔空援助，该货币体系就没有能力自救。

央行行长也不是哲学家、大师或名人。这或许与爱德华时代的蒙塔古·诺曼世界形成鲜明对比。正如格林斯潘在晚年痛苦地证明的那样，在现代世界中，魅力和神秘感是远远不够的。

我记得有一次我在电视上看到，英格兰银行行长被一位有权势、

---

① Holmes, *Passions and Constraint*, p. 90. 霍姆斯关于这个问题的讨论提供了一个引人注目的解释。

有影响力的政治家形容为英国的首席经济学家,其实谦虚地说,并不是这样的。① 事实上央行行长领导的是一个独立机构,行使立法机构主动或经行政政府同意授予的权力。央行行长和央行中有投票权的同事也不是被选举出来的——他们必须在明确的民主约束和监督下工作。

最后,央行行长们应该自我克制,这一点在我们的调查中会反复出现,我们将在结论部分进行详述。

---

① 据我所知,在以色列,中央银行行长是政府的首席经济学家。

# 结论

# 未经选举的民主主义者

## 免费为公民提供服务

我不恨他……我是爱他的,但是一旦我在不认同他的情况下还说我支持他,那他必然会离我远去,因为那时我对他来说已经没有任何用处了。

——总参谋长艾伦·布鲁克(Alan Brooke)元帅与温斯顿·丘吉尔争吵后如是说,1944年春天①

法官们与政治密切相关,他们的判决在政治市场产生巨大影响……他们手里掌握了许多工具,并在专业人士的监督下操作。因此,对他们来说,获得专业人士的认可至关重要。

——亚历山大·比克尔,《最小危险部门》,1962年②

总的来说,央行行长需要具备三种素质:一是专注于价格稳定,二是有能力向政治家们清楚和直接地说明实现经济稳定所需要的政策,三是当情况需要时能够具备不受欢迎的能力。

——默文·金在让-克劳德·特里谢(Jean-Claude Trichet)的退休晚宴上如是说,2011年③

---

① Quoted from the diaries of Joan Bright, War cabinet secretariat, in Roberts, *Masters and Commanders*, pp. 474–475. 这可以说是在有关最高级别的团队决策和战略的领域里最好的书了。
② Bickel, *Least Dangerous Branch*, p. 197.
③ 默文·金的个人笔记,经他的同意引用。

这三个引语分别来自军队、法院和央行，体现了现代社会未经选举的三大支柱型国家权力与政界人士之间重要而微妙的区别。尽管引语指出了行为准则的特殊性和当权者的自我约束，但它们也提醒我们：独立的央行行长崛起得相对较晚。

2008—2009年金融危机爆发后，央行逐渐拥有了广泛的监管权，在这样的背景下，本书得以诞生。但是这也意味着国家财政和监管领域此刻存在着权力的部分重叠。因此，能否坚持共同原则就显得尤为重要。这将涉及一系列的反思，关于如何解决经济发达的民主国家内普遍存在的与日常政治隔绝的独立机构的合法性问题。即使对那些只在乎结果的人来说，这个问题也应该引起关注，因为合法性提供了一种屏障，防止在偶发性政策失败之后，人们对政府体系产生强烈的敌对情绪（见第二部分导言）。

本书的主要结论是，政治家们如果不接受与政治隔离的独立机构设计准则，就会犯下严重的错误。当人们能够投票罢免他们的州长时，他们对政府的容忍度就会增强。对独立机构的程序限制虽然至关重要，但还不能弥补这一差距。在授权的政策体制缺乏明确目标的情况下，问责制没有根基，会随波逐流。本书提供的"处方"是，应该采纳授权原则或类似的原则。在某种程度上，该原则融合了现代国家建设的三大传统：汉密尔顿式的追求效率，麦迪逊式的权力分散，以及杰斐逊式的为那些应该得到服务的人们发声。

## 挑战的必然性

尽管一些评论家（或许还有一些普通公民）对存在拥有自由裁量权的机构感到愤怒，但如果政府权力结构一直保持不变，那才是异常的。结构在改变，公众的期望在不断增长，包括合法性规范在内的社会价值也得到了不断发展。在英国，许多现在被认为是政府职责的部分，200年前还在由按议会宪章行事的私人部门来完成。英国央行和东印度公司最初都是这样的。对于正式保留在英国范围内的部分，议会仍需要努力解决标准的代理问题，以确保殖民地的总督能够继续坚持英国的政策。①

随着代议制民主的发展，通过自由改革和扩大选举权，合法性原则在一些国家（尤其是英国）发生了变化，在其他国家却没有发生变化。正如一位美国社会科学家在半个多世纪前所说：②

> 合法性危机是一场变革危机，因此，作为影响民主制度稳定的一个因素，必须在现代社会变革的性质中寻求其根源。

本书一直坚持的假设是，西方民主是健康的。因此，关于独立机构政治权力的问题其实是衍生出来的合法性问题。然而事实上，在经济增长放缓、未来不确定性增加、社会凝聚力受到侵蚀的时期，随着贫富差距不断扩大，人们已经越来越不相信政府的表现和承诺。和20世纪70年代一样，将当下的情况描述成"合法性危机"可能有点夸张：民主选举使权力能够被持续、有序地转移，政策持续受到法律的约束，法院的判决不会受到抵制，这些都再次表明，我们的政治体系比特定政府更有弹性，这也是代议制民主的基本优势之一。但是，在重大技术和地缘政治变革时期，民粹主义政府和技术官僚政府之间的紧张关系仍然存在，如果持续的经济低增长使财富增长成了家庭、地区和国家之间的零和游戏，那么这种紧张关系可能会变得更糟。过度依赖与外界隔绝的技术官僚政治，最终可能不得不让政党及其领导人出手。

的确，自20世纪以来，更多的政策领域被授权给了与政治绝缘的独立机构，或许正如我在巴黎听到的那样，这在一定程度上是为了帮助政府重建信任。如果美国是第一个面临如何协调和监督民主选举产生的立法机构的问题的完全民主国家，那么现在，大西洋彼岸的欧洲国家也面临着同样的挑战，因为监管机构正在逐渐取代旧的服务机构。

因此，美国和欧洲的独立机构已经拥有地方权力，现在可以与亚

---

① Bown, *Merchant Kings*.

② Lipset, "Some Social Requisites of Democracy," p. 87.

洲、拉丁美洲和非洲的合作伙伴在国际框架内制定或实施其全球政策。其中一些政策是通过条约组织实现的，协议达成后，这些条约组织的政策对所有成员国具有约束力。在其他领域，非正式国际协定在国内具有法律效力。非选举产生的政策制定者是一群跨国精英，他们聚集在一些不那么正式的场合中，比如巴塞尔总部。

贯穿这一切的是两个永恒的问题：一是政府结构是否能帮助人民过上美好自由的生活；二是对于民主国家来说，政府是否与人民的目的保持联系，并适当地按照人民的目的进行改造，以便民选代表能够约束、监督非民选官员。

随着时间的推移，上述问题的细节会发生变化，这不奇怪。但令人吃惊的是，我们的社会竟然对讨论和建立政府新结构的原则如此不感兴趣。如果这都不算惊人，那我只能说很遗憾。

正如我们所看到的，19世纪末，当美国刚刚出现了第一批独立机构时，伍德罗·威尔逊试图解决这些问题，他认为"行政管理是一个商业领域"。[1] 行政管理过去是，现在仍然是一个太狭隘、太简单的领域。这也是一个权力的领域，政治权力属于民选政治家。英国（当然还有其他国家）从东印度公司的惨痛经历中明白了这一点。

近几十年来，发达经济体中独立机构的激增是一个问题。为了适应民主制度，我们需要确定它们是如何影响一个国家的宪法安排和价值观的。如果对这一点有疑问，那么中央银行现代权威的缩影——在大金融危机期间和之后的权力的积累和行使是清楚的。对于每一个社会来说，要想在民粹主义和技术官僚政治的双重危险中找到出路，解决方案必须通过激励与价值观相容的考验。

## 讽刺、误解、和解

从某些角度来看，这些问题围绕着两个我们熟悉的体制三角展开，这两个体制三角构成了对现代宪政国家的思考。一个体制三角是关于

---

[1] Wilson, "Study of Administration," p. 209.

职能和价值观的,即民主、法治和有效的政府管理;另一个体制三角是关于制度形式的,即立法机构、司法机构和行政机构。从表面上看,它们相互映射得相当整齐。但随着监管机构的出现和发展,行政政府的职能被划分给人民选举产生的代表和未经选举的技术官僚,这一切的一切似乎改变了在18、19世纪建立起来的分权结构。因此,我们关注的是,体制三角是否无意中通过行政国家的发展成长为体制四角,从而切断法律与民主之间典型而简单的联系,展现为地位相等的政府部门第四分支,但这在一些人看来仍然是不可接受的。

当然,我们已经看到,行政国家的迅速兴起引发了经济发达的民主国家中公法的演变,有时甚至是革命,试图对被授予的权力的行使进行适当的审查。立法机构也不得不适应自己的创造,通过专家委员会制定监管机构的程序和协议。选举产生的行政部门必须学会,在不违反立法机构授予的独立机构的完整性的情况下,在不同的政府职能之间进行协调。

换句话说,结构、规范和期望是适应性的,不仅受法律影响,还受公众不断变化的要求和期望的影响。然而,17、18世纪的政治理论家和宪政缔造者对我们的影响如此之大,以至于在国家演变的最新阶段未能摆脱持续、原则性的不适。

这是有充分理由的。但在探索过程中,我们遇到了不少讽刺和误解。

## 讽刺

在大西洋两岸,人们对授权的态度具有明显的讽刺意味。

在美国,一些机构授权令人深感不安,而且可以说是违宪的。但在许多方面,它却完全符合开国元勋的精神。麦迪逊尤其希望分散权力,以避免出现多数人的暴政、白宫的暴君,以及他和他那一代人所说的派系(就是今天我们所说的政党或利益集团)。随着政府的规模和影响力超出开国元勋们最疯狂的梦想(或恐惧),随着未经选举的行政部门使总统权力不断增加,在国会的监督下,给机构授权也可以被视为是和美国宪法精神相一致的分权设计。从这个角度来看，挑战在于授权制度是否存在适当的民主设计、监督和问责。

但在一些人看来，这种方法似乎没有抓住要点。引用一位擅长辩论的行政体制评论家戴维·舍恩布罗德（David Schoenbrod）的话来说：①

> 美国宪法禁止授权并不是基于民主，而是制宪者有意这么做。授权的支持者把民主当作关键依靠。他们试图通过从形式主义转向工具主义来改变这一问题，并声称授权是符合宪法精神的，因为它不会削弱民主。

在我看来，舍恩布罗德的核心关注点之一——过于模糊的法定目标和立法标准的缺乏，同样会引起民主党对双重授权的批评。考虑到我们深层次的价值观，阐述政府结构的可持续性，比解释成文宪法中的模糊条款，更能推进基础发展。正如我们在第三部分所讨论的，相比之下，许多美国行政体制评论家所拥护的形式主义在英国法律中更明显，但这与英国议会作为一个积极的立法机构能够（并且确实）制定和改革法律有关。② 在美国，国会扮演这一角色的动机较小，这或许可以解释，为什么授予宪法监护权的最高法院允许这么多含糊不清的授权通过——美国法律中的形式主义可能与动机不相容。如果公共舆论和司法原则之间的"反身性"对宪法法院的合法性来说是不可或缺的（第4章），那么独立机构恢复关于非授权原则的争论需要在公共场合以人们能够理解的语言赢得支持。

单独来看，我可能是错误的，但我很怀疑，如果行使修改美国宪法的民主行政权，是为了消除对独立监管机构合法性的怀疑，那么，基于宪法的对行政国家的批评是否会得到缓解。我怀疑，很多深刻的批评家只会选择一些较小的国家。当然，这是一个非常合理的观点，可以说是西方民主国家面临的一个重要的国内政治问题，但这与民主

---

① Schoenbrod, "Delegation and Democracy," p. 759.
② Atiyah and Summers, *Form and Substance*.

合法性无关。

我们认为，美国的深层问题在于，激励与价值观的兼容是否触手可及。事实上，也许最具讽刺意味的是，"没有代表就没有监管"的呼吁掩盖了一个残酷的事实，那就是各机构之所以能够制定具有法律约束力的规则和监管制度，只是因为它们得到了民选代表的明确授权。它们有多少自由很大程度上还是掌握在代表人民的立法者手中。

在大西洋的另一边，具有讽刺意味的事情有所不同。在英国，有责任的政府基本都有这样的准则，即向未经选举的技术官僚进行双重授权，这让人们很难接受。尽管在一定程度上这与英国议会塑造和监督授权制度的内在能力相矛盾，但也没必要夸大这一转变。今天，政府所面临的挑战与20世纪80年代的几乎相反："独立运作"已被视为提高政府质量的万灵丹。历届英国政府向林林总总的半官方组织宣战，都只是为了坚持授权政策的要求。但它们没有明确的原则来规定授权原则与政治隔离在何时、以何种方式、在何种程度上结合在一起。

欧洲大陆具有讽刺意味的事或许可以更简洁地被表述出来。在德国，基本法宣称自己绝对解决了这个问题，虽然不一定能在实际中解决。在法国，共和政体的权力本来是统一的，但现在分散了。在欧盟，非选举产生的监管机构的主要控制权掌握在非选举产生的委员会及其工作人员手中。

## 误解

关于误解最好的例子就是，美国法律学者为理解和证明行政国家的合理性而断章取义创造出的观点，这些观点在大西洋彼岸甚至仍有不少追随者。[1]

在新政之前盛行的一种早期观点认为，机构不过是一种让国会的政策充分发挥作用的"传导机制"，这种观点显然是妄想。有些政策被赋予特权，因此这一观点模糊了到底有多少自由裁量权是必要的。

---

[1] Stewart, "Reformation of American Administrative Law."

它可能至今都还在借鉴德国关于行政管理的观点,包括由韦伯理性主义的官僚机构执行政治上被认可的法律(第13章)。①

新政拥护者对"专业知识"的提升也不是可持续的基本原则。对于柏拉图式的守护者来说,这一案例的现代表现形式有可能为技术官僚政治打开大门。当选的政治决策者能够在不移交权力的情况下,就从独立专家那里获得建议。在法国,你总能在政治控制下的超级精英官僚机构中找到共和派,他们需要在不边缘化政治家的情况下,将自己重塑为独立机构领导人。

到20世纪60年代末,这些授权理论在美国已被"利益斗争"模式所取代,后者借鉴了在那个时期蓬勃发展的利益集团自由主义和参与式民主等理论(第11章)。它促使美国立法者和法官要求就规则草案和更严格的裁决程序进行更多磋商,并允许更多政党通过法院对他们的行动和决定提出异议。它有两个缺陷。由于获得资源的途径不平衡,而且普遍存在收益(或成本)集中而对应成本(或收益)分散于一般公众的政策,这场斗争可能会严重失衡。更关键的是,失败后的代价(如金融危机)有可能让整个社会变得更穷,因此这样的公共政策概念就不再行得通了。在这种情况下,政策制定一定要在某种程度上考虑代际公共利益。

行政国家的第四个概念——总统控制,乍一看很有美国特色,但它也可以被解释成其他的宪法结构,即政策应始终授权给经选举产生的政府。这显然忽略了授权给真正的独立机构的意义:可信承诺。因此,除非总统的宪法权力被解释为建议但不控制,否则,这就相当于主张完全废除受托型独立机构,也就违反了民主价值观,因为行政当局就有可能通过放松对某些既定公共目标(如价格稳定)的追求,来促使自己(或其政党)获得连任。

这不能通过将合法化的重担转移到第五个概念上来解决:法律规定禁止随意使用被授予的权力或"制定不合理、不可预测或不公平的

---

① For the influence of German traditions in early-twentieth-century US thinking about administrative law, see Ernst, *Toqueville's Nightmare*, chapter 1 ("Freund and Frankfurter").

决策"。① "通胀偏差"或基础设施的政治监管的时间不一致性问题,就根源于完全合理、可预测、公平的现象。它们是合法滥用权力而非非法滥用权力的结果(第10章)。

## 和解

这给我们带来了什么?首先,"总统控制"的观点让我们认识到,有必要将被政治控制的机构与真正独立的机构区分开来。无论这些权力杠杆是由选举产生的行政机构持有还是立法机构持有,受政治控制的授权与独立授权是不同的。如果需要做出承诺,那么必须事先通过制度设计,而非选举产生的部门的持续控制或司法部门成员之间的政策冒险来"制衡"。

其次,美国连续不断的合法化叙述描绘了目光短浅的危害:一旦有了一种统一理论,它就会将之前的一切清扫干净。如果抛开这一点,转而采用一种稳健的合法性方法(第11章),那么,美国的每一种辩护范式都是借鉴了民主价值观的重要元素后才出现的——明确的立法目的、专业知识、咨询及公众辩论、多数人的责任,以及公平、合理和可预测性。

对于一个市场失灵与政府失灵相结合的世界而言,授权原则涵盖了上述每一个要素,甚至更多(第3章)。因此,授权原则的制定试图通过关注民粹主义与技术官僚主义之间、非自由主义民主与非民主自由主义之间即将爆发的冲突,找到一条出路。答案在于宪政民主所借鉴的丰富的政治传统历史。任何部分单拎出来看都是不够的。

各色各样的自由主义都涉及个人的自由和权利。因此,如果一个人一开始就拥有"全套"权利,但没有在人生的"项目"中取得成功,那么他对此的感觉可能就是"运气不太好"。然而,共和党最近的选举提醒我们,那些人仍然可以行使他们的政治权利,如果他们有足够多的人,就可以通过"投票箱"来改变政治进程。

---

① Bressman, "Beyond Accountability," p. 496.

换句话说，一个注重权力和效率（自由主义中通常有争议性的术语）的政治体制的持久性，不仅取决于司法的坚韧和技术官僚的能力，还取决于它能否获得并维持广泛的支持。技术官僚自由主义必须以共和民主政治为框架，这提醒我们，在代议制民主制度下，当选的议会是公共政策辩论的焦点，因此，它是权力下放的塑造者和监督者。

## 授权给独立机构的原则

授权原则强调了明确一个机构是否应该独立以及如何使其与政治隔离的重要性。

至于是否将权力下放给独立机构，关键的考验在于，该机构能否在不冒险就财富分配或社会价值观做出重大选择的情况下，解决社会成本高昂的可信承诺问题。这需要广泛解决偏好问题，并就政策机制将发挥作用达成共识，这反映在公开辩论和最终跨党派趋同中。

关于如何授权，核心的设计原则包括：立法机构明确规定的目标、责任和权力；明确、强制性的决策程序；阐明如何行使自由裁量权的操作原则，使政策能够具有系统性和适当性；产出和结果的透明度足以实现民主监督和知情的公开辩论；为民选政策制定者制定明确的程序，以确定在紧急情况下是否应扩展其职权。

总之，这些原则不只是屈服于现代宪政民主的两大支柱：关于偏好的"多数主义"决策和限制权力滥用。但它们还不止于此。通过使政策制定者达到一个可监督的目标，它们试图阻止政府滥用权力，为政治或地区占领提供"解毒剂"，并为公众对目的和手段的持续审议提供条件。因此，这些原则似乎是在我们不同的政治观念下堆积起来的：自由主义和共和主义，竞争主义和审慎主义（第11章）。

## 授权原则是宪政民主治理的规范

这些原则呼吁政治家在讨论和构建独立机构制度时站出来采取行动，然后成为积极的监督者，并认识到对政体设计的问责与对其管理

结论　未经选举的民主主义者

的问责之间的主要区别。国会成员在发现我所谓的"伪独立"的情况方面发挥着特殊的作用，即民选行政机构或私人党派收买了一个意在独立的机构，就像20世纪70年代的美联储那样（第17章）。

总之，随着行政国家的扩大，这一监督作用的重要性也在增加。归根结底，作为公民，我们的信任是寄托在我们选出的代表身上的。依靠法官作为监督者意味着民主做出妥协，最终肯定会疏远公众。实现激励与价值观的兼容并不容易，或许在美国尤其如此，在美国，边缘议员往往是未经选举的法官或技术官僚。

考虑到政治家有必要塑造他们想要的世界，除非我们的一些准则和惯例成了民主社会的基本原则，否则不太可能实现民主价值观的要求。无论司法管辖区是通过法律还是政治宪政运作（第8章、第12章和第13章），情况都是如此。

## 需要对行政国家进行基于原则的审计

尽管这本书概述所论述的内容让人担心，我们选出来的代表注定要过一种整天发推特、经常进行电视直播和筹款的生活，但只有他们自愿让出他们在民主社会合法拥有的地位时，这才会成为现实，当然现在还不是时候。这意味着，除了更引人注目的优先事项外，他们还要密切关注独立机构准则的要求，以及行政国家的任何与日常政治的过度隔离或隔离不足部分。

在哪里划定界线是一个值得公众讨论的问题，具体情况具体分析。然而，我怀疑许多独立机构制度目前是否符合这些原则。最严重的问题是，一个政策领域从一开始就不符合授权的条件，而且授权的方式还存在缺陷。

## 建议

关于本书的一般性建议，我将在附录中进行更全面的阐述，现总结如下：

1. 民主国家应该有一个清晰而有原则的框架，对那些拥有自由裁量权，但在不同程度上与行政机构和立法机构的日常政治隔离的机构进行分类。
2. 对那些与这两个选举产生的机构高度隔离的机构，民主国家应该就是否以及如何进行授权制定一套明确的原则或规范。
3. 最重要的是，这样的独立机构应该有明确的、可监测的目标，并由一人一票的委员会制定政策。委员会成员的任期应该够长，且采用间隔式任期制。
4. 独立机构只有在被明确授权的情况下才有权发布具有法律约束力的规则，以便在立法者可能无法维持一项一贯政策但又希望这样做的时期内完成立法机构的工作。
5. 这样的独立机构的规则不应造成刑事犯罪，因为维护基本自由是民选代表大会不可剥夺的职责。
6. 无论是作为监管机构、行政机构还是服务机构，独立机构都不应被赋予代表社会就重大分配或重大价值判断做出选择的权力。它们的政策选择不应过多地干涉个人行为，以达到其法定目的。
7. 政府和立法机构应该事先明确说明，最好是在法律上明确说明，如何（如果有的话）扩大一个独立机构干预紧急情况的权力范围，但都不应损害其核心任务的完整性和独立性。
8. 一般情况下，独立机构的规则应该载列在普通法中，并通过公众支持和广泛使用进行贯彻。
9. 这些原则应该在全国范围内被公开辩论，因为授权给独立机构的目的就是获得公众稳定而广泛的支持。
10. 独立机构的领导人权力极大，通常情况下是未经选举的决策者，他们应该在自我约束的道德下工作，并应该在独立机构政策委员会任职，直到退休。这样，像邮局利益冲突（信息透明度与程序约束）问题就不会出现了。
11. 任何健康的民主国家都不应拥有超出立法机构监督和审查能力之外的独立机构制度。

结论　未经选举的民主主义者

以上这些是我们的总体建议,现在我们可以重新审视本书一开始提出的问题了：这些原则是否足以防止央行行长被授予过大的权力？

## 央行行长辞职了

正如美联储前主席本·伯南克在20多年前所言,危机前的货币当局为真正独立机构提供了一种模式,限制了它们的自由裁量权。事实上,在大金融危机之前,这一模式经常被视为有效授权的典范。如今美国可能冒着自食其果的风险,因为这种模式已经成为政治上诱人的解决方案,这让货币当局感到不安,实际上也让它失去了内在能力。有时央行行长们似乎享有无与伦比的地位、权力和声望。但事实上,他们自己也知道,他们和任何其他人一样,对经济社会正在发生的事情的了解比任何人预想的都要少。

在本书中,我们试图弄清楚他们是谁,以及他们是如何参与进来的。

## "自定义"与建立中央银行制度

本书对正式制度的强调,并非要否认央行的那些惯例和惯例的重要性。一旦一家央行采取了一种特定类型的操作,人们就会预期,它（或许还有其他央行）可能会在大体类似的情况下再次采取这种操作,甚至是力度更大的操作。因此,央行行长的工作就是创造、提炼,甚至颠覆先例。换句话说,像普通法法官,他们的选择和行动在其（巨大）影响和控制范围内改变了交易条件。正如社会面临的一个选择：希望有多少法律由法官制定,有多少法律由选举产生的立法机构制定；我们也面临着一个选择：是希望中央银行理论和原则被保留在央行判例中,还是希望在经过适当的公开讨论后,由选举产生的立法机构建立制度并由中央银行补充。

本书的主要任务是反映20世纪下半叶至21世纪合法化标准的演

变，呼吁业界将更多精力转向基于法规和独立机构运作原则的制度建设。然而，沃尔特·白芝浩在 19 世纪 60 年代提出，一个外部评论员可能会详细阐述有关最后贷款人的规则，试图确定他认为在英国央行实践中有用的内容，但今天来看这似乎还不够。在西方民主制度中，非选举和选举产生的权力领域之间的界线，并不能由非选举产生的权力持有者自己划定，无论他是央行行长还是法官。

然而，在面对危机时，央行行长不可避免地需要随机应变，如果同时要维持和支持央行的独立性，那么目前可随机应变的程度仍达不到央行规划未来和充分利用其能力的要求。今天，合理的可预见性必须与有民主背景的规范性期望挂钩。

在这种背景下，我们提出了下列观点：

- 在共和主义和自由主义的观念下，"价格稳定"对自由很重要，因为它相当于让人们免受政府征收通胀税的影响，从而追求自己的目标。
- 如果保持低而稳定的通货膨胀率，社会各阶层都可以从政府节约的实际偿债成本中获益。
- 在法定货币体系中，央行的独立性是保持立法机构与行政政府之间财政权达到更高层次分离的必要条件；鉴于核心行政官员有拉选票的动机，他们不应拥有征收通胀税的权力，因为这意味着他们不可避免地从民选代表中寻租。
- 在保持可信度的前提下，独立央行增强了国家在遭遇严重冲击时平滑调整经济的能力，这也会影响中央政府合并（净）资产负债表的构成和总规模。
- 此外，即使允许私人银行的存在，央行在保障经济流动性方面也拥有不可剥夺的权利，并不可避免地参与监管，以维护金融体系的稳定，因为它提供了经济流动性再保险。
- 因此，央行不可避免地要涉足服务机构职能、财政机构职能、监管机构职能和应急机构职能。
- 一方面，央行有保持价格稳定、生产公共产品的责任；另一方面，央行还有保持金融稳定的责任，当私人激励措施可能导致公共产品流失时，央行有强烈诉求保持体系的弹性。

但遗憾的是，因为时局的要求，有时甚至是央行内部的时局要求，他们无法合理合法地干预金融体系。央行作为货币体系的中枢，有必要具有一定的实际的权威。我们认为，在当今世界，非选举产生的权力持有者也需要被正式任命，才能符合我们的政治价值观。从这个角度来说，正是为了做到这一点，才有了金融危机后的立法改革，试图赶上现实的发展。但这样做的结果是将大量权力集中到央行行长手中。我们需要有明确的界限来保证央行行长的权力被限制在维持货币体系稳定的范围内。

## 中央银行独立性公约：货币信贷宪法

这些界线并没有被划定出来，因为从某种程度上说，它们是惯例问题，是根据社会更广泛的准则和惯例来定的。然而，假设宪政民主国家有某些共同的深层价值观，授权原则可以帮助确定一系列可能可行的选择（激励-价值观兼容）。正是本着这种精神，本书第四部分在审慎监管、流动性再保险、信贷政策制定方面给中央银行提供了一些建议。

就像基本原则一样，这需要积极的公开辩论。它还必须构成一个连贯的整体，这就是货币信贷宪法，一个嵌入政治体制的规范。通常情况下，它包含一个宽泛的货币体系稳定目标（如将通胀目标与金融体系的弹性标准相结合）；一种财政剥离，承认央行具有财政元素；对私人银行的结构和形态（以及对金融体系的其他部分进行适当修改）的约束。目标应该足够明确，为防止央行被党派或行业俘获提供屏障。

这并不是表面文章，正如本书所提出的这些建议，各国央行将预期通胀率提高到4%和/或直接进行"直升机撒钱"（央行为提高物价水平而永久性地注入资金，从而在通胀意外高企的时期缓解债务负担)。不管上述手段在经济学上有什么实质性的优缺点，它们都相当于在征收通货膨胀税，这就变成了社会公认的"资本主导政治"。在这种情况下，独立央行的非民选领导人也不可能做出明智的决定。即使目前的法律在技术上支持他们做出决定，一旦他们真的这样做，央行不仅会违反西方民主价值观，还会危及其自身的独立性。

## 一个令人愉快的结论：不是第四分支

这样论证下来，似乎有了一个圆满的结局。自第 4 章开始，我们一直在强调受托型机构与监管机构之间的深刻差异。受托型机构负责制定由民选议员授权的明确的政策制度，而监管机构负责巩固更高层次的民主和法治。在第二部分中，我们认为核心区别在于各机构是否构成新的政府"第四分支"。一些选举委员会很可能会，但独立的监管机构不会。

一般情况下，独立的中央银行也是如此。无论它们对社会的福祉有多么重要，它们的运作水平都低于这三个权威分支。我们不是在讨论基本的自由或国家与人民的首要关系（第 8 章），也不是在讨论如何维护民主和法治。

而欧洲央行的情况并非如此，因为正常的高层结构不完整，所以货币技术官僚在宪法秩序中找不到立足之地，生存岌岌可危。因此，欧洲央行为维护欧洲货币联盟及其所代表的更广泛的项目而付出的西西弗斯式的努力，带来了法律和政治困境。

但除欧洲央行，与其他独立机构一样，央行问责制的核心问题是，听取人民意见的民选立法者，是选择保留、改革还是废除其独立性。

基于这个原因，央行的官员们就不得不持续地告知公众，他们正在做什么，以及为什么这么做。随着央行权力的积累，这种公开讨论就需要被扩大和深化，还要保证在经济回温时也能持续，这就是第 24 章的主要内容。央行行长需要不断寻求合法性，也就是说，他们需要成为未经选举的民主主义者。①

## 好得令人难以置信：一种自我约束的规范

即使正如我所主张的那样，这些原则（或类似的原则）能够有效地指导被授权的独立机构的制度的设计，似乎也很难相信，正式的制度和精心设计的与价值观相容的激励机制总是足够的。制度的设计也许可以体现出央行的硬实力，但无法体现出它的软实力。考虑到政治与政策之间无形但尖锐的界线，当面对公众政治情绪时，央行行长们能说些什么以及如何说就会存在问题。这里似乎缺了点什么。

正是因为中央银行非常强大，所以需要一种自我约束的道德规范，这种道德规范以非正式的惯例和规范为基础。但是界限在哪里呢？回到第4章中一个具有启发意义的例子：军队和法院——也是两大非民选权力支柱——提供了两种截然不同的模式。

## 非民选三大权力支柱与民选权力的独特关系

结论部分开头的内容说明了一切。这个"体制三角"的一个顶点，是最高军事顾问和战略家。布鲁克元帅显然是服从命令的，考虑到他作为一名优秀的军事专家和军队传统承载者的背景和职业，有时媒体会不断报道他的职责；而有的时候，当他真的相信其政治原则有可能让他走上一条与政府的战争目标相悖的道路时，他就会顽强地反抗。丘吉尔首相和布鲁克元帅关系非常亲密，这让我感到十分震惊，也给我带来了许多灵感。和布鲁克元帅身处同样位置的美国将军乔治·马歇尔的个人风格与布鲁克元帅没什么不同，他有时也会同样不遗余力地劝说罗斯福总统去做或不做某事。撇开他们个人的伟大不谈，这就是他们在文明的存在时刻能够合法地做的事情。即使知道是资质

---

① 这个表达是几年前我和我的前同事塞巴斯蒂安·沃尔什（Sebastian Walsh）讨论时产生的。

/521

稍差的人，人们对在这个位置上的人的期望也不低。

"体制三角"的另一个顶点是最高法官，他是自由的保护者。正如亚历山大·比克尔巧妙的描述，法官们一直站在政治市场附近，但他们绝不能进入。原因很简单，无论我们在政治领域讨论、争论、捍卫的是什么，最终都可能会在法庭上出现。比克尔关心的是法官应如何应付这一危险，提倡小步迈进的"消极美德"和对待可判性的谨慎态度，把理应属于政治家的留给政界。同样的观点也适用于司法部门在法庭外的行为，而且应该说在这方面更应采用这样的原则。当然，法官们可以对公共政策问题有意见，但是不是用军事指挥官的方式来表达，法官不能直接对任何公正问题提出意见。这对政治家们来说是非常沮丧的，因为他们想制定能在法庭上经得起挑战的政策，却又得不到意见。①

此外，法官不能被批评或压力所左右。正如英国大法官丹宁（Denning）勋爵所说：②

> 我们不怕批评，也不讨厌批评……尽管我们面临着批评的狂风暴雨，但无论是谁说的什么话，无论是谁写的什么文字，都不能阻止我们做我们认为正确的事。

那是将近50年前的事了。今天，在一个连最好的制度都不那么受尊重的世界，法官觉得确实有必要解释一下他们制定的制度的目的是什么，它是如何融入社会与政治体制的。但是，与政治家保持必要的距离，坚持法外谨慎发言的准则依然存在，这也是他们应该做到的。③

那么，这一"体制三角"的新成员，我们的央行行长将何去何从呢？我们知道它所在的领域是比较危险的。就像美国最高法院大法官

---

① 近年来，英国发生过一起著名的此类事件，内政大臣查尔斯·克拉克（Charles Clarke）寻求与法官对话。
② Quoted in Dyson, "Criticising Judges."
③ The tone of this is reflected in Judiciary of England and Wales, *Guide to Judicial Conduct*.

结论　未经选举的民主主义者

露丝·贝德·金斯伯格（Ruth Bader Ginsburg）因在2016年大选期间对一位总统候选人发表评论而招致批评一样，美联储前主席珍妮特·耶伦在发表有关不平等的演讲时，也引发了一些议论。还有当时印度央行行长拉古拉迈·拉詹在谈到宽容在社会中扮演的角色时，也引起了一些人的质疑（有一些人争辩说这是对邻里关系的评论）。① 在离英国更近的地方，让－克劳德·特里谢经常提到公共财政审慎原则对货币稳定的重要性，但默文·金在2009年罕见地就英国财政状况发表评论时，又受到了一些人的批评。据说，马里奥·德拉吉偶尔会因呼吁进行结构性改革和财政刺激而激怒欧洲最重要的政治家。② 艾伦·格林斯潘提供了一种为政治导航的方案，但有时他会冒险进入不在其权限范围内的领域。③ "沉着的"埃迪·乔治则提供了一种完全不同的方式，那就是原地不动。

## 央行行长的自我约束

这里我想讲的是自我约束，我认为它的精髓可以在这一部分开头引用的默文·金的话中找到：

- 与军队一样，但与司法部门不同，央行行长必须准备好私下对政府更广泛的政策提出建议，而这些政策对于货币体系的稳定是必要的。
- 与军队不同的是，因为央行相对独立，央行行长有工作保障，所以不用固执地对政府一味施压，但也不能在政策建议上含糊

---

① Respectively, Conti-Brown, *Power and Independence*, p. 50, and Kazmin, "India's Raghuram Rajan."
② 有关谨慎的辩护，请参阅皮萨尼－费里（Pisani-Ferry）的《央行倡导》（Central Bank Advocacy）。"争论的原因，部分是因为缺乏专业知识和权威；部分是当政治家忽视了致命的弱点，作为最后贷款人的央行有责任站出来发表意见；部分是因为不能提供一般性而非针对央行的约束。"
③ Mallaby, *Man Who Knew*.

/ 523

其词。

- 与军队不同的还有，央行行长可以主动在公开场合重复自己的建议，但在此过程中，他们与法定目标的联系必须是明确的，并经得起严格审查。
- 央行行长不能因为立法者对他们的信任，就在私下或公开场合对自己碰巧知道或感兴趣的事情随意发表意见。
- 和司法部门一样，央行行长不能就自己将要或可能不得不决定的事情提供具体的私人建议或公开言论。
- 和司法部门一样，作为合法性的寻求者，央行行长可以也应该理性地向公众解释他们的制度。
- 和司法部门一样，央行行长必须准备好接受批评。

综上所述，作为稳定货币体系的受托人，央行行长失去了参与社会面临的许多其他更广泛问题的权利。他们获得了一个非凡的平台，实际上却放弃了一些普通公民的参与权。他们一定是那种罕见的人，不追求眼下的声望，只追求同行者和整个社会的尊重，因为他们坚持执行了当选议员赋予他们的工作。如果说这里涉及个人的满足，那么我认为这种满足是被推迟了的，因为不是每个人都能亲眼见证自己的所作所为被历史正名。

## 最终的想法

本书围绕着权力、福利、激励和价值观展开。中央银行和其他独立机构只有在适当的激励机制被设计出来时，才能利用其相当大的权力提高人民福利。由于有时难免会产生不好的结果，当且仅当这些机构符合我们的价值观时，它们才能持续下去。因此，正确的顺序是：价值观—激励—权力—福利。那么或许，本书的中心思想是，央行究竟应该如何独立地参与政治，我们不必在汉密尔顿主义、杰斐逊主义或麦迪逊主义之间做出选择。是的，央行拥有集中的权力（汉密尔顿），但是它们所拥有的信誉依赖于广泛的公众辩论和评价（杰斐逊），它们的合法性依赖于这种讨论和支持，以及三个高级国家机器所提供的制衡（麦迪逊）。央行依赖于一个持续的政权，信誉需要合法性，而合法性又需要通过精心构建的框架、持续的监督和公开的辩论进行授权。我们可以保持启蒙运动的温和版本，支持技术官僚政治，这样我们就既不需要接受伪科学，也不需要放弃共和民主了。

## 央行的权力过大吗

在民主国家目前面临的重大宪法和政治问题中，本书所关注的问题，似乎不像选区划分不公、美国货币权力复苏、英国联邦的未来、如何在深化欧洲货币联盟的同时保持更广泛的自由贸易区、定期选举中选民投票率较低、民众不满情绪升温以及地缘政治重组那样重大或紧迫。但是，未经选举的权力的重新出现是现代政治治理的基本特征之一。自2007年以来，政治家们在恢复经济繁荣的问题上靠边站，在很大程度上给了各国央行行长恢复并重新设计国际经济和金融体系的机会，这种情况从未如此明显地出现过。

在前言中，我们从中世纪晚期英国的"全能臣民"（或者说"弱权国王"）问题开始讲起，讲到金雀花王朝旷日持久的灾难性的玫瑰战争。这说明到了大约600年后的今天，我们需要的是功能齐全、经民主选举和负责任的立法机构，而绝不是未经选举的权力过大的机构。幸运的是，在现代民主社会中，我们有权决定最终想要的结果。当务之急是，我们的社会必须在有原则的基础上行使这一权力，来保持我们的本色，即我们设法成为的那个样子。

# 附录

# 与日常政治隔离的独立机构的授权原则

本附录概述了本书中的授权原则,根据第二到第四部分的内容,更新了第 5 章和第 6 章中的最初版本。

## 授权原则

只有经过广泛的公众辩论,并且在满足如下条件的情况下,公共政策制度才能被授权给独立机构,该机构与民选政府的日常政治隔绝:

1. 目标可以被明确设定。
2. 社会偏好是相当稳定的,考虑主要的社会成本。
3. 做出稳定政策体制的可信承诺。
4. 人们满怀信心地期待这些政策工具能够发挥作用,在独立机构之外,还存在一个相关的专家团体。
5. 独立机构不必在权衡分配或社会价值观上做出重大选择,也不必在政治权力的分配上做出重大改变。
6. 立法机构有能力透过委员会制度,适当地监督独立机构的管理,并独立地监察该制度是否有效运作。
7. 社会能够赋予尊重或声望,从而有助于使独立机构的决策者与政权目标保持一致。

## 设计准则

1. 当选的立法者应该提供一份关于目的、目标和权力的声明，并划定政权的边界（目的 - 权力）。特别是：
（1）目标或标准必须能够被监测。
（2）如果有多个目标，它们应该是词典（序）式的。
（3）任何法定目标、标准或文书规则，必须为立法者所理解，并被公众广泛理解。
（4）独立机构制定规则，以达到法定目的和目标，应尽量不要干涉个人自由权利（相称性）。
（5）独立机构无权制定刑事法律，或提起刑事诉讼。
（6）其制裁不应包括毁灭性的罚款。
（7）在符合上述条件的情况下，独立机构的政策制定者，必须控制被授权的政策工具，因此必须有法定的工作保障，使其无须受频繁的政治预算批准（独立的必要条件）的限制。因此：
①民选政治家的任何凌驾性权力，都应在法律上被明确规定，并且权力的行使对立法机构和公众来说应是透明的。
②任何有关独立机构在紧急情况以外使用权力时寻求特别批准的规定（第五个设计准则），只应适用于需要做出政治判断的情况，以确定是否可以通过撤销对可监测标准的限制来达到法定目的；它只能在特定情况下被使用，而且在安全的情况下应尽快公开它的使用情况。

2. 要明确授权给谁，以及授权和行使授权的程序。特别是：
（1）决策机构应该是审议性的，其委员会委员根据一人一票原则进行投票。
（2）委员会成员的任期应该够长，且采用间隔式任期制。而且其任命应该受到双重约束，这样单个民选政治家就无法单独任命一个由同盟组成的委员会。

(3) 应避免机构内部的权力过度集中。
(4) 机构的程序必须在机构规则制定、裁决和其他行动中传递法治价值观。
(5) 在制定规则的机构内，决定（裁决）个别案件的结构，应具备一定的分离度；同时，每个不同的政策制定阶段，都应该有自己的完整性。

3. 独立行政机构应公布其计划如何在其范围内行使自由裁量权（运作原则）。

4. 应该有足够的透明度，使被授权的决策者能够履行管理人职责。另外，该制度的设计将由民选代表进行监督和公开辩论（透明度-问责制）。特别是：

(1) 独立机构应该为这些公开辩论做出贡献，提供资料和研究方法，以说明它如何评估其手段的效力，以及它被授权消除各种弊病所需的社会成本。
(2) 独立机构应该公布事后对其成本效益分析和其他预测进行评价所需要的数据，并更普遍地使独立研究成为可能。
(3) 参与国际政策标准制定的独立机构，应尽其所能地确保有关计划和问题在国内被适当公开。

5. 应该有一些规定，来确定在灾难时期触碰政权边界应遵循的程序，包括民主问责制是如何运作的（紧急情况）。需要受到的限制如下：

(1) 独立机构在正式采取措施之前，如果这些措施属于其法定权力范围，但从未被议员和公众考虑过，那么它们应设法征求重要民选代表的意见。
(2) 任何扩大独立机构权力的决定，均应由立法机构或经选举产生的行政机构，通过行使其被授予的权力做出。
(3) 独立机构的权力是在维持独立性的情况下被重新设定，还是随着个案的政治审查进行相应的拓展，应该是完全清晰的。
(4) 在保持独立性的情况下，民选代表授权的实质性延期或重新授权，不得与该管理体制的宗旨和目标不一致，或者与在所有情况下对独立机构都具有绝对约束力的任何事前限制不一致。因此，在独立机构核心任务的完整性和政治绝缘性方面，不应妥协和让步。
（5）如果没有对立法机构和公众来说透明的正式法律措施，那么在灾难时期或灾后，不得事实上暂停独立性。

独立机构应制订广泛的应急计划，这样它们就能够利用其法定权力和能力部署这些措施。

## 多任务约束条件

1. 只有在满足下面几个条件的情况下，一个独立机构才应当承担多个任务：
   （1）这些任务存在内在联系。
   （2）每一个机构都面临可信承诺问题，并符合其他的授权标准。
   （3）把多个任务合并在一起后，将产生实质性更佳的结果。
2. 每个任务都应该有明确的目标和约束条件，这些目标和约束条件与设计准则保持一致。
3. 每个任务都应由该机构内一个明确的政策实体（部门）负责，每个部门的大多数成员只在该部门任职，少数成员则在所有这些部门任职。
4. 任何一个政策委员会，都应充分了解其他委员会的辩论、审议，以及所采取的行动。

## 自我约束

在正式制度的范畴之外，还应鼓励和促进自我约束或者自我克制。独立机构的政策制定者在其授权领域内是政治绝缘的，与此相一致，它们也应避免参与社会面临的许多其他更广泛的问题。

# 致谢

出版一本书,是一件需要付出诸多努力的事。在此我要感谢为本书做出贡献的人。在初稿的基础上,Jennifer Goyder 帮我创建了参考文献目录,整理了笔记,保持了文本整体上的整洁,有她帮忙做这些,让写书这个苦差事变得非常令人愉快。普林斯顿大学出版社的编辑 Sarah Caro 阅读了整部书稿,给我提出了很多非常棒的建议;Jennifer McClain 是一位出色的文案编辑;Hannah Paul 和他的制作与营销团队对本书很有帮助,效率也很高。非常感谢他们以及两位匿名评论者。

本书的编写是一个项目,我从世界各地人们的帮助中获益匪浅。能够和他们讨论我所关心的问题,是一种莫大的荣幸。其实,要感谢的人很多,我向我遗漏的任何人表示歉意,并且感谢那些在其他项目中慷慨帮助过我的人。

在马萨诸塞州的剑桥市,我一直得到下面这些人的帮助。在哈佛大学有:Eric Beerbohm、Dan Carpenter、John Coates、Richard Cooper、Chris Desan、Marty Feldstein、Jeff Frieden、Ben Friedman、Jacob Gersen、Robin Greenwood、Peter Hall、Olivier Hart、Howell Jackson、Louis Kaplow、Frank Michelman、Joe Nye、Richard Parker、Carmen Reinhart、Ken Rogoff、David Scharfstein、Hal Scott、Emile Simpson、Jeremy Stein、Cass Sunstein、Richard Tuck、Adrian Vermeule、Richard Zeckhauser。虽然我们从未见过面,但我应该提一下 Jenny Mansbridge,是她把我介绍给 Philip Pettit 的。在麻省理工学院有:Bengt Holmstrom、Athanasios Orphanides、David Singer。在河对岸有:Vivien Schmidt(波士顿大学)、Dan Coquillette(波士顿学院)、Alasdair Roberts(前苏塞

克斯大学)。

在耶鲁大学有：Bruce Ackerman、Andrew Metrick、Nick Parillo、Roberta Romano、Susan Rose-Ackerman（令人惊喜的是，他邀请我参加了一个关于比较行政法的会议）。在斯坦福大学有：John Cochrane、Gary Cox、Darrel Duffie、James Fearon、Joe Grundfest、Margaret Levi、Paul Milgrom、Terry Moe、Josh Ober、John Taylor（感谢他非常热情友好的邀请）、Barry Weingast、Alan Ryan。在普林斯顿大学有：Alan Blinder、Markus Brunnermeier、Harold James、Robert Keohane。在芝加哥大学有：Austan Goolsbee、Anil Kashyap（感谢他邀请我去拜访）、Randy Kroszner、Christian Leuz、Eric Posner、Luigi Zingales。在伯克利大学有：Sean Gailmard、Anne O'Connell。在布朗大学有：Mark Blyth、David Estlund、Mark Suchman。在哥伦比亚大学有：Charlie Calomiris、Kate Judge、Perry Mehrling、Gillian Metzger、Sharyn O'Halloran、Peter Strauss。在乔治城大学有：Kathleen McNamara、Henry Richardson。在密歇根大学有：Elizabeth Anderson、Michael Barr、Daniel Crane、Scott Hershovitz、Bill Novak、Charles Shipan。在纽约大学有：Tony Bertelli、Ricky Revesz、Kim Schoenholz、Daniel Viehoff（在耶鲁访问时）、Jeremy Waldron。在费城/沃顿商学院有：Cristina Bicchieri、Cary Coglianese、Peter Conti-Brown（他最近刚开始写作，亲切地为我解答了有关出版过程的问题）、David Zaring。在范德堡大学有：David Lewis、Morgan Ricks、Ed Rubin、Ganesh Sitaramen。在美国其他地方：我要感谢Joerg Bibow（斯基德莫尔学院）、Francesca Bignami（乔治·华盛顿大学）、Joshua Cohen（Apple Uni）、Marvin Goodfriend（卡内基梅隆大学）、George Krause（匹兹堡大学）、Peter Lindseth（康涅狄格大学）、Anelise Riles（康奈尔大学，尤其是邀请我参加了一个由社会学家和人类学家组织的关于中央银行的会议）和Martin Rogoff（缅因大学）。

在美国以外的地方，在剑桥大学有：Mark Elliot、David Feldman、Petra Geraats、David Runciman。在牛津大学有：Nick Barber、Paul Collier（他非常热情地邀请我参加非洲央行行长年会）、Paul Craig、Christopher Decker、Richard Ekins、Timothy Endicott、John Vickers。在伦敦

政治经济学院有：Richard Baldwin、Tim Besley、Charles Goodhart、Christian List、Martin Lodge、Martin Loughlin、Ricardo Reiss、Cheryl Schonhardt Bailey、Mark Thatcher。在伦敦国王学院有：Jon Davis、Christel Koop、Richard Whish。在澳大利亚国立大学有（Philip Pettit 曾邀请我来这里演讲）：John Braithwaite、Peter Cane、Bob Goodin、Therese Pearce Laanela、John Uhr。在其他地方有：Thomas Gehring（班堡大学）、Thobias Bach、Mark Hallerberg、Kai Wegrich（柏林赫蒂大学）；Michelle Everson（伯克贝克学院）；Tony Yates（伯明翰大学）；Hermann Puender（汉堡法学院）；Dominique Custos（卡昂大学）；Jon Stern（城市大学）；Madalina Busuioc（埃克塞特大学）；Mathias Goldmann（法兰克福大学，马克斯·普朗克研究所）；Christoph Mollers、Matthias Ruffert（洪堡大学）；Thomas Perroud（巴黎第二大学）；Rosa Lastra（伦敦玛丽女王大学）；Matthew Flinders、Matthew Wood（谢菲尔德大学）；Jeff King（加州大学洛杉矶分校）；Annetje Ottow（乌特勒支大学）；Fabrizio Gilardi（苏黎世大学）。

一群年轻的学者提供的不仅仅是帮助，与他们交流也让我受益匪浅。在哈佛大学，我应该特别感谢 Sam Chang（哈佛大学法学院），当我开始这个项目时，他总是能为我解答关于美国体制的问题；Kyra Kaufman、Ed Stein（哈佛大学法学院），他们帮忙审阅了本书中涉及美国行政法的材料；Divya Kirti（经济学家），她为我指明方向，在我需要帮助的时候提供帮助；Vishal Chanani（经济学家），他帮助我理解一些经济学文献。Ann Klein，是 Thomas Perroud 在巴黎的博士生，他非常友善地为我翻译了法国参议院关于独立行政机构的部分报告。Sara Dietz（马克斯·普朗克研究所和路德维希－马克西米利安－慕尼黑大学）审阅了德国的相关资料。不过要是还存在错误，那都是我的责任。

我还要感谢思想家 Lars Feld（欧肯研究所，弗莱堡大学）、Peter Riddell PC、Jill Rutter、Miguel Coelho（英国政府研究所）、David Marsh（国际货币金融机构官方论坛）、Graham Mather（欧洲政策论坛）、David Wessel、Philip Wallach（布鲁金斯学会）、Olivier Blanchard、Adam

Posen（彼得森国际经济研究所）；感谢律师 Randy Guynn、Guy Morton、Michael Raffan、Philip Richards、Tom Richards、Gabe Rosenberg、Conrad Scott、Margaret Tahyar、Benedikt Wolfers；感谢作家 David Kynaston、Sebastian Mallaby、Charles Moore、Neville Shack。

现任和前任政策制定者和官员为我的研究提供了一种特殊的视角。在此感谢几位中央银行家，他们是：Scott Alverez、David Archer、Charlie Bean、Claudio Borio、Willem Buiter、Roger Clews、Benoit Coeure、Luis Urrutia Corral、Mathias Dewatripont、Guy Debelle、Dietrich Domanski、Andreas Dombret、Bill English、John Footman、Mike Gibson、Mick Grady、Andy Haldane、Aerdt Houben、Otmar Issing、Mike Joyce、Mervyn King、Don Kohn、Hans-Helmut Kotz、Nellie Liang、Jean-Pierre Landau、Thomas Laubach、Arnaud Mares、Sylie Matherat、Trish Moser、John Murray、Bill Nelson、Ed Nelson、Graham Nicholson、Pascual O'Dougherty Madrazo、Athanasios Orphanides、Guilermo Ortiz、Lucas Papademos、Franco Passacantando、Charlie Plosser、Vince Reinhart、Jose Maria Roldan、Larry Schembri、Hyun Shin、Masaaki Shirakawa、Francois Villeroy De Galhau、Kevin Warsh、Jens Weidmann、Graeme Wheeler、Paul Volcker。几年来，Stan Fischer 和 Zeti Aziz 邀请我参加国际清算银行行长治理小组会议，这对思考英国央行架构重塑所遇到的一些问题很有帮助。最后，虽然在现在看来似乎是很久以前的事了，但我仍然非常感谢 James Benford、Geoff Davies、Sebastian Walsh 在我从英国央行退休前与我的交谈；还有我的私人助理，包括 Julia McKenzie，尤其是 Sandra Bannister。

有些中央银行家已经过世，在此我深表怀念与感谢，他们是：Eddie George、George Blunden，我深深怀念两人的身影，他们的思想都在本书中徘徊，也许就在与他们的思想非常接近时，我仔细判断后将谨慎和克制列出来，作为非选举产生的权力所需要的主要美德之一。

在世的英国财政大臣中，前财政大臣 Nigel Lawson、Norman Lamont 尤其亲切，他们让我回想起 20 世纪 80 年代末 90 年代初发生的事情，当时我还是央行行长 Robin Leigh-Pemberton 的私人秘书。

其他许多行业的公务员也同样乐于助人。在此，我要特别感谢英国最高法院法官 Peter Gross 爵士（英国上诉法院）、Douglas H. Ginsburg（哥伦比亚特区上诉法院法官和前任院长）、Bruno Lasserre（法国竞争管理局前局长）、Maryvonne de Saint-Pulgent（法国竞争管理局局长）、Anissia Morel（法国竞争管理局前局长）、John Sorabji。军队人士：将军 Nick Carter。现任和前任英国监管机构负责人：Andrew Bailey、David Currie、Ed Richards、Robert Steehman、Tim Tutton、Adair Turner、Sharon White、Andrew Whittaker、Sam Woods。

威斯敏斯特议会议员和公务员：Ed Balls、Terry Burns、Matt Hancock MP、Lord（John）McFall（下议院财政专责委员会前主席）、Jesse Norman MP、Nick McPherson、Tim Pitt。

在英国以外的官方部门，老朋友和许多新朋友都帮助过我。在法国有：Jean Pisani Ferry、David Viros。在德国有：Levin Holle、Petra Faber-Graw、Jeromin Zettelmeyer。在荷兰有：Michiel Bijlsma。在欧盟有：Joaquin Almunia、Vittorio Di Bucci、Andrea Enria、Jonathan Faull、Sylvie Goulard、Steven Maijoor、Christopher Tugendhat。在澳大利亚有：Wayne Byres、John Laker。在加拿大有：Julie Dickson、Mark Zelmer。美国行政部门官员和监管者有：Dick Berner、Vanessa Countryman、Bill Donaldson、Mark Flannery、Dan Gallagher、Tim Geithner、Gary Gensler、Bob Glauber、Bill Kovacic、Mike Krimminger、Mary Schapiro、Christopher Smart。现任或前任国会工作人员有：James Ahn、Jim Segal。国际机构工作人员有：Ceyla Pazarbasioglu、Marc Quintyn、Jose Vinals。

这个感谢名单中没有包括那些提供了特殊智力支持的个人。但在学者中，我还是必须特别指出 Alberto Alesina、Philip Pettit、Paul Sagar、Andrei Shleifer、Kevin Stack。对于他们，我感激不尽。Philip Pettit 非常热情，从一开始就对我产生了巨大的影响。本书的有些内容，是在 David Beetham（我一点也不认识）和已故的 Bernard Williams（我与 Paul 和 Kevin 讨论过他）的庇护下，在 Alesina 与 Pettit 和 Waldron 的会面后产生的。

Larry Summers 既在这一感谢名单中，也是使我顺利过渡到新生活（部分在哈佛大学）的人之一。在处理书中一些重大问题时，Larry 和我的意见并不完全一致，但这对我其实是一种奖励，因为我与他的辩论特别丰富且具有启发性。我也非常感谢他在肯尼迪学院的摩萨瓦尔-拉赫马尼商业与政府中心为我提供了一个职位，该中心由John Haigh领导。Scott Leland是一个非常热情、乐于助人的主持人。

如果没有我在哈佛商学院的最初赞助人David Scharfstein（最初是我在哈佛商学院的担保人）和Niall Ferguson（在我职业生涯的关键时刻，第一个提出这个建议）的支持，我在哈佛大学的职业生涯和社交生活都将无法开始。

Niall、Mark Blyth、Luigi Zingales在政治观点上有不同的立场，但他们是真正的朋友，在整个项目中一直支持我，为我写书和出版提供了大量建议，审阅大纲和初稿，并给予一贯的鼓励。我衷心希望他们认为这是值得的麻烦。

特别感谢Steve Cecchetti，我曾与他在国际清算银行共事。他发表过一篇关于后危机时代中央银行的早期文章，从一开始，他就看到了我这个研究项目的意义，并鼓励我去完成。当我不可避免地碰到无法理解的障碍（"你为什么一直在谈论民主？"）时，他的回答一直不变：这就是你必须做这件事情的原因。我们通过邮件、电话和共进晚餐讨论了许多问题。

当然，我最需要感谢的人是我的妻子Sophie，好像这样表达这种情感可能更为恰当。她的爱是一种祝福，她那天马行空的感觉令人振奋，与她共同生活是我快乐的源泉。

# 参考文献

Abrams, Burton A. "How Richard Nixon Pressured Arthur Burns: Evidence from the Nixon Tapes." *Journal of Economic Perspectives* 20, no. 4 (2006): 177–88.

Acemoglu, Daron. "Why Not a Political Coase Theorem? Social Conflict, Commitment and Politics." *Journal of Comparative Economics* 31 (2003): 620–52.

Acemoglu, Daron, Simon Johnson, Pablo Querubin, and James A. Robinson. "When Does Policy Reform Work? The Case of Central Bank Independence." Brookings Papers on Economic Activity, Spring 2008.

Ackerman, Bruce. *We the People: Foundations*. Cambridge, MA: Belknap Press of Harvard University Press, 1991.

———. "The New Separation of Powers." *Harvard Law Review* 113, no. 3 (2000).

———. *The Decline and Fall of the American Republic*. Second Tanner Lecture on Human Values. Cambridge, MA: Belknap Press of Harvard University Press, 2010.

Adler, Matthew D. "Justification, Legitimacy, and Administrative Governance." *Symposium: The Reformation of American Administrative Law* 3 (2005).

Akerlof, George A. "The Market for 'Lemons': Quality Uncertainty and the Market Mechanism." *Quarterly Journal of Economics* 84, no. 3 (1970): 488–500.

Alesina, Alberto, and Paola Giuliano. "Culture and Institutions." *Journal of Economic Literature* 53, no. 4 (2014): 898–944.

Alesina, Alberto, and Howard Rosenthal. "A Theory of Divided Government." *Econometrica* 64 (1996): 1311–41.

Alesina, Alberto, Nouriel Roubini, and Gerald D. Cohen. *Political Cycles and the Macroeconomy*. Cambridge, MA: MIT Press, 1997.

Alesina, Alberto, and L. H. Summers. "Central Bank Independence and Macroeconomic Performance: Some Comparative Evidence." *Journal of Money, Credit and Banking* 25, no. 2 (1993): 151–62.

Alesina, Alberto, and Guido Tabellini. "Bureaucrats or Politicians? Part I: A Single Policy Task." *American Economic Review* 97, no. 1 (2007): 169–79.

———. "Bureaucrats or Politicians? Part II: Multiple Policy Tasks." *Journal of Public Economics* 92 (2008): 426–47.

Alexy, Robert. "Constitutional Rights and Proportionality." *Journal for Constitutional Theory and Philosophy of Law, Revus (Online)* 22 (2014): 51–65.

Amato, Giuliano. *Antitrust and the Bounds of Power: The Dilemmas of Liberal Democracy in the History of the Market*. Oxford: Hart Publishing, 1997.

Amtenbrink, Fabian, and Rosa Lastra. "Securing Democratic Accountability of Financial Regulatory Agencies: A Theoretical Framework." In *Mitigating Risk in the Context of Safety and Security: How Relevant Is a Rational Approach?*, edited by R. V. Miller. Rotterdam: Erasmus School of Law & Research School for Safety and Security, 2008: 115–132.

Anderson, Elizabeth. "Critical Review of Amartya Sen, *Rationality and Freedom*." *Philosophical Review* 114, no. 2 (2005): 253–71.

———. "Democracy: Instrumental vs. Non-instrumental Value." In *Contemporary Debates in Political Philosophy*, edited by Thomas Christiano and John Christman. Chichester: Wiley-Blackwell, 2009.

Andoura, Sami, and Peter Timmerman. "Governance of the EU: The Reform Debate on European Agencies Reignited." European Policy Institutes Network, EPIN Working Paper, no. 19, October 2008.

Arneson, Richard J. "The Supposed Right to a Democratic Say." In *Contemporary Debates in Political Philosophy*, edited by Thomas Christiano and John Christman. Chichester: Wiley-Blackwell, 2009.

Arrow, Kenneth J. "A Difficulty in the Concept of Social Welfare." *Journal of Political Economy* 58, no. 4 (1950): 328–46.

Asimov, Michael. "Five Models of Administrative Ajudication." *American Journal of Comparative Law* 63 (2015), 3–32.

Atiyah, P. S., and R. S. Summers. *Form and Substance in Anglo-American Law*. Oxford: Clarendon Press, 1987.

Bach, Tobias, and Werner Jann. "Animals in the Administrative Zoo: Organizational Change and Agency Autonomy in Germany." *International Review of Administrative Sciences* 76, no. 3 (2010): 443–68.

Baeke, Pio, and Oliver Perschau. "The Law and Policy of Competition in Germany." In *Regulating Europe*, edited by Giandomenico Majone. London: Routledge, 1996.

Bagehot, Walter. *Lombard Street: A Description of the Money Market*. New York: John Wiley and Sons, Inc., 1999.

Balls, Ed, James Howat, and Anna Stansbury. "Central Bank Independence Revisited: After the Financial Crisis, What Should a Model Central Bank Look Like?" M-RCBG Associate Working Paper Series, no. 67, Harvard Kennedy School, November 2016.

Bank of England. "The Development of the Bank of England's Market Operations." October 2008.

———. "Prudential Supervision Authority: The Future Approach to Banking Supervision." May 2011.

Barber, N. W. "Prelude to the Separation of Powers." *Cambridge Law Journal* 60, no. 1 (2001): 59–88.

———. *The Constitutional State*. Oxford: Oxford University Press, 2010.

Baring, Francis. "Observations on the Establishment of the Bank of England. And on the Paper Circulation of the Country." 1797. Reprinted as chapter 1 of *The Lender of Last Resort*, edited by Forrest H. Cappie and Geoffrey Wood. London: Routledge, 2007.

Barkow, Rachel E. "Insulating Agencies: Avoiding Capture through Institutional Design." New York University Public Law and Legal Theory Working Papers, no. 240, 2010.

Barro, Robert J. "Rule of Law, Democracy, and Economic Performance." In *2000 Index of Economic Freedom*, edited by Gerald P. O'Driscoll, Kim R. Holmes, and Melanie Kirkpatrick. Washington, DC: Heritage Foundation.

Barro, Robert, and David B. Gordon. "Rules, Discretion and Reputation in a Model of Monetary Policy." *Journal of Monetary Economics* 12, no. 1 (1983): 101–21.

Basel Committee on Banking Supervision. *Core Principles for Effective Banking Supervision*, 2012.

Bean, Charles R. "Central Banking after the Great Recession." Wincott Lecture, November 28, 2017.

Beard, Mary. *SPQR: A History of Ancient Rome*. London: Profile Books, 2015.

Becker, Gary. "A Theory of Competition among Pressure Groups for Political Influence." *Quarterly Journal of Economics* 98, no. 3 (1983): 371–400.

Beetham, David. *The Legitimation of Power*. 2nd ed. Basingstoke: Palgrave Macmillan, 2013.

Bell, Daniel A. *The China Model: Political Meritocracy and the Limits of Democracy*. Princeton, NJ: Princeton University Press, 2015.

Bellamy, Richard. *Political Constitutionalism: A Republican Defence of the Constitutionality of Democracy*. Cambridge: Cambridge University Press, 2007.

———. "Constitutional Democracy." In *The Encyclopedia of Political Thought*, edited by Michael T. Gibbons, Dianna Coole, et al. Chichester: Wiley-Blackwell, 2014.

Berlin, Isiah. *Four Essays on Liberty*. Oxford: Oxford University Press, 1969.

———. "Political Judgment." In *The Sense of Reality: Studies in Ideas and their History*. London: Chatto & Windus, 1996.

Bernanke, Ben. "Central Bank Independence, Transparency, and Accountability." Speech given at the Institute for Monetary and Economic Studies International Conference, May 26, 2010. Bank of Japan.

———. "What Tools Does the Fed Have Left?" Parts 1–3, Hutchins Center (blog), Brookings Institution, 2016.

———. "Monetary Policy in a New Era." Peterson Institute for International Economics, October 2, 2017.

Bernhard, William. "A Political Explanation of Variations in Central Bank Independence." *American Political Science Review* 92, no. 2 (1998): 311–28.

———. *Banking on Reform: Political Parties and Central Bank Independence in the Industrial Democracies*. Ann Arbor: University of Michigan Press, 2002.

Bernhard, William, J. Lawrence Broz, and William Roberts Clark. "The Political Economy of Monetary Institutions." *International Organization* 56, no. 4 (2002): 1–31.

Bernstein, Marver H. *Regulating Business by Independent Commission*. Princeton, NJ: Princeton University Press, 1955.

Besley, Timothy. *Principled Agents: The Political Economy of Good Government*. Oxford: Oxford University Press, 2007.

Betts, Richard K. "Are American Civil-Military Relations Still a Problem?" Saltzman Working Paper, no. 1, September 2007.

Bibow, Joerg. "Keynes on Central Banking and the Structure of Monetary Policy." *History of Political Economy* 34, no. 4 (2002): 749–87.

———. "Reflections on the Current Fashion for Central Bank Independence." *Cambridge Journal of Economics* 28, no. 4 (2004): 549–76.

Bicchieri, Cristina. *Norms in the Wild*. Oxford: Oxford University Press, 2017.

Bickel, Alexander M. *The Least Dangerous Branch: The Supreme Court at the Bar of Politics*. 2nd ed. New Haven, CT: Yale University Press, 1986.

Bignami, Francesca. "Formal versus Functional Method in Comparative Constitutional Law." *Osgoode Hall Law Journal* 53, no. 2 (2016): 442–71.

———. "Regulation and the Courts: Judicial Review in Comparative Perspective." In *Comparative Law and Regulation: Understanding the Global Regulatory Process*, edited by Francesca Bignami and David Zaring. Cheltenham: Edward Elgar, 2016.

Binder, Sarah, and Mark Spindel. "Independence and Accountability: Congress and the Fed in a Polarized Era." Center for Effective Public Management, Brookings Institution, April 2016.

——. *The Myth of Independence: How Congress Governs the Federal Reserve*. Princeton, NJ: Princeton University Press, 2017.
Bingham, Tom. *The Business of Judging: Selected Essays and Speeches: 1985–1999*. Oxford: Oxford University Press, 2000.
——. *The Rule of Law*. London: Allen Lane, 2010.
Blanchard, Olivier, Eugenio Cerutti, and Lawrence H. Summers. "Inflation and Activity: Two Explorations and Their Monetary Policy Implications." Peterson Working Paper Series, no. WP15-19, Peterson Institute for International Economics, 2015.
Blinder, Alan S. "Is Government Too Political?" *Foreign Affairs*, November/December 1997.
——. *Central Banking in Theory and Practice*. Cambridge, MA: MIT Press, 1998.
——. "Central Bank Credibility: Why Do We Care? How Do We Build It?" *American Economic Review* 90, no. 5 (2000): 1421–31.
——. *The Quiet Revolution: Central Banking Goes Modern*. New Haven, CT: Yale University Press, 2004.
Blinder, A., M. Ermann, M. Fratzcher, J. de Haan, and D-J. Jansen. "Central Bank Communication and Monetary Policy: A Survey of Theory and Evidence." NBER Working Paper, no. 13932, April 2008.
Blunden, George. "Supervision and Central Banking." *Bank of England Quarterly Bulletin*, August 1987.
——. Julian Hodge Annual Lecture, 1990. Bank of England.
Bogdanor, Vernon. "Parliament and the Judiciary: The Problem of Accountability." Third Sunningdale Accountability Lecture, February 9, 2006.
Borio, Claudio, E. Kharroubi, C. Upper, and F. Zampolli. "Labour Reallocation and Productivity Dynamics: Financial Causes, Real Consequences." BIS Working Papers, no. 534, Bank for International Settlements, December 2015.
Bork, Robert. *The Antitrust Paradox: A Policy at War with Itself*. New York: Free Press, 1993.
Bourdieu, Pierre. "Social Space and Symbolic Power." *Sociological Theory* 7, no. 1 (1989): 14–25.
Bourdieu, Pierre, Loic D. Wacquant, and Samar Farage. "Rethinking the State: Genesis and Structure of the Bureaucratic Field." *Sociological Theory* 12, no. 1 (1994): 1–18.
Bovens, Mark. "Analysing and Assessing Accountability: A Conceptual Framework." *European Law Journal* 13, no. 4 (2007): 447–68.
Bown, Stephen R. *Merchant Kings: When Companies Ruled the World, 1600–1900*. New York: St. Martin's Press, 2009.
Braun, Benjamin. *Two Sides of the Same Coin? Independence and Accountability of the European Central Bank*. Transparency International EU, 2017.
Breeden, Sarah J., and R. Whisker. "Collateral Risk Management at the Bank of England." *Bank of England Quarterly Bulletin* Q2 (2010).
Bremer, Emily S. "The Unwritten Administrative Constitution." *Florida Law Review* 66, no. 3 (2015): 1215–73.
Brennan, Geoffrey, and James M. Buchanan. *The Reason of Rules: Constitutional Political Economy*. Cambridge: Cambridge University Press, 1985.
Bressman, Lisa Schultz. "Schechter Poultry at the Millennium: A Delegation Doctrine for the Administrative State." *Yale Law Journal* 109, no. 6 (2000): 1399–442.

———. "Disciplining Delegation after *Whitman v American Trucking Ass'ns.*" *Cornell Law Review* 87 (2002): 452–85.

———. "Beyond Accountability: Arbitrariness and Legitimacy in the Administrative State." *New York University Law Review* 78 (2003): 461–556.

Bressman, Lisa Schultz, and Robert B. Thompson. "The Future of Agency Independence." *Vanderbilt Law Review* 63, no. 3 (2010): 599–672.

Bressman, Lisa Schultz, and Michael P. Vandenburgh. "Inside the Administrative State: A Critical Look at the Practice of Presidential Control." *Michigan Law Review* 47 (2006).

Brooke, Henry (Lord Justice). "Judicial Independence: Its History in England and Wales." In *Fragile Bastion: Judicial Independence in the Nineties and Beyond*, Education Monograph no. 1, New South Wales Judicial Commission, 1997.

Brooks, Rosa. *How Everything Became War and the Military Became Everything: Tales from the Pentagon*. New York: Simon & Schuster, 2016.

Brownlow Committee. *Report of the Committee with Studies of Administrative Management in the Federal Government*. Washington, DC: US Government Printing Office, 1937.

Broz, J. Lawrence. "Political System Transparency and Monetary-Commitment Regimes." *International Organization* 56, no. 4 (2002): 861–87.

Brunnermeier, Markus K., Harold James, and Jean-Pierre Landau. *The Euro and the Battle of Ideas*. Princeton, NJ: Princeton University Press, 2016.

Buchanan, Allen. "Political Legitimacy and Democracy." *Ethics* 112, no. 4 (2002): 689–719.

Buchanan, Allen, and Robert O. Keohane. "The Legitimacy of Global Governance Institutions." *Ethics & International Affairs* 20, no. 4 (2006): 405–37.

Buchanan, James M. "The Constitutionalization of Money." *Cato Journal* 30, no. 2 (2010): 251–58.

Buchanan, James M., and Richard A. Musgrave. *Public Finance and Public Choice: Two Contrasting Visions of the State*. Cambridge, MA: MIT Press, 1999.

Buchanan, James M., and Gordon Tullock. *The Calculus of Consent: Logical Foundations of Constitutional Democracy*. Ann Arbor: University of Michigan Press, 1965.

Buiter, Willem. "Central Banks and Financial Crises." Federal Reserve Bank of Kansas City Jackson Hole Conference, 2008.

———. "Central Banks: Powerful, Political and Unaccountable?" Keynes Lecture in Economics 2014, *Journal of the British Academy* 2 (2014): 269–303.

Buiter, Willem, and Anne Sibert. "The Central Bank as Market Maker of Last Resort." Vox, *CEPR Policy Portal*, August 13, 2007.

Burke, Edmund. *The Works of the Right Honourable Edmund Burke*. London: Henry G. Bohn, 1854.

Burns, Arthur F. "The Anguish of Central Banking." 1979 Per Jacobsson Lecture, September 30, 1979. Per Jacobsson Foundation.

Busuioc, Madalina. "Accountability, Control and Independence: The Case of European Agencies." *European Law Journal* 15, no. 5 (2009): 599–615.

———. *European Agencies: Law and Practices of Accountability*. Oxford: Oxford University Press, 2013.

Cabinet Office (UK). *Public Bodies: A Guide for Departments*, and *Executive Agencies: A Guide for Departments*. 2006.

Calomiris, Charles W., Douglas Holtz-Flint, R. Glenn Hubbard, Allan H. Meltzer, and Hall Scott. "Establishing Credible Rules for Fed Emergency Lending." *Journal of Financial Economic Policy*, forthcoming.

Cama, G., and G. B. Pittaluga. "Central Banks and Democracy." *Rivista Internazionale di Scienze Sociali* CVII, no. 3 (1999): 235–77.

Cane, Peter. *Controlling Administrative Power: An Historical Comparison*. Cambridge: Cambridge University Press, 2016.

Capie, Forrest, Stanley Fischer et al., editors. *The Future of Central Banking: The Tercentenary Symposium of the Bank of England*. Cambridge: Cambridge University Press, 1994.

Carnwath, Robert (Lord). "Tribunal Justice: A New Start." *Public Law* 48, 2009.

———. "From Rationality to Proportionality in the Modern Law." Speech at the UCL-HKU Conference on Judicial Review in a Changing Society, April 14, 2014.

Carpenter, Daniel P. *The Forging of Bureaucratic Autonomy: Reputations, Networks, and Policy Innovation in Executive Agencies, 1862–1928*. Princeton, NJ: Princeton University Press, 2001.

Carpenter, Daniel, and David Moss, eds. *Preventing Regulatory Capture: Special-Interest Influence and How to Limit It*. New York: Cambridge University Press, 2014.

Carrigan, Christopher. *Structured to Fail? Regulatory Performance under Competing Mandates*. Cambridge: Cambridge University Press, 2017.

Cecchetti, Stephen G. "Why Central Banks Should Be Financial Supervisors." Vox Subprime Series, part 3. *CEPR Policy Portal*, November 30, 2007.

———. "Central Bank Independence: A Path Less Clear." Bank for International Settlements, 2013.

Cecchetti, Stephen G., and Kermit L. Schoenholtz. "Narrow Banking Won't Stop Bank Runs." *Money, Banking and Financial Markets* (blog), April 28, 2014.

Cecchetti, Stephen G., and Paul Tucker. "Is There Macro-Prudential Policy without International Cooperation?" In *Policy Challenges in a Diverging Global Economy*, Proceedings of the Asia Pacific Policy Conference, edited by R. Glick and M. Speigel. Federal Reserve Bank of San Francisco, November 2015.

Christiano, Thomas. *The Rule of the Many: Fundamental Issues in Democratic Theory*. Boulder, CO: Westview Press, 1996.

———. *The Constitution of Equality: Democratic Authority and Its Limits*. New York: Oxford University Press, 2008.

———. "Rational Deliberation amongst Experts and Citizens." In *Deliberative Systems: Deliberative Democracy at the Large Scale*, edited by John Parkinson and Jane Mansbridge. Cambridge: Cambridge University Press, 2012.

Christiano, Thomas, and John Christman. *Contemporary Debates in Political Philosophy*. Chichester: Wiley-Blackwell, 2009.

Chu, Vivian S., and Todd Garvey. "Executive Orders: Issuance, Modification, and Revocation." Congressional Research Service, April 16, 2014.

Chu, Vivian S., and Daniel T. Shedd. "Presidential Review of Independent Regulatory Commission Rulemaking: Legal Issues." Congressional Research Service, September 10, 2012.

Cline, William R., and Joseph E. Gagnon. "Lehman Died, Bagehot Lives: Why Did the Fed and Treasury Let a Major Wall Street Bank Fail?" Petersen Institute Policy Brief, September 2013.

Coase, Ronald. "Social Cost." *Journal of Law and Economics* 3 (1960): 1–44.
Cochrane, John H. "Toward a Run Free Financial System." April 16, 2014. http://papers.ssrn.com/sol3/papers.cfm?abstract_id=2425883.
Cohen, Elliot A. *Supreme Command: Soldiers, Statesmen, and Leadership in Wartime*. New York: Simon & Schuster, 2002.
Cohen, Joshua. "Deliberation and Democratic Legitimacy." In *The Good Polity: Normative Analysis of the State*, edited by Alan Hamlin and Philip Pettit. Oxford: Basil Blackwell, 1989.
Coicaud, Jean-Marc. *Legitimacy and Politics: A Contribution to the Study of Political Right and Political Responsibility*. Cambridge and New York: Cambridge University Press, 2002.
Coleman, Martin. "The Future of Section 60 of Competition Act 1998 Post-Brexit." Brexit Competition Law Working Group website, 2016.
Committee on Banking and Currency. *A Primer on Money*. US House of Representatives. Washington, DC, 1964.
Commonwealth (Latimer House). *Principles on the Accountability of and the Relationship between the Three Branches of Government*, agreed by Commonwealth Law Ministers and Heads of Government, 2003.
Conseil d'État. *Rapport Public 2001: Jurisprudence et Avis de 2000. Les Autorités Administratives Indépendantes*.
Constancio, Vitor. "Macro-prudential Stress Tests: A New Analytical Tool." *CEPR Policy Portal*, February 22, 2017.
———. "Inequality and Macroeconomic Policies." Speech given as ECB vice president, August 22, 2017.
Constant, Henri-Benjamin. "The Liberty of the Ancients Compared with That of the Moderns." In *The Political Writings of Benjamin Constant*, edited by Biancamaria Fontana. Cambridge: Cambridge University Press, 1988.
Conti-Brown, Peter. *The Power and Independence of the Federal Reserve*. Princeton, NJ: Princeton University Press, 2016.
Copelovitch, Mark S., and David Andrew Singer. "Financial Regulation, Monetary Policy, and Inflation in the Industrialized World." *Journal of Politics* 70, no. 3 (2008): 663–80.
Cox, Gary W., and M. D. McCubbins. "Political Structure and Economic Policy: The Institutional Determinants of Policy Outcomes." 1997. https://papers.ssrn.com/sol3/papers.cfm?abstract_id=1009999.
Craig, Paul. "Law, Fact and Discretion in the UK, EU and the USA." Paper delivered at Sciences Po, Paris, 2008.
———. *UK, EU and Global Administrative Law: Foundations and Challenges*. 2014 Hamlyn Lectures. Cambridge: Cambridge University Press, 2015.
Crane, Daniel A. "Rules versus Standards in Antitrust Adjudication." *Washington and Lee Law Review* 64 (2007).
Crowe, Christopher, and Ellen E. Mead. "The Evolution of Central Bank Governance around the World." *Journal of Economic Perspectives* 21, no. 4 (2007): 69–90.
Crozier, Michael J., Samuel P. Huntington, and Joji Watanuki. *The Crisis of Democracy: Report on the Governability of Democracies to the Trilateral Commission*. New York: New York University Press, 1975.
Currie, David. "Regulatory Capture: A Perspective from a Communications Regulator." In *Making Good Financial Regulation: Towards a Policy Response to Regulatory*

*Capture*, edited by Stefano Pagliari. International Centre for Financial Regulation. Guilford: Grosvenor House Publishing Ltd., 2012.

Custos, Dominique. "The 2015 French Code of Administrative Procedure: An Assessment." In *Comparative Administrative Law*, edited by Susan Rose-Ackerman and Peter Lindseth. 2nd ed. Cheltenham: Edward Elgar, 2017.

Dahl, Robert A. *Democracy and Its Critics*. New Haven, CT: Yale University Press, 1989.

———. *A Preface to Democratic Theory*. Expanded ed. Chicago: University of Chicago Press, 2006.

Dahrendorf, Ralf. "Politics in Industrial Society." In *The Modern Social Conflict: An Essay on the Politics of Liberty*. London: Weidenfeld and Nicolson, 1988.

Dal Bó, Ernesto. "Regulatory Capture: A Review." *Oxford Review of Economic Policy* 22, no. 2 (2006): 203–25.

Darling, Alistair. *Back from the Brink: 1000 Days at Number 11*. London: Atlantic Books, 2011.

Datla, Kirti, and Richard L. Revesz. "Deconstructing Independent Agencies (and Executive Agencies)." *Cornell Law Review* 98, no. 4 (2013): 769–844.

Davies, William. *The Limits of NeoLiberalism: Authority, Sovereignty and the Logic of Competition*. 2nd ed. Thousand Oaks, CA: SAGE Publications, 2017.

Debelle, Guy, and Stanley Fischer. "How Independent Should a Central Bank Be?" In *Goals, Guidelines and Constraints Facing Monetary Policymakers*, edited by J. C. Fuhrer, 195–221. Boston, MA: Federal Reserve Bank of Boston, 1994.

Decker, Christopher. *Modern Economic Regulation: An Introduction to Theory and Practice*. Cambridge: Cambridge University Press, 2015.

DeLong, J. Bradford, and Lawrence H. Summers. "Fiscal Policy in a Depressed Economy." *Brookings Papers on Economic Activity* (2012): 233–97.

DeMuth, Christopher. "Can the Administrative State Be Tamed." *Journal of Legal Analysis* 8, no. 1 (2016): 121–90.

de Waal, James. "Depending on the Right People: British Political-Military Relations 2001–2010." London: Chatham House, 2013.

Dewatripont, Mathias, Ian Jewitt, and Jean Tirole. "The Economics of Career Concerns, Part II: Application to Missions and Accountability of Government Agencies." *Review of Economic Studies* 66, no. 1 (1999): 199–217.

Dewey, John. *The Public and Its Problems*. Athens, OH: Swallow Press, 1954.

Diamond, Douglas W., and P. H. Dybvig. "Bank Runs, Deposit Insurance, and Liquidity." *Journal of Political Economy* 91, no. 3 (1983): 401–19.

Dicey, A. V. *Introduction to the Study of the Law of the Constitution*. London: Macmillan, 1982.

Doehler, Marian. "Institutional Choice and Bureaucratic Autonomy in Germany." *West European Politics* 25, no. 1 (2002): 101–24.

Dombret, Andreas. "What Is 'Good Regulation'?" Speech given at the Bundesbank "Banking Supervision in Dialogue?" Symposium, July 9, 2014.

———. "Banking Sector in Uncertain Times: A Challenge for Whom?" Keynote speech at British Bankers Association, Annual International Banking Conference, London, October 20, 2016.

Dorf, Michael C. "Putting the Democracy in Democracy and Distrust: The Coherentist Case for Representation Reinforcement." Cornell Faculty Working Papers, no. 73, 2004.

Dowd, Kevin. *Private Money: The Path to Monetary Stability*. Hobart Paper 112. London: Institute of Economic Affairs, 1988.

Doylan, Delia M. "Holding Democracy Hostage: Central Bank Autonomy and the Transition from Authoritarian Rule." *Politica y Goberno*. 5, no. 1 (1998).

———. *Defusing Democracy: Central Bank Autonomy and the Transition from Authoritarian Rule*. Ann Arbor: University of Michigan Press, 2001.

Drazen, Allan. "Central Bank Independence, Democracy, and Dollarization." *Journal of Applied Economics* 5, no. 1 (2002): 1–17.

Driffill, John. "Central Banks as Trustees Rather Than Agents." Unpublished paper, Southampton University, 1998.

Dryzek, John S., and Simon Niemeyer. "Reconciling Pluralism and Consensus as Political Ideals." *American Journal of Political Science* 50, no. 3 (2006): 634–49.

Dworkin, Ronald. *Freedom's Law: The Moral Reading of the American Constitution*. New York: Oxford University Press, 1986.

Dyson, John Anthony (Lord). "Criticising Judges: Fair Game or Off-Limits?" Third Annual Bailii Lecture, November 27, 2014.

Dyzenhaus, David. *The Constitution of Law: Legality in a Time of Emergency*. Cambridge: Cambridge University Press, 2006.

Econ Committee of the European Parliament. "Reaction to the Opinion of the Basel Committee on CRD4 (Capital Requirements Directive for Banks)." December 5, 2015.

Egeberg, Morten, and Jarie Trondol. "EU-Level Agencies: New Executive Centre Formation or Vehicles for National Control." *Journal of European Public Policy* 18, no. 6 (2011): 868–87.

Eggertsson, Gauti, and Eric Le Borgne. "A Political Agency Theory of Central Bank Independence." *Journal of Money, Credit and Banking* 42, no. 4 (June 2010): 647–77.

Eichengreen, Barry. *Globalizing Capital: A History of the International Monetary System*. Princeton, NJ: Princeton University Press, 1996.

Eichengreen, Barry, Mohamed El-Erian et al. "Rethinking Central Banking." Committee on International Economic Reform, Brookings Institution, September 2011.

El-Erian, Mohamed A. *The Only Game in Town: Central Banks, Instability, and Avoiding the Next Collapse*. New York: Penguin Random House, 2016.

Elgie, Robert. "Democratic Accountability and Central Bank Independence: Historical and Contemporary, National and European Perspectives." *West European Politics* 21, no. 3 (1998): 53–76.

———. "Semi-presidentialism: Concepts, Consequences and Contesting Explanations." *Political Studies Review* 2, no. 3 (2004): 314–30.

———. "Why Do Governments Delegate Authority to Quasi-Autonomous Agencies? The Case of Independent Administrative Authorities in France." *Governance* 19, no. 2 (2006): 207–27.

Elliot, Mark. "Ombudsmen, Tribunals, Inquiries: Re-fashioning Accountability beyond the Courts." Cambridge Legal Studies Research Papers, no. 21/20012, August 2012.

Elliot, Mark, and David Feldman, eds. *The Cambridge Companion to Public Law*. Cambridge: Cambridge University Press, 2015.

Elster, Jon. *Ulysses and the Sirens: Studies in Rationality and Irrationality*. Cambridge: Cambridge University Press, 1979.

Ely, John Hart. *Democracy and Distrust: A Theory of Judicial Review.* Cambridge, MA: Harvard University Press, 1980.

Endicott, Timothy. *Administrative Law.* 3rd ed. Oxford: Oxford University Press, 2015.

Epstein, David, and Sharyn O'Halloran. *Delegating Powers: A Transaction Cost Politics Approach to Policy Making under Separate Powers.* Cambridge: Cambridge University Press, 1999.

Epstein, Gerald. "Central Banks as Agents of Economic Development." Political Economy Research Institute Working Paper, no. 104, University of Massachusetts Amherst, September 2005.

Epstein, Richard A. "Why the Modern Administrative State Is Inconsistent with the Rule of Law." *NYU Journal of Law and Liberty* 3 (2008): 491–515.

Ernst, Daniel. *Toqueville's Nightmare: The Administrative State Emerges in America, 1900–1940.* New York: Oxford University Press, 2014.

Eskridge, William N., and John Ferejohn. "Super-Statutes." *Duke Law Journal* 50 (2001): 1215–76.

Estlund, David. *Democratic Authority.* Princeton, NJ: Princeton University Press, 2008.

———. "Jeremy Waldron on *Law and Disagreement.*" *Philosophical Studies* 99 (2000): 111–28.

Farhi, Emmanuel, and Jean Tirole. "Collective Moral Hazard, Maturity Mismatch, and Systemic Bailouts." *American Economic Review* 102, no. 1 (2012): 60–93.

Fawcett, Edmund. *Liberalism: The Life of an Idea.* Princeton, NJ: Princeton University Press, 2014.

Feaver, Peter D. "Crisis as Shirking: An Agency Theory Explanation of the Souring of American Civil-Military Relations." *Armed Forces & Society* 24 (1998): 407–34.

Ferguson, Niall. *The Cash Nexus: Money and Power in the Modern World, 1700–2000.* New York: Penguin Books, 2002.

Fessenden, Helen. "1965: The Year the Fed and LBJ Clashed." Richmond Federal Reserve *Economic Focus* Third/Fourth Quarter (2016).

Field, Chris. "The Fourth Branch of Government: The Evolution of Integrity Agencies and Enhanced Government Accountability." Paper presented at the 2012 AIAL National Administrative Law Forum, Adelaide, Australia, July 19–20, 2012.

Fiorina, Morris P. "Legislative Choice of Regulatory Forms: Legal Process or Administrative Process?" *Public Choice* 39, no. 1 (1982): 33–71.

First, Henry, and Spencer Weber Waller. "Antitrust's Democratic Deficit." *Fordham Law Review* 81 (2013): 2543–2574.

Fischer, Stanley. "Rules versus Discretion in Monetary Policy." In *Handbook of Monetary Economics Volume II*, edited by B. M. Friedman and F. H. Hahn. Amsterdam: Elsevier Science Publishers, 1990.

———. "Modern Central Banking." In *The Future of Central Banking: The Tercentenary Symposium of the Bank of England*, edited by F. Capie, C. Goodhart, S. Fischer, and N. Schnadt. Cambridge: Cambridge University Press, 1994.

———. "The Washington Consensus." Part of a Petersen Institute retrospective on John Williamson's work, 2012.

Fisher, Irving. "100% Money and the Public Debt." *Economic Forum* April–June (1936): 406–20.

Fisher, Peter R. "Financial Stability and the Hemianopsia of Monetary Policy." *Business Economics* 51, no. 2 (2016): 68–70.

Flinders, Matthew. "Distributed Public Governance in Britain." *Public Administration* 82, no. 4 (2004): 883–909.

———. *Delegated Governance and the British State: Walking without Order*. Oxford: Oxford University Press, 2008.

Flinders, Matthew, and Matthew Wood. "When Politics Fails: Hyper-democracy and Hyper-depoliticization." *New Political Science* 37, no. 3 (2015): 363–81.

Fon, Vincy, and Francesco Parisi. "Judicial Precedents in Civil Law Systems: A Dynamic Analysis." *International Review of Law and Economics* 26 (2006): 519–35.

Forder, James. "Central Bank Independence and Credibility: Is There a Shred of Evidence?" *International Finance* 3, no. 1 (2000): 167–85.

———. "Why Is Central Bank Independence So Widely Approved?" *Journal of Economic Issues* 39, no. 4 (2005): 843–65.

Foucault, Michel. *The Birth of Biopolotics: Lectures at the College de France, 1978–1979*. Translated by Graham Burchell. Basingstoke: Palgrave MacMillan, 2008.

Freedman, John O. *Crisis and Legitimacy: The Administrative Process and American Government*. Cambridge and New York: Cambridge University Press, 1978.

French Senate. *A State within the State: Channeling the Proliferation of Independent Administrative Authorities in Order to Better Control Them*. Report of the French Senate Committee of Inquiry on the assessment and control of the creation, organization, activities, and management of independent administrative authorities, 2015.

Friedman, Benjamin M. *The Moral Consequences of Economic Growth*. New York: Vintage Books, 2006.

———. "Has the Financial Crisis Permanently Changed the Practice of Monetary Policy? Has It Changed the Theory of Monetary Policy?" *Manchester School* 83, no. 1 (2015).

Friedman, Milton. "Should There Be an Independent Monetary Authority?" In *In Search of a Monetary Constitution*, edited by Leland B. Yeager. Cambridge, MA: Harvard University Press, 1962.

———. "Statement, Testimony, and Comments" to US House of Representatives Banking and Currency Committee, March 3, 1964. In *The Federal Reserve System after Fifty Years*. US Congress House of Representatives, Committee on Banking and Currency, 1133–78. Washington, DC: US Government Printing Office.

———. *The Optimum Quantity of Money*. New Brunswick, NJ: Transaction Publishers, 1969.

———. "A Friedman Doctrine: The Social Responsibility of Business Is to Increase Its Profits." *New York Times*, September 13, 1970.

Friendly, Henry J. *The Federal Administrative Agencies: The Need for Better Definition of Standards*. Cambridge, MA: Harvard University Press, 1962.

Fukuyama, Francis. *The Origins of Political Order*. New York: Farrar, Straus and Giroux, 2011.

———. *Political Order and Political Decay*. New York: Farrar, Straus and Giroux, 2014.

Fuller, Lon L. *The Morality of Law*. Revised ed. New Haven, CT: Yale University Press, 1969.

Gailmard, Sean. "Accountability and Principal-Agent Models." In *The Oxford Handbook of Public Accountability*, edited by Mark Bovens, Robert E. Goodin, and Thomas Schillemans. New York: Oxford University Press, 2012.

Gates, Robert M. *Duty: Memoirs of a Secretary at War*. New York: Alfred A. Knopf, 2014.

Gehring, Thomas. "The Consequences of Delegation to Independent Agencies: Separation of Powers, Discursive Governance and the Regulation of Telecommunications in Germany." *European Journal of Political Research* 43, 2004: 677–98.

Geithner, Timothy F. *Stress Test: Reflections on Financial Crises*. New York: Broadway Books, 2015.

———. "Are We Safer? The Case for Updating Bagehot." 2016 Per Jacobsson Lecture, October 8, 2016. Per Jacobsson Foundation.

George, E. A. J. "The Pursuit of Financial Stability." Speech delivered November 18, 1993. *Bank of England Quarterly Bulletin*, February 1994.

———. Speech given at the TUC Congress in Blackpool, September 15, 1998. Bank of England.

———. "The Approach to Macroeconomic Management: How It Has Evolved." Per Jacobsson Lecture, June 29, 2008. Per Jacobsson Foundation.

Geraats, Petra M. "Central Bank Transparency." *Economic Journal* 112, no. 483 (2002): F532–F565.

———. "Monetary Policy Transparency." In *The Oxford Handbook of Economic and Institutional Transparency*, edited by Jens Forssbaeck and Lars Oxelheim. Oxford: Oxford University Press, 2014.

Gersen, Jacob E. "Designing Agencies." In *Research Handbook on Public Choice and Public Law*, edited by Daniel A. Farber and Anne Joseph O'Connell. Cheltenham: Edward Elgar, 2010.

Giannini, Curzio. *The Age of Central Banks*. Cheltenham: Edward Elgar, 2011.

Gilardi, Fabrizio. "The Same, But Different: Central Banks, Regulatory Agencies, and the Politics of Delegation to Independent Agencies." *Comparative European Politics* 5, no. 3 (2007): 303–27.

———. *Delegation in the Regulatory State: Independent Regulatory Agencies in Western Europe*. Cheltenham: Edward Elgar, 2008.

Ginsburg, Douglas H., and Steven Menashi. "Our Illiberal Administrative Law." *New York University Journal of Law & Liberty* 10, no. 2 (2016): 475–523.

Glaeser, Edward L., and Andrei Shleifer. "The Rise of the Regulatory State." NBER Working Paper, no. 8650, December 2001.

Goldmann, Matthias. "Adjudicating Economics? Central Bank Independence and the Appropriate Standard of Judicial Review." *German Law Journal* 15, no. 2 (2014): 266–80.

Goldsworthy, Jeffrey. *Parliamentary Sovereignty: Contemporary Debates*. Cambridge: Cambridge University Press, 2010.

Goodfriend, Marvin. "Why We Need an 'Accord' for Federal Reserve Credit Policy: A Note." *Journal of Money, Credit and Banking* 26, no. 3 (1994): 572–80.

———. "The Elusive Promise of Independent Central Banking." Institute for Monetary and Economic Studies, Bank of Japan, Tokyo, August 2012.

Goodhart, C. A. E. *Monetary Theory and Practice: The UK Experience*. London: Palgrave Macmillan, 1983.

———. *The Evolution of Central Banks*. Cambridge, MA: MIT Press, 1988.

———. "Game Theory for Central Bankers." *Journal of Economic Literature* 32 (1994): 101–14.

———. "The Changing Role of Central Banks." BIS Working Papers, no. 326, November 2010.

Goodhart, C. A. E., and Ellen Mead. "Central Banks and Supreme Courts: A Comparison of Monetary and Judicial Processes and Transparency." *Journal Moneda y Credito*, no. 218 (2004): 11–59.

Goodin, Robert E. "Institutions and Their Design." In *The Theory of Institutional Design*, edited by Goodin. Cambridge: Cambridge University Press, 1996.

Goodman, John B. "The Politics of Central Bank Independence." *Comparative Politics* 23, no. 3 (1991): 329–49.

Graber, Mark A. *A New Introduction to American Constitutionalism*. New York: Oxford University Press, 2013.

Granville, Brigitte. *Remembering Inflation*. Princeton, NJ: Princeton University Press, 2013.

Green, Leslie. *The Authority of the State*. Oxford: Oxford University Press, 1988.

Greenspan, Alan. "Transparency in Monetary Policy." Remarks at the Federal Reserve Bank of St. Louis, October 11, 2002.

Greenwald, Bruce, and Joseph Stiglitz. "Externalities in Economies with Imperfect Information and Incomplete Markets." *Quarterly Journal of Economics* 101, no. 2, 1986.

Greenwood, Robin, Samuel G. Hanson, Joshua S. Rudolph, and Lawrence H. Summers. "Government Debt Management at the Zero Lower Bound." Hutchins Center Working Papers, no. 5, September 30, 2014.

Greif, Avner. "The Impact of Administrative Power on Political and Economic Developments: Toward a Political Economy of Implementation." In *Institutions and Economic Performance*, ed. E. Helpman, 17–77. Cambridge, MA: Harvard University Press, 2008.

Greif, Avner, and Jared Rubin. "Endogenous Political Legitimacy: The English Reformation and the Institutional Foundation of Limited Government." Memo. Stanford University and Chapman University, 2017.

Gross, Peter (Lord Justice). "The Judicial Role Today." Queen Mary University, Law and Society Lecture, London, November 23, 2016.

Guimares, Rodrigo. "What Accounts for the Fall in UK Ten-Year Government Bond Yields?" *Bank of England Quarterly Bulletin* Q3 (2012).

Gutmann, Amy, and Dennis Thompson. *Democracy and Disagreement: Why Moral Conflict Cannot Be Avoided in Politics, and What Should Be Done about It*. Cambridge, MA: Belknap Press of Harvard University Press, 1998.

Habermas, Jürgen. *Legitimation Crisis*. Translated by Thomas McCarthy. Boston: Beacon Press, 1975.

———. *Between Facts and Norms: Contributions to a Discourse Theory of Law and Democracy*. Cambridge: Polity Press, 1996.

Halberstam, Daniel. "The Promise of Comparative Administrative Law: A Constitutional Perspective on Independent Agencies." In *Comparative Administrative Law*, edited by Susan Rose-Ackerman and Peter Lindseth. Cheltenham: Edward Elgar, 2010.

Hall, Edward. "Bernard Williams and the Basic Legitimation Demand: A Defence." *Political Studies* 63, no. 2 (2015): 466–80.

Hall, Peter A., and David Soskice, eds. *Varieties of Capitalism: The Institutional Foundations of Comparative Advantage*. New York: Oxford University Press, 2001.

Hallam-Eames, Lucy. "Echoes of the *Chevron* Doctrine in English Law." *Judicial Review* 15, no. 1 (2010): 81–84.

Hallerberg, Mark. "Veto Players and the Choice of Monetary Institutions." *International Organization* 56, no. 4 (2002): 775–802.

Hamilton, Alexander, James Madison, and John Jay. *The Federalist*. London: Phoenix Press, 2000.

Hamlin, Alan. "Contractarianism." In *International Encyclopedia of the Social & Behavioral Sciences*, edited by J. D. Wright. 2nd ed. New York: Elsevier, 2015.

Handke, Stefan. "A Problem of Chief and Indian—the Role of the Supervisory Authority BaFin and the Ministry of Finance in German Financial Policy." *Policy and Society* 31, no. 3 (2012): 237–47.

Hardin, Russell. "Institutional Commitment: Values or Incentives." In *Economics, Values and Organization*, edited by Avner Ben-Nur and Louis Putterman. New York: Cambridge University Press, 1998.

———. *Liberalism, Constitutionalism, and Democracy*. Oxford: Oxford University Press, 1999.

Harlow, Carol, and Richard Rawlings. *Law and Administration*. 3rd ed. Cambridge: Cambridge University Press, 2009.

Harris, Richard A., and Sidney M. Milkis. *The Politics of Regulatory Change: A Tale of Two Agencies*. 2nd ed. Oxford: Oxford University Press, 1996.

Hart, Henry Jr., and Albert Sacks. *The Legal Process: Basic Problems in the Making and Application of Law*. University Casebook Series. Westbury, NY: Foundation Press, 2006.

Hart, Oliver D. "Incomplete Contracts and the Theory of the Firm." *Journal of Law, Economics, & Organisation* 4, no. 1 (1988): 119–39.

Harvard Law Review Notes, "Independence, Congressional Weakness, and the Importance of Appointment: The Impact of Combining Budgetary Autonomy with Removal Protection." *Harvard Law Review* 125 (2012): 1822–43.

Hattersley, Roy. "Pragmatism Must Not Still Conscience." *Guardian*, May 14, 1997.

Hawtrey, R. G. "The Genoa Resolutions on Currency." *Economic Journal* 32, no. 127 (1922): 290–304.

Hayek, F. A. *The Political Ideal of the Rule of Law*. Cairo: National Bank of Egypt, 1955.

———. *The Constitution of Liberty*. Chicago: University of Chicago Press, 1960.

———. "Liberalism." In *New Studies in Philosophy, Politics, Economics, and the History of Ideas*. Chicago: University of Chicago Press, 1978.

———. *Denationalisation of Money: The Argument Refined*. 3rd ed. London: Institute of Economic Affairs, 1990.

———. *The Road to Serfdom*, edited by Bruce Caldwell. Chicago: University of Chicago Press, 1994.

Hegel, G.W.F. *Elements of the Philosophy of Right*. Cambridge: Cambridge University Press, 1991.

Herbert Smith Freehills. "Advocate General Wahl in Intel Appeal Opts for More Effects-Based Approach on Rebates and Proposes Annulment of General Court's Intel Judgment." *Legal Briefings*, October 20, 2016.

Hershovitz, Scott. "Legitimacy, Democracy, and Razian Authority." *Legal Theory* 9, no. 3 (2003): 201–20.

Hetzel, Robert L. *The Great Recession: Market Failure or Policy Failure? Studies in Macroeconomic History.* New York: Cambridge University Press, 2012.

Hetzel, Robert L., and Ralph F. Leach. "The Treasury-Fed Accord: A New Narrative Account." *Federal Reserve Bank of Richmond Economic Quarterly* 87, no. 1 (2001): 33–55.

———. "After the Accord: Reminiscences on the Birth of the Modern Fed." *Federal Reserve Bank of Richmond Economic Quarterly* 87, no. 1 (2001): 57–64.

Hohfeld, Wesley. *Fundamental Legal Conceptions as Applied in Judicial Reasoning.* New Haven, CT: Yale University Press, 1919.

Hollis, Martin. *Trust within Reason.* Cambridge: Cambridge University Press, 1998.

Holmes, Douglas R. *Economy of Words: Communicative Imperatives in Central Banks.* Chicago: University of Chicago Press, 2013.

Holmes, Stephen. *Passions and Constraint: On the Theory of Liberal Democracy.* Chicago: University of Chicago Press, 1995.

Holmstrom, Bengt. "Moral Hazard in Teams." *Bell Journal of Economics* 13, no. 2 (1982): 324–40.

Holmstrom, Bengt, and Paul Milgrom. "Multi-task Principal-Agent Analysis: Incentive Contracts, Asset Ownership and Job Design." *Journal of Law, Economics & Organisation* 7 (1991): 24–52.

Hood, Christopher. "A Public Management for All Seasons." *Public Administration* 69, no. 1 (1991): 3–19.

Horn, Murray. *The Political Economy of Public Administration: Institutional Choice in the Public Sector.* Cambridge: Cambridge University Press, 1995.

House of Commons Select Committee on Public Administration. "Who's Accountable? Relationships between Government and Arm's-Length Bodies." November 4, 2014.

———. "Quangos." Sixth Report, Session 1998–99.

Hovenkamp, Herbert J. "Distributive Justice and Consumer Welfare in Antitrust." August 3, 2011. https://ssrn.com/abstract=1873463.

Huber, John D. "Executive Decree Authority in France." In *Executive Decree Authority*, edited by John M. Carey and Matthew Soberg Shugart. Cambridge: Cambridge University Press, 1998.

Huber, John D., and Charles R. Shipan. *Deliberate Discretion? The Institutional Foundations of Bureaucratic Autonomy.* Cambridge: Cambridge University Press, 2002.

Hume, David. *A Treatise of Human Nature*, edited by L. A. Selby-Bigge and P. H. Nidditch. 2nd ed. Oxford: Clarendon Press, Oxford University Press, 1978.

Humphrey, Thomas M. "Lender of Last Resort: What It Is, Whence It Came, and Why the Fed Isn't It." *Cato Journal* 30, no. 2 (2010): 333–64.

Huntington, Samuel P. "The Marasmus of the ICC: The Commission, the Railroads, and the Public Interest." *Yale Law Journal* 61, no. 4 (1952): 467–509.

———. *The Soldier and the State: The Theory and Politics of Civil-Military Relations.* Cambridge, MA: Belknap Press of Harvard University Press, 1957.

———. "Conservatism as an Ideology." *American Political Science Review* 51, no. 2 (1957): 454–73.

Hurwicz, Leonid. "But Who Will Guard the Guardians?" Nobel Prize lecture, December 8, 2007.

Institute for Government. *Read Before Burning: Arm's-Length Government for a New Administration*. July 2010.
Institute for Policy Integrity. *Strengthening Regulatory Review: Recommendations for the Trump Administration from Former OIRA Leaders*. 2016.
Ip, Eric Chiyeung. "Building Constitutional Democracy on Oriental Foundations: An Anatomy of Sun Yat-Sen's Constitutionalism." *Historia Constitucional*, no. 9 (2008).
Issing, Otmar. "Hayek, Currency Competition and European Monetary Union." 1999 Annual Hayek Memorial Lecture, May 27, 1999. European Central Bank.
———. "Paradise Lost." Mayekawa Lecture, Institute for Monetary and Economic Studies, Tokyo, May 30, 2012. Bank of Japan.
James, Harold. *The End of Globalization: Lessons from the Great Depression*. Cambridge, MA: Harvard University Press, 2001.
Janowitz, Morris. "Military Elites and the Study of War." *Conflict Resolution* 1, no. 1 (1957): 9–18.
———. *The Professional Soldier: A Social and Political Portrait*. Glencoe, IL: Free Press, 1960.
Joyce, Michael A. S., Peter Lilholdt, and Steffan Sorensen. "Extracting Inflation Expectations and Inflation Risk Premia from the Term Structure: A Joint Model of the UK Nominal and Real Yield Curves." *Journal of Banking & Finance* 34, no. 2 (2010): 281–94.
Judge, Igor. *The Safest Shield: Lectures, Speeches and Essays*. Oxford: Hart Publishing, 2015.
———. "Ceding Power to the Executive: The Resurrection of Henry VIII." Paper delivered at King's College London, April 12, 2016.
Judiciary of England and Wales. "The Accountability of the Judiciary." October 2007.
———. *Guide to Judicial Conduct*. Published March 2013; amended July 2016.
Kaeding, Michael, and Kevin M. Stack. "Legislative Scrutiny? The Political Economy and Practice of Legislative Vetoes in the European Union." *Journal of Common Market Studies* 53, no. 6 (2015): 1268–84.
Kagan, Elena. "Presidential Administration." *Harvard Law Review* 114 (2001): 2246–85.
Kaplow, Louis. "On the (Ir)Relevance of Distribution and Labour Supply Distortion to Government Policy." *Journal of Economic Perspectives* 18, no. 4 (2004): 159–75.
———. "On the Choice of Welfare Standards in Competition Law." In *The Goals of Competition Policy*, edited by Daniel Zimmer, 3–26. Cheltenham: Edward Elgar, 2012.
Kashyap, Anil, Raghuram Rajan, and Jeremy Stein. "Banks as Liquidity Providers: An Explanation for the Coexistence of Lending and Deposit-Taking." *Journal of Finance* 57, no. 1 (2002): 33–73.
Kavanagh, Aileen. "Judicial Restraint in the Pursuit of Justice." *University of Toronto Law Journal* 60, no. 1 (2010): 23–40.
Kay, John. *Narrow Banking: The Reform of Banking*. Centre for the Study of Financial Innovation, September 2009.
Kazmin, Amy. "India's Raghuram Rajan Warns against Intolerance." *Financial Times*, November 1, 2015.
Keefer, Philip, and David Stasavage. "When Does Delegation Improve Credibility? Central Bank Independence and the Separation of Powers." Oxford Working Paper Series, no. 98-18, 1998.

Kelly, Terrence. "Unlocking the Iron Cage: Public Administration in the Deliberative Democracy of Juergen Habermas." *Administration & Society* 36, no. 1 (2004): 38–61.

Kelsen, Hans. "Foundations of Democracy." *Ethics* 66, no. 1, pt. 2: Foundations of Democracy (1955): 1–101.

Keohane, Robert O., and Joseph S. Nye Jr. "Transgovernmental Relations and International Organizations." *World Politics* 27, no. 1 (1974): 39–62.

Kessler, Jeremy K., and David E. Pozen. "Working Themselves Impure: A Life Cycle Theory of Legal Theories." *University of Chicago Law Review* 83 (2016): 1819–92.

Khademian, Anne M. *The SEC and Capital Markets Regulation: The Politics of Expertise*. Pittsburgh: University of Pittsburgh Press, 1992.

Khan, Lina. "New Tools to Promote Competition." *Democracy* 42 (2016).

King, Mervyn. "The Institutions of Monetary Policy—the Ely Lecture 2004." Speech given at the American Economic Association Annual Meeting, San Diego, January 12, 2004. Bank of England.

———. Speech given at the Lord Mayor's Banquet for Bankers and Merchants of the City of London at the Mansion House, June 17, 2009. Bank of England.

———. Speech given to the South Wales Chamber of Commerce at the Millennium Centre, Cardiff, October 23, 2012. Bank of England.

———. *The End of Alchemy: Money, Banking and the Future of the Global Economy*. London: Little Brown, 2016.

King, Michael. "Epistemic Communities and the Diffusion of Ideas: Central Bank Reform in the United Kingdom." *West European Politics* 28, no. 1 (2005): 94–123.

Kloppenberg, James T. *The Virtues of Liberalism*. New York: Oxford University Press, 2000.

Kohn, Don, and David Wessel. "Eight Ways to Improve the Fed's Accountability." Bloomberg, February 9, 2016.

Kotlikoff, Laurence J. *Jimmy Stewart Is Dead: Ending the World's Ongoing Financial Plague with Limited Purpose Banking*. Hoboken, NJ: John Wiley & Sons, Inc., 2010.

Kovacic, William E., and Carl Shapiro. "Antitrust Policy: A Century of Economic and Legal Thinking." *Journal of Economic Perspectives* 14, no. 1 (2000): 43–60.

Kraus, Bruce, and Connor Raso. "Rational Boundaries for SEC Cost-Benefit Analysis." *Yale Journal on Regulation* 30, no. 2 (2013): 289–342.

Krause, George A. *A Two-Way Street: The Institutional Dynamics of the Modern Administrative State*. Pittsburgh: University of Pittsburgh Press, 1999.

Krippner, Greta. *Capitalizing on Crisis: The Political Origins of the Rise of Finance*. Cambridge, MA: Harvard University Press, 2011.

Kruly, Charles. "Self-Funding and Agency Independence." *George Washington Law Review* 81 (2013): 1733–54.

Kydland, Finn E., and Edward C. Prescott. "Rules Rather Than Discretion: The Inconsistency of Optimal Plans." *Journal of Political Economy* 85, no. 3 (1977): 473–92.

Kynaston, David. *The City of London: A History*. London: Chatto & Windus, 2011.

Laidler, David. "Central Banks as Lenders of Last Resort—Trendy or Passé?" University of Western Ontario, Economic Policy Research Institute Working Papers, no. 20048, 2004.

Lamont, Norman. *In Office*. London: Little, Brown and Company, 1999.

Landis, James M. *The Administrative Process*. New Haven, CT: Yale University Press, 1938.

———. "Report on Regulatory Agencies to the President-Elect." December 1960.

Lastra, Rosa M. *International Financial and Monetary Law*. 2nd ed. Oxford: Oxford University Press, 2015.

Laws, John. *The Common Law Constitution* (Hamlyn Lectures). Cambridge: Cambridge University Press, 2014.

Lawson, Gary. "The Rise and Rise of the Administrative State." *Harvard Law Review* 107 (1994): 1231–54.

Lawson, Nigel. *The View from No. 11: Memoirs of a Tory Radical*. London: Bantam Press, 1992.

Lazar, Nomi C. "Must Exceptionalism Prove the Rule? An Angle on Emergency Government in the History of Political Thought." *Politics and Society* 34, no. 2 (2006) 245–75.

———. *States of Emergency in Liberal Democracy*. New York: Cambridge University Press, 2009.

Lehmann, Matthias. "Varying Standards of Judicial Review over Central Bank Actions." Forthcoming in the book of the European Central Bank's 2017 Legal Conference.

Lemos, Margaret H. "The Other Delegate: Judicially Administered Statutes and the Nondelegation Doctrine." *Southern California Law Review* 81 (2008): 405–76.

Leveson, Brian (Lord Justice). "Dicey Revisited: Separation of Powers for the 21st Century." Speech given at University of Liverpool Law School, November 2008.

Levi-Faur, David, and Sharon Gilad. "The Rise of the British Regulatory State: Transcending the Privatization Debate." *Comparative Politics* 37, no. 1 (2004): 105–24.

Lewis, David E. "Policy Durability and Agency Design." In *Living Legislation: Political Development and Contemporary American Politics*, edited by Jeffery A. Jenkins and Eric Patashnik. Chicago: University of Chicago Press, 2012.

———. *Presidents and the Politics of Agency Design: Political Insulation in the United States Government Bureaucracy, 1946–1997*. Palo Alto, CA: Stanford University Press, 2003.

Liang, Nellie, and Rochelle Edge. "New Financial Stability Governance Structures and Central Banks." Forthcoming in Proceedings of the Reserve Bank of Australia Conference, 2017.

Lijphart, Arend. *Patterns of Democracy: Government Forms and Performance in Thirty-Six Countries*. 2nd ed. New Haven, CT: Yale University Press, 2012.

Lilla, Mark. *The Reckless Mind: Intellectuals in Politics*. New York: New York Review of Books, 2016.

Lippmann, Walter. *The Phantom Public*. New Brunswick, NJ: Transaction Publishers, 1993.

Lipset, Seymour Martin. "Some Social Requisites of Democracy: Economic Development and Political Legitimacy." *American Political Science Review* 53, no. 1 (1959): 69–105.

Lipsey, Philip Y. "Democracy and Financial Crisis." Paper presented at the Annual Meeting of the International Political Economy Society, November 12, 2011.

List, Christian, and Philip Pettit. "Aggregating Sets of Judgments: An Impossibility Result." *Economics and Philosophy* 18, no. 1 (2002): 89–110.

Locke, John. *Two Treatises of Government*, edited by Peter Laslett. Revised ed. New York: Cambridge University Press, 1988.

Lohmann, Susanne. "Reputational versus Institutional Solutions to the Time-Consistency Problem in Monetary Policy." In *Positive Political Economy: Theory and Evidence*, edited by Sylvester C. W. Eijffinger and Harry P. Huizinga. Cambridge: Cambridge University Press, 1998.

———. "Why Do Institutions Matter? An Audience-Cost Theory of Institutional Commitment." *Governance* 16, no. 1 (2003): 95–110.

Loughlin, Martin. *The Idea of Public Law*. Oxford: Oxford University Press, 2003.

———. *Foundations of Public Law*. Oxford: Oxford University Press, 2010.

Lowe, Philip. "Consumer Welfare and Efficiency: New Guiding Principles of Competition Policy?" European Commission, 2007.

Lowi, Theodore J. *The End of Liberalism: The Second Republic of the United States*. 2nd ed. New York: W. W. Norton & Company, 1979.

Mackenzie, G. A., and Peter Stella. "Quasi-Fiscal Operations in Public Financial Institutions." IMF Occasional Paper no. 142. Washington, DC: IMF, 1996.

Mair, Peter. *Ruling the Void: The Hollowing Out of Western Democracy*. London: Verso, 2013.

Majone, Giandomenico, ed. *Regulating Europe*. London: Routledge, 1996.

———. "Temporal Consistency and Policy Credibility: Why Democracies Need Non-majoritarian Institutions." European University Institute, Working Paper RSC. No. 96/57, 1996.

———. "Two Logics of Delegation: Agency and Fiduciary Relations in EU Governance." *European Union Politics* 2, vol. 1 (2001): 103–21.

———. *Dilemmas of European Integration: The Ambiguities and Pitfalls of Integration by Stealth*. Oxford: Oxford University Press, 2005.

Mallaby, Sebastian. *The Man Who Knew: The Life and Times of Alan Greenspan*. New York: Penguin Press, 2016.

Mankiw, N. Gregory, and Ricardo Reiss. "Friedman's Presidential Address in the Evolution of Macroeconomic Thought." *Journal of Economic Perspectives* (forthcoming).

Manning, John F. "Separation of Powers as Ordinary Interpretation." *Harvard Law Review* 124 (2011): 1942–2040.

Mansbridge, Jane. "A 'Selection Model' of Political Representation." *Journal of Political Philosophy* 17, no. 4 (2009): 369–98.

Marsh, David. *The Bundesbank: The Bank That Rules Europe*. London: Heineman, 1992.

Martin, Wayne. "Forewarned and Four-Armed: Administrative Law Values and the Fourth Arm of Government." Whitmore Lecture, 2013.

———. "Reflections on a Fourth Branch of Government." Paper presented at Australasian Study of Parliament Group, 2013 Annual Conference.

Mashaw, Jerry L. *Creating the Administrative Constitution: The Lost One Hundred Years of American Administrative Law*. New Haven, CT: Yale University Press, 2012.

Maskin, Eric, and Jean Tirole. "The Politician and the Judge: Accountability in Government." *American Economic Review* 94, no. 4 (2004): 1034–54.

Mathews, Jud. "Proportionality Review in Administrative Law." In *Comparative Administrative Law*, edited by Susan Rose-Ackerman and Peter Lindseth. 2nd ed. Cheltenham: Edward Elgar, 2017.

Maxfield, Sylvia. *Gatekeepers of Growth: The International Political Economy of Central Banking in Developing Countries*. Princeton, NJ: Princeton University Press, 1997.

Mazower, Mark. *Governing the World: The History of an Idea.* London: Penguin Books, 2012.

McCallum, Bennett T. "Two Fallacies Concerning Central Bank Independence." *American Economic Review* 85, no. 2 (1995): 207–11.

McCarty, N., K. T. Poole, and H. Rosenthal. *Political Bubbles: Financial Crises and the Failure of American Democracy.* Princeton, NJ: Princeton University Press, 2013.

McCubbins, Mathew D. "Abdication or Delegation? Congress, the Bureaucracy, and the Delegation Dilemma." *Regulation* 22, no. 2 (1999): 30–37.

McCubbins, Mathew D., Roger G. Noll, and Barry R. Weingast. "Administrative Procedures as Instruments of Political Control." *Journal of Law, Economics and Organization* 3, no. 2 (1987): 243–77.

———. "Structure and Process, Politics and Policy: Administrative Arrangements and the Political Control of Agencies." *Virginia Law Review* 75, no. 2 (1989): 431–82.

McCubbins, Mathew D., and T. Schwartz. "Congressional Oversight Overlooked: Police Patrols versus Fire Alarms." *American Journal of Political Science* 28, no. 1 (1984): 165–79.

McNamara, Kathleen R. "Rational Fictions: Central Bank Independence and the Social Logic of Delegation." *West European Politics* 25, no. 1 (2002): 47–76.

Mehrling, Perry. *The New Lombard Street: How the Fed Became the Dealer of Last Resort.* Princeton, NJ: Princeton University Press, 2010.

Meltzer, Allan H. "What's Wrong with the Fed? What Would Restore Independence?" *Cato Journal* 33, no. 3 (2013): 401–16.

Metzger, Gillian E. "Through the Looking Glass to a Shared Reflection: The Evolving Relationship between Administrative Law and Financial Regulation." *Law and Contemporary Problems* 78 (2015): 129–56.

Meyer, Thomas (with Lewis Hainchman). *The Theory of Social Democracy.* Cambridge: Polity Press, 2007.

Middleton, Philip, David Marsh et al. "Challenges for Central Banks: Wider Powers, Greater Restraints." *Journal of Financial Perspectives,* OMFIF with Ernst & Young, 2013.

Miller, Gary J., and Andrew B. Whitford. *Above Politics: Bureaucratic Discretion and Credible Commitment.* New York: Cambridge University Press, 2016.

Miller, Geoffrey P. "Independent Agencies." *Supreme Court Review* (1986): 41–97.

Miller, Marcus, P. Weller, and L. Zhang. "Moral Hazard and the US Stock Market: Analyzing the 'Greenspan Put.'" *Economic Journal* 112, no. 478 (2002): C171–86.

Moe, Terry M. "Political Institutions: The Neglected Side of the Story." Special issue, *Journal of Law, Economics, and Organisation* 6 (1990): 213–54.

———. "Delegation, Control, and the Study of Bureaucracy." In *The Handbook of Organizational Economics,* edited by Robert Gibbons and John Roberts. Princeton, NJ: Princeton University Press, 2013.

Mollers, Christoph. *The Three Branches: A Comparative Mode of Separation of Powers.* Oxford: Oxford University Press, 2013.

Montesquieu, Baron. *The Spirit of the Laws.* Cambridge: Cambridge University Press, 1989.

Morris, Caroline, and Ryan Malone. "Regulations Review in the New Zealand Parliament." *Macquarie Law Journal* 4 (2004): 7–31.

Moser, Peter. "Checks and Balances, and the Supply of Central Bank Independence." *European Economic Review* 43, no. 8 (1996): 1569–93.

Mouffe, Chantal. "Deliberative Democracy or Agonistic Pluralism." Political Science Series, Institute for Advanced Studies, Vienna, December 2000.

Mounk, Yascha. "Illiberal Democracy or Undemocratic Liberalism?" *Project Syndicate*, June 9, 2016.

Mount, Ferdinand. *The New Few: Or a Very British Oligarchy*. New York: Simon & Schuster, 2012.

Muller, Jan-Werner. "The Triumph of What (If Anything?) Rethinking Political Ideologies and Political Institutions in Twentieth-Century Europe." *Journal of Political Ideologies* 14, no. 2 (2009): 211–26.

——. *Contesting Democracy: Political Ideas in Twentieth-Century Europe*. New Haven, CT: Yale University Press, 2011.

——. *What Is Populism?* Philadelphia: University of Pennsylvania Press, 2016.

Musgrave, Richard A. *The Theory of Public Finance*. New York: McGraw-Hill, 1959.

Myerson, Roger. "Fundamental Theory of Institutions: A Lecture in Honor of Leo Hurwicz." Hurwicz Lecture, presented at the North American Meetings of the Econometric Society, University of Minnesota, June 22, 2006.

——. "Perspectives on Mechanism Design in Economic Theory." Nobel Prize lecture, December 8, 2007.

Nichols, Tom. *The Death of Expertise: The Campaign against Established Knowledge and Why It Matters*. New York: Oxford University Press, 2017.

Nicolaides, Phedon, and Nadir Preziosi. "Discretion and Accountability: The ESMA Judgment and the Meroni Doctrine." Bruges European Economic Research Papers, no. 30, College of Europe, 2014.

Niskanen, William A. *Bureaucracy and Public Economics*. Expanded ed. Northampton, MA: Edward Elgar, 1994.

Norman, Jesse. *Edmund Burke: Philosopher, Politician, Prophet*. Glasgow: William Collins, 2013.

North, Douglas C., and Barry R. Weingast. "Constitutionalism and Commitment: The Evolution of Institutional Governing Public Choice in Seventeenth-Century England." *Journal of Economic History* 49, no. 4 (1989): 803–32.

Novak, William J. "A Revisionist History of Regulatory Capture." In *Preventing Regulatory Capture: Special-Interest Influence and How to Limit It*, edited by Daniel Carpenter and David Moss. Cambridge: Cambridge University Press, 2014.

Noyer, Christian. "A propos du statut et de l'indépendance des banques centrales." *Revue d'economie financiere* 22 (1992): 13–18.

Nye, Joseph S. Jr. *The Future of Power*. New York: Public Affairs, 2011.

Ober, Josiah. *Demopolis: Democracy before Liberalism in Theory and Practice*. Cambridge: Cambridge University Press, 2017.

OECD. *Distributed Public Governance: Agencies, Authorities and Other Government Bodies*, 2002.

——. *Being an Independent Regulator*. The Governance of Regulators. Paris: OECD Publishing, 2016.

Okun, Arthur M. *Equality and Efficiency: The Big Tradeoff*. Revised ed. Washington, DC: Brookings Institution Press, 2015.

Olson, Mancur. *The Logic of Collective Action: Public Goods and the Theory of Groups.* Cambridge, MA: Harvard University Press, 1971.

O'Neill, Onora. *A Question of Trust: The BBC Reith Lectures 2002.* Cambridge: Cambridge University Press, 2002.

———. "Perverting Trust." 2009 Ashby Lecture, Clare Hall, University of Cambridge, May 13, 2009.

Orphanides, Athanasios. "The Road to Price Stability." *American Economic Review* 96, no. 2 (2006): 178–181.

Ostrom, Elinor. *Governing the Commons: The Evolution of Institutions for Collective Action.* New York: Cambridge University Press, 1990.

Owen, Mackubin Thomas. *US Civil-Military Relations after 9/11: Renegotiating the Civil-Military Bargain.* New York: Continuum International Publishing Group, 2011.

Paterson, Alan. *Final Judgment: The Last Law Lords and the Supreme Court.* Oxford: Hart Publishing, 2013.

Paul, Ron. *End the Fed.* New York: Grand Central Publishing, 2009.

Peltzman, Samuel. "Towards a More General Theory of Regulation." NBER Working Paper, no. 133, 1976.

Peter, Fabienne. *Democratic Legitimacy.* New York: Routledge, 2009.

Pettit, Philip. "The Cunning of Trust." *Philosophy and Public Affairs* 24, no. 3 (summer 1995): 202–25.

———. "Depoliticizing Democracy." *Ratio Juris* 17, no. 1 (2004): 52–65.

———. "Varieties of Public Representation." In *Political Representation*, edited by Ian Shapiro, Susan C. Stokes, Elizabeth Jean Wood, and Alexander S. Kirschner. Cambridge: Cambridge University Press, 2010.

———. *On the People's Terms: A Republican Theory and Model of Democracy.* New York: Cambridge University Press, 2012.

———. *Just Freedom: A Moral Compass for a Complex World.* New York: W. W. Norton & Company, 2014.

Phillips, Nicholas (Lord). "The Art of the Possible: Statutory Interpretation and Human Rights." First Lord Alexander of Weedon Lecture, April 22, 2010.

———. "Judicial Independence and Accountability: A View from the Supreme Court." Speech delivered at the University College of London Constitution Unit, to launch its research project, "The Politics of Judicial Independence," February 8, 2011.

Phillips, Ronnie J. "The Chicago Plan and New Deal Banking Reform." Jerome Levy Economics Institute of Bard College Working Paper, no. 76, June 1992.

Pigou, Arthur C. *The Economics of Welfare.* London: Macmillan and Co., 1920.

Pincus, Steve. *1688: The First Modern Revolution.* New Haven, CT: Yale University Press, 2009.

Piraino, Thomas A. Jr. "Reconciling the Harvard and Chicago Schools: A New Antitrust Approach for the 21st Century." *Indiana Law Journal* 82, no. 2 (2007): 345–409.

Pisani-Ferry, Jean. "Central Bank Advocacy of Structural Reforms: Why and How?" ECB Forum on Central Banking, Sintra, May 2015.

Pitkin, Hanna F. *The Concept of Representation.* Berkeley: University of California Press, 1967.

Pitofsky, Robert. "The Political Content of Antitrust." *University of Pennsylvania Law Review* 137 (1979): 1051–75.

Plosser, Charles I. "A Limited Central Bank." *Cato Journal* 34, no. 2 (2014): 201–11.
Posen, Adam S. "Why Central Bank Independence Does Not Cause Low Inflation: There Is No Institutional Fix for Politics." In *Finance and the International Economy*, edited by R. O'Brien. Oxford: Oxford University Press, 1993.
———. "Do Better Institutions Make Better Policy?" *International Finance* 1, no. 1 (1998): 173–205.
———. "Declarations Are Not Enough: Financial Sector Sources of Central Bank Independence." *NBER Macroeconomic Annual* 10 (2005): 253–74.
Posner, Eric A. "What Legal Authority Does the Fed Need during a Financial Crisis?" University of Chicago Public Law Working Paper, no. 560, February 3, 2016.
Posner, Eric A., and Adrian Vermeule. "Interring the Nondelegation Doctrine." *University of Chicago Law Review* 69 (2002): 1721–62.
———. *The Executive Unbound: After the Madisonian Republic*. New York: Oxford University Press, 2010.
Posner, Richard A. "Taxation by Regulation." *Bell Journal of Economics and Management Science* 2, no. 1 (1971): 22–50.
Power, Michael. *The Audit Society: Rituals of Verification*. Oxford: Oxford University Press, 1999.
Pratt, John W., and Richard J. Zeckhauser. *Principals and Agents: The Structure of Business*. Boston, MA: Harvard Business Review Press, 1985.
Przeworski, Adam, Susan C. Stokes, and Bernard Manin, eds. *Democracy, Accountability and Representation*. Cambridge: Cambridge University Press, 1999.
Puender, Hermann. "Democratic Legitimation of Delegated Legislation: A Comparative View on the American, British and German Law." *International and Comparative Law Quarterly* 58 (2009): 353–78.
———. "German Administrative Procedure in Comparative Perspective: Observations on the Path to a Transnational *Ius Commune Proceduralis* in Administrative Law." *International Journal of Constitutional Law* 11, vol. 4 (2013): 940–61.
Quinn, Brian. "The Bank of England's Role in Prudential Supervision." *Bank of England Quarterly Bulletin* 33, no. 2 (1993).
Quintyn, Marc. "Independent Agencies: More Than a Cheap Copy of Independent Central Banks?" Washington, DC: IMF, 2007.
Rahman, K. Sabeel. "Domination, Democracy, and Constitutional Political Economy in the New Gilded Age: Towards a Fourth Wave of Legal Realism?" *Texas Law Review* 94 (2016): 1329–1358.
Rajan, Raghuram. *Fault Lines: How Hidden Fractures Still Threaten the World Economy*. Princeton, NJ: Princeton University Press, 2010.
———. "A Step in the Dark: Unconventional Monetary Policy after the Crisis." First Andrew Crockett Memorial Lecture at the Bank for International Settlements, June 23, 2013.
Ramraj, Victor V., ed. *Emergencies and the Limits of Legality*. Cambridge: Cambridge University Press, 2008.
Ranciere, Romain, Aaron Tornell, and Frank Westerman. "Systemic Crises and Growth." *Quarterly Journal of Economics* 123, no. 1 (2008): 359–406.
Rasmusen, Eric. "A Theory of Trustees, and Other Thoughts." 1998. https://papers.ssrn.com/sol3/papers.cfm?abstract_id=84388.
Rawls, John. *A Theory of Justice*. Oxford: Oxford University Press, 1973.

———. "The Idea of an Overlapping Consensus." *Oxford Journal of Legal Studies* 7, no. 1 (1987): 1–25.

———. *Political Liberalism*. New York: Columbia University Press, 1993.

Raz, Joseph. *The Authority of the Law: Essays on Law and Morality*. Oxford: Clarendon Press, 1979.

———. *The Morality of Freedom*. New York: Oxford University Press, 1986.

Richards, Tom. "Dogma in Telecoms, Cream for the CAT: 08-Numbers in the Supreme Court." *Competition Bulletin*, July 10, 2014.

Richardson, Henry. *Democratic Autonomy: Public Reasoning about the Ends of Policy*. New York: Oxford University Press, 2002.

Ricks, Thomas E. *The Generals: American Military Command from World War II to Today*. New York: Penguin Books, 2012.

Roberts, Alasdair. *The Logic of Discipline: Global Capitalism and the Architecture of Government*. New York: Oxford University Press, 2011.

Roberts, Andrew. *Masters and Commanders: How Roosevelt, Churchill, Marshall and Alanbrooke Won the War in the West*. London: Allen Lane, 2008.

Robinson, Lisa A., James K. Hammitt, and Richard Zeckhauser. "Attention to Distribution in U.S. Regulatory Analyses." *Review of Environmental Economics and Policy* 10, no. 2 (2016): 308–28.

Rodrik, Dani. *The Globalization Paradox: Why Global Markets, States, and Democracy Can't Coexist*. New York: Oxford University Press, 2011.

Rogoff, Kenneth. "The Optimal Degree of Commitment to an Intermediate Monetary Target." *Quarterly Journal of Economics* 100, no. 4 (1985): 1169–90.

Rohr, John A. *To Run a Constitution: The Legitimacy of the Administrative State*. Lawrence: University Press of Kansas, 1986.

Roll, Eric et al. *Independent and Accountable: A New Mandate for the Bank of England*. Report of an Independent Panel, CEPR, 1993.

Romano, Roberta. "Regulating in the Dark, and a Postscript Assessment of the Iron Law of Financial Regulation." *Hofstra Law Review* 43, no. 25 (2014): 25–93.

Rosanvallon, Pierre. *Democratic Legitimacy: Impartiality, Reflexivity, Proximity*. Translated by Arthur Goldhammer. Princeton, NJ: Princeton University Press, 2011.

Rose, Dinah, and Tom Richards. "Appeal and Review in the Competition Appeal Tribunal and High Court." *Judicial Review* 15, no. 3 (2010): 201–19.

Rose-Ackerman, Susan. "Judicial Review of Executive Policymaking in Advanced Democracies: Beyond Rights Review." *Yale Faculty Scholarship Series*, no. 4943 (2014).

———. "Citizens and Technocrats: An Essay on Trust, Public Participation, and Government Legitimacy." Paper presented at Yale Law School Faculty Workshop, November 2016.

Rose-Ackerman, Susan, and Thomas Perroud. "Policymaking and Public Law in France: Public Participation, Agency Independence, and Impact Assessment." *Columbia Journal of European Law* 19, no. 2 (2013): 223–310.

Rubin, Edward. "Hyperdepoliticization." *Wake Forest Law Review* 47, no. 3 (2012): 631–79.

Rudolph, Joshua S. "The Interaction between Government Debt Management and Monetary Policy: A Call to Develop a Debt-Maturity Framework for the Zero Lower Bound." Prepared for US Department of Treasury. Harvard Kennedy School, March 25, 2014.

Ruggie, John G. "International Regimes, Transactions, and Change: Embedded Liberalism in the Postwar Economic Order." *International Organization* 36, no. 2 (1982): 379–415.

Runciman, David. "The Paradox of Representation." *Journal of Political Philosophy* 15, no. 1 (2007): 93–114.

———. *The Confidence Trap: A History of Democracy in Crisis from World War I to the Present*. Princeton, NJ: Princeton University Press, 2013.

Rutter, Jill. "The Strange Case of Non-ministerial Departments." Institute for Government, 2013.

Ryan, Alan. *On Politics*. London: Penguin Books, 2012.

Sabl, Andrew. *Hume's Politics: Coordination and Crisis in the "History of England."* Princeton, NJ: Princeton University Press, 2012.

Sagar, Paul. "The State without Sovereignty: Authority and Obligation in Hume's Political Philosophy." *History of Political Thought* 37, no. 2 (2016): 271–305.

———. "Istvan Hont and Political Theory." Unpublished manuscript, 2016.

Sandel, Michael. *Democracy's Discontent*. Cambridge, MA: Belknap Press of Harvard University Press, 1996.

Scalia, Antonin. "The Rule of Law as a Law of Rules." *University of Chicago Law Review* 56, no. 4 (1989): 1175–88.

———. "Judicial Deference to Administrative Interpretations of Law." *Duke Law Journal*, no. 3 (1989).

Scharpf, Fritz W. *Governing in Europe: Effective and Democratic?* Oxford: Oxford University Press, 1999.

Scheuerman, William E. *Between the Norm and the Exception: The Frankfurt School and the Rule of Law*. Cambridge, MA: MIT Press, 1994.

Schlink, Bernhard. "Proportionality in Constitutional Law: Why Everywhere but Here?" *Duke Journal of Comparative & International Law* 22 (2012): 291–302.

Schmidt, Vivien A. "Democracy and Legitimacy in the European Union Revisited: Input, Output *and* 'Throughput.'" *Political Studies* 61, no. 1 (2013): 2–22.

Schmitter, Philippe C. "Still the Century of Corporatism?" *Review of Political Studies* 36, no. 1 (1974): 85–131.

Schoenbrod, David. *Power without Responsibility: How Congress Abuses the People through Delegation*. New Haven, CT: Yale University Press, 1993.

———. "Delegation and Democracy: A Reply to My Critics." *Cardozo Law Review* 20 (1999).

Schoenmaker, Dirk. *Governance of International Banking: The Financial Trilemma*. Oxford: Oxford University Press, 2013.

Schonhardt-Bailey, Cheryl. "Monetary Policy Oversight in Comparative Perspective: Britain and America during the Financial Crisis." Forthcoming in a book tentatively titled *Accountability, Oversight and Deliberation of Economic Policy in UK Parliamentary Committees*.

Schumpeter, Joseph A. *Capitalism, Socialism & Democracy*. London: Routledge, 1992.

Schwartz, Anna J. "Boundaries between the Fed and the Treasury." Paper presented to the Shadow Open Market Committee, May 8, 2009.

Scott, Colin. "Accountability and the Regulatory State." *Journal of Law and Society* 27, no. 1 (March 2000): 38–60.

Scott, Hal S. *Connectedness and Contagion: Protecting the Financial System from Panics*. Cambridge, MA: MIT Press, 2016.

Scruton, Roger. *The Meaning of Conservatism*. Basingstoke: Palgrave Macmillan, 1984.

Securities and Exchange Commission. *Current Guidance on Economic Analysis in SEC Rulemaking*. March 16, 2012.

———. "Operating Procedures for Economic Analysis to Implement the Current Guidance." Memo from Chair Mary Jo White, August 15, 2013.

Seidenfeld, Mark. "A Civic Republican Justification for the Bureaucratic State." *Harvard Law Review* 105, no. 7 (1992): 1511–76.

Selgin, George. "Posner on the Legality of the Fed's Last-Resort Lending." *Cato at Liberty* (blog), May 19, 2016.

Selin, Jennifer L. "What Makes an Agency Independent?" *American Journal of Political Science* 59, no. 4 (2015): 971–87.

Sen, Amartya. "Utilitarianism and Welfarism." *Journal of Philosophy* 76, no. 9 (1979): 463–89.

———. *Development as Freedom*. Oxford: Oxford University Press, 1999.

Shapiro, Martin. *Who Guards the Guardians? Judicial Control of Administration*. Athens: University of Georgia Press, 1988.

Shelby, Richard. "The Trouble with Dodd-Frank." Speech given at Harvard Law School, October 14, 2015.

Shepsle, Kenneth. *Analyzing Politics: Rationality, Behavior, and Institutions*. 2nd revised ed. New York: W. W. Norton & Company, 2010.

Shesol, Jeff. *Supreme Power: Franklin Roosevelt vs. the Supreme Court*. New York: W. W. Norton & Company, 2001.

Shirakawa, Masaaki. "Future of Central Banks and Central Banking." Bank of Japan, 2010.

Shleifer, Andrei. *The Failure of Judges and the Rise of Regulators*. Cambridge, MA: MIT Press, 2012.

Shorto, Russell. *Amsterdam: A History of the World's Most Liberal City*. New York: Doubleday, 2013.

Siegel, Jonathan R. "The REINS Act and the Struggle to Control Agency Rulemaking." *Legislation and Public Policy* 16 (2013): 131–85.

Silber, William L. *Volcker: The Triumph of Persistence*. New York: Bloomsbury Press, 2012.

Silverstein, Gordon. "Can Constitutional Democracies and Emergency Powers Coexist?" *Tulsa Law Review* 45 (2009): 619–29.

Simmons, A. John. *Justification and Legitimacy: Essays on Rights and Obligations*. Cambridge: Cambridge University Press, 2001.

Simmons, Beth A. "The Future of Central Bank Cooperation." Paper presented at the BIS Annual Research Conference, 2005.

Simons, Henry. "Rules versus Authorities in Monetary Policy." *Journal of Political Economy* 44, no. 1 (1936): 1–30.

Simpson, Emile. *War from the Ground Up: Twenty-First Century Combat as Politics*. London: C. Hurst & Co., 2012.

Sitaraman, Ganesh. "Foreign Hard Look Review." *Administrative Law Review* 66, no. 3 (2014): 489–563.

Skinner, Quentin. *Liberty before Liberalism*. Cambridge: Cambridge University Press, 1998.

Smith, Vera. *The Rationale of Central Banking and the Free Banking Alternative*. Indianapolis, IN: Liberty Fund Inc., 1990.

Sorabji, John. "The Constitutional Status of the Supreme Court of Justice of England and Wales and of the High Court Judiciary." In *Should the Civil Courts Be Unified? A Report by Sir Henry Brooke*. Judicial Office, August 2008. https://www.judiciary.gov.uk/wp-content/uploads/JCO/Documents/Speeches/brooke_report_ucc.pdf.

Stack, Kevin M. "Agency Independence after PCAOB." *Cardozo Law Review* 32, no. 6 (2011): 2391–420.

———. "An Administrative Jurisprudence: The Rule of Law in the Administrative State." *Columbia Law Review* 115, no. 7 (2015): 1985–2018.

———. "Purposivism in the Executive Branch: How Agencies Interpret Statutes." *Northwestern University Law Review* 109, no. 4 (2015): 871–932.

Stein, Jeremy, and Samuel Hanson. "Monetary Policy and Long-Term Real Rates." *Journal of Financial Economics* 115, no. 3 (2015): 429–48.

Stern, Jon. "The British Utility Regulation Model: Its Recent History and Future Prospects." CCPR Working Paper, no. 23, City University, London, 2014.

Stewart, Richard B. "The Reformation of American Administrative Law." *Harvard Law Review* 88, no. 8 (1975): 1669–813.

———. "Administrative Law in the Twenty-First Century." *New York University Law Review* 78, no. 2 (2003): 437–60.

Stigler, George J. "The Theory of Economic Regulation." *Bell Journal of Economics* 2, no. 1 (1971): 3–21.

Stiglitz, Joseph. "Central Banking in a Democratic Society." *De Economist* 146, no. 2 (1998): 199–226.

Stone Sweet, Alec. *Governing with Judges: Constitutional Politics in Europe*. New York: Oxford University Press, 2000.

———. "Constitutional Courts and Parliamentary Democracy." *West European Politics* 25, no. 1 (2002): 77–100.

Stone Sweet, Alec, and Mark Thatcher. "Theory and Practice of Delegation to Nonmajoritarian Institutions." *West European Politics* 25, no. 1 (2002): 1–22.

Strauss, Peter L. "The Place of Agencies in Government: Separation of Powers and the Fourth Branch." *Columbia Law Review* 84, no. 3 (1984): 573–669.

———. "Rule-Making and the American Constitution." In *The Regulatory State: Constitutional Implications*, edited by Dawn Oliver, Tony Prosser, and Richard Rawlings. Oxford: Oxford University Press, 2010.

Stroud, Sarah. "Weakness of Will." In *The Stanford Encyclopedia of Philosophy*, edited by Edward N. Zalta. Spring 2014. https://plato.stanford.edu/archives/spr2014/entries/weakness-will/.

Suchman, Mark C. "Managing Legitimacy: Strategic and Institutional Approaches." *Academy of Management Review* 20, no. 3 (1995): 571–610.

Summers, Lawrence. "Price Stability: How Should Long-Term Monetary Policy Be Determined?" *Journal of Money, Credit and Banking* 23, no. 3, pt. 2: Price Stability (1991): 625–31.

Sumption, Jonathan (Lord). "The Limits of Law." Twenty-Seventh Sultan Azlan Shah Lecture, Kuala Lumpur, November 20, 2013.

Sunstein, Cass R. *After the Rights Revolution: Reconceiving the Regulatory State*. Cambridge, MA: Harvard University Press, 1990.

———. "Nondelegation Canons." *University of Chicago Law Review* 67, no. 2 (2000): 315–43.

Tamanaha, Brian Z. *On the Rule of Law: History, Politics, Theory*. Cambridge: Cambridge University Press, 2004.

Tarullo, Daniel K. "Shadow Banking and Systemic Risk Reduction." Board of Governors of the Federal Reserve System, November 22, 2013.

———. "Departing Thoughts." Remarks to the Federal Reserve Board of Governors, April 4, 2017.

Taylor, John B. "Discretion versus Policy Rules in Practice." *Carnegie-Rochester Conference Series on Public Policy* 39 (1993): 195–214.

———. "Legislating a Rule for Monetary Policy." *Cato Journal* 31, no. 3 (2011): 407–15.

Tetlock, Philip E. *Expert Political Judgment: How Good Is It? How Can We Know?* Princeton, NJ: Princeton University Press, 2005.

Tett, Gillian. *The Silo Effect*. London: Little, Brown, 2015.

Thatcher, Mark. "Delegation to Independent Regulatory Agencies: Pressures, Functions and Contextual Mediation." *West European Politics* 25, no. 1 (2002): 124–47.

Thornborough, Richard. "Overcriminalization and the Need for Legislative Reform." Testimony before the Subcommittee on Crime, Terrorism, and Homeland Security, House of Representatives Committee on the Judiciary, Wednesday, July 22, 2009.

Tirole, Jean. "The Internal Organisation of Government." *Oxford Economic Papers* 46, no. 1 (1994): 1–29.

Tollestrup, Jessica, and James V. Saturno. "The Congressional Appropriations Process: An Introduction." Congressional Research Service, November 14, 2014.

Tombs, Robert. *The English and Their History*. London: Allen Lane, 2015.

Trebilcock, Michael J., and Edward M. Iacobucci. "Designing Competition Law Institutions: Values, Structure and Mandate." *Loyola University Chicago Law Journal* 41, no. 3 (2010): 455–71.

Trichet, Jean-Claude. "Building Europe, Building Institutions." Acceptance speech for the 2011 Karlspreis in Aachen, June 2, 2011. European Central Bank.

Tsebelis, George. *Veto Players: How Political Institutions Work*. Princeton, NJ: Princeton University Press, 2002.

Tucker, Paul. "Managing the Central Bank's Balance Sheet: Where Monetary Policy Meets Financial Stability." *Bank of England Quarterly Bulletin* (Autumn 2004).

———. "Central Banking and Political Economy: The Example of the UK's Monetary Policy Committee." Speech given at the Inflation Targeting, Central Bank Independence and Transparency Conference, Cambridge, June 15, 2007. Bank of England.

———. Remarks at the *Turner Review* Conference, London, March 27, 2009. Bank of England.

———. "The Repertoire of Official Sector Interventions in the Financial System: Last Resort Lending, Market-Making, and Capital." Speech given at Bank of Japan Conference, May 27–28, 2009. Bank of England.

———. "National Balance Sheets and Macro Policy." Speech given at the Society of Business Economists' Annual Dinner, London, February 28, 2012. Bank of England.

———. "A New Regulatory Relationship: The Bank, the Financial System and the Wider Economy." Speech delivered at the Institute for Government, May 28, 2013. Bank of England.

———. "Regulatory Reform, Stability and Central Banking." Brookings Hutchins Center on Fiscal and Monetary Policy, 2014.

———. "Is There an Incipient Crisis in Securities Regulation?" Lecture at Princeton University, October 17, 2014.

———. "The Lender of Last Resort and Modern Central Banking: Principles and Reconstruction." BIS Papers, no. 79, Bank for International Settlements, 2014.

———. "The Resolution of Financial Institutions without Taxpayer Solvency Support: Seven Retrospective Clarifications and Elaborations." Paper presented at European Summer Symposium in Economic Theory, Gerzensee, Switzerland, July 3, 2014.

———. "Fundamental Challenges for Securities Regulation: A Political Economy Crisis in the Making?" Twenty-First SUERF Annual Lecture. In *Challenges in Securities Markets Regulation: Investor Protection and Corporate Governance,* edited by Pablo Gasós, Ernest Gnan, and Morten Balling. SUERF Study 2015/1. Madrid: SUERF, 2015.

———. "Can Monetary Policy Meet the Needs of Financial Stability? Remembering the FRB alongside the FOMC." *Business Economics* 51, no. 2 (2016): 71–75.

———. "The Political Economy of Central Bank Balance-Sheet Management." Columbia University, New York, May 5, 2016. https://www.newyorkfed.org/medialibrary/media/newsevents/events/markets/2016/frbny-columbiasipa-paultucker-paper.pdf.

———. *The Design and Governance of Financial Stability Regimes: A Common Resource Problem That Challenges Technical Know-How, Democratic Accountability and International Coordination.* CIGI Essays on International Finance, vol. 3. Waterloo, ON: CIGI, 2016.

———. "The Political Economy of Central Banking in the Digital Age." *SUERF Policy Notes,* no. 13, June 2017.

Turner, Adair. *Between Debt and the Devil: Money, Credit, and Fixing Global Finance.* Princeton, NJ: Princeton University Press, 2015.

Tutton, Tim. "The Future of Independent Economic Regulation in the UK." *European Policy Forum,* 2014.

Tyler, Tom. *Why People Obey the Law.* Princeton, NJ: Princeton University Press, 2006.

UK Department for Business, Innovation and Skills. *Principles for Economic Regulation.* 2011.

UK House of Lords Select Committee on Regulators. *UK Economic Regulators.* 2007.

UK Independent Commission on Banking. *Interim Report: Consultation on Reform Options,* April 2011.

UK Law Commission. "Criminal Liability in Regulatory Contexts." Consultation Paper no. 195. 2010.

United Nations. "Basic Principles on the Independence of the Judiciary." 1985.

Urbinati, Nadia. *Representative Democracy: Principles & Genealogy.* Chicago: University of Chicago Press, 2006.

US Department of Treasury. *Blueprint for a Modernized Financial Regulatory Structure.* March 2008.

———. "The Role of the Federal Reserve in Preserving Financial and Monetary Stability: Joint Statement by the Department of Treasury and the Federal Reserve." March 23, 2009.

Van Middelaar, Luuk. *The Passage to Europe: How a Continent Became a Union*. New Haven, CT: Yale University Press, 2013.

Verkuil, Paul R. "The Purposes and Limits of Independent Agencies." *Duke Law Journal* (1988): 257–79.

Vermeule, Adrian. "Super-Statutes." *New Republic*, October 26, 2010.

———. "No: Review of Philip Hamburger, Is Administrative Law Unlawful?" *Texas Law Review* 93 (2015).

———. *Law's Abnegation: From Law's Empire to the Administrative State*. Cambridge, MA: Harvard University Press, 2016.

Vibert, Frank. *The Rise of the Unelected: Democracy and the New Separation of Powers*. Cambridge: Cambridge University Press, 2007.

Vickers, John. "Competition Law and Economics: A Mid-Atlantic Viewpoint." eSapience Center for Competition Policy, 2007.

———. "Central Banks and Competition Authorities: Institutional Comparisons and New Concerns." BIS Working Papers, no. 331, Bank for International Settlements Annual Research Conference, 2010.

———. "Consequences of Brexit for Competition Law and Policy." Paper presented at *Oxford Review of Economic Policy*/British Academy Conference, December, 7, 2016.

Viehoff, Daniel. "Authority and Expertise." *Journal of Political Philosophy* 24, no. 2 (2016): 406–26.

Vile, M. J. C. *Constitutionalism and the Separation of Powers*. 2nd ed. Indianapolis: Liberty Fund, 1998.

Volcker, Paul. "Can We Survive Prosperity?" Federal Reserve Board, 1983.

———. "The Triumph of Central Banking?" Per Jacobsson Lecture, 1990. Per Jacobsson Foundation.

———. "Central Banking at a Crossroad." Remarks at the Economic Club of New York, May 29, 2013.

———. "The Fed & Big Banking at the Crossroads." *New York Review of Books*. August 15, 2013.

Wade, H. W. R., and C. F. Forsyth. *Administrative Law*. 10th ed. New York: Oxford University Press, 2009.

Waldron, Jeremy. *The Dignity of Legislation*. Cambridge: Cambridge University Press, 1999.

———. *Law and Disagreement*. New York: Oxford University Press, 1999.

———. "Is the Rule of Law an Essentially Contested Concept (in Florida)?" In the Wake of *Bush v. Gore*: Law, Legitimacy and Judicial Ethics. *Law and Philosophy* 21, no. 2 (2002): 137–64.

———. "The Core of the Case against Judicial Review." *Yale Law Journal* 115, no. 6 (2006): 1346–60.

———. "Separation of Powers or Division of Power?" New York University Public Law and Legal Theory Working Papers, no. 329, January 2012.

———. "*Political* Political Theory: An Inaugural Lecture." *Journal of Political Philosophy* 21, no. 1 (2013): 1–23.

———. "Separation of Powers in Thought and Practice." *Boston College Law Review* 54, no.2 (2013): 433–68.

———. "Accountability: Fundamental to Democracy." New York University Public Law and Legal Theory Working Papers, no. 462, August 2014.

Wallach, Philip. *To the Edge: Legality, Legitimacy, and the Response to the 2008 Financial Crisis*. Washington, DC: Brookings Institution Press, 2015.

———. "The Administrative State's Legitimacy Crisis." Center for Effective Public Management, Brookings Institution, April 2016.

Walsh, Carl E. "Optimal Contracts for Central Bankers." *American Economic Review* 85, no. 1 (1995): 150–67.

Warsh, Kevin. *Transparency and the Bank of England's Monetary Policy Committee*. Report to the Bank of England, December 2014.

Weber, Max. "Bureaucracy." In *Economy and Society: An Outline of Interpretive Sociology*, edited by G. Roth and C. Wittich. Berkeley: University of California Press, 1978.

———. *The Theory of Social and Economic Organisation*, edited by Talcot Parsons. New York: Free Press, 1947.

Weingast, Barry R. "The Congressional-Bureaucratic System: A Principal-Agent Perspective (with Applications to the SEC)." *Public Choice* 44, no. 1, Carnegie Papers on Political Economy (1984): 147–91.

Wheeler, Chris. "A Response to the 2013 Whitmore Lecture address." *Australian Law Journal* 88 (2014).

White, Mary Jo. "Enhancing Risk Monitoring and Regulatory Safeguards for the Asset Management Industry." December 11, 2014. Securities and Exchange Commission.

Williams, Bernard. *In the Beginning Was the Deed*, edited by Geoffrey Hawthorne. Princeton, NJ: Princeton University Press, 2005.

Williamson, John. "What Washington Means by Policy Reform?" Peterson Institute for International Economics, 1989.

Wilson, James Q. *Bureaucracy: What Government Agencies Do and Why They Do It*. New York: Basic Books, 1989.

Wilson, Woodrow. "The Study of Administration." *Political Science Quarterly* 2, no. 2 (1887): 197–222.

———. *The New Freedom: A Call for the Emancipation of the Generous Energies of a People*. Brooklyn, NY: Gray Rabbit Publications, 2011 [1913].

Wolf, Martin. *The Shifts and the Shocks: What We've Learned—and Have Still to Learn—from the Financial Crisis*. London: Allen Lane, 2014.

Wood, B. Dan, and Richard W. Waterman. "The Dynamics of Political Control of the Bureaucracy." *American Political Science Review* 85, no. 3 (1991): 801–28.

Woodford, Michael. "Principles and Public Policy Decisions: The Case of Monetary Policy." Paper presented at the Law, Economics, and Organization Workshop, Yale Law School, March 2008.

Woodward, Bob. *Maestro: Greenspan's Fed and the American Boom*. New York: Simon & Schuster, 2001.

Woolley, Peter J., and Albert R. Papa, eds. *American Politics: Core Argument/Current Controversy*. 2nd ed. Upper Saddle River, NJ: Prentice Hall, 2002.

Worsthorne, Peregrine. *In Defence of Aristocracy*. London: HarperCollins, 2004.

Wright, Tony. "The Politics of Accountability." In *The Cambridge Companion to Public Law*, edited by Mark Elliot and David Feldman. Cambridge: Cambridge University Press, 2015.

Yellen, Janet L. "Macroeconomic Research after the Crisis." Speech delivered at "The Elusive 'Great' Recovery: Causes and Implications for Future Business Cycle Dynamics" conference, October 14, 2016. Federal Reserve Bank of Boston.

Zingales, Luigi. "Towards a Political Theory of the Firm." Stigler Center New Working Paper Series, no. 10. University of Chicago, 2017.

Zolo, Danilo. *Democratic Complexity: A Realist Approach*. Cambridge: Polity Press, 1992.

# 译者后记

对这本书的翻译缘起于我的一个"执念"。2018 年中信出版社编辑找我翻译这本书,当时我发现作者塔克的经历和思考与国开行原副行长高坚特别相似,于是便欣然应允。具体来说,除了都是作为金融高管长期工作在政府部门政策领域之外,高行长和塔克退休后都在哈佛大学讲授政府治理的相关内容。最关键的是,这本书中公共政策涉及的政治经济学、法律、哲学基础等方面的理论和高行长近年来的研究成果相关。我个人认为,我们应该多吸取这样的智者经过长期工作和思考后沉淀的智慧,哪怕仅仅作为政府治理能力的培训和传承,意义也是非凡的。

感谢在翻译这本书的过程中为我提供帮助的良师益友。首先,感谢银监会原主席刘明康、中国人民大学经济学院党委书记刘守英、中国人民大学经济学院杨其静教授,以及光大理财有限责任公司董事长张旭阳,对这本书的认同和推荐;其次,感谢中邮理财有限责任公司副总经理、执行董事彭琨,他翻译了第 19 章和第 20 章。再次,感谢中国人民大学硕士研究生蒋莉薇,她翻译了两个章节。最后,感谢冯国亮博士,他在欧美金融市场和监管方面给了我很多指导,在理论偏哲学部分的翻译中,给予我很大的帮助和支持。

综观全书,作者塔克希望读者能够看到并理解他是如何逐步构建这一原则体系的。这本书涵盖了经济学(政治经济学、交易成本理论、制度经济学等为主)、政治理论和公共法律,探索了在宪政民主下,与政治隔离的授权获得合法性的必要条件。考虑到这本书思想和内容的丰富性,建议读者在阅读这本书时,可以先看概述和附录(与日常政治隔离的独立机构的授权原则)。

  这本书的翻译持续了一年多的时间,书中很多章节很深奥,完全是英国的政治经济哲学传统。翻译这本书的过程是艰难的,但我希望能为优秀图书的引进做点力所能及的事。近期对这本书译稿的修订,让我感觉这就像我成长中的小孩一样,我要努力尽一份责任。因此,感谢这本书,感谢家人,感谢生命中的良师益友!翻译虽然不能算作学术研究和成果,但对这本书的翻译让我再次接受了系统的经济学理论训练。

  囿于自身精力、能力以及专业水平,其中难免存在翻译错误,恳请读者批评指正。

许余洁